Cet exemplaire vient de la biblioth. de M. Garnier, pair de France, bibliophile français. Il porte son chiffre au dos.

Catalogué

# Les eneydes de virgille

Translatez de latin en francois par messire octouian de sainct gelaiz en son viuant euesque dangolesme Reueues et cottez par maistre Jehan diury bacchelier en medecine

## ¶ Cy commence le prologue de ce present liure

Apres sire que dure fortune qui par les anciens fut aultremẽt rhammusie appellee et qui par instabilite fouldroye et tonne sur lors humains si que pour Vray de ses glaiues et iauelotz scait desmolir ceptres couronnes et thiares et esueller les plus louez de leurs degrez sans regarder Vice ou Vertu tant est aueugle/eut par loingtaine machinacion tenu le pas au Val mondain contre la prosperite et haultesse de Voz tresnobles et excellens primogeniteurs sans espargner la deffiance iusques a Vous qui par elle fustes en ieunes ans ennahy Et parmy Voz grandes et plantureuses bontez osa enueloper soing et malaise a qui par Vous fut resiste soubz tollerance inestimable Lors la diuine prouidence osta la force a tel couraige et fut par le diuin possible desarmee de sa fureur Que reste a dire certes bien fustes esprouue digne et capable de grant merite apres ce temps et bien fut haulte la recompense de Voz labeurs Lors Voulut dieu Vous satisfaire et au curre dhonneur Vo⁹ installer pour les triumphes receuoir en toutes terres par glorieuse renommee lors sus le chef Vous fut posee la precieuse et sacree couronne de frãce et mis en main ceptre royal si noble et digne que de tel na soubz la nue Lors fustes Vous ꝓclame roy bon Vertueux et pacifique enuironne de toute grace fulcy de paix aorne de iustice pourueu de clemence embelly de magnanimite Brief toutes telles sainctes Vertus et aultres tant empraingnistes dedens la Vostre royalle maieste dont a bon droit Vous possedastes le royal nom Et tant Voulustes et loing acroistre Voz dignes faictz q̃ au p̃mier an de Vostre regne fut p Vo⁹ recouuert Vostre anciẽ demaine et heritaige Ultramontain qui si longs ans fut occupe par desloyaulx Usurpateurs ⁊ fut captif et p Vo⁹ pris Vostre aduersaire et lennemy q̃ p tant de iours causa ẽnuy perte et dõmaige a Voz Valleurs ⁊ la personne de celluy ores tenez et possedez a la grande exaltacion et gloire de Vostre nom et au Vitupere opprobre et honteux scandalle de luy et de sa secte dont auez acquis tiltre meritoire de loz immortel plus quõques mais les scipiades les fabrices ne les camilles transcendãs tel proclamee louenge de tous regnans q̃ oncques furent Car sans expiller ou prendre sommes excessiues sur Voz subiectz ou populaire pour eschiuer nom tyranniq̃ auez louablemẽt execute Voz entreprinses dõt Ung chacun pense et extime pour ladvenir que au long aller serez executeur deuure admirable Voire et augmentacion en pars loingtaines du tiltre et nom de Voz ancestres et de la gloire ⁊ renõmee des primerains les roys de frãce q̃ iusq̃s a huy ont ꝓspere dieu aydãt de mieulx en mieulx Je dõcq̃s toutes telles choses p maintesfois a memoire reduysãt depuis les deux ãnees escheues q̃ pleust a celluy la q̃ biẽ depart ou il luy plaist Vo⁹ esleuer a si hault tiltre cõe heritier ⁊ successeur Vray ⁊ cõdigne Ung soir tout tard estãt en ma petite retraicte tournyãt ⁊ Virãt les fueilletz dũ maint Volume ẽtre les autres liures iauisay les euures de Virgile poete rõmain le pl⁹ loue de to⁹ latins mesmemẽt en son eneyde Et q̃e ieu par quelques heures rafreschy ma memoire du hault stille et matiere eloquente dedens traictee ie q̃ aultreffois auoye pris alimẽt et nourriture du laict dicelle ou descriptz furent les faictz et gestes des anciens premiers fondateurs de ytalie nobles troyens qui non sans peine ains par labeurs extremes et batailles forment intollerables apres leurs contrees debellez erigerent haultes murailles et fondemens de nouuelles citez q̃ iusques ores sont renommee et mesmement celle triumphante cite rommaine et autres maintes Telle matiere et tel propos me sembla lors assez conforme au temps moderne Voire et aux choses qui ores sont si pensay sans plus muser iecter ma charrue legiere en ce fertil pourpris pour en tirer grains et substance Et conclu lors dardant desir si

force au cueur ne mes deffault icelluy liure translater de son latin hault et ĩsigne de mot
a mot et au plus pres et de le mettre en langue francoise et Vulgaire Et ce sans plus a
lintencion de Vous treshault tresillustre et treschrestien price nostre roy et souuerain sei
gneur Loys par la grace de dieu douziesme de ce nom pour Vous faire apparoistre de q̃l
le et quante Volunte ie desire de emploier les forces myennes a Vous faire quelque ser
uice si le pouoit ny deffailloit Et pource que iay considere que nul ne doit comparoistre
Vuyde main deuãt son seigneur cõe il est escript en exode Vingt troiziesme chapitre craĩ
te meslee de bon Vouloir a retire mes pas de plustost aprocher Vostre sacree maieste la
quelle toute pleine de doulce grace daignera prendre si luy plaist le petit offre de celluy
q̃ est iusques a mourir entre le nombre des autres Vostre treshumble subiect et seruiteur

Cy finist le prologue de ce present liure

¶ La trāslacion du premier liure des eneydes sur le texte qui se commence Arma virumqz cano troie qui prim⁹ ab oris Italiā fato profugus ꝛc.

Arma viruꝫ cano tro ie qui prim⁹ ab oris

J'Ay entreprins de coucher en mes vers
Le cas de troye q̄ fut mise en lenuers
Les batailles/et armes qui si ferrent
Par les gregoys qui iadis la deffirent
Et de traicter aussi par mes escriptz
Qui fut celluy apres telz plains et cris
Qui premier vint de troye demolie
Prendre seiour au pays dytalie
Et il fuytif par le vouloir des dieux
En lauine vint eslire ses lieux
Jacoit pourtant quennuy et forte guerre
Luy feist fortune et par mer et par terre
Et que Juno qui de luy se douloit
Feist empescher daller ou il vouloit
Et moult souffrit de trauaulx et de peine
Quant il bastit la cite primeraine
Et quil logea ses penates troyens
En la cite par curieux moyens
Dont print alors origine et naissance
Le nom latin et vindrent en essence
Les albains peres et leur posterite
Du fondement de la neufue cite
¶ O doncques muse humblemēt te supplie

Musa mihi causas memora quo numie leso

Que ton scauoir maintenant me desclie
Qui fut la cause ne dont fut le motif
Parquoy iuno eut le cueur ententif
Persecuter homme si tresnotable
Et de pitie si fort recommendable
Ne qui la meut telz labeurs preparer
A homme iuste et armes luy parer
Est il possible que les diuins couraiges
Soyent remplis de si cruelz ouurages
¶ Vne cite antique et renommee

Urbs antiqua fuit tirii tenuere coloni

Fut en ce temps cartaige lors nommee
Habitee de anciens possesseurs
Depuis cōtraires aux rōmains agresseurs
Riche de biens de tresor de cheuance
Aspre a bataille songneuse a diligence
Laquelle certes ainsi que lon clamoit
Juno sur toutes autres citez aymoit
La tenoit elle son curre ses saiettes
Ses armeures et choses plus secretes
Brief son entente et son cueur diligent
Estoit tenir en paix icelle gent
Et esleuer en haulte seigneurie
Si le vouloit des dieux ny contrarie
Mais par augure et diuin sentement
Auoit ouy et sceu prochainement
Que vne lignee naistroit du sāg de troye
Qui changeroit son plaisir et sa ioye
Et destruiroit ses bastilles et tours
De carthage par furieux destours
Et que par temps dicelle gent troyenne
Istroit vng roy de force non moyenne
Mais belliqueux prompt et cheualereux
En to⁹ ses faitz moult prospere et heureux
Lequel mettroit carthage et ses confines
A fin piteuse et en tristes ruines
Le cas fatal des dieux ainsi lauoit
Predestine et Juno le scauoit
Parquoy doncques elle du fait craintiue
Ayant a cueur et bien memoratiue
Du grāt secours q̄lle auoit fait aux grecs
Quant ilz deffirent en piteux regretz
Iceulx troyens en la bataille antique
Non oblieuse encore de la picque
Ne de la haine que contre eulx eut conceue
En sa pensee estoit encor tissue
La cause entiere de sa griefue doulent
Dont elle auoit morte et mathe couleur
Bien estoit clos au fons de sa poictrine

Manet alta mente repostuz iudiciū paridis ꝛc.

Le iugement la sentence et lestraine
Que fist paris quant a venus donna
Le pris dhonneur et ceste habandonna
Bien fut liniure de beaulte mesprisee
En la balance de rigueur lors pesee
Bien luy souuient que danciennete
En haine auoit troyens de leur cite
Bien sceut aussi reduire en son couraige
Lauctorite le tiltre et lauantaige
Que iuppiter a ganimedes feist
Lors quant hebe sa fille si deffist
Et luy osta son primerain office
Pour le bailler a iouuenceau si nyce
¶ Elle doncques despite et incitee

His accensa super iactatos equore toto

Pour la cause quay deuant recitee
Empeschoit lors de tout le sien pouoir
Que le troyens ne peussent pour tout voir
Apres leur fuyte et bien poure relique
Faire aproche du pays italique

Ainsi furent traversans et flottans
Dessus la mer grande espace de temps
Et par errans en dueil maintes annez
Pour parfaire des dieux les destinez

Vix e conspectu siculae tel- luris in al- tum vela da- bant leti. ⁊c

Ung iour entre autres q̃ le tẽps fut plaisãt
Et que chacun en sa nef deduisant
Mestoit peine de surmonter les undes
Des grandes mers doubteuses ⁊ pfondes
Encor estoit en veue assez facile
Et en pouoit destre veue de secille
Joyeux et aisez suyvoient leur fortune
Sans nul peril ou deffiance aucune
Quant pour certain iuno par trop cruelle
Qui en son cueur gardoit playe immortelle
En elle mesme remplye de tristesse
Va dire lors il est temps que ie cesse
Naige pouoir de mettre promptement
Arrest et fin a mon commencement
Suisie tant foyble que divertir ne puisse
Le roy troyen et que ne le punisse
Ne le puis ie tollir et empescher
Quen ytalie ne sen aille pescher
Si feray dea tant ne sera contraire
Le sort fatal que ne face retraire
Alleurs leurs voilles cest mon intencion
Jen feray tost prompte execucion
Ne peut pallas par son courroux et ire
Les nefz des grecz faire ardoir et destruyre
Et eulx mesmes les noyer et iecter
Dedens la mer et les precipiter
Voire sans plus pour loffence dun homme
Ce fut daiax que oyleus vous on nomme
Et ie doncques qui suis royne des dieux
Seur et espouse du grant prince des cieulx
Par tant de iours comment que ie bataille
Contre une gent de si petite taille
Qui seront ceulx veu ma debilite
Qui priseront iamais ma deite
A mes autelz qui fera sacrifice
Quant ie ne puys iouir de mon office

Talia flã- mato secum dea corde volutans nymborum in patriam

¶ Tous telz cõplains dedẽs sõ cueur faisoit
Contre enee qui tant luy desplaisoit
Puis tost apres descendit de son trosne
Comme despite et cruelle matrosne
En eolie la froide region
Ou le grans ventz prennent leur nacion
Tout droit sen vint en icelle province
Et eolus le seigneur et le prince
En profond goufre et sur tresdurs rochier
Tient son empire et son ceptre plus chier
Seul tiẽt les ventz soubz sa garde ⁊ sa cure
En durs liens et prison trop obscure
Et la dedens rudement se demainent
Comme fureur et legierte les mainent
Mais eolus appaise leurs courroux
Et si les rend amyables et doulx
Car autrement moult souvent destruiroient
Villes chasteaulx et tout deperiroient
Il nest terre ne si profonde mer
Quil ne voulsissent destruire et consumer
Pour obvier doncques a leurs enseignes
Veult iuppiter q̃ soubz haultes mõtaignes
Fussent musses et que leur flayr yroit
En divers lieux quant besoing en seroit
Dont leur bailla dentente souveraine
Pour leur lacher en temps et lieu la rene
A celluy roy sen vint iuno tout droit
Et si luy dit ce que orrez or endroit
O eolus bien fault que ie desclaire
Tout a present mon despiteux affaire

Aeole namq̃ tibi divũ pater atq̃ hominũ rex et mulcere dedit fluct⁹ et tollere vẽto

Contre mon vueil une gent ennemye
Que trop dedaigne et qui ne me plaist mye
A present naige sus la thirrene mer
Et qui plus fait mon desplaisir amer
Leurs dieux troies ⁊ leurs despoilles portet
En ytalie illecques se transportent
Je scay assez que iuppiter a mys
Entre tes mains et a toy seul commis
Lauctorite lhonneur et lavantaige
De tous les ventz et de leur fier contaige
Si que tu peutz adoulcir et dompter
Fleuves esmeus par doulcement venter
Aussi les peutz esmouvoir et en ioindre
A tout peril quant te plaist les contraindre
Pource te pry qua iceulx ventz enclos
Soit maintenant le grant guichet desclos
Et que les nefz terriennes tant cheries
Soient par eulx noiees et peries
Ou bien ou mal en divers lieux les gette
Si que iamais mencion nen soit faicte
En mer profonde soient noies leurs corps
Affin que plus homme nen soit recors
Si tu fais certes aux troies cest encombre
Sache eolus que iay o moy en nombre
Quatorze filles de excellente beaulte
Une en aura de pure loyaulte

La plus parfaicte et acomplye en somme
Pour ton espouse qui dyope se nomme
Leste auecques toy demourra en effect
Pour le plaisir aumains que mauras fait
¶ Lors Eolus. O royne tant benigne
Ma voulente est subiecte et encline
De parfaire tes desirs sans tarder
A toy affiert sans plus le commander
De toy ie tiens mon ceptre et ma couronne
de toy me vient le los qui menuironne
O Juppiter tu me reconcilies
Auec les dieux me conioinctz et alies
Et si me faitz par tempestes et vens
Criandre et doubter entre tous les viuans
A bon droit doncqs dois ton vouloir pfaire
Quāt de toy seule despēt tout mon affaire
¶ Quant eolus eut son dire fine
Incontinent son dart bien affine
Deserre a fiert tout droit dedens le ventre
De la montaigne iusques au pfond centre
Et lors les vens dedens clos et cachez
Furent acoup de prison destachez
Et yssirent tous selon leur nature
Par la grant porte ou fut faicte ouuerture
Au desloger firent bruitz et tourmens
Mettans discorde entre les elemens
En tous les lieux ou leur passage feirent
Par leur venter tresgrandement messfirent
Tant allerent qua la grant mer se rendent
Ou bouffemens impetueux espandent
La vint Eurus et Nothus pour certain
Et zephirus merueilleux et haultain
Ceulx esmeurent de la mer les abismes
Depuys le fōs iusques aux haultes cimes
Si que les vagues qui de la mer yssoient
Tous les voyans de paour esbahissoient
Que sensuit il sinon clameur et larmes
Par les troyens estans lors en telz termes
Plainctes et pleurs yssoient de leurs corps
Voilles et cors faisoient tristes accordz
Car tost furent rompues et brisees
Par tonnoirres et fouldres epuisees
Hors de leur veue acop et sans seiour
Sesuanouyt toute lumiere et iour
Tant fut le ciel couuert dobscure nue
Que ia sembloit la nuyt estre venue
Tost commenca fouldroier et tonner
Cestoit assez pour maintz corps estonner

Aeolus hec cōtra. tuus o regina qđ optes Explorare labor rc.

Hec vbi dicta cauū cō uersa cuspi de montem Impulit in la tus

Et parmy layr feu et flammes couroient
Qui leurs nauires entierement couuroiēt
Brief toute chose qui entre eulx to' estoit
Prochaine mort acop leur presentoit
Lors froide peur commenca a surprendre
Le roy Enee et grant douleur esprendre
Gemir se print et en leuant ses yeulx
Et ses deux mains incontinent es cieulx
Va dire ainsi O la gent bien eureuse
Et fortunee que la mort desireuse
A fait faillir par vaincueurs apparens
En la grant troye et deuant leurs parens
Ou thitides le plus hardy des grecz
Fault il que face a present telz regretz
Pourquoy ne peut lesgu fer de la lance
Me transpercer au lieu de ma naissance
La ou hector le tant cheualeureux
Par dard poignāt presēt moult biē heureux
O serpedon dont les dieux ayent lame
Gist a repos soubz glorieuse lame
Quāt simoys le fleuue en ses eaues larges
Verse et agite maintz grās escus et targes
Et maintz corps mors dedens precipitez
Quant par les grecz nous fusmes flagitez
Telles parolles disoit le poure Enee
Voyant sa vie piteuse habandonnee
Lors aquilon faisant bruante feste
Dedens sa voille ietta vne tempeste
Et desbrisa voilles et auirons
Si que la mer par tous les enuirons
Jusques aux cieulx fut haussee et leuee
Par quoy sa nef fut tantost agrauee
Celle aussi de ses poures consors
Veulent par mains dauersitez et sors
Aucunesfois leuae soubz eulx se en onnoit
Jusques a terre et acoup le couuroit
Le vent nothus impetueux et rude
En ietta trois par grant sollicitude
Parmy rochiers incongneuz et diuers
Deau seurundees et iettez en lenuers
Eurus aussi par sa fureur poignante
En transporta trois autres sans attente
Dedens sirtes miserable peril
La les laissa comme chose en exil
Toutes brisees seulement assiegees
De dur grauier ainsi furent logees
Vne autre nef aussi semblablement
Dedens laquelle auoit hebergement

Extemplo enee soluūt frigore mē bra Ingemit et duplices tē dens ad sy dera pal mas

Talia iactā ti stridēs a quilone pro cella Velum ad uersa ferit

Les lyciens et oronthes moult saiges
Soudainement en trop piteux presages
Fut allumee du feu tempestueux
Dont fut iecte au gouffre fluctueux
Du hault en bas le gouuerneur dicelle
La poure nef lors sans recteur chancelle
Et par trois fois viroient et tournoyant
On les voioit perissant et noyant
Peu de nageans pouoit on voir a lheure
Et peu de nefz qui eussent voye seure
¶ Lors eust lon veu escus tables harnois
Richesses biens flotter en tous endrois
Que mer auoit surprises et gaignees
Deaues dommageuses remplyes et baignees
Tout fut la nef dyliacus trespleine
Deaue et de vagues en douloureuse estreine
Et celle la ou estoit achates
Celle dabbas et du viel alethes
Toutes furent saysies de vorage
Car les sartis et le menu cordage
Ne pouoient pas si longuement durer
Pour telz effectz et tourmens endurer
Dont receuoient les poures nefz ouuertes
Leaue en tous lieux en trop piteuses ptes
¶ Durant ce grief neptunus le seigneur
De toute mer sentit celle rigueur
Et bien congneut icelle mer esmeue
Par trop grant bruit dont souuent remue
Il apercoit la tempeste et le temps
Si tres diuers cause de telz contens
Dont il dolent et plein de trop grant ire
Son chef esleue comme des eaues le sire
Si estendit sa veue en toutes pars
Lors veid troiens naufrages et espars
Leurs nefz et barques cy et la espandus
A tout peril voire mortel rendus
Par la surprinse du fleuue impetueux
Et par ruine du ciel defectueux
Tost se doubta du dol fraude et finesse
Luy qui fut frere de Juno la deesse
Si feist venir et a luy appella
Deux entre autres des ventz q̃ furent la
Se fut eurus et zephirus aux quelz
Il commenca a prononcer motz telz
O ventz diuers cruelz & mal traictables
Estes vous tant orguilleux et feables
A vostre sang bien et natiuite
Quauez ose prendre lauctorite

Apparent rari nantes in gurgite vasto
Arma virū tabuleq3 et et troia gaza pvndas.

Interea magno misceri murmure pontum
Emissamq3 hyemē sensit neptun⁹

De mouuoir ciel et terre par puissance
Sans auoir eu de moy port ne licence
Comment auez telle charge entreprins
Nauez vous peur destre par moy reprins
Ha ien feray/mais premier pourueoir fault
Au principal et plus vrgent deffault
Premier conuient appaiser et restraindre
Les eaues esmeues pour au surpl⁹ attaīdre
Et puis apres congnoistrez par effect
Que trop auez contre mon vueil forfait
Acop vuydez auancez vostre fuyte
Sans que plus face encontre vo⁹ poursuite
A eolus dictes le vostre roy
Qua luy nassiert venir a tel arroy
Dedens ma mer pour que rien ny empire
A moy par sort en fut baille lempire
Il est seigneur et posseur sans plus
Dobscurs rochiers la dedens et reclus
La vous tient il en tenebreux demaine
Dictes luy dont quen tel lieu se pourmaine
Son regne tienne et ses tristes prisons
Sans plus vser de telles mesprisons
¶ Ainsi leur dist et a peine eut fine
Quant par luy fut obscur temps affine
La mer qui fut toute esmue et troublee
Fut lors par luy doulcement assemblee
Il feit luyre vng desireux soleil
Chassant les nuees et tout leur appareil
Il commanda que les nefz regettees
En durs rochiers rudement agitees
Fussent remises par son ayde et support
En mer tranquille et en paisible port
Tous les perilz dont la mer estoit pleine
Il reduisit lors en voye tresseraine
Ainsi alla en son curre ligier
Par tout sur mer pour to⁹ maulx soullager
Lors y eut paix et derriere et deuant
En telle maniere comme il aduient souuent
Que parmy peuple de nature diuer
Sengendre noise discorde et controuerse
Et multiplye si tresfort le debat
Que lun a lautre fierement se combat
Et commence iecter dart et sagettes
Lun contre lautre par cruentes deffaictes
En lair font il voller pierres et feux
Dont se dommagent et se tuent entre eux
Lors si quelquun piteux et debonnaire
De sage aduis regarde leur affaire

Sic ait & dicto citius tumida equora placat

Et les reprent de leur grief different
Incontinent chacun se taist et rend
Tous escoutent et retiennent en somme
Lenhortement et conseil de cest homme
Ainsi sa paise et fine aisement
Le grant brouillis que eurent p̄mierement
En telle sorte fust acop refrenee
Lire de mer et en paix retournee
Par neptunus qui getta son regard
Piteusement en lune et lautre part
Lors les troyens lassez et fatigues
Quant leur torment furent bien mitigues
Mirent peine tous de commun couraige
Prendre repos au plus prochain rivage
Leurs voielles tendent et tant firẽt apres
Que de libye furent prochains et pres

Est in secessu longo locus insula portum Efficit obiectu laterum

Ung lieu y eut secret et conuenable
Ou mer faisoit tres sainctc delectable
La fut certes vne moult plaisante isle
Tresancienne amyable et fertile
Enuironnee de haultz rochiers et bois
Mais ou dedens vnie toutesfois
Et ny auoit que vne entree et yssue
Ou lherbe fut moult tendre et bien tissue
Asses y eut darbres et buyssõs vers
Ou lon y peult ouyr oyseaulx diuers
La y auoit deaues doulces et fontaines
En maintz endroictz ⁊ en roches certaines
Brief tãt plaisãt et beaulx furẽt ses lieux
Que la souuent et deesses et dieux
Venoient iadis prendre leur reposee
Tant fut lisle doulcement composee
La estoit soif ue et bien paisible
Point ny regnoit tẽpeste ou vent nuysible
Bien y pouoient seurement arriuer
Non fatiguez sans craindre nul yuer
Ja ny failloit getter ancre ou attache
Pour en garder que dangier ne larrache
La vint chosir son repos et son vmbre
Le roy enee lequel de tout le nombre
De ses nauires nauoit o luy sane plus
Fors sept lassees non sachant au surplus
Lardant desir que eurent de prendre terre
Les feit yssir de leur nef a grant erre
Moult furẽt aises q̄t sur la blãche areine
Peurent donner quelque tresue a leur peine
Leurs membres las et de mer esbahys
Furent alors sur ce port resiouys

Et tost apres chacun mist main a leuure
Pour que sãte et guerison recueuure
Chacun essaye en sa capacite
Pouruoir au fait de leur necessite
Lun entre autres achates proclame
Dung chail print feu et tost leut alusme
Bois et buchettes et pailles adiouste
Et autres choses qui gueres ne luy couste
Les aultres prẽnẽt du ble en leurs vaissez
Ja tout gate p corrũpues eaues saulx
Auec pierres a leur pouoir le meullent
Comme iadis en ce temps faire seullent
Et puis apres au feu cuire le firent
Tant q̄ a leur fain et a leur soif souffirẽt
Ce temps pendant que troiens ententifz
A ce fait furent selon leurs appetitz
Le doulx Enee sur haultz rochiers monta
Ses yeulx en voye et son regard getta
Sur toutes mers pour veoir et po͛ cõgnoistre
Sa aucũs des siẽs y pourroit apoir estre
Et si verroit nulles nefz escartees
Que mer auoit en peril degettees
Et moult desiroit de capis estre seur
Et sil estoit de sa nef possesseur
Et de scauoir aussi nouuelle aulcune
De capeus sil verroit en la hune
De sa grant nef ses armes ou escus
Plus ne eurent car mer les eut vaincus.
Deuant ses yeulx nulle nef ne fut veue
Dont sa pensee de grãt dueil fut pourueue
Et peu apres vit il dedens vng val
Troys moult grãdz cerfz q̄ a mõt ⁊ a val
Faisoiẽt leurs course a tout leur fieres testes
Si les suyuoiẽt autres menues bestes
Comme biches leurs phãs ⁊ leurs bichars
Qui estoient illec en maintes pars
La sarresta et puis prent larc et sagette
Sur eulx descoche et si droictement gette
Que iceulx trois cerfz furent occiz ⁊ mors
Qui moult estoiẽt puissãs ⁊ grãs de corps
Apres tira aux bestes plus menues
Et leur donna si tresaspres venues
Quil en mist ius quatre des plus pfaictes
Ainsi furent sept en nombre deffaictes
Qui fut en sõme pour garnir et pouruoir
Autant de nefz commẽt il pouoit auoir
Charger les feist et sen vint au riuaige
La en feist il a ses consors partaige

Puis tiret du vin delicieux
Que leur donna a cestes le roy vieux
Et trinacrie quant ses terres passerent
Ainsi ensemble trestous solasserent
Rememorons les peines et les maulx
Queurent souffert sur les marines eaues
Lors Eneas en parolles piteuses
Veult adoulcir leurs douleurs engoisseuses

O socii neq enī ignari sumus añ maloꝝ O passi grauiora deus dabit quoq finem

¶ O chers amis et compaignons notables
Bien vous souuiēt des maulx intollerables
Que nous auons souffert par cy deuant
Soyez doncques plus fors doresnauant
Vous qui auez porte plus grãdes peines
Nayez ores les pensees si vaines
Car cil qui fait les choses de neant
Pourra fin mettre a linconuenient
Vous doncques tous q̃ bien auez domptez
Les reguens de scella surmontez
Ou les rochiers despiteux et prochains
Font vng abisme mortel a tous humains
Vous qui sãs perte les dangiers cyclopees
Auez passe et leurs voyes couspees
Reprenez cueur et plus ne vous doulez
Car tost aurons repos si vous voulez
Laissez a part regret et peur et crainte
Ne faictez plus gemissement et plains
Car peult estre quung iour le temps viendrã
Quant de ce fait aumoins il souuiendra
A noz futurs et loingtains successeurs
Ilz pourront dire que fusmes successeurs
De grandz vertus dauoir oze emprendre
Porter telz maulx pour a bonne fin tendre
Par cas diuers en grant melencolie
Nous pretendons tirer en italie
La ou les dieux par leurs fatal dispos
Nous promettans les sieges de repos
La deuons nous comme le sort ottroye
Remettre sus le royaulme de troye
Doncques durez q̃lque mal qui vous presse
Et vous gardez a plus grande liesse

Talia voce reffert curisq ingentibus eger Spem vultu simulat

Celle chose leur dit a celle fois
En triste cueur et asseuree voix
Il tout trouble de dure et de marsaise
Monstroit face despoir et de grant ayse
Et comprimoit par p̃messe et valeur
Sa trop extreme et poignante douleur
Incontinent en besongne se mirent
Et leurs grandz cerfz et venaisõs deffirẽt
Les membres coupent et ca et la espars
Les diuisoient en differantes pars
Dedens broches les couchent et les mettẽt
Et les aulcuns aussi deulx sentremettent
Dassoir au feu leurs cuyures et vaisseaulx
Combles et pleins de mesurees eaulx
Quant tout fut prest sur lherbe se poserent
Ou leurs corps las et tristes reposerent
De diuers boires et de doulces liqueurs
Commencerent a reprendre vigueur

Postq̃ exēpta fames epulis mensęq remote Amissos longo socios sermone requirunt

Quant ilz eurent leur aspre fin chassee
Pour viande quil auoient pourchassee
Et que de table furent trestous leuez
Eulx qui estoient lassez et aggrauez
Commencerent lors par parolle mainte
De leurs consors faire regretz et plainte
Et eulx piteux despoir et en grant doubte
Auoient loeil et loreille a lescoute
Aucunes fois par vng doubteux remors
Presuposent quilz estoient du tout mors
Aucune fois aussi espoir auoient
Que mors nestoient mais quencore viuoiẽt
Et mesmement Enee le piteux
Trop regretoit la desfortune deulx
Aucune fois plaignoit la descadence
Du fort oronte et damycus loffence
Souuent aussi cloantus lamentoit
Moult desiroit scauoir ou il estoit
Si faisoit il gyan et mais lycus
Que forte mer auoit prins et vaincus
Aussi faisoit en diuerse maniere
De ses consors plainte particuliere
Quant ilz eurent a leurs plains et gemis
Les accidens de leurs perdus amys
Le iour cessa et vint la nuyt obscure
Lors iupiter qui en profonde cure
De son hault trosne et puissantes mains
Voit et proiecte laffaire des humains
Regarde lors terres et mers prochaines
Villes citez toutes de peuple pleines
Et quant il eut long temps considere
Getta son oeil et regart modere
Droit sur lybe qui est pais daffricque
Sans diuertir sa veue en part oblicque

Et loq ven9 O q res hominumq deumq Eternis regis imperiis et fulmine terres

¶ Alors venus pleine de desplaisir
Ne voulut pas attendre aultre loisir
Ains toute triste courroucee et dolente
A iupiter se vint faire presente

En luy disant o roy prince des cieulx
Qui gouuernes des hommes et des dieux
Le fait entier par eternel empire
Et par tonnoirre que de ta main respire
Sur tous humains obeissance as
Dy moy qua fait le mien filz eneas
Qua peu cestuy encontre toy commettre
Pour tāt d̄ maulx luy ietter a soubz mectre
Quont enuers toy les troiens procure
Par quoy leur fait soit tant auanture
Toute prouince toute contree et terre
Leur fait ennuy et leur pourchasse guerre
Pour ytalie ou ilz sont pretendans
Ilz souffrent peine tant de saisons et dans
La tu me feis par cy deuant promesse
Que diceulx miens istroit la grāt noblesse
Des haultz romains par reuolucion
Les quelz tiendroient dessoubz leur diction
Et terre et mer soubz forte seigneurie
Quelle sentence donques leur contrarie
Ne qui les fait changer et varier
Puis que le mal Je les voys charier
Dōnes au moins a mō cueur quelque ioye
A celle fin quen seurete le voye
Et ie qui suis trop marrie et despite
Dauoir veu troye ruyneuse et destruicte
A ton promys en prenant reconfort
Pensant vaincre fortune par bon sort
Mais pour certain celle mesme fortune
Leur est contraire aduerse et importune
Et ca et la ne fait que pourchasser
A les destruire et despoir les chasser
Dy moy doncques quant cessera leur peine
Et quāt auront leurs labeurs fin certaine
Las anthenor pour chemin non secretz
Peult eschapper du dangier hors des grecz
Et sans auoir nul desplaisir amer
Trauersa bien la illyrique mer
Et surmonta asseus sās craindre riens
Royaulme et terre des fortz lybiconyens
Et la fontaine qui timaine se nomme
Qui en neuf bouches est diuisee en somme
Labastit il en bien eureuse vie
Noble cite quon appelle pauye
La choisist il ses sieges de repos
Et a la gent donna noms et impos
La posa il ses armes et bannieres
Dōnant menasses aux estrāges frōtieres
La vint il en desiree paix faictz
Sens soustenir dauersite le fais
Et nous qui sommes ton sang ta geniture
A qui tu as promis doulce aduanture
Auons perdus nauires biens et gens
Et si viuons sans espoir indigens
Trahis sommes et loings de nostre attēte
Pour lire dune contre nous mal veillante
Ditalie plus ny fault esperer
Ailleurs conuient certes deliberer
Et ce honneur la pytie et clemence
Que tu octroye a ta propre semence
Veulx tu remettre en ce point tes amys
Au grant ceptre que tu nous as promys
¶ Lors iupiter des dieux et homme sire
Luy commenca doulcement a soubz rire
Et de visaige tout tel comme il apaise
Ciel et tempeste et doulcement la baise
En luy disant ne te contriste pas
O cytharee car par ordre et compas
Sans varier les voluntes fatales
Seront tousiours posees et esgalles
Dont les hōneurs promis aux tiens iadis
Ne leur seront tolluz ne interditz
Vng iour verras en cite glorieuse
Regner ta gent comme victorieuse
Et si seront les meurs lauines leurs
Apres leurs peines et mortelles douleurs
Et puis en fin a ton doulx filz Enee
Sera chambre au plus hault ciel donnee
Sur les estoilles toy mesmes oseras
Le colloquer et si la le poseras
Et puis que tant tu veulx estre aduertye
De la fortune qui pour eulx est bastye
Des haulx secretz diuins te conteray
Plus emplement et seure ten feray
Cil Eneas par qui ton cueur trauaille
En ytalie fera long temps bataille
Et par empres vainquera subiuguera
Peuples robustes Et sur eulx regnera
Il leurs donrra status loix ordonnances
Et bastira citez de grandes deffences
Quant il aura trois annees regne
Et des rutules le pays gouuerne
Ascanius qui iulus se clame
Ou lors ilus auant que feu et flame
Eust la grant troye remise en piteux estre
Tiendra trente ans la couronne et le ceptre

Olli subri-
dens homi-
nū sator atq3
deorum
vultu quoce-
lum tempe-
statesq3 se-
renat
Parce me-
tu cytharea
manent im-
mota tuorū
fata tibi

De lauinye et puys translatera son regne
Son regne ailleurs la ou il bastira
La grant albe cite noble et fameuse
Et en auoir fort riche et plantureuse
Par troys cens ans en celieu regneront
Ceulx qui de nom troyen yssus seront
Jusques atant que la dame vestale
Religieuse fille noble et royalle
Dicte ylia du dieu mars impregnee
Rendra deux filz masles dune ventree
Dont par apres romulus sortira
Que vne louue de son laict nourrira
Et il ioyeux eschappe de fortune
Prendra regne sur gent et sur commune
Et bastira belliqueuse cite
Bien repugnant a toute aduersite
Et de son nom prendront tiltre et nayssance
Les haulx rommains et pardurable essence
Lesquelz nauront de moy terme ne temps
De seigneurie tant les feray contens
Basti leur ay perpetuel empire
Voire sans fin et si iuno conspire
Pour le present ennuy mal et rigueur
Tendant monstrer aux troyens sa vigueur
Et quelle trouble par crueuse tempeste
Ciel terre ⁊ mer pour faire deulx conqueste
Le temps viendra tranquille et si plaisant
Quelle prendra conseil fauorisant
Et auec moy qui tout ton fait regarde
Tiendra rommains en sa songneuse garde
Et la gent noble de vertus aornee
Sera par elle aymee et gouuernee
En tant pour vray que celle nacion
Aura par tout la dominacion
Ainsi me plaist ainsi veux que se face
Et viendra lheure ap̃s moult longue espace
Que ceulx yssus du nom dassaracus
En grant triumphe poseront leurs escuz
Dedens philis et au cler mycenes
Et par effors et glorieuses peines
Asseruiront soubz leur auctorite
Les durs gregoys tous plains dausterite
Apres naistra de la troyenne souche
Le grant cesar loue par main te bouche
Qui son empire certes exaulcera
Si loing que mer ses vndes poussera
Et si sera sa grande renommee
Jusques aux astres conioincte et assommee

Du nom de iules sera il possesseur
Pris diullus loingtain predecesseur
Et quant cestuy es fins orientales
Aura conquis ceptres maison royalles
Et quil sera a romme retourne
Charge de proye et ioyeux aorne
Par toy sera au royaulme stellifere
Hault esleue hors du terrain affaire
Et luy feront les humains et mortelz
Temples pompeux et sumptueux autelz
Alors les siecles tous pleins de violence
Retourneront en vraye concordance
Et cesseront batailles et desroys
Qui par auant furent entre les roys
Lors tiendra siege de droit et de iustice
Cil romulus a son frere propice
Charite foy auec religion
Tiendra le peuple en commune vnion
Par eulx sera guerre dure ou mortelle
Close et fermee en prison criminelle
Et enferree de si tresdurs lyens
Que iamais plus nystra hors de leans
Armes harnoys et bastons deffensibles
La seront mys sans plus estre nuysibles
Si bien seront sur eulx portes fermees
Que pour nul temps ne seront deffermees
¶ Telles parolles iuppiter prononca

Hec ait et
maia geni-
tum dimisit
ab alto

Et a venus laduenir denunca
Puis enuoya de son hault ciel mercure
Son interprete affin que par grant cure
Cil feist ouurir par gracieux moyens
De carthaige les portes aux troyens
Et que la ville chasteaulx ⁊ maisõs toutes
Iceulx receussent par amyables houstes
Affin aussi que dido la regente
De ce pays du fatal ignorante
Ne les chassast de ses terres et lieux
Ainsi volla le message des dieux
De legere elle ⁊ tant feist sans demeure
Que de libye aprocha en peu deure
Tost eut parfait ce qui luy fut commis
Car il rendit les penois bons amys
Diceulx troyens et leurs cueurs ⁊ couraiges
Feist lors encline a tous piteux ouurages
Et dido mesmes eut acoy le vouloir
Doulx et begnin pour eulx tous recepuoir
En celle nuyt enee debonnaire
Plein et charge de tout piteux affaire

Revoluoit certes en son entendement
Choses diuerses sans prendre longuement
Repos de corps qui les esperitz assomme
Car long dormir faict apoisantir lhomme
Et quant il voit acop naistre le iour
Incontinent apres et sans seiour
Delibera yssir hors de sa tente
Et danquerir & scauoir sans attente
Les lieux nouueaulx voire et en q̃lz perilz
Le vent diuers les auoit enuahis
La terre estoit en ce lieu aspre et rude
Car nulle gent ny faisoient habitude
Ja naperceut ne place ne maison
Ou homme peult passer temps et saison
Si proposa de se escarter arriere
Et regarder par deuant et derriere
Sil verroit gens ou bien bestes foraines
Qui en ce lieu obtinsent leurs demaines
Et den faire par apres le raport
A ses consors quil laissa sur le port
Ainsi laissa la nauire posee
Soubz vng doulx vmbre en seure reposee
Et auec luy aultre des siens nauoit
Fors achates qui ses secretz scauoit
Deux dars porta en main de fiere pointe
Dont moult sembloit cheualereux & cointe
En cest estat sen alla sans arrest
Et quant il fut auant en la forest
Venus sa mere se feist lors apparoistre
Ayant visaige forme semblant et estre
Vesture et arme dune vierge chassant
Qui va bestes en questes pourchassant
Ainsi que vont les pucelles spartaines
Qui trauersent les forestz incertaines
Et bien prengnent la peine et le loysir
Pour auoir proye qui soit a leur plaisir
Telle sembloit venus en clere face
Or bien ainsi que harpalice de trace
Qui tant subtille et tant legiere estoit
Que tous cheuaulx par course surmontoit
Bien eust lon prins venus non deesse
Mais venatrice ou femme chasseresse
Car elle auoit son arc au col tendu
Lequel estoit prest destre destendu
Ses cheueulx furent sur le derriere espars
Que le doulx vent iectoit a mainte pars
Sa robe fut hault troussee et leuee
La iambe nue bien polye et lauee

Cui mater media sese tulit obuia silua Virginis os habitumq3 gerens.

Affin quel sceust mieulx son pas auancer
Lors commenca telz motz a prononcer
¶ Las dittes moy amys en brief lãgaiges
Si par ses boys et verdoyans bocaiges
Ou ie vous voy poursuyuans et chasseurs
Auez point veu aucunes de mes seurs
Qui comme moy soubstient en sa saincture
Arc et trousse de tresgente facture
De peaulx de bins couuerte tout en tour
Pour aduanture au cours et au destour
Daspre sanglier comme deliberee
Cest ca ou la de moy loing esgaree
Pource vous pry se nouuelle en scauez
Dictes le moy ou si veue lauez
Alors se teust venus ainsi absconce
Soubz forme hũaine a sõ filz faict respõce
¶ Certes dame de grãt doulceur pourueue
Nulles des tiennes nay ie ouye ou veue
Mais qui es tu vierge las ditz le moy
Pour mettre hors mon cueur de ton esmoy
Car ta face me semble certes telle
Que tu nes point humaine ne mortelle
Ne mais ta voix ne monstre ne ne sonne
Que tu soyes terrienne personne
Tu es deesse ie le croy fermement
Nescay pourtant se tu es vrayement
Seur de phebus ou des nymphes parente
Mais ta maniere est assez apparente
Pource te pry quiconques que tu soyes
Donnes nous heur de plus pfaictes ioyes
Et toy dame qui tout scais et tãt vaulx
Allege vng peu noz peines et trauaulx
Et si enseigne a noz malheureux hommes
Dessoubz quel ciel ne en quel terre sommes
Car pour certain vierge nous ne scauons
En quel pays maintenant nous viuons
Errãs sommes voire par trop long temps
Non congnoissant du lieu les habitans
Vent dangereux fluctueuse tempeste
Dont faict de nous trop piteuse conqueste
Ayde doncques aux poures desolez
Et loz des dames te seront immolez
A tes aultiers par maintz sacrifices
Comme il affiert a tous diuins offices
Respond venus gracieuse et benigne
Pas ne me tiens de si grant honneur digne
Nostre mestier et nostre faculte
Cest porter larc et la trousse au coste

At prior heu inquit iuuenes mõstrate mearum Vidistis si quã hic errantẽ forte sororum

Nulla tuarũ audita michi neq3 visa sororũ

Passer forestz en voye taciturne
Lyer la chausse de beau vermeil cothurne
Cest la facon de nous qui pourchassons
Noz auantures et qui bestes chassons
Ce lieu certes dont tu quiers la praticque
Sache que cest le royaulme punique
Ceulx du pays sont ditz les tyriens
Premiers y furent les agenoriens.
Qui basti prent lancienne cite
Ou gens hanterent tous plens dauctorite
Gens belliqueux de force insuperables
Contre aduersaires puissãs et redoubtables
La tient ores le ceptre de renom
Une dame dont dido est le nom
Laquelle veint en ce pays construire
Fuyant son frere qui la vouloit destruire
Liniure est longue et grande a reciter
Pour dire au vray qui la feist inciter
Laisser sa terre et son propre heritaige
Pour pourchasser en lieu forain partage
Mais pour amys que tu ne scais cela
Je te diray le tout comme il alla
¶ Celle dido cy deuant reclamee

Huic con-
iunx siche⁹
erat ditissi
mus agri
Phoenicu͂

Auoit este nagueres mariee
Moult ayme delle le malheureux dolent
Roy sicheus riche et fort opulent
A cil lauoit le pere delle vnye
Intemeree de chastete munye
Ung frere auoit elle sans fiction
Faulx et diuers nomme pigmalion
Qui possedoit royaulme et seigneurie
Terre et cheuance que pas nauoit merie
Il conuoiteux et trop ambicieux
Dor et dargent ayant lors clos les yeulx
Pour lauarice en son cueur tant fichee
Or a tue son beau frere sichee
Et pour auoir ses tresors temporelz
Le mist a mort entre deux grans autelz
En contemplant lamour et laliance
Des deux conioinctz et la feule fiance
Longs iours cela le crime et le meffaict
Et il meschant qui tel exploit eut faict
Scauoit assez dissimuler et faindre
Pour que dido en feist enqueste maindre
Et pour espoir trop dangereux et vain
Passoit la noise de demain a demain
Mais peu de iours furent escheus formẽt
Quant dido certes esploree en dormant
Diuerses fois veid la face et ymage
De son espoir en trop mortel ouurage
Palle et deffaicte qui lors se presentoit
Par mainte nuit quant en son lict estoit
Son cueur descouure sa poictrine desploye
Et luy monstra la trop cruelle playe
Que sans raison pigmalion luy feit
Dont il occist et par mort le deffeit
Ainsi faisoit sicheus pleine monstre
De cas couuert et ainsi luy remonstre
Pour la seurte et de tous ces tresors
Que tost sen aille et quelle vuide hors
De son pays et que ses biens emporte
Ains que son frere les saisisse et emporte
Et luy monstra le moyen et comment
Emporteroit son auoir seurement
Dido esmeue par celle remonstrance
Feit son aprest et prompte diligence
De prendre fuite et tost eut gaigne gens
Bons et loyaulx bien duitz et diligens
Car haine et peur du tirant procree
Les feit contens laisser celle contree
Ainsi prindrent tous dun commun accord
Certaines nefz qui lors furent au port
Et les emplissent par bien secret affaire
Dor et dargent comme dido feit faire
Ainsi furent les tresors emportez
Que tant auoit voulus et conuoitez
Pigmalion tout remply dauarice
Et femme seule mist a fin tel office
Tant nagerẽt sans danger pour tout voir
Quen ce lieu vidrẽt la ou tu pourras voir
Haultes murailles et grandes forteresses
Chasteaulx et tours pleines de grãs richesses
Et si voirras la cite neufue et belle
Quelle bastit oncques nen fut de telle
Car grant auoit pour la faire exploicta
Cartage est dicte car dido acheta
Autant de terre quelle pourroit comprẽdre
Dun cuyr de biche et tout autour estendre
Si bien sceut elle celle peau departir
Que grant pays peult a elle assortir
Ainsi de carte fut cartage appellee
Ores vous ay la chose desmeslee
Mais dictes moy qui vous estes aussi
Ne qui vous meine en ce pays icy
Dou venez vous et mais ou vous allez
Je vous requiers qui point ne le celez

Sed vos q̃
tandẽ qb⁹
aut venistis
ab oris
Quo ve te
netis iter

A tel demande se print a souspirer
Le doulx enee car il sent empirer
Et esmouuoit tout acoup en luy mesme
Pour remẽbrence sa douleur trop extresme
Et lors tirant du profond de son cueur
Sa voix piteuse faillie et sans rigueur
¶ Va dire ainsi O benigne deesse

O dea si pria repe= tes abori= gine pgaz

Se je vouloye de lennemy q̃ nous presse
Faire recit et compter amplement
Jusques en fin tout le commencement
Et quil te pleust escouter les annales
De noz labeurs et noz peines iournalles
Deuant seroit le iour cloz et finy
Que ieusse dit nostre mal infiny
Vent et tempeste comme fortune ottroye
Au partement que nous feismes de troye
Jentens aumoins si de troye les merueilles
Sont paruenues iusques a voz oreilles
En mers diuerses plongez et agitez
Es fins libicques nous ont mis et iectez
Je suis enee le piteux qui admeine
Auecques moy de tout nostre demeine
Noz dieux priuez que iay rauys des mains
De noz contraires les grecz trop inhumains
o moy les porte en nef soubz blãches voilles
Dont iay renom voire iusq̃s aux estoilles
Italie querons moult esbahis
Ce lieu nous est dedie pour pays
De la vindrent noz primetains ancestres
Qui a troye iadis eurent leurs ceptres
Quant au premier dedens la mer me mys
Acompaigne de mes loyaulx amys
Janoye o moy vingt nauires pompeuses
Bien equippees et moult auantageuses
En poursuyuant le diuin sort fatal
Ayant fiance et mon espoir total
A ma mere deesse saige et duyte
Qui nous deuoit donner seure conduyte
Et de ce nombre ainsi que chacun scet
A peine en ay ie peu saulues six ou sept
Las ie dolent qui oncques ioye neu
Suis maintenant en pays incongneu
Et souffreteux plein de melencolie

Quilqsea haud cres do iuis⁹ ce lestib⁹ au= ras Uita= les carpis

Jay trauerse les desers de lybie
Dasie aussi et deurope chasse
Ne scay qui ma pour maleur pourchasse
¶ Plus neut pouoir venus douyr sa plaincte
Car mere estoit ains fut alors contraincte
De sincoper et rompre a celle fois
De son enee la doloreuse voix
Disant certes ie croy quelque tu soyes
Que pas ne vis banny de toutes ioyes
Et que les dieux ne te haissent tant
Comme tu vas par pitie recitant
Si te conseille sans que plus te trauailles
Pour celle fois que seurement ten ailles
En la cite dont tu es assez pres
La penseras a ton faict par apres
Et a la royne hardiment te presente
Car ta venue ne sera desplaisante
Et ie te ditz que tes gens et tes nefz
Qui a peril furent habandonnez
Sont eschappez de mal et de fortune
Et de toutes nen est pas pery vne
Je te denonce et est vray pour certain
Ou trop es faulx voire subtil et vain
Laugure et sort selon le mien vsaige
Que mes parens mapprindrẽt en ieune aage
Regarde en lair douze cignes plaisans
Vollans ensemble ioyeux et deduysans
Ausqlz naguères laigle faisoit grãt guerre
Ores descendent asseurs en pleine terre
Tout ainsi certes que de dangiers yssus
Sont en seurte et en ioye remys sus
Et de leurs aelles en verdoyant praytie
Meinent ensemble ioyeuse confrarie
En tel maniere tes nefz et tes consors
Qui ont souffert maintz perilz et effors
Sont ores a port ou bien a port arriuent
Et te prometz que sains et saulues viuent
Or va doncques et suys ce droit sentier
Car ceste voye te rendra au cartier
¶ Cela luy dit lors sans longue posee

Dixit et auertẽs ro= sea ceruice refulsit Ambrosie qz come di uinũ vtice odorem Spirauere

Sa face fut dune couleur rosee
Toute luysãt ses cheueulx blõdz et beaulx
Furent remplis dodoremens nouueaulx
Et respirent vne senteur diuine
Dambroysie moult precieuse et digne
Soudainement sa robe descendit
Jusques aux piedz et au long sestendit
Brief au partir bien se feist apparoistre
Voire deesse non mye corps terrestre
Quant il congneut que sa mere cestoit
Qui sen alloit et que plus narrestoit
En parolle piteuse et larmoyante
Il poursuyuit icelle deffuyante

Quid natũ totiens crudelis tu quoq; fal- sis Ludis ymaginib9

Mais pourquoy las cruelle tu decois
Soubz faictz habitz ton filz par tãt de fois
Pourquoy ne veulx or que la dextre myẽne
Puisse toucher et conioindre a la tienne
Et que ie sache ta voix vraye escouter
Et toy la myenne sans en rien y doubter

Talib9 icu sat gressũ qz ad me- nia tendit

¶ Ainsi laccuse et luy faict tel reproche
Puis des haultz murs de cartage saproche
Et lors Venus qui deulx eut soing et cure
Les va couurir dune nuee obscure
Et dun manteau dair gros rude et espois
Enuironna leurs corps en tous endroits
Affin que nul ne les veist a celle heure
Et quon ne peust prolonguer leur demeure
Affin aussi quon ne peust enquerir
Quilz venoyent en ce pays querir
Et quant Venus eut fine cest affaire
Droit a paphos se commenca retraire
Et la voulut visiter et reuoir
Les sieges siens son tresor et auoir
La est basty au nom delle vng hault tẽple
Moult sumptueux tresmagnificq̃ et ample
Dedens lequel cent aultelz esleuez
En lhonneur delle sont painctz et engrauez
De doulx encens et daromates dignes
Bien perfumez et de fleurs moult isignes

Corripue- reviam ite rea qua se mita mon- strat Jãq; ascẽ debãt colẽ

¶ Ce temps pendant enee et son adioinct
Cheminerent tous deux si bien apoint
Suyuans le train le sentier et la voye
Qui les passans en cartage conuoye
Que tost apres pour tost diligenter
Commencerent la montaigne monter
qui treshaulte est dõt on voit sãs grãt peine
Toute la ville de grant triumphe pleine
Quant au plus hault furent to9 deux ven9
Soubz le couuert de la dame Venus
Lors enee sarresta et print garde
Aux grãs ouuraiges et iceulx bien regarde
Moult sesmerueille de si pompeuse ville
Qui iadis fut petite chose et ville
Les portes loue et escoute le bruyt
Que chacun faict comme le cas les duyt
Les rues prise qui sont grandes et larges
Ou chacun peult passer selon ses charges
Ilz regardent comme les habitans
A diuers euures exploictoyent le temps
Les aucũs deulx vaquoyẽt aux murailles
Pour les faire fortes contre batailles

Et les aultres estoient tout au tour
Pour agrandir la principale tour
Ainsi pierres et cyment y mettoient
A tel affaire moult curieux estoient
Les vngs aussi aux chois de leurs raisons
Prenoyent lieu pour bastir leurs maisons
Et pour deffence et par mise closture
A leur pourpris faisoient propre saincture
Ilz esleuerent lors magestes et drois
Pour viure en paix et en communes loix
Vng sainct senat et iuges ordonnerent
Ausquelz les faictz de iustice donnerent
Les vngs creusent la terre o fermens
Et la posent leurs fermes fondemens
Pour eriger leurs theatres notables
Aultres taillent colunnes admirables
Et des rochiers tresgrans et sumptueux
Pierres en tirent et appliquent a eulx
Tout en ce point que font mouches a miel
Quant elles voyent luysant et beau soleil
Labeur les faict exercer et entendre
A mainte chose et diuerse euure emprendre
Car par florettes et par menus rameaux
Cerchent et quierent odoremẽs nouueaulx
Les vnes fõt leurs ptuys et leurs breschês
Et les aultres edifient leurs creches
Les aucunes par mesure et par poix
Rendent leur miel glutueux et espois
Et remplissent leurs celles et chambrettes
De doulx nectar et de liqueurs parfaictes
Aucunes ont charge de receuoir
Les estrangiers qui la les viennent voir
Et quant leur ost et assemblee est faicte
Se quelq̃ mouche trop grosse et imparfaicte
Leur cuyde faire dommage et ennuys
Tost essayent la mettre hors de lhuys
Ainsi sont toutes songneuses et feruentes
A leur ouurage et bien fort diligentes
Et sentent bon leurs petitz bitumens
Remplis de miel et de doulx condimens
¶ O dit enee moult sont a bon iour nez
Ceulx pour certain et tresbien fortunez
Desquelz les murs et edifices croyssent
Et qui de loing florissans apparoissent
En ce disant regardoit les destours
Et lexcellence de maintes fortes tours
Et les temples de la cite gentile
Qui moult sembloit sumptueuse et fertille

O fortunati quoz iam menia sur- gunt Aeneas ait

Tant chemina que dedens fut entre
Sans que de nul fut veu ne rencontre
Car cloz estoit dedens obscure nue
Dont sa persone de nulz ne fut congneue
Ainsi alloit dont grant merueille estoit
Entre les gens et nul ne sen doubtoit
Dedens la ville et cite de cartage
Droit au millieu auoit vng beau bocage
Au quel premier quant les penoys serrez
Par vent de mer la furent arrestez
Et par conseil de Iuno la deesse
Fondemens feirent pour leuer leur haultesse
Si trouuerent aux fondemens aual
La teste entiere dung preux et fort cheual
Qui leur fut signe et claire demonstrance
Que la naistroit gent de grant excellence
Et que le lieu seroit bon et fertil
Le peuple prompt et aux armes subtil
En ce lieu la pour cheure batissant
Dydo la royne qui en loz flourissant
Vng riche temple de beaulte excellente
Pour et au nom de Iuno leur regente
Au quel auoit grandz portez esleuez
Sur haultz degrez de fin or engrauez
Et les pilliers entaillez et couuertz
De painctures et dymages diuers
La vint enee ou voyant nouuelleture
Sa peur deschasse et sa craincte desceure
La son espoir tant feit et tant valut
Quil espera dauoir quelque salut
Et attendrir par doulce confiance
Lafflietion qui tant luy fait greuance
Ainsi iecta ses yeulx sans plus tarder
En toutes pars pour veoir et regarder
Les triumphes et les choses bien faictes
Dedens les temples aleez enuers pourtraictes
En attendant que la royne la vint
Lors a luy mesme pensa et luy souuint
De si grant eur et fortune prospere
Que la cite par ses labeurs espere
A voir le temple songneusement veilloit
En le voyant moult fort sesmerueilloit
Dont il louoit ouuriers et leurs ouuraiges
Car par tout eut souuerains auantaiges
Et en ce point que ses yeulx exploictoit
En tous endroitz et son regard iectoit
Il aduisa en riche pourtraicture
Les batailles et la desconfiture
De la grant troie pleine de desfortune
Par tout le monde desia sceue et commune
La veit il point priam en piteux nom
Menelaus aussi agamenon
Et achilles qui contre eulx ot conspire
Qui des atrides fut encores le pire
Lors se arresta iectant larmes des yeulx
Va dire ainsi mais ou sont or les lieux
Ne mais la terre qui ne soit aduertie
De nostre perte et cite subuertie
Las achates voys tu priam le roy
Comme fortune la mis en desarroy
Tout le loyer de ses puissances fermes
Ce seront pleurs gemissemens et larmes
Sa decadence ses diuers accidens
Pourront mouuoir au moins les regardans
Or soit donc apres nostre craincte assommee
Car peult estre que ceste renommee
Quelque salut en fin nous donnera
Qui noz labeurs et maulx guerdonnera
¶ Tout cela dit prenant lors sa pasture
En telz regardz et en vaine paincture
Moult gemissant et sa face arrousant
De large fleuue de pleur triste et cuysant
Car il veoit comme troyens fouloient
Dessus les grecz et contre eulx bataillorent
Aussi veoit que chascun se tenoit
En craincte et peur quant achilles venoit
Et tost apres veit il en celle place
Les pauillons de resus roy de trace
Qui aux troyens veint premier au secours
Mais bien furent ses iours petis et cours
Car occi fut endormy et imbelle
Par titides trop felon et rebelle
Qui admena ses cheuaulx blancz et beaulx
En ses tentes et belliqueux chasteaulx
Deuant quilz eussent en troye pris repeue
Ne eaue aucune du fleuue penthus beue
Pour lautre part veit il paint et pourtraicte
Le beau troyle lacere et distraict
Nud et sans armes et ses cheuaulx traynoient
Par boue et fange et sans ordre menoient
Las cest enfant bien ieune et malheureux
Trop differant et trop cheualereux
Pour achilles homme de forte taille
Tost fut deceu par petite bataille
Et de son cartie apres peu decheuz
Fut rue ius et tantost mys en bas

Sic ait atque animum pictura pascit inani Multa gemens

Ses blancz cheueulx sa face ieune et tẽdre
Furent traynez par ordure et par cendre
Ailleurs iecte enee son regard
Si aduisa et veid en autre part
Les poures dames troyennes esplorez
Cheueulx espers comme desesperez
Qui sen alloyent au temple de palas
Faisans leurs plainctz & leurs piteux helas
Qui de leurs mains leurs poictrines batoiẽt
Perles et robes tresdeuotes portoiẽt
En inuoquant toutes et pres et loing
Celle deesse a laffaire et besoing
Puis veid aussi comme par montz & vaulx
A la queue de ses legiers cheuaulx
Cil achilles traynoit en vitupere
Le corps dhector qui iadis fut le pere
Du loz dhonneur de magnanimite
Deuant les murs de sa propre cyte
Lors eneas voyant telle rigueur
Iecta souspir merueilleux de son cueur
Et moult se print a larmoyer et plaindre
Quãt sa pitie vouloit son oeil contraĩdre
A regarder despouilles curre et corps
De son amy dont il estoit recordz
Aussi veid il priam en ses alarmes
Tendãt les mains vaincues & sãs armes
Et luy mesmes entre eulx se recongneut
Parmy les grecz dont grand desplaisir eut
Bien y peult voir aussi les noires targes
Du roy memnon parmy les voyes larges
La veit aussi auant en la meslee
Des amazones la grand penthasilee
Portant escu en facon de croissant
Qui par prouesse alloit son los croissant
Car pour peuple ne grant cheualerie
Son cueur na peur ny en rien ne varie
Ains voulentiers couroit et se iectoit
Ou forte presse et le combat estoit
Trousse auoit lors sa mamelle dextre
De riche atache pour q̃ fut mieulx a dextre
Brief tant hardye en ses faitz se monstroit
Que les plus preux seurement rencontroit

Hec dũ dar
danio enee
miranda vi
dentur
Dũ stupet

¶ Quant eneas faisãt regretz & plainctes
Consideroit toutes ces choses painctes
Dont sesbahit et que de leur rassis
A contempler les siens mortz et transis
Dydo la royne si belle et triumphante
Entra a lors en maniere excellante
Dedens le temple & auecelle auoit
Grand quantite de gẽs qui la suyuoit
Femmes et dames luy feirent compaignie
Et aultres maintes de diuerse mesgnye
Elle sembloit en ce pompeux conuent
Comme dyane quant en pree souuent
Ou en bocaiges ainsi que bon luy semble
Ses belles nymphes assorte et assemble
Lors la suyuent par sentes et buyssons
Mille oreades faisans doulces chansons
Elle a son col porte trousse et saiectes
Et en beaulte passe les plus parfaictes
La meinent ioye et selon leurs desirs
Entierement possident leurs plaisirs
Semblable estoit dydo et toute telle
Monstrant face ioyeuse doulce et belle
Triumphamment au temple cheminoit
Parmy le peuple qui lors lacompaignoit
Et senquestoit de leuure commencee
Affin que tost elle fust auancee
Car moult taschoit son royaulme esleuer
En tous haultz faitz et dangiers escheuer
Ainsi entra iusque au meillieu du temple
Ou y auoit vne place assez ample
Dedens laquelle pour honneur triumphal
Estoit pose vng riche tribunal
Et la se siet la royne hault ornee
De gẽs en armes par tout enuironnee
La commenca par moyens diligens
Faire iustice et droit a toutes gens
Et si estoient par elle departies
Peines equales et raison aux parties
Quant eneas en subit mouuement
Veid arriuer en ce lieu promptement
Le fort segeste et le puissant cloante
Et les troyans que la mer violente
Auoit long temps chassez et separez
Et en loingtaine region esgarez
Lors sesbahit et fut acoup emprainte
Dedens son cueur ioye auec peur et crainte
Et achates moins plaisirs ne receupt
Quant les consors loing venir apperceut
Si desiroient a laudeuant deulx estre
Et eulx ioindre et toucher en la dextre
Mais la chose qui incongneue estoit
Leurs voulentez et desirs arrestoit
Dont dissimule et soubz couuerte nue
Veulent scauoir a plein de leur venue

Et quelle estoit leur fortune et leur sort
Ou les nefz furent ne aussi en quel port
Ne qui les meine car tous esleuz estoient
Pour querir paix et mercy appetoient
A voix commune du temple si senquierent
La viennent tous et la royne requierent

Postq̄ intro-
gressi ⁊ co-
ram data
copia fandi
Maximus
ilione⁹ pla-
cido sic pe-
ctore cepit

Quant entrez furent et to⁹ leurs adherens
Et quilz eurent comme humble requerans
Loy de parler audience donnee
Lors commenca premier ylionnee
Homme eloquent et dist a celle fois
Ce qui sensuit en tresplaisante voix
O noble royne a qui dieu a permis

O regina
nouā cui cō-
dere iupiť
vrbem
Iusticiaq;
dedit gen-
tes frenare
superbas

Edifier entre les siens amys
Neufue cyte si belle et si propice
Et a donne par glaiue de iustice
Force et pouoir de regner et dompter
Superbes gens et leurs cueurs surmonter
Nous las troyens chetifz et miserables
En toutes mers iectez par ventz muables
Doulce mercy et pitie requerons
Rien fors ta grace ne voulons ne querons
Et quilz te plaise que noz nefz trauaillez
Par feu ne soient destruites ne bruslez
Aiez regard a nostre nacion
Pleine de dueil et tribulacion
Et considere noz choses fortunez
Comme malheur les a si mal menez
Ja ne sommes arriuez en ces lieux
Pour despouiller voz terres ne voz dieux
Ja ne portons ne proyes ne rapines
Pas ne sommes de si grant honneur dignes
Celle vertu nest pas dedens noz cueurs
Car vaincus sommes et nō mye vinqueurs
Vng lieu y a quon appelle hesperie
Terre ancienne puissance en armoyrie
Moult fructueuse et pleine de tous biens
Ou premier furent les oenotroyens
Et maintenant telle est la renommee
Que les modernes ytalie lont nommee
Prenant le nom ainsi comme lentendz
Dytalus duc qui regna en ce temps
La fut certes nostre cours primerain
Cuydans trouuer le temps doulx et serain
Mais tout acoup orizon plein de pluye
Qui nauironniers endommaige et ennuye
En mer sellieue et meist soudainement
Noz nefz et voilles en esbahyssemens

Et les iecta en voyes incongneues
Par bouffemens et par obscures nues
Tant fut la mer impetueuse a lors
Que resister ne peusmes a ses sortz
Donct par rochiers et vndes perilleuses
Auons souffert peines trop dommageuses
Et de plusieurs et grandes legions
En petit nombre querons noz regions
Bien seriez gent peruerse et rudes hōmes
Si a nous pourez q̄ tant trauaillez sōmes
Vous refusiez si desdaigneusement
Terre et areine pour logis seulement
Voz menaces nous font ennuy et guerre
Et nous deffendent la plus prochaine terre
Si tāt sont pleines de vēgeance voz mains
Quelles mesprisent ceulx cōe vo⁹ humains
Et que voz murs soient fiers ⁊ rebelles
Que peu estimēt les enseignes mortelles
Ayez regard aux dieux q̄ peuent tout voir
Soit bien soit mal et a tout cas pourueoir
Roy auons eu quon appelloit enee
Juste et piteux plus que personne nee
Oncques neut il en armes ou bataille
Pareil a luy ne de plus forte taille
Sil est ainsi doncques que mort ne soit
Mais se son corps esperit de vie recoit
Et que encores les tant cruelles vndes
Noye ne layent en abismes profondes
Ne te repens vser de piteux fait
Enuers no⁹ aultres doulce dame en effect
Et nayes dueil destre en bienffaitz primiere
Par charite ainsi que familiere
Si de danger peult yssir et cheuir
Bien le saura enuers toy deseruir
Et sil est mort dont est trop grande perte
Encor nous est toute cecile ouuerte
La auons nous noz armes et cytez
A nostre gre quant serons incitez
Car acestes y regente et domine
Qui des troyens a prins son origine
Rien ne voulons de toy ores auoir
Fors quil te plaise a terre receuoir
Noz nauires froissez et cassees
Par trop grandz ventz et tempestes lassees
Et que traynes ou boys choisir puissons
En ces forestz et verdoyans buissons
Par ce moyen pourrons aller et tendre
En ytalie et grandz faictz entreprendre

Mais que le roy nostre q̄ tant plaignons
Soit reconuert auec noz compaignons
Et si salut ou espoir nous deffault
A tel affaire et que maintenant fault
O des troyens le protecteur et pere
Que mer libique tenoye et te supere
Et que iamais de ton filz yulus
Nous soyent certes les grādz soulas tolus
Au moins pourrons en la mer sicanye
Querir noz sieges sās q̄ aucū no' les nye
De la sōmes icy vers toy venus
Et dacestes serons entretenus
Telles parolles en voix bien aornee
Proposa lors le saige ylyonee
Et les troyans qui furent la dedens
Murmurerent telz motz entre leurs dens
¶ Tantost apres dydo doulce et benigne
Leur respondit ayant la face incline

Talib' Ilio-
neus cuncti
simul ore fre
mebant
Dardanide

O vous troyās iadis preux et vaiqueurs
Chassez tristesse et crainte de voz cueurs
La chose dure et la noualite
De vostre regne a mon cueur incite
Et si me meult sās q̄ plus ie retarde
A vous tenir en seure sauluegarde
Qui est celluy sil na les sens faillis
Qui bien ne saiche dont vous estez saillis
Et qui de troye nayt ouy les merueilles
Le loz en est par my toutes oreilles
Si sont certes les meurs et les vertus
De grandz gens par fortune abatus
Et les flammes et les batailles telles
Qui ont este cōmunes et mortelles
Pas nauons nous si rude entendement
Que ne sachons que tout entierement
Ja si loingtains ne sōmes de voz terres
Qua bien nayons notice de voz guerres
Mais tant ya quelque lieu que querez
Si hesperie cerchez et requerez
Et les doulces terres saturniennes
Ou bien les fins quon dit ericiennes
Et dacestes que tenez foy si cher
Auez vouloir vous ioindre et aprocher
Seurs vous feray dayde secourable
Et pour secours ie vous feray aydable
Les biens q̄ iay vous seront deliurez
Pour en vser tant cōme vous viurez
Et sil vous plaist en ce lieu demourer
Je vous feray cōme moy honnourer

Ceste cite que ie faicte et bastie
Est a vous tous et pour vous assortie
Pour ce doncques pouez asseur loger
Dedēs mes portz voz nefz sās nul dāgier
Car aussi chiers tiendray ie vous troyans
Comme ie fais les propres terriens
Et ne feray aucune difference
Entre eulx et vous quant a magnificēce
Que pleust a dieu que tel et pareil vent
Qui vous a mis et iectes si auant
Jeust chasse vostre bon roy enee
Bien luy seroit ma terre habandonnee
Mais ienuoyray seurez certains messages
Pour enquerir p tous portz et riuages
Dedens lybie et aussi pour scauoir
Se on le pourra en ville ou forest veoir
Quant eneas et achates ouyrent
Motz si plaisās moult fort se resiouyrent
Et ia chacun desiroit et vouloit
Rompre la nue qui couurir les souloit
Lors commenca achates tel langaige

His aīz ar-
recti dictis &
fortis achā-
tes

Quelle sentence gist or en ton couraige
Filz de deesse ne vois tu tous noz faictz

Et pater e-
neas

En asseurance noz compaignōs refaictz
Et noz nauires en liberte pleniere
De tous nous autres nen ya quun derreniere
Lequel auons veu noyer et perir
Le demourant peust seurement courir
Et au surplus assez est veritable
La parolle de ta mere notable

Nate dea q̄
nunc aīo sē
tētia surgit
Oia tuta vi
des

A peine eut dit le propos quil tenoit
Quant la nue qui les enuironnoit

Vix ea fat'
erat cū circū
fusa repēte

Sentremist lors et fut a coup changee
En air serain et en clarte purgee

Scindit se
nubes

Lors enee droit en piedz demoura
Plein de lumiere qui moult le decora
Ayant maintien mēbres gestes et face
Dhōme celeste plein de diuine grace
Car sa mere ses cheueulx auoit painctz
Doudeur souefue et de doulceur to' plains
Et auoit mis vne couleur rosee
Dedens sa face bien ieune et disposee
Ses yeulx auoit remplis en toutes pars
De doulx attraictz et de plaisans regards
Tout en ce poït q̄ les ouuriers fōt luyre
Par leurs outilz le bel et blanc yuyre
Ou comme pierre bien claire et fin argent
Plus beau se monstre plus sumptueux ceres

Quant le riche or le cercle et lenuironne
Car plꝰ beau lustre par ce moyen luy dõne
Lors tout acoup il veu des assistans
Sans plus attendre aulcune heure ne tẽps
Deuant la royne dist telz motz bien parez
Improuisꝰ ait coram quẽ queritis adsũ troius eneas
Icy suis ie celluy que vous querez
Troyan enee qui des libicques vndes
Suis eschappe et des mers si profondes
O doulce royne qui seule as eu pitie
Par ta clemence et benigne amitie
Des grandz labeurs et peines miserables
De nostre troye qui sont inextimables
Qui as receu en tes lieux plus secretz
Nous qui sommes la despouille des grecz
Gens eschappez de cas et de ruynes
De toutes terres ⁊ de grãdz eaux marines
En nous ne sont dydo les forces telles
Pour te rendre les graces immortelles
Ne les troyans que mer ou terre tient
Rendre pourroient lhonneur q̃ tapartient
Si prie aux dieux silz ont aulcũs couraiges
De cherir ceulx qui font piteux suffraiges
Et si iustice droicture et equite
En eulx remaint comme il est verite
Quilz te rendent le loyer et sallaire
Du doulx recueil qui te plaist de noꝰ faire
Bien eureux sont les siecles et les ans
De ta naissance et de rigueur exemptz
Et tes parens dignes de loz terrestre
Quant telle dame feirent au mõde naistre
Par quoy te iure tant que fleuues iront
Droit a la mer et la se retrairont
Tãt q̃ mõtaignes dõt il est si grand nõbre
Exposeront aux valees leur vmbre
Tant que le ciel destoilles a plante
Sera enduit pourtraict ⁊ cymente
Jamais de moy ne sera fait estrange
Le tien honneur ton nom et ta louenge
Noz nefz iront la ou elles pourront
Mais tes vertus auec moy demourront
¶ Ainsi parla et lors quiert de sa dextre
Ilona pressit dextra leuaq; serestum
Ilionee et de sa main senestre
Arreste ambrasse et aussi par empres
Tous ses consors qui luy furent pres
Quant tel le veid dydo de sens pourueue
Moult sesbahit en la premiere veue
Pensant au fait du peril et danger
Et au maintien de ce poure estranger

Lors commenca comme tresbien aprinse
Aux dictz de luy faire telle reprise
Filz de deesse dictz quel cas ou sort
Quis te rapte dea p tãta pericula casus Insequitur
En telz perilz te poursuit si tresfort
Ne quel rigueur tant soit rude ⁊ oultree
Ta deiecte en estrange contree
Nes tu celluy eneas dont en bruit
Filz danchises et de venus produit
Conceu et ne en eur beatifique
Pres symoys le fleuue dardenicque
Bien me souuient quen ma ieune saison
Jadis teucer banny de sa maison
Et deboute des terres de son pere
Veint en sydoine querant secours prospere
En ce temps la le mien pere belus
A fer poignant et glaiues esmoulus
Degastoit cypre la tant fertille terre
Et y faisoit bataille et forte guerre
Puis la donna quant en fut possesseur
A cil teucer vostre predecesseur
De lors certes me fut dit et comptee
Lexcellence de troye tant doubtee
Voire ton nom et cil de tes parentz
Qui tant furent en vertus apparens
Luy pour certain qui ce me recitoit
Jacoit que lors vostre ennemy estoit
Louoit les murs la grace et le merite
De vous troyens en sorte non petite
Et pour grand loz dit sa cognacion
Estre venue de vostre nacion
Pource doncques vous ieunes mal menez
En mon palais ioyeusement venez
Par lõgs labeurs iay en telle fortune
Comme la vostre diuerse et importune
Qui trauaillee mainte nuyt ⁊ maint iour
Ma fait en fin icy prendre seiour
Je ne suy pas de peine et mal exempte
Je scay q̃ cest/point nen suis ignorante
Dont ay aprins et retenu assez
Donner secours aux piteux et lassez
¶ Atant fina lors feit son sacrifice
Sic memorat. simul eneam in regia ducit tecta
Puis print enee par main doulce et propice
En son palais triumphal le mena
Et tout en lheure voulut et ordonna
Quon enuoyast au port .xx. grãdz toureaux
Gras ⁊ refaictz auecques cent pourceaux
Autant daigneaux que brebis alaictoient
Pour festoier les troyens qui estoient

Dedens les nefz ainsi grandz et petitz
Furent traictez selon leurs appetitz
Et de bons vins que dydo leur enuoye
Feirent entre eulx vne nouuelle ioye
Ainsi doncques fut eneas conduit
Au beau palais en tout triumphe bruyt
Ou les chambres sales et galeries
Furent parees de grandz tapiceries
La furent gens ordonnez par deuiz
Pour aprester les bancquetz et conuiz
La eust on veu mainte robe doree
De riche soye et pourpre decoree
Hanaps et couppes de fin or et argent
Dedens lesquelles en euure bel et gent
Estoiēt painctz leur premerains encestres
Leurs pocesseurs leurs corōnes et ceptres
Lors eneas a qui plus fort chaloit
De son doulx filz car amour le vouloit
Enuoya tost achates son messaige
Au port de mer ou est son nauigaige
Pour ascanye instruire et aduertir
Cōment la royne leur faisoit departir
Si grandz hōneurs et biēs en son demaine
Dont commanda quen la cite lamaine
Sa seulle cure et sa pensee estoit
En son cher filz la sans plus sarrestoit
Aussi luy dist q̄ les royaulx insignes
Prins et rauis de troyennes ruynes
Il apportast sans laisser le manteau
Dor et douuraige moult precieux et beau
Et le voyle tissu de iaune achanthe
Diceulx atours helene belle et gente
Souuentesfois acoustrer se souloit
Quant au triumphe aparoistre vouloit
Et iceulx mesmes emporta auec elle
Quant de paris se meist en la nacelle
Quant elle voult a pergame venir
Laissant mary premier pour la venir
Celle vesture bien faicte et ordonnee
Leda sa mere la luy auoit donnee
Ainsi enee ordonna apporter
Le sceptre dor que iadis feist porter
Le roy prian a sa fille premiere
Et le monile de radiant lumiere
Sans oublier aussi pareillement
Les deux couronnes faictes si richement
Car toutes dor en fine pierrerie
Garnies furent et dantique armonie

Aeneas ne
q et patri9
sistere mē
t Rapidus
amor rapi
dum ad na
ues pmittit
achatem

Ainsi doncques achates sans tarder
Feit ce que enee luy voulut commander
Et sen alla au port et au riuaige
La ou estoient leurs gens et nauigage
En ses demeures voiant que trauailloit
Pour eneas et que pour luy vouloit
De nouueaulx artz et p nouueau concile
Pense a lors chose aisee et facile
Cest de prier cupido son enfant
Qui cueurs humais p ses dardz pich̄e fēd
Que sa face belle doulce et vnye
Vueille changer en celle dascanye
Et quil aille tout droit a la cite
Soubz telle espece couurāt sa deite
Et quen la royne alume tel fournaise
Damour nouuelle q̄ pl⁹ nait sō cueur daise
Que ses os brusle dūg feu couuert et paict
Qui iusque a mort ne pourra estre estainct
Ce proposa venus courtoise et saige
Car bien pensa que feminin couraige
Change et varie et que par auanture
Dido pourroit faire aux troyēs iniure
Aussi pensa que tiriens estoient
Gens bilingues qui tost se repentoient
Et que iuno des citoyens ennemye
Leur pourchassast chose qui ne pleust mye
Si se tira vers cupido tout droit
Et luy compta sa raison et son droit
O le mien filz ma force et ma puissance
Qui as pouoir et si grande excellence
Que toy tout seul en mespris et desdaing
Tiens iupiter en sō fouldre soudain
Et metz les dardz en sa main eschauffee
Jectez iadis contre le fort typhee
A toy me rendz a toy me iecte et plains
Or vueillez doncq̄s entendre mes cōplaīs
Tu scais assez et bien la notice as
Comment tō frere le piteux eneas
Par cy deuant en tant de mers obliques
A tournoye par les pechez iniques
Et mal veullance de iuno seullement
Dont a este traicte trop rudement
Et toy mesmes as eu dueil et tristesse
De ma douleur qui encor ne me laisse
Or est ainsi que maintenant le tient
Dydo la royne et tresbien lentretient
De doulx parlers et de ioyeuse chere
Moult luy complaist ia ny si monstre chere

At cithere
a nouas ar
tes noua pe
ctore versat
Consilia

Nate mee
vires mea
magna po-
tentia solus
Nate pris
summi

Mais peur et craĩte me font douloir apart
Considerant en la fin en quel part
Pourra trouuer le vouloir et lentente
De celle dame et sa maison patente
Car bien suy seure que iuno ne laissra
Le sort atant au moins tant que pourra
Par quoy ie vueil dune nouuelle flame
Caindre la royne q̃ tout son cueur enflame
Affin que plus par nul fatal dispos
Elle ne change de vueil ne de propos
Mais que tousiours demeure entacinee
La sienne amour auec mon filz enee
Si te diray donc le mien pensement
Ascanius a mande promptement
Pour sen aller du port droit a son pere
En la cyte qui est neufue et prospere
La ou dydo le vouldra recueillir
Et a charge de porter sans faillir
Les despouilles riches et precieuses
Eschappees des vndes perilleuses
Et des grãdz feuz qui brusleront pour lors
Troye et troyans par trop cruelz effortz
Je pour certain en seur repositoire
Le logeray et dun doulx dormitoire
Labreuueray et de sompne plaisant
Qui ne sera a son corps desplaisant
Tu ce pendant prendras la sienne face
Par vne nuict sans autre longue espace
Et de sa sorte propre te assortiras
En carthage droit a lors ten iras
Et quant dydo ambrasse te tiendra
En son giron tresbien te souuiendra
Entre conuis et festes delectables
Entre bons vins et bien parez tables
Parmy baisiers souefz et doulcereux
Alumer feu secret et chaleureux
Damour nouuelle dedens le cueur fragile
Or te fais donc diligent et agile
¶ Lors a sa mere obeist cupido
Et proposa daller deuers dydo
Ses elles laisse et sans q̃ plus seiourne
De la forme dascanius satourne
Et chemina soubz humain parement
Jusque a carthaige sans tarder nullement
Ce temps pendant venus print la persõne
Dascanius et larrouse dun sompne
Et dun repos doulx et delicieux

Paret amor dictis chare genitricis et alas Exuit

Puis lemporta es haultz ꝛ plaisãs lieux
De son isle de cypre ou moult grãd nombre
De fleurs y eut et soubz gracieux vmbre
Darbres tous vers le meist et le posa
Ou longuement sans danger reposa
¶ Et ia fut prest cupido pour parfaire
Ce que venus luy commanda de faire
La cyte quiert portant dont et ioyaulx
Que eneas veult et paremens royaulx
O luy estoit achates le message
Qui le conduit au palais de carthage
La fut receu et ia la royne estoit
En hault assise et bien se presentoit
Soubz pauillons et riches couuertures
Dor et de pourpre et de maintes taintures
¶ Ja fut le siege du triumphal honneur
Fait pour enee comme chef gouuerneur
Et puis apres la troyanne ieunesse
Fut colloquee selon son aisneesse
Leaue fut baillee par seruans et ministres
Le pain porte en paniers et canistres
Les tables furent de viandes et mes
Toutes couuertes pl⁹ quõ ne veid iamais
La y auoit ieunes femmes cinquante
Qui seulement mettoient leur entente
Les vins si bons ca et la dispercer
Et doudeurs bonnes fumer et incenser
Leurs dieux priuez tel estoit leur office
Puis y auoit pour entendre au seruice
Cẽt aultres dames dattraictz beaulx doulx
Acõpagnez dautãt de ieunes gẽs ¶ ce gẽtz
Qui remplirent tables nobles et grandes
De tous mengers et de propres viandes
Les tyriens et tous ceulx du pays
La se festoient et moult sont esbahis
A voir les dons les ioyaulx et les bagues
Quauoit enee sauluez par tant de vagues
Moult sesmerueillent de voir yulus tel
Cest cupido soubz parement mortel
Sa facon louent et ses parolles fainctes
Car dhumain corps sont parees et painctes
Ainsi prisoient lenfant et les tresors
Du roy enee quil feit aporter lors
Et mesmement la folle creature
Seule vouee a la peste future
Ce fut dydo car saouler ne pouoit
Son appetit ains tousiours voir vouloit

Iamq; ibat dicto parẽs et dona cupido Regia portabat

Iã pf eneas et tã troiana iuuent⁹ Cõueniunt stratoq; super discum bitur ostro

Ce ieune enfant et tant plus le regarde
Plus est bruslee damour sãs prendre garde
Ainsi esmeue de ses dons demoura
Par cupido qui trop len amoura
Et quant ce filz dung desir attractif

Ille vbi cõplexu enee colloq; compendit Et magnũ falsi impleuit genitoris amorẽ

Eust salue son pere putatif
Et qua son col par doulces ambrassez
Iecte ce fut par fictions brassez
La royne quiert qui luy lectoit ses yeulx
De cueur entier ca ⁊ la en tous lieux
En son giron le meist lasse et doulante
Non congnoissant mais de tout ignorante
Quel fut le dieu quelle lors soustenoit
Et le grand faiz que sur elle tenoit
Cil cupido ayant en souuenance
Ce que Venus luy dit par cõuenance
Pour son euure conduyre et pallier
Feit a dido tout premier oublier
Le sien mary tant regrette fichee
Ou sa pensee estoit toute fiche
Et pourpensa damour viue et prochaine
Faire changer la sienne premeraine
Et diuertir larrest quil auoit mis
A non querir iamais nouueaulx amis

Postq̃ pri ma quies e pulis mẽse q; remote Crateras magnos sta tuũt et vina coronent

¶ Quant furẽt pleins de viãdes notables
Et que lon eust mis par terre les tables
En grãdz vaisseaulx furẽt vins apportez
Et a chacun par ordre presentez
Feste et deduyt fut lors multipliee
Par le palais et ioye desployee
Flambeaulx furent posez et preparez
A grands crochetz et a piliers dorez
Et les torchez ca et la bien egalez
Pour esclairer aux chambres et aux salles
Dont la lumiere passoit et surmontoit
Lobscure nuyt qui a celle heure estoit
Et lors la royne monstrant ioyeuse face
Feit apporter la coupe et la grande tasse
Dedens la quelle le roy belus beuuoit
Pere dicelle quant au monde viuoit
Remplir la feist de vin par excellence
En main la print puis feist faire silence
Disant ainsi protecteur des houttes
Dieu iupiter ou noz fiances toutes
Sont et seront fais que ce iour plaisant
Soit salutaire propice et bien plaisant
Au tiriens ce bien fait nous octroye
Aussi a ceulx qui sont venus de troye
A ceste feste soit bachus aydant
Et mais iuno en graces luy rendant
Vous tiriens paresseux ne soyez
Dentretenir ces gens q̃ vous voyez
Cela leur dit puis feit honneur diuin
Et espandist sur table eaue et vin
Pour sacrifice et beut pleine la tasse
Cõme celle qui de ioye nest lasse
Et puis bailla ladicte tasse apres
A bycyas vng qui fut delle pres
Qui en plein or de precieuse touche
Par liqueur dor moulla tresbien sa bouche
Si feirent certes cheualiers et barons
Qui furent la par tous les enuirons
Et pour donner solacieux repas
Dharpe doree ioua lors yopas
Voire si bien et de telle armonie
Que moult ioyeuse en fut la compaignie
Apres iouoit le philosophe athlas
Dont de louir homme ne fut ia las
Cestuy chantoit a voix doulce et benigne

Hic canit er rantem lu nam solisq; labores Unde hoīz genus et pe cudes

¶ Comment la lune parmy le ciel chemine
Et les labeurs et trauaulx du soleil
Quãt au hault pole conduit son appareil
Du premier vint des hommes la faicture
Qui fut lauteur et leur prime nature
Et des bestes aussi semblablement
Bien en faisoit vng doulx acoustrement
Et dont pouoit la pluye estre causee
Par luy estoit la raison exposee
Voire et du feu et de sa region
Des empraincttes dont est grãt legion
Et datures des aqueuses plyades
Et de deux vises faisãs chantz ⁊ balades
Aussi chantoit les causes et raisons
Pour quoy les iours en aucunes saisons
Sont grandz et longz puis de courte duree
Tout ce disoit a voix bien mesuree
Dont pour les chãtz si doulx quõ ne peult
Feste doubloit ⁊ croissoit parmy eulx ⁊ mieux
Troyens penois par mesure et cadence
Faisoient ensemble vne cõmune dance
Et ce pendant dydo trop simple et folle
Passoit la nuyt en diuerse parolle
Et par deuis que faire ne deuoit
La longue amour dommageuse buuoit

Du roy priam faisoit mainte demande
Voire a dhector et de troye la grãde
Et quelles armes et deuises portoit
Le filz daurore quant en la guerre estoit
Et quelz cheuaulx auoit en la bataille
Dyomedes aussi de quelle taille
Fut achilles de tout ce senqueroit
A eneas et moult le requeroit
Las ie te pry dit elle mon cher hoste
Dy moy la cause et la naissance toute
Des traysons et machinacions
Que les grecz feirent a voz cognacions
Dis moy le sort de la ruyne et la perte
De la cyte miserable et deserte
Et les trauaulx que tu as eu depuis
Je ten requier tant fort comme ie puis
Car voicy ia la septiesme annee
Que ta vie est a mer habandonnee
Et que tu as erre terres et mers
En griefz labeurs et desplaisirs amers

Cy fine la translacion du premier liure deneydes et ensuit le second qui commence/ Conticuerre omnes

## Sensuit la translacion du second liure sur le texte qui se commence Conticuere oẽs intentiqz ora tenbãt Inde toro pater eneas sic or9 ab alto

Conticuere omnes intẽ ticqz ora tene bant
Inde toro pater aeneas sic orsus ab alto

Lors se teurent et to9 prestẽt loreille
Pour escouter ceste grãde merueille
Alors enee sur vng hault trosne assis
Va commencer dire froit et rassis
Tu veulx dame tant pleine de valleur
Que renouuelle la passee douleur
Et que recite comment la gent de grece
A demoly la troyenne richesse
Et le royaulme lamentable deffait
Las que ce fut dolant et piteux faict
Ce ay ie veu la chose est bien apperte
La feiz ie certe a lors ma plus grand perte
Qui est celluy en recitant faictz tieulx
Qui de lermes peust temperer ses yeulx
Et qui sceust dire diceulx grecz les excés
Les motz conuers du cruel vlixes
Sans fort gemir point ny a de remyde
Et puis aussi la nuict froide et humyde
Vient et sauance les estoilles den hault
Qui ia paroissẽt enseignẽt q̃ mieulx vault
Soy retirer et prendre reposee
Nature y est encline et disposee
Mais si tu as pourtant le desir tel
De congnoistre nostre peril mortel
Et descouter nostre derniere peine
En peu de motz ie ten feray certaine
Jacoit ores que ramenteuoir
Donne vne horreur a mon cueur pour tout
et p vng pleur tout plei ̃ d dueil e dyre (voir
Ce fut de moy la voulente de dire
Au fort dame pourtant ne cesseray
Puis quil te plaist le faict commenceray
Quãt les grecoys p trop lõgues iournees
eurẽt noz forces p grãt guerres adiournees
Et essaye vaincre dassaulx diuers
La nostre troye tant de fte et dyuers
Eulx fatiguez et lassez de ce faire
En leur pays se voulurent retraire
Leurs nefz feirent dresser et aprester
Pour sen aller sans plus la arrester
Mais pour certain les voulentez fatalles
Empescherent leurs voulentez totalles
Et de mer furent deboutez et chassez
Dont nous troyens bien no9 fussiõs passez
Par lart subtil de pallas la deesse
Machinerent contre nous grande oppresse
Vng cheual feirent de boys creux e pfond
A voix commune par tout publier font
Que cest vng veu q̃ a pallas ilz octroyent
Et quautrement aller ne sen pourroient
Dedens celluy mistrent furtiuement
Gens en armes par vng desnombrement
Et emplirent les costez et le ventre
De cheualliers iusques au parfond centre
Tout au plus pres de la cyte estoit
Vne belle isle qui bien se presentoit
Assez congneue par fresche renommee
Qui tenedos estoit dicte et nommee
Riche et fertille et dou grant bien venoit
Lors que priam heureusement regnoit
Maintenant est lieu sans pris poure chose
Ou mainte nef seurement ne repose
La so iecterent tous par commun accord

Est ĩcõspec tu tenedos notissia fa ma
Insula di ues opum

Eulx et leurs nefz cacherent soubz ce port
Nous pour certain nõ pẽsãs leurs aspresse
Cuidans que ia fussez tirez en grece
Et que le vent les eut si bien conduitz
Que plus p̄ eulx nous ne fussions seduitz
Dont toute troye lors despoulla sa crainte
Et la douleur qui tant lauoit abstraincte
Les portes furent ouuertes et descloses
Qui si longs iours furent tenues closes
Chacun alloit par bandes et tropeaulx
Veoir des gregois les tētes et chasteaulx
Les propres lieux que delaissez auoient
Ou les batailles et rancontres faisoient
Les vngs alloient les grãs portz regarder
La ou leurs nefz ilz faisoient garder
Et les autres alloient pour entendre
Ou achilles feist ses pauillons tendre
Et ou les grecz songneux et diligens
Se combastoient auec les nostres gens
Aucuns voyans la si grande caterue
Qui bastissoit le cheual pour minerue
Sesbahissoient de veoir telle machine
La quelle estoit de grant merueille digne
Ja desiroient que ce monstre de fust
Dedens le temple de pallas loge fust
Et entre autres la parolle premiere
Print tymetes qui nen proffita guere
En exhortant quon deust diligenter
A la deesse ce beau veu presenter
Et collocquer icelluy veu spectacle
En haulte court eminent pinacle
Ne scay pour tant se par dol le disoit
Ou si fortune ainsi nous conduysoit
Mais capis certes et autres a celle heure
Desquelz estoit la sentence meilleure
Opinerent quon deust en mer iecter
Ce don suspect et bien loing reiecter
Et quon le feist en flãmes sans attendre
Ardoir brusler ou conuertir en cendre
Ou quautrauers fussent les flans percez
Pour aduiser si nulz grecz sont mussez
En ces latebres pour nous faire dõmaage
Dessoubz lombre de ce veu et hommage
Mais voix cõmune de peuple voluntaire
Fut diuisee en sentence contraire
Et tout acoup pendant ce differend
Dune grant tour veist illec acourant

Vng des nostres vertueux et saige hõme
Dict lacoon auec dautres grant somme
Qui de loing dist miserables chetif
Quelle follie esmeut voz appetiz
Cuydez vous or que retourne sen soient
Ceulx q̃ na guerres p̄ guerre vo⁹ pressoiēt
Et pẽsez vo⁹ quen aucũs dons les grecz
Deffaillent fraudes trahysons et regretz
Esse tout ce q̃ de vlixes vous semble
Qui tant de maulx et cautelles assemble
Sachez pour vray q̃ incloz sont la dedens
Ceulx q̃ no⁹ ont faict dõmaige tant de ans
Ou bien est certes ceste machine faicte
Pour assortir contre noz murs deffaicte
Et pour tenir en sa subiection
Ville chasteaulx et toute mansion
Erreur y a trop couuerte et enclose
Naioustez foy a si suspecte chose
Quoy q̃ ce soit ie craintz les grecz nuysans
Voyre et to⁹ ceulx qui nous font telz p̃sẽs
¶ Quãt il eust dit print acoup vne lãce

Sic fat⁹ va
lidis ingen
tem viribus
hastam
In latus in
q3 fericuruã
cõpagibus
aluum

Et de grãt force tout droit la iecte ꝛ lance
Par les costez du cheual dommaigeux
Tant fut le coup rude et auantageux
Quil trãspersa posteaulx cheurõs ꝛ tables
Et si naura aucuns des plus notables
Dedens cachez qui moult fort les trombla
Car au ferir celle lance trembla
Et eust on peu ouyr gemir et plaindre
Ceulx que le fer de ce dart peust actaindre
Las si fortũe a lors nous eust bien dist
Et quen noz faitz ny eust eu contredict
A leure estoit leur prinse descouuerte
Par qui depuis auons eu si grant perte
O tu troye tant pleine de malheur
Encores troys en estre ta valleur
Encores auroit ylion aparence
Et de prian requeroit la puissance
¶ Que diray plus durant ce grief insulte

Ecce man⁹
iuuenem in
terea post
terga reuie
tum
Pastores
magno ad
regẽ clamo
rẽ trahebãt
Dardanide

Certains pasteurs auecq̃s grãt tumulte
Aux chãps trouuerẽt vng ieune grec cache
Au quel auoient les deux mains atache
Par le derriere et au bruyt quil faisoient
Selon leur dire a prian lamenoient
Celluy cestoit droit en leur prinse mis
Faignant que grecz fussent ses ennemys
Et de peur deulx se estoit iecte en fuyte

Affin que plus ilz nen feissent poursuyte
Mais ce faisoit en seule intencion
Pour mettre troye a la destruction
Et pour donner a ses consors aisine
Dauoir noz dieux en leur main et saisine
De langue main estoit ce faict empris
Dont bien vouloit le galland estre pris
Et lors acop la troyenne ieunesse
Lenuironna et fut grande la presse
Autour de luy comme ayant le desir
Le veoir de pres et a loeil le choisir
Chacun tachoit faire de luy aproche
Pour sen mocquer et luy faire reproche
O noble royne si noz pertes regretes
Entens ores des greez les eschauguettes
Et considere par le fait dun des leurs
Le mal de tous et leurs grandes rigueurs
Quant celluy prins en sa maniere faincte
Veist des troyẽs au tour luy telle encaincte
Comme trouble et darmes dessaisy
Apres quil eut lun et lautre choisy
Et ca et la par tout iecte sa veue
Parler se print comme a voix despourueue

Heu quid me tellus que me equora possunt accipere

¶ Las quelle terre ou quelle mer me tiene
Quel est le lieu qui ores me soustient
Que reste il plus de moy meschant a faire
Et qui ma mys en si piteux affaire
Je nay lieu seur auecques les gregoys
Et maintenant iappercoy et congnois
Que les troyans ayans aux greez querelle
Veullent mon sang par peine corporelle

Quo gemitu conuersi animi compressus omnis impetus. hortatur fari

¶ Quant en ce point nous souspismes gemir
Compassion feist tous noz cueurs fremir
Et fut alors la fureur terminee
Qui contre luy ia estoit machinee
Nous lexhortasmes dire sa nacion
Et declarer sa generacion
De quelle chose il pretend ou pourchasse
Et la ou gist lespoir dauoir sa grace
Finablement apres diuers enhors
Il mist sa craincte et toute peur dehors
Et commenca a voix seure et certaine
Ce qui sensuyt faignant mandir sa peine

Cuncta equidem tibi rex fuerit quodcumque fatebor vera inquit

¶ O roy puissant ie te confesseray
Tout mon affaire et ia ne laisseray
De point en point a reueler la chose
Car en toy seul gist ma fiance enclose

De grece suis et en grece ne fuz
Ja nest besoing que ien face refuz
Et si fortune par instabilite
Me tue ius de ma felicite
Et que par elle soye faict miserable
Si ne seray de mensonge coulpable
Vray te diray saches que par mon nom
Communement suis appelle synon
Et si iamais iusques a tes oreilles
Vindrẽt les faitz et les grandes merueilles
De palamyde que par trop aigrement
Iceulx gregoys occirent rudement
Car il vouloit empescher et deffendre
Que nulz troyens ne deussẽs guerre prẽdre
Pour ceste cause a triste mort fut mis
Dont depuis fut pleure par mains amys
A celluy fus des le myen premier aage
Cõpaignon darmes et prouchain de lignage
Et menuoya mon pere en ce quartier
Auecques luy au belliqueulx mestier
Las ie peulx dire que sa saison fleurie
Lors qui regnoit en seure seigneurie
Tous deux auons en guerre ou en paix
Acquis honneur et gloire par noz faitz
Mais tost fut mort par la fraude et enuye
Du faulx vlixe qui abrega sa vie
Vray ie vous conte tant en grant desplaisir
De voir ainsi le mien amy gesir
Qua plais et pleurs mes tristes iours vsoie
Et tous plaisirs du monde refusoye
Long temps voulu mon dueil couuert tenir
Mais a la fin ne men peu contenir
Ennuy regretz amour et ma grant perte
Feirent tantost ma maladie apperte
Tost commencay tencer et menasser
Ceulx qui tel mal voulurent prochasser
Et lors iuray que si iamais tournoye
En noz pays que la mort vengeroye
Du trespasse cela certainement
Fut le motif et le commencement
De ma ruyne car vlixes des lheure
A pourchasse et voulu que ie meure
Et ma mys sus crimes et nouueaulx faitz
Dont ie cuyde porter trop piteux faitz
Point ne cessa de machiner ce cas
Soubz la respõce des dieux faicte a calcas
Mais au fort las que vault ne que profite
Reciter chose ou nul plaisir ne habite

Pauper in arma pater primis huc misit ab annis Dum stabat regno incolumis / regumque vigebat conciliis

Pour quoy ma reste a tel fait opposer
Quant tous auez les grecz sans opposer

Idq; audire sat est iam dudu sumite penas Hoc ithac9 velit

Assez vous est de scauoir et entendre
Que vostres sont voyre sans plus attendre
Lors no9 troyens fusmes plus conuoiteux
Scauoir le tout et lintencion deulx
Et danquerir a voix clere et ouuerte
Leur entreprinse et fiction couuerte

Tu vero ardem9 scitari z querere causas Ignari scelerum tantorum

Incontinent sans prendre autre repos
Continua le traistre son propos
Et tout tremblant ayant poictrine faincte
Reprinst son dire par piteuses complainte
Saichez seigneurs dict il q les gregoys
Essayrent voyre par mainte fois
Reprendre fuyte et courir en leur terre

Sepe fugam danai troia cupiere relicta Moliri z longo fessi discedere bello Fecissetq; utinam

Esloingnant troye et fatiguez de guerre
Et pleust a dieu que ainsi eussent il faict
Mais fort yuer empescha leur effect
Forte tempeste et le temps variable
Les reiecta souuent en mer doubtable
Et eulx leurs dans maintesfois desloger
Furent troublez par merueilleux dangier
Mesmement certes quant eurent mis en oeuure
Ce grant cheual quil a veue descouure
Tant fut le ciel pluuieux et diuers

Toto sonuerunt ethere nymbi Suspensi euripilum scitatum oracula phebi mittimus

Que tous cuydasmes estre mis en leuuers
Lors en ce doubte enuoyasmes au temple
Du dieu phebus pour auoir respose ample
De ou ce venoit si nous fut respondu
Certes gregois par le sang espandu
Dune vierge les grans vens apaisastes
Quant au premier la mer vous nauigastes
Pour venir troye susprendre et conquerir
Tout tel moyen ores vous fault querir
Pour le retour et par le sang de grece
De lung de vo9 fault que ce dur teps cesse
Pour sacrifice ont les dieux ordonne
Que vng grec leur soit a leurs aultiers do-
Incontinent quil a voix prononcee [ne]
Fut entre nous certaine denoncee
Moult fusmes lors troublez et esbahiz
Et de grant paour et de crainte annahiz
Pensant chacun qui paieroit telle amande
Ne se quel cest q appollo si demande
Lors vlixes durant celle clameur
Feist entre nous venir par grant rumeur
Calcas le prestre affin quil declarast
Le sort des dieux et quil deliberast
Le quel de nous deuoit ce iour mort prendre

Et michi iam multi crudele canebant Artificis scelus

Alors plusieurs commencerent entendre
Le cruel crisme que ia se conspiroit
En contre moy et que mal men yroit
Et toutesfois calcas teint celle chose
Dix iours entiers dedens son cueur enclose
Oncques ne voulut que son dire et raport
Donna cause den mettre aucuns a mort
Mais a la fin tant fut importune

Vix tandem magnis ithaci clamoribus actus Compositum rumpit vocem et me destinat are

Par vlixes que ie fuz destine
Voyre et iuge destre pour sacrifice
Liure a mort sans aucuns malefice
Tous le voulurent et tous de gre commun
Me condampnerent ainsi doncques par vng
Trop miserable fut ostee la crainte
Que to9 auoient dedens leurs cueurs epraincte
Las que diray or fut venu le iour

Iamq; dies infanda aderat michi sacra parari Et salse fruges z circum tempora vitte

Que ie deuoy prendre mort sans seiour
Lapprest fut fait et les herbes sallees
Qui de mon sang deuoient estre meslees
Ia eurent quilz les linges et drappeaulx
Pour en couurir mes membres et mes pe[aulx]
Quant ia perceu ce violant mistere
Quon preparoit verite ne veulx taire
Je trauaille pour mon dire abreger
Te mettre hors de mortel dangier
Les durs lyens desquelz lye iestoye
Furent rompus par moy q mort doubtoye
Et ne cachay fuyant la face deulx
Dedens vng lac profond et lymoneux
La fuz par nuyt regardant les estoilles
En attendant quaient mussé leur voilles
Que pleust aux dieux q ainsi fut aduenu
Car ce meschief ne fut sur moy venu
Lors ie perdis lesperance ancienne
De plus reuoir pays ne terre mienne
De mon vielz pere ne mes enfans petitz
Lesquelz pourroient demourer trop chetifz
Par mon eslongne voire et toute leur vie
Soustenir peine peulx non deseruie
Et pource roy tant humain et parfaict
Par iceulx dieux q scauent tout ce fait
Et si encores dedens les cueurs des hommes
Ia de foy et damour quelques sommes
Je te supplie iacoit que peu le vaulx
Aye pitie de mes si grans trauaulx
Aye pitie du mal et de la perte
Dun poure serf esgare sans deserte

His lacrimis vitã damus et miserescimus vltro

Lors pour les lermes faictes q̃ de ses yeulx
Issirẽt certes no⁹ luy proumismes mieulx
Et luy donnasmes de sa vie asseurance
Et que par nous il auroit deliurance
Incontinent priam veult et ordonne
Que liberte plainiere lon luy donne
Et commanda a tous ceulx de leans
Quon luy ostast ses cordes et lyens
Puis commenca le roy trop miserable
Luy dire ainsi par parolle amyable

Quisquis es amissos hinc iã obliuiscere graios Noster eris

Quelque tu soys laisse tous ces regretz
Metz en oubly les tiens et tous les grecz
Tu seras nostre et pource naye doubte
Nous descouurir leur entreprinse toute
Ne pourquoy ont si grant cheual basty
Qui est celluy qui tel la assorty
Ditez nous aussi quilz veulent ou demãdent
Ou quel des dieux nostres se recõmandent
Quelle est leur fin ou leur religion
Si faincte y a ou machination
¶ Ainsi priam luy feist demande telle

Ille dolis instructus et arte pelasga Sublustit exutas vinclis ad sydera palmas. Vos eterni ignes et nõ violabile vestrum Testor numen

Et lors synon bien instruit de cautelle
Laua ses mains affranchie aux cieulx
Gettant aussi aux estoilles ses yeulx
Va dire. O feuz immortelz et durables
Vous dieux troyens iustes et immolables
Et vous aultiers et nephandes cousteaulx
Que iay fouyz par dangereuses saulx
Et blãche estoille pour moy seule assortye
Qui devoit estre aux dieux horrible hostye
Je vous atteste et iure maintenant
Que reueler ie puis le conuenant
Et le secret de noz gregoys sans blasme
Car ilz ont mis en leurs dangiers mõ ame
Jay iuste cause icelle gent hayr
Dire leur fait voire et de les trahyr
Dieu ne suis subiect a loix aucunes
Toutes me sont egalles et communes
¶ Et pource troye ou ma fiance ay mys

Tu modo promissis maneas seruataque serues Troia fidem Omnis spes danaũ et cepte fiducia belli Palladis auxiliis semper stetit

Tiens et me garde ce que tu mas promis
Se te reconte chose certaine et grande
A toy sans plus me donne et recommande
¶ Sachez seigneurs que la fiance entiere
De noz gregoys de la guerre premiere
Ou maintesfois fusmes recreuz et las
Gisoit sans plus en la dame pallas
Laquelle auoient par auant offencee
Car tytides plein de faulse pensee
Et vlixes inuenteur du meffait
Oserent bien par vng crimineux fait
Rauir le temple de celle grant deesse
Et emporter lymage et la richesse
Quon appelloit palladion pour lors
Et par eulx furent occis deffaitz et mors
Les custodes et gardes de ce temple
Dont la deesse nous monstre mal exemple
Car pour ce crisme lespoir et le secours
De noz gregoys se tourna en descours
Et furent lors noz puissances rompues
Et noz vertuz de tous pointz corrũpues
Car contre nous se tourna le vouloir
De la deesse dont peusmes pis valoir
Bien nous monstra par tresevidens signes
Que moult estions de punicions dignes
Car tout acoup en signe de dommaige
Dedẽs le tẽple veismes mouuoir lymaige

Arsere coruscẽ luminibus flamme arrectis Salsusq̃ per artus sudor iit terq̃ ipsa solo mirabile dictu Emicuit

Yeulx iettãs feuz les cheueulx tous espars
Qui flamboyans furent en toutes pars
Et de sueur estoit toute couuerte
Signifiant nostre prochaine perte
Trois fois ce feist deuant no⁹ apparoistre
La darde au poing et palme a main senestre
Lors dist calcas le nostre augurien
Certes icy plus ne prouffitons rien
Par mer prenons hardiment nostre fuyte
Ja ne sera celle troye destruicte
Ne mise a neant des argoliques dars
Trop sõmes foibles et malheureux souldars
Besoing nous est de retourner en grece
Et rappaiser loffensee deesse
¶ Tout ce nous dist par augure calcas

Ita digerit omĩa calcas Hanc pro palladio monitus pro numine leso Effigiẽ statuere nephas q̃ triste piaret

Et pour pourueoir en miserable cas
Pour amender la faulte par eulx faicte
Emportez furent bastir euure parfaicte
Et composer de boys telle machine
En recompense du palladion digne
Tant eurent boys et amont et aual
Quassoury fut et basty le cheual
Si voulsist calcas pour tout veoir a cautelle
Que sa haulteur fust si grande et telle
Quentrer ne peust dedens vostre cyte
Par nulles portes si quen felicite
Pour ladvenir ne fust troye tenue
Dessoubz pallas ne en paix maintenue
Car se voz mains eue iuppiter preserue
Viollez eussent les veuz faictz a minerue

Saichez seigneur que lemplire troyen
Meau fut par ce moyen
Et si par vous en deue reuerence
Ne ce faisoit recueil et diligence
A ce cheual et quen hault ne fut mis
De vostre temple selon le veulx promis
Croire pouez quil a gloire dasye
De noz gregoys tost eust este saisye
Et par pouoir de noz puissans escuz
Eussez troyens estez mortz et vaincuz
Tousiours auons noz fiances totalles
Mises au bout de ces choses fatalles
¶ Par telz motz fainctz dont celluy deuisoit
Nous reputasmes pour vray ce quil disoit
Son subtil art ou fut sa fraude enclose
Nous feit penser que vraye estoit la chose
Aussi fusmes par dol et par ses larmes
Prins et vaincuz donnãs foy a ses termes
Voyre nous la quõcques mais tydides
Ne peult dompter ne le fort achilles
Nous qui dix ans cõtre tous ceulx de grece
Auons tenu et contre leur oppresse
Que milles nefz neusceurent esbahyr
Et vng tout seul nous a peu enuahir
Vng autre augure merueilleux et doubta
Nous feit penser la chose veritable (ble
Et moult furent noz cueurs espouentez
De veoir les faictz quilz seront recitez
Car tout a lors ou piedz de la marine
Auoit dresse lacoon autel digne
A neptune voulant sacrifier
Mais tout acoup le vindrent deffier
Deulx grãs serpens q̃ bien pres se tendoient
Et q̃ tout droit de tenedos venoient
Tant passerent de mer sans fiction
En tournoyant leur reuolucion
Leurs corps leuez sur la pilleuse vnde
Et le surplus mussez soubz eaux parfonde
Ayans testes de fures flamboyans
Cela deust bien esbahyr les troyans
Lors feirent bruit furieux et diuers
Et tant errerent par la mer atrauers
Que tost furent venuz a plaine terre
Cõme voulans faire mortelle guerre
Les yeulx auoient de sang et de feu plains
Gueulle assouuye de dangereux cõplains
Langue mobile si soubdaine et legiere
Que trop faisoit a craindre leur maniere

Talibus insidiis periuriqz arte sinonis
Credita res capteqz dolis lacrimisqz coacti

Sibila lambebant linguis vibrãtibus ora
Diffugim⁹ visu angues

Cela nous feit pourement fouyr
Et bien cuydasmes de veoir esuanouyr
Iceulx couleuures sestralient et bandent
Et lacoon poursuyuent et demandent
Premieremẽt par leurs mortz deffens
Coururent sus a deux ieunes enfans
De lacoon et leurs corps deuorairent
Si que les os sans plus y demourerent
Puis sappliquerent sans autre amusement
Sur icelluy lacoon promptement
Lequel taschoit par dars glaiue et deffence
Faire a ses monstres aucune resistance
Mais tost eurent son corps liez et prins
Et suffoquent tous ses sens et esprins
Bien se cuydoit deux garder et deffendre
Mais trop estoiẽt iceulx fortz a desprendre
Dont lors se print a crier et gemir
Getter lermes souspirer et fremir
Telle clameur faisoit lors ce poure hõme
Comme feroit le thaureau q̃ on assomme
Quant on le veult aux dieux sacrifier
Car de la mort bien se doit deffier
Quant les dragons eurent mis en effect
Par leurs exploitz ce miserable fait
Incontinent sen allerent sans cesse
Droit au temple de pallas la deesse
La mõterent sans faire ailleurs dommaige
Et se cacherent soubz les piedz de lymaige
Lors paour nouuelle en noz cueurs se logea
Si que chacun bien pensa et iugea
Que lacoon auoit telle deserte
Pource que trop sa lance fut aperte
Quant transpersa cueur audacieux
Le grant cheual qui fut voue aux dieux
Chacun a lors se escrie a voix publicque
Que celle offrande on cõduyse et aplicque
Droit au temple de la dame pallas
Dont auons eu depuis piteux helas
Tant fut chacun au parfaire incite
Que feismes rompre les murs de la cyte
Car pas nestoit assez grande la porte
Pour y passer ce cheual quon apporte
Tous fusmes prestz et ententifz a louure
Ou le dangier trop se celle et se couure
Et pour plus tost la besongne auancer
Chacun tachoit de getter et lancer
Dessoubz roues qui se grãt monstre meine
Tables de bois pour q̃ mieulx le demeine

Et gemitu lapsu delubra ad im(a) dracones
Effugiunt seu(a)eqz petunt tritonidis arcem

Diuidimus muros et menia pãdim⁹ vrbis
Accingunt omnes operi pedibusqz rotarum subijciunt lapsus

Au col luy mettent grandes cordes et lyēs
Pour plus aise le conduire leans
Ainsi monta le fatale machineur
Par sus les murs de la cite tant digne
Pleine et ensaincte darmes et de grādz gēs
Dedens mussez contre nous diligens
Petis enfans et les ieunes pucelles
Autour venoient du cheual apareilles
Rians chātans nouueaulx dictz et chāsōs
Et moult vouloient en diuerses facons
Toucher la corde qui le maine et conuoye
Tant ilz prenoient de plaisir et de ioye
En cest estat dung vueil et commun sens
Fust en la ville recueilly et receu
Et fut conduit par theatres et rues
La menasse des princes icongneues
¶ O doulx pays et vo⁹ maisōs des dieux
Bel ilion si beau quil nest riens mieulx
Et vous murailles de cite dardanyde
Plus ny a eu de vous sauluer remide
Las a lentrer et au tournoyment
De ce cheual bien peusmes clairement
Oupr le son des armes a lescoute
De ceulx qlz furēt leās mussez sās doubte
Mais si peu fusmes souuenans et recors
De mal futur que chascun meist son corps
Son sens et peine a conduire ce monstre
Tāt trauaillasmes et tāt passames oultre
Et droit au temple de pallas tout au tour
Que no⁹ le meismes en la plus haulte tour
Bien nous sceust lors aussi dame cassādre
Manifester et donner a entendre
Le mal futur qui nous feroit douloir
Mais de la croire nul nauoit le vouloir
Nous miserables menans esbatz et feste
Non congnoissant le mal quon no⁹ apreste
Feismes sonner par temples et moustiers
Entre les dieux et sur leurs grādz aultiers
Rameaulx et fleurs de diuerse taincture
Joye et deduyt estoit nostre pasture
Bien scāyt fortune changier et varier
Car ce iour la nous estoit le dernier
En telz esbatz le ciel feist son ensaincte
Et vint la nuyt toutes destoilles paincte
Qui dessoubz dombre couuroit a celle fois
Ciel terre et mer et le dol des gregois
Poures troyens qui sur les murs estoient
Pour faire guerre a lors se reposoient

Tūc etiam fatis aperit cassādra futuris. Ora dei iussu nū̄ credita teucris

Vertitur in terea celū et ruit oceano nox

Pesant sommeil la auoit embrassez
Leurs corps fragilles et leurs mēbres lassez
Las peu apres la gregoise mesgnye
Qui bien estoit en seure compaignye
Pres tenedos feist ses nefz auancer
Voilles estandre et auyrons poser
Vers nostre port en silence amyable
Ayant la lune tacite et fauorable
Ceulx qui mussez au grant cheual estoiēt
Veirent le feu que les autres monstroient
Et lors sinon par les dieux garanty
Du fait inique quil auoit consenty
Lasche et deslie en furtiue maniere
Cloistre et cordaige et si meist a la lumiere
Les grecz enclos au ventre tenebreux
Et lors saillirent de la dedens tous eulx
Moult resiouys il nen fault faire doubte
Car fait auoient leur intencion toute
Par vne corde premier sont descenduz
Deux capitaines et cheualereux ducz
Lun stelenus et lautre eust non tersandre
Auecques eulx bien sceut acoup descendre
Le faulx vlixes athamas et thoas
Et pelydes dist pyrous pas a pas
Puis machaon aussi menelaus
Et de ce dol inuenteur epeus
Tous assaillirent la cyte tant iolye
En sompne et vin pour lors ensepuelye
Ilz occirēt ceulx quilz sōt guect et gardes
Car noz aydez furent lentes et tardes
Puis misrēt tous ou dedens leurs consors
Portes ouuertes asseur sans nulz effors
Ainsi voulurent fortifier et ioindre
Toute leur ligne pour mieulx le fait at
Lors estoit lheure ensuiuāt mō propos (taindre
Que corps humains prennent pmier repos
Et que sompnus recueille les chambres
Des esperitz et seppand p les membres
En cest estat apres ioye et deslit
Je acuce reposoye en mon lict
Auis me fut que ie vis lors en songe
Sans que ne fut ne fable ne mensonge
Deuant mes yeulx hector triste et piteux
Faisās regretz plains et pleurs despiteux
Son corps traine au cul dune charrette
Comme deuant sa vie fut deffaicte
Noir et souille de pouldre ensanglantye
Les piedz percez par vne foy mentye

Tēpus erat quo prima quies mortalib⁹ egris incipit

Et attacha a sa chair oultrageulx
Ainsi estoit ce noble auantageulx

Hei michi qualis erat quantu mutat⁹ ab illo hectore q redit exuuias indut⁹ achilli.

Helas mon dieu bien y eut difference
De le veoir tel a lors en ma presence
Et moult estoit autre hector celle fois
Quant ie le veis reuestu du harnois
Et des despouilles quilz ot eu par prouesse
Achilles ung des princes de grece
Ou lors aussi que ses glaiues et dars
Ses pennonceaulx et luy sans estandars
Feux phrigiens faisoient perir et fondre
Les nefz gregoises et en la mer enfondre
Celluy auoit ores en toutes pars
Barbe houpye et les cheueulx espars
Son corps portoit les playes trop mortelles
Et les grans coups & les blesseures telles
Quilz auoit eu en bataille et destour
Deffendant troye et ses murs a lentour
Lors ie me pris letter souspirs et larmes
En triste voix et lamentables termes
Puis commence comme il me fut aduis
Telle parolle et tel fut mon deuis

Lux dardania spes o fidissima teucrum Que tante tenuere more quibus hector ab oris Expectate venis

¶ O la lumiere de la gent dardanyde
Lespoir de troye la tente et le remyde
Quelles demeures te ont si fort detenu
Ny quelle part puis ores estre venu
Comment pouons te veoir a leure tarde
O noble hector nas tu mie prins garde
La tant de gens nostres mortz et deffaictz
Nas tu peu veoir le labeur et le faix
De la cite troyenne et maintz hommes
Et le dangier affaire ou nous sommes
Quel cause indigne trop meschante & vilaine
A macule ta face si serene
Ne pour quoy voy ie tant de plaies porter
Dessus ton corps cest grief a supporter

Ille michi nec me qrē tē vana moratur Sed grauiter gemitus ymo de pectore ducēs Heu fuge nate dea te qz his/ait/ eripe flam-

¶ Rien ne me dit a ce que demandoye
Je toutesfois qui responce attendoye
Veis de son cueur issir souspirs parfons
Et gettant pleurs voires iusqs aux fons
¶ Me dist a lors fuyt ten filz de deesse
Et te metz hors du feu et de la presse
Dicelle flamme car les grecz ennemys
Tiennent les murs et au dedens sont mis
Ores trebusche ores est desperte
La nostre troye de haulte seigneurie
Jusques icy fortune a donne loy
De sceptre per regne a priam nostre roy

Or est assez car si par nulle dextre
Dhomme viuant deussent encores estre
En leur entier noz murs et la cite
Gardez le eust ma main dauersite
Mais faire en est troye te recommande
Elle et ses dieux et metz en ta commande
Or les faiz docques cosors de tes trauaulx
Ceulx te feront aydans a tes maulx
Ceulx conduiront tes voilles et nauires
Par maintz pais par terres & empires
Et quant en fin en desplaisir amer
Passe auras maintz grans perilz de mer
Tu trouueras seiour et reposee
La ou sera ta demeure posee
Tant se taist et de moy se depart
En splendeur grande ne scay quel part

Diuerso interea miscent menia luctu

¶ Ce temps pendant fut la cite meslee
De diuers pleurs et de voix adolee
Et dheure en heure le mal si fort croissoit
Que riens fors dueil ou paour ny poissoit
Tant multiplie le bruyt et se exaspere
Que iacoit ce que la maison mon pere
Fut assez loing apart de toutes gens
Enuironnee de iardins beaulx et gentz
La grant clameur et les piteux alarmes
Peult on ouyr auec horreur des larmes
Lors ie tressaulx et du sompne ou ie fus
Je me leuay esbahy et confus
Et puis montay en la tour la plus haulte
Du mien logis a coup sans faire faulte
Tout simple et quoy rendant prompte loreille
Pour escouter la si grande merueille
Tout en ce point comme quant par les champs
Aucuns cureaulx malheureux et meschans
Laissent du feu allume apres la blee
Puis la fureur des ventz est assemblee
Qui tout consume tout allume et destruit
Ou tout ainsi comme ung grant fleuue bruit
Quant il descend de hault lieu ou montaigne
Lors il desgaste les bledz de la champaigne
Et tous les biens quilz y ont laboure
Par cause trop grandes ries ny est demoure
Arbres emporte et forestz precipite
Croyez que lors le pasteur qui habite
En ce lieu pres dist bien triste chanson
Moult sesbahit douyr ce piteux son
Lors peult on veoir la foy d grecz ouuerte
Et leur embusche tout a plain descouuerte

Ja la maison deiphebus fut prinse
Par feu croissant qui dedens fut surprinse
Et tellement par dessus surmontoit
Que le logis bien petit se monstroit
Aussi fut arse la maison decoree
Deucalegon tant riche et tant doree
Si que la flamme q̄ si grande fut lors
Faisant luyre la mer et tous les portz

Exoritur clamor q3 virum clãgor q3 tubarum Arma a-mens capio

Clameurs et plaintes a naistre cõmencerēt
Et les trompetes leur hault cry pnūcerēt
Quant ieu ouy et assez entendu
De ce lieu la ie me suis descendu
Mes armes prens comme chose insensee
Car pas souuent nest raison balancee
En telz exploictz et de riens neus desir
Fors de courir et mes consors choisir
Droit au palais si men voys et mentire
A ce me meult ma fureur et mon ire
Assez me sert dauoir le pensement

Ecce autē telis pāth[9] eiaps[9] achi uum Panthus otriades arcis phebi q3 sacerdos

Nourrir en armes au moins honnestement
En ce conflit rencontray en ma voye
Panthus fuyant cõme hõme qui foruoye
Panthus pour vray que regime total
Auoit du temple en fait sacerdotal
Celluy auoit eschappe la destresse
Des dars gregois na gueres en la presse
Et enses mais moult dolant emportoit
Les dieux vaincuz dont custode il estoit
Aussi menoit en paour grande fuyte
Vng sie nepeu moult craignāt lapo[9] suite
Droit sen alloit chez moy pour me querir
Lors commencay a dire et enquerir
Helas panthus quesse ne qui te maine
Dy moy ou cest que guerre se demaine
Est ilion des faulx grecz assailly

Vix ea fat[9] eram gemitu cū talia reddit Venit sūma dies et ineluctabile tē pus Dardanide

Ont noz troyens ores le cueur failly
¶ A peine ieu ma parolle finie
Quil me respond a voix de pleur garnye
Certes le iour final voire et le temps
Ineluctable ainsi cõme ientens
Est huy venu dont puis dire ꝯ conclus
Quautressfois feumes car no[9] ne sōes plus
Ilion fut grande a este la gloire
De la grant troye digne de grant memoire
Or a voulu iupiter impiteux
Que grecz dominent et q̄ to[9] soient a eulx
Ores triumphent en la cite bruslee
En sang en feu de pleur acumulee
Le grant cheual qui cy dedens fut mys
A espandu gens darmes ennemis
Si non vainqueur flammes et feuz allume
Moult sesiouyt de veoir troye qui fume
Les autres sont aux portes et les gardent
Et non allees et venues retardent
Brief oncques guerre tant d̄ gens nēuoya
En contre nous comme ores il ya
Les vngs ēpeschent p leurs lances agues
Les fortes voyes et aussi les grandz rues
En tous endroictz sentretuent et frappent
Peu en ya que du dangier eschappent
Par tout voy lon glaiues clers et luyssās
Aux vngs vtiles et aux autres nuysans
A peine ont eu ceulx du guect la puissance
Aux premiers coups de faire resistence
Tant est obscure et noire la bataille
Que nul ny voit ce cest estre ou taille

Talib[9] tris ade dictis a numine diuum In flāmas et ī arma feror

¶ Quant oly dict ie me voue aux dieux
Et men allay incontinent aux lieux
Ou le bruyt fut et la flamme plus grande
La on estoit des gens la plus grant bande
La ou pourroye au clair apercevoir
Le plus grant cry en armes esmouuoir
En cheminant au clair ray de la lune
Je rencontray en la voye commune
De nostre gent ripheus phytus
Hardiz aux armes q̄ maitz grecz ont bast[9]
Puis hyppanis dyamas tout ensemble
A moy chacun deulx se ioinct et assemble
Si feist certes le ieune iouuencel
Dict thorebus quamour de dart mortel
Auoit attainct par la belle cassandre
Et bien pensoit de priam estre gendre
Celluy na gueres a troye estoit venu
Donner secours dont bien luy fut tenu
Roy et pays car pour nous faire ayde
Le poure enfant y mourust sans remide
Trop mal retint le conseil or endroit
De celle la qui mary lentendoit
Quant ie les veiz deliberez et prestz
Daller auant et faire leurs apprestz
Lors ie leurs dictz certes amys notables
Qui cueurs auez de force insuperables
En vain voulez ores donner secours
A la cite ou le feu fait son cours
Assez voyez comme ie presupose
En quel estat maintenant est la chose

Et que des dieux qui nous ont gouuernez
Par cy deuant nous ont habandonnez
Mais puis que tant auez extreme enuye
Dabandonner auec moy vostre vie
Mourons ensemble ce mal me sera doulx
Et courons tous ou se sont les grãs coups
Les gens vaĩcuz ont vng biẽ en leur peine

Una salus victis nullã sperare salutem

Cest nesperer salut mais mort prochaine
Lors tout a coup furent ces ieunes gens
A courir promptz et tresfors diligentz
En leur couraige vne fureur nouuelle
Cõmẽca naistre q̃ leurs cueurs renouuelle
Tous en ce point comme loups rauissans
En nuyt obscure de leurs antres yssans
Que fai trop grãde des bois chasse ⁊ enuoie
Pour querir proye ou bestial en leur voye
Et habandonnent les petitz louueteaux
Actendãs viures de brebis ⁊ daigneaulx
En tel maniere mes compaignons et moy
Dun gre commun et de promise foy
Nous en allons toute paour desboutee
Par dardz et glaiues en mort nõ redoubtee
Prenans chemin cõtre laduersite
Au beau meilleu de toute la cite
Le temps estoit obscur ꝑ trop grãt vmbre
Qui fut a nous vng merueilleux encõbre
Las q̃ pourroit cõpter tant fut instruict
La grande paour pour de celle triste nuyt

Quis cladẽ illius noctis quis funera fando Explicet

Et qui scauroit tant fust subtil en termes
Equiparer aux grãdz labeurs et lermes
Cite antique qui long temps eust regne
Fut lors destruicte et son loz prosterne
Mainctz corps occiz ꝑ voyez ⁊ lieux ãples
Par les maisons et par les diuins temples
Le sang troyen ne fut seul espandu
Car aux grecz mesmes fut il biẽ cher vẽdu
Si q̃ pour vray eulx q̃ vaiqueurs estoient
En ce tumulte moult souuẽt demouroient
Ainsi estoit le pleur cruel et fort
La paour cõmune soubz lymaige de mort

Primus se danaum magna comitante caterua Androgeos offert nobis: socia agmina credens Inscius

Premier se vint de la grecque mesgnye
A nous iecter auec sa compaignie
Androgeus qui cuidoit que fussions
De ses consors et que les suyuissions
Cestuy nous dist en verbes amyables
Que faictes vous ores o gens notables
Las auancez paresse vous tient
De quelle cause maintenant vous destient
Ne voyez voꝰ q̃ troyens se trãsportent
Leurs biens bruslez rapissent et emportent
Et vous oyseux a tard ou vaing venuz
Que sont voz sẽs et beaulx faictz deuenuz
¶ Cela nous dist maiz cõme vois abscõse

Dixit: et extemplo (neque enim responsa dabãtur Fida satis) sẽsit medios delapsus in hostes Obstupuit

Ne ly feis pas assuree responce
Lors bien sesbahyt car biẽ veist q̃l sest mis
Par fol cuider entre ses ẽnemys
Dõt tout acoup de lemprise trop folle
Il retyra le pied et la parolle
Tout ainsi certes cõme fait vng passant
Qui sans aduiz chemine et va pressant
Serpent musse soubz herbe verte et tẽdre
Lors ce serpent sa queue faict estendre
De despit sible et tache courir sus
Au viateur qui passe par dessus
Qui tost sen fuyt et qui tost sachemyne
Pour la fureur du dangereux vermine
Non aultrement androgeus surprins
De trop grãt paour craignãt lors estre pris
De nous sesloingne faisãt soudaine fuyte
Maiz nous aprez allons a la poursuyte
Et tant alasmes ꝑ chemins esgarez
Quil et les siens y furent demeurez
Craincte quil eurent et du lieu lignorance
Tost les rẽdirẽt vaĩcuz et sans doubtãce
Si nous donna fortune lors faueur
En exercsant nostre premier labeur
Quãt la receurẽt coups mortelz poʳ plaige
Dont chorebus voyant tel aduantaige
Disant o vous par qui troye valut

O socii qua prima inquit fortuna salutis Mõstrat iter

Suyuons ores le chemin de salut
Que fortune premiere nous demonstre
Narrestõs plꝰ maiz pourchassõs en oultre
Et poʳ mieulx faire nr̃e exploict seuremẽt
Prenons harnois et tout lacoustrement
De ces gregois quauons mis or ꝑ terre
Et lapplicquons a nous ꝑ seure terre
Qui pourra dire si cest dol ou vertu
Quant par cautelle laduersaire est battu
Noz ennemys noꝰ ꝑsterẽt leurs armes
Car plꝰ ne sont foibles ne fors gẽdarmes

Androgeij galeam clipeiq; insigne decorum Induitur

Quant oui ce dit icontinẽt sãs doubte
La sallade tresclaire prent et oste
Dandrogeus qui passe et mort gisoit
Et tout harnoys qui tresbien luy duisoit
Si print aussi lespee flamboyante
A son couste la pouse sans actente

Ainsi le feist ripheus et dymas
Et tous les autres lesquelz feirent amas
Despouilles et armes singulieres
Diceulx gregois par nous occis nagueres
Chacun sacoustre destrange parement
Pour passer oultre cheualereusement
En cest estat ioyeulx nous en allons
Et o les grecz ca et la nous meslons
Suyuant fortune ou elle nous enseigne
Non p nre heur mais bien a faulce ēseigne
Et tant alasmes par nuyt obscure errantz
En la grant foulle tournoyantz et sarrātz
Que p noꝰ furent occiz des grecz sās nōbre
Et leurs ames mises en mortel umbre
Aucuns diceulx voyans les leurs occire
De nous fuyoient tout droit a leur nauire
Et par courir tachoient de retourner
Au port de mer doubtans trop seiourner
Aucuns aussi par une paour villaine
Se retournoient a grant course et alayne
Droit au cheual de bois monte la sus
Dont ilz estoient nagueres tous yssus
Et de rechef se mussoient au ventre
Cōme larron fait en speluncque ou antre
Helas peu vault en espoir se fier
Quāt dieu veult lhōe destruyre ou deffier
En ce conflict et bataille enflammee
Nous auisames la vierge priamee
Dame cassandre o ses cheueulx espars
Que lon traignoit en trop diuerses pars
De hors du temple de deesse minerue
Enuironnee de gregoise caterue
Laqlle auoit ses tresclairs z beaulx yeulx
Fōdās en larmes tousiours leuez aux cieulx
Ses yeulx pour voit car ses mains ne peult
Pour ce q cordes la venoiēt cōprēdre z tendre
Et gros lyans qui p piteulx embras
Tenoient cloz et trop serrez ses bras
Las ia ne scait endurer celle veue
Chorebus lors ains sans raison pourueue
Plein de fureur se vint getter tout droit
Ou le tumulte et la grant presse estoit
Prest a perir et nous tous sans demeure
Allons apres ne chault qui viue ou meure
Si y auoit sur la voulte et la tour
De ce temple de noz gens tout entour
Qui de leurs dardz et pierres deffendoiēt
Le sacre lieu et maintz corps mortz rēdoiēt

Ecce trahe
bant passis
priamia vir
go crinibꝰ a
téplo cassā
dra

Et sur nous mesmes chargoient duremēt
Nous pensans grecz selon labillement
Lors se leua mortelle pestilence
Par dures armes et p grās coups de lance
Le son des tubes z de claires bussines
Faisoit mouuoir les couraiges insignes
Et tost apres pour les cris z grās pleurs
Pour les cōplaintes et extremes doulleurs
Que faisoit lors la vierge violee
Plusieurs gregois vindrent en la meslee
Et rudemēt leur hardiesse espreuuent
Contre tous ceulx q deuāt eulx ilz treuuēt
Entre les autres vint aiax courageux
Les deux atrides et mains grecz auec eulx
Tout ruant sus ainsi que vens cōtraires
Quilz se rencōtrent p boffemens haulsaires
La mer troublent et les forestz voisines
Par leur tempeste mettent en grāt ruyne
Certainement noz simulacions
Noz eschauguettes et noz inuencions
Ne maiz exploict secret et taciturne
Des grecz occiz deuāt lōbre nocturne
Peu noꝰ valurēt car trop sōt coustumiers
De grāt malice dont tātost eulx pmiers
En nous congneurent les armes assorties
Faulcement prinses et les lances menties
Aussi notairent que noz signes et formes
Nestoient pas a leur mode conformes
Et nostre langue mesmes monstroit assez
Que troiēs furēt soubz grecz escuz mussez
Lors sur noꝰ courent et p mortel encombre
Dymynua tantost de nous le nombre
Premier occis fut par peneleus
Deuant lautier de pallas chorebus
Et ripheus fut la mortelle proye
Lun des loyaulx et bons de toute troye
Ainsi voulurent les dieux lors estre faict
Si fut dymas et hippanis deffaict
Ja ne se sceut garder de telle oultrance
O doulx panthus la pitie et clemence
Ne preserua de ce cas tant subit
Ton venerable sacerdotal habit
O voꝰ cēdres feuz et flāmes troiennes
Cōsumpcion de toutes ioyes miennes
Je vous atteste et prens en griefuement
Si oncques ieu vouloir ne pensement
Descheuer lors les forces et puissances
Diceulx gregois leurs glaiue ne leurs lāces

Illiaci cine
res et flam
ma extre
ma meorū
testor

Et si les dieux ou le fatal dispos
Eussent voulu quauecques mes suppos
Lors fusse onitz assez me mis en peine
Pour receuoir o eulx la mort certaine
Le meurtre fait plein de dueil ⁊ desmoy
De la men pars et deux auecques moy
De mes cõsors lun yphytus moult saige
Qui ia estoit antique et de viel aige
Lautre estoit pelias que vlipes
Auoit blesse moult fort en cest epees
Tantost apres clameur trop desleale
Nous appella a la maison royalle
De priamus car tel fut le combat
En cest endroit et si grant le desbat
que biẽ sẽbloit quailleurs neust gẽs ne pesse
Fors seullement en telle forteresse
Ainsi voyons guerre multiplier
Et des gregois leurs forces employer
Pour desmolir loeuure tant extimee
De si gant loz et de tel renommee
Lantree fut assiegee par eulx
Si que lyssir estoit trop dangereux
Eschailles furẽt contre les murs posees
Pour inuader les beaultes tant prisees
Et soubz posteaulx ou tables se mussoient
Ceulx q premier de monter sauancoient
En mai senestre portent bouciers et dardz
Et comme fins et cautelleux soudars
Da lautre main se aydent et font prise
Pour mieulx gaigner le fort de la pouprise
Troyens aussi montez sur haultes tours
Tachẽt de vaicre leurs furieux destours
Glaiues ⁊ dars sur leurs testes leur iectẽt
Pour que plus loing de ce lieu les reiectẽt
Et quant ilz voyẽt armes leurs deffaillir
Contre ces grecz dont se voient assaillir
Pierres attachent et grandz tables dorees
Images paintes et formes decorees
Sur grecz les posẽt pour les endommoiger
Quant aultrement ne se peuent vanger
Les autres bas auecques droictes poinctes
De leurs espees tiẽnent les portes ioinctes
Desliberez garder et secourir
Lhõneur du roy priam iusques au mourir
Force et couraige donnẽt pour remõstrãce
A leurs consors faisans mortelle oultrãces
Andromache la royne mat thiree
De trop grant dueil cestoit lors retiree
En son logis segret et par auant
Elle et ses femmes alloient moult souuẽt
Eulx sollacer quãt troye malheureuse
Estoit en ceptre et regne glorieuse
Quant tout ce vey tout bien diligentay
Quen vne tour la plus haulte montay
Dont les troiens sur les gregois iectoiẽt
Dardz inutilles q bien peu prouffitoient
Celle tour certes passoit et surmontoit
Le plus hault lieu qui au palais estoit
Tant que dicelle bien pouoit estre veue
Toute la ville de troye en pleine veue
Et maiz les nefz les tentes ⁊ chasteaulx
Des grecz bastiz sur les marmes caulx
Icelle tour estoit riche et pourtraicte
Doeuure plaisant et subtilement faicte
Maiz tant fut elle pressee et combatue
Que ia forment elle estoit abbatue
Lors quant no9 veismes ⁊ q̃ besoig en fut
Nous feismes cheoir lestablage et le fust
Sur les gregois q la grant nombre furẽt
Dont les plusieurs cruelles mors receurẽt
Ce neantmoins si grant fut le renfort
Que des deux pars chacun se tenoit fort
Il ny eust sorte de glaiue ou de deffence
Que lun ne quist pour faire a lautre offẽce
Durant lassault que si dur on faisoit
Estoit pirrhus q ioyeulx triumphoit
Luysant en armes riches en maire sorte
Soubz le palais et deuant la grant porte
Tout en ce poit cõme nouueaulx coloeure
Qui le prins temps de son gist e descoeure
Apres liuer qui loing iour la estrainct
Par sa froidure trop poingnãte ⁊ cõtrainct
En vielle peau soubz terre faire pause
Lors pance bien auoir gaigne sa cause
Quãt beau tẽps viẽt et sa chair renouuelle
Sa queue esmaille de paincture nouuelle
O luy estoiẽt daultrez grecz tout vng tas
Prompz et hardiz dont lung fut periphas
Anthomedon aussi leur feist aide
Qui des cheuaulx dachilles fut le guide
Si furent certes les ieunes syriens
Qui au parfaire ne espargnerent riens
Tous ceulx se mistrent en la noble maison
Et iectent feux et flammes a foison
En to9 endroictz pirrhus dautre pt tache
Rompre et briser auec grãs coups de hache

Vinellimur nde iphitus et pelias me cum

Protinus ad sedes priami clamore vocati Hic vero in gẽtẽ pugnam

Cela mane miseri iacta bant irrita teucri

Vestibulum ante ipsum primo qз in limine pirr9 Exultat telis

Lune des portes et tant fort il hurta
Que la ferrure hors de son lieu osta
Si feist pertuis si grant et dommageable
Quon pouoit voir tout le seiour notable
Lors apparoissēt les courtz les grās salles
Les beaulx manoirs et telles chābres realles
Les haulx trosnes et sieges souuerains
Que feirent faire les bons roys primerains
Par celle breche ilz aussi veoir pouoient
Noz gens armez qui au dedens estoient
Las en ce bruit piteux que ie remembre
Soubdainement linteriore chambre
La ou la royne sestoit retraicte lors
Fut toute pleine de doulloureux accordz
De pleurs de cris de miserables signes
De voix piteuses de plaintes feminines
Tāt que pour veoir la clameur quō faisoit
Si grande fut que iusques au ciel alloit
Et lors les dames tremblans et esbahyes
Voyans de mort prochaine estre enuahyes
Leans couroient ca et la sans aduiz
En tristes lermes et trop piteux deuiz
Tables et boys moult souuēt embrassoiēt
Et doulx baisers mainteffois leur dōnoiēt
Tant trauailla pirrhus dentrer leans
Que les barrieres ne les tresdurs liens
Ne mais les gardes ne tindrent si bien serre
Que celle porte ne fust mise par terre
Lors force eut lieu et feist chemin patent
Si que chacun y entra tout flotant
Et tous occirent sans que nul en remoye
Ceulx que premier trouuerēt en leur voye
Lors a la foulle les gens darmes entrerēt
En tous endroits le palais occuperent
Ainsi que fleuue qui sort hors de sa riue
Par grandes eaulx et acoup se destiue
Qui lors emporte tables pierres et boys
Quon y a mises et posez autres foys
Aux champs espand ses furieuses vndes
Qui p grandz pluyes sōt creuses et pfōdes
Parez et bestial tugures et brebis
Prend et emmeine par les menuz herbis
En tel maniere certes les grecz faisoient
Qui a tout mal faire se desduisoient
Neotholemus veis tout furieux
En mort humaine et assez curieux
Furent aussi les deux gemeaulx attrides
De corps troyans estre faulx homicides

Apparet domus intus et atria longo patescunt. Apparent priami

Ferit aurea sydera clamor

¶ Je vey hecube et cent femmes o elle
Je veiz aussi qui mon mal renouuelle
Le roy priam pres des diuins aultiers
Qui de son sang baignoit les feuz entiers
Que il nagueres par pyteable office
Allumez eut et faitz pour sacrifice
Cinquantes chambres nuptiales auoit
Et en lespoir des nobles hoirs viuoit
les haulx plāchers les poteaulx et les tables
Toutes dor painctes et de couleurs notables
Enrichyes de targes et descuz
Et des despouilles des gens iadis vaincuz
Furent acoup a terre prosternees
Comme choses sans pris habandonnees
Le ou le feu attaindre ne pouoit
Chacun des grecz dy monter se penoit
Et se tu veulx scauoir dame realle
Quelle fut lors la misere finalle
Du roy priam saches certainement
Alors quil veist le cas le destruiment
De la cyte la prinse et conquestee
Et que la porte du palais fut ostee
Et arrachee du lieu ou elle estoit
Si que chacun a la foulle y entroit
Et lors ainsi quil veist sa maison toute
Dēnemys pleine entre petit et grāt double
Incontinent il ancien et vieulx
Fut de combatre sur les grecz ennuieulx
Ses armes prend que moult auoit aymees
Par longue aage ia desacoustumees
Si les acoustre dessus son tremblant corps
Comme iadis de faire fut recordz
Et puis saindist son espee gentille
Qui bien luy fut en ieunes ans subtille
Et tout acoup droit au meillieu sest mis
Prest a mourir entre ses ennemis
Et pour faire de mon dite le texte
En ses maisons soubz le pole celeste
Basty estoit vng triumphant aultier
Contre lequel vng ancien laurier
Estoit conioinct dont les brāches sās vmbre
Aux dieux penates faisoiēt vng doulx vmbre
La cestoit mise voyant la chose telle
Dame hecube et ses filles o elle
Lesquelles toutes plosternees estoient
Entour laurier et leurs coulpes battoient
Et serrez sont o lune a laultre assemble
Comme columbes qui se ioingnent ensemble

Vidi hecubam centumque nurus priamumque per aras Sanguine fedantem quos ipse sacrauerat ignes Quinquaginta illi thalami

Forsitan et priami fuerint que fata requiras Urbis capte casum

Quant le temps veult musser et obscurir
Et que tempeste lors commence a yssir
Les dames certes ainsi le sort passoient
Et les ramaiges de aultiers embrassoiēt
Et quant heccube ainsi a celle fois
Veit priamus arme de son harnoys
Lors luy va dire o espoux miserable
Quelle pensee cruelle et variable
Ta cy acoup enuahy et surpris
Que sans propos armes tu ayes pris
Ny ou vas tu ne qui te maine ou guide
Ja na besoing le temps de telle aide
Ja ne peust estre de par telz deffenseurs
Que ne mourrōs soubz les grecz opressenrs
Non pas certes et fust encor enuoye
Le mien hector donc lame fut rauye
Desiste toy doncques de tel propos
Prens auecques nous passience et repos
Le digne aultier pourras a laduanture
Nous preseruer de plus grande iacture
Ou sil aduiēt qui nous faille perir
Ensēble aumois aimeriōs mieulx maurir
Quāt heccuba eust dist parolle telle
Incontinent tira priam o elle
Son entreprinse tressimple reuoqua
Et pres sautel la fist et colloqua

Ecce autem elapsus pirrhi de cede polytes Unus natorū priami

En ce grant bruit et crueuse deffaicte
Par phirrus lors excercee et faicte
Hey polite lung des royaulx enfans
De preamus qui fuyoit les deffans
Quon luy faisoit la poursuitte et menasse
Leans couroit de luy en lautre place
Par dardz ou glaiues a droit ou ne scauoit
Car o lespee nue le poursuyuoit
Celluy pirrhus nau re de dure playe
Tant le chasse que lesperit lors desploye
Tel coup luy donne que deuant ses parēs
La fut occis sans luy estre garans
Et la rendit lame trop piteable
De sang honny ce iuuenceau notable

At tibi p scelere / exclamat / pro talibus ausis Dii si qua est celo pietas q̄ talia curet Persoluant grates dignas

Quant priamus veist si crueusement
Cest enfant mort iacoit que clairement
Bien apperceut que toute celle peine
Estoit de luy assez pres et prochaine
Si ne peust il sa langue refrener
Ne sa voix et ire pardonner
Lors se cria si pitie et clemence
La sus au ciel fait quelque residence
Je prie aulx dieulx que le mal pretendu
Que tu as faict te soit par eulx rendu
Et tel merite et semblable sallaire
Comme tu as oze penser et faire
Toy q̄ nas craict dōc le miē cueur en fand
Deuāt mes yeulx occir mon propre enfāt
Et maculer mon regard et ma veue
De telle mort honteuse et impourueue
Cil achilles de qui filz tu te clames
Ne feist oncques certes si lasches armes
Et iacoit or que son ennemy fuz
Si ne mist il ma requste en refuz
Le corps dhector par luy mis en rompture
Honnoura il de digne sepulture
Ainsi parlans incontinent il lance
De grant despit vng leigere lance
Contre pirrhus mais ce coup fut tout vai
Car il partoit de trop fragille main
Si demoura pēdu dedens la targe
Le dart iecte sās faire autre descharge

Sic fat⁹ senior telumq imbelle sine ictu Coniecit

Lors dist pirrhus doncqus tu ten yras
Premier en bas et tout au long diras
A achilles mon pere des nouuelles
Et que ie fait en toy euures cruelles
Ny hardyment que trop vers toy messiz
Donc pas ne suis dachilles le vray filz
Ores mourras en disant tel langaige
Il print le roy tremblant de peur et daage
Et larracha de laultier quil tenoit
Par les cheueulx le print et le trainoit
Dedens le sang de son filz qui naguerres
Auoit occiz en piteuses manieres
Puis son espee tresclere tira hors
Et toute entiere luy mist dedens le corps,
En ce chetif et miserable prince
Jadis regnant en si grande prouince
Telle fut certes la fin et le desroy
Le sort fatal de priam nostre roy
Deuant mourir veist troye alumee
Par feu par flammes et par fer consumee
Les murs troyens brisez et desmoliz
Par vehemens et trop soudain crolis
Luy qui iadiz fut regnant en asie
Terre superbe de grant peuple saisie
Ores gist il en place non sur couche
Habandonne ainsi que tronc ou souche
Et pour priuer tout son loz de rechef
On luy osta des espaulles le chef
Donc demoura ce prince de renom

Hec finis priami fatorū hic exitus ill[illegible] sorte tulit

A tous Voyans Vng poure corps sans nom
Quant tel le Vis lors ieu douleur extreme
At me cum primũ seuus circũstetit horror Obstupui
Et mesbahis et fremis en moy mesme
Puis tout acoup me commenca toucher
La souuenance de mon pere trescher
Qui Viel estoit Voire de pareil aage
A ce roy mort dont triste fut lymage
Puis me souuient de ma femme creusa
Qui au partir doulcement me baisa
Jeu aussi doubte que ma maison totalle
Ne fut bruslee par ruyne fatalle
Et que mon filz le petit yulus
Ne fut occiz par glaiues esmoulus
Lors regarde se nes Vng ie Verroye
Autour de moy a qui dire pourroye
Mon desconfort mais nul ne Veiz des miẽs
Tous me laisserent quictans lhõneur ⁊ biẽs
Lassez estoient de combatre et deffendre
Dont les aucũs contrainctz furẽt descẽdre
Et a grans saulx retirer et fuyr
Autres blessez se alloient enfuyr
Par desespoir dedens les cleres flames
Ainsi rendoient en grant douleur les ames
Brief ie fuz seul de tous les myens cõsors
Et en pensant ses miserables sors
Jectant mon oeil par ce lieu long et ample
Jaduise certes alors dedens le temple
De dame Veste la faulce tyndaris
Celle helayne quauoit rauye paris
Qui la cestoit enfermee et retraicte
Close et cachee en cellule secrete
Les feuz et flãmes qui par tout redõdoiẽt
Clere lumiere en allant me donnoyent
Celle doncques cachee la dedens
Moult fort doubtoit les futurs accidens
Troyans craignoit et leur fureur aperte
Car cause estoit de leur entiere perte
Si faisoit elle la menasse des grecz
Et son mary qui tant feist de regretz
Lors celle Veue aluma Vng feu dire
Dedẽs mon cueur plꝰ quon ne scauroit dire
Exarscere ignes aio subit ira cadentẽ. Ulcisci patriam
Et eu talent de Venger en effect
Le mien pays par elle ainsi deffaict
Et de prendre les peines scelerees
Dont les ruynes furent accelerees
Mon desplaisir si auant me tira
Quen moy ie dis doncques or sen ira
Saine et saulue en son pays de grece
Ceste qui fut cause de telle tristesse
Et comme royne apres triumphe acquis
Sera son loz en son grant bien requis
Mais Verra elle en si digne parage
Terre maison et ceulx de son lignage
Acompaignee pour hault louer ses tiltres
Tout le nostre et de troyans ministres
Le roy priam sera il oultrage
Mort et deffaict sans en estre Venge
Troye bruslee et mise en telle ruyne
Sans quil y ait reparement condigne
Seront les champs tant de sang arrousez
Que tous troyans demourront la posez
A certes non et iacoit que grant gloire
Ne puisse auoir feminine Victoire
Si seray ie loue non entache
Dauoir estainct et deffaict le peche
De celle la qui bien a deseruye
Peine de mort et fin de toute Vie
Aumoins sera mon couraige assouy
Dauoir des miens lancien loz pleuuy
Et satisffaict a leurs os et leurs cendres
Dont sont yssus opprobrieux esclandres
Telles parolles en mon cueur ie disoye
Et par fureur a lexpleeter Visoye
Talia iactabã et furiata mẽte ferebar
Quant deuant moy sapparut promptemẽt
Ma doulce mere tout aussi clerement
Et en splendeur si grande et beniuolle
Comme elle fait lassus au celicolle
Si me print lors et saisist par la main
Puis en langaige gracieux et humain
Ayant bouche dune couleur rousee
Par elle fut tel chose proposee
O le mien filz que tant ayme et desire
Nate quis idomitastã tus furor excitat iras Quid furis
Quelle fureur incite ores ton ire
Mais qui te maine as tu ia mis ou loing
De moy le cueur la pensee et le soing
Ne Vausissist il prendre garde trop mieulx
A anchises ton pere qui est Vieulx
Et de penser si creusa ta compaigne
Encores Vit ou si en pleur se baigne
Pareillement ascanius ton filz
Qui peuent estre par gregoys desconfiz
Tant que pour Vray se ma solicitude
Neust empesche la Violence rude
De leurs contraires ia fussent enuahis
Par feuz et flammes ainsi que leur pays
Et fut leur Vie abregee et coupee

Par cruel glaiue et ennemye espee
Pour ce doncques laisse en pays tyndaris
Ne donne blasme de ce mal a paris
Ceulx ne sont cause de vostre decadence
Mais seullemēt des dieulx la maliuolance
Qui a voulu ordonner et promis
Que tel tresor soit en ruyne mis
Voyre et q̄ troye de sa plus grant haultesse
Soit subuertie en hōteuse foiblesse
Et pour que mieulx soit leuure congneue
Je chasseray lobscure et noire nue
Loig de tes yeulx or prēd garde a mes dictz
Et mon vouloir en rien ne contredictz
Ne voy tu pas les murs et fondemens
De la cite mouuoir par tremblemens
Roches et pierres lune a lautre combatre
Grans pouldre yssir et en lair se desbatre
Cest neptunus diceulx murs fondateur
Qui desmolist comme debellateur
Por son tridant les sieges o les choses
Qui cy dedens iadis furent encloses
Aussi iuno rudement vous decoit
Pour le despit que contre vous concoit
De glaiue saincte elle appelle et conuie
Voz aduersaires pour vous tollir la vie
Voy dautre part la deesse palas
Qui prent sa ioye son plaisir et soulas
Des haultes tours voicy vne faict oblique
Et vous cours sus o targe gorgonique
Et iupiter mesmes qui est mon pere
Contre vous autres murmure et espaspere
Couraige donne vertueulx et bon heur
A iceulx grecz et acroist leur valleur
Et tous les dieulx encontre vous incite
Dont au deffendre aurez poure merite
Pource est besoing que depart diey faces
Et que salut en autre lieu pourchassez
Impose fin au labeur qui te poinct
En lieu qui soit ie ne te layrray point
Et seurement ores te feray rendre
En la maison ou trop te fais attendre
Quant elle meust desclaire tel encombre
Lors se depart et se mussa en lumbre
Dobscure nuyt incontinent te vey
Tout esperdu et de dueil assouy
Faces cruelles et les dieulx qui nuysoient
A nostre troye et qui la destruisoient
Lors me sembla que tout fut embrasse
En feu et flammes ilion ia rase

Dixerat. et
spissis no-
ctis se cōdi
dit vmbris.
Apparēt di
re facies

Et que la ville en chacune partie
Estoit dit tout destruicte et subuertie
Tout aussi certes cōme arbre grant et hault
Que la congnee du charpentier assault
Tant fort y heurte et si grās coups y dōne
Tout a lentour quen la parfin lestonne
Et iacoit or quil ait forte racine
Finablement si le mect en ruyne
Et si fut grant toutesfois le combas
Le rue ius et le mettent embas
Lors ie descens or par diuin aide
Qui au besoing me feist leale guide
Je transuerse flammes et ennemis
Et sans peril par leurs dangiers me mis
Si me feirent flammes feuz e dardz place
Sans me donner violance ou menasse
Et quant ie fuz a la maison venu
Du mien pere ia tout viel et chanu
Je desiroye de tout le mien couraige
Le mettre hors de ce mortel seruaige
Et montaigne lointaigne lemporter
Pour la fortune doulcement supporter
Mais ma priere ne conscend ny nauttroye
Souffrir exil voyans destruire troye
Et me disant vous qui ieunes et fors
Encore estez pour souffrir telz effors
Allez vous en si desir vous conuye
Car si les dieux eussent voulu ma vie
Faire plus longue par leur fatal dispos
Bien garde meussent les sieges de repos
Autressois ay veu troye desmolie
Que laomedon auoit tant embelye
Et toutesfois ne fu tue ne pris
Ains retourna la cite en son pris
Or est assez mais vous fuyez grant erre
Et en posant mon poure corps a terre
Dictes a dieu bien pourray sans courir
Trouuer moyen dhonnestement mourir
Quelque ennemy aura misericorde
Et me occira car a ce ie macorde
Je luy donray ma despoille et mon bien
Car a cella ie ny empesche rien
Assez facile est certes la iacture
De funeraille et final sepulture
Je par long aage faiz trop durer les ans
Qui soit sur moy hatifz et pretendans
Et sont mes membres cassees et inutiles
Depuis le tēps que par fouldres subtiles

Dieu iuppiter le myen corps fulmina
Dont mes vertus amendrist et mina
¶ Telle parolle a lheure nous disoit
Et au partir nullement ne visoit
Ains se tenoit en ce propos estable
De non laisser son pays miserable
Mais au contraire tous en lermes confis
Ma femme et moy et aussi le myen filz
Et tous mes gens feismes humble requeste
Que de partir et fuyr se apreste
Et que par trop en ce lieu demourer
Il ne voulsist les siens deshonnorer
Mais pourneant requeste ne sceu faire
Car il sarreste en son premier affaire
Et delibere de non habandonner
Troye deserte quoy quon luy deust donner
Lors eut vouloir de retourner aux armes
De cercher mort et les piteux alarmes
Autre conseil ou fortune meilleure
Je ne pouoye auoir certes a lheure
Si dis o pere comment es tu pensant
Que ie voulsisse mourir en te laissant
Et men aller en aucune maniere
Ayant vouloir de te lesser derriere
Mais comme peult parolle tant cruelle
Estre yssue de bouche paternelle
Si plaist aux dieux quen toute la cyte
Rien nen eschappe et que laduersite
Commune soit si tu as le desir
Quauec les tiens icy vueilles gesir
Assez me plaist la porte est toute ouuerte
Pour receuoir la mort prompte et aperte
Tantost viendra pirrhus o son arroy
Honny du sang de priam nostre roy
Qui bien pourra tuer et desconfire
Le ieune enfant au plus pres de son sire
Et occira le pere par apres
Deuant lautier ou encore plus pres
Ha/alme mere/mal me fustes propice
Me mettre hors de la force et malice
De dars et glaiues et des feuz viollans
Pour ores voir de mes yeulx trop dolans
Mes ennemis ou lieu et demourance
Ou ie cuydoie auoir vraye asseurance
Fault il que voye a mon propre seiour
Meurtrir mon pere et ma femme en ce iour
Voire et mon filz et que leur sang ensẽble
Lun auec lautre sentremesle et assemble

Talia vociferans memorans fixusque manebat Nos contra effusi lacrimis

O vous les miens seruiteurs et consors
Acoup aux armes mõstrez vo⁹ durs ⁊ fors
Ce iour dernier conuoye or et appelle
Nous tous vaincus et raison no⁹ cõpelle
Conduisez moy ou lieu ou sont les grecz
Car de mourir nauray aucuns regretz
Et promettez que promptement men aille
Ou lieu ou est la plus rude bataille
Pas ne serons occiz ne oultragez
Tous ensemble sans en estre vengez
¶ Quant ieu ce dit et finy ma complainte
Mon espee reprins et tost leu saincte
Aussi ma targe et tout ce que failloit
A homme ardant qui aux coups sen alloit
Ainsi doncques du logis men partoye
Et ia forment auprres de luys estoie
La ie trouue ma femme qui gisoit
Et grosses larmes dedens son cors posoit
Celle a mes piedz se iette et si membrasse
Comme celle qui veult et requiert grace
Celle mon filz yulus me presente
En me disant las cy cest ton entente
Daller perir emmeine nous tous deux
Par les dangers la ou mourir tu veulx
Ou si tu as pour tost tes armes prendre
Aucun espoir secourir ou deffendre
Le tien pays deffens premierement
La maison tienne et ton hebergement
La ou tu laisses en peril trop infame
Pere et enfant et moy qui suis ta femme
¶ En tieulx cõplais elle lors me exhortoit
Et telles lermes et si grans pleurs iectoit
Que la maison en estoit toute pleine
Si apparut merueille bien soudaine
Et grant augure car en ce differant
Vint vne flamme de feu tout acourant
Qui se posa de grant clarte garnye
Dessus le chef de mon filz ascanye
Et doulcemẽt sans rien lendommager
Se vint autour de ses cheueulx loger
Lors commencasmes auoir peur ⁊ a craindre
Et si voulusmes acoup ce feu destraindre
Par eaue iectee et par tout faict possible
Cuydant qui fust dommageux et nuysible
Mais anchises mon pere tout ioyeulx
De ce prodigue leua au ciel les yeulx
Et ses deux mains ioingnãt a voix legiere
Va faire aux dieux vne telle priere,

Hic ferro accingor rursus clipeoque sinistram Insertabam aptans

Talia vociferans gemitu tectum omne replebat

O iuppiter le pere tout puissant
Si par pitie tu es recongnoissant
Humains suffrages et les vertus benignes
Nous facent or de telles graces dignes
Vlx ea fatꝰ erat senior subitoq; fragore Intonuit leuum
Regarde icy et nous donne secours
Et conferme de ce sainct feu le cours
¶ A peine eut dict quãt vng soudai tõnerre
Fut lors ouy lassus au ciel grant erre
Et tost apres veismes en lair courir
Vne comette droit sur nous acourir
Dont la splendeur estoit si singuliere
Que tout le ciel en fut plein de lumiere
Et trauersa par sur nous droitement
Prenant son cours et son deffinement
Dedens yda la forest planteureuse
En nous monstrant la voye plus heureuse
Que de tenir il nous estoit mestier
Si demoura la trace et le sentier
Et au droit lieu ou elle declinee
La puanteur fut gra nde et sulphuree
Lors fut mon pere vaincu et conuerty
Delibere de suyure mon party
Les aultiers cerche aux dieux se recõmãde
En adorant la comette si grande
Si dist amys a moy ne tiengne pas
Que nous nallons maintenant de ce pas
Je vous suyure en quelque part quon aille
Garde nauez que iamais y deffaille
O dieux puissans sauluez ceste maison
Et mon nepueu a meilleure saison
De vous nous vient la merueille presente
Et en vous gist le plus de nostre attente
Dixerat Me z iã pmenia clarior ignis Auditur.
Ores voyez que sans plus eslongner
Je veulx mon filz par tout acompaigner
¶ A tant fina et bien pouez entendre
Le tẽps pendant que tout tournoit en cẽdre
Car feu croissoit et tant multiplioit
Que sans fureur en tous lieux desplioit
Ja estoit pres la commencoit atteindre
Nostre maison nul ne la peult esteindre
Cela voyant ie dis o pere chier
Lheure et le temps semond nous despescher
Monte sur moy car la force est petite
Pour faire acoup despartie subite
Sur mes espaulles ie te transporteray
Et de ce lieu non seur temporteray
Ja ne sera a moy la peine griefue
Auãce doncques car lheure est assez briefue
A quelque fin que puissions paruenir
Commun peril nous fauldra soubstenir
Aussi aurons toy et moy sans doubtance
Salut pareil et vne deliurance
Mon petit filz cheminera apres
Et ma femme le conduyra de pres
Vous seruiteurs retenez en couraige
Ce que voꝰ veulx compter en brief lãgaige
Assez scauez que dehors la cyte
Ia vng temple de longue antiquite
Jadis basty pour seres la deesse
Ores desert par trop grande viellesse
Vng hault cypres est plante la dedens
Que noz ancestrez par grandz circuit dans
Ont honnoure et garde de ruyne
Se lieu vous baille pour enseigne z signe
La vous rẽdrez et nous semblablement
La conclurons du tout plus amplement
Et toy mon pere prens les sainctes reliq̃s
Et noz penates diuins et autentiques
A moy nassiert dy apposer la main
Qui encore suis honny de sang humain
Jusque a tant que laue ie me soye
En fleuue vif et que net ie men voye
Ce propos dict vne peau leonine
Sur moy posay puis apres ie recline
Chef et espaulles et a mon pere fais
Lieu et aisine qui me fut vng doulx faiz
Mon petit filz lors me print par la destre
Qui de courir nestoit mie bon maistre
Et cheminoit o moy en telz trauaulx
Non sans peur grande z a pas non esgaulx
Pres noꝰ suyuoit creusa la mienne espouse
Assez troublee de si poureuse chose
Ainsi passames mais lieux obscurs z noirs
Laissans chemins plus cõmuns z manoirs
Car peur me incite et a ce me contrainct
Partyr deuant estre mort ou estainct
Qui ne doubtoit dars glaiues ne menasses
Ne les effors des grecz en nulles places
Estoie a lors surprins et esbahy
Le moindre vent ou son qui estoit ouy
De mon oreille me faisoit peur et doubte
Tousiours estoie au guet et a lescoute
Craingnãt ma charge et que mon petit filz
En cest affaire ne fussent desconfiz
Ja pres des portes de la ville approuchoye
Pour yssir hors et bien certes pensoye
Estre eschappe de peril eminent
Quãt vng grant nõbre de peuple cheminãt

Duy marcher faisant bruit a merueilles
Le son en vint acoup a mes oreilles
Et lors mon pere son euil iecte & conduit
Puis ca puis la en lombre de la nuict
Et si sescrie fuy ten tost et teslongne
Ceulx nous feront par honte et vergoigne
Je voy leurs armes leurs targes & bouclierſ
Assez relupre et bien se monstrent clers
Las ie ne scay quelle fortune peruerse
Me vint alors qui tout mon sang renerse
Car tout acoup me iectay a lescart
Sans scauoir ou ne mais en quelque part
Je meslongne de la certaine voye
Fuyant sans ordre et droit on ne scauoye
En se conflict mon malheur madressa
Car ie perdis mon espouse creusa
Ne scay pour vray si la poure dolente
Fut la tuee ou se par aultre sente
Se voulst saulner ou si trop lasse estoit
Dont luy conuint reposer or endroit
Incertain suis que deuint en ces lieux
Car oncques puis ne la vy de mes yeulx
Pas nen laduis de regarder derriere
Si apres moy venoit prompte et legere
Jusques atant quau temple fuz venu
Et droit au lieu pour nous tous conuenu
La nous trouuasmes trestous sans perte aucune
Fors seulement de toute la reste vne
Qui bien descreut seruans filz et espos
Et bien garda le mien cueur de repos
Mais ou est lhomme que lors ie naccusasse
Ou cil des dieux qua lheure ne blamasse
Quel aultre grief ou quelle plus grãde pte
Eusse sceu voir en la cyte deserte
Incontinent de ce lieu men party
De douleur plein et de dueil amorty
Recommandant mon petit ascanie
A mes consors et a leur compaignie
Aussi mon pere et les penates dieux
Pour que chascun sen donne garde mieulx
En la cyte de rechef men retourne
Et de mes armes ie me acoustre & atourne
Delibere tous cas renouueller
Par toute troye cheminer et aller
Et mettre chef et corps a ladueuture
Au premier sort de la desconfiture
La voye prins et pas ie ne failly
Droit a la porte dont iestoie sailly

Quẽ non i cusaui amẽs hoĩmq; deorũ Aut qd i euersa vidi crudelius vrbe

En cheminant ca et la regardoye
Si de creusa nouuelle aucune auroye
Peur et tristesse mon cueur esbaissoit
Et la silence de nuit me palissoit
Ainsi alloie sans fortune prospere
Et droit men vois a la maison mon pere
Voir si leans retournee seroit
Mais qui sans pleur la pitie cõteroit
Car la des Grecz estoit la maison pleine
De feu saisie et la flamme soubdaine
Par vent portee a la cyme au plus haulte
De ce manoir ainsi ardant et chaulte
Passoit le feu les tours et les pinacles
Desmolissant principaulx habitacles
Lors ie men pars et men alle tout court
La ou priam iadis tenoit sa court
A ilion maison iadis pourueue
De tout honneur mais poure en est la veue
Car tout ainsi ia vuyde rien ny vey
Qui la ne fut par feu ou fer rauy
La tout au pres fut de iuno le temple
Bel et antique spacieux et moult ample
En ce lieu veiz vlixes et phenix
Et leurs gardes de proye bien garnys
Car la dedens les gregoys retiroient
Toutes les proyes que des maisõs tiroiẽt
La apportoient richesses et tresors
Que des maisons bruslees mettoiẽt hors
La assembloient les ioyaulx et reliques
Grans vaisseaulx dor et table deificques
La bien scauoient mettre a leurs appetitz
Les vestemens et robes des chetifz
Et les enfans o leurs dolantes meres
La tout autour en peines moult ameres
Se contenoient sans oser proferer
Mot ne parolle mais sans plus de pleurer
Des grãs souppirs q̃ de leurs corps yssoiẽt
Et des clameurs le temple remplissoient
En tournoyant ie prins le hardiment
Jecter ma voix en lumbre apertemẽt
Disant creusa creusa ma doulce amye
Creusa creusa ne respondras tu mye
Et en ce point que mon corps trauailloit
A la querir et mon cueur y veilloit
En tous les lieux de la cyte bruslee
Lesperit delle et ymage adolee
Lors mapparut dont de peur tressailly
Cheueulx me lieuent mon parler fut failly

Si commenca par resmonstrance telle
Chasser ma cure et ma douleur mortelle
Quid' tãtũ ĩsano iuuat ĩdulgere labori O dulcis coniunx
O doulx espoux commẽt as tu le cueur
Prendre pour moy si penible labeur
Sache pour vray que volente diuine
Ainsi la chose ordonne et determine
Pas nont voulu ne consentir les dieux
Que ta cõpaigne fusse en plꝰ loigtains lieux
Tu porteras maint exil et malaise
Ains que trouuer demeure qui te plaise
Et grande mer pourras tu labourer
Ains que iamais a repos demourer
Finablement viendras en esperie
Terre fertille terre doulce et fleurie
La ou le tybre arrouse les beaulx champs
La trouueras tes plaisirs et tes champs
Joyeulx seiour et maison de franchise
Reale espouse pour toy tout seul acquise
Chasse doncques les pleurs o eneas
Que pour moy fais que tant fort ayme as
Naye doubte que nul des grecz me enmeine
En leur pays pour y voir leur demaine,
Ja de leurs femmes seruante ne seray
Ja a venus deshonneur ne feray
Icy suis certes par cy belle tenue
En lieu celeste et ay diuine nue
Or adieu doncques de moy nauras plꝰ rien
Garde lenfant qui fut et tien et mien
Quant elle eut dit tost fut esuanouye
Hec vbi dicta dedit lacrimantem et multa volẽtẽ dicere deseruit tenuesq; recessit i auras
Et plus ne fut de moy veue ne ouye
Jacoit ores pleurant et lamentant
Que luy voulsisse dire des choses tant,
Par mainteffois essaye de la prendre
Mais pour neant a cela veulx contendre
Ma main ne treuue derriere ne deuant
Chose palpable fors songe ou legier vent
En cest affaire fut la nuict consumee
Sic demum socios consumpta nocte reuiso
Si laisse lors la cyte allumee
Et retourne par miserables fors
Ou propre lieu ou furent mes consors
Et quant la fuz bien trouue creu le nõbre
Car mains troyans voulant fuir lencõbre
Le grant peril la mort laduersite
Voyant destruire nostre poure cyte
Comme banniz la retirez sestoient.
Et auec eulx plusieurs biens aportoient
Si y auoit et meres et maris
Jeunes et vieulx bien dolans et marris
Deliberez daller et de me suyure
Et en tous lieux o moy mourir et viure
Queust il valu faire plus long seiour
Tost commenca apparoistre le iour
Ja ont les grecz la saisne des portes
Ja ont de troye toutes les places fortes
Espoir nya qui vaille ou proufite
Car maintenant la reste y est petite
Si donnay lieu a fortune pour lors
Mon pere pris et le mis sur mon corps
A la montaigne men voys et me trãsporte
De laduenir au dieux ie me raporte

Cy fine le second liure deneydes et commence le tiers sur le texte
Postq̃ res asie priamiqz euertere gentem
Immeritam visum superis

Postq̃ res asie priami q3 euertere gentem Immeritã visũ superis

APres dõcques q̃ le plaisir des dieux
Fut esleuer les choses et les lieux
De toute asie et la gent priamide
Si quil ny eust plus datente ou remide
Et q̃ ilion le superbe palais
Fut tresbuche et deffaict de tous laiz
Que toute troye fut de feu allumee
Si que par tout en Voloyt la fumee
Lors par augure nous fusmes aduertis
Quil nous failloit querir autres partis
Diuers exilz et les terres desertes
Pour restaurer noz premeraines ptes
Si cheminasmes ensemble tout apres
A Vne Ville qui de la estoit pres
Dicte antandros soubz la mõtaigne assise
Au pres dyda la feismes la diuise
Et lapareil de nostre nauigage
Diuerses gens furent mis a louuraige
Mais moult estoient troublez et esbahis
Quelque contree prendront ne quel pays
Ne quelle part aurons noz reposez
Apres noz peines et apareil posez
Que Vault ores le plus dissimuler
Tantost fusmes to⁹ prestz nous en aller
Tout nostre peuple se prepare et apreste
Nostre nauire fut disposee et preste
Ja commencoyt apres le grant yuer
Le beau prin temps et la saison de Ver
Si cõmanda mon pere quon fist tendre
Voilles au Vent sans muser ou attendre
Recommandant nostre affaire total
A la fortune et au plaisir fatal
Lors ie lessay les pors et les riuaiges
De mon pays en lermoyans langaiges
Et les doulz champs ou troye fut iadis
Qui bien sembloit Vng second paradis
Ainsi men Voys noyer en mer haultaine
Non sachant ou/ne la Voye certaine
Auec les dieux mes filz et mes consors
Habandonner a tous dangiers et sortz
Assez au loing de la fuytiue terre
Moult belliqueuse et biẽ duicte en la guerre
Que tracyens labourent et cultiuent
Ou biens abondent et a leur aise Viuent
Qui pais fut autreffois gouuerne
Par ligurgus qui y auoit regne
Et la gent certes et toute leur puissance
Moult bien Voulurent iadis nostre aliãce

Terra procul vastis colitur mauortia campis Traces arãt

Et bons amys furent a noz troyens
Lors que fortune nous donnoit les moyẽs
La portez fusmes et sus le port sans faile
Je colloquay ma premiere muraille
Et bastis Ville que ores a renom
Dicte eneade prenant de moy le nom
Si proposay faire au dieux sacrifice
Car le principe me fut assez propice
Si feis occire sus ce port Vng toreau
Et la aupres y auoit Vng tombeau
Enuironne darbres de maintes sortes
Cormiers de miertes que la terre y aporte
La men allay cuidant branches cueillir
Et Vers rameaulx a mes mains recueillir
Pour faire feu et digne couuerture
Au sacrifice comme par droicture
Veis ie lors la Vng monstre moult diuers
Car du premier arbre Veis a lenuers
Acoup issir de sang noir grosses gouttes
Dont ie perdis alors mes forces toutes
Et du grant peur deuins froit et transi
Considerant que peut estre cecy
Pas ne cessay pourtãt ains plus fort tache
Scauoir q̃ cest et autres branches arrache
De laquelle sortit pareillement
Et degoutta du sang moult largement
Dont fus trouble Veoir si piteuses testes
Et adoray lors nimphes agrestes
Le grant pere qui aux champs traciens
Fut president iadis des anciens
Pour quil leur pleust de celle chose Veue
Fut de bon signe et de bon eur pourueue
Diray ie plus ou si taire me dois
Je trauaillay encore tierce fois
Autre arbre auoir et mes Vertus efforce
Se que desia brisee estoit lescorche
Incontinent du sepulcre prefond
Issit Vng pleur qui tout en lermes fond
Vng son dolent Voix piteuse a merueilles
Qui fut ouye iusques a mes oreilles
O eneas que te fait lacerer
Vng corps chetif et tant exasperer
Helas pardonne sans faire autre iacture
A Vng corps mort gesant soubz sepulture
Ne soulles point ces trespiteuses mains
Dedens le sang des trespasses humains
De troye fus comme toy sans retraire
Pas ne te suis estrange ne contraire

Quid miserum enea laceras iã pce sepulto Parce pias scelerare manus

Mais ton parent prouchain et alie
Mort mesmes plus lien deslie
De sang issu dont as eu mainte goutte
De ses arbres non sans cause degouste
Suy dõc ces terres cruelles pour le mieulx
Fuy fuy ce port tant avaricieux
Polidorus ie suis cil sans doubtance
Que dars et flesches p leur grãt habõdãce
Ycy firent gesir et tresbucher
Dont le seiour bien me fut vendu cher

Tũ vero ancipiti mentẽ formidine pssꝰ. Obstuit.

O yant cecy ieu peur entremeslee
De doubte et crainte comme chose adolee
Cheveulx me dressẽt et la voix me deffault
Le cueur au corps tout a coup me tressault
Et sil vous plaist entendre et scavoir ores
Le fait piteulx de celluy polidores
Saches pour vray que priam malheureux
Lors que les grecz parfaictz chevalereux
Troye assiegerent et quilz eurẽt deffece
Au long aller de sa longue meschance
Peur que de luy demonstrast son avoir
Furtivement envoya pour tout voir
Cil polidores en garde au roy de trace
Et avec luy dor et dargent grant mace
Mais quant ce roy desloyal et pervers
Veist la fortune des troiennes alenvers
Sa foy faulsa par cruelx malefices
Suyvant de grecz les enormes victrices
Polidorus fist apres mort gesir
Et de son or bien se voulut saisir

Quid non mortalia pectora cogis Auri sacra fames.

O avarice cruelle et famelleuse
Est il au monde chose tant crimineuse
Que tu ne faces parfaire et acomplir
A tous humains pour leurs tresors amplir
Bien me sembla la chose assez condigne
De racompter cõme merveille indigne
Aulx saiges hões des miens les plꝰ prudẽs
Si leur comptay les piteulx accidens
Et mesmement mon pere tant notable
Scavoir voulut leur advis raisonnable
Tous consentãs dũg vueil et dugne bãde
Que nous laissions ceste terre nephande
Le logis triste miserable et polu
Qui autressois a nostre sang tollu
Et que bien tost facons noz voilles tẽdre
Pour seure adresse en autre terre prendre
Si ordonnasmes que n es vngs nes en aille
Sans faire honneur et dernier funeraille

A polidores si fust lors prepare
De terre fresche son sepulcre prepare
Aultiers dressez de noire taincture
Et cipres faisans au tour saincture

Ergo instauramus polydoro funꝰ et ingens Aggeritur tumulo tellus

La les matrosnes troyennes au cheveulx
Faisoiẽt larmes leurs regretz et leurs veux
Et tous ensemble entasses et pateres
Fondons encens requis a telz misteres
En tournoyant tout au tour de ce lieu
Nous luy donasmes lors le dernier a dieu
Quãt noꝰ eusmes fiance et foy certaine
Du temps serain et q̃ la mer haultaine

Inde vbi prima fides pelago placataque venti Dãt maria

Fust temperee sans peril ou dangier
Se que poũs seurement y nager
Nes nautonniers apstent leurs navire
Chacun de nous tout droit au port se tire
Chacun congnoist sa hũne et ses vaisseaulx
Ainsi a lors sur les mauvais eaulx
Terres et villes sesloignẽt de noz veues
Au loing aller plus ne sont apperceues
Dedens la mer y eust vne grant isle
Ou la terre fust plaisante et fertile
La neptunus prevoit honneurs placides
Aussi la mere iadis de mereides
Celle belle isle en son commencement
Estoit subiecte a divers tremblement
Vent et tempeste car [illegible] la traictoient
Mais sont assez ceulx qui y habitoient
Dont appollo voyant telles ruynes
I colloqua deux montaignes voisines
Dont aux manens fut seur repos donne
Par ce moyen fut le vent contempne
Et fut ainsi lisle ferme et estable
Non plus aumoins subiecte ne muable
Le droit a tous car bien eusmes assez
Fait de pays pour en estre lassez
Celle terre doncques plaisante et belle
Tous nous receut sans point estre rebelle
Et doulcement par gracieux support
Recuillis fusmes trestous dedens ce port
Hors des navires proptement noꝰ yssimes
A la cite dapolo honneur fismes
Le roy du lieu nous vint a lors devant
Dict aipus autentique et savant
Roy pour certain et de phebus fut prestre
Se chef avoir pouoit aparoistre
Aorne de vignes et couvert de laurier
Cil nous receut ainsi que familier

Bien recongneut lamitie ancienne
De mon Vielpere et de la gent troyenne
Ainsi entrasmes ioyeulx en son hostel
Bien congnoissant son vouloir estre tel
Lors adore daffectueux couraige
Le diuin temple basty dantique ouurage
O dieu quon prie ceans toute saison
Donne aux troyans assuree maison
Donne muraille et closture de ville
A nous lassez conuenable et vtile
Garde la gent et la seconde troye
Poure despouille la relique et la proye
Des grecz vainqueurs dachilles impiteux
Donne nous pere augure non piteux
Ou est la terre que lon noꝰ veult promettre
Et en quel lieu deuons noz sieges mettre
A peine feuz ce propos assembler
Quant tout le temple cõmenca a trembler
Et le laurier diuin et la montaigne
Dõt tout mõ cueur en peur et craĩte baigne
La courtine dont laugure venoit
De voix doubteuse tout autour resonnoit
Lors tous poureux a terre nous clinasmes
Et agenoulx humblement nous posames
Et tout acoup de ceste place absconce
Nous fut donne a lors telle responce

Dardanide duri quos a stirpe parẽtũ Prima tulit tellus

Dardany des robustes [illegible] et fors
Predestinez a souffrir griefz effors
Saichez de vray que la terre premiere
Qui a este nourrice singuliere
De voz ancestres dont vous estes saillis
En celle mesme serez vous recueillis
La vous cõuient apres voz longz voiages
Mettre le fruict de voz pelerinaiges
Querez doncques mettre peine et practique
Trouuer le centre de vostre mere antique
Ou la maison de enee regnera
Et sur toute aultre cyte dominera
Voire et les filz de leurs filz sãs doubtãce
Et mais tous ceulx q̃ deulx aurõt naissãce

Hec phebꝰ mixtoqꝫ ingẽs exorta tumultu Leticia

Et la nous dit phebus en motz couuers
Lors ioye grande auec bruit diuers
Fut entre nous chacun se veult enquerre
Ou sont ces murs de ceste belle terre

Tũ genitor veterũ voluẽs monumenta virorum

Ne quelle part deuons tenir les rancz
Nous exiles esclaues et errans
¶ Alors mon pere reduisant a memoire
Des primerains nostres toute listoire

Audite o p̃ceres/ait/ & spes discite vestras

Dist o seigneurs mon dire retenez
Et vostre espoir orendroit reprenez
Vne isle ya en mer crette nommee
Ou iuppiter eut vie et renommee
La est le mont ida pareillement
La les nostres eurent commencement
Leurs premiers peres leur mesgnye secrete
Issirent certes de ceste isle de crette
Dedens laquelle cent cytez y auoit
Terre fertille dont chacun bien viuoit
Et de la veint si bien ie me recorde
Teucer le grand et la print son exorde
Qui tost apres des insules creteës
Fut transporte aux regions rheteës
La choisist il par le vouloir des dieux
Son siege et trosne et habitables lieux
Par nestoit troye de murailles fermeez
Encore bastye ne les tours pargameez
Ains habitoient le premiers pocesseurs
En vaulx pfõdz & leurs voisins biẽ seurs
La se tenoit la deesse cybelle
En obseruance religieuse et belle
Au boys idee suyuant chemins et sentes
Bien obeye de tous ses coribantes
Et soubz son curre les grans lyõs dõptez
Qui la menoient selon ses voulentez
Or alons doncques et suiuons la fortune
Qui nous sera paisible et oportune
Par sacrifice les vens fault appaiser
Et par apres nous pourrons disposer
A transfreter au royaulme gnosie
Par nous pourra tantost estre saisie
Icelle terre dicy nest mye loing
Dieu nous sera aydant au besoing
Si que trois iours pourrõs noꝰ prẽdre terre
Dedens crete si vent ne nous faict guerre
¶ Quant il eut dit monta sur ses aultiers

Sic fatus meritos aris mactauit honores Taurũ neptuno taurũ tibi pulcher apollo Nigrã hyemi pecudem

Bestes diuerses faisant hõneurs entiers
A neptunus vng thaure delectable
A appollo autre thaure semblable
Et a hyemps vne noire brebis
A zephirus blanche prinse aux herbis
Le temps pendant fame nous denonca
Bruit fut cõmun que puys peu iours en ca
Idomenee de crete roy et prince
Estoit fuytif de sa propre prouince
Et de son siege auoit este hors mis
Par ses subiectz deuenus ennemis

Si que pour vray les gens lors y venoient
Sans souuerain ⁊ soubz qui ne scauoient.
Sela nous feist acoup diligenter
Tant sceut le vent heureusement venter
Que lon iugeast que tout nostre nauire
Sur mer volast sans que nulle par vire
Nous trauersames nayon lisle conuerte
De grant vinoble et donyse la verte
Si feismes nous la grande olearon
Et la plaine de marbre blanc paron
Brief nous passames les ciclades diuerses
Et maintes isles cōtraires et aduerses
En ce trauail vne clameur nautique
Fut entre nous lors commune et publique
Couraige au cueur lun a lautre donnoit
Seule esperance noz labeurs guerdonnoit
Chacun taschoit par aydes prosperes
Entrer en crette dōt vindrēt noz grādz peres
Vent agreable se iecta a noz voilles
Qui tost poussa noz nefz et blāches toilles
Si quen peu dheure nous et noz legions
Veismes encrer es curtes regions
Je conuoiteux de prendre reposee
Deliberay que la seroit posee
Et erigee par moy neufue cyte
Tant fut mon vueil et mon cueur incite
Que peu apres ville de moult grant fame
Feiz la bastir que ie nomme pergame
Et la peuplay et garny de noz gens
Qui y feirent manoirs tresbeaulx ⁊ gentz
Je les exorte daymer la feux notables
Et destre aux dieux humbles et seruiables
Leur grand palais darmes fortifier
Que nulz contraire ne peussent deffier
Tant fusmes la en paix et sans dōmaige
Que ia noz nefz furent a sec riuaige
Nostre iuuence sans plus se delectoit
De cultiuer et le sien augmentoit
Mains mariages a lheure se faisoient
Et par amour lun lautre sespousoient
Je donnoye instructions et droitz
Pour desormais vser en tous endroitz
Et leur faisois partaige de leur terre
Pour euiter dissencions et guerre
Lors tout acoup piteuse pestilence
Dair corrompu par celeste influence
Sur noꝰ tumba qui grand dommage feist
Car seulement a noz corps ne meffeist

Ergo auidꝰ muros opta te molior vr bis Perga meāq̄ voco

Ains asecha bledz boys fruis et semences
Dont noꝰ eusmes maintes dures greuāces
Les corps infectz de pestes dangereuses
Abandonnoient leurs ames tant piteuses
Ou languissoient triste mort attendans
Sans estre a eulx ne aux leurs aidans
Lestoille rude quon appelle sirie
Auoit au ciel pour lheure seigneurie
Brusle auoit toutes herbes des champs
Si que les bledz furent nudz et meschans
Dont la terre qui de biens fut deliure
Nous denyoit laliment et le viure
Et lors mon pere congnoissant ce meschef
Nous exorta et dist que de rechef
Besoing estoit pour rōpre cest obstacle
Passer la mer et aller a loracle
Dortigius pour reconsilier
Le dieu phebus et de luy sallier
Mercy criant et quen fin il luy plaise
Mettre noz cueurs desoles a leur aise
Et quil commāde quel chemin noꝰ prēdrions
Quelque remede de luy nous aprendrions
¶ La nuict apres que toutes creatures
Prenoient repos en diuerses natures
Que corps humains estoient endormis
Ayant leur soing et leur cure a part mis
Je triste et las la dure nuict passoie
Sans sōmeiller et a noz maulx pensoye
Lors sapparurent au deuant de mes yeulx
Les figures des penates et dieux
Quauecques moy tousiours porte auoye
Depuis le temps que ie partis de troye
Lesquelz aussi par moy furent sauluez
De flamme grecque et des feux preseruez
En grant splendeur se feirent apparoistre
Plus clers que ray de lune par fenestre
Si commencerent auec moy conferer
Et par telz motz ma douleur differer
¶ Ce que apollo te deust conter et dire
En ortigie ou tu veulx ta nauire
Reprendre cours dont ores nest besoing
Par nous te mande sans y aller plus loing
Noꝰ apres troye destruicte ⁊ mise en flames
Auons suyuy ton enseigne et tes armes
Nous auec toy auons passe les mers
En grādz trauaulx et desplaisirs amers
Pource pour toy tant auons voulu faire
Bien pouruoirons au surplus de laffaire

Nox erat ⁊ terris aīalia sōnꝰ habe-bat Effigi-es sacre di-uum

Si que pour vray aux tiẽs futurs nepueux
Jusq̃s aux astres serōt offers maīt veulx
Et vous donrons empire et seigneurie
En cite noble vertueuse et fleurie
Apreste toy donc que soies songneux
Esleuer tours et pour toy et pour eulx
Sur ton labeur et pas ne le delaisse
qui tournera en meilleure leesse
Muer te fault tes sieges ia nen doubtes
Pas nordonna apollo vous faire hostes
En ses riuaiges pour tousiours demourer
Ne pour la terre de crette labourer
Vng lieu ya quon appelle hesperie
Terre ancienne puissante en armoirie

Est loc⁹ hesperiā graii cognomine dicunt Terra antiqua potens armis atq; ubere glebe

Moult fructueuse et ou ne deffault riens
Cultiuee des oenotroiens
Ores est dicte et nomme ytalie
Du fondateur par qui fut embellie
La certes sont voz propres nacions
Voz sieges seurs voz habitacions
De la issit iasius et son cepitre
Et dardanus vostre premier anceptre
Dou venus sommes et de luy prismes nom
Et origine tant fut de grant regnom
Lieue toy doncques et conte a ton viel pere
Joyeusement la vision prospere
Et les choses quauons or recite
Car sans doubte cest pure verite
Cherche cherche la terre tant garnye
De tous plaisirs quon appelle ausonie
Car iuppiter ne veult les champs dictees
Ne mais leurs terres par vo⁹ estre habitees
De tel merueille et vision lors fus
Moult esbahy estonne et confus

Talib⁹ attonit⁹ visis ac voce deorū Nec sopor illud erat

Pas ne fut songe car bien me fut aduis
Oyant des dieux le parler et deuis
Que leurs faces et leurs armes voillees
Je congnoissoie de grant clarte enflees
Lors sueur froide par le corps me couroit
Et mon las cueur a seur ne demouroit
Incontinent laissay repos et couche
Jectant parolle piteuse de ma bouche
Tandant mes mains au ciel sacrifiay
A tous noz dieux et en eulx me fiay
Et quant ieuz faict offrande intemeree
Tantost apres par moy fust declaree
Aanchises toute lintencion
De noz penates et leur ostencion
Certain le feis de son erreur et doubte
Et luy ostay sa peur et crainte toute
Lors congneut il lambigue naissance
De noz ancestres ou eut grant difference
Car de crette teucer fut amene
Et dardanus dytalie fut ne
Si confessa que erreur de lieux antiques
Deceu auoit ses pensees obliques
Puis me dit il o le mien filz expert
En cas fataulx comme assez il appert
Je te prometz que la seule cassandre
Ma autreffois cecy donne entendre
Et me souuient que souuent me disoit
Que ce pays et ce lieu nous duisoit
Et que ytalie quon appelle hesperie
Seroit subiecte a nostre seigneurie
Mais qui iamais eust cuide ou pense
Que nul des nostres se fust tant auance
Pousser ses voilles en terre si loingtaine
Moult en estoit lesperance incertaine
Ja tant ne sceut cassandra dire voir
Que nul des nostres sen voulut esmouuoir
Obaissons doncques ie le conseille
A appollo et que lon sapareille
Suiure fortune meilleure a laduenir
Ainsi pourrons a bon port paruenir
Quant il eut dit tous fusmes propez prestz
Et de partir fismes songneux aprestz
Le lieu laissasmes ou pourtāt demourerēt
Aucuns des nostres q̃ depuis augmēterēt
Les voilles furent par nous mises au vēt
Et dedens mer entrasmes bien auant
Tāt et si loing quen peu dheure ipourueue
Nous perdismes toutes terres de veue

Post̄q̃ altū tenuere rates nec iā amplius ulle apparēt terre

Deuant noz yeulx rien plus naparoissoit
Fors ciel et mer q̃ tousiours nous chassoit
Incontinent et sans trop longue attente
Vne grant nue obscure et vehemente
Sur nous se lieue qui bien mōstroit sēblāt
De forte pluye et de fouldre tremblant
Et aportoit tempeste et nuict doubteuse
Donnant horreur diuerse et tenebreuse
Dont tout acoup les ventz impetueux
Tournent la mer et son cours fluctueux
Qui lors se meult se iecte et multiplie
Et en tous lieux sa grant fureur desplie
Si que pour vray nous troubles et espars
Fusmes iectes en trop diuerses pars

Les grãdes pluies du cler iour nous priuerẽt
Les noires Vmbres tout le ciel nous osterẽt
Feu et tonnerre sur nous lors sespandoit
Quant nue espesse rudement se fendoit
Ainsi traictez en abismes profondes
Hommes errans sur inconues Vndes
Palinurus le saige nautonnier
Estoit contraint a lheure de nyer
Quil sceust iuger tant mist entente et cure
Sil estoit iour ou sil fut nuyt obscure
Et ia auoit perdu le souuenir
De nostre Voye ou quel part fault ten ir
Tant q̃ nous fusmes ꝑ trois ĩcertaĩs iours
Et ꝑ trois nuys sur mer errans tousiours
Sans nul soleil ou nocturne lumiere
Et au quart iour iectant noz yeulx arriere
Nous commancasmes Vng peu aperceuoir
Terre loĩgtaĩe ⁊ haultz mõs pour tout Veoir
Desq̃lz issoiẽt Vapeurs ⁊ grãs fumees
Bien de nous furẽt telles Veues aymees
Noz Voilles cheent dont acoup nous tirõs
Et auancons a force aux auirons
Les nautonniers trauaillent et insistent
Et aux bouillõs de la grant mer resistent
Brief ien issu et saulue des naufrages
Apres ce grief fus iecte aux riuages
Et recueilly moy et mes gens malades
Dedens les isles quon appelle strophades
Lesquelles sont en mer large et Vnie
Toutes assises qui se nomme ponye
Et en icelle celene la diuersse
Et ses harpies y habite et conuerse
La font demeure la sont toute saison
De puis le temps que la rude maison
De phinees fut close et interdicte
Et que par crainte Vehemente ⁊ subite
Furent contraintes de Viẽ coustumieres
Habandonner leurs mensions premieres
Plus triste monstre ny a ne plus rebelle
Ne pestilence si horrible ou cruelle
Lyre des dieux des palus infernaulx
Oncques ne fist exploit de si grant maulx
Faces auoient doulces et femininees
Yeulx Virgineux soubz conuertes ruynes
La puanteur que de leur Ventre issoit
Lair et les lieux tout empuantissoit
Les mains auoiẽt concaues et retraictes
Les bouches pasles ⁊ de grãt faĩ cõtraictes

Quant en ce lieu doncques fusmes Venus
Et noz Vaisseaulx seurement retenus
Tantost apres Veismes en ce bel estre
beuf Vaches Veaux moult gras ꝑ les chãps
⁊ aĩsi Veismes en ce lieu tout autour paistre
Chieures paissans et brebis sans pastour
Incontinent comme gent affamee
Fut nostre main darc et de fleche armee
Apres tirons pour en prendre et auoir
Priãt aux dieux q̃ nous Vueillent pourueoir
Et tout ce fait Viandes aprestees
Les meilleures nous furent presentees
Mas peu dura alors nostre plaisir
Car tout a coup sans prendre grant loisir
En Vol souldain des montaignes descẽdẽt
Celles harpies et droit a nous se rendent
⁊ d̃ leurs esles font Vng bruit merueilleux
Et ꝑ leurs ongles infaictz et perilleux
Noz Viures Versent emportent et rauissẽt
Et par immondes attouchemẽs honnissent
En faisant cris plains de menasse et peur
Entremesles de puante Vapeur
Quant sur nous Veismes arriuer ce meschef
Nous laissames ce lieu tout de rechef
Faisant retraict soubz arbres delectables
Entre lesquelz feismes dresser noz tables
Et bien cuidans noz Viandes mengier
En celluy lieu ⁊ estre sans dangier
Mais pourneant feismes secrette fuitte
Car contre nous feirent briefue poursuite
Et par leur Vol souldain et oultraigeux
Bien trouuer sceurẽt le seiour Vmbrageux
Et o leurs piedz rauissans et adoncques
Tous emportent sãs laisser rien quelcõq̃s
¶ Lors ie despit cõmenday a noz gens
Quil pregnent armes et soient diligens
De faire guerre et bataille mortelle
A la mesgnie impiteuse et cruelle
Ainsi le firent et leurs glaiues mucez
Dedens les herbes furent tost redressez
Et leurs escus et de targes se parent
Et au ferir tout a coup se preparent
Ainsi doncques cõme par lair Volloient
Et quen grãt turbe dõmaige nous Vouloiẽt
Lors missenus qui bien auoit loreille
Et loeil au guet nous incite et reueille
Par sa trompette et sonna dur assault
Incontinent chacun des nostres sault

Socijs tunc arma capessant Edico

Grans coups ruent et destoc et de taille
Bien leur fut certe nouuelle la bataille
Brunit leurs glaiues ⁊ leurs trãchans con
dedẽs le sãg ď ces diuers oyseaulx (teaulx
Mais peu dura lestrif ne la querelle.
Car assez tost eurent besoing de lesle
En lair se lieuent car trop mal leur alloit
Et quant veirent que faire le faloit
Proie ⁊ viande demye mengee laissent
Et leurs vestiges to⁹ puãs nous delaissẽt
Lugne dicelles est celene appellee
Sur hault rocher quant eust prins sa volee
Messagere de toute aduersite
Nous denonca telle infelicite.

Bellũ etiam pro cede bo' um stratisq3 iuuencis Laomedõtiade/bellũ ne inferre paratis.

Faictes vous guerre o lamedonciades
Faictez vo⁹ guerre en noz isles strophades
Apres auoir par noz efforts nouueaulx
Prins et occis noz vaches et noz veaulx
Et non contans expelles les harpies
Non coulpables du lieu ou sont tapies
Or retenez en voz cueurs mes edictz
Lesquelz phebus ma reuelez et dictz
Chacun de vous se trauaille et tache
Daller tout droit le cours en italie
Grant soing auez et malaise souuent
Dauoir a gre et propice le vent
En ytalie ires nen faictez doubte
Non pas pourtãt ꝗ assez cher ne vo⁹ couste
Apres grãs peines et dangereux tansports
Tous recueillis seres en iceulx pors
Mais ia en ville nentrerez ny en place
De ce pais quaspre fain ne vous chasse
Et tant serez contrains et affamez
Que durs chanteaulx seront de vo⁹ amez
Si que pour vray de pain noir et dassiete
Ferez vous lors souffretteuse diete
Tãt seullemẽt pour loultraige et meffect
Que contre nous sans raison auez faict
Cella nous dict pour finables nouuellez
Puis hault se lieue ⁊ met au vẽt ses esles
Lors crainte et peur le sang nous engela

At socii subita gelidus formidie sã guis diriguit: cecidere animi

Dedens le corps quant ouismes cela
Cueur et couraige a lors nous delaisserent
Armes et glaiues incontinent cesserent
De faire guerre nul plus ny veult courir
Fors seul pardon et grace requerir
Et dapaiser les offences couraiges
Soiẽt deesses ou bien oyseaux sauuaiges
Le plus de tous leuant au cieulx les mais
Faisoit mon pere prieres et veux mains
A tous les dieux leur offrant sacrifice
Disant o dieu gardez de malefice
Voz poures cerfz et que ia le cas tel
Sur eulx ne vienne dangereux ⁊ mortel
Et pour contens que fortune nous crie
Soiez piteux au piteux ie vous prie
Jicontinent fist les ancres leuer
Lacher les cordes et voilles esleuer
Dedẽs les quelles le vent se fiert et boute
Dont promptement a flotz ⁊ a grãt roubte
Nous en allons et laissons ce pais
Ou assez fusmes troublez et essbahis
Et prenõs cours en mer grãde et loigtaine
Selon que vent et directeur nous maine
Tãt trauerssasmes sur les eaues nabiles
Que peusmes veoir maites gregoises isles
Et entre autres veismes a celle fois
Racynthos pleine de forets et de bois
Si feismes nous same et dulichie
Et nerithos de pierres enrichie
Bien eschiuons ď ithace les rochiers
Et les royaulmes laerces et peu chiers
Et mais la terre qui fut mere et nourrice
Du desleal et cauteleux vlixe
Si bien no⁹ maine le vent et tant no⁹ haste
Que peusmes veoir la montaigne leucate
Et dapollo le plaisant promotoire
Nous trauailles comme assez pouez croire
La droit allon et en cite petite
Que la estoit ou loial peuple habite
Reueillis fusmes les nautõniers getterẽt
Ancres en mer et noz nefz arresterent
Nous apres peine doncques exasperee
Venus a terre nullement esperee

Ergo insperata tãdem tellure potiti. Lustramurq3 ioui.

Moult resiouys a iupiter faisons
Veux sacrifices austiers et oraisons
Et celebrasmes dedẽs ses portz antiques
Jeux iliacques et estas dardaniques
Noz compaignons par les grauiers menus
Duille mouilles et despouilles tous nudz
En ce beau lieu palistres excessoient
Comme autressois en noz pais faisoient
Moult estoient aises dauoir tant de cites
Argoliques et tant dhostilites
Peu eschiuer en costoiant la terre
De leurs contraires sãs y auoir en guerre

Interea magnum sol circumuoluitur annum Et glacialis hyemps

En ses demeures tant erra le soleil
Que lan fut fait selon son apareil
Le froit yuer fait cesser la verdure
Et cõmẽca la poignante froidure
Or aduisay que temps fut de partir
Mes bien voulu en ce lieu departir
Et y laisser en signe de memoire
Quelque despouille ou ioyau de victoire
Si prins la targe et le luisant escu
Du grec abas qui a troye vaincu
Fut et tuez la gent androgee
En hault pilier fut assise et logee
Et soubz icelle furent mis et pourtraictz
Et engrauez tous ces vers p long traictz
Ceste grant targe fut posee et donnee
A ce lieu cy par le troyen enee
Des grecz vainqueurs iadis la conquesta
Quant leur fureur troye persecuta
Tantost apres fut nostre nauigage
Tout apreste pour laisser ce riuaige
Voilles furent redressees promptement
Puis de ce lieu feismes departement
Vers trauerssõs lo⁹ en droit soy trauaillẽt
Pour q̃ noz nefz tost et seurement aillent
Et tant alasmes par fluctueuses eaux
Que no⁹ passames les pheaçs chasteaulx
Et mers et pors des regions epires
Et par apres noz voilles et nauires
Entrent au port non nomme chaonis
Et montasmes en la ville garnis
Que butrotus pour lors on appelloit
Or renommee merueilleuses volloit
Par les oreilles et bouches de tous hõmes
Car aussi tost que la arriuez sommes
Chacun nous dist dont fusmes esbahis
Que par les villes grecques de ce pays
Regnoit en paix helenus priamide
Et possedoit de pirrhus eacide
Ceptre et coronne et la femme tenoit
Que cil pirrhus pour errant maintenoit
Cest andromacque q̃ de hector fut espouse
Moult fut parplex douir icelle chose
Et eut a lors vng merueilleux desir
De veoir cest homme et parler a loisir
Affin dauoir certaine congnoissance
De si grant cas et la vraye naissance
Lors cheminay laissant mes nefz au port
Pour menquerir se vray est ce raport

Aeneas hec de danais victoribus arma

Linquere tũ port⁹ iubeo et considere transtris.

Dicelle heure la fortune fut telle
Quandromacqua atout peu de sequelle
Lestoit retraicte dedens vng petit bois
Pres de la ville et la a celle fois
Fit esleuer soubz noire couuerture
Une forme de digne sepulture
En remembrance dhector le sien mary
Que tant auoit en son viuant chery
Et y dressa des aultiers conuenables
Sacrifiant viandes delectables
Et tristes dons auec lermes et pleins
Ainsi faisoit ses douloreux cõplains
Je qui de ce nullement ne scauoye
A laduanture en ce lieu prins ma voye
Et quant la triste assez loing me cõgneust
Et que mes armes troiennes apercenst
Lors esbahye cuidant que ce fut monstre
De peur et crainte fut percee tout oultre
En celle veue deuint transsie et froide
Pasmee cheust sans chaleur toute roide
Long temps la veis en ce point labourer
Sans quelle peust parolle proferer
Et quant apres fut vng peu reuenue
Que sa grant peur et douleur diminue
Jacoit pourtant que regret la poursuit
En peu de motz me dict ce qui sensuit
Filz de deesse las di moy se ta face
Est vraye ou non ou si cest point fallace
Et si tu es vray et seur messaiger
Ou bien fantasme cause de mon danger
Es tu corps vif ou priue de lumiere
Nescondis pas ma demande premiere
Ou est hector le mien loyal espoux
A tant se teust et fina son propos
Puis iecta lermes en si grant habondance
Que tout ce lieu en faisoit resonnance
A peine sceu parolle luy tenir
Quant ie la vis en ce point contenir
Et tout trouble de grant courroux et dire
Luy commencay en brief langaige dire
Certes ie vis et ma vye finale
Maine et conduictz par ruine fatale
Ne doubtes point car se que ores tu vois
Cest chose vraye non mie faincte voix
Hellas quel sort quelle raison aperte
Quant tu as fait dung tel mary la perte
Te peult ores a dame receuoir
Quelle fortune ou assez digne auoir

Vera ne te[...] facies veru[...] michi nũci[...] affers Na[...] des viuis [...]

Viuo eq̃d[...] vitãq; ext[...] ms per o[...] duco Ne d[...] bita nã ve[...] vides.

Eureusement maintenant te visite
Quant de tel homme la mort te desherite
O andromaque dhector femme iadis
Esse pour gloire que present tu te dictz
De cil pirrhus compaigne & vraye espouse
Certainement loyaulte si opprouse
Lors eut vergongne et le visaige besse
Comme coulpable de follie ou simplesse
A voix foible tant que couleur mua
Piteux propos ainsi continua
O moult heureuse & hors de tresgrãt peine

O felix vna ante alias priamia virgo Hostilez ad tumuluz troie subme nibus altis Jussa mori

Entre aultre fut la vierge polixene
Quon feist mourir par cas villains & laictz
Sus le tombeau du deffunct achilles
Mort auancee en son primerain aage
La preserua de plus honteux dommage
Pas ne fut serue pour estre oultre sõ cueur
Cõpaigne au lict de son maistre vainqueur
Nous miserables apres que nostre terre
Fut exposee a feu et fer par guerre
Transportez en desplaisirs amers
Par les perilz de trop diuerses mers
Fusmes contrainctes obeyr et complaire
Au iouuenceau plain dorgueilleux affaire
Celluy pirrhus siennes lors nous auoit
Si que chacune a son mercy viuoit
Dont oultre gre conuenoit que luy fisse
Comme a espoux obsequieux seruice
Mais lamour daultre tost apres laffola
A aultre femme seconde sen vola
Et pourchassa ledee hermione
Et sen alla au pays lacedemone
Si me feist rendre a son serf helenus
Je serue aussi car sers estions venus
Et quant cil eut hermione rauye
Qui autreffois auoit este pleuye
Et accordee par loyal mariage
A orrestes lors eut cueur et couraige
Tout dire plein et bien delibera
Que dun tort faict a luy se vengera
Moyen trouua de menuoyer conduyre
Le dict pirrhus en sa maison desduire
Et pour parfaire ses desirs tous entiers
En visitant les apolins aultiers
La fut occiz par orrestes sans double
Qui en ce point vengea sa honte toute
Dont par sa mort et finable depart
De ce royaulme eust helenus sa part

Lequel nomma la terre chaonie
Car na gueres auoit este honnie
Du sang du sien frere nomme charon
Quil mesme occist mais par sa coulpe non
Et feist bastir ville et chasteau notable
Assez a troye et ilion semblable
Mais toy helas quel fortune ou quel vent
Ta donne cours pour venir si auant

Sz tibi qui cursum venti q̃ fata dedere Aut quis te ignarum nostris deus appulit oris

Qui est le dieu qui ta amene ores
En noz terres lesquelles tu ignores
Et ton enfant ascanius que faict
Est il en vie ou si mort la deffaict
Tu la saulue de la cyte deserte
Mais plaint il point de sa mere la perte
Nacquerra il les vertus anciennes
De toy son pere pour les appliquer siennes
Et mais dhector son oncle les haulx faitz
Qui tant de grecz a en son temps deffaictz
Telles parolles et lamentables termes

Talia fundebat lacrimans lõgosque ciebat Incassũ fletus

Elle disoit faisant soupirs et lermes
Lors descendit de la haulte cyte
Cil helenus dont iay or recite
Acompaigne de plusieurs notables hõmes
Bien congneut il que ses aliez sommes
Et nous mena apres ioyeusement
En son palais pour prendre hebergement
Dont acointance de peur entremeslee
Fut faicte lors et ioyeuse acolee
Si cheminasmes et en allant visoye
Aux bastimens de la petite troye
Et aux murailles faictes de tel compas
Fors que grandeur pareille ny fust pas
Bien y cõgneus panthus qui deaue leggere
Bat et arrouse la prochaine frontiere
Et de bon cueur baisay et ambrassay
La porte illec ou maint effois passay
Tous mes consors sans que nul en auile
Furent receuz a la nouuelle ville
Bien voult le roy quen son ample maison
Fussent traictez de tous biens a foison
En grandes salles ensemble lors beuuoiẽt
Et en plas dor assez viandes auoient

Aulai in medio libabãt pocula bacchi Impositis auro dapibus

Que diray plus en telz plaisans seiours
Nous passames maĩtes nuitz & maĩtz iours
Le temps vint beau le vent doulx & propice
Nous conuoye de suyure nostre office
Et nous excite noz voilles assortir
Car lheure estoit bonne pour departir

L

Lors de noz cas fis demande et requeste
A helenus par deuote requeste
Noble troyen diuin interpreteur
Qui sens et scays vray vaticinateur
De clarius phebus gestes et modes
Qui ses lectures et celiques tripodes
Vois et entens et qui congnois le cours
Des estoilles par les celestes cours
Et des oyseaux la langue singuliere
Le vol aussi de toute elle legere
Je te supply dy moy et me recite
Quelz grandz perilz p̃mier fault q̃ ie euite
Comme pourray tel labeur surmonter
Et ainsi larges euader et dompter
Religion prospere et debonnaire
Ma tout conte le chemin que dois faire
Et tous les dieux mont conseille et dict
Quen ytalie voise sans contredict
Et que les terres repostes et loingtaines
Fault q̃ ie treuue p lõgs trauaulx ꝛ peines
La seur harpie nous a desconfortez
Et par prodige nouueau espouentez
Tristes nouuelles par ycelle auõs sceues
Et grãdz desirs dedẽs noz cueurs cõceues
Chante nous a que serions affamez
Et tous noz viures faillis et consommez
Ains que soions iamais en ytalie
Et nous cause grande melencolie

Trolugena interpres diuum qui numina phebi Qui tripodas clarii lauros q̃ sydera sentis

¶ Lors helenus les deux genoux ploia
Deux beuf occist et les sacrifia
Puis requist paix aux dieux q̃ leur agree
Ses gimples lie a sa teste sacree
Et tost apres me mena par la main
Dedens le temple ou il doulx et humain
Mẽ reuela et du tout vaticine
Mon cas futur par sa bouche diuine
Filz de deesse la foy est manifeste
Quencor te fault de mer passer grant reste
A plus grandz faictz te conuient paruenir
Ainsi plaist il aux dieux pour laduenir
Ainsi se maine de tes euures totalles
Lordre et compas par mesures fatalles
Si te diray de maintes choses peu
Pour que tu soyes resaisie et repeu
Despoir meilleur et q̃ mieulx tu cõgnoisses
Lesquelles mers tu prendras pour hostesses
Affin aussi que par diuin suppore
Venir tu puisses en lausonye port

Hic helenus cesis primũ de more iuuencis Exorat pacem diuum

Nate dea nã te maioribus ire p altũ Auspiciis manifesta fides

Tout ne scauras les parces le deffendent
Et le surplus tenir cloz me commandent
Et mes iuno ne veult ne ny consent
Que tu soies du parfaict congnoissant
Ton espoir est aller par forte peine
En ytalie que tu cuydes prochaine
Et bien peusses acoup auantager
Aux pors voysins sans peril ou danger
Certainement assez longue est la voye
Premier que vent en ce lieu te conuoye
Moult passeras de perilleux liens
Ains que tu entres aux pors ytaliens
Deuant fauldra par vent qui contrarie
Que longs iours nages en la mer trinacrie
Maintz circuitz et reuolucions
Voz nefz feront en tribulacions
Sur les undes de la mer ausonye
Ou vous aurez dueil et peine et infinie
Puis passerez les infernaulx palus
Desquelz serez preseruez et solus
Et mais lisle de circes transmuable
Ains que puissez terre seure et estable
Jamais trouuer pour y bastir cyte
Si te diray signe de verite
Or le retiens a cueur et ten souuienne
Veullent les dieux qua ton pfaict aduiẽne
Quant tu seras pres dun fleuue venu
Quon nomme tybre en grant soing detenu
Et qua la riue entre arbres et saussaye
Tu trouueras la couche vne laye
Aultrement truye qui autour elle aura
Trente couchons que tous alectera
Blanche sera et blanche sa mesgnie
En ce lieu certes toy et ta compaignie
Bastires ville digne de grãdz honneurs
Et la aurez repos en voz labeurs
Ja ne te soient les aduersitez dures
Si par auant grande fain tu endures
Les dieux a lors voyes vous trouueront
Et secourables au besoing vous seront
Mais bien soiez aduertis comme sages
De naprocher les pors ne les passages
Calabriens que nostre mer arrouse
Deffuiez les et que nul ny repose
Car les cytez et lieux de ce pays
Sont possidez de grecz et enuahis
Les locryans nagueres y hosterent
Villes bastir et grans murs y planterent

Principio italiã quam tu iam rere propinquã Vicinosq̃ ignare paras inuadere portus

Et lictius par compas repentins
Print et ſaiſiſt tous les champs ſaluẽtins
La eſt auſſi peſtilie ſans faille
Faicte et encaincte de petite muraille
Ville baſtie de bien poure rignom
Par melibee qui philotes eut nom
Et quant tes nefz ſeront a ſur paſſez
Oultre ces mers et bien loing auancez
Au port Venu les aultiers dreſſeras
Et tes promeſſes et veulx tu parferas
Ton chef ſera de rouge couuerture
Tout aorne et cache ſans rompture
Affin que face contraire ou ennemie
Tes eaux faiſant nẽpeſche ou trouble mie
Telle maniere deſormais garderas
Et ſacrifices et ainſi le feras
Affin que celle religion trouuee
Soit par les voſtres ſucceſſeurs approuuee
Et quant de la ten iras par apres
Si que le vent te aura mis aſſez pres
De la cecile et que la voye eſtroicte
De peſorus ſe fera ample et droicte
Lors eſt beſoing que au partir de ce cloiſtre
Tes voilles tirent ſur le coſte ſeneſtre
Et que par long circuit nuictz et iours
La gauche mer tu pourſuiues touſiours
Fuy et eſlongne la dextre part marine
Ce pourroit eſtre cauſe de ta ruyne
Ces lieux ores plains tous de grans perilz
Furent iadis gaſtes et deperitz
Par violence et force impetueuſe
Dantiquite qui eſt deffectueuſe
Par longue aage fait les choſes muer
Si feiſt pour vray ſes terres remuer
Et diuiſer en diuerſes parties
Tant quau premier tout en vng aſſorties
Mer fructueuſe par inundacions
En feiſt diuis et ſeparacions
Et deſtrencha le coſte deſperie
De la cecile dont la terre fleurie
Villes maiſons a nouueaulx portz priuez
Deſtroicte mer ſent ores arriuez
Scylla poſſede tout le deſtre coſte
Et au ſeneſtre a ſon ſiege boute
Caribdis certes qui deuore et abſorbe
En ſon baratre les eaulx et les deſrobe
Et tout acoup les deſgorge en ſes lieux
Si que les vndes en vont iuſq̃s aux cieulx

st ybi diſ-
greſſu ſicu
e te admo-
erit ore
Venus et
anguſti ra-
reſcent clau
ſtra pelori

Pour laultre part ſcylla curue et a doncque
Eſt deſtenue en obſcure ſpelunque
Faiſans ſes cris dangereux et peu chers
En attrayant les nefz et les rochiers
Sa face ſemble en ſa veue premiere
Pucelle ou vierge dattraire couſtumiere
Son ventre eſt plain de loups diuers ⁊ fins
Et ſa queue garnie de daulphins
Brief ſon corps tel de petite balue
Et vng grant monſtre perilleuſe belue
Pource eſt il mieulx affin que tu euites
Peril ſi grant de luſtrer les limittes
Du mont pachine fuyant et tournoyant
Longs cours et grans tel dangier forvoiãt
Que ſi ta nef haſtiue et mal pourueue
Tant ſaprochoit que retaſſes ta veue
Droit a ſcille ſoubz ſon antre parfont
Oyant le bruit que les chiens marins fõt
¶ Et par apres ſi en moy giſt prudence
Certaine foy et notoire audience
Si appollo que ie tiens a chier pris
Ma choſe vraye et aſſeuree a pris
Dung poit entre aultres encore necaſſaire
Taduertiray et requis a ton affaire
Et pour le tout informer plus auant
Repeter vueil la cauſe bien ſouuant
Ceſt en effect que par humble priere
Juno adores deeſſe ſinguliere
Et de bon cueur offre luy veux et dons
Dont tu auras a la fin grans guerdons
Par ce moyen ſans que nul te deſcrie
Victorieux pourtant de trinacrie
Tu attendras les fins et regions
Ditalie toy et tes legions
Et la venu en cite renommee
Tu ten iras quon appelle cumee
Et ſi verras en fatalles cauernes
Les lacz diuins et les ſonnans auernes
La eſt pour vray ſibille tant inſigne
Qui dedens roche profonde vaticine
Et ſi verras darbres et rameaulx vers
Tout laduenir declaire par ces vers
Et ce quelle a eſcript met en nombre
Bien ordonne ſoit proffit ou encombre
Ainſi laiſſe ſes fueilles en ſon entre
Qui poit ne bougẽt mais ſi le vent y entre
Impetueulx lors quil aporte en euuee
Qui par buffee les blanchettes deſcueuure

Preterea ſi
qua eſt hele
no pruden-
tia vati
Si qua fi-
des animũ
ſi veris i m
plet appollo

Et les ramaine de lune a laultre part
Incontinent le prophete sen part
Et la ne songe plus ne met en sa cure
Du ressortir pour nul quil len procure
Ainsi sen vont plusieurs desconseillez
De leur espoir bannis et despouillez
Et ont en hayne lors le sibillain siege
Ou pas nont heu vraye asseurance pleige
Ja ten iras pour respondre tes sors
Jacoit pourtant q souvent tes consors
Te blasmeront pour la longue demeure
Et que tu ayez vent propice z bonne heure
Pour tirer oultre rien pource nen feras
Mais a sibille premier tu parleras
Et par priere devote et tres vigere
La requerras quelle te die et chante
Tes cas futurs et ton fait advenir
Affin que mieulx y puissez parvenir
Lors la requeste la rendra a moyen
Et te dira du peuple dytalie
Des batailles qlz te fauldra porter
Et les moiens pour le tout supporter
Aussi seras assez aprins par elle
Et tous remedes contre la gent rebelle
Comment pourras eschever tous dangiers
Et souffre contre des pais estrangiers
O cher amy cest ce que te veulx dire
Or ten vas sans plus y contredire
Va ten doncques et supplie a noz dieux
Que tu puissez lever iusques aux cieulx
Troye si grant par gloire renommee
Que par nul aage point ne soit consumee
¶ Quant helenus eut son propos fine
Et declaire le cas determine
Il feist porter dedens leure navire
Grans et beaulx dons de fin or z dyvoyre
Et feist aussi en noz nefz par sa gent
Mettre et poser grant quantite dargent
Esmailletz vaisseaulx utiles et sortables
Po^r nre affaire moult beaux z delectables
Aussi feist il une coste de maille
Dor bien tissue et forte pour bataille
Une salade et ung acoustrement
Fait pour la teste aorne richement
De quoy iadis neoptolemus a troye
Feist sur noz gens chevalereuse proye
Tous telz presens nous feist ce noble roy
Et grans chevaulx de sumptueux arroy
Il nous bailla gens ducz et capitaines
Po^r mieulx pfaire noz emprises haultaines
Et ce pendant anchises feist dresser
Voilles au vent pour oultre traverser
Lors linterprete de phebus luy commence
Tenir propos en doulce reverence
¶ O anchises or doncques helenus
Digne davoir este ioinct a venus
Aymez des dieux des troyennes ruynes
Deux fois saulve pour les vertuz insignes
Terre ausonie test promise et ouverte
Pose les voille car la voye est aperte
Et toutesfois que grant chemin feras
En fin pourtant tous dangiers passeras
O ten va doncques en parolle finans
Mon le bien eureux y pitie sustenans
Ja nest besoing que parle plus avant
Puisquoi avez en voz voilles le vent
Ja mendre dueil ne faisoit a ceste heure
Andromache qui piteusement pleure
Disant a nous le dernier adieu
Si apporta ains que partir du lieu
Riches vestures brodees et empraintes
Dor precieux et diversement paintes
A ascanie donna lors ung manteau
Faict en ouvraige delicieux et beau
Et bien pensa que si noble vesture
Estoit bien deue a telle creature
Avecques ce luy donna par dessus
Acoustrement de propre main tissus
En luy disant o enfant aimable
Prens et accepte ce don pour agreable
Par mes mains seulles tout ouvre et pfaict
Souviengne toy de celle qui la faict
Ce te pourra donner vray tesmoignage
De lamour grande quay a toy de tout aage
Or doncques prens de la femme dhector
Les dons derniers de son piteux tresor
O seulle ymage dastianus son filz
Que maintenant la mort tient en ses filz
A luy resemble dieux de mains et de face
Quencore feust il vif affin qlz eust lespace
Avecques toy de croistre et augmenter
Le nom troien par armes frequenter
¶ En ce propos nous feismes departie
Et en plaignant lune et lautre partie
En pleurs et plainctz en larmes tout plonge
Ses motz leurs ditz pregnant diceulx conge
Vivez heureux las bien le povez faire
Vous qui estez affin de vostre affaire

Coniugio anchise veneris dignate sup
bo
Cura deum bis pergameis erepte ruinis
Ecce tibi ausonie tellus

Que postq vates sic ore effatus amice est

Accipe hec manuum tibi que monumenta mearum
Sint puer et longum andromaches teste[illegible] amorem
Coniugis hectoree

Vos ego di
grediens la
crimis affa
bar obortis
Vivite feli
ces quibus
fortuna per
acta Iam
sua

Nous malheureux miserables meschans
Lieux incongneuz q̃rās ꝯ loingtains chãps
Par sors contraires en contraire fortune
Querir nous fault residence opoꝛtune
Repos vous est et vray seiour acquis
Nul poꝛt de mer nest oꝛ par vous requis
Ne mais la terre quon appelle ausonie
Que nous cuidons de nous estre bannie
Nest acquerir par vous nulles saisons
Ainsi que nous poures cheifz faisons
Ores voyez troye en sa pꝛopꝛe forme
Et le fleuue xanthus assez conforme
La tout basti et dresse par voz mains
Si pꝛie aux dieux que des grecz inhumains
Ne soit ceste demolye et destruicte
Comme celle p qui sõmes en fuite
Et sil aduient que du tybre ie appꝛouche
Et quen sa terre de luy voisine touche
Que puissez veoir la bastie maritle
Au nom de ceulx de ma posterite
Nous et les nr̃es noz peuples et noz villes
Serons aux vr̃es cõioinctes ꝛ ductilles
Tout vng sera epire et hesperie
Ou dardanus iadis eust seigneurie
Une troye seront tous en droit soy
Damour commune et de pareille loy
Telle alleance cõme auec vous ie veulx
Ayent les nostres successeurs et nepueux
Apres ces motz vẽt et mer nous emportent
Et hors de pire pꝛõptemẽt no⁹ trãsportent
Chemin aurons le plus court et plus brief
En italie qui nous maine sans grief
Aussi suiuons la coste en ce pendant
Le clair soleil tira a loccident
Les montaignes vmbragenses deuiennẽt
Et obscures par vmbres qui les tiennent
Lors au giron de terre desiree
Nous nous reschaufmes aupꝛes de la maree
Laissans aucuns cõmis et oꝛdonnez
Pour la deffence et garde de noz nefz
De fiis le poꝛt a noz corps dõnõs cure
Soulagement comme chacun pꝛocure
Sompne et repos que desirons assez
Saisist acoup tous noz membres lassez
Heures legieres que nuictz a iours auãcẽt
Sans q̃ les hões garde y pꝛẽgnẽt ou pẽsent
Naudient encoꝛ pas leur soudain secours
Mene la nuyt a moytie de son cours
Quant paliniire le nautonnier tressaige

Prouehimur pelago vicin ceraunia iuxta Unde iter Italiã cursusq̃ breuissimus undis Sol ruit interea

Non paresseulx mais dententif courraige
Se sourt et lieue lors derriere et deuant
Moult explore dont droit venoit le vent
Loreille dresse si espie et escoute
Le flair de lair pour en scauoir le doubte
Les estoilles regarde et considere
Qui sont au ciel tacite et splendifere
Arture note hyades pluuieuses
Et orion en armes lumineuses
Et quant il veist que toutes les planettes
Furent au ciel tresseraines et nettes
De haulte hune donna signe a la gent
Que chacun feust du partir diligent
Incontinent sans faire longue attente
Chacun se lieue et sort hors de sa tente
En noz vaisseaulx entrõs tendãs les elles
Songneusement de noz remplies voilles
Tantost apres laube du iour vermeille
Cõmẽce a poindre et phebus sa pareille
Qui chasse et oste p ses rays si duisans
Les estoilles q̃ sont de nuyt luysans
Lors assez tost de loing veismes paroistre
Les montaignes obscures et leur estre
Et cõmencasmes a lheure pour tout veoir
Ytalie lhumble pays veoir
Premier de tous sa voix haulte desplie
Achates lors en disant ytalie
Et tout a coups noz consors resiouys
En clameur grãde saluent le pays
Incontinent anchises le mien pere
Voyant fortune amyable et pꝛospere
Print vne couppe doree pleine de vin
Toute la beust faisant honneur diuin
Puis dist o dieux puissãs pour faire guerre
Par tempeste soit en mer ou en terre
Je vous suppli qua present nous dõnez
Voye facille et que bien nous menez
Quant il eust faict ce legier sacrifice
De mieulx en mieulx eusmes le vẽt ꝓpice
Et tost apres par visible rappoꝛt
Nous appꝛouchasmes du tant desire poꝛt
Sur la montaigne nous et nostre caterue
Veismes a seul vng tẽple de minerue
Si trauaillasmes gaigner par auirons
Les lieux nouueaulx et droit la no⁹ tirõs
Le poꝛt estoit fait en arc et concaue
Par lane de mer qui y ressue et laue
Et y auoit grans pierres obiectees
Par tempestes et torrens la iectees

Tum pater ãchises magnum cratera coꝛona Induit ĩple uitq̃ mero pateram diuosq̃ uocauit Stans celsa ĩ puppi.

Crebrescũt optate ore portusq̃ patescit Jam pꝛopioꝛ,

Et au dessus rochiers et grans destours
Comme ce se feussent forteresses et tours
Si est le temple de pallas plus arriere
A laprocher qui ne no9 monstroit guere
La en champs large delicieux et vert
Pour pmier fois ie voy au descouvert
Quatre chevaulx pareilz d couleur blāche
Qui la pessoient lherbe souefve ꝛ franche

Et pater āchises bellū terra hospita portas Bello armātur equi bellum hec armenta minantur

Dist anchises o la terre ou nous sommes
Qui as receu noz poures fuytifz hommes
Certainement ores scay et congnois
Que tu es duyte a bataille et harnoys
Ses grās chevaulx guerre no9 signifiet
Et a les veoir fierement nous deffient
Mais tant ya que ceulx mesmes chevaulx
Comme ie voy et par montz et par vaulx
Ont autreffois de chariotz notables
Porte les faictz et ont estes doubtables
Resnes et brides ont iadis endure
Tant nont le cueur rebelle ou adure
Et pour certain doit douner esperance
De paix prochaine ainse le croy et pense
Lors implorons la saincte deite
De la deesse que sans adversite
Premier nous a en ce port et rivaige
Tous recueillis sans peril ne dommaige
noz chiefz couvers damictz beaulx ꝛ etiers
Nous prosternans au devant des aultiers
Et a iuno les honneurs commandez
Par helenus furent recommandez

Haud mora continuo perfectis ordine votis Cornua velatarum

Tout cela fait et selon noz offices
Paracheuez noz veulz et sacrifices
Nous laissasmes les grecques mansions
Les champs suspectz et habitacions
De la voyon selon la renommee
Terre herculee qui tarante est nommee
Pour lautre part sus montaigne munye
Est la le temple de iuno lacinie
Et maiz le mont que caulon est clame
Soubz lequel gist de nauffrage affame
Dict scillacee qui maintz a teins sur vndes
Quant elle passe en sa perilleuse vnde
De telle mer ou le vent nous mena
A cler voyons le trinacrie aetna
Et dassez loing des profondes abismes
Quāt bruit en mer ꝛ grās tēpestes ouismes
Rochiers boutez par inūdacions
Et voyez rompues p dures fractions
Tant la estoit la mer tempesteuse
Que insque au ciel ell estoit fluctueuse

Et les araines par certain mouuement
Entremeslees en ces eaux rudement
Quant anchises escoute tost il pause
Le bruict marin dist acoup non sans cause
Ses rochiers arbres appelloit helenus
Aupres desquelz sommes ores venus
Fuyons dicy eslongnons ceste voye
Et de reme de chacun pense et pourvoye
Ainsi le feirent comme il eust ordonne
Et fut alors le gouvernail tourne
Par palinure et la voille assortie
Pour transfreter sutre en autre partie
Tous noz consors chacun en son endroict
Prenēt le gauche suyant le chemin droict
En cest affaire les vagues nous levoient
Jusques au ciel tant grāt rigueur envoiēt
Et tout acoup la mer qui se curvoit
Jusques au fons des ondes no9 couvroit
Les haulx rochiers faisoiēt clameur telle
Au heurt des eaues que cest chose mortelle
Et des escumes de mer loing expossees
Souvent estoient les astres arrousees
Et ce pendant le vent et le soleil
Nous laisserent en piteux apareil
Foibles helas dont ignorans la voye
La fortune sans advis nous convoye
Es regions ciclopees ou le port
Fut grant et large mais prive de support
Des vens legiers et bouffemens subites
La sont les mons prochaines et opposites
Et mesmement aetna qui faict ses sons
Espouentables en diverses facons
Qui maintesfois obscurere nue engendre
Des vapeurs noires ꝛ faict en elle espādre
Maintes fauilles et flāmes de feu chault
Jusques aux astres qui de la dedens sault
Souvēt vomist cailloux ꝛ pierres maintes
Moult dangereuses ꝛ de chaleur empraintes
La renommee si est en ce pais

Fama est enceladi semustum fulmine corpus vrgeri mole hac

Quun des grans fouldroyans et hays
Du puissant dieu qui enceladus se nomme
Precipite comme melheureux homme
Fut cessamment sans avoir iamais paix
Et fut sur charge dun si penible faix
De tel montaigne qui nest exterminee
Pour feu qui isse de sa grant cheminee
La nuict passames dedēs les bois mussez
Ou de grās mōstres no9 peusmes veoir as
Ja ne pouōs prevoir ne entendre (sez

Ja ne pouons perceuoir et entendre
Qui si grãt bruit peult causer a cõprendre
Car lair fut trouble et ia ne paroissoit
Estoille au ciel dont la clarte cessoit
La nuit obscure couuerte et nubileuse
Rendoit la lune cachee et tenebreuse
¶ En ses demeures la nuict oultre passa

Postea nã q dies primo surgebat eoo Humẽtẽq aurora polo dimouerat vmbram

Puis vint le iour qui les vmbres chassa
Si proposasmes laisser ce piteux estre
Soudainement si se feist apparoistre
Deuant noz yeulx homme las incongneus
Mais grec de fait dabillemens tout nud
Des boys yssans et des forestz adioinctes
quãt cil no⁹ veist tout hũble les maĩs ioites
Vers nous acourt lermoyant et criant
Secours et aide et recueil nous priant
Nous regardasmes sa maniere sa forme
Bien ressembloit dolant esperdu homme
La barbe grande auoit oultre mesure
Brãches et fueilles luy seruoiẽt de vesture
Bien apperceusmes de luy au demeurant
Que grec estoit sa langue en fut garant
Et que iadis auoit este a troye
Quant elle fut aux gregoys faicte proye
Cil apperceut noz dardaniens signes
Troyens habitz et noz armes insignes
Si eut lors peur et si la demoura
Puis tout a coup courant delibera
Venit a nous a port en pleurs et lermes
Nous commenca a porter en telz termes
¶ Troyẽs seigneurs p les estoilles cleres
Et par ainsi celestiaulx superes

Per sydera testor Per superos atq hoc celi spirabile lumẽ Tollite me teucri

Par la lumiere spirable des cieulx
Je vous supply ostez moy de ces lieux
Et me iectez en quelque aultre terre
Ou soys pery sans pl⁹ fort vous requerre
Bien vous cõfesse que suis lun de ceulx la
Qui a larmee des grecz a troye alla
Et par bataille et belliqueux couraige
Ay pourchasse a voz pays dommaige
Pource doncques se liniure est si grande
De mon meffaict quelle requiert amende
Jectez moy tost a la profonde mer
Faictes mes iours la dedens consommer
Moult seray aise veu le sort ou no⁹ sommes
Si ie pery par les mains daucuns hommes
Quant il eut dict se tira pres de nous
Et se iecta humblement a genoux
Lors le portasmes qui nous dis et recite
Dont il estoit quelque chose licite
Venu a vous pleurant et lermoyant
Anchises mesmes se trouble le voyant
La main luy baille en luy faisant chere
Jecta sa peur et sa grant crainte arriere

Dixerat et genua ãplexus genib⁹ q volutans herebat q sit fari

Et quant il fut quelque peu asseure
Ainsi nous dist ce ieune homme esgare
¶ Je suis de grece cest chose veritable
Et compaignon dulixe miserable
Achemenide par droit nom appelle
Qui autreffoys a troye suis alle

Sũ patria ex ithaca comes infelix vlixi Nõie achemenides

Et enuoye y fus en ma ieunesse
Par mon pere souffreteux de richesse
Pour y aprendre mestier cheualeureux
las mieulx me fust q̃ tousiours malheureux
Et indigent o luy demeure fusse
Car maintenant tel peine ne receusse
Apres la guerre troyenne et le destour
Par icy fut nostre dolent retour
Quant mes consors veirent et apperceurẽt
Lieux si cruelz si trestost cõme ilz peurent
De la sen fuyent oublieux non recordz
De mon salut mais de sauluer leurs corps
Et me laisserent en la profonde roche
Du grãt cyclope plei doultrageux reproche
Celle spelunque et cruente maison
Estoit remplie dhumaine venaison
De corps meurtris de chair crue et sanglãte
Noir et obscur ou toute peur frequente
Il estoit hault et de grãdeur non moindre
Quon le iugeast iusqs aux cieulx attaĩdre
O puissans dieux faictes petite reste
Dun si grief monstre et ostez telle peste
Moult difficile a regarder estoit
Et mains facille parler en nul endroit
Son seul menger et ses cruelles chambres
Cestoit des corps et diuumbrables membres
De ceulx humains quil pouoit attraper
Bien peu ou nulz luy pouoient eschaper
Je mesme vey par merueilleux encombre
Deux cõpaignons de ceulx de nostre nõbre
Prins et rauys par sa crueuse main
Leurs corps attache le grãt mõstre ĩhumaĩ
Et les assomme contre roche tresdure
Si que le lieu de leur sang et ordure
Fut tout honny puis les membres sãglans
Encores moictes fluentans et tremblans
Ilz demouraient assez dedens son antre
Et en faisoit nourriture en son ventre

Quant Ulixes advisa tout ce fait
Souffrir ne peut si oultrageux meffaict
Il oublia son dangier sa ruine
Pour se vengier du crime tant indigne
Car quant ce mõstre eust la pense remplie
De telz mengiers de vin enseuelie
Tantost apres eust il le chief pesant
Il sendormist et a terre gisant
Il vomissoit le sang et la pasture
Superflue dhumaine nourriture
Lors nous tous tristes en piteux pẽsemẽt
Feismes prieres a noz dieux humblement
Imaginant en quel sorte ou maniere
Asseur puissions nous retirer arriere
Finablement apres ce long ennuy
Nous nous iectasmes tous ensemble sur luy
De dart agu et de fer emoulu
Luy fut son oeil transperce et tollu
Ung en avoit seullement grand et large
Comme pour vray est lescu et la targe
Argolique ou grand comme ung soleil
Lors chos lauoit agraue de sommeil
Dont bien nous print car en la fourme telle
Nous vengeasmes la ruyne mortelle
Que ce geant cruel par ses effors
Oultre raison eust fait a noz consors
Mais vous fuiez fuiez gens impuissables
Rompez les cordes et liens dommageables
Qui a ce port tiennent voz nefz
En plus seur lieu ie vous prie les menez
Car se cestuy pastrenier saulvaige
Est grant et hault et de felon couraige
Et quen la roche maintes brebis et bestes
Dont il a faict rapineuses cõquestes
Fermez tient et garde seurement
Croire povez et veritablement
Que cy autour de ces marins rivaiges
Ja cẽt aultres ciclopes pleins doultrages
Qui ca et la par montaignes errans
Encontre tous passans tiennent les rancz
Trois mois ya que doubte me convie — Tertia iam lune se cornua lumine complent Cum vitam in silvis inter deserta ferarum Lustra domos que traho
Par bois obscurs dissimuler ma vie
Entre forestz desers et appatis
Ou les saulvaiges bestes font leurs pettis
Et de cavernes qui le me contregarde
Souventesfois iadvise et si regarde
Sur haultz rochiers les cyclopes marchãs
Qui transversent et p pleins et par champs
Si que leur son des piedz et leur parolle
Me fait trembler et de grant peur ma folle
Arbres fruitiers si aucuns icy croissent
Me dõnẽt vie et leur fruictz me repaissent
Barques et cormes et herbes arrachez
Sont doulcement a ma bouche machez
Et en ce point q faisoie maint tour
En cheminant icy tout a lentour
Jay veu venir de loing vostre navire
Incontinent droit aux voilles me tire
Qui que ce feust ne me chailloit scavoir
Pensant que pieis ie ne pourroie avoir
Bien me suffist mais q aulcque bande
Eschapper puisse de telle gent nephande
Jayme trop mieulx si vous avez envye
Que par vous soit lame de moy ravie
A peine eust dist quant assez tost a pies
Sur la montaigne nous veismes au plus pres
Cil poliphemus pasteur espouventable — Vix ea fatus erat summo cum monte videmus Ipsum inter pecudes
Entre les bestes faisãt ung doubtable cry
Au port cogneu pas a pas sen venoit
Ung hault pinnier quen sa main il tenoit
Le conduisoit car lors fut despourveu
Sa face de yeulx de clarte et de veue
En telle maniere son alleure affermoit
Et le suivoient ses brebis quil avoit
Pour reconfort de peine chier vendue
Avoit au col une fleuste pendue
Et quant il fut de la mer aprouche
Que de ses piedz eust au fleuve touche
Incontinent la playe agence et lave
De son oeil meurtry transperce et concave
En fremissant par grant rigueur des dẽs
En la mer entre et se iecte dedens
Mais tãt fut hault q la mer sembloit moindre
Dont leau ne peult iusques au ventre attaindre
Lors tout acoup nous de loing le voyans
Doubtasmes estre au dangier pourvoyans
En querant faicte et corde depliant
Entree feismes au povre suppliant
En noz navires et o nous lamenasmes
Puis le grãt cours p mer nous en alasmes
Bien apperceut cest aveugle geant
Nostre depart mais ce fut pour neant
Ses pas adresse et chemine a la fois
Ou il ouit le son de nostre voix
Mais quãt il sceust que sa main na puissãce
Toucher avons pour nous faire grevance
Et qui ne peust par mesure egaller
Ses pas en mer pour courir ne aller

Lors feist clameur si grãde et si haulte sõne
Que tout le port et la mer en resonne
La voix de luy si loing le bruit mena
Quil retentist iusques ou mont dethna
Et tout acoup des mons et des forestz
Dont les cyclopes moult diligens et prestz
A ce port viennent ꝑ leurs grãs cousages
Remplirẽt tous ces lieux et ces riuaiges
Nous en noz nefz faictifz et asseurez
Les regardons comme gens esgarez
Tenans cõseil horrible et faisant plainte
De quoy la veue a leur frere est estainte
Et telz sẽbloiẽt aussi grãs ou plus pres
Comme chesnes ou esleuez cypres
Qui sont posez sur ces haultes montaigne
Desquelz parest de loing assez lenseigne
Crainte nouuelle lors nous feist auancer
Tant que feusmes contrains sans ꝑ pẽser
A tous les vẽs feussent bons ou cõtraires
Tourner noz voilles pour fouir telz affai
Mais tout a coup dhelen⁹ no⁹ souuint Cees
Lequel no⁹ dist quant partir nous conuint
Dauecq̃s luy q̃ no⁹ donissions garde
De caribdis et scylla qui retarde
Sauuentesfois en ses cruelz perilz
Maintz grãs nauirez q̃ dedens sont peris
Nous en ce double tournoiant plus auant
Veismes venir boreas le droit vent
Par le canal et par lestroicte voye
De pelorus qui esleut nous conuoye
Tost feusmes hors des portes ꝛ destroictz
De panthagie des megares estroitz
Et mais de lisle que tapson on appelle
De mer ensaincte assez fertille et belle
Tous icieulx lieux me nommoit en passãt
Achemenide desquelz fut congnoissant
Car autresfois il auoit fait passage
A vlixes malheureux et bien saige
Et tout encontre est assise et vnie
Une aultre isle pres du cours sicanie
Que les antiques plenimyriũ nommerent
Pour q̃ en ce lieu grandes eaues habũderẽt
Puis ortigie et la par bruit commun
De lide vient vng fleuue seul et vng
Qui la endroit en deux pars son cours vse
Lung apheus lautre a nom arethuse
Qui to⁹ deux sõt en leurs marges ꝑfõdes
Puis est receu dedens siculles ondes
La feismes nous sacrifice a noz dieux

Sicanio pretenta sinu iacet insula contra Plemmiriũ vndosũ nomen dixere priores Ortigiam

Puis en parlant de ses terres et lieux
Oultre passames la terre ville et grasse
Ou le grant lac helorus court et passe
Et puis apres par peines et trauaux
No⁹ passames les rochiers grãs et haultz
Du promontoire quon appelle paschine
Puis de loing veismes la sanac camerine
Et mais les champs ou lestang gelous
Par ses vapeurs maintes gens a tollus
Puis passasmes gela ville fermee
Qui du fleuue pres delle fut nommee
Aussi veismes la montaigne sans faille
Dicte agragas garnie de muraille
Dedens laquelle cheuaulx naissoient
Qui tous autres pour bataille passoient
Et puis laissasmes la ville fructueuse
Dicte celine en palmes planctureuse
Et assez tost eschenasmes apres
Lilybie qui estoit de la pres
Finablement de la transportes feusmes
En drepano ou peu de plaisir eusmes
Celle contree non ioyeuse pour moy
Mist le mien cueur en trop piteux esmoy
Car pour tout vray aps maintes tẽpestes
Par nous passez en noz loingtaines questes
Mourut mon pere qui veritablement
De tout mon fait estoit solagement
La me laissas o pere tant insigne
Moy tant lasse eschappe de ruine
Pas ne me voulst helenus declairer
Quen ce lieu la moult auroye a pleurer
Ne helenus cruelle profetice
Ne me dist oncques ce piteux malefice
Certes dido aps mon si grant pleur
Icy est ores la fin de mon labeur
Icy pour vray est la bonne et limite
Des longues voyes ou me suis precipite
Dieu a voulu moy et mes legions
Faire venir dedens voz regions
Ainsi contoit en celle grande salle
Le roy eneas contre passe fatalle
To⁹ ses voyages to⁹ ses maulx estrangiers
Et les passaiges et mais portz estrangiers
Tous les escoutoient dassez sõgneuse oreille
Bien feust le cõte digne de grant merueille
Finablement le teut et propos
De faire fin a tant se reposa

Hic labor extrem⁹ lõgarum hec meta viarũ

Sic pater eneas intẽtis oĩbus vn⁹ Fata renarrabat diuũ

Cy finit le tiers liure de la translacion deneydes Et commence le quart

At regina graui iādudū saucia cura Vuln⁹ alit venis ⁊ ceco carpit igni

En telz deuis la royne de carthaige
Ja de long tēps blessee en sō courage
Par grief ue cure nourrissoit en ses veines
Playe mortelle soubz dissimulez peines
Et fut esprise dun feu couuert et chault
Si que pour vray de rien pl⁹ ne luy chault
La grant valleur et vertus de cest homme
Souuentesfois dedens son cueur assomme
Et mais lhonneur et maintien de sa gent
Qui en tous actes se monstre bel et gent
Dont elle auoit enclos en sa poictreine
Leur doulce face comme songneuse estreine
Leurs beaulx parlers ⁊ leurs plaisāt deuis
Tout auoit elle imprime vis a vis
Que diray plus apres que mainte chose
Fut dicte entre eulx chacun pense ⁊ dispose
Prendre repos car bien en fut il temps
Si se departent moult ioyeux et contens
La poure royne trop mallement touchee
Jacoit que fust souefuement couchee
Dormir ne peult en ses parees chambres
car soig trop grāt chassoit repos des mēbres
¶ Ainsi la nuict tournya et passa

Humentēq₃ aurora polo dimouerat vmbram Cum sic vnanime alloquit male sana sororem

Lors vint aurore qui le iour auanca
Chassant les vmbres humides en arriere
Par sa clarte et phebee lumiere
Lors commenca la pricesse mal saine
A vne seur quelle auoit moult prochaine
Et vnanime dire ce qui sensuit
¶ O ma seur anne ne scay en ceste nuict

Anna soror q̄ me suspē sa insomnia terrent Quis nou⁹ hic nostris successit se dib⁹ hospes

Quelz diuers sōges mont toute espouētee
Et ma pensee en grant doubte boutee
Quel est cest hoste qui moult sēble esprouue
Qui en noz terres est ores arriue
Mais quil est saige en faictz dentretenance
Moult semble plein de force et de puissance
Certes ie croy voyant ses gestes tieulx
Quil est yssu de lignee des dieux
¶ Crainte labeur trauail et peine ardue

Degeneres animos timor arguit

Les couraiges degenerez argue
Las a quelz maulx luy tant froit et pose
A quelz perilz a este expose
Quantes batailles et guerres designees
Hersoir nous dist par luy exterminez
Le iour nauoye deliberacion
Ferme propos et vraye intencion
De non iamais associer ne prendre
Nouuel espoux pour nul qui sceust pretēdre
Puisquainsi est que par mort coustumiere
Deceue ma la mienne amour premiere
Si ne me fusse repentie et troublee
Du mariage ou ie fuz assemblee
Jeusse peu choir et en fin succumber
En ceste coulpe et reproche tumber
Et puis que tant conuient que ie te dye
Confesser veulx toute ma maladie
Apres la mort du dolant sicheus
Mon feu mary dont tant de maulx ay eus
Et que mon frere eut lors sa main pollue
Dedens son sang et sa vie tollue
Cest homme seul a flechy et tourne
Mon cueur a luy et mon sens destourne
Et a contrainct toute voulente mienne
Estre a iamais a luy subiecte et sienne
Je sens encores celle ancienne flame
Du feu damours qui le mien cueur enflame
Mais toutesfois ains que faire telle euure
mieulx aimeroye q̄ terre soubz moy se euure
Ou bien que dieu du tout me fouldroyast
Et sans mercy aux enfers menuoyast
Ains que voulsisse violler ne corrompre
Lhonnestete et les droictz delle rompre
Celluy premier a qui conioincte fuz
Par mariage de bon gre sans refus
A auec luy mes amours emportees
Qui ia en aultres ne seront transportees
To⁹ les iours crye ⁊ luy prye qui les garde
En son sepulchre en seure saulue garde
¶ Quāt elle eut dit ses raisōs ⁊ telz termes

Sic effata sinum lacrimis repleuit obortis. Anna refert o luce magis dilecta sorori

Elle remplist son sain de grosses lermes
Lors luy dist anne O seur en dueil rauye
Que iayme autant comme ma propre vie
Veulx tu seule ta ieunesse passer
En plains et pleurs sans plus te solacer
Veulx tu mourir sans enfans ou lignee
Et de ton cueur bannie et eslongnee
La doulce ioye le plaisir de venus
Mais cuides tu que ceulx qui sont tenus
Soubz sepulture et conuertis en cendre
Ayent soucy de ce quon veult pretendre
Or ainsi soit nul ne le peult induire
A nulz espoux ne par beaulx motz seduire
Lors que ton cueur encor dolent estoit
Pour sicheus que si fort regretoit
Tu refusas hyarbe et sa mesgnie
Jacoit quil feust puissant roy de libye
Ainsi fiz tu ceulx de thir et mains ducz

Qui a lauoit bien se sont actendus
Et mais daffriq̃ plusieurs triũphãs hões
Qui ont moult dor ⁊ de biẽs a grãs sõmes
Mais cuide tu estriuer et contendre
Encontre amour delicieuse et attendre
Pense tu point en quelz lieux et destours
Tu as basti tes murailles et tours
Ne scais tu pas que les cites getules
Pleines de gens on nya graces nulles
Sont tes voisins et de toy sont prochains
Les munides qui nont reigle ne frains
Et mais sisirtes celle terre inhumaine
Est assez proche et pres de ton demaine
Pour lautre part est le desert pays
Et les barchees furieux et hays
A quoy diray les batailles et guerres
Par ceulx de tir q̃ viẽdrõt en tes tes terres
Et les menasses que ton frere te fait
Assez ya pour penser en effect
Certes ie croy q̃ les dieux tous puissans
Qui sont des causes humaines cõgnoissãs
Ont amene la troienne nauire
En ce pays pour garder ton empire
Si cestuy dõcq̃s ton vray mary peult estre
En quelz honneurs verras ta cite croistre
Et par les armes des troyens belliqueux
O toy viuront en pais et toy o eulx
Moult sera grande dec art aige la gloire
Et esleuee en durable memoire
Requiers dõcq̃s aux dieux graces et pardõ
Jay leur offrende en pur et loyal don
Et par apres habandonne et deliure
A ceulx troiens ta maison pour y viure
Trouue moyen sans plus deliberer
Quen ce pays ilz vueillent demourer
Pendant le tẽps q̃ les mers sont esmeues
Et que orion meine pluyes et nues
Remonstre leur que leurs nefz ont besoing
Destre habillez deuant q̃ aller plus loing
Et q̃ le ciel pour lheure est mal traictable
Pour bien vacquer au trauail nauigable
Les choses dictes elle enflama le cueur
De dido lors damoureuse liqueur
Et si donna esperance ioyeuse
A la pensee nagueres trop doubteuse
Et deslia la honte quelle auoit
En la quelle auparauant viuoit
Premierement au temple sen allerent

His dictis
incensũ ani
mum inflã-
mauit amo
re
Spemq; de
dit dubie
menti solut
q; pudorem

Et aux haultiers paix de dieux iplorerent
Brebis esleues vouldroient sacrifier
Pour doulcement les dieux pacifier
Cest assauoir a ceres legiffere
A dieu phebus et a lyeus son pere
Et deuant tous firent oblacions
A iuno seulle que les coniunctions
Et les lyens matrimoniaulx garde
Dame dido tresbelle bien regarde
Luy faire lors sacrifice baisant
Vng hanap plein de vin cler et duisant
Verse et espand ⁊ doulcement le lasche
Entre les cornes dune moult blãche vache
Puis sebastoit prenant plaisirs entiers
Pres des ymages de deuant les aultiers
Et tout ce iour feist grans dõs ⁊ largesses
De ses ioyaulx dargent ⁊ de richesses
Par les entrailles des bestes enqueroit
Quelle fortune et quelle yssue auroit
Helas moult sõt certes vaines et folles
De maintz diuins les raportz ⁊ parolles
Mais que proffitent oblacions et veulx
En cueur ignare trop mol et furieux
Ne que proffite au temple telle offrande
Quant on ne voit que loffrant sen amãde
¶ Et ce pendant flamme molle mengeoit
Toutes ses moilles et les endommageoit
Soubz sa poictrine viuoit segrette playe
Qui doulcement sa rigueur y desploye
La malheureuse dido lors brusle et ard
Ce fait amour qui vse de son ard
Elle vagoit et couroit par la ville
Trop furieuse trop subiecte et seruille
Tout en ce point comme fait vne biche
Que le pasteur voit en bois ou en friche
Son arc descoche et en senestre part
Luy transperce le coste de son dart
Et elle attaicte par forestz et bocaiges
Fuyt et decours par diuerses vmbraiges
Tousiours se pend et luy tient au coste
Le dart mortel que lon luy a iecte
Ainsi estoit de dido mal menee
Qui conduisoit et parmenoit enee
Puis ca puis la par toute sa cite
Et luy monstroit sa grant felicite
Ses belles euures et ses richesses notables
Et de sa ville les bastimens louables
Aucunesfois a parler commencoit

Interea et
tacitum vi-
uit sub pec-
tore vulnus
Uritur infe
lix dido to-
ta q; vaga
urbe furens

Avecques luy puis tout acoup cessoit
Et quant le iour en telz faictz diminue
Si que la nuict fut ia pres et venue
Elle demande tous telz pareilz convis
Comme devant et semblable devis
De rechef voult que eneas luy octroye
Faire recit des grans labeurs de troye
Et au giron de luy pres se mettoit
Pource que mieulx a laise lescoutoit

Post ubi digressi lume[n]q[ue] obscura vicissim Luna premit

Et quant la nuict tant estoit avancee
Que du coucher et avoit reposee
Que lheure tarde compagnie rompoit
Si qua dormir ung chacun soccupoit
Elle en sa chambre seulette retiree
De dueil oultree et damour martiree
A chauldes lermes pleuroit la en son lict
Ne se couchoit pour y prendre delict
En tel repos ses miserables songes
Luy presentoient agreables mensonges
Car elle absente voit son amy absent
Ouyr le cuyde et pres delle le sent
Ou bien luy semble quest saisie et garnye
Entre ses bras du beau filz ascanye
Et quelle voit lymaige en le tenant
Du pere enee qui tant est advenant
Ainsi essaye de vaincre et decevoir
Par amour telle son amy pour tout voir
Plus navoit soing de ses tours co[m]mencees
Ja ne luy chault si bien sont advancees
Plus ne faict armes exercer par ses gens
Pour guerroier plus ne sont diligens
Les pors de mer les grandes forteresses
Sont convertis en piteuses foiblesses
Les ouvrages demeurent imparfaitz
Et les haultz murs par ruyne deffaictz

Qua[m] simul ac tali p[er]sensit peste teneri chara Iovis co[n]iunx

¶ Quant la deesse iuno seur et espouse
De iuppiter entendit ceste chose
Et que dido estoit prise et tenue
De telle peste dont son loz diminue
Si que pour bruit mauvais q[ui] sceust courir
Ja ne cessoit folle amour enquerir
Lors sa parolle et son propos adresse
Saturnya a venus la deesse

Egregia[m] vero laude[m] et spolia a[m]pla refertis Tuq[ue] puerq[ue] tuus

¶ Certes venus gra[n]s louenges raportes
Toy et ton filz voz puissances sont mortes
Amples despouilles aures et grant acquest
Si par le dol de vous deux vaincu est
Une femme fragile et tost contraincte
Bien scay de vray q[ue] autreffois as eu craincte
De faire approche des murs carthaginois
La ou ie tiens mon curre et mon harnois
Le lieu te fust et la place suspecte
Sans y vouloir faire seure retraicte
Mais qu[e] pourra en fin tout devenir
Ne dequoy sert tel guerre maintenir
trop mieulx no[us] vault faire paix eternelle
Et mariage de ton filz avec elle
Par ce moyen entierement auras
Ce que si fort par avant desiras
Dydo la royne trop soucieuse amante
Ja brusle et art par flamme vehemente
Ja par ses os voire iusques au cueur
Chemine et court amoureuse fureur
Gouvernons do[n]cq[ue]s damour fra[n]che et co[m]mune
Tout ce pays sans difference aucune
Et te suffice si telle royne prens
Prince estrengier envers qui ne mesprens
Et que carthaige demeure pour douaire
Ce peulx tu bien desirer et parfaire

Olli sensit ei simulata me[n]te loquuta[m] Que regnu[m] ytalie libicas adverteret oras Sic co[n]tra est igressa venus

¶ Alors venus congnoissant et voiant
Que tel propos moult estoit fourvoyant
Et que iuno par plus grande mesler
Parloit ainsi a voix dissimulee
Pour divertir par tel advisement
Les siens troiens de non aucunement
Jamais vouloir ytalie poursuivre
Puis demourer en ce pais et vivre
Venus doncques congnoissant tout cela
Lors a iuno en telz termes parla

Quis talia deme[n]s Abnuat: aut tecu[m] malit co[n]tedere bello

¶ Qui est celluy tant eut vertus puissa[n]tes
Qui refusast loffre que tu presentes
Et qui naymast trop mieulx la paix avoir
Avecques toy que guerres recevoir
Mais que fortune exercite et parface
Ce que tu dis moult me plaist que ce face
Mais le fatal incertaine me tient
Si iuppiter toutesfois entretient
La chose telle que la cite cartaige
Soit sans devis ung seiour ung partaige
Aux tyriens et aux troyens venus
Que ses deux peuples soyent entretenuz
En gre commun et parfaicte aliance
Toy qui es femme espouse aya[n]t puissa[n]ce
Et privaute de scavoir requerir
Ce qui seul peult a tous cas secourir
Avance toy et premiere chemine

Mecũ erit iste labor nũc qua ratione quid ĩstat Cõfieri possit paucis aduerte

Pour mieulx scauoir ce quil en determine
Lors dist iuno sans y penser plus loing
Je prens sur moy ce labeur et ce soing
Et te diray en parolle legiere
Comme se peult conduire la matiere
Demain sen doiuẽt aller aux chãps deduire
Des que le iour cõmencera a luyre
Ton filz aenee et dydo miserable
Ja font apristz et pourchas conuenable
Pour chasser bestes par forestz ou par bois
Bien seray duite et prompte a celle fois
Et lors que tous ca et la feront courses
Pour faire issir les bestes de leurs sourses
Incontinent ie feray assembler
Nues obscures et tout le ciel trembler
Et dessus eulx feray choir pluye et gresle
Et fort tõner pour q̃ mieulx les desmesle
Lors sen fuyront par buissons et par lors
Les gentilz hõmes les chasseurs ⁊ consors
Couuers seront de nuict et nue obscure
Qui les tiendra en soucieuse cure
Et lors dydo et celluy duc troyen
Pour leur refuge et pour plus seur moyen
Se retirront en vne grande roche
Qui deulx sera assez voisine et proche
Si seray pres et si ta volunte
Et ton gre est au mien execute
Tous deux serõt dun cueur et dun courage
Alors conioinctez par leal mariage

Nõ aduersata petẽti Annuit atq dolis risit cytherea pertis

¶ A sa demande ne voulut differer
Dame venus mais bien obtemperer
Si print a rire de lintencion telle
De si grant dol et trouuee cautelle
Le temps pendant aurore delaissa
Mer occeane et le iour auanca
Incontinent mesgnie et ieunesse
Esleue et duyte pour mener chiẽs et lesse
Portes ouuertes tout droit au boys sẽ võt
De leur cordage et de retz aprestz font
Leurs venabules et bastons pas noublient
Leurs chiens courãs ⁊ leurs leuriers raliẽt
Premier sen vont chevalliers escuyers
Et les pl⁹ nobles mõtez sus grãs destriers
Sont a la court du palais pour atendre
Quant il plaira a la royne descendre
Moult feist beau voir les cheuaulx aornez
Dorfauerie et fierement menez
Tantost apres descendit de ses chambres

Bien acoustree la royne en tous ses mẽbres
Enuironnee de caterue et de gent
Moult fut certes son maintien bel et gent
Sur elle auoit vng manteau sidonye
Riche vesture bien froncee et garnye
Dun limbe dor et ses cheueulx espars
Sur le derriere flectans en maintes pars
Et attachez en tresgente maniere
A cercle dor de radiant lumiere
La trousse auoit pendue a son coste
Qui bien a seruoit son hõnestete
Soubz ce manteau eut robe purpuree
Selon la geste bien faicte et mesuree
Pour lautre part cheminent et sauancent
Les ducz troiens qui trauaillent ⁊ pensent
A qui mieulx mieulx pour estre biẽ voulus
Entre les aultres le beau filz yulus
Et par sus tous se faisoit apparoistre
Le roy enee des ducz troyens le maistre
Qui les consors et enioinctz ensembloit
Et par beaulte le triumphe doubloit
Tout en ce point cõme appollo sãs doubte
Qui dyberne liete ou il feust boute
Fuit et sen va et du fleuue panthus
Les eaues eslongne et les cours combatus
Droit en delos sen fuit et sen retire
Estatz nouueaux la bastist et desire
La font aultiers les dryopes et cretes
Les agatirses o leurs formes pourtraictes
Et il chemine par cynthe le hault mont
Ou son plaisir le cõduit et semond
Sa belle come ses cheueleures blanches
Il decore de frondes et de branches
Et par dessoubz de cercle dor les lye
A son coste pend sa trousse iolie
Pleine de flesches agues et de traictz
Tel fut aenee de si plaisant attraictz
Non plus semblãt que phebus de viel aage
Tant fut riant et begnin son visage

Postq̃ altos ventum in montes atq inuia lustra Ecce fere saxi

¶ En tel arroy quant ilz furent venuz
Pres des haulz mons et p les boys menuz
Tãtost aps cheureux daigs ⁊ grãs biches
Des montaignes descendent et des friches
Moult fort hastees et pressees de chiens
Ca et la courent par les plains terriens
Et dautre part les grans serfz a la sourse
Font par le champs vne legiere course
Et si trestost sont chassez et si fort

Qua peine peuent arriuer a leur fort
Ascanius au plains et au vallees
Sur son cheual faict legeres allees
Monstra de ioye deuant iceulx destours
Vngs et aultres passent par soubdais cours
Assez apert que sanglier aspre et rude
Vers luy arouet par grant sollicitude
Ou quan lyon a luy se fiert et iecte
Pour le ferir de son dard et saiette
¶ En ses demeures et tous estans pla
*Interea magno misceri murmure celum incipit*
Par fort tonnoirre tout le ciel se mesla
Et tost apres sensuit gresle et pluye
Qui les chasseurs moult tempeste et ennuye
Tant que contrainctz furet sãs plꝰ muser
Lieux de retraicte asseures aduiser
Chacun sen fuyt toꝰ tachent trouuer place
Pour que le temps diuers ne leur messace
Les grãdz torretz des grãds mõs descẽdoiẽt
Qui p les plais leurs ruceaux espandoient
Dont feirent lors leur repos et retraicte
A vne roche conuenable et secrete
Le duc troien et dido pour tout vray
La se couurirent quant tant veirent pleuuoir
Bien donna lors par tremblement vray signe
La terre esmeue de proserpine royne
Et mais iuno de tout fut corrompu
Monstrant que tost seroit le faict rompu
Feu flamboyant yssoit de nouees nues
Et plainte en feirẽt toutes nyphes esmeues
Le iour premier fut cause du dommaige
Et de la mort de dido de carthaige
Car la ne veult son propos desmouuoir
Tant sceust certes renommee et fer veoir
Plus ne luy chault quel amour soit furtiue
Tant au crime voluntaire et actiue
Elle appelle mariage se faict
Couurant de nom sa coulpe et son meffaict
¶ Dont tout acoup en tous lieux de libye
*Extemplo libye magnas it fama per vrbes Fama malum quo nõ aliud velocius vllum Mobilitate viget viresque acquirit eundo*
La renommee en fut sceue et ouye
Renommee est vng mal pour abreger
Quau monde na autre mal plus leger
Mobilite iamais ne se termine
Forces acquiert tant plus va et chemine
Par crainte semble premierement petite
Puis hault se lieue et iusq aux cielz habite
Aucuneffois est en terre mussee
Et tout acoup aux nues eparlee
Terre grand mere selon les anciens

Apres la mort des gens en sans siens
Contre lire des dieux trop enflammee
Produist certes icelle renommee
De piedz la feist legere et de grans esles
Pour mieulx porter en tourte pe nouuelles
Monstre fut grant et autant que son corps
Auoit de plumes par merueilleux accords
Autant auoit de yeulx clers et par vigiles
Par leurs regars cauteleux et agiles
Autant auoit de langues et de bouches
Autant doreilles pour ouyr les reprouches
Par nuict volloit en querant lobscure vmbre
Pour faire maulx qlq miuerte ou encombre
Iamais les yeulx ne clost pour repos prendre
De iour se sied pour forcer son esclandre
Sur les palais et sur les haultes tours
Par les citez fait noises et discords
Faictz controuuez et mensonges rapporte
Autant que vrayes et ia ne sen deporte
Alors donques remplissoit les oreilles
Des escoutans de diuerses merueilles
De mille choses et disoit et parloit
Vrayes ou non ainsi quelle vouloit
Et entre aultres disoit comment aenee
Du sang troyen eust sa gent amenee
En ce pays et que dido sauoire
Prins pour espoux et auecq luy viuoit
Yuuer passoient en plaisir et en pare
Ja oublieux de leur gloire future
Toutes tels choses en publique rettroit
Celle dresse et les gens incitoit
Et tant volla celle dame inconneue
Que chez le roy hyarbe fut venue
Tout son couraige par ses ditz enflamma
Et grandes ires en son cueur alluma
Cil hyarbas filz du dieu hamonide
Et de la nymphe royne garamantide
Auoit dresse en ses temples entiers
A iuppiter cent sumptueux aultiers
Feu eternel diuines excubies
Du maintes bestes furent au lieu occies
Diuerses fleurs odorans et flayrans
Furent posees et mises sur les rancz
Il tout perplex et trouble de malaise
Pour la rumeur tant amere et mauuaise
Vng iour entre autres ainsi comme lon dict
Deuant lymaige se mist sans contredit
De iuppiter a genoux et mains ioinctes

Luy feist alors ses piteuses complainctes
¶ O iuppiter le grant dieu tout puissant
Qui es assez voyant et congnoissant
Comme le peuple et la gent maurusie
De grandz viandes opulante et saisie
Te faict honneur et bachicque debuoir
Ne daignes tu ou ne veulx cela voir
Mais craindrons nous sans causes sans deserte
Ton grand tonnoirre et ta puissance aptes
Tes feux obscurs tresliegiers et soudains
Treblans les hommes sont ilz meschans et vains
Une femme pelerine et errante
Dedens noz terres a faict cite patente
Par pris a eu de nous auctorite
A faire siege repos stabilite
Et luy auons donne voyes egalles
A establir ses palais et ses salles
Or a celle ne scay a quel propos
Fait du reffuz me prendre pour espoux
Et a receu la folle habandonnee
En son royaulme celluy troyen enee
Cellury pour vray que puis dire et nommer
Second paris qui trop fut a blasmer
Acompaigne de tenis gens
De qui le los est maindre et indigent
Et sil ores pour plus glorieux tiltre
Sur son chef porte la precieuse mytre
Ses cheueulx sont peignez et aornez
De ioyaulx riches parez et atournez
Ainsi donc de stupre et si procede
Le mariage qui la raison excede
Et nous meschans faisons offres et dons
A ces temples sans auoir nulz guerdons
Et nourrissons en si doubteuse peine
La renommee trop inutile et vaine
¶ Bien entendit iuppiter tout puissant
Les prieres de cil qui trop se sent
Persecute dont tost iecta ses yeulx
Par vng vouloir et despict furieux
Aux murs reaulx de pensee profonde
Les folz amans qui ia damour immunde
Tous aueuglez auoient oublye
Renom meilleur tant fut leur cueur lye
Lors appella mercure et luy commande
Quil execute ce que son vouloir mande
Va ten dict il cher filz de legiere esle
Et les zephires auecques toy appelle
Parle au duc troyen qui or se tient
Dedens carthaige ou trop mal se maintient
Pas ne regarde les citez ne franchises
Qui par fatal luy ont este promises
Or diligente luy raporte mes dictz
Parmy les ventz denonce mes editz
Pas ne promis a moy sa mere belle
Que tel seroye a son bon heur rebelle
Ja ne se peult par telz armes venger
De grecz qui sont voulu endommager
Ains deuoit estre cellury sans nulle double
Qui regneroit en ytalie toute
Hault en empire en guerre fremissant
De qui seroit le renom fleurissant
Et que cellury feroit luyre et acroistre
Le sang troyen et en tous lieux congnoistre
Et tout le monde soubz ses loix regiroit
Si que son bruit en toutes pars yroit
Si la gloire doncques de si grant chose
Que en son cueur bien doiuent estre enclose
A ce ne peult ne le veult esmouuoir
Et que labeur ne vueille receuoir
Sur tel louange ou que luy comme pere
Ne soit dolant de fortune prospere
Qui a son filz doit eschoir et venir
Et les haultz noms troiens en maintenir
Que pense il pourquoy ne craint il mye
De demourer o la gent ennemye
Point ne regarde lausonye lignaige
Les champs latins qui est son heritaige
Tost qui sen aille apreste son nauire
Cest le summaire de ce que ie veulx dire
Soiez doncques mon messager attent
Et va vers luy au lieu ou il actent
¶ Cela luy dist lors il voulut parfaire
De iuppiter le desir et laffaire
Et en ses piedz mist ses esles dorees
Pour sen voler sans longues demourees
Dessus la mer et sus la terre aussi
Moyennant vent qui le portoit ainsi
¶ Puis prit sa verge serpentine et estrange
Quil auoit eu pour sa harpe en eschange
Par apollo ou estoient deux serpens
Dont il tenoit les enfers en suspens
A son talent ames tristes et palles
Il reuoquoit des peines infernalles
Et les mettoit par son fatal dispos
En seurete et transquille repos
Aultres aussi en ses lieux enuoyoit

Jupiter omnipotens cui nunc maurusia pictis Gens epulata toris leneum libat honorem Aspicis hec

Talibus orantem dictis arasque tenentem Audiit omnipotens

Dixerat ille patris magni parere parabat Imperio

Tum virgam capit hac animas ille euocat orco Pallentes alias sub tristia tartara mittit

Quant leut meffaict a ce les conuyoit
Cela faisoit et leur fermoit les yeulx
Et puis souffloit les ventz en diuers lieux
Prenant son vol par obscures nues
En trauersant regions incongneues
Si hault volla quil peut apperceuoir
Le mont athlas et a son plaisir veoir
Lequel estoit dun coste tout couuert
Dobscure nue infertille et desert
En chef auoit plusieurs arbres plantes
Pins portans fruictz dexcellentes bontes
Ses espaulles sont de neiges couuertes
Toute saison a maintz ventz descouuertes
Le menton a remply de maint grāt fleuue
Barbe gelee qui grant froidure appreuue
La sen volla linterprete des dieux
O ses esles pareilles en tous lieux
Dont cyllenie lauoit iadis prouen
En archadie puis ne lauoit el veu
Le messager sur le mont sarresta
Dedens les eaux son corps precipita
Comme vng oyseau qui rauist les poissos
Entre les pierres par subites facons
De la se lieue et humblement sen vole
Du long des mers esquelles se console
Sans esleuer son corps trop hault en lair
Pres de terre se mist lors a voler
Des ses esles ventz diuise et harene
Luy descendu de lignee cyllene
Vint arriuer par destinee fatalle
En la maison des aphres chez magale
Lors apperceut eneas qui fondoit
Tours et chasteaulx ainsi quil entendoit
Son espee eut enuironnee et faincte
Ou mainte pierre doree fut empraincte
De pourpre estoit sa robe decoree
De thir moult riche excellente et paree
Que luy auoit iadis dydo vestue
Quant congnoissance de luy elle auoit eue
Premierement et pour vng grant tresor
Lauoit tissu dun moult riche fil dor
Lors quil eut bien tout veu et remire
Deuers enee sest soubdain retire
Comme message enuoye tout expres
Et luy a dict ce qui sensuit apres
Que penses tu ne pour quelle esperance
Quiers tu repos seiour ne demourance
Dedens les terres libicques ou nas riens
Fuyant son bien et les souueraine biens
Si la gloire de tant et si grans choses
Qui iadis furent dedēs ton cueur encloses
Ne peuent ores ton desir esmouuoir
Et plus ne daignes ne regarder ne voir
Le grant labeur ne la fortune estrange
Par toy passer dont tu as eu louenge
Regarde aumoins ascanie croissant
Et lattente de son los fleurissant
Auquel est deue pour partaige et demaine
Toute ytalie et la terre romaine
Quant cil mercure eut finy sa besongne
Des yeulx mortelz incontinent sesloingne
Et a moytie de son doubteux parler
Soudainement sesuanouit par lair
Lors eneas tout perplex et plein dire
Ne sceut certes que respondre ou que dire
La vision telle tant le troubla
Que le parler et la voix luy embla
Et de grant paour ses cheueulx sesleuerent
Tous ses mēbres celle crainte esprouuerent
Riens ne desire fors sen aller par fuyte
Et delaisser par songneuse poursuyte
Les doulces terres ou deduyre souloit
Puis que en ce poit le hault dieu le vouloit
Las moult a soig ql puisse ou doiue faire
Comme pourra pourchasser son affaire
Enuers la royne qui grant douleur aura
Quant les nouuelles de desloger scaura
Moult pense et songe ql propos ou langaige
Il dressera pour gaigner son courtaige
Et quel exorde pourra continuer
Pour les regretz delle diminuer
En cest estrif son cueur et sa pensee
Diuerse part fut iectee et lancee
Et maintes choses contemploit et pensoit
Car folle amour puis raison le tenoit
Et quant assez il eut considere
Le meilleur treuue ce qua delibere
Cest quil appelle menesta et segeste
Le fort cloante laissant toute la reste
Des siens pour lors et tout secretement
Il leur commande que tost et promptemēt
Aprester facent voilles et nauigaige
Que tout se tire au port et au riuaige
Armes aprestent mais que dissimuler
Sachent la cause de si tost sen aller
Et ce pendant pourra mieulx entreprendre

Enuers dydo gracieux conge prendre
Lors que si tost ne sera aduertie
De la soudaine et prompte departie
Et quelle cuide que si grandes amours
Sans defaillir doiuent durer tousiours
En ses demeures auront temps agreable
Rendre la royne voluntaire et traictable
A consentir delle faire depart
Et qui sen voisent a seur en autre part
Incontinent les susditz obeissent
A leur seigneur et secretement yssent
Au port sen vont et font sans arrester
Voilles et nefz dresser et aprester
Selon que enee leur ordonne et deuise
Pour departir par secrete entreprise
¶ Tost sapercent du dol et de leur faict
Mais qui pourroit deceuoir en effect
Personne amante et faire aucune chose
Quelle ne sceust tant fut celee ou close
Certainement amoureuse poincture
Luy reuella leur allee future
Comment ne deust leur departie craindre
Quant folle amour tant la volut cõtraĩdre
Que la chose que feirent et seure estoit
Voire et certaine trop craingnoit et doubtoit
Puis daultre part icelle renommee
Que cy deuant iay descripte et nommee
Luy raporta que tous iceulx troyans
Les nefz arriuoient et par diuers moyens
Aprestz faisoient pour partir de carthaige
Lors la dolente souffreteuse en couraige
Troublee fut de ceste aduersite
La et la court par toute la cite
Tout en ce point comme thyas prestresse
Du dieu bachus qui court et va sans cesse
Quant elle oupt en diuerses musiques
Les ieux orgies et festiuaulx bachiques
Et par le mont cytheron la clameur
Du sacrifice et nocturne rumeur
Ainsi faisoit dydo trop mal menee
Laquelle en fin dist telz motz a enee
¶ O desleal impiteux et sans foy
As tu cuide pouoir celler a moy
Ung si grant crime et partir de ma terre
Furtiuement pour ten aller grant erre
La myenne amour laliance promise
Ma main iadis dedens la tienne mise
Et moymesmes dydo qui tost mourray
De mort cruelle et fouyr ne pourray
Nay ie peu vaincre ton cueur plei de fallaces
Et engarder que tu ne ten allasses
Certes nenny mais pour tost me laisser
As faict tes nefz et tes voilles dresser
En temps diuer pluuieux et doubtable
Lors que aquillon vẽt rude et mal traictable
Meult et engendre les vagues en la mer
Dont tu pourras auoir maint dueil amer
O cruel homme dis moy que tu ferois
Si lieux estranges et forains ne querois
Que pourrois tu plus fort executer
Si troye encor fust a persecuter
Tu aurois lors assez droit et matiere
De retourner en ta terre premiere
Mais destruicte est plus ny vault lesperãce
Par quoy doncques ailleurs ton cueur sauãce
Me laırras tu mes meulx tu fouyr
Sans que de toy ie puisse plus iouyr
¶ Las ie te prie par les piteuses lermes
Par la main tiẽne par les gracieux termes
Quant autre chose meschante que ie suis
Ne me remaint de toy que ie poursuis
Par celle amour de leal mariage
Faict entre nous de desireux couraige
Si iay de toy aucun bien desseruy
Et que par fois tu soye assouuy
Et contente de moy ta triste espouse
Et veu en ayes aucune doulce chose
Aye regard selon droit et raison
A la ruyne de ma poure maison
Et si priere peult or estre exaulcee
Despouille et oste a coup celle pensee
Pour toy tout seul suis mocquee et haye
Des haultz princes et seigneurs de libye
Et se tiennent confuz et oultragez
Dont ie vous ay en mes pays logez
Pour toy tout seul pour amour q̃ sarmonte
Je delaisse ma vergongne et ma honte
Voire et estainct la fame et le renom
Dont ieu premier de pudique le nom
Las a qui or preste a mourir me laisses
Hoste fuitif en si grande tristesses
Hoste te puis nommer a bon propos
Qui moult differt du nom de vray espoux
Que attens ie plus puis quil fault q̃ ten ailles
Pigmalion destruira mes murailles
Ou bien hyarbs captiue sans secours

At regina dolos (quis fallere posset amantem?) Praesensit, motusque excepit prima futuros Omnia tuta timens

Dissimulare etiam sperasti perfide tantum Posse nefas tacitusque mea decedere terra

Per ego has lacrimas dextramque tuam te Quando aliud michi misere nihil ipsa reliqui Per conubia nostra

Ne pourra prendre et mener en ses tours
Encor si ieusse de toy la portee
De quelque enfant dont feusse confortee
Deuant ta fuyte que tost machinee as
Et se iauoye Vng petit eneas
Le quel ie Veisse iouer par my ma place
Qui te semblast seullement de la face
Non de tes meurs qui trop cruelles sont
Pas ne seroit mon regret si profond
Je ne seroye si captiue ou deserte
Et ne seroit tant a plaindre ma perte

Dixerat/ille Iouis monitis imota tenebat Lumina.

¶ Cela luy dist mais il haste des dieux
Tint ferme lors le regard de mes yeulx
Et bien tenoit en cueur close sellee
La grande cure quauoit de son allee
Finablement par regard qui le suyt
En peu de motz luy dist ce qui sensuyt

Ego te que plurima fando Enumerare vales/ nũq̃ regina negabo.

Certes royne iamais nauray enuie
Taire ou nyer a nulz iours de ma Vie
Que grant merite tu nayes deseruy
De moy deslors que premier ie te Vy
Et tes biẽfaiz ẽuers moy sont tant dignes
Que nen pourroye rẽdre graces condignes
Dont iacoit or que bien loing men yray
Jamais pourtant ne men repentiray
Auoir en toy mon cueur et souuenance
Tant que iauray Vie sens et puissance
Et puis que tant faiz declaracion
Croy que iamais ie neu intencion
De faire fut par fuyte ou a lemblee
Et de nous deux ne fut faicte assemblee
Que iamais ieusse le Vouloir ne propos
De demourer en mary ou espoux
Oncques ne Vis au pays de cartaige
Pour pourchasser le traicte de mariage
Et si fortune eut Voulu ou souffert
Que ie qui suis a tant de maulx offert
Peusse passer ma Vie et ma ieunesse
Selon mon gre et mettre en ma tristesse
Fin et limyte selon ma Voulente
Je ne seroie profugue et loing iecte
Ains a mon aise et asseur dormiroye
O mes amis en la cite de troye
Encor seroient les realles maisons
Du roy priam en premieres saisons
Encor seroiẽt les murs troyens en estre
Et releuez a main forte et a dextre
Mais ores fault lytalie querir
La nous conuient tost aller et courir
Appolo Veult et fort nous admõneste
Que daller la chacun de nous sapreste
Cest nostre actente la est nostre pays
Dont royne plus ne tẽ esbays
Si les grans tours de cartaige te tiennent
Et le regart di ceulx te en tretiennent
Pour quoy as tu enuye ou desplaisir
Si nous troiens Voulons repos choisir
En ausonye Veu que en terres estranges
Querir nous fault noz perdues louenges
Jay nuyt et iour quant ie dors ou q̃t Veille
En Vision aupres de mon oreille
Lame et lymage danchises le mien pere
Que mamonneste et Veult que ie prospere
Aassi mon filz ascanye procure
Que ie mauance et repute a iniure
Dont ie le frande ꝑ trop long seiourner
De lytalie la ou il doit regner
Puis dautre part ie te iure et atteste
Que mercure lintetprete celeste
Ma apporte expres commandement
Par iupiter que tost et promptement
Dicy men aille et que des dieux parface
Le seul Vouloir donc fault que ie le face
Or cesse donc par ta plainte et rigueur
Plus trauailler le tien et le mien cueur
Car de mon gre ie ne quiers ytalie
Pouoir diuin mon Vouloir y desplye

Talia dicentẽ iã dudum auersa tuetur Huc illuc voluẽs oculos

¶ A lors dido de long temps enflammee
Comme femme de fureur animee
Tost le regarde bruyant tournoyant
Ses yeulx par tout ꝑ courroux le Voyant
De ta cite cul ca et la le tempre
Sans mot sonner et sans parolle dire
Et quant assez eust ses yeulx employez
Comme marrie telz motz a despliez

Nec tibi diua parens generis nec dardanus author Perfide

¶ Hõme sans foy certes oncques deesse
Ne fut ta mere ne iamais la noblesse
De dardanus ton sang ne decora
Oncques troye la lignie ne honnora
Ains caucasus montaignes inhabitee
Ta engendre et de toy fait portee
Entre pierres et rochiers impiteux
Tigres hircains crueulx et despiteux
Si te ont nourry et baille leurs mamelles
Car tes facons semblent ainsi cruelles
Que Veulx ie plus dissimuler ou dire

Pour quoy me garde a plꝰ grãt dueil ou ire
Mais voyez vous que ce peruers amant
Na point pitie de mon gemissement
Pour ma douleur na cestuy voulu oncques
Baisser les yeulx ne fait larmes que ledõqs
De moy sampye na il ia eu mercy
Tant a le cueur rebelle et endurcy
Quelle chose dont premiere ou derniere
Pourray ie dire en aucune maniere
Certes iuno et iupiter ensemble
En ce ne voyent a droit comme il me sẽble
En lieu du monde foy nest ferme ne seure
Faincte commune tousiours la desasseure
Jay en ma terre receu homme exille
Par ennemy et vaincu et pille
Et ie folle si luy ay departie
De mon royaulme la plus grande partie
Sa nauire perdue et ses consors
Ay releue de dangier destre mors
Or suis ie bien de fureur tormentee
Puis que tu dis la fuyte estre exportee
Par appollo et par les sors licies
Et que mercure selon ses prophecies
Ta denunce par aures et par vent
Quil te conuient cheminer plus auant
Mais men veulx tu faire penser ou croire
q̃ les dieux mettẽt ces choses en memoire
Ne quilz prengnent solicitude ou cure
Eulx pacifiques de ce quon procure
Fay ton plaisir car plus ie ne te tiens
Contrarier ie ne veulx aux faictz tiens
Or ten va doncques et poursuys italie
Dresse ta voille et aux vens la deslie
Cerche les terres et royaulmes par mer
Que tant tu dis desirer et aimer
Au fort iespere se les dieux ont puissance
Que porteras la peine et penitence
En grandz abismes et rochiers du meffait
Et maintesfois en recordant ton fait
Mappelleras/dido/dido mamye
Et ie absente ne tesloingneray mye
Ains te suyuray par flãmes et feux noirs
Par tout penibles et dangereux manoirs
Et quãt la mort froide dedẽs mes chãbres
Aura oste mon ame de mes membres
Lors te suyura en toutes pars mõ vmbre
Et te fera pour dommage et encombre
Ainsi ton corps la peine portera
Et renommee le me rapportera
Labus au champs tenebreux elisee
Ou ie prendray finalle reposee
En ses parolles son dire sincopa
Douleur extreme sa voix lors luy couppa
Dont elle triste malade et adolee
Incontinent de lair sen est allee
Et esloingna la veue et le regard
Denee lors et se tira apart
Laissant celluy q̃ moult estoit en crainte
En peur et doubte dedẽs son cueur exraĩte
Qui bien cuidoit parler plus longuement
Pour amendrir son dur gemissement
En cest estrif tomba lasse et pasmee
La poure dame de douleur consummee
Lors ses femmes q̃ moult se desconfortent
Tost la relieuent et acoup la transportent
Dedens sa chambre et pour la reposer
Au lict la font incontinent poser
Et lors enee mist son sens ꝛ entente
De conforter celle poure doulente
Et separer sa douleur et ses plainctz
Par motz souefz de grãde douleurs pleins
Moult gemissoit et souuent variee
Fut sa pensee par amour desiree
Mais toutesfois quant eust pense assez
Tous amoureux plaisirs furent laissez
Et proposa dacomplir et parfaire
Le gre des dieux et suyure son affaire
Incontinent sa nauire visite
Et ses consors diligente et incite
Lors les troyens au desloger pretendent
Leurs nefz apstẽt et blãchez voilles tẽdẽt
Arbres decouppent p tous les enuirons
Pour en faire robustes auirons
Brief en peu dheure pour ptir sen yssoient
De la cite et leurs nefz emplissoient
Tout en ce point comme fõt le formis
Qui leur entente et diligence ont mis
A amasser par trauailler par peine
Vng grant mõceau de ble et daultre graine
Ayant record de liuer aduenir
Donc ne cessent daller et de venir
Pour leur logette rendre pleine et garnie
Ainsi chemina celle noire mesgnye
Et par herbes et par chemins estroictz
Leur proie portẽt puis vñ puis deux trois
Et les plus fortes aux plus foebles aidẽt
De leurs espaules les soustiẽnent ꝛ guidẽt

His medijs
dictis sermo
nem abrum
pit auras
Egra fu
git

Les vnes font les aultres auancer
Et bien scauent du long seiour tancer
Ainsi voit lon toute plaine la voye
De leur euure ou chascune pourvoye

Quis tibi nunc dido cernenti talia sensus Quos ne dabas gemitus

¶ Qui fut alors o dydo le tien sens
Quant telle chose a leul tu vois et sens
Et quelz souspirs et quelz plainctes faisois
Quant de ta tour haulte tu aduisois
Le port de mer escriant et feruant
Diceulx troyans mettans voilles au vent
Et quant tu pouois lors entendre
Leurs grãs clameurs ⁊ crys en mer estẽdre

Improbe amor quid nõ mortalia pectora cogis Ire iterũ in lacrimas iterũ tẽtare p̃cando Cogitur

¶ O fol amour est il riens en ce monde
Quant ton vouloir et ton vouloir si fonde
Ou tu ne faces condescendre et rengier
Tous cueurs humains sãs crainde le dãgier
Certes dido fut de rechef contraincte
Aller aux lermes au regret et a plaincte
Et essayer si prieres aucunes
Feroient point baisser voilles et hunes
Encor voulust a amour se soubz mettre
Qui trop fut delle long tẽps sieg̃r maistre
Affin aumoins que rien elle ne laisse
A esprouuer premier que mort la presse

Anna vides toto properari littore circum Undiq̃ cõuenere

¶ Anne dit elle doulce seur tu peux voir
Iceulx troyans haster et esmouuoir
Au pres du port la conuindrent ensemble
Au vent mettent voilles comme il me sẽble
Les nautonniers menans ioyeuses festes
Dont ia pose couronnes sur leurs testes
Las se iay peu tel douleur esperer
Bien la pourray porter et endurer
Dune chose sans plus ie te supplie
Qui par toy peult bien estre acomplye
Car ie suis seure que le peruers amant
Moult tauoit chere et taimoit fermement
Oncques iamais son secret ne affaire
Ne te voult celluy celer ne taire
Ains toute seule as eu la congnoissance
De nostre amour et priuee acointance
Va dõcques seur parle en motz doulcereux
A lennemy nostre tant orgueilleux
Remonstres luy quonques mais en aulide
Je ne donnay a nulz des grecz aide
Ny ne iuray pour nulz or ou argent
De destruyre la pergamee gent
Oncques iamais secours ne nauigaige
Ne sen partit du pays de carthaige
Pour despouiller de troye les haultz lieux
Oncques ie neu le desir enuieux
De separer diffamer ou espandre
Les os danchises son pere ne sa cendre
Pour quoy donc en son oreille dure
Ne recoit il le trauail que iendure
Ou sen va il dis luy pour tout guerdon
Qua moy meschãte octroye vng final don
Cest quil attende la fuyte plus facile
Et que le vent soit sortable et agile
Doresnauant plus ne le sommeray
De foy promise et ia ne nommeray
Mariaige la chose par nous faicte
Laquelle il a viollee et forfaicte
Ja ne feray requeste quil oublie
Ne quil delaisse le pays dytalie
Riens ne demande fors temps pdu en vain
Et proger de demain a demain
Cest la fureur qui me presse et tormente
Affin aumoins que fortune dolente
Au long aller a moy vaincue aprengne
Cõmẽt il fault quẽ gre ma douleur prẽgne
Je te requiers ores de cueur parfaict
Cil nye a moy ce dernier bien faict
Aye pitie de ta seur esplouree
Qui aultre grace na de toy imploree
Si tu me faiz ce plaisir sans demeure
Rendu sera par moy ains que ie meure

Talib⁹ orabat / talesq̃ miserrima flet⁹ Fertq̃ refertq̃ soror sz nullis ille mouet fletib⁹

¶ En telz souspirs la prioit doulcement
Et sa seur anne de son gemissement
Feist a enee raport et remonstrance
Mais par nul pleur ne p grant doleance
Peult estre meu ne ia ouyr ne veult
La voix de celle qui tant se plaĩct ⁊ deult
Les dieux fataulx lempeschent et lobuient
A sort meilleur le portent et conuient
Et ses oreilles cloent et sourdes font
Pour non ouyr le regret si profond
Tout en ce poĩt cõe vng hault chesne antiq̃
Sur mõt assis ou le grãt vent saplique
Du desmollir par bouffemens diuers
Dedẽs les brãches tournent tous atrauers
Puis ca puis la luy font tourment ⁊ guerre
Si que par fois semble tumber a terre
Tant est le bruit impetueux et fort
Mais tant ne faict le vent par son effort
Ademollir ou arracher le puisse
Ains remaint larbre en profonde radice
En sur rochier apouyee et plantee
Sans quelle soit par le vent supplantee

En tel maniere par continue voix
Estoit tempte enee a celle fois
Tant et si fort que moult fut sa poictrine
Pleine dennuy et doulouréuse estrine
Mais toutesfois leuure bien balancee
Si demoura constante sa pensee
Dont les grans pleurs et larmes espãdues

Cum vero i felix fatis exterrita di do Mortē orat

Furent vaines et pourneant perdues
¶ Et lors dido voyant que plus nya
Espoir ne lieu tout plaisir denya
Triste et trouble en sort fatal labeure
La mort souhaictent requiert a toute heure
Ja luy ennuye de veoir ciel et soleil
Et veult de mort faire son appareil
Et pour plus tost son entente parfaire
Elle voulant son sacrifice faire
Et offrir dons et aultiers ensencez
Moult fait ledire et esbahir assez
Les eaux sacrees quelle auoit assorties
En couleur noire tost furent conuerties
Et de pur vin quelle feist espandre
En sang obscur se sceut tourner et rendre
A nul pourtant ce fait ne descela
Moult grant prodige presume pour cella
Sa seur mesmes ne sceut pas celle chose
Car bien la voulst tenir secrete et close
Semblablement leans vng temple auoit
Que le mary delle quant il viuoit
Feit eriger precieux et insigne
Moult lhonnoroit dido en mõstrant signe
Damour parfaicte et par maintes saisons
De fleurs diuerses et de blanches toysons
Lembellissoit et y faisoit espandre
Depuis que mort son espoux voulut prẽdre
De ce lieu la luy sembloit lors aduis
Que moult souuent elle ouyt le deuis
Et la parolle et piteuse querelle
De son mary trespasse qui lappelle
Et quant la nuyt et son tenebreux umbre
Ciel obscur fut et les terres obumbre
Elle entendoit le son du chahuant
Pleindre et gemir lamentant et huant
Toutes telz choses a doubter linciterent
Et mains deuis aussi luy reciterent
Par cy deuant son dommaige aduenir
Dont bien pensoit a ceste mort venir
Puis quant au lict gisoit la nuyt couchee
Tousiours estoit sa pensee touchee
De cil enee son desleal amant
Tousiours songeoit a son departement
Et luy sembloit tant fut damour oultree
Que toute seulle par diuerse contree
Chercoit celluy qui tant fort luy meffeist
Sans que longue compaignee luy feist
Et si queroit comme folle et apperte
Les tiriens en la terre deserte
Tout en le poit cõme en bien faire courẽt
Les ennemys qui pentheus decurent
Et luy baillerent furies tant acerbes
Qui voir cuidoit .ii. soleilz et deux thebes
Ou tout ainsi cõme le ieune oreste
Qui pour sa mere de furieuse peste
Fut fugitiue esloingnant la rigueur
Des deesses vltrices de fureur

Ergo vbi concepit fu rias amicta dolore Decreuit q3 mori

¶ Quãt dido dont par trop aimer deceue
Eust a son cueur sa grant douleur conceue
Et quelle aussi vaincue de regret
Eust consulte le temps seur et segret
De son trespas la sorte et la maniere
Lors a sa seur delle tres familiere
Vint et saproche tenant cloz et couuert
Le conseil prins mõstrant visaige ouuert
De beaux semblant et de nouuelle attẽte
Luy dist telz motz par curieuse entente
¶ O doulce seur ne te courrouce plus
Jay trouue voye et remede au surplus

Inueni ger mana viam grat are so rori Que mihi reddat eum vel eo me soluat amã tem

Pour recouurer tel amant qui me laisse
Ou pour me rendre quitte de la promesse
Vng lieu y a dernier et final
Des ethioppes au pont occidental
Ou le soleil en son vespre recline
En son grant curre en locceant decline
La ou athlas sur son espaule forte
Laxe du ciel et du firmament porte
En ce pays ma lon dist et nommee
Vne prestresse de grãde renommee
Custode et garde par cautelleux succides
Du temple ou sõt les nymphes hesperides
Cest celle la qui viandes donnoit
Aux grans dragon qui point nabandõnoit
Ne nuyt ne iour les pommes tant dorees
Et qui gardoit fueilles et fleurs sacrees
Espandant miel qui aux autres differt
Pauot aussi herbes tressonifert
Celle dame par ces chermes promet
Oster tristesse de cueur et les remet
Ou elle veult aux vngs donne mesaise
Et aux aucuns donne plaisir et aise

Elle arreste dedens fleuues les eaues
Et faict tourner les cours syderéaulx
Elle enuironne les fantasmes nocturnes
Quant les nuitz sont noires et nocturnes
Dessoubz ses piedz faict terreur bruie & sõe
Et faict descendre en diuerses facons
Les haultz des montaignes penibles
Tant sont ses artz inuentifz et ductibles
¶ O chere seur ie iure tous les dieux
Iacteste toy et ton chef gracieux
Iassayeray combien que ny aplique
Contre mon gre que cest que dart magique
Et pource doncques secretement p tas
En lieu priue ceans ou bastiras
Au sceu de nul pour que le faict nempire
De boys et paille vne tresgrande pire
Puis tu prendras lespee cher vendue
Que cil laissa atachee et pendue
Dedens ma chambre quãt feist departemẽt
Aussi sa robe et son acoustrement
Sans oublier le lict plein de dommaige
Ou consume fut nostre mariage
Le tout mettras sur ce monceau de boys
Si que le feu tout brusle a vne fois
Car la deuine de qui lart vueil ensuiure
Ma ordonne se ie veulx en paix viure
Et en mon sort aisement paruenir
Que rien ne garde dont ieusse souuenir
De cest homme trop cruel et nephande
Tant soit la chose de peu destime ou grãde
¶ Atant se teust et deuint palle et blesme
Car trop estoit son dueil dedens extreme
Mais sa seur anne pourtant ne pensoit pas
Quelle voulsist pallier son trespas
Soubz faicte obscure de nouueau sacrifice
Ja ne pensoit que si grant malefice
Voulsist commettre ne que telle fureur
Exequter sceust si grande rigueur
Ja ne cuidoit quelle fust plus fichee
A la mort griefue de son mary sichee
Dont acomplit car le facteur scauoit
Ce que dydo commande luy auoit
¶ Alors la royne apres que la pourprise
De bois faicte selon son entreprise
En lieu secret le plus de son palais
Faisant semblant de charmes et de laiz
Garnit la place de chappeaux et fleurettes
Et fist saincturès de fleurs et violletes

Entour la pire et y posa dessus
Les vestemens trop richement receuz
Oudit encore son espee et lymage
Pourtraict au vif selon le sien visaige
Le tout met la au funeral seiour
Non ignorante de son vltime iour
Tont a lentour eust aultiers sãs demeure
Lors les cheueulx tous espars a celle heure
Elle appella en tonitrue voix
trois cẽs des dieux leurs puissãces & drois
Elle inuoca hecate tergemine
Chaos erebe et la face virgine
De dyana a espandre les eaux
Du fons auerne par sacraires nouueaulx
Mainte herbe tendre mettant a part chacũe
Feist amasser au cler ray de la lune
Bien les feist prendre p voye et p chemin
Auec le iust et laict de noir venin
Sans oublier la chair au faict adestre
Que les poulains ont au chef a leur naistre
Dydo dont pres des aultiers sassemble
En faisãt mouldre ses choses tous ensẽble
Vng pied deschaux sa robe close et saincte
Preste a mourir en piteuse complainte
Les dieux ateste et les estoilles fines
Qui sont cause de fatalles ruynes
Ainsi le dieu qui des amans a soing
Non pas pourtant a legal du besoing
¶ Acelle fois estoit nuict clere et belle
Tous corps terrestres par euure naturelle
Prenoient lors repos doulx et plaisant
Mais fut transquille sãs aucun bruit faisãt
Bois et forest estoient en silence
Estoilles cleres faisoient leur cadence
to⁹ chãps sõt quoys bestes & oyseaux paictz
A lheure estoient de leur repos to⁹ pleins
Brief toutes choses en buissons ou riuieres
Se reposoient en diuerses manieres
Donnant tresue de soucy a leurs cueurs
Et oubliant pour lheure telz labeurs
Mais dydo certes trop triste malheureuse
Laisser ne peult cure laboutieuse
Ja na talent voulente ne desir
Prendre repos pour mollement gesir
Oncques ses yeulx ne son dolant couraige
Neurent de nuict quant au repos partage
Ains redoublerent ses cures et son dueil
Par long trauail sans pouoir clore loeil

Testor chara deos et te germana tuumque Dulce caput magicas inuitã accingier artes

Hec effata silet pallor simul occupat ora

At regina pyra penetrali i sede sub auras Erecta igẽti tedis atque ilice secta Intendit que locũ sertis

Nox erat et placidũ carpebant fessa soporem Corpora p terras

Et lors lamour quelle auoit imprimee
Dedens son cueur fut plus fort alumee
Si qua grant ire ou trop sembesongnoit
En duel et soing sa pensee baignoit
Dont commenca par telz motz insister
Tout appareille sans point se desister

En quid a gã rurs⁹ ne porcos irrisa prio res Expert ar numadũ qz petã ɔnu bis supplex

Lasse doulẽte mais quoy q̃ veulx ie faire
Pourray ie or pour ueoir a mon affaire
Fauldra il donc que ie mette en queste
De pourchasser par priere ou requeste
Maintz haultz seigneurs peu prisez ⁊ cheriz
Quay refusez a prendre pour mariz
Ou fauldra il que les nauires suyue
Diceulx troyens et quanecques eulx viue
Cõme gens graues non igras mais recors
Des biēs passez q̃ iay faictz a leurs corps
Qui me pourra la voulente donner
Que iusques la me vueille habandonner
Qui seront ceulx qui en nefz orgueilleuses
Reuelleront mes manieres piteuses
Moy qui mocquee et desprisee fuz
Par trop rebelle et oultrageux re fuz
Ne congnois tu encor femme perdue
La gent perdue yssue et descendue
De laomedon plein de seuerite
Qui ne teint oncques ne foy ne verite
Quoy par apres se pourroit il bien faire
Que toute seule conduise cest affaire
Et que ie regne sans nulle compaignie
Cherchant ca sa/le troyenne mesgnie
Combien que tost assemblasse me gens
Prestz a naiger aux armes diligens
Et curieux a la gent ennemye
Mais trop ie craine quilz ne voulsissēt mye
Comment pourray a la mort compeller
Ceulx qua peine sceu traire et rappeller
De sidonye et ores les contraindre
Tēdre leurs voilles pour les troyãs attaindre
mieulx vault mourir/o fēme au cueur rauy
Comme as tu gaigne ou desseruy
Helas dolente qui te tient occupee
Desemparer par vng grand coup despee
O ma seur anne mes termes et mes dictz
Te vainquirent et gaingnerent iadis
Dont tu es cause et a toy men raporte
Du mal que fault que mainteffois ie porte
Tu me feiz prendre celluy la pour amy
Qui or me tient serue comme ennemy

Nestoit il p̃s plus seant et meilleur
passer le temps sans crime et deshonneur
Ainsi que font plusieurs et maintes bestes
Quãt vefues sõt ⁊ veulent viure hõnestes
Que plus nappetent ailleurs sapparier
Las tu me feiz a celluy marier
Pas nay garde la promesse atachee
Ne loyaulte a la cendre fichee

Tantos illa suo ffude bat pectore questus Aeneas cel sa puppi iã ʒ certus eun di Carpe bat sõnos

¶ To⁹ telz regretz ⁊ doulentes cõplainctes
Faisoit dydo auecques lermes maintes
Mais eneas qui daller proposoit
Dedens sa nef alheure reposoit
En attendant que la nuict fust passee
Car sa besongne estoit toute auancee
Lors saparut en sa forme premiere
Mercure a luy en celeste lumiere
Voix et couleur et tel acoutrement
Auoit il certes et luy dist en dormant

Nate dea potes hoc sub casu du cere sõnos

¶ Filz de deesse comment est disposee
Ta voulente de prendre reposee
Soubz telz affaires ou tu es maintenant
Ne voy tu pas le peril emynent
Qui pres toy est et qui moult enuironne
En tous endrois ton fait ⁊ ta besongne
O bien simple hõme ne vois tu le doulx vẽt
Qui te conuie de tirer en auant
Celle femme qui est de mort certaine
Forge en son cueur fraude barat et peine
Pour tempescher et par ires diuerses
Fluctue et songe ennuys et controuerses
Nas tu doncques dicy partir vouloir
Quant tu as laisement et pouoir
Tu verras tost la mer pleine et troublee
De bois iectez et darbres alemblee
Suyte de gens pour voz nefz lacerer
Auec torches pour mieulx les esclerer
Sen ce lieu cy laube du iour te prent
Pense doncque a ce quon entreprent
Ne tarde plus car tu sces bien sans fable
Femme est tousiours mobile et variable
Atant se teust le messager mercure
Puis se mesla dedens la mer obscure
Lors encore trouble et esbahy
De ce quil a en son dormant ouy

Precipites vigilate vi ri et consi dite tran strис Solui te velacitg

Se lieu sus et ses consors auance
En leur disant le tempo quiert diligence
Reueillez vous soions deliberez
Du desloger et les cordes tirez

mōtez aux hunes mectez au vēt les voilles
Car du hault ciel ay ouy les nouuelles
Dauancer fustes et noz ancres leuer
Ou autrement noꝰ pourriōs mal trouuer
O dieu tout sainct quicōq̄s que tu soyes
Nous te suyurons en desirees ioyes
Deliberez de faire entierement
Tout ton vouloir et ton commandement
Soyes nous donc aydant et placide
Donnes nous seure planette q̄ noꝰ guide
Quant eut ce dit il tira son espee
Et tout a coup fut rompue et couppee
La rude corde qui sa grant nefz tenoit
Tout ainsi donc faire le conuenoit
Lors tout a coup sen vont ⁊ sen cheminent
En mer vaguēt ⁊ les grādz vndes mynēt
Tantost apres aurora coustumiere
Donner aux terres radieuse lumiere
Laissant le lict de tithon son espoux
Receut phebus qui tousiours sans repos
Luyt et esclaire sur luniuersel monde
Lors quant la royne q̄ trop adeul si fonde
Laube du iour veist luyre et apparoit
Et que de loing peu't aduiser et veoit
Les nefz aller et en mer tirer oultre
Voilles tendues cōme le vent leur mōstre
Quant celle voit les portz habandonnez
Vuides du tout des troyens et des nefz
Lors frappa elle par courroux trop rebelle
Diuerses fois sa poictrine si belle
Ses blonez cheueulx aor abhattetra
Disant aux dieux mais on or sen ira
Cest estrangier vint il en nostre empire
Pour se morquer de nous et puis sen rire
Armes et glaiues nyront ilz apres luy
Pour le destruyre et pour luy faire ennuy
Ceulx d cartaige et tous ceulx d ma ville
Souffriront ilz vne chose si ville
Pourra lon point p poursuyte venger
Et leurs grans nefz pdre et endōmaiger
Allez apres et portez feuz et flammes
Jectez voz dars contre telz gens infames
Poursuyuez les a force dauirons
Et nous mesmes voulentiers y yrons
Mais que dis ie ou me suis ie lancee
Quelle fureur change or ma pensee
O malheureuse dido on grant malheur
Trop pres te touche ⁊ te tient en douleur

Et iam pri-
ma nouo sp
gebat lumi
ne terras
Tithoni cro
ceu liquens
aurora cubi
le

Quid loq
quor aut vbi
sū q̄ mētem
insania mu
tat
Infelix di-
do

Se debuois tu entreprendre et parfaire
Quant tu auois le pouoir de ce faire
Esse la foy la pure leaulte
La dextre iuste pleine de feaulte
Que lon disoit quauoit ce peruers homme
Que ces penates ⁊ dieux a bien grāt sōme
Prins et saulue ez de troye rapportoit
Et sur son col son pere vieulx portoit
Pour eschapper les flammes dōmageuses
Et pour passer les vndes perilleuses
Las nay ie peu son corps vif enracher
Mettre en quartiers coupper et detrancher
Et puis iecter de mes plꝰ haultes chābres
dedens la mer ses crueulx ⁊ faulx mēbres
Nay ie peu faire a ses consors autant
Sans qua ceste heure ie me douleusse tant
Ou bien son filz cil a sa vie occire
Sa chair retire et viande confire
Et sur table le sien pere en seruir
Car bien pouoit plus grant mal deseruir
Je leusse fait si ieusse sceu sans faille
Mais trop estoit doubteuse la bataille
Et pleust a dieu que ce que iay doubte
Fust accomply et bien execute
Jeusse brusle les nauires et tentes
Et espandu dedens flammes patentes
Jeusse tue et le pere et le filz
Et tous ses gens deffaiz et desconfiz
Et moy mesmes sur eulx me fusse occie
Sur eulx iecte passe morte et transie
O quel soleil qui tous terreins lieux
Voys et regarde en tous cours radieux
Et toy iuno saichant et interprete
De telles cures et de la chose faicte
Toy echate vlulee et clamee
Es carrefours nocturnes renommee
Vous emenides vltripes du meffaict
Et vous les dieux voyans le piteux fait
De moy morant prenez ceste matiere
Et exaulses ma finale priere
Sil est besoing que ce desleal chef
A port arriue sans dōmaige ou meschief
Et si cest chose vrgente et necessaire
Quen pays forain il se doiue retraire
Et que des dieux le dispos et fatal
Soit immuable et et en ce vul tatal
Au moins ie prie iceulx dieux et supplie
Que peuple rude contre luy se desploye

Sol qui ter
rarum flam
mis opera
oia lustras
Tu qz harū
iterpres cu
rarum ⁊ cō
scia iuno

Quil et ses gens par armes envahis
Soient deffaiz en estrãges pais
Et il priue des embras de dascanie
Secours requier a tel quil le luy nye
Tant que voit puisse la mort et la ruyne
De ses soudars miserable et indigne
Et quant submis se sera soubz ces loix
De paix inique et soubz estranges droitz
Jouyr ne puisse de vie desiree
Ne de royaulme ne de ioye esperee
Ains meure et faille bië tost sãs iont nõme
Dedens arene purement inhume
Je prie aux dieux qui se vueillent entendre
A ceste fois extreme veulx espandre
Auec mon sang monstrant laffection
Et point final de mon intencion
O tiriens ie vous prie et exhorte
Que ceste gent de desleale sorte
Eulx et leurs hoirs et leur posterite
Qui ont au nom des troyens herite
Soient de vous hayz non reuerees
Et en ce veult tousiours perseuerez
Je vous requier pour tous bien et guerdon
Jectez aumoine sus ma cendre ce don
Et ne prenez amour ny aliance
A peuple plein de telle deffiance
De noz os puisse naistre quelque vengeur
Qui tant leur soit peruers et dommageur
Que les troyens et leur regnom se effacent
Et laboureurs auec leurs chãps deffacent
En quelque estat que la force se maine
Pour la vengeance du viole demaine
Je prie aussi que sans aucuns supportz
Iceulx ne puissent trouuer psperez portz
Et noz vndes contraires a leurs vndes
Tant soient hors loingtaines et parfõdes
Noz armes facent cõtre leurs armes presse
Et les enfans de noz enfans sans cesse
Tous telz motz dit son couraige tournãt
En toutes pars non gueres seiournant
Querant bien tost dont elle auoit enuie
Rompre et briser sa malheureuse vie
Lors briefuemẽt la nourrice appella
De sicheus qui pres delle fut la
Dicte birsen si luy dit doulce amye
Va promptement acoup ne tarde mye
Vy a ma seur anne sans nul discors
Quen eaue de fleuue elle laue son corps
Et par apres quelle amaine les bestes

Pour parfiner piacules honnestes
Et sacrifie comme luy ay monstre
Et de ta part soit ton chief acoustre
De vittes blanches car ie vueil or parfaire
Le sacrifice que iay empris de ffaire
A iupiter stigie et mettre paix
Au grant trauail dont ie porte le fais
Et mettre au feu limaige et la figure
Du dardanyd qui me tient en tel cure
Ainsi parla lors la nourrice auancee
Son pas de vielle cõe elle eust la puissãce
Et lors dido sans peur mais trop cruelle
Voulant parfaire piteux exploit a elle
Tourna ses yeulx ca et la toutes pars
Assez troubles et de sang tous espars
Ayant la face palle par mort future
Pleine de taches et de noire tainture
Sen entra lors sans aduis ou raison
Au lieu plus clos qui fut en sa maison
Et si monta comme desesperee
Sur ce monceau de flamme preparee
Incontinent sans plus estre occupee
Hors du fourreau mist la doullante espee
La quelle enee laisse luy auoit
En la laissant pourtant pas ne scauoit
Ne neust pense que ce don ne tel gaige
Fut employe a tel piteux vsaige
Et par apres quant veist les vestemens
De cil enee et ses acoustremens
En ce lieu la recongneut le cubile
Ou maintesfois la meschante labile
Auoit aux lieux amoureux plaisirs pris
Son grant gemir fut quelque peu repris
Et feist a lors vne legiere pause
Pour mieulx pẽser la matiere et la cause
Puis se prosterne sus la piteuse couche
Et dist les motz derniers de sa bouche
Doulces despouilles q̃ estre le souloiẽt
Quant le fatal et les dieux le vouloient
Prenez ceste ame et tost me deschargez
Des grans curez dõt sont mes sẽs chargez
Las iay vescu et ay parfait le cours
Selon fortune a mes iours briefz et cours
Or sen yra maintenant mon ymaige
Dessoubz la terre par naturel hõmaige
Jay basty ville et cite de regnom
Jay veu mes murs esleuez en hault nom
De mon mary vengeant la mort amere

Tum vos o tirii stirpẽ et genus oẽ futurum Excercete odiis

Hec ait et partes animum versabat in oẽs Inuisã querens q̃ primũ abrũpere lucem Annãcha ra michi nutrix huc siste sororem Dic corpus pperet fluuiali sparge re limpha

Dulces exuuie dum fata deusq̃ sinebant Accipite hanc animã meq̃ his exolute curis

Jay souffert peine de mon ennemy frere
Eureuse las eureuse voirement
Plus que nul autre fusse seurement
Les nefz troyennes dōt iay le cueur enserre
Neussent iamais aproche de ma terre
Tout ce dit elle sa bouche imprima
Contre le liet lors telz motz exprima

Moriemur inulte
Sed moria-
ur ait sic sic
iuuat ire sub
vmbras

Mourray ie dont sans cause non vengee
Ainsi mocquee trape et oultraigee
Au fort mourray ie ainsi voir ainsi las
Cest mon plaisir et mon dernier solas
En telle maiere doy aller bas aux vmbres
Lors finiront mes peines et encombres
Le cruel homme de ses yeulx puisse veoir
Dedens la mer ce feu piteux et noir
Auecques luy tousiours porte et endure

Dixerat atq
illam media
inter talia
fero
Collapsam
aspiciunt
comites en
sem q cruo
re
Spumātē
sparsas q
manus

La penitence de nostre mort si dure
Quant elle eut dit lors tumber se laissa
Dessus le glaiue et son corps transpersa
Incontinent ses femmes qui la furent
Morte et tumbee a telz faictz la perceurent
Lespespee virent toute d̄ sang honnye
Les mains sanglantes et la couleur ternye
Lors fut le bruit moult grāt et la clameur
Par le palais et piteuse rumeur
Ceste nouuelle et dure renommee
Fut par la ville dolente et tost semee
Si que les lieux et habitacions
Furent tous pleins de lamentacions
De pleurs et cris de plaintes feminines
De grans regretz et piteables signes
Tout en ce poīt que si durs ennemis
Dedens cartaige feussent entrez et mis
Qui la cite de tout point desmollissent
Et qui le feu cōe furieux missent
Par les maisons et aux temples des dieux
Sās espargner leur rigueur en tous lieux
Le bruit piteux et ces grādes merueilles
Vindrent acoup au sceu et aux oreilles
De sa seur anne forment euanoye
Et quant elle eust celle nouuelle ouye
Toute troublee sa face laperant
Et sa poictrine sen vint la accourant
Et se iecta par my ceulx qui estoient
Et qui la royne si tresfort regrettoient
Lors saproche et dido lappelloit
Qui par sanglotz ia a mort sen alloit
Disant o seur que emportes mes ioyes

Hoc illud:
germana fu
it me frau
de petebas
Hoc rogus
iste michi.
Hoc ignes
a req parabant

¶ Est ce la cause pour quoy me demandois
De feu mortel les austiers esleuez
Ont ilz este bastiz et controuuez
Po^r tel ouurage mais d̄ quoy feray plainte
Premierement comme es tu ia estainte
Cōment a peu celle mort aduiser
Pour me laisser ou ainsi mespriser
Car sil teust pleu me dire ceste affaire
Semblable mort no^9 eust bien sceu deffaire
Vne mesme heure a pareille douleur
Nous eut p. glaiue transperse nostre cueur
Las ay ie fait et basty de mes mains
Le sacrifice et ces feux inhumains
Et inuoque les dieux a celle attente
Pour quoy ie feusse de ton trespas absente
Certes ma seur iay tue et occy
Et toy et moy a sans nulle mercy
Jay tout destruit le peuple et les grās peres
Sidonians les fortunes prosperes
De ta cite o voz amis loyaulx
Permettez donc que des lymphes et eaues
Les playes laue et q̄ puisse a mon aise
Veoir son soupir final et que la baise
¶ Incontinēt faisāt telz pleurs et plainctz
Elle monta sur les degres tous pleins

Sic fata
gradus cus
serat altos
Semiani-
memq sinu
germanam
amplexa fo
uebat
Cū gemitu

De sang espars en trop piteuse sorte
Lors sa seur print ia forment toute morte
Entre ses bras et moult la cherissoit
Auec maint pleur que de ses yeulx yssoit
Elle essuyoit le sang et la taincture
Sans espargner ne robbe ne vesture
Dido gisant ayant yeulx aggrauez
Souuent les euure souuent les a leuez
Puis les referme si les clost et les ploye
En deffaillant par sa mortelle playe
Trois fois ou plus se cuida redresser
Et sus ses coudes se voulust auancer
Mais pourneant a ce faire sefforce
Ja luy failloit lesperit et la force
Ses yeulx errans a la fois sen trouuoient
Querant lumiere comme faire souloient
Et q̄t elle eust le cler iour vng peu veu
Vng grant souspir iecta au despourueu
Puis se reiecte sur la piteuse couche
Cloant les yeulx et sa trespasse bouche
Et lors iuno ayant compassion
De sa tresgrande et dure passion
Et de sa mort trop longue et difficille

Tum iuno
omnipotēs
longū mise
rata dolorē
Difficilesq
obit^9 iri de
misit olipo

Du ciel enuoye la tresagille
Pour deslier de telle prison lame
Et les membres de celle pour e dame
Car par fatal ne par mort meritee
Nestoit elle de vie tresheritee
Mais elle simple enflammee damour
Auoit trop tost anticipe son iour
Dont proserpine dame de obscur monde
Nauoit couppe sa cheueleure blonde
Pas ne lauoit condamnee et iugee
Pour estre encor en son orche plongee

Ergo iris croceis per celum rosi-da pennis Mille tra-hes varios aduerso so-le calores Deuolat

¶ Doncques iris o ses esles crocees
En lair tresnoble par les nues percees
Tirant a elle mille estranges couleurs
Contrarians phebus par ses valeurs
Tant erra que sur le chief fut mise
De la doulente que mort la auoit prinse
Disant ie porte ce gaige et sacrifice
Au dieu dicis conuenable et propice
Jacoit pourtant q̃ les douleurs extremes
Damours tresgrãdes et les plainctes q̃ mes
Ayent deslie son ame de son corps (mes
Pour prendre ailleurs perpetuelz recors
Quãt elle eust dit le crin coupe & detrãche
Et lors deuint dido transie et blanche
Toute chaleur dicelle sen alla
Et la vie o les ventz sen vola

Cy fine le quart liure de la trãslacion des eneides Et cõmẽce le cinquiesme

Interea medium eneas iam classe tenebat Certus iter fluctusque atros aquilone secabat Menia respiciens

PEndant ce temps Enee bien certain
De son allee tenoit chemin loingtain
Dedens la mer et detranchoit les vndes
Par aquilon obscures et profondes
En regardant les murs de la cite
Luyre de flammes par infelicite
De dydo royne combien quilz ignoroient
Cause pourquoy telz feux lors se faisoient
Saichant aussi femme furieuse
Et de mal faire trop duyte et curieuse
Telz pensemens et telles coniectures
Tournoient lors en moult tristes augures
Les poictrines diceulx poures troyens
Par moult diuers et estranges moyens
Et quant leurs nefz p leur lõgues vennes
Furent tantost en plaine mer venues
Si que desia ny eut deuant leurs yeulx
Plus terre aucune fors q̃ mer et les cieulx
Soudainement sur leur chef fut posee
Obscure nue et pluye disposee
Portant guerre et dangereuse nuict
Qui trop acoup a leur emprise nuict
Par telz tenebres la mer deuint troublee
De maintes vagues meslee et assemblee
Palynurus mesmes gubernateur
Du nauigaige et le vray directeur
Dit lors helas quelles pluyes ou tonnoirres
Nous font ores tempestueuses guerres
Et roy neptune que veulx ores ou q̃ faiz
Dont nous prepares vng si penible faiz
Quant il eut dit incontinent ordonne
Que tout chacun garde endroit se donne
Que p trauail ⁊ armes o luy resistent
Et que chacun contre aultres ventz insistẽt
Puis cherche voye oblique par deuant
Pour resister a limpetueux vent
Si dist apres O magnanime enee
Se asseurance ne mest ce iour donnee
Par le ducteur de noz faiz importans
Pas nay espoir que iamais par tel temps
Venir puissons au pays dytalie
Car trop grant sort contre nous se deslye
Les ventz tournez differamment fremissẽt
De loccident ou nous tendons droit yssent
Tant et si fort que tout lair est contrainct
De sa nue qui le iour cler estainct
Pouoir nauons de faire resistence
De tendre voilles ne force a suffisance
Doncques suyuons fortune qui domine
En quelque part que le vent achemine
Je croy et cuyde se trop ne suis deceu
Du cours des astres q̃ iay aprins et sceu
que loing ne sõmes des fraternaulx riuaiges
Du roy erix yssu de noz lignaiges
Doulx et feables et sicanies portz
La pourrons nous auoir q̃lques supportz
Lors dit enee en vain noz voilles querent
Aultres chemins car les ventz or requerẽt
Comme ie voys que celle part tirons
Tournes donc tost voilles et auirons
Aussi nest terre au monde ne contree
Que tant desire qui nous soit rencontree
Pour solager noz fatigees nefz
Que celle la dou sont yssus et nez
Aucune des nostres de la troyenne reste
Et mesmement le noble roy aceste
Ou aussi sont enseuelis les os
De mon feu pere en bien eure repos
Quant il eu dit et parolle finie
Tout droit se tire au port de sicanie
Les doulx zephires leurs dõnerent secours
Dont tost furent assez legiers et cours
Et en fin vindrent apres diuerse peine
Joyeux et aises en la congneue areine
Quant aceste o de sa haulte montaigne
Veid aborder le grant nombre et lenseigne
De tant de nefz sans tarder plus auant
A tout ses gens sen alla audeuant
Querans secours de ses gens et aide
Auec dars et peaulx dure libystide
Craignãs pour vray les doubtes ⁊ dãgiers
Et les rapines dennemys estrangiers
Mais quant celluy qui de mere troyenne
Estoit yssu veu la nacion sienne
Non oublieux de ses propres parens
De ses consors et nobles adherens
Moult eut lors ioye moult ensẽble festoiẽt
Bien fut il aise dont retrouuez cestoient
En son pays si les veult receuoir
Et de plaisir et bienffaitz les pourueoir
En ses palais ioyeusement les meine
Abondonnant les fruitz de son demaine
Le lendemain quant le iour sauanca
Vers lorient qui du hault ciel chassa
Toutes estoilles et le nocturnal vmbre
Lors eneas appella tous en nombre

Postera cum primo stellas oriẽte fugarat Clara dies

Les siens consors espanduz sus le port
Et pour mieulx faire a tous cōmun raport
De sa parolle et que mieulx leur appere
Sus le tumbeau monta de son feu pere
¶ Disant O vous dardanides yssuz
Du noble sang des haulx dieux de lassus
Entendez moy certes ie vous declaire
Le cours annuel et lorbe circulaire
Est acomply par les moys trespassez
Qui par nous furent en ce lieu enchassez
Et mis en terre les os et la relique
De mon divin pere tant autentique
Et y sacrasmes lamentables aultiers
Les douze moys sont escheuz tous entiers
Or est le iour si trop ne suis deceu
Qui a iamais sera par moy receu
Et regrete en honneur et tristesse
Par chascun an en feray dueil sans cesse
Tousiours sera ce funeral voulu
Puis q̄ vous dieux ainsi lavez voulu
Et pour certain si or banny estoie
Ou exile en la doubteuse voye
Et aux dangers des grans sirtes getulles
Ou detenu sans avoir graces nulles
Au plus destroit de largolique mer
Ou bien saisi en regret trop amer
Dedens micenes touteffois ie feroye
Deulx annuelz et exequteroie
Pompes en ordre grandes et solemnelles
Et bastiroye ares haultes & belles
Pleines de dons en lhonneur et recordz
De mon feu pere dont icy gist le corps
Or sommes nous arrivez et venuz
Tout de bon gre sans peril & maulx nulz
La ou reposent les venerables cendres
Du mien anchise et ses os beaux & tēdres
Si croys pourtant que cecy ne sest faict
Sans sceu des dieux et sans divin effect
Par leur vouloir et bonte piteable
Sommes venuz a bon port amyable
Dont dacourir soions tous curieux
De celebrer ores honneur ioyeux
Prions les ventz et que mon sacrifice
Soit aceptable et au temple propice
En la cite qui bastie sera
Ou tous les ans tel honneur se fera
Le roy aceste iadis yssu de troye
Deux chiefz de boeuf no⁹ delivre & octroye

Dardanide magnigen⁹ alto a sanguine divū Annuus exactis cōplet mēsibus orbis

Dont adorez noz penates divins
Et festoiez de viandes et vins
Les dieux patriez et ceulx q̄ honnore & cole
Le nostre aceste et que souvent recole
Et par apres que aurore nourriture
Aporte iour beau plaisant de mesure
Et que le ciel en luysant appareil
Soit embelly de radieux soleil
Jo donneray pour bataille premiere
Dedens la mer que la nef plus legiere
Et qui plustost aura la terre pris
Aura en fin le loyer et le pris
Au lendemain celluy qui mieulx a destre
Pourra courir en la place champestre
Et qui aussi a la longue poursuyte
Sera hardy pour soustenir la luyte
Ou qui scaura le plus loing descocher
Dar ou saiecte et droit au blanc toucher
Ou fors lyens et de robuste taille
Rompre et briser damoureuse bataille
Tous soient prestz et le loyer attendent
De la palme meritee ou loz tendent
Donnez faveur a ces esbatz nouveaulx
Faictes courōnes sur voz chief d̄ rameaux
Quant il eut dit son chief aorne et queuvre
De verde mitre que bien tost il recueuvre
Ainsi le feist helymus pour certain
Et acestes roy ia vieulx & loingtain
Si feist certes le beau filz ascanie
Et le surplus sur toute la mesgnie
Et quant il eut finy ce conseil la
Droit au sepulchre danchises sen alla
Acompaigne de maintz milliers de gent
Au meillieu deulx se monstra bel et gent
Et quant il fut incontinent grant erre
Du sacrifice il espandit a terre
Deux pleines quartes de vin tout pur sās
& deux aultres pleines d̄ laict nouveau seau
Puis en iecta deux aultres toutes pleines
De sang sacre sur les blanches areines
Et iecta fleurs vermeilles et rosees
Par tout ce lieu a leuvre disposees
¶ Disant o pere trespuissant vous salue
Et voz cendres de si digne value
Qui cy gisent ames et umbres paternes
Je vous salue en toutes siecles eternes
Helas pourquoy ne mest il advenu
Quavecques toy ie soie parvenu

Sic fat⁹ vela materna tēpa myrto hoc hyelm⁹ facit

Salue sancte parens iterū salue te recepti

Aux champs fareulx et aux fins dytalie
Et veoir le tibre en la terre ausonye
¶ A peine eust dist et sa voix hors espend

Dixerat hec editis cũ lubricus anguis ab imis Septem ingens gyros septena volumina traxit

Quant tout a coup vng lubrique serpent
De leans sault faisant sept tours et gires
Non toutesfois mõstrant rigueurs ne yres
Car doulcement le tumbeau embrassa
Puis par les ares sa trainee auanca
Dessus son dos eust notes et maculles
Toutes iaunes flamboyans et cerulles
Et ses escailles comme or fin reluysans
Bien colloquees et par ordre duisans
Tout ainsi certes comme deuant les nues
Fait laire celeste auquel sont apperceues
Mille couleurs que nature y incite
Quant le soleil reluyt aloopposite
De telle veue enee se troubla
Puis ce serpent le sien corps assembla
Et se mesla sans nulz semblans austeres
Par les liqueurs et par diuers pateres
Mengeant les viures et viandes vsant
Dont eneas feist aux dieux son present
Et puis apres sans faire mal quelconque
Sen retourna a la grant spelunque
Dont fut yssu et laisse les aultiers
Depopulez de tous viures entiers
Et quant enee ce prodigue aduisa
Si fut songneux et bien tost proposa
Faire a sõ pere plˀ grans hõneurs ⁊ festes
Et immoler vng grant nombre de bestes
Incertain est du serpent sil est dieu
Dist genius qui portoit de ce lieu
Ou deseruant de son feu pere lame
Dont le corps fut a luy dessoubz la lame
Si feist occir cinq pourceaulx cinq brebis
Et cinq beufz noirs choisis par les herbis
En fõdãt vin en grãs vaisseaux notables
Sus les aultiers et sus sacrees tables
Appellans lame danchises leans mis
Et les espiris renuoyez et remis
De linfernal fleuue dit acheronte
Tous ses consors lesquelz ioye surmonte
Ainsi sapliquent et font chacun leur don
Et remplissent aultiers en abandon
Toreaux occirent et en font sacrifice
Et les aucuns selon diuers office
grãs potz de cyuure colloquẽt en plusieurs
autres espars sˀlarbre poˀ le mieulx clieux

Font feux et flammes ⁊ le brasier actisent
Pour q̃ les chairs mieulx se rotissẽt ⁊ cuisẽt
¶ Que diray plus tantost et sans seiour

Expectata dies aderat nouã qȝ serena Auroram phetontis equi iam luce vehebant

Fut aduenu le neufuiesme iour
Moult attendu que la clarte sereine
Par les cheuaulx de pheton sãs grãt peine
Au beau matin en luysant appareil
Fist apparoistre le radieux soleil
Renommee par ses legieres esles
Porta le bruit le loz et les nouuelles
Es lieux voisins dõt plusieurs estrãgeirs
Et nobles hommes voulurent voulẽtiers
Veoir ses troyẽs que leans se festoient
Pour congnoistre de quelle sorte estoient
Aussi le nom du noble roy acest
Ad ce les meult et ad ce les inceste
Si vindrẽt dõcq̃s p̃ les cõmuns rapportz
Diuerses gens abordet a ses portz
Et la plus part pour desduire et esbatre
O les troyens et o eulx se combatre
Si furent mis les dons et les ioyaulx
Aux lieux publiq̃s ou les esbas nouueaulx
Faire se doiuent et les sacrees tripodes
Vertes courõnes en moult diuerses modes
Et palmes nobles y furent pour la gloire
Pour ceulx qui la pourroiẽt auoir victoire
Armes et robes de riche parement
Grans tallencz dor et dargent largement
Lors la trompete a haulte voix resonne
Et par son cry fait assauoir et sonne
Que tous prestz soiẽt pour estre guerdõnez
De commencer les beaulx ieulx ordonnez
Incontinent quatre manieres belles
Toutes pareilles et en force rebellez
Marchent et tirent a force dauirons
A la bataille par tous lesenuirons
Puis tout acoup menesteus sauance
A tout sa pitre legiere a diligence
Menesteus qui puis italien
Fut dont yssu le nom dict menmien
Gyas aussi a sa chymere grande
A compaigne de dardanie bande
Forte et robuste vent courant a trauers
Sa nef passee estoit par triple vers
Et tant fut haulte et en euure subtile
Quelle sembloit en grandeur vne ville
Puis sergestus dont la maison sergie
Tient or le nom sa nefz maine et charie

En cest endroit et aussi clanthus
Du nom du quel relupsoient et vertus
Au sang romain iusques a lheure presente
Sa nef scilla cerule et diligente
Dedens la mer assez loing la endroit

Est procul in pelago saxum spumātis contra Littora quod tumidis submersum tēditur olī fluctibꝫ

Eut ung rochier grant spacieux et droit
Ou les undes leurs escumes iectoient
Quant mainteffois les ventz les agitoiēt
Et tant estoit ce rochier surmonte
Assez souuent par grande quantite
Des eaux de mer qui durant tel orage
Rien naparoist tant fut en hault estage
En ce droit lieu les chores ventz tibernes
Chassēt les astres en profondes cauernes
Mais quant le temps est souef & trāsquille
Et que la mer est doulce et immobile
Sur ce rochier ya ung champ ouuert
Darbres et fleurs delicieux et vert
Ou les oyseaulx marins fōt leur demeure
Et y prennent leurs plaisirs a mait heure
Sur ce hault lieu meist enee le signe
Et le limite pour la bataille insigne
De verres fueilles et branchez y posa
Ung grant sinacle quil mesmes composa
Pour enseigner aux nautonniers la prise
Et le circuyt de toute la pourprise
Lors eslisent chacun leurs lieux par sort
Dedens leurs nefz de triumphant aport
Toutes parees de loing or et de soye
Les chiefz & ducz au dedens menant ioye
Et le surplus toutes les iennes gens
Estoient vestus dabitz propres et gentz
De grans rameaulx et feulles populez
Les espaules nues et despoullees
Furent moillez duylle q̄ bien lui soit
A lexcersisse donc le corps relupsoit
Les cordes prennent aux auirons entēdēt
Par bien faire honneur auoir pretendent
Desir esmeust leurs resiouissans cueurs
Et la gloire destre preufz et vaincueurs
Lors tost apres hault sonna la trompete
Si que chacun en son deuoir se mette
Incontinent ensemble a qui mieux mieulx
Isseront tous des fins et leurs lieux
Clameur nautiq̄ iusq̄s au hault ciel mōte
Force de bras et dauirons surmonte
Toute la mer si que les grandz eaux
Font ouuerture trenchemēt a monceaulx
Vagues et undes ca et la se departent
Par les pointes dez naues qui les partent
Brief chariotz abilles et legiers
Ne vont si tost par voyez et sentiers
Quāt les auriques les conduisēt et meinēt
Comme ces nefz qui en mer se demainent
Tant fut le bruit grant & haulte la voix
Des contendans que la mer et le bois
Et ouirons par tout retentissoient
Pour les grans cris q̄ de chacun issoient
To⁹ les riuages des rochiers et des mons
Resultoient par leurs diuersez mons
Au long courir les aultres oultre passe
Les eaux premier par assez longue espace
Le fort gyas par cault auancement
Entre la turbe et le fremissement
Et tost apres cloanthus luy fait suite
Car bien auoit pour legiere poursuite
Fors auirons mais sa nef tardee fust
Pour sa grande chargie q̄ trop mal le deceut
Apres ceulx la par egale maniere
Alloit la pistre diligente et legiere
Et la cētaure qui bien cuidoit auoir
Le lieu premier et aultres deceuoir
Aucunefois la pitre alloit deuant
Et la centaure tout acoup plus auant
Aucune fois ensemble cheminoient
Et leur deux frōtz lūg a lautre ioignoient
Les grans eaux et les undes sallees
Destranchoient par leurs longues allees
Ja cōmēcoient attaindre et approcher
Par leur trauail du desireux rocher
Et ia tenoient la mette et la limitte
Pour paruenir au pris de leur merite
Lors gyas au millieu de ce cours
Tendant a gloire par diligent secours
Dist a meneste ducteur de sa nauire
Je me esbahis ou ton couraige tire
Mais ou va tu ainsi a dextre part
Tourne ton cueur en arriere et apart
Suyuāt le bort et les sinistres voyes

Quo tantū michi dexter abis huc dirige gressum Littus ama

Pres de rochiers mais que biē y pourvoyes
Laisse les autres suyure la pleine mer
Si bon leur semble et undes escumer
Cela luy dist mais maintes eut crainte
Que sa nef fut assorbee et contrainte
Entre rochiers incongneux et cachez
Si furent certes les auirons lachez
Tournāt la pierre en la mer āple et large
Et lors gyas plus fort menette charge

Disant o homme miserable et divers
Pourquoy va tu en ce point a travers
Fay ce que dy tourne la nef a dextre
Entre les roches par la voye senestre
Ainsi parlant tantost il veid apres,
Derriere luy cloante qui ia pres
Leaue trassoit et tant feist diligence
Que tout acoup la sienne nef savance
Entre celle de gyas et les roches
Et se cassa en faisant ses aproches
Par le chemin senestre ainsi passa
Subtillement et plus loing savanca
Lors eut gyas le ieune grant douleur
Et luy mua de despit la couleur
Aux yeulx luy vit par cest exploit la larme
Jacoit quil fust vertueux rude et ferme
A son besoing son honneur ne valut
Car le guidon de son propre salut
En mer iecta de sa navire haulte
Qui par apres luy peult bien faire faulte
Et luy mesme se feist maistre et recteur
Du gouvernail et le seul directeur
Ses gens exorte et sa fuste detourne
Droit au rivaige ou son desir latourne
Quant menetez ia pesant et fort vieulx
Qui a peine relieue de bas lieux
De mer profōde tout plein deaue et de hôte
Incontinent sur le hault rochier monte
Et lors se siet dessus la roche seche
Sa robe moite la essuye et desseche
Bien fut mocque et hue des voyans
Bien sen rient de ce fait les troyans
Quant choir le virent ꝛ quāt en la mer noe
Et quant ainsi le virent plein de boe
Pres du rocher tournoiant et issant
Les eaues sallees de son corps vomissant
Hic leta extremis spes est accensa duobus Sergesto menestoque gyā superare morātem
¶ Lors sergestus et menestus eurent
Joye meilleure et grant espoir receurent
A surmonter gyas qui demouroit
Et qui sa nef conduyre labouroit
Jacoit pourtant que sergestus lors passe
Premier des dieux prenant le lieu et place
Et aproucha le plus pres du rocher
Mais ia ne sceut de tout sa nef toucher
Car la pistre de lattendre ennuyeuse
La suyt de poincte et luy est dommageuse
Menesteus lors a sa nef estant
Incessamment va ses gens exortant

Disant o vous hectoriens consors
Que iay esleuz a troye aux divers sors
Or est il temps que voz vertus on voye
Et que chacun a ce besoing pourvoie
Monstrez ores les forces et couraiges
Que vous eustes aux getulles vsaiges
Et en la mer eolie et aux vndes
Du promontoire mallee trop profondes
Ja ne demande premier au lieu venir
Et ne quiers la victoire obtenir
Mais vainquēt ceulx o doulx pere neptune
A qui tu as ordonne la fortune
Vous mars tousiours en qui noˀ esperons
Faictes au mains que pas ne demourons
Derniers de tous souffrant telle vergōgne
Et deffendez si treslache besongne
Lors travaillent tous dun commun effort
Aux avirons procumbent ferme et fort
Si que la nef haulte fremit et tremble
Pour les grādz coups que chacun y ensēble
La mer tranchent par si tresforte peine
Que presque sont a la plus forte halaine
La bouche ont seiche par penible labeur
Et tout leurs corps est rempsy de sueur
Que reste plus le cas et la fortune
A ce besoing leur fut tant oportune
Quilz obtiennent honneur tant desire
Et le plaisir que tant ont espere
Car sergestus en couraige fervent
Cuydant contraindre sa nave plus avant
Vers les rochiers gaigner ꝛ premier place
Entra a coup en trop inique espace
Dont fut surprins et clos le malheureux
En ceulx rochiers couvers et dangereux
Les avirons et les perches tendues
Furent brisees a ses pierres agues
La demoura pendue et decoste
La nef fendue par sa maleurete
Les nautonniers se lievent et se cholent
Par grand clameur au derriere semploient
Costes agues et les trudens ferrez
Sont tost par ceulx cueillis et enserrez
Et bien amassent les avirons brisez
Dedens le cours de la mer espuisez
¶ Menesteus ioyeux de ladventure
De plus en plus diligemment procure
A grant force de rames esgallez
Ayant les ventz a sohait appellez
At letˀ menestus successuque acrior ipso Agmine remorū celeri ventisque vocatis Prona petit maria

En mer sauance et par la voye aperte
Court et chemine pour recouurer sa perte
Tout en ce point columbe esmue
En sa speluncq quant quelcq vng la remue
Elle a maison et ses nidz beaulx et duys
Edifficees dedens obscurs pertuys
Ainsi troublee aux champs sen fuit et volle
Pour que personne ne la trouble et affolle
Grant bruit meine de ses elles deuant
Quelle deloge mais quant elle est au vent
Et haulte en lair icelle doulce et blanche
Sans mouuoir elles lair cler rase et destranche
Jusques atant que retournee soit
Au lieu premier ou son seiour estoit
Ainsi le ferist menestus a celle heure
Qui de sa pistre destranche sans demeure
Les mers esmeues et le port fluctueux
Ainsi volla par cours impetueux
Tant que laissa segeste en celle actente
De paruenir en la roche eminente
Qui hault qui bas pourneant imploroit
Auoir aide et en vain labouroit
Cuydant courir car tous rompuz estoient
Ses anirons et en la mer flotoient
Menesteus ainsi sans grant mistere
Tost eut passe gyas et sa chymere
Non sans raison car sa nef plus nauoit
Le gouuerneur qui mener la scauoit
Plus ne restoit que oultre passer cloanthe
Qui pres estoit dont tost se diligente
Menesteus et tant fort se auance
Que tost les aultres au derriere laissa
Lors se double la clameur et sefforcent
Aller deuant et leur pouuoir renforcent
Tout lair fut plei d leurs crys et leurs faiz
Tous sont enclins a porter rude faiz
Ilz dedaignoient leur propre honneur acqs
Pour paruenir a cestuy tant requis
Et sont contens bailler vie en ostaige
Pour obtenir de louenge partaige
Felicite et espoir les nourrist
Tous ont entente qui a ce les cherist
Ilz ont la mer se leur semble infallible
Puisque la chose est de faire possible
Et peult estre que tous fussent venuz
Egallement et au bort paruenuz
Si cloante neust les deux mains tendues
Et oraison vers les dieux espandues
Les suppliant que a ce besoing prestz fussēt
Luy aider et qui luy secourussent
¶ Disant O dieux en qui gist le pouoir
De toute mer la ou ie fais deuoir
De tost courir ie vous prometz et iure
Que sil vous plaist me preserue diniure
Et a ce pris ma nef constituer
A voz aultiers ie feray tost tuer
Et immoler vng taure blanc sans tache
Et des entrailles pour que chacun le sache
Feray iecter en voz fleuues sallez
Puis seront espars et aualez
Vins fors et bons sans fraude ne malice
Comme appartient a vostre sacrifice
¶ Quant il eut dist lors fut sa voix ouye
Es eaues profondes de toute la mensnie
Des nereydez sans estre anticipee
Et de la vierge quon nommoit panopee
Et portumnus lun des principaulx dieux
Des pors de mer et des maritins lieux
Poussa la nef auecques sa main forte
Si tressoudain et si tost la transporte
Quonques saiecte si ligere ne volla
Comme la nef a terre lors alla
Et sapplica lors de pleine venue
A ce hault port ou elle est paruenue
¶ Lors eneas quant tous furent sonnez
Et par leurs noms appellez et nommez
Feist declairer a haulte voix patente
Par les herauls que le seigneur cloante
Estoit vainqueur et chapeau luy donna
De vert laure dont son chef ordonna
Grans dons enuoye aux nefz victorieuses
trois ieunes vaches pour les dieux plātu-
Vins a foison et grande quantite (reuses
Dor et dargent pour leur necessite
Au gouuerneurs et chefz du nauigaige
Fut lhonneur double et plꝰ grāt leur ptaige
Et au vainqueur cloante ieune et beau
Il enuoya vng tresriche manteau
Tout dor tissu et de soye pourprine
Ou fust pourtraict en euure moult īsigne
Lenfant royal en coureuse forest
Qui par son dart faisoit ioyeux acquest
De cerfz legiers et par course pourchasse
Moult sembloit rude et aspre icelle chasse
Si fust alors sans remede quelconques
Prins et raux par les ongles adoncques

Vli qbꝰ im periū pelagi quorū equora curro Vobis: letꝰ ego hoc cādentē in litto re taurum Constituam ante aras voti reus

Dixit eūqꝫ imis sub fluctibꝰ audiit omnis Nereidum phorciqꝫ chorus

Cū fatꝰ anchisa cūctis ex more vocatis Victorē magna preconis voce clamantum declarat

De larmigere aigle de iupiter
Et transporte de la forestz en lair
Ses custodes longuement y atendent
Mais po^r neãt aux cieulx leurs palmes tẽ
Et en vain iappent & fõt leur cri gregnr(dẽt
Chiens et leuriers regretans leur seigneur
Pour second offre luy ennoya sans faille
Vne lorique bastie en triple maille
Toute dor traicte q̃ iadis eust ostee
Cil eneas a vng dit simentee
Qui deuant troye rudement combatoit
Quant la bataille des gregois y estoit
A cloanthe ce beau chef deuure enuoye
Pour que de luy en armes se pouruoye
Tant fust pesant et si grande la hargne
Que ceulx qui ont commission et charge
De la porter cest sagare et phegee
Si repentans de ce quilz ont chargee
Car trop leur poise & daultre nont secours
Jacoit pourtant que par son legier cours
Demoleus pour lors vestu dicelle
Feist aux troyens forte guerre et mortelle
Pour le tiers don et pour le euures faictes
Luy ennoya deux grans et beaux lebetes
De fin arain et deux cymbes dargent
Dont louurier fut expert et diligent
Ja furent tost pourueus et guerdonnez
De beaulx presens qui leur fut donnez
Selon leur veu et selon leur conqueste
Roses vermeilles auoient dessus leur teste
Et chappeaulx verdz de bocquez cõ fleurs
Feissẽt entre eulx leurs ioyes sãs douleurs
Quant sergestus a grant peine se force
Moult se vertue se trauaille et efforce
Mettre sa nef moquee et sans honneur
Hors du rochier o fol entrepreneur
Estoit crochee et demouree pendue
La poure nef a demy desfendue
Perdu auoit guides et auirons
Car moult tachoit yssir des enuirons
Tout ainsi certes cõme en voye & en place
Ou charette souuent chemine et passe
Et sil aduient que la y ait serpent
Qui or seiour reprent en cest arpent
Lors de ce chair la forte et dure reue
Couppe en allant de ce serpent la queue
Ou bien certes le viateur passant
Qui telle vermine pres de luy voit et sent
A coups de pierre le destranche et separe

At qui dein de locum te mit virtute secundum Leuibus hule hamis consertã/auro qz trilicem Loricam

Lors ce serpent demy mort se separe
Pour eschapper et grãs saultz & grãs tours
Fait de son corps par furieux destours
Fier et cruel pour lune part se monstre
Comme sil deust a coup cheminer oultre
Les yeulx ardant et siffle et lieue hault
Comme sil neust de vie aucun deffault
Mais la partie du derriere blessee
Ne peult plus estre conduicte ne poussee
Ains se remene et en saillant sesploie
Plus na vertu qui a celluy supplope
Ainsi estoit la nef et la carine
De sergestus tenue a tel ruine
Ainsi alloit et ainsi se mouoit
Comme le poure voulant faire scauoit
Et toutesfois fait il a sa nef voille
Et de plain vent qui ce mest en sa toille
A lentree du port se reiecta
Ou sa fortune trop dure recita
Et lors enee luy fit part et offrende
De ses beaulx dos en maniere assez grãde
De ces ioyaulx donc luy et ses consors
Eurent passe sans dangier telz effors
Si luy donna vne captiue serue
Non ignorante le vray art de minerue
Noble de non feconde en nourriture
Car deux enfans portoit a sa saincture
Apres ce ieu et bataille finee
Sen va enee en vng champ graminee
Si beau et gent et si bien ordonne
Que de montaignes estoit enuironne
Et tout en tour fut cloture et ensaincte
Vertes forestz pleines de fueilles mainte
Droit au plain sons y auoit vng theatre
Et vne espasse pour deduyre et esbatre
Que nature par curieulx office
Auoit bastye sans nul aultre artifice
La vint le duc et o luy maintz milliers
De nobles hommes et hardis chaualiers
La fist dresser vng siege et reposee
Pour mieulx iuger du leuure disposee
Alors conuie les couraiges et les cueurs
Des assistẽs promectant aux vaincueurs
Graue pris et dons & que ceulx q̃ couroiẽt
Le plus legier riche louyer auroient
Tous cõmẽcerent ensemble sans demeure
Sichaniens et troiens a celle heure
Premiers sont prestz nysus et eurials

Hoc pi^s eme as misso certamie tẽdit Graminets qz campum

Deulx vrays cōsors damour frāche & leale
Cil euriale de forme insigne estoit
Vertu ieunesse son couraige incitoit
Nysus ainsi pour lamour de lenfant
Pas ne fust loing car lamour luy deffent
Apres le suyt diore egregie
Ne et yssu de la maison regie
De priamus apres courir voit on
Vng salius et vng nomme pailtron
Lun pirote lun estoit par sa lignee
Lautre archade et de la gent egree
Apres eulx courent deux trinactieus
Jeunes et fors qui ne craignent riens
A longue course car coustumiers estoient
Chasser aux bestez qui ces forestz hantoiēt
Lung helenus lautre eust nom panopes
Bien familiers du roy viel accestes
Et plusieurs autres mirent a courir eure
Les mains diceulx delaissēt fame obscure
Lors eneas leur dist a telz langaiges

Accipite hec animis letas q3 aduertite mentes
Nemo ex hoc numero michi donatus abibis

Retenez or mes dictz en voz couraigez
Et esleuez voz ioyeuses pensees
Qui pour bien faire seront recōpensees
Nulz de ce nombre sans dons ne sen yront
Et ia de moy sans pris ne partiront
Premier ie donneray iouyau bien duisant
Deulx espieulx a fer clair et luysant
Et vne espee bien tranchant et garnie
Dor et dargent et gentement fournye
Ce seul honneur sera a tous commun
Et escondist ne sen yra pas vng
Les troys premiers qui p course legiere
Iront deuant auront part singuliere
Leur chief sera aorne et couuert
Pour le triumphe de bel oliuier vert
Le mieulx courant et qui sera premier
Aura de moy vng beau et grant coursier
Bien phallere & le second apres
Qui du premier sera venu plus pres
Aaura pour pris pharestre amasonye
De saiectes thraieces bien garnye
Et vng baudrier dor large et plantureux

Hec vbi dicta locū capiunt signoq3 repente
Corripiunt spacia audito

Le tiers apres le plus cheualereux
Sera pourueu quil ne se mal contente
Dune salade aux faictz darmes duisante
Quant eut ce dict tous prēnent lieu & place
Le signe ouy chacun court et desplace
Laissant la marche qui faicte leur estoit
Tāt fut le bruit deulx grāt en cest ēdroit
Que lon iugeast que fust pluye menue
Et tout ensemble signent leur aduenue
Le but final ou doiuent paruenir
Tant ont desir dattendre et de venir
Deuant tous eulx commenca a paroistre
Moult loing auant nysus fort et adestre
Si bien alloit que tant plus fut auant
Legier estoit comme si ce fut vent
Procchain de luy mais non de course esgale
Fut salius par bien grant interualle
Eurialus par apres fust le tiers
Qui les passast sil eust peu voulentiers
Et apres luy fist helenus poursuite
Qui de courrir eust maniere assez duyte
Et pres le suyt dyores sans se faindre
A pied ligier qui tost le sceut attaindre
Et sil eust eu despace vng petit mais
Pour plus courir il neust perdu iamais
Le tiers honneur ains eust laisse derriere
Cil de deuant p sa course legiere
Que diray plus ia forment approuchoient
Du bout extreme et ala fin touchoient
Quant lors nisus malheureux et doulant
Par fortune tresbucha en allant
Car la endroit pour excercer leurs festes
Occis auoient par cy deuant les bestes
Vaches et veaulx donc le sang fut espars
Par dessus terre illec en maintes pars
Le iouuencel ioyeulx et ia de maistre
Ce luy semble en course plus adestre
Par grant meschef passant en ce droit lieu
Les piedz luy coulent et tomba au millieu
Dedens le sang en place immonde et salle
Pourtant ne fut oublieux de euriale
Et de lamour que tousiours eust a luy
Al audeuant se mist pour faire ennuy
A salius aultrement sans resource
Il eust gaigne et le pris et la course
Si larresta a la plus forte halaine
Et le feist cheoir dedens lespesse arreine
Lors euriale a coup oultre passa
Et tous les aultres derriere luy laissa
Vaincqueur fust il et vint la audessus
Par le secours de son amy nisus
Lors volle et saulte regardāt tout le mōde
Puis helenus faisant ioye seconde
Obtient le lieu apres luy sans deffault
Et dyores qui apres court et sault

Eut tierce palme et la tierce victoire
Car de courir fist euure meritoire
Lors salyus de ses clameurs et plaintes
De ses querelles et cõtencions maintes
Remplit le lieu ou les voyans estoient
Et les oreilles de ceulx qui escoutoient
Et requerant que lhonneur pretendu
Tollu par dol luy fut ores rendu
Faueur commance garantist et deffend
Pour eurialle le bel et ieune enfant
Et ses lermes doulces & auenantes
Furent de tous trouuez bien plaisantes
Aussi vertu quen luy se nourrissoit
Dont maint beau mot a sa loaenge yssoit
Moult luy valut sa facon et sa grace
Puis dyores qui fut le tiers en place
Pour auoir palme crioit hault et menu
Quen vain seroit a ce souper venu
Si salius auoit gloire premiere
Cum pater aeneas vestra inquit munera vobis Certa manẽt pueri. Et quil obtient sa part plus singuliere
Lors dit enee o enfans beaulx et bons
Croire pouez que certains sont voz dons
Nul ny sera qui par ordre ne donne
Le chois de pris ou raison si a donne
A moy affiert auoir pitie notable
Du cas et sort de lennemy coulpable
Sic fat[us] tergum getuli immane leonis Dat salio Quant il eust dist sans faire pose nulle
Il print la peau dung grãt lyon getulle
Dont tout le poil et les onglez sont dor
A salius la donna pour tresor
Lors dist nisus si ceulx qui vaincus sont
Si grand salaire et si grant souper ont
Et que de moy qui suis cheu par fortune
Pres de mon heur il est pitie aucune
Quel don pourroye assez digne obtenir
Moy qui pourroye la couronne obtenir
Du loz premier et neussez failly mie
Si souffert leust ma fortune ennemye
Disant telz motz monstroit face moullee
Toute de ordure et de fumier soullee
Lors prist a rire Eneas de le veoir
Si ne le veult de saincture pourueoyr
Apporter fist vng bouclier de hault euure
Cõme la veue le monstre et le descueuure
Dydymaon orfeure diligent
Pour ce temps la lauoit fait bel et gent
Si tresparfait en forme et en ouuraige
Que neptune en fist faire lymage
De ce beau don eneas honnora
Le ieune noble et sien luy demoura
Apres doncques que les courses legieres Post vbi confecti cur sus et dona peregit
Furent parfaictes en diuerses manieres
Et que chacun fut a plain satisffait Nunc si cui
Selon quil eust execute et fait virtus ant
Dist lors a enee si vertus ou promesse musq[ue] i pe
Gist en voz cueurs et par faict hardiesse ctore preses
Vienne celluy le premier en auant Adsit.
Et mains armes esliene et mette au vent
Apres ce dist cil liberal donneur
A la bataille ordonna double honneur
Cest a sauoir au vaincueur et au maistre
Vng ieune taure moult plaisant & a dextre
Tout aorne et couuert richement
Dor et de vittes faictes moult proprement
Puis vne espee et salade soulas
De cil qui lors sera vaincu et las
Lors sans demeure saproche et presente Nec mora
Vng dict dares o sa force excellente cõtinuo va
Pour commun bruyt en estime on lauoit stis cũ viri
Dou fierement son couraige esleuoit b[us] effert
Celluy tout seul en sa ieunesse tendre Ora dares
Auoit bien sceu soustenir et attendre
Paris qui fust assez robuste et beau
Et luy mesmes au pres du grant tombeau
Ou gist hector le cheualereux homme
Bien sceut ruer et abatre a grant somme
Enten le fort puissant et fier de corps
Le quel estoit ainsi quon est recordz
Issu iadis de la gent bebricie
Dares pourtant qui pas ne se soucye
De son hault sang et si tresfort le presse
Que sur lareine presque mort la laisse
Celluy dares leuant la teste hault
Premier se liene puis se presente et sault
Bataille quiert et ses espaules monstre
Ses bras demaine et mon bien sen acoustre
Compaignon veult ou hõme quil assaille
A son semblant na garde qui luy faille
Si ny eust nul de tous ceulx du tropeau
Qui luy voulsist habandonner sa peau
Homme ny a de toutes celles restes
Qui en ses mains ose prendre les cestes
Dont il ioyeux extimant et cuidant
Estre tout seul de vaincqueur euident
Tout droit en piedz sen vit mettre a celle
Deuãt enee & sãs autre demeure Heure

Le taure prent par la corne et le tient
En ce estat se presente et maintient

Nate dea si nemo gaudet se credere pugne Que finis standi quo me decet vsq3 teneri Ducere dona iube

Disant o filz de puissante deesse
Puis q̃ ainsi est que tout cueur dhõme cesse
Que nul ne veult la bataille exercer
Voy ie pourtant mo3 mertte laisser
Quelle est la fin et lintencion tienne
Veulx tu frauder la force et vertu mienne
Jusques a quant veulx tu deliberer
A satifaire et me remunerer
Cõmãde tost que les dons on m apporte
Quay desseruis par ma puissance forte
Tout telle murmure iceulx troyẽs faisoient
Pour la querelle de dares ⁊ disoiẽt
Que sans dedict liuret en luy deuoit
Des dons promis que meritez auoit
Lors a cestes le bon roy grant et vieulx
Qui pres estoit et assis en ses lieux
En vng preau de verte et ryant herbe
Voyant le cueur de dares trop acerbe
Fier et haultain par sa parolle telle
Blasme et repriẽt le preux en sorte telle
Celluy doncques o entelle iadis
Debellateur des hommes plus hardis

Entelle, heroũ quõdã fortiss ĩe frustra Tanta ne tam paciẽs nullo certamine tolli Dona sines

Peux tu souffrir as tu la pacience
Que sans bataille et que sans deffiance
Dons si notables soiẽt gaignez et pris
Et sans deserte vng en porte le pris
Ou est ores ton precepteur et maistre
Celluy erix si vaillant et a dextre
Qui de cõbatre te aprins es iours passez
Donc pas ne furent tes mẽbres lors lassez
Ou est ton loz quon vueille quon crie
Par tes beaulx fais en toute trinacrie
Ou sont ores tes proyes pretendues
Qui iadis furent en tes maisons pendues

Ille sub hec non laudis amor nec gloria cessit Pulsa metu

O luy respond le desir de louange
Ne mais la gloire de mon cueur ne se chãge
Pour craĩte ou peur ou vielesse sans plus
Tardiue et lente tient mon sang reclus
Froidz et geles en sont or et froidies
Toutes mes forces p tristes maladies
Si or iauoye la ieunesse et les ans
Que ieu premier gracieux et plaisans
Et celle force qui tout dangier deffie
Quauoir souloye en laquelle se fie
Celluy dares trop fier et conuoiteux
Ja du combatre ne fusse souffreteux
Ne ia pour pris tant soit riche et tãt vaille
Neusse ia tant querelle ne bataille
Mais pour monstrer que ie lay hardyment
A exploiter force ou scauoir seullement
Apres ces motz il iecte en celle place
Au milleu deulx ou belle fut lespace
Deux grandz ceptes si pesans et si fors
Quon ne seroit rompre par nulz effors
Diceulx souloit erix lors saccoustrer
quãt fort aux armes il se vouloit mõstrer
Ses mains furent diceulx lyons garnies
Quant en detour suyuoit les compaignies
Tous se esbahirẽt de veoir harnois si fort
De merueilleux et pondereux renfort
Sept peaulx d'beuf ⁊ rudes ⁊ dupliques
Pour le parfaire il furent apliques
Auecques fer mins et conioinct dedens
Donc pourroit vaicre tous autres precedẽs
Entre aultres fut dares lors esbahi
Par telles armes craingnant estre enuahy
Moult essoingne et assez les recuse
De batailler en differe et se excuse
Le magnanime enee anchisiade
Voit les armes et souuent les regarde
Considerant a par luy maintesfois
Les fors lyens la ouesseure et le poix
Lors eut celle le vieulx et antique homme
Par grãt audace leur dit telz motz en sõme
Las q̃lle merueille vo9 tiẽt or despourueue
Bien mest auis seigñre quauez cy veue

Quid si quis cestus ipsius et herculis arma Vidisset

Ceptes et armes de quelz souloit combatre
Cil hercules en main lieu et theatre
En la bataille triste que sans support
Fut a luy faicte iadis pres de ce port
O duc enee erix le tien germain
Porter souloit ses armes en sa main
Encore vois tu comme elles sont infectes
De sang humain par cruentes deffaictes
Celluy erix en celle tout fiant
Bien attendoit hercules deffiant
Dicelles armes iadis vser souloie
Quant ieune sang me donne force et ioye
Lors que viellesse sauldaine et ennuyeuse
Nestoit encore de blanchir curieuse
Les miens cheueulx tous chaulues ⁊ chen9
Qui p tout aage sont tous blans deuenus
Mais toutesfois se dares a enuye
De batailler et a ce me conuye

Et si mes armes luy sẽblent trop austeres
Pour excercer le belliqueux mysteres
A acestes men raporte et a toy
Ja nyray contre vostre ordonnance et loy
Prenons armes dune pareille sorte
Toutes esgalles et que chacun sasorte
Les armes quicte erix le mien seigneur
Qui en bataille fut le mien enseigneur
Doncques dares oste les craintes tiennes
Et despouilles toutes armes troyennes
Et quant il eut dist commenca a oster
Le sien manteau et a terre iecter
Ses grãs mẽbres ⁊ ses gros bras desceuure
⁊ les despouille po^r^ tost les mettre en euure
Il desarme tout ferme a cest endroit
Par bõne audace sõ corps hault grãt ⁊ droit
Lors eneas prist deux ceptes semblables
Armes pareilles et pour eulx conuenables
Leurs mains acoustrent parent et fortifiẽt
Pour que lun lautre plus seurement deffiẽt
Incontinent droit en piedz leuez
Bien semblent estre en armes esprouuez
leurs maĩs agitẽt ⁊ leurs deux bras demai
sãs craĩte on peut fieremt se pormainẽt ⁊ nẽt
Lun a lautre grandz coups dõner cõmẽcẽt
Moult rudement et en bataillant pensent
Chacun droit soy de preseruer son chef
De coup rebelle et de doubleux meschef
Leurs maĩs meslent ensẽble et sentre firẽt
De plus en plus bataille font et querent
Dares estoit plus legier et agille
Et par ieunesse plus adestre et facile
Entelle grant de membres et de corps
Grant et parfaict des armes bien recordz
Moult sadroit mais ses genoux peu fermes
Tardifz et lentz et de vieillesse enfermes
Ja vacilloient et par trop longue peine
Luy defailloit le pouoir de laleine
Jacoit pourtant chacun si bien semploye
Que lun a lautre fait mainte dure playe
Maitz coups redoublez tresfors ⁊ redoubtez
Sur leurs eschines et sur leurs grãs costez
leurs corps ⁊ canes leurs poictrines resõnẽt
De grans coups que lun a lautre donnent
Soubz plois leurs visaiges crepitent
Tant se combatent et tant fort se despitẽt
Tousiours se garde erix et si escoute
Droit par vigille escheuer toute doubte

Comme celluy qui veult prendre dassault
Chatel ou ville qui est assise hault
Puis ca puis la tournoye a ladventure
Sil trouuera quelque art ou coniecture
Pour tost prendre se pourpris et se fort
Ainsi se fust ensemble son effort
Affin quil fust de entelle le maistre
Et hault se lieue monstrant fiere sa dextre
Pour donner coup rebelle au depourueu
Mais quãt lautre eut le coup descẽdãt veu
Prompt et legier eschiue et se destourne
Puis reprẽt force ⁊ de grãt cueur satourne
Et entelle voyant quil eust failly
Jus de vertus et pouoir deffailly
Il grant et las griefuement chet a terre
Sa pesanteur luy nuyt et tient en serre
Tout en ce point cõe q̃t grant vent vẽte
Dedens yda ou au forest erymante
Sil luy a arbre par vielesse pourry
Qui ne peult estre soustenu ne nourry
Dedens la terre lors tombe et precipite
Et est sergeste treslegier et subite
A ce besoing se lieuent et acourrent
Par leurs estudes a ce mechief secourent
Tous les troyens et ceulx de trinacrie
Premier y vint a ceptes qui sestrie
Ayant pitie dentelle et delennuy
Ne son amy autant viel comme luy
Tost se leue et de terre se dresse
Lors sans tarder reprent sa hardiesse
Le champion tout viellart et chanu
Ja ne fust triste ne perplex deuenu
Pour le cas tel ains plus aigre sãs faille
Et plus hardy si reprist sa bataille
Ire et fureur en luy resuscita
Plus grande force et au corps lincita
Honte et vergonne nouueau desir alume
Vertus antique de cõuaincre presume
Lors il ardant non craingnant le dangier
Suyt et poursuyte darecte moult legier
Continuant et redoublant ses cops
A toutes mains sans perdre nulz repos
Aussi menu comme greste agitee
Sur haultes tours et sur maison iectee
Aussi donnoit ce cheuaillier de pres
Coupz merueilleux sur darecte et expres
Lors eneas voyant la chose dure
Plus ne permist q̃ si grande guerre dure

Hec fatus duplicẽ ex humeris re iecit amictũ

Cum pater eneas procedere longius iras Et seuire animis Entellũ haud pass^us^ acerbis

Souffrir ne peult que la fureur fust telle
Si longuement au couraige dentelle
Ains meist leur fin au destour et combat
Et pour rompre la noyse et le debat
Darecte las osta de la pourprise
Disant telz motz plains de doubteuse prise

Infelix que tāta animū demētia cepit Nō vires alias cōuersaqz numina sentis Cede deo

¶ O malheureux quelle follye a pris
Le tien couraige cuydant auoir le pris
Par sus cest homme et en faire a ta guise
Ne voys tu pas que dieu luy fauorise
Ne peulx tu or a cler appercenoir
Que dautre force dieu la voulu pouruoir
Or quictes doncques et la place et le lieu
Non pas lhomme mais au vouloir de dieu
Les motz finiz par sa voix rigoureuse
Il faict cesser la pugne dangeureuse
Incontinent ses consors le transportent
Et en sa nef las et recreu lemportent
Traisnāt ses iābes foibles p lōgue queste
Tournant ainsi puis ca puis la la teste
Et de sa bouche sang espois vomissant
Faisant sanglotz et tresfort gemissant
Aucuns des siens prindrent glaiue et sallade
Ainsi sen va ce poure corps mallade
A entelle palme et toreau laisserent
Tous dun accord vainqueur le confesserēt
¶ Lors la superbe de sa grande prouesse
Et de son pris si dist filz de deesse

Nate dea vosqz hec inquit cognoscite teucri Et michi quę fuerint iuuenili in corpore vires

Et vous troyens voyez et congnoissez
Quen ma ieunesse ie fus plus fort assez
Ores voyez acoup par mon emplecte
De quelle mort auez saulue darecte
Incontinent il qui tout droit estoit
Deuant le taure que lon luy presentoit
Don de la pugne la main haulce et efforce
Et tant quil peult de toute sa grant force
Les deux ceptes rudes tant exposa
Que entre les cornes du taure lesposa
Et si auant entrerent et percerent
Que le cerueau tout oultre transpercerent
Lors cheut la beste a terre prosternee
Tramblant et morte et du coup estonnee
Il par dessus dit lors O erix digne
De hostie telle et beaucoup plus insigne
Je te dedie lame de ce taureau
En lieu de celle de dares ieune et beau
Et ie vainqueur te remetz de ma part
Par tout iamais les armes et mais lart

Protinus aeneas celeri certare sagitta inuitat

Incontinent enee apres conuye
Ceulx qui auront de batailler enuye
Et de tirer de legiere sagecte
Pris y ordonne quant leuure seroit faicte
Lors feist dresser de bancz vng grāt amas
Puis en la nef de serestre vng hault matz
Et a la cisme feist atacher et pendre
Une columbe pour loyer et pretendre
Lors tous conuiennent et en sorte placide
Premier se monstre et presente hyrtacide
Et apres luy se presente et le suit
Menesteus qui fut vainqueur moult duyt
Au ieu naual et pour celle conqueste
Auoit couronne doliue sur sa teste
Euricion apres eulx fut le tiers
Que ie ramente et nomme voulentiers
Don frere fut pandare homme notable
Toy qui iadis par faict recommandable
Premier tyras ta sagecte et ton dart
Par grand prouesse cōtre achiuez pris dart
Et fut prise leur part en conuenance
Dont tu en as encores souuenance
Apres ceulx la pour la derniere reste
Veint et chemine lantique roy aceste
O sa sallade profonde sur son chef
Bien desireux et hardy de rechef
Essayer certes le labeur et la peine
Des ieunes gens o sa main non certaine
¶ Lors vng chacunn se dispose et accorde

Tū validis flexos incuruant viribus arcus Pro se quisqz viri

Ployer son arc et de le mettre en corde
Leurs dardz a fleches dō leurs pharetres tirēt
Et les meilleures sortissent et dsirent
Premier deulx tous tirans qui descocha
Fut hyrtacide qui sa flesche toucha
Si rudement que par lair agitee
Tost fut a larbre de ce hault mast plantee
Qui pour ce coup tout fremit et trembla
Et la columbe de grant peur en troubla
Les elles meult moult essaye et trauaille
Pour eschapper et que du lieu sen aille
Lors ce coup faict tous feirēt vng grāt bruit
Vng ris publique et vng commun deduyt
Menesteus apres luy se prepare
Ferme se tient son arc acoustre et pare
Hault regardāt son arc mouuant ses yeulx
Pour droit tirer et quil aprocha mieulx
Jacoit pourtant que pas ne veult occire
Ce poure oyseau mais seulement desire
En tirer pres si descocha acoup

Lors expleicte et feist vng si beau coup
Quil rompit lors la corde deslyee
Dont la columbe estoit haulte lyee
Et quant ainsi destachee se sent
En lair sen volle liberte pourchassant
Lors promptement euricion sauance
Son dart tout prest met sus larc sas distace
A son frere pandarus il se voue
Affin que mieulx de sa saiecte ioue
Incontinent luy au ciel regardant
Et a loyseau visant et pretendant
Apperceut tost dessoubz obscure nue
Celle columbe ioyeuse deuenue
Qui de ses elles iouoit et crepitoit
Et bien pensoit que lors de mal estoit
Et il descharge sa poignante saiecte
Et si tresbien et seurement la iecte
Quil transperca ce blanc oyseau vollant
Lors cheut a terre piteuse et bien doulant
¶ Par ce moyen il meritoit la palme
Et ne restoit deux tous tirer plus ame
Fors acestes qui lors son arc acroche
Et sa saiecte en lair vuide descoche
Monstrant son arc sa force et son pouoir
Lors peurent tous a leul apercevoir
Monstre futur par merueilleux augure
La fin en fut preueue piteuse et dure
Car la saiecte de son arc lors partie
Fut tost en feu et flambe conuertie
Et parmy lair feist chemin flamboyant
Dont esbahy fut tout homme voyant
Elle en ce point esprise et allumee
Finablement fut arse et consumee
Ainsi que font impressions ignites
Dedens le ciel ayans queues crinites
Qui en lair vollent et en lair se remuent
Par grant challeur et leurs especes muent
De telle chose furent prins et troublez
Trynactiens et troyans assemblez
Mais eneas pas neut telle couraige
Ains luy sembla que bon fut le presaige
Dont embrassa aceste le roy vieulx
Et assembla dons grādz et precieux
En luy disant o noble pere antique
Prens et accepte ceste noble relique
Car le hault dieu qui regne au ciel la sus
Par ses auspices quauons oz apperceus
Veult et ordonne par signe spendiferes
Que lhonneur tien a tous aultres differe
Si te plaist doncques de moy ce don auras
Cest vng crathere riche que garderas
Et vne coulpe toute dor en maillee
Qui fut iadis a mon pere baillee
De cisseus de trace le bon roy
En remembrance damour et vraye foy
¶ Quant il eut dit de laurier feist courōne
Et sur le chef dacestes si lordonne
En lappellant sur tous victorieux
Et ia en fut de lhonneur enuieux
Euricion iacoit qua mort eut mise
Celle columbe en lair par sa maistrise
Apres acestes fut de dons guerdonne
Cil quil auoit le plus beau coup donne
Qui eut rompu les lyens de la corde
Le second pris on luy iuge et accorde
Et apres luy eut des dons pour sa part
Cil qui au matz auoit plante son dart
Durant ce faict estant la chose telle
Le duc enee secretement appelle
Epitide qui da scanie estoit
Custode et garde et tousiours le hantoit
A loreille luy dist va et tauance
Vers ascanie sil a faict diligence
Si ses consors et luy ont leurs aprestz
Et si en armes et a cheual sont prestz
Dy luy quil vienne et toute sa mesgnye
Pour faire esbas a telle seigneurie
Ainsi le feist ce pendant il commande
Que chacun face la place large et grande
Et que le peuple ca et la tout espars
Si meist en ronde et en destinees pars
Tātost apres leurs beaulx enfās arriuēt
Sur grans destriers q̄ tournoiēt ⁊ estriuēt
Tous p bonne ordre se tiennēt sur les rācz
Deuant la face des seigneurs ⁊ parentz
Si que troyens et trinactiens prisent
Leurs grādz facons ⁊ leurs gestes aduisēt
Tous dune mode ont cheueulx bien parez
Et de couronnes ont leurs chefz decorez
Chacun auoit deux ferrees hastilles
Dedens la main legieres subtilles
Aucuns auoient pharetres et carcas
A leur coste pour seruir a leur cas
Et les aucuns cercles dor qui pendoient
Sur leur poictrines et a plein sestendoient
Quant tous furent venuz et assortis

Amissa solus palma superabat acestes Qui tamē ethereas telū ꝯtorsit in auras

Sic fat⁹ et git viridan re tempora lauro Et primum ante omnes victorē appellat acestem

At pr̄ eneas nondum certamine misso Custodē ad sese comitē ipubis yule Epitidē vocat

En troys bandes se sont lors departis
Troys principaulx ducteurs ou capitaines
Sõt leurs ẽprises & leurs courses loingtaines
Et les enfans les suyuent six a six
En fiere sorte et maintien bien assis
Ainsi fut doncques departye la bataille
De par les maistres et dune mesme taille
Le capitaine premier qui conduisoit
Lune des bendes qui tresbien luy duisoit
Fut vng beau filz quon appelle priame
Portant regnom de celuy quon reclame
Son ayeul ton filz et progenie
Opolyte sans lauoir forlignie
Dont litalique peuple pourra venir
Que augmenter pourra pour laduenir
Celluy estoit sur vng cheual de thrace
Hault esleue monstrant ronde la face
Bien pommele et luy des piedz deuant
Auoit il blanc donc il marchoit souuent
Lautre ducteur ce fut le beau atys
De qui yssirent en gloire non petis
Et en noblesse les aucuns anciens
Qui sont en romme ores moult diligens
Le bel atys de toute la mesgnie
Estoit auec le plus fort dascanie
Le tiers apres qui sa bande menoit
Cest yulus qui bien se demenoit
Bel a merueilles qui en beaulte et forme
Passoit la loy de tous aultres en somme
Porte estoit ce ieune conquerant
Sur vng cheual legier et bien courant
De sidonye que dydo de carthaige
Luy eut donne pour souuenance et gaige
Quant elle feist piteux departement
Dont elle meist son corps au monument
Lautre mesgnie de trinacrie reste
Estoit monte sur les cheaulx de aceste
Ainsi furent recuillitz et receus
Des dardanides et dicenx appercetis
Moult voulentiers les ieunes gẽs panides
De loz et gloire conuoiteux et auides
Et la congneurent tournoyãt sur les rẽc
En leur endroit vng chacun ses parens
Apres doncques maincte course et destour
Quilz leurent faict leur sercle tout au tour
Deuant la face & yeulx de leurs bõs peres
Que les cheuaulx agilles et prosperes
Epithides le herault tost apres
Fist auancer tous ceulx qui furent prestz
Et par clameur et son de sa buccine
De batailler leur monstra le vray signe
Lors troys a troys a departir commencent
Tous a bonne ordre et a victoire pensent
Et quant par sort eurent chemine oultre
Vers le present comme de sus leur monstre
grãdz coups ď dardz supportẽt & substienẽt
et grãdz coupz dõnent & tresbiẽ se maitienẽt
Leurs courses sõt & leurs courses radressent
Comme est besoing et de batre ne cessent
Leurs circuys et leurs orbes actiues
Empeschent ilz par fois alte natiues
Et enuironnent les simulachres rudes.
De bataille par grandz sollicitudes
Par foys senfuyẽt & souuent le doz tournẽt
Puis tout acoup se virent et retournent
Et courroucez iceulx ieunes soudarz
Jectent la pointe de leurs lances et dardz
Et tost apres font paix et aliance
Et puis sen vont en commune fiance
¶ Tout en ce point comme iadis en crete
Fut lors bastie vne maison et faicte
Dit labirinthe composee et tissue
De tant de murs que lentree et issue
Est difficile et est celluy manoir
Si tresobscur le chemin et si noir
Que dol ya et frandes et finesses
Par mille voyes et doubteuses adresses
Rien ny seruoit signe bon ou tractable
Car lerreur est leans irremeable
Tout ainsi cetes iceulx enfans troyans
Par tours diuers et par aultres moyens
Les vestiges lun a lautre empeschoient
Par maintes fuytes ainsi souuent tachoiẽt
Entremesler leur batailles et ieux
Ainsi tissoient leurs allees entre eulx
Cõme daulphins qui par les mers humides
Jouent et courent et par diuerses guides
Trenchent et passent carpathie lybique
Et par les vndes iouent en faict oblique
Ceste coustume tel esbat et tel cours
Renouuela puis apres par longz iours
Cil yulus quon appelle ascanie
Lors que par luy fut ensaincte et munye
La cite de albes de murailles et de tours
Et tous telz ieux telz batailles & destours
Que cil enfant faisoit de sa cohorte

Ut quondã creta fertur laberinthus in alta Parietib⁹ textũ certis iter ancipiteq; Millenis habuisse dolum

Postq; om nẽ leti con cessũ oculos q; suorum

Les albains peres en aprindrent lasorte
Et lenseignerent a leur posterite
Donc depuis rome la tant noble cite
A observe lhonneur des ses encestres
Et sōt romaīsa telz faictz moult adextres
¶ A tant fina la bataille et lhonneur
Pour anchisez tressainct pere et seigneur
Et tost apres fortune variable
Changa sa foy peu ferme et mal estable
Lors qui faisoient aupres de ce tombeau
Jeu solempnel et passe temps nouveau
Telle iuno quon dit saturnienne
Du ciel envoye la messagiere sienne
Nomme yris aux illiaques nefz
Et luy furent au desloger donnez
Venz tous exquis pour acoup la conduire
Mais bien la veult premierement istruyre
Car pas nestoit par meschef ou malheur
Encore saoulee de lantique douleur
Celle yris doncques accelerant sa voye
Dedens son arc que nul ne la voye
Qui de couleurs diverses fut enduyt
Et mect et cache par la prend son conduit
Se pour acomplir son desir a lamblee
Si regarda si grande assemblee
Les portz congneut que nully ny y avoit
Donc bien pensa faire ce que devoit
Tous des rivages ⁊ les nefz sōt sās garde
Et que ne ung sur celle ne regarde
Car les troyens furent en besoingnez
Et les femmes troyennez ensongnez
En ce lieu seul solitaire et loingtain
Qui se regretoient a lheure pour certain
Anchise mort et toutes larmoyantes
Les mers virent si larges et parentes
Pensant entre elles disans sans cesser
Las moult nous fault ď mer encore passer
Toutes ensemble disoient a voix haulte
Q̄ seul repos leur faisoit moult grāt faulte
Et bien vouldroient toutes se deporter
De plus noer les mers ne transfreter
En ce conflit yris qui sans instruire
Plus ny queroit que facon de leur nuyre
Vint au milleu des matrones trayennes
Muant sa face et ses vestures siennes
Et prist la forme et figure et visaige
De beroe ia vielle ou de long aage
Qui iadis fut de doricle ismarie
Femme espouse moult louee et cherie

Hac celebrata ten⁹ sancto certamina patri
Hic primū fortuna fidē mutata novavit

Et eut enfans et lignee de nom
Qui depuis eurent grant louenge et regnō
Au milleu doncques des dardanides meres
Se vint poser a plaintes moult ameres
Disant o femmes remplies de tristesse
Viē malheureuses de quoy la maī de grece
Ne vous occist par infelicite
Devant les murs de troye la cite
En noz pays lors que bataille et guerre
Jectoit noz tours et noz maisons par terre
O gent perdue a quel peril te maine
Fortune adverse qui aussi te demaine
Ja sont escheux sept estez et hivers
Depuis que troye fut ruee a lenvers
Que nous sommes en ce point trāsportees
Par mer par terre et par maintes contrees
Par grans rochiers incongneus et deserts
Selon le gre des astres et des airs
Cuidant tousiours italie poursuivre
Qui de nous fuyt se semble et se delivre
Et en ce point sommes envelloppez
Dedens les undes deceues et trompez
Issi sont les regions et fins
Du roy ceyte et derix noz affins
Pour quoy doncques au moyen pl⁹ facille
Ne batissons icy cite ou ville
Qui nous deffent et garde dy loger
Quant le pais ne nous est estrangier
¶ O terre nostre o penates et dieux
En vain estez et delivres des lieux
Du feuz et flammes iadis tous assiegerēt
Est il aucun de nous qui plus esperent
De veoir ia mais bastir par telz moyens
Autre ilion et nouveaulx murs troyens
Voirray ie point en terres dessirees
Iceulx fleuves et eaux hectorees
Las non iamais car remide ny voy
Pour ce doncques toutes avecques moy
Bruslōs noz nefz car par trop malheureux
Sont en effect et pour nous dommageux
Jay en dormant de nuyt veu e par sōme
De cassandra limage et la personne
Qui se sembloit entre mes mains mettoit
Torches ardantes et mon veul incitoyt
En me disant comme digne prophete
Icy par vous doit estre troye faicte
Icy seront voz terres et maisons
Tout ce me dist pour quoy toutes saisons

O miserere quasnō manus inquit achaica bello Traxerit ad lethum patrie

O patria ⁊ rapti ne q̄ꝗ ex hoste penates Nulla ne iā troie dicentur menia nusq̄ꝗ Hectoreos āmes xentū ⁊ simoēta videbo

Hec memorans prima insensum vi corripit ignem Sublate q procul dextra cõnixa coruscat

Tardons nous dõcq̃s ne quest il necessaire
Dautre prodie pour la chose parfaire
Ne voyez vous quatre aultiers preparez
Pour neptunus aornez et pare
Et que le dieu nous demonstre et apreste
Feu et el couraige peut entreprise preste
En memorant telz motz elle premiere
Toute indigne print feu et grant lumiere
En hault la iecte sa deptre main
Contre les nef par couraige inhumain
Lors les dames troyennes assemblez
Furent de peur et de craintes troublez
Si en eut entre les autres vne
Vielle et antique qui par fame commune
Fut des enfans du roy priam nourrisse
Pour lors que troye regnoit en son office
Ceste leur dist o merez entendez
Elle nest pas berhoe que cuidez
De dorycle la femme ne lespouse
Mest est deesse comme ie presupose
Notez les signes de son diuin maintien
Les yeulx ardant et tout lesperit sien
De quelle facon est le son de sa voix
Quelle est son pas quant chemine par fois
Et moy mesmes naguieres ay laissee
Toute malade beroe et lassee
En vne nef des nostres si plouroit
Donc toute seulle au vaisseau demouroit
Sans pouoir faire honneur de funeralle
Anchises pour mal quil la trauaille

Hec effata Sit matres primum ancipites oculis q3 malignis Ambigue

Quãt elle eut dit lors les matrones toutes
Premier doubtãs assẽblẽt a grans routes
Et antiques auecques yceulx maliques
Leurs nefz regardent si belles et insignes
A legiere et folle conuoitise
De telle terre leurs couraiges leur atise
A ce props et en prinse folle
Iris deesse sen retourne et sen volle
Et descreuca par sa legiere fuite
Son arc eclipsee selon sa forme duyte
Lors elles toutes de ce monstre estonnez
Et a fureur trop grande abandonnez
Si escrient hault et dedens leurs fouyers
Prenent tisons ardans et feuz legiers
Aucuns delles les aultres degarnissent
Branches et bois et torches il fournissent
Le tout ensẽble et dedens leurs vaisseaulx
Flãmes allumes sur des marines eaulx

En cest oraige et flamme tant expresse
Fut lors vulcan en fulminante aspresse
En demonstrant son furieux couraige
Tout demolit par fouldres et par rage
Lautre consomme et art les auirons
Et les nefz paintes de tous les enuirons
Or y auoit assez en hault theatre
Vng des troyẽs po᷑ mieulx veoir ⁊ sesbatre
Sur le tombeau de anchises residoit
Les combatans veoit et regardoit
Cil eumelus eut nom qui tost aduise
Comme le feu dedens tous nefz se atise
Rapport en fit a tous se esbahissãs
Et du pour pris ou ilz estoient issans
Les fauilles noires et incongneues
Voyant voller et courir par les nues
Et tout premier le duc ieune escanie
Fessant les tours et iectes o mesgnie
Belle et ioyeuse quant ce fait entendit
Sur son destrier sen part et sen tendit
Droit aux chasteaux et troublez nauires
Dõt aucuns eurẽt courroux ⁊ grandes ires
Qui ne sceurent le garder et tenir
Ses gouuerneurs iusqua a la venir
Et quant fut la en parolles piteuses
Leurs dist a toutes o fẽmes malheureuses
Quelle fureur nouuelle vous a pris
Quelles voyes mais ou ne auquel pris
Pas ne fussiez maintenant en ses riues
Les pauillons ne les tentens argiues
De noz cõtraires les gregois ayẽt brusles
Tous esperantes et le grecz affollez
Hellas ie suis aschanie le vostre
Lors se descueuure son visaige monstre
A ses piedz iecte sa salade inutile
Donc arme fut en bataille gentille
Tantost apres aenee arriua
Et le sur plus des troyens si trouua
Incontinent elles de peur troublez
La et la furent par diuerses amblez
Boys et forestz et les grans roches q̃rẽt
Et du salut de leur nef ne enquerent
Mais tost apres congneurent leur meffait
Moult se repentent a ce que tant ont faict
Elles muees en leur raison pristine
Et embrasez de fureur repentine
Leurs gẽs cõgnoissent lors iuno les laissa
Le feu pourtant nullement ne cessa

Nuncius anchise ad tumulũ cuneos theatri Incensas prefert naues cumul᷒

Sit ille diuersa metu per littora passimq3 Diffugiunt

Et ia les flammes grandes et indomites
Ne peurent estre pour cela plus petites
aïs soubz dur boys et desoubz tables vuides
Grosses estoupees la mussez pour subcides
En feu vindrent vomisant maintes foys
Fumee tarde par les fentes du boys
Et vapeur lente consume en grant ruynes
Postes et tables des nefz et des carines
Tant et si fort que la peste couroit
Par tout le corps et rien ny demouroit
Peu y servoient les aydes des hommes
Ne mais les eaux iectees a grãdes sõmes
Lors eneas les doux et le piteux
Pour tel exploit doubtant et despiteux
Sa robe rompt et toute la dessire
Lors invoque et les mains au ciel vire
¶ O iuppiter le seigneur tout puissant
Si ton couraige envers nous ne se fent
Si maliuole et fut tant nas de haine
Contre nous tous qui trop portõs de peine
Que vng ne vueillez avant aucũs de nous
Puisse eschapper sans les destruire tous
Si ta pitie ancienne regarde
Labeurs humains et les tient en sa garde
Je te supply que les flammes doubtez
De noz navires soient ores ostez
Et par toy soient de peril preservez
Les petis biens que nous as reservez
Ou le surplus de tout nostre demaine
Par ton tonnoirre remetz a mort soudaine
Et par ta destre destruit le demourant
Sans nous bailler plus despoir a garant
A peine dit que lobscure tempeste
Avecques pluye tost descent et sapreste
haultes mõtagnes trẽblẽt et moult fremissẽt
Par les tonnoirres fouldres qui lors issent
Eaux et pluyes avecques vng fort vent
Vindrent du ciel et derriere et devant
Tant q̄ les nefz en furent toutes plaines
Ja par le fond brisees et mal saines
Les boys et postes demy bruslez et ars
Furent mouillez par pluye en maintes pars
Jusques atant que estainte et amortye
Fut la vapeur au dedens assortie
Furent toutes les nefz dencombrement
Preservees fors quatre seulement
Lors eneas apres ce feu estainct
Triste et doulant et moult au cueur attaint
Pour cas si trouble eut diverses pensees
Puis ca puis la sans ordre balancees
Et en luy mesmes souvent consideroit
Sans tirer oultre si la resideroit
Aux champs sicules fuyãt peines totalles
Ja oublieux des promesses fatalles
Ou sil iroit avec ses legions
Par mer querant itales regions
Lors vng troien antique de viaire
Nomme nantes plein de songneux affaire
Auquel pallas avoit iadis apris
Mainte doctrine et scavoir de hault pris
Cestuy certes declaroit les responses
Tant fussent or secretes et absconses
Que signifie ou quelle augure porte
Lire de dieu qui sur eulx se transporte
Or bien ainsi que chose requeroit
Lordre fatal de tout ce senqueroit
Et quant bien eut la chose demenee
Par telz devises reconforta enee
¶ Filz de deesse si en paix vouldes vivre
Nous devons tous desirer et poursuyvre
Daller au lieu ou le fatal nous tyre
Jacoit que sort ennieux nous retyre
Et quelque mal que lon nous puisse offrir
Vaincre devons fortune par souffrir
Tu as icy le roy aceste insigne
Qui est issu de la lignee digne
Fais le doncques compaignon voulentaire
De ton conseil sans tes secretz luy taire
Et baille luy et pour amy le tiens
Le demourant de la reste des tiens
Duquel les nefz sont arses et bruslees
Et ceulx q̄ craingnẽt de mer les grãs alees
Semblablement les anciens et vieux
Qui plus ne peult aller en loingtains lieux
Les dames lasses et les antiques meres
Qui nont povoir porter peines ameres
Et brief tout ce qui te semble invalide
Craingnant peril ou point ny a dayde
Ceulx y lairras et ains que tu ten ailles
Lieu obtiendras pour leur bastir murailles
Et forte ville et tous pour abreger
Las et dolans si pourront herberger
Et si sera celle cite nommee
Tousiours aceste par bonne renommee
Telles parolles le sousi redoublerent
A eneas et tout sens luy troublerent

Juppiter oi potēs si nō dū exo sus adunū Troianos

At pf aene as casu con cussus acer bo Nūc huc īgētes nūc illuc pectore curas

Nate dea q̄ fata trahūt retrahūt q; sequamur

Son couraige fut conduit et mene
En maintes cures ayant ce demene
Tantost apres vint la nuict tenebreuse
Qui separa la clarte lumineuse
Et tout le polle destoilles symenta
Lors chacun de coucher sapresta
Incontinent enee en son dormant
Veid en sompne et luy sembloit forment
Lymage et face danchises le sien pere
Droit descendant du hault ciel stellifere
Qui tout soudain luy dist a celle foys
Telles parolles par amyable voix
¶ O le mien filz qui iadis fuz ma vie
Deuant que lame de mon corps fust rauye
Mon cher filz q̄ as porte maintz maulx
En exercant ytaliques fataulx
A toy ie viens par le commandement
De iuppiter lequel a promptement
Estainct le feu de tes nefz enuahies
Et du hault ciel a tes plainctes ouyes
Pource obeys au conseil gracieux
Qui ta donne maintes louenges & veulx
Maine auec toy au pays dytalie
Les iennes hommes et de ceulx te ralye
Qui ont le cueur robuste grant et fort
Pour soustenir trauail et dur effort
Car en lacye conuiendra que la renges
Par batailler gens rudes et estranges
Mais premier fault pourtant q̄ tu visites
Du dieu ditis les infernaulx limites
Et en faisant maintz circuys et cernes
Mon cher enfant par les hostelz auernes
Cherche & demande mon pourpris et seiour
La verras tu vng pardurable iour
Car le tartare qui ames blesse et point
Ne me possede et si ne me tient point
Ne mais les vmbres tristes & maleureuses
Mes mencions sont ioyes plantureuses
Auec les ames des bons peres et vieux
En lieu fertil plaisant et delicieux
Ma demeure est au beau champ elisee
La ou sybille la chaste et aduisee
Te conduira mais que la vueilles croire
Auecques le sang de mainte brebis noire
Lors aprendras le nom de ta cite
Ta gent ton peuple et ta posterite
Or a dieu doncques la nuict humide passe
Dont il conuient que departement face

Quant sa parolle eut ainsi consumee
Desuanouit en lair comme fumee
Lors dist enee pourquoy sitost en pars
Mais ou vas tu dy moy en quelles pars
Pour quelle cause me fuys tu ou eslongnes
Des daignes tu mon faict & mes besongnes
Qui te contrainct si acoup me laisser
Aumoins premier que te puisse embrasser
En ce disant sans plus illec atendre
Du lict se lieue et descouure la cendre
Ou le feu gist et bien tost sallume
A cest affaire les haultz dieux reclama
Et moult honnore le lares pergamee
Les peuetrales de veste bien aymee
Deesse antique et y met largement
Bodeur souefue et de piteux forment
¶ Quāt eut ce faict to⁹ ses cōsors appelle
Et mesmement aceste auquel reuele
De iuppiter lentier commandement
Et de son pere treschier lexhortement
Si veult scauoir leur vouloir et couraige
Et que leur semble de ce nouueau presage
A telle chose grant conseil ne failloit
Quant iuppiter mesmes le conseilloit
Ja ne recuse ains la chose desire
Le roy aceste car son vouloir y tire
Et lors commencent entre eulx deliberer
Lesquelz deuront en ce lieu demourer
Les noms escripuent par ordre bel et gent
Des vielles dames du peuple et de la gent
Qui bien vouldront illecques faire pause
Qui daller oultre nōt grāt vouloir ne cause
Et ceulx qui nont de louenge besoing
Ostent leur cueur de cheminer plus loing
Mais les aultres qui daller oultre pensent
Leurs nefz assortent et au labeur sauācent
Bois renouuellēt trāstres & leurs cordaiges
Ausq̄lz les flāmes ont faict piteux dōmaiges
Et si abillēt au mieux q̄ leur pouoir
La perte et faulte la ou liz la peuent voir
Et iacoit or que petit nombre soyent
De grant vertu toutesfois se pouruoient
Ce temps pendant enee marche et signe
Auec laratre et leur monstre et designe
Lieu pour bastir leur ville et leur cite
Maison conforme a tous par equite
En lune part dylion met la place
Les lieux troyens ordonne et si les trace

Nate michi vita quōdā dū vita manebat Chare magis

Dixerat et tenuis fugit seu fumus in auras Aeneas

Hec memorans cinerē & sopitos suscitat ignes pergameū q3 larem

Extēplo socios primū q3 acersit & cestē Et iouis imperiū

Le roy aceyte moult est aise et ioyeulx
De nouueau regne erige en ces lieux,
Place commune et marche y ordonne
Loix et coustumes leur impose et leur dône
Et au hault mont erycine nomme
Fut colloque le temple renomme
Et dedie a Venus idalie
Celle forest sacree et embellie
Ou le tombeau danchises fut pose
Donc ce lieu fut basty et compose
En nouueau temple ou de puis residoit
Le plus grant prestre et qui la presidoit
Pour faire brief neuf iours furêt entiers
Demenât feste au tour de leurs aultiers
Donc les troyens et leurs trauaulx aiserêt
Et ce pedant les doulx Vens appaiserent
Toute la mer le Vent daustre aspiroit
Donc Vng chacun departir desiroit
Lors plaîtz ꝛ pleurs ꝛ larmoyâs lâguages
Cômencent naistre par les portz ꝛ riuages
Ceulx q̃ demeurêt moult baisêt ꝛ êbrassêt
Ceulx qui sen Vont et de ce ne lassent
Ainsi furent Vng iour et Vne nuyt
Car le partir leur desplaist et leur nuyt
Les Vielles meres et ceulx qui par auant
Trouuoient mer trop aspre et grief Vent
Aux quelz la peine sembloit intollerable
Ores appetent la Voye nauigable
Et aller Veullent et labeur endurer
Par longue fuyte tant puisse or durer
Mais enee les conforte et appaise
Par motz piteux et doulcement les baise
Au roy aceyte son amy et parent
Les recommande lermoyant et pleurant
Puis lon manda que lon feist sacrifice
De trois grâs Veaux au puissât dieu erige
Et aux tempestes Vng aigneau seullemêt
Affin que plus sen Voissent seurement
Et il estant en mer large et ouuerte
En hault hune ayant teste couuerte
Et aornee de fueilles doliuier
Tenant patere et Vaisseau singulier
Entre ses mains iecta lors les entrailles
Dedens la mer de occies ouailles
Et par dessus faisant lhonneur diuin
Il epandit grand quantite de Vin
Lors Vens se lieuent et aux Voilles se tirêt
Qui auant poussêt ceulx qui daler desirêt

Et tous ensemble par ordre et par compas
En la mer nagent et ne cheminent pas
Durant cela Venus persecutee
De maîtes cures fut lors admonestee
Deuers neptune le dieu de mer aller
Et commenca en telz motz luy parler
Lire trop griefue de iuno la deesse
Et sa poictrine non saule et qui ne cesse
Me contraingnent certes sire neptune
Que pour priere ie te soye importune
Car les longs iours ou quelcôques pitie
Ne la peuent reduyre a amytie
Ja ne differe pour lors que luy commande
Son iupiter et pour ce ne samende
Le sort fatal qui iamais ne peult rompre
Ne peult pourtant sa cruaulte corrompre
Pas ne suffit et ne luy est assez
Que la cite troienne es iours passez
Par nephande ire par son courroux ꝛ haine
Ait este arse en tel regret et peine
Ains tout si peu qui a sceu eschapper
Veult elle encore deffaire et dissiper
Elle poursuyt les cendres et reliques
Les os troyens par Voyes tant obliques
La cause ignore donc la fureur est telle
Pas ne la scay ie trop que ne fait elle
Tu scais assez et le peulx tesmoignier
Côment naguetes se Voulst embesongnier
Es mers libiques desmolir et deffaire
La myenne gent en trop piteux affaire
Elle ensembla ciel et mer et ses Vndes
Auecques Vens en procelles profondes
Elle oza bien executer ce faict
En ton royaulme si tresnoble et parfaict
Las qui pis est par fainte simulee
Mainte nauire a destruicte et bruslee
Des miens troyens côme bien tu las sceu
Et a le sens et le cuider deceu
Des Vielles meres ꝛ des troyênes fêmes
qui en leurs nefz ont iectes feux et flâmes
En telle maniere que maintz Voyâs côsors
Sont or contrainctz demourer en ces portz
Et seiour prendre en terre non côgneue
Pour leur nauiere toute bruslee et nue
Je te supply qua ceulx qui or sen Vont
Doulans et tristes et petis nombre sont
asseurer Veullez leurs Voilles ꝛ leurs têtes
Par ces Vndes ou ores sont flotantes

Junonis grauis ira nec exsaturata ... pectus
Cogit me neptune preces descēdere in oēs

Son couraige fut conduit et mene
En maintes cures ayant ce demene
Tantost apres vint la nuict tenebreuse
Qui separa la clarte lumineuse
Et tout le polle destoilles symenta
Lors chacun de coucher sapresta
Incontinent enee en son dormant
Veid en sompne et luy sembloit forment
Lymage et face danchises le sien pere
Droit descendant du hault ciel stellifere
Qui tout soudain luy dist a celle foys
Telles parolles par amyable voix
O le mien filz qui iadis fuz ma vie
Deuant que lame de mon corps fust rauye
Mon cher filz q̄ as porte maintz maulx
En exercant ytaliques fataulx
A toy ie viens par le commandement
De iuppiter lequel a promptement
Estainct le feu de tes nefz ennabies
Et du hault ciel a tes plainctes ouyes
Pource obeys au conseil gracieux
Qui ta donne maintes louenges & veulx
Maine auec toy au pays dytalie
Les ieunes hommes et de ceulx te ralye
Qui ont le cueur robuste grant et fort
Pour soustenir trauail et dur effort
Car en lacye conuiendra que la renges
Par batailler gens rudes et estranges
Mais premier fault pourtant q̄ tu visites
Du dieu ditis les infernaulx limites
Et en fainsant maintz circuys et cernes
Mon cher enfant par les hostelz auernes
Cherche & demande mon pourpris et seiour
La verras tu vng pardurable iour
Car le tartare qui ames blesse et point
Ne me possede et si ne me tient point
Ne mais les vmbres tristes & maleureuses
Mes mencions sont ioyes plantureuses
Auec les ames des bons peres et vieux
En lieu fertil plaisant et delicieux
Ma demeure est au beau champ elisee
La ou sybille la chaste et aduisee
Te conduira mais que la vueilles croire
Auecques le sang de mainte brebis noire
Lors aprendras le nom de ta cite
Ta gent ton peuple et ta posterite
Or a dieu doncques la nuict humide passe
Dont il conuient que departement face

Vale michi vita quōdā dū vita manebat Chare magis

Quant sa parolle eut ainsi consumee
Desuanouit en lair comme fumee
Lors dist enee pourquoy sitost en pars
Mais ou vas tu dy moy en quelles pars
Pour quelle cause me fuys tu ou eslongnes
Des daignes tu mon faict & mes besōgnes
Qui te contrainct si acoup me laisser
Aumoins premier que te puisse embrasser
En ce disant sans plus illec atendre
Du lict se lieuue et descouure la cendre
Ou le feu gist et bien tost la luma
A cest affaire les haultz dieux reclama
Et moult honnore le lares pergamee
Les peuetrales de veste bien aymee
Deesse antique et y met largement
Dodeur souefue et de piteux forment
Quāt eut ce faict to⁹ ses cōsors appelle
Et mesmement aceste auquel reuele
De iuppiter lentier commandement
Et de son pere trescher lexhortement
Si veult scauoir leur vouloir et couraige
Et que leur semble de ce nouueau presage
A telle chose grant conseil ne failloit
Quant iuppiter mesmes le conseilloit
Ja ne recuse ains la chose desire
Le roy aceste car son vouloir y tire
Et lors commencent entre eulx deliberer
Lesquelz deuront en ce lieu demourer
Les noms escripuent par ordre bel et gent
Des vielles dames du peuple et de la gent
Qui bien vouldront illecques faire pause
Qui daller oultre nōt grāt vouloir ne cause
Et ceulx qui nont de louenge besoing
Ostent leur cueur de cheminer plus loing
Mais les aultres qui daller oultre pensent
Leurs nefz assortent et au labeur sauācent
Bois renouuellēt trāstres & leurs cordaiges
Ausq̄lz les flāmes ont faict piteux dōmaiges
Et si abillēt au mieux q̄ leur pouoit
La perte et faulte la ou liz la peuent voir
Et iacoit or que petit nombre soyent
De grant vertu toutesfois se pouruoient
Ce temps pendant enee marche et signe
Auec laratre et leur monstre et designe
Lieu pour bastir leur ville et leur cite
Maison conforme a tous par equite
En lune part dylion met la place
Les lieux troyens ordonne et si les traces

Dixerat et tenuis fugit seu fumus in auras Aeneas

Hec memorans cinerē & sopitos suscitat ignes pergameū q; larem

Extēplo socios primū q; acerſit & cestē Et iouis imperiū

Le roy aceste moult est aise et ioyeulx
De nouueau regne erige en ces lieux
Place commune et marche y ordonne
Loix et coustumes leur impose et leur dõne
Et au hault mont erycine nomme
Fut colloque le temple renomme
Et dedie a Venus idalie
Celle forest sacree et embellie
Ou le tombeau danchises fut pose
Donc ce lieu fut basty et compose
En nouueau temple ou depuis residoit
Le plus grant prestre et qui la presidoit
Pour faire brief neuf iours furẽt entiers
Demenãt feste au tour de leurs aultiers
Donc les troyens et leurs trauaulx aiserẽt
Et ce pedant les doulx vens appaiserent
Toute la mer le vent daustre aspiroit
Donc vng chacun departir desiroit
Lors plaĩtz ⁊ pleurs ⁊ larmoyãs lãguages
Cõmencent naistre par les portz ⁊ riuages
Ceulx q̃ demeurẽt moult baisẽt ⁊ ẽbrassẽt
Ceulx qui sen vont et de ce ne lassent
Ainsi furent vng iour et vne nuyt
Car le partir leur desplaist et leur nuyt
Les vielles meres et ceulx qui par auant
Trouuoient mer trop aspre et grief vent
Aux quelz la peine sembloit intollerable
Ores appetent la voye nauigable
Et aller veullent et labeur endurer
Par longue fuyte tant puisse or durer
Mais enee les conforte et appaise
Par motz piteux et doulcement les baise
Au roy aceste son amy et parent
Les recommande larmoyant et pleurant
Puis lon manda que lon feist sacrifice
De trois grãs veaux au puissãt dieu erige
Et aux tempestes vng aigneau seullemẽt
Affin que plus sen voissent seurement
Et il estant en mer large et ouuerte
En hault hune ayant teste couuerte
Et aornee de fueilles doliuier
Tenant patere et vaisseau singulier
Entre ses mains iecta lors les entrailles
Dedens la mer de occies ouailles
Et par dessus faisant lhonneur diuin
Il espandit grand quantite de vin
Lors vens se lieuent et aux voilles se tirẽt
Qui auant poussẽt ceulx qui daler desirẽt

Et tous ensemble par ordre et par compas
En la mer nagent et ne cheminent pas
Durant cela venus persecutee
De maĩtes cures fut lors admonestee
Deuers neptune le dieu de mer aller
Et commenca en telz motz luy parler
Lire trop griefue de iuno la deesse
Et sa poictrine non saule et qui ne cesse
Me contraingnent certes sire neptune
Que pour priere ie te soye importune
Car les longs iours ou quelcõques pitie
Ne la peuent reduyre a amytie
Ja ne differe pour lors que luy commande
Son iupiter et pour ce ne samende
Le sort fatal qui iamais ne peult rompre
Ne peult pourtant sa cruaulte corrompre
Pas ne suffit et ne luy est assez
Que la cite troienne es iours passez
Par nephande ire par son courroux ⁊ haine
Ait este arse en tel regret et peine
Ains tout si peu qui a sceu eschapper
Veult elle encore deffaire et dissiper
Elle poursuyt les cendres et reliques
Les os troyens par voyes tant oblicques
La cause ignore donc la fureur est telle
Pas ne la scay ie croy que ne fait elle
Tu scais assez et le peulx tesmoignier
Cõment naguere se voulst embesongnier
Es mers libiques desmolir et deffaire
La myenne gent en trop piteux affaire
Elle ensembla ciel et mer et ses vndes
Auecques vens en procelles profondes
Elle oza bien executer ce faict
En ton royaulme si tresnoble et parfaict
Las qui pis est par fainte simulee
Mainte nauire a destruicte et bruslee
Des miens troyens cõme bien tu las sceu
Et a le sens et le cuider deceu
Des vielles meres ⁊ des troyẽnes fẽmes
qui en leurs nefz ont iectes feux et flãmes
En telle maniere que maintz voyãs cõsors
Sont or contraings demourer en ces portz
Et seiour prendre en terre non cõgneue
Pour leur nauiere toute brulee et nue
Je te supply qua ceulx qui or sen vont
Dolans et tristes et petis nombre sont
asseurer veullez leurs voilles ⁊ leurs tẽtes
Par ces vndes ou ores sont flotantes

Junõis grauis ira nec exsatura bile pec tus Cogũt me neptuni pre ces descẽde re in oẽs

Affin quilz puissent ataindre et paruenir
Au fleuue tibre ou ilz doiuent venir
Si ie requiers chose iuste et promise
Que la lecence leur soit ores promise
De paruenir vne fois iusques la
Ne me reffuse sil te plaist de cella
Lors luy respond cil que les mers domine

Tũ saturnius hec domitor maris edidit alti Fas oē est cytherea me is te fidere regnis Unde gen⁹ ducis

O citharee doulce dame et benigne
Bien est licite que tu ayez secours
Foy et fiance en mes maritains courtz
Ou tu as prins naissance et geniture
Troy pour certain quen diuerse aduenture
La et ailleurs iay les tiens bien seruy
Donc la franchise iay de toy deseruy
Iay mainteffois les fureurs comprimees
En ciel en mer contre toy allumees
Et te promectz que nay eu mendre soing
De ton euure en la terre au besoing
Ien prendz panthus et simois le fleuue
En tesmoignaige et en leale preuue
Lors quachilles son curre conduysoit
En lost des grecz ⁊ troiens destruysoit
O son fier glaiue et les mettoit en fuyte
Par sa prouesse et songneuse poursuyte
Et maintz autres furent mors et estaintz
Si q̄ les fleuues furent to⁹ de corps plains
Tant que panthus conduire ne pouoit
Ses eaux en mer ainsi comme il souloit
Brief la fortune fut si dure et mauluaise
Aux troyens lors qui bien peult a son aise
Cil achilles ton eneas tuer
Car tant neust sceu sa force euertuer
De resister pource que a celle oultrance
Ses dieux ne furent de pareille puissance
A ceulx des grecz dont il eurent faueur
Je toutesfois ostay celle rigueur
Et le mussay soubz nue obscure et bruine
Affin que il eust seurete opportune
Pour eschapper lors q̄ ie desiroye
Perdre et destruire de la part nostre troye
Les murs entiers par moy bastiz et faiz
De puis le fons iusques au pl⁹ hault faiz
Telle pensee et tel propos demeure
Auecques moy comme faisoit a lheure
Chasse la crainte car ton filz seurement
Viendra aux portz dauerne briefuement
Vng toutesfois des siens en tel demeure
Tost perira et conuiendra que il meure
Dedens la mer tu le pourras querir
Mort et transi et sans plus enquerir
Vng chief sera pour plusieurs faict hostie
La chose est telle et ainsi assortie
Quant par telz motz il eut apaise lire
De la deesse sans plus parler ne dire

His vbi leta dee ꝑmulsit pectora dictis Jungit equos curru genitor

A son curre fait ioindre ses cheuaulx
Le frain leur baille et par marines eaux
Courir les laisse lors sen volle et chemine
Dedens son curre appaiser la marine
A cours legiers et soubz laxe tournant
Mer se tient coye voyant son roy venant
Pluyez et ventz du hault ciel se deffuyent
Si que nageans nenpechent ne nennuyēt
Lors maītes faces de monstres et vellues
Maintes balleines furēt au loing tollues
Et la mesgnie de glaucus flaue et vieux
Et palemon obeist en ses lieux
Si feirent certes les tritons tresagilles
Et de phorcus les consortes mobilles
En part senestre tenoit lors son elite
Thetis la vierge penope et melite
Nyse spie cymodoce et talye
Lung auec lautre la endroit se ralie
Lors doulce ioye aucunement reueille
Le cuer denee voyant telle merueille
Si commanda q̄ les voilles on dresse
Selon que vent leur bailloit leur adresse
Ainsi le firent et or a destre part
Ou a senestre iectoient leur regart
Leurs cueurs tournent et leur extremites
Selon quilz voyent q̄ vens sont limitez
Et entre eulx tout leur pattō et leur guide
Palinurus qui bien sceut le remide
En toutes mers iusques la paruenir
Sans nul peril ne sceut lors contenir
Bref tāt errerent sās grād trauail ⁊ peine
Que ia la nuyt humide et tresseraine
Auoit ataint du ciel mette demye
Toute personne estoit lors endormye
Et reposoient les poures corps lassez
Qui du labeur eurent souffert assez
Les nautōniers sās cordes et sans chables
Espars gisoient et dessus diuerses tables
Quant dieu somnus tressubtil et legier
Des atres vont la dedens se logier
Et separant lair tenebreux et rude
Chassant les vmbres par grant solicitude

O palinure cil lors te demãdoit
Et tristes songes et piteux te gardoit
Soubz celle attẽte se mist en haulte hune
Ayant la face toute pareille et une
Et le maintien tout tel quauoit phorbas
Si dist a lors tieulx parolles bas
O palinure iaside tu peux veoir
Comment voz nefz commencent a auoir

Iaside pali nure ferunt ipsa Cornua classem Aequate spirãt aure

Et vent et mer conuenable et aise
Toute fureur est ores apaisee
Dont seurement tu te peulx reposer
Il nya riens qui y sceut opposer
Baisse ton chief et les yeulx las ensẽble
Au grant labeur qui en ton corps sassemble
Et ie pour toy ce pendant veilleray
A ton office tresbien trauailleray
Lors palinure a peine ayant la force
Douurir les yeulx pour respondre sefforce
Mais cuide tu dit il que tant ignore
Le fait de mer que ne congnoisse encore
Le doulx visaige que mer monstre souuẽt
Fleuues tranquilles et la doulceur du vẽt
Et pense tu que en tel monstre me fye
Qui tant de fois voilles et nefz deffie
Veulx tu ores que ce cas iabandonne
Aux astres faulx a lair qui souuent tonne
Je qui ay trop au temps doulx et seraim
Cõgneu de fraude en mon cours ꝑmerain

Talia dicta dabat clauũqꝫ affixus et herens Nusquã amittebat

Telz motz disoit et il ioinct et affixe
Guidoit la mer planctureuse et prolixe
Le gouuernail tenoit et conduisoit
Alors somnus sur la face aposee
Ung rameau deaue lethee et rousee
Insoporee dastigie vertu
Lors fut celluy couche et abatu
Et il doubteux cuidant par resistance
Vaincre le sompne neust pas telle puissãce
Ains furẽt certes ses yeulx clos et couuers
Ainsi se geist et coucha a lenuers
Apeine auoit encore sompne inopine
De ses membres premiers prins la saisine

Vix primos inopina ques laxauerat artus Et super incumbens

Quant tout acoup la naue se tourna
Donc mort piteuse le dormant adiourna
Et le iecta dedens la mer liquide
Souuent clamant ses consors en ayde
Mais cest a tart ainsi demoura la
Et dieu sompnus parmy lair sen volla
Toutes les nefz neaumoins si nagerẽt
En seure voye et ia nendormi agerent
Et par promesse du pere neptunus
Neurent il certes pertes ne perilz nulz
Que reste plus tant vont et tãt toucherent
Que des seraines les rochiers approcherẽt
Et par auant moult a craindre faisoient
Et de mains os et gens motz blanchissoiẽt
Si entendirent le rochier resoner
Des coups si grandz que mer pouoit dõner
Et lors enee bien commenca congnoistre
Sa nef errer pour la deffaulte du maistre
Et il mesmes par les nocturnes vndes
La regissoit iectant larmes profondes
Moult gemissoit et eut le cueur esprins
Pour son amy ainsi transi et prins
O palynure peu te vault ta science
Car trop as eu despoir et de fiance
Au ciel tresclair et a la mer seraine
Nud demourras en incongneue haraine

Cy finyt le cinquiesme liure de la trãslation des eneides Et cõmẽce le sixiesme

Sic fat lachrimans classiq3 immittit habenas Et tandem euboicis cumaꝝ allabitur oris

AInsi parla pleurant et larmoyant
Les cordes lasche a sa nef tournoyant
Et tant allerēt sās prendre lieux obliques
Quilz arriuerent es isles euboiques
Ou la cite cumaine lors estoit
Si aborderent leurs naues la endroit
Et la dedens furent ancres iectez
Pour que leurs nefz fussēt mieulx arrestez
Lors terres prennent ⁊ tous les ieunes gēs
Leur mains apprestent a leuure diligens
Par le riuaige desperie aucuns querent
Chailloux et pierres et en iceulx enquerent
Flammes et feux par diuers coups donnez
Les aultres sont enclins et ordonnez
Chercher les lieux par forestz et boucages
Ou reposent maintes bestes sauuaiges
Cleres fontaines querent et doulces eaux
Telz passe temps leur sēblent bōs ⁊ beaulx
Mais eneas qui loing iectoit sa cure
Moult se trauaille et de trouuer procure
Les haultes arces ou apollo preside
Et les secretz ou sibille reside
En roche creuse pour que phebus linspire
De ladvenir et sa pensee aspire
Tāt print de peine il vint sās demourer
Au boys triuie en la maison doree
De dedalus comme il est renommee
Fuyant le regne et la terre nommee
Du roy minos tant osa esperer
Et son sauoir quil voulst auanturer
Voller par lair o aelles tresllegeres
Et trauerser terres mers et riuieres
Et tant alla par chemin incongneu
Quen froide terre fut acoup paruenu
Et il legier par subtille practique
Se posa lors sur le mont calcidique
Dont il venu en ce terres premier
A toy phebus bien voulut dedier
Et consacrer ses aelles pour offrande
La feist il temple plein de richesse grande
Et de painctures moult belles le orna
Au grant portail tout premier ordonna
Et feist paindre par euure auantageuse
De androgeus la mort triste et piteuse
Comment aussi les habitans dathenes
Furēt transsis soubz moult cruelles peines
De deliurer sept filles et sept filz
Par chacun an du monstre desconfiz
La estoit lame au vray trassee et paincte
Du des sept filz la vie fut estaincte
Daultre coste sur roche hault pourtraicte
Contre la mer fut la terre de crete
Le fut lamour cruelle du thoreau
Et pasiphe supposee nouueau
Dont en issit vne diuerse forme
Vne lignee monstrueuse et difforme
Dit minothaure en memoire future
Du crime tel et dampnee luxure
Dont fut forge le laberinthe labeur
Pour prison sente et inextricable erreur
Mais dedalus ayant compassion
De lamoureuse poincture et passion
Quen adienne pour le beau filz thesee
Luy feist le dol et la maison aisee
Et enseigna le doubte tressubtil
Par la conduite et vestige dun fil
Tout y eut paint et moult grande partie
En ce chef deuure eust este departie
A toy icare par grant meschef tollu
Si tristesse leust souffert et voulu
Car dedalus ton pere en tous endrois
Sessaya paindre en fin or par deux fois
Ton cas piteux et les fondues aelles
Mais p̄ deux fois cheurēt mais paternelles
Certainement enee et ses consors
Eussent a leul remire tous les sors
De tel paincture sicomme plus oyseux
Mais achates suruint a lors entre eulx
Se feist certes de phebus et triuie
La prestresse qui ailleurs les conuye
Cest deiphebe de glaucus fille nee
Dicte sybille si dist lors a enee
¶ Le temps duquel presentement tu vses
Pas ne requiert qua painctures tabuses
Or est saison que sept ieunes thoreaux
Non point domptez auec sacrez eaux
Tues et mactes et sept brebis esleues
Intemeretz non ordes ne polues
¶ Quant elle eut dit ilz ne tarderēt point
Ains feirent tous le sacrifice enioinct
Lors la prestresse tous les troyans appelle
Dedens le temple si fut lentree telle
Vng grant rocher y auoit audeuant
Et louuerture obscure et bien auant
Toute entaille la y eut cent entrees
Et cent portes bien acler demonstrees

Nō hoc ista sibi tēp⁹ spectacula poscit nūc grege de intacto septē mactare iuuencos præstiterit

Talib⁹ effata eneā nec sacra morātur iussa viri

Autant de voix et de respons diuers
Par sybille furent leans ouuers
Quant venus furent au droit lieu limitte
Ou appollo ses augures recite
Alors la vierge leur dist or est saison
Scauoir le faict fatal par oraison
Voycy le dieu voire le dieu dist elle
Et tout acoup disant parolle telle
Deuant les portes elle fut transmuee
Car sa couleur fut changee et muee
Pas neut la face cōme elle eut par auant
Ses cheueulx furent espars et mis au vēt
Sa poictrine moult anhelle et respire
Et de fureur son cueur enfle et souspire
Plus grande semble que par auant nestoit
Et mortelle plus ne representoit
Quant elle fut insuflee et esprise
De deite prochaine et bien aprise
Lors dist tout hault O troyen eneas
Est il iuste de quoy tu garde as
A faire veux sacrifices et prieres
Na il en toy plus deuotes manieres
Les grandes portes de sa maison celeste
Demourrōt closes et voix dedens pour reste
Jusques atant que le crime et meffect
Par oraison vous ayez satiffaict
telz motz leur dist lors peur craīte & doubte
Saisist leurs corps et la pensee toute
Incontinent le roy ou deul abonde
A priere de cueur piteux se fonde

Phebe graues troie sē p̄ miserate labores Dardana q̄ paridis di rexti

¶ Sire phebus qui tousiours par faueurs
As supporte tous les troyans labeurs
Et qui le dart en la main dardanide
As dirige droit au corps eacide
Helas tu scais que par le tien secours
Jay trauerse tant de mers et leur cours
Tant de grandz pors q̄ la terre enuirōnent
Et tāt de lieux ou les grādz vndes tournēt
Jay tournoye les repostes contreez
Les gens masilles peu veues et monstrez
Et les pays occupez et espars
De peritz syrtes doubteux en toutes pars
Finablement nous auons prins la voye
Au gre des dieux qui nous meine et cōuoye
En ytalie qui de nous se deffuit
espoir no⁹ guide mais malheur no⁹ poursuit
O si il te plaist la troyenne fortune
A tant cesse sans plus estre importune
Et vous O dieux et puissantes deesses
Or est il temps dapaiser voz rudesses
Et pardonner a la gent pergamee
Laquelle auez tant haye et blasmee
Se ylion et la troyenne gloire
A offence vostre diuin pretoire
Oultre ladueu et toy saincte prophette
Qui du futur as science parfaicte
Chose impossible ne veulx ne mais indue
De moy doncques si tost sera receue
La gent troyanne au royaulme promis
Ou si perdu est le temps quauons mis
Et sil aduient que ie puisse parfaire
De riche marbre feray bastir et faire
Temples moult beaulx a phebus et triuie
Jours festiuaulx tant que seray en vie
Qui de phebus seront dictz et nommez
Apollinaires par peuples renommez
Si mes desirs viennent ou il pretendent
Grans penetrales en noz pays te attendēt
Or me declaires doncques de laduenir
Car ie feray obseruer et tenir
A la gent mienne tes sors et tes responces
Et les fatalles arcanes et absconses
Je sacreray gens propres et esleuz
Lesquelz par toy seront nommez et leuz
Dignes de estre gardiens et custodes
De tes volumes et tant precieux ordes
Ne me mande choses tant singulieres
Par toy escriptes ensemble si legeres
Pour que le vent qui tant tourne et varie
Ne les transporte et ne les contrarie
Mais de la bouche dy nous appertement
Nostre aduenir ie ten prie humblement

At phebus nondū patiens īmanis ī antro bacchat vates

¶ A tant meist fin eneas a son dire
Lors la prophecte non refrenee dyre
Dedens son antre tournoye et se demaine
Pour exciter le cueur et la poictrine
Du dieu phebus parquoy dit et reuelle
Lheur des troyans et cil de leur sequelle
Lors apres bruit qui fut mene leans
Les cent portes rompirent leurs liens
Et de leur gre furent toutes ouuertes
Lors par lair furent dictes et descouuertes
Les responces et les diuins augures
Soubz diuers signes & soubz maintes figures
¶ O eschape de grandz marins perilz
Tourne or endroit tourne tes espritz

O tãdẽ magnis pelagi defuncte periclis Sed terra grauiora manẽt i regna lauini Dardani devenie

Trop plus grãs maulx en la terre latẽdẽt
Les dardanies viendront ou ilz pretendent
Cest assauoir au royaulme lauine
Nen ayes soing cest lentente diuine
Mais si tres malilz seront detenus
Que bien vouldront ny estre ia venus
Je voy et sens batailles moult horrendes
Et le tybre parmy ses vndes grandes
Tout plein de sang de gens mors et batus
Brief symois et le fleuue panthus
Ne trouueras a dire telles noyses
Ne mais les tentes doriques et gregoyses
La est ia ne le second achilles
Qui aura gens belliqueux a reles
Et mais iuno des troyans ennemye
En lieu que il soit ne sesloingnera mye
Et lors toy humble en telle aduersite
Il ny aura gent peuple ne cite
Es ytalies que au besoing ne requieres
Et desquelz tous aliance ne quieres
La seule cause de si grande destresse
Ce sera certes vne seconde hostesse
Qui les troyans vouldra tous herberger
Et copuller de thalame estranger
Mais touteffois quelque mal qui tassaille
Ne quite pas le lieu ne la bataille
Ains bien hardy iecte toy en auant
Car fortune nen durera souuent
De ton salut la voye et le compas
Ce que pourtant tu ne ymagines pas
Te naist et vient de la cite gregoise
Note ces motz et que ton cueur les poise

Talib⁹ ex adyto dictis cumea sybilla Horrendas canit ambages

¶ Quant apollo eut telle responce dicte
De son profons et tenebreux adite
Lors la sybille cumee luy expose
Par ambages mainte diuerse chose
Et en son antre mugist et se reuolue
Choses obscures quãt vray les elle ĩvolue
Apollo certes sa voix eguillonnoit
De sa pensee le frain il seul menoit
Quant la fureur delle fut apaisee
Et queneas la treuue vng peu aise
De lescouter si dist O doulce vierge
Ma seule face de mon labeur concierge
Certainement iay conceu et apris
Par si deuant mon sallaire et mon pris
Et de mes peines futures le presage
Jay debatu le tout en mon couraige
Vng don requiers car on dit quen ce val
Est la porte du palais infernal
Et le palus tenebreux dacheronte
Qui par ses vndes y reflue et surmonte
Et pource donc quil est besoing q̃ ie aille
Voir le mien pere et que point ie ne faille
Je te prie que le chemin menseignes
Et que des portes me mõstre les enseignes
Quant troye fut demollie et destruicte
Pour quoy myẽ pere mort ne luy feist pour
Je lemportay sur les espaulles myẽnes (suite
Des feux diuers & des flammes troyẽnes
Et le saulue du grief de mille dars
Et du meillieu des poursuyuans soudars
Las il depuis cil me feist compaignie
Par maintes mers auec ma mesgnie
Et soupportoit du ciel et de la mer
Maintes menasses et maint labeur amer
Il inualide oultre le sort et force
De viellesse sans craindre nulle torse
A moy donner expres commandement
Que deuers toy me tirasse humblement
Et pource doncques dame piteuse & saincte
Du pere et filz escoute la complaincte
Tu peulx le tout hecate la deesse
Ne ta en vain donne la hardiesse
Ne la conduyte par les auernes boys
Si orpheus a bien peu quelque foys
Les infernaulx manes a luy astraindre
Pour sa femme deliurer et attaindre
Jouant de harpe threicie et de corde
Ou de musique ou grant doulceur sacorde
Et si polux son frere racheta
De mort alterne et o luy se iecta
Dedens le ciel en astres lumineuses
Ou il chemine en voyes planctureuses
A quoy iray ie thisbe memorant
Et mais a lorde et tout le demourant
De iuppiter qui ont prins origine
Et moy cõme eulx iacoit q̃ nen suis digne
¶ En telle maniere prioit et requeroit
Et des aultiers au plus pres demouroit
Lors la prophete qui sapience garde
Luy print a dire O tros anchisiade
Issu des dieux entene ma voix vtille
Certes la voye denfer est moult facile

Talibus orabat dictis arasq; tenebat Tũc sic orsa loq vates Facilis descensus auerni

Noctes ac
dies pa-
tet atri ianu
a ditis Sz
reuocare
gradū supe
rasq; euade
re ad auras
Hoc op⁹ hic
labor ē. pau
ci quos e-
quus ama-
uit Juppit.
aut ardens
euexit ad e
thera virtus

Par nuictz et iours est ouuerte et patente
Du noir ditis la porte violente
Mais reuoquer le souuerain degre
Chacun ne peult cela faire a son gre
Et euader es mancions celestes
La ou sont certes de tous labeurs refaictes
Peu en ya bien aymez et cheriz
De iuppiter qui ayent telz meritz
Que estre esleus par vertu haulte et clere
La sus au ciel et au luysant ethere
Ceulx qui furent engendrez par les dieux
Qui peuēt ce faire et attaindre ces lieux
Siluees et boys occupent ceste pleine
Enuironnee de cocythe et deaue pleine
De noire humeur les enuirons arrouse
Dont sengendre si tenebreuse chose
Mais se tu as lamour et le desir
De visiter ces lieux a ton plaisir
Passer deux foys en grandz sollicitudes
Les lacz stiges et infernaulx paludes
Et que tu vueilles pardonner au labeur
Si tresextreme par feruite de cueur
Prens et retiens pour au tout satisfaire
Ce que premier il te conuient a faire
En la forest prochaine obscure et noire
Dedēs vng arbre moult digne de memoire
Est vng rameau tout dor basty et pris
Doulx et flexible dedie et compris
A proserpine la deesse infernalle
Branches et fueilles de la forest totalle
Icelluy queuurent et doulx vmbre luy fōt
Les vallees qui tout a lentour sont
Impossible est que nul la dessoubz entre
En celle terre et soubz en diuers centre
Sans que premier on ait pris et cueilly
Ses rameaulx dor et ses fruitz recueilly
Proserpine qui es enfers herite
Veult quon luy porte ce beau don p merite
De le cueillir doubter certes nen fault
Tousiours reuient et iamais ne deffault
Verge pareille et de metail semblable
Dedens frondist et est inseparable
Enquiers donques et conduis sagement
Ton oeul par tout sans errer nullement
Pour que ta main cueillir a gre le puisse
Mais que tu laye trouue sans aucun vice
Car se les dieux et lors fataulx permettent
Qua le cueillir tes doulces mais se mettēt
Facile et doulx tousiours le trouueras
Et ten suiura par tout ou tu iras
Aultrement non que par glaiues ou forces
Ne le pourras tirer de son escorche
Au fort pourtant et si tu ne scais pas
Vng amy tien par vng mortel trespas
Est defailly et gist son corps sans vie
La bas au port que a dueil ie conuye
Celluy macule ta maniere pour voir
Lors que tu veulx nostre conseil auoir
Or est besoing que premier le rapportes
En ses sieges et que tu le transportes
Soubz sepultures et pour les siennes gloires
Honneur luy faces daucunes bestes noires
Deux piacules premierement prendras
Lors a ton sort heureux tu paruiēdras
Ainsi verras en sancte et en ioye
Les bois stigie et royaulmes sans voye
A tant se teust et si ferma sa bouche
Sans que plus lors de chose telle touche
¶ Le duc enee moult dolant et piteux
Baissant la veue comme triste et honteux
De la se part laissant la roche eureuse
Rememorant la chose si doubteuse
Dedens son cueur et de pres le suyuoit
Lil achates qui soing moindre nauoit
Mainte parolle entre eulx lors diuisoient
En cheminant et souuent proposoient
Qui pouoit estre celluy mort et transsi
De leurs consors que la prophette ainsi
Leur auoit dit et quel corps sans rōpture
Elle entendoit quon mist en sepulture
Et tant allerent ensuyuant ce langaige
Quilz veirent mort dedens le fier riuaige
Celluy miscene par mort indigne occis
Nul plus de luy fut expert ou rassis
En faictz guerre mettre ordre et grāt police
Entre gens darmes tāt fut sage et propice
Et bien scauoit par trompette et buccine
Faire renger les soudars en son signe
Celluy auoit este familier
Du grant hector et de luy ralier
Bien se vouloit en moult aspre bataille
Hardy fut il et de robuste taille
Au besoing voulentiers se trouuoit
O fiere espee ses forces esprouuoit

Eneas me
sto defix⁹ lu
mina vultu
Ingreditur
linquēs an
trum

Et quant hector fut despouille de vie
Par achilles cil miscene eut enuye
De eneas se ioindre et se retraire
Dõt mendre loz ne deuz pourtant attraire
Et auec luy par la mer sen alla
Quant le pouoir des grecz troye enella
Mais mal luy print certes a celle fois
Car en sa trompe il entonna sa voix
Cuydant les dieux marins faire reduire
Et par tel son a combat les induire
Alors triton se le croire est licite
Trop enuyeux dont cil les dieux incite
Entre rochers le print et lennoya
Et soubz les vndes spumeuses le noya
Pour celle cause les troyens gemissoient
Et pour clameur trop grande fremissoient
Entre aultres plus eneas le piteux
Si sapreste eurent en lennoyant entre eulx
De mettre a fin lactente de sybille
Et proposoient par moyen plus vtille
Hault esleuer le sepulchre et laultier
Et y poser maint gros arbre et entier
Ainsi sen vont en la forest antique
Ou maĩte beste moult siluestre et lubrique
Leans habitent et y font leurs manoirs
Dedens buissons bien obscurs et biẽ noirs
Par terre ruent les haultz pins ⁊ les chesnes
O leurs cognies ⁊ maĩtz verdoyãs fresnes
Et a grans coups les descouppent ⁊ fendent
Et des montaignes les iectent ⁊ descendent
Pas ne failloit enee a ce mestier
Ains se monstroit curieux le premier
Ses gens conuye et au faict les ex horte
Darmes pareilles se prepare et assorte
Et quant ainsi en son cueur reuoluoit
Toutes ces choses et a leur regardoit
La forest telle si peuplee et si large
De sa pensee telz parolles descharge
¶ Or moult auroit de ioye grant tresor
Moult dolant cueur si ce beau rameau dor
Se presentoit maintenant en ma veue
En la forest de tant de bois pourueue
Puis que ainsi est o miscene sans doubtes
Que la prophette a dit la chose toute
Vraye et certaine de ton piteux trespas
De mon labeur ne desisteray pas
¶ A peine eut dit en coupãt boys ⁊ brãches
Que dauẽture lors deux columbes blãches

Si nunc se nobis ille aureus arbore ram^9 Ostendat a more ĩ tãto

Vollans du ciel en bien petit espasse
Vindrent passer au plus pres de sa face
Puis se poserent sur terre verdoyant
Lors le seigneur noble cela voyant
Congneut ce coup les aues maternelles
Et moult ioyeux dressa sa voix a elles
¶ Disant o vous oyseaux soyez no^9 guides
Et se chemin ya ou nulz rempdes
Pour paruenir au lieu plaisant et beau
Ou ce sacre et tant riche rameau
La terre pigne ou tout obumbre queuure
Menez nous y pour parfaire nostre euure
Et toy mere tressaincte ne me faulx
Soubtiẽs mes doubtes excuse mes deffaulx
Quant eut parle tout doulcement chemine
En regardant leur maintien et leur signe
Et moult aduise en pretendant aller
Apres leur paistre et droit ou sen voller
Lors peu a peu en volletant cheminent
Parmy le bois et si loing ne terminent
Leurs cours legiers que bien appercevoir
On ne les puisse et aleul a cler voir
Et quant ainsi ensemble volle eurent
Et toutes deux au lieu venues furent
Ou est la gueulle dauerne mal sentant
En lair se lieuent legeres hault montant
Puis prindrent siege et double reposee
Et fut chacune sur vng arbre posee
De la lueur par les rameaux yssoit
Du sainct rameau qui dor resplendissoit
Tout tel sembloit certes et pareil comme
Sur branche neusue faict la glueuse gomme
Au froit iournal es forestz maintes foys
Qui pas ne vient de semence du boys
Et enuironne les troncs dispareilles
Par couleur iaune croceés et vermeilles
Telle estoit lors du rameau dor lespece
En arbre obscur ou gist telle richesse
Par vent souef en ce point crepitoit
La lame dor qui la dedens estoit
Incontinent eneas eut enuye
De larachet car desir le conuie
Ainsi le print et de larbre losta
Puis tout acoup au lieu le transporta
Ou sybille la sacree prophete
Pendant ce temps durant telle entrefaicte
Tous les troyans pleuroient sur le port

Vix ea fat^9 erat geminẽ quũ forte columbe Ipsa ora vi ri celo venere volentes Este duces o si qua via ẽ cursũq; per auras Dirigite ĩ lucos

Le leur miscene qui naguere estoit mort
Et sur la cendre ingrate lors faisoient
Euures supremes et bien y aduisoient
Premierement bastirent vne pyre
Moult grãde ⁊ haulte plꝰ q̃ on ne feroit dire
Pingue de torches de boys couppe garnye
De branches noires par les costez fournye
Et au deuant y mistrent au plus pres
Pour funetale grans feralles cypres
Et par dessus en louenges patentes
Mistrent ses armes tresclères et luysantes
Aucuns diceulx queroient chauldes eaux
En potz de cupure et en larges vaisseaux
Le corps ia froit en aqueusent et lauent
Ainsi que tous ou mieulx faire le scauent
Grant pleur se lieue et quãt ce failly corps
Fut assez plein par leurs moyens accords
Sur ce hault trosne le mettent et le posent
Robes pourpreez sur iectent et imposent
Et couuertures dont aultreffois vsoient
Lune partie diceulx ainsi faisoient
Triste mistere a lentour du pheretre
Les plus prochains se vouloiẽt entremectre
Selon leurs meurs des torches alumer
Aultres faisoient brusler et consumer
Les dons thurres viandes et crateres
Auec oliue espars a telz misteres
Quant cela fut tout conuerty en cendre
Et que la flãme ne scauoit plus ou prendre
Les reliques auec vin enterrerent
Et la famille bibulle quilz trouuerent
Chorineus tous les os amassa
En potz darain les mist et enchassa
Puis les a sperge deaue pure et clere
Les assistens de rousee legere
Dvng rameau doliuier arbre eureux
En circuyt et enuironne entre eulx
Disant a dieu en parolles finables
Comme on faict en cures funerailles
Puis eneas luy feist faire vng tombeau
Soubz grãde pierre moult sũpLueux ⁊ beau
Et dessus meist ses armes sa trompette
Presouпposant que encore les appette
Pres du hault mont assez de grãt regnom
Qui miscene de luy apres le nom
Et iusques a huy chacun ainsi lappelle
Dont la memoire en sera immortelle
¶ Quant tout fut faict enee promptement
Voulst de sybille faire lexhortement

*His actis p pere exiqui precepta sybi le Spelũca alta fuit*

Vne spelunque tres grande et sans mesure
Profonde et haulte et douuerture large
Fut la empres moult scrupee et pierreuse
Dun lac tresnoir seure et auantageuse
Et des tenebres de maintz arbres diuers
Toust vmbrageux obscurs non mye verdz
Et sur icelle les oyseaux qui volloyent
Tumboient lors quant parmy lair alloiẽt
Tant fut le feu qui de la gueulle yssoit
Ort et puant qui tout lair honnisoit
Ceulx du pays voyant ceste cauerne
La nommerent par nom antique auerne
En ce droit lieu sybille constitue
Quatre iuuenques noires et si les tue
En fondant vin par dessus sur leur chief
Prenant le pot et la laine sans grief
Quentre leurs cornes y eurent de nature
Au feu sacre les iecte par droicture
Pour sacrifice et premier libamine
En reclamant hecate la diuine
Ayant pouoir hereb potencieux
Aucuns souпposẽt coultres en diuers lieux
Aultres recepuent le sang chault et tepide
Dedẽs pateres comme raison les guide
Et eneas de son espee fiert
Vng aigneau noir ainsi comme il affiert
A la mere des filles eumenides
Et a sa seur la terre pour subcides
A proserpine occist il bien instruict
Vne vache lors sterile sans fruict
Puis commenca et feist au roy stigie
Nocturnes ares en forme bien regie
Dessus icelles il meist en feux nouueaulx
Les entrailles de maintz occis thoreaux
Et les arrouse dhuille pigue ⁊ moult grace
Pour obtenir des dieux requis la grace
¶ En cest affaire et songneux appareil
Que la lumiere du primerain soleil
Iour amenoit pour sa clere naissance
Lors tous ouyrent par cõmune audience
Dessoubz leurs piedz terre mugir ⁊ braire
Haultes montaignes se mouuoir ⁊ retraire
Et si veirent voller par icelle vmbre
Chiẽs moult doubteux ⁊ de diuers encõbre
Quant la deesse dun enfer tenebreux
Marcher commence et cheminer entre eulx
Lors la prophete a haulte voix conclame
Vuydes prophanes que ne demeure ame
Allez au loing icy hors de ce boys

*Ecce autem primi sub lumina solis ab ortus Sub pedibus mugire solum*

Dii quibus imperium ẽ a nimarum, umbre q; silentes
Et chaos et phegeton loca nocte silentia late late
Sit michi fas audita loqui

Et toy enee prens voye a ceste fois
Tire ton glaive besoing as de couraige
Et de poitrine moult ferme en tel voiage
Celle sans plus luy dit la dame experte
Puis se descend dedens la fosse ouverte
Et la le suyt non en timide pas
Elle pourtant il ne seslongnoit pas
O dieux puissans qui des ames dolentes
Avez lempire en voz umbres silentes
Chaos aussi phegetõ plein de bruit
Lieux umbrageux par eternellet nuyt
Donnez moy loy par la puissance vostre
Que chose ouye aller recite et monstre
Et que ie soys de narrer assez digne
Choses obscures soubz terre et caligine
Ainsi doncques obscurs par maintz encombres
Soubz seulle nuyt alloient par les umbres
Par les maisons de ditis toutes vuides
Et par les biens des royaulmes timides
Tout en ce point que la lune incertaine
Dessoubz lumiere maligne est trop soudaine
Aucuns chemiẽt p forest et par voye
Le ciel couvert umbrageux celle fois
Et la nuyt noire tient la lumiere enclose
Si nõ q̃ on ne voit quen doubte toute chose
Devant la porte et premier vestibule
Et a la gueulle dorcus ou lon ambule
Ont leur cubile pleur lamentacion
Cures ultrices cest leur possession
Et la habitent maladies tres palles
Triste vieillesse et craintes non egalles
Fain qui induit les gens a mal et peine
Laide souffrance et pourete villaine
Leurs formes sont terribles a les veoir
de la venoient mort labeur pour tout voir
Et le parent de la mort sompnifere
Joye mauluaises bataille mortiffaire
Et mais les chãbres toutes faictes de fer
Des eumeneides aupres de lhuis denfer
Folle discorde qui ces crains viperees
Avoit lyez de victes sulphurees
En celle place des rameaulx espandoit
Et ses vieulx bras tout au large estendoit
Ung grant ormeau ouppaque et si disoient
Que les vains sõges leurs sieges la tenoiẽt
Et soubz les fueilles prenoiẽt leur repos
Differamment sans ordre et sãs propos
En oultre veirẽt de bestes maintes formes
Divers centaures et de celles bifformes

Et cent fois double le monstre briaree
La beste de lerne mal paree
Silz feirent il celle chimere horrende
Moult fort scadente armee de flame grãde
Et mais gorgones et rapaces harpies
Donc il y eust planteureuses coppies
En la forme de lubre a trois corps
Toust leans furent en inbileux accordz
Lors eneas trepide et plain de crainte
Tira acoup lespee quil eust seinte
Et presenta sans pouoir abstenir
La poincte a ceulx qui voit prez luy venir
Bref ce ne fust sa cõpaigne tressage
Eust couru sus leur cuidãt faire oultrage
Mais elle tost luy dist q̃ ceulx estoient
Umbres sans corps qui leans voletoient
Soubz apparence de forme et soubz espece
De maint ymage tarpant peur et tristesse
Et que par glaive en vain sefforcoit
De les combatre car ia rien ny feroit
¶ Et la endroict ce cõmence la voye
Qui les passans tout droit meine et conuoye
Aux grans undes dacheron tartaree
Ou par voye obscure et preparee
Segours libide hideusement estue
Et vomist la reyne combastue
Et la rengorge en cochite prochain
Tant est son cours volubille et soubdain
Le portiteur et nautonnier terrible
Nõme charon tout scalide et horrible
Garde ses flumes et ses piteuses eaux
La sont certes ses passe temps plus beaulx
Sil avoit barbe inculte et sans mesure
Jeulx flãboyans si cõe ardant fulgure
Sur ses espaulles eut ung mãteau noir
Fort et non digne destre guere loue
Sil gouvernoit sa petite nacelle
O verge longue et luy ministroit celle
Et trespassoit en sa courbe roullee
Mainte poure ame de son corps despoullee
Il qui ia vieulx et ancienne estoit
Verte vieillesse pourtant le supportoit
Toute la tourbe de ceulx qui descẽdoient
La ou rivage du fleuve se rendoient
Meres et hõmes et les corps exanimes
De maictz nobles puissãs et magnanimes
Enfans et filles et mains ieunes mourãs
Devant la face de leurs propres parẽs

Hinc via tartarei q̃ fert acherontis ad undas Turbidus hic ceno

Tel fust le nombre et sy grant multitude
Côme autûne ou premier froit et rude
Feulles cheent en grande quantite
Des grans arbres ou furent en este
Ou ainsy côme le froit puer amasse
Oyseaulx sãs nõbrez oultre mer les chasse
Et les enuoye autre terre querant
Fertille et doulce pour leur estre garant
Les plus prochains a grãt nõbre attẽdoyẽt
Et les palmes vers la riue tendoyent
Pour le desir et volunte hatiue
Que tous auoient dataindre laultre riue
Mais le triste nautonnier impiteux
Ne prenoit garde a la qualite de eulx
Ains en passoit a la naue ancienne
Puis vngz puis autres a sa volũte sienne
Et si aucun trop au loing se tenoit
Moult le blasmoit et fort le reprenoit
Lors eneas tout trouble et esmeu
Du grant tumulte si fust de pitie meu
Donc prist a dire o vierge en qui me fye
Di si te plaist que cecy signifie
Pourquoy tãt dames ou fleuue prẽgnẽt
que q̃rẽt elles ne ou est leur recours (cours
Pour quelle cause la riue aucuns laissent
Et les autres trauaillent et ne cessent
Passer les portz liuides et tant noirs
Pour paruenir ne scay aux quelz manoirs
Sy luy respond assez en belle adresse
Celle anciẽne et longeue prestresse
¶ Filz danchises diuine geniture
Entens et note ceste triste auanture
Ce que tu vois et de scauoir pretens
Sont de cochite les dangereux estangs
Et le palut stigiẽ que trop craignent
Les dieux iurer q̃ leurs sermẽs nẽfraignẽt
Ceste turbe que tu voys affinee
De cheminer est sans terre inhumee
Ceulx que charon par les vndes trãsporte
Ont eu certes sepulture a leur sorte
Car autrement ne leur seroit p̃mis
De passer oultre et deste a peine mys
Jusques a tant q̃ leurs oez leurs mẽbres
Prẽgnent repos en sepulchrines chambres
Par cent ans errent ꝛ par cẽt ans volitẽt
Au tour du port et tousiours y habitent
Finablement sont receux et sen vont
Oultre le fleuue ou tous leurs desirs ont

Dic ait o virgo quid vult conuersus ad amnem
Quid vepetunt anime
Anchisa generate deũ certissima proles
Cocyta stagna alta vides stigiãq̃ paludem

Lors sarresta en doulante maniere
Le duc enee tirant son pied arriere
Jectant son cueur en maintz propos obliq̃
Et eut pitie de ce sort tant inique
Si veist illec aucũes tristes gens
De honneur de mort carens et indigens
Cest assauoir oronthe et leucaspie
Luy deulx ducteur fut de la nef licye
Et quant de troye o eneas partirent
Par mers venteuses q̃ sonnẽt leur meffirẽt
Le vent austral le noya en ces eaux
Et fist perir hommes et leurs vaisseaux
Apres veist il palinure aprouchier
Gubernateur de sa nef q̃ teint cher
Lequel na gueres passant la mer libique
Et des estoilles gardant le cours rubrique
Estoit tumbe par cas triste et amer
De la nef haulte ou profond de la mer
Quant eneas combien que moult a peine
Le peult cõgnoistre en vmbre si soubdaine
A luy premier sa parolle adressa
O palynure amy aproche ca
Lequel des dieux dy le moy ie te prie
Ta separe de nostre compaignie
Et pour quel cause ta fait en mer noyer
Veu que iamais ne te veis foruoyer
Oncq̃s en toy ne congneu faulte ou blasme
Pour quainsi deust a coup perir ton ame
Apollo certes par qui iay du tout sceu
Mon aduenir ma en cecy deceu
Car il me dit quen mer nul mal nauroye
Et quau pais ditalie viendroye
Esse doncques la seure et vraye foy
Quil eust promise et octroye a moy
¶ Si luy respond o dieu noble et insigne
Deceu ne ta de phebus la courtine
Ja ne me feist aucun des dieux perir
Dedens la mer et en celle mourir
Mais seul meschef car quãt ie gouuernoye
Noz cours marines et q̃ garde prenoye
Aux astres clers ie qui a puye fuz
Au gouuernal tout trouble et confuz
En mer ie cheu et o moy emportay
Le gouuernal du quel me supportay
Et si te iure par la mer aspre et rude
Que tant neu peur ne de solicitude
De ma personne tel naufrage endurant
Que ieux certes a lors considerant

Ille autem neq̃ te phebi cortina fefellit
Dux anchisiade nec me deus equore mersit

Ta nef ainsi despourueue de maistre
Et despouille de gouuernal a dextre
Craignant que mer la deust tost assaillir
Et quãt telz vndes pourroiẽt acoup faillir
Le vent motus violant et mobille
Trois nuytz entiers par la mer volubille
Me charria et au quatriesme iour
Hault me esleua sur liuide seiour
En tel trauail peur et melencolie
Je veis a leul le pais ditalie
Tout peu a peu a la terre venoye
Et la pie ferme et seur ie tenoye
De tout peril ce sembloit euade
Si gent cruelle et neust lors inuade
Par fer et glaine qui aggraue estoit
Pour la robbe et pleine deaue que portoyt
Souuent cuidoye les rochiers attapper
O main adoncque esperant eschapper
Mais celle gent grace point ne me octroye
Cuidant que fusse vne nouuelle proye
Ainsi par eulx fuz mort et desconfit
A peu dacquet et amendre proffit
Or ma la mer et ores mon corps versent
Des vens legier que en la mer trauersent
Si te requier par la lueur prospere
Air ciel et terre et mais par le tien pere
Par lesperance dascanie croissant
Que me deliures de ce mal si pressant
Ou pour le mois queuure mõ corps d terre
Affin que ie aye quelque repos pour erre
Car tu le peulx mais qua pitie tenclines
Nouuelle auras de moy es portz velines
Orse tu peulx trouuer moyen et voye
De la quelle ta mere nous pourvoye
Car pas ne croy que sans diuin numine
Pres de tel fleuue la personne chemine
Ne que tu puissez la stigie palude
Nager sans dieu par grant solicitude
Baille la main a moy pouure chetif
Et du partir ne soyez tant hatif

Talia fat⁹
erat cepis
quum talia
vates
Unde hec o
palinure
tibi iam di-
ra cupido

Auecques toy tout le premier nef meines
Affin aumoins quen paisibles demaines
Apres ma mort et repos y demeure
En plusieurs sieges ou ie face demeure
¶ Tout ce disoit quant la saicte prophete
Reprint ses motz en parolle discrette
Mais dou te vient si grande conuoitise
O palinure qui ton desir atise

Cuides tu veoir deuant questre inhume
Les eaues stigies et le feu allume
Des eumenides et sans commandement
Partir du port ainsi soubdainement
Nespere pas que volente diuine
Par priere se change ou se termine
Mais pres mes ditz pour ioye ⁊ po⁹ soulas
En recompense de ton malheureux cas
Les finitimes et tous ceulx du pais
Par qui gys mort troublez et esbahis
De maints prodiges et augures celestes
Par toutes villes ⁊ par les chãps agrestes
En grant honneur tes os amasseront
Et sepulture louable leur feront
Sur tõ tõbeau ap mettãs solõpnes choses
De grans louanges et de vertus encloses
Et ce lieu la en eternel regnom
Aura de toy palinure le nom
Les choses dictes vng peu furent ostez
Ses cures tristes et douleurs deboutes
Joye a son cueur commenca a reprendre
Dont la terre doit le nom de luy prendre

Ergo iter i
ceptũ pera
gũt fluuioq̃
pa piquãt
Nauita
quos iam
inde

¶ Apres cela leur eutre commencee
Parfaire veullent en songneuse pensee
Leur chemin signent et si auant toucherẽt
Que du fleuue tantost pres aprocherent
Lors quant charon le nautonnier immũde
Qui transfretoit en celle stigie vnde
De loing le veit passer par bois tacite
Et que leur pied les adresse et incite
Tirer au port promptement les assault
De sa parolle en leur disant tout chault

Quisq̃s es
armatus
q̃ nostra ad
flumina ten-
dis
Fare age
q̃d venias
iam q̃
Istinc com-
prime gres-
sum
Umbrarũ
hic loc⁹ est

¶ Quelq̃ que tu soies ainsi q̃ arme viens
Pres des riuages et fleuues qui sont miẽs
Dy qui te maine et sans demourer guere
Reprend tes pas et retourne en arriere
Icy est certes des vmbres le seiour
De nuyt de sõpne sãs lumiere ⁊ sans iour
Cest vng grant crime porter corps q̃ na vie
Sur celles vndes en nauire stigie
Oncques neu ioye quãt hercules le preux
Oultre passay sur ce lac tenebreux
Piritons ne mais le fort thesee
Jacoit quil eussent force et puissance aisee
Et que des dieux fussent yssus et nez
Trop mal me print quant ie les eu menez
Cil hercules osa bien entreprendre
La custode tartaree lors prendre

En ses liens et larracher du trosne
Or fut le roy denfer et sa matrosne
Les aultres deux firēt vng mal greigneur
La dame prindrent au pres de son seigneur
Et lenmenerent du cubile et thalame
De son espoulx sās craindre tort ou blasme
Contre telz motz la prophete amphrisie
Feist responce de grand vertu saisie
Icy nespie aucun ny eschauguette
Icy nya personne qui te guette
Cesses doncques ores ramenteuoir
Ceulx q̃ ont sceu telz meffaitz esmouuoir
Noz dartz ne portent violence ne force
Jacoit pourtāt que moult tache et sefforce
Le grant portier denfer espouenter
Umbres exangues et trop les tormenter
Et que bien garde la saige proserpine
De son patrue le siege et le limine
Le troyen duc insigne de pitie
Darmes coruscque et taut plain damitie
Et descendu es umbres tartarez
En parfondeur sans lumiere esgarez
Pour veoir son pere cause de tel voraige
Sy doncques ores de tel pitie lymaige
Ne peult ad ce ton couraige esmouuoir
Congnois au moins et a leul daigne veoir
Le rameau dor qui en loz multiplie
Lors le descueuure et a lors desplie
Car soubz la robe eneas le tenoit
Et sans cellay leans ne cheminoit

Nec plura his ille admirans venera bile donum Fatalis virge longo post tempore visum Ceruleam aduertit puppim

¶ Incontinent la fureur amassee
Dedens le cueur de charon fut passee
Et sans plus dire mais tout a labandon
Louant prisant le venerable don
De la vierge fatalle tout pourueue
Que de long temps par auāt nauoye veue
Sa nef destourne & lapprouche du bort
Si que eneas ny entre sans effort
Si fit issir les ames qui estoient
Dedens sa nef et que leans seoient
La place vuide et le vaisseau descharge
Si que le lieu soit plus grant et plus large
Et lors receut enee en doulce paix
Dedens sa simbe qui tira soubz le fais
Et par les riues de sa nef pondereuse
Entra dedens mainte eaue lymoneuse
Finablement si tresbien sananca
Que oultre le fleuue sauluement les passa

Et puis les meist a terre sur les herbes
De ionc espois et sur lymons acerbes
Le grant cerbere en celle region
Glapit et crye et sa grand legion
Et si extresme que quant mugist ou iappe
Par trois gueulles son iaspement eschappe
Sil gist couche en fosse creuse et grande
Tout affame corps deuorer demande
Quāt la pphete veit esmouoir ses leuures
Son col dresser tout remply de coulleures
Elle lu yiecte promptement vne soupe
Amyellee que de sommeil el souppe
Il ses trois gueulles affamees ouurant
Celle viande tost transgloutist et prent
Et quant il eut deuoree & mengee
Sa grand fureur fut en dormir changee
Lors ses grādz mēbres et ses larges costez
A terre gisent peu crains et redoubtez
Dedens son autre sen dort et se tournoye
Tout plain de sompne qui sa malice noye
Dont tout acoup enee occupe et passe
Lentree dure sās crainte ou sans menasse
Car le custode estoit enseuely
En tel repos qui le tint amolly
Ainsi euade par legierte notable
Le riuaige de lunde irremeable

Continuo audite voces vagus et ingens Infantū quorum anime flentes in limine primo Has iuxta falso damnati crimine mortis Nec vero he sine sorte date

Tantost apres au premier introite
Leans ouyrent en silence subite
Diuerses voix et grans gemissemens
Larmoyans ames pleurs et vagissemens
Denfans petiz q̃ mort que tout desuye
Auoit priuez par sort de doulce vye
Iouxte ceulx la sont mis et ordonnez
Ceulx qui a tort ou este condamnez
Et pas ne sont sans sort et sans iustice
Les sieges la et sans iuge propice
La est minos enquestre taciturne
Qui par mesure cōduit et meust son vrne
Cil appelle le conseil cil senquiert
De maulx et crimes comme le cas requiert
Les lieux prochains apres sont occuppez
Par ceulx q̃ ont leurs tristez iours couppez
Par main propre a leur persōne honteuse
Ont engendre mort innomynyeuse
Et la lumiere du monde ont tant hay
Que leur corps propre ont certes enuahy
Et chasse hors leurs malheureuses ames
Dōt trop meritēt grādz reproches blasmes

Las biẽ voulſdroiẽt au mõde or estre ceulx
Viuans encor en labeur engoysseux
Mais le fatal et les droitz de nature
Ostent cela a toute creature
Et les palus de lirremeable unde
Les priue et lye desperance seconde
Et soy mesmes qui a son cours espars
Et demest la dedens en neuf pars
Tant les abstraint et tãt les tient en serre
Qui nont plus loy de retourner sur terre
Non procul hinc partẽ fusi mon- strantur in omnem Ingentes cãpi
Non loing de la en pais spacieux
Larges et amples sont situez les lieux
Que champs de pleur cõmunemẽt on nõme
La y auoit mainct femme et maint homme
La pour certain estoient ceulx compris
Que folle amour auoit rauis z prins
Voyes secretes leans les aduisoient
Chemins obscurs a leur facon disoient
Forest de mirtes leur faisoit couuerture
Et tout au tout agreable saincture
Cure et tristesse dont il eurent assez
En leur viuant ne les auoit laissez
La fut phedra procris et eriphile
Qui meste et triste mõstroit la playe vile
Que son cruel enfant luy auoit fait
Si fut euadne et pasiphe en effect
Aussi celle quon dist laodampe
Qui fut lealle de protessille ampe
De ceulx compaigne fut certes ceneus
Qui deux sexes par auant auoient eus
Jadis fut fame et par apres fut homme
Puis retourna en sa premiere forme
Entre ceulx la fut dido la phenisse
Ayant encor la malheureuse et nice
Sa playe freche celle fois sans arrest
Cheminoit certes en la grande forest
Or quant le sainct troyen ladiusa telle
Et qui congneut par umbre que cest elle
Tout en ce point cõme quant aucun voit
Ou cuyde veoir si leur ne luy decoit
Nouuelle lune qui commence apparoistre
Etre les nues qua peine on peult cõgnoistre
Ainsi le veist eneas en telz termes
Qui iecta lors grande foison de lermes
Et damour doulce sans plus dissimuler
Auec elle commenca a parler
¶ O fortunee princesse de cartaige
Or cõgnois que vray et seur messaige

Me feist rapport que tu estois estainte
Et que despee dedens le tient sãs tainte
Suyui auoies cruelle extremite
Dont ie regrette celle calamite
Las ie fus cause de celle mort si dure
Mais pour certain ie te prometz et iure
Par les estoilles et par les dieux superes
Et si labbas en les terres aesperes
A quelque foy o royne miserable
Que iay party de ton port delectable
Oultre mon gre mais les commandemens
Des puissans dieux et leurs enhortemens
Qui mont cõtraĩt p merueilleux encõbres
Cy bas descẽdre parmy ses tristes umbres
Par lieux scalides incultes et moysiz
Par nuyt profõde z dangiers moult choisiz
Ceulx furent cause non la voulente miẽne
Donc ie party de la prouince tienne
Je ne cuydoye que pour mon partement
Tu portasse du deul si largement
Arreste toy et ne te eslongnes mye
De ma veue si acoup doulce amye
Mais qui fuys tu considere et aduise
Qui a toy parle plus nauray la franchise
Ce que dy sont polles finalles
Ainsi le veullent les puissances fatalles
¶ En telz parolles le cueur adoulcissoit
D celle la que grant deul nourrissoit
Mais pour son pleur ne pour sa tẽdre larme
Ne destournoit sa veue torne et ferme
Elle opposite auoit les yeulx fichez
Encontre terre par regret atachez
Et ia certes pour requeste du priere
Pour beau parler ne pour doulce maniere
Ne la peult il mouuoir ne approcher
Non plus que pierre marpesie et rochier
Finablement elle se desampare
Et ennemye le fuyt et le separe
Au bois couuers umbrifere a repous
Elle se tire a son premier espoux
Dit sicheus qui la tient et procure
Qui trauaille dune pareille cure
Et rend esgalle la premeraine amour
En lombrageuse nuyttee et seiour
Lors eneas eust pitie en son ame
Du cas inique de ceste poure dame
Auecques leul la conduyt et poursuyt
Dedens le bois ou a coup elle fuyt

Infelix dido ver° michi nuncius ergo venerat ex- tinctam ferro qz extre- ma secutã Funeris heu tibi cã fui

Talib° ene- as ardẽtem et torua tuẽtem Lenibat dictis animum

Apres cela il leur co[n]uint parfaire
La voye deue par chemin et necessaire
Desia estoiẽt aupres des derniers champs
Ou les gens clers vertueux non meschãs
Desamparez dessusditz mesgnie
Frequentoient en noble compaignie
Bataille et armes sicõme in leur viuant
La tout premier luy courut audeuant
Le preux thydee et inclite en couraige
Parthenopee et de adraste lymaige
Palles deffaicte ceulx furẽt moult pleurez
Quant mort les eut en terre deuorez
Aussi la furent les occis dardanides
Qui en bataille moururent sans aides
Quant eneas par longue ordre le veyt
Gemir se prĩt et a peine assouuyt
Desieulx d pleur la fut glauqueur medõte
Tharsiloque qui en vertu surmonte
Et danthenor ensemble les trois filz
En bataille cruelle desconfitz
Aussi fut certes auec eulx en retraicte
Le consacre a seres polibete
Idee antigue apres ceulx la venoit
Qui ses armes en son curre tenoit
Bref les ames qui toutes leans furent
Quant eneas veirent et aperceurent
Au tour de luy a dextre et asenestre
Toutes se meirent cõe au seignr & maistre
Et de le veoir vne fois leur suffit
Tant est leur cueur de grant ioye confit
Moult plaisir prennent faire o luy longue
Et de scauoir le motif et la cause (pause
De sa venue ne qui la le menoit
Chacun droit soy grant plaisir demenoit
Mais qñt les nobles gregoys & les phalãges
Agamenonnes diuerses et estranges
Veirent cest homme et ses armes luysãtes
Par my les vmbres obscures et latentes
De grant peur a trembler commencerent
Partie deulx de fouyr ne cesserent
Tournans le doz ainsi que forcenez
Comme iadis fuioient a leurs nefz
Aucuns aussi tournãs a part leur face
Entreulx parloient a voix petite & basse
Et leur clameur a moitie commencee
Estoit par peur et par crainte cassee
La par apres en trop piteux spectacle
Veist eneas en celluy habitacle

At danaũ
pceres aga
menone[ae]q
phalanges
Et videre
virum ful-
gentiaq ar
ma per vm-
bras
Ingenti tre
pidare me-
tum

Deiphebus qui par trop grandz discordz
Auoit naure et tout meurtri le corps
Sa face estoit de glaiues et espees
Toute blessee et les deux maĩs couppees
Le chief difforme oreilles arrachees
Les narines fendues et tranchees
Par playe honteuse miserable et villaine
Tant que eneas le congneut a grant peine
Ce deffaict homme trop mallement deceu
Qui bien cragnoit estre lors apperceu
Et qui tachoit par tous moiens possibles
Couurir ses playes si grandes et terribles
Lors de bon gre et de congneue voix
Parla a luy enee a ceste fois
¶ Deiphebe si preux et si puissant
Iadis en armes du sang troyen issant
Qui en celluy tant cruel et haussaire
Qui a ose cõtre toy cecy faire
Et qui aussi par forces inhumaines
A ose prendre de toy si grandes peines
Mais qui est cil qui a prins le plaisir
Ainsi ton corps de membres dessaisir
La nuyt que troye fut arse et cõsumee
Piteuse fame et fresle renommee
Me feist rapport qua apres maĩte pruoesse
Par toy faicte contre la gent de grece
Apres maintz coups et hõmes combatus
Par ton glaiue ruez et abatus
Toy foible et las en si poure caterne
Cheus au monceau et au piteux acerue
De gens occis et la tu demourras
Dont toute troye par tes faict fouorras
Et lors ie mesmes ie basty sepulture
Au port rethee selon ta geniture
Et appellay en ce lieu par trois fois
Les infernaux manes a haulte voix
Ton nom et armes encore le lieu gardent
Ceulx qui y passent les voient & regardẽt
Hellas amy ie ne peu trouuer lors
Quant ie party ton miserable corps
Et neu pouoir apres si forte guerre
De le poser en la patrie terre
Lors deiphebe trauaille et lasse
Luy dit amy tu nas riens delaisse
En mon endroit de ce quil failloit faire
Ains as bien sceu a mon cas satisfaire
Mais ma fortune et le peche dhelenie
Trop execrable mont mis en icelle peine

Deiphebe
armipotẽs
gen[us] alto a
sãguine
teucri
Quis tam
crudelis op
tauit sume
re penas
Cui tantũ
de te licuit

Nichil o ti-
bi amice re
lictum est
Omnia dei
phebo solui
sti

Elle a laisse monument et memoire
Comment on doit acoup a femme croire
Tu scais assez comme las fut passee
La nuict supreme pour nous trop auancee
Et faulces ioyes dont si mal nous aduint
Estant aise auroye si plus men souuint
Quant le cheual fatal cruel et faulx
Fut transcende sur les pergames haultz
Et quen son ventre par vng cas trop vrgēt
Il aporta celle gregoyse gent
Alors heleine feignant par faiz iniques
Faite assemblee ioyeuse et telz bachiques
Feist la venir maintz troyennes pucelles
Et elle mesme diuisoit auec elles
Brans feux de ioye alume et leans dresse
Comme femme remplye de liesse
Et ce pendant vne haulte tour
En palais mettoit grecz tout entour
Lors ie confist et consomme de sompne
Et de soucy comme triste personne
Au liet me mis malheureux et diuers
Et quant ie fus tout couche a lenuers
Non pensant telle la chose disposee
Plaisant dormir et doulce reposee
Agrauerent mes membres et mes sens
Et les rendirent comme mors impuissans
Lors me voyant celle notable expose
Ainsi gesir grant malice propose
Toutes armes et glaiues a foison
Qui leans furent pour seurte de maison
Elle les oste et a port les transporte
Si qua remect ma gent ne soit plus forte
Et bien sceut prēdre mon glaiue p meschef
Qui lors pēdoit aux plus pres de mō chef
¶ Quāt eut ce faict car bien en eut saisine
Les grecz appelle et leur faict faire signe — Interea te cta vocat menelaū et limina pandit
Les portes euure si meist tout au dedens
Menelaus et tous ses pretendens
En esperant que par tel don et gaige
Appaiseroit le cueur et le couraige
De cil qui fut son amy et espoux
Menelaus et que le mauuais loz
Quelle eut acquis par la faulte ancienne
Redonderoit a la louenge sienne
Que reste plꝰ ceulx en ma chambre entrerēt
Et ma personne trop endormye oultrerent
Celle la seulle en qui me deu fier
Monstra la voye pour mon corps deffier

Exhortateur de si cruel excees
Fut eolide quon appelle vlixes
¶ O puissās dieux si de bouche doubteuse
Je quiers vēgeāce de ma mort trop hōteuse — Dii talia grais Instaurate pio si penas ore reposco
Je vous supply que de tous telz regretz
de maulx sēblables voꝰ pugnissez les grecz
Mais toy amy dy moy or qui te maine
Encore vif en ce piteux demaine
As tu este en mer precipite
Qui par erreur ta iusques icy iecte
Ou si tu viens par voulente diuine
Qui te conduit et ca bas tachemine
Las quel fortune te presse et te fatigue
Qui ton desir esguillonne et instique
Voir les maisons tristes et sans soleil
Les lieux turbides de piteux appareil
En telz parolles celle foys proposees
Aurora feist o ses reues rosees
Naistre le iour et tant sa rene lape
Que ia auoit la moytie de son axe
Pose et mis en letheree cours
Ja ne pensoit enee aux termes cours
Et au brief temps de la sienne entreprise
Aine peult estre quen si longue deuise
Eussent passe maite heure a grāt requeste
Mais sa cōpaigne doulcement ladmōneste
¶ Et a briefz motz luy dist a lors sybile — Nox ruit enea nos flendo ducimꝰ horas Hic locꝰ est
O eneas la nuict courte et mobile
Fuit et sen va nous les heures passons
En lermes vaines en trop simples facons
Cy est le lieu affin que tu pourtroyes
Qui se diuise et depart en deux voyes
La dextre meine aux murs fors et puissās
Du roy ditis et conduit les passans
Par celle sente bien prise et aduisee
Nous paruiendrons au beau chāp elisee
La part senestre tous les orateurs meine
Ou les manes exercent leur grāt peine
La ou tartare felon et impiteux
Pugnist les ames des dampnez impiteux
Lors deiphebe voiant que la demeure
Desplaist a elle luy va dire a celle heure
Noble prestresse ne prēs ire a mon vmbre — Ne seui magna sacerdos Discedam
Jayme trop mieulx diminuer le nombre
Et retourner en mes tenebreux lieux
Jusques a ce par temps auray mieulx
Di va honneur et la gloire de troye
Heureux fatal le puissant dieu te ottroye

Et dit sans plus et en ce mot fatal
Son pas destourne au pourpris auernal

Respicit eneas subito sub rupe sinistra Mœnia lata videt

Lors eneas commencãt a marcher
Veid tout soudain sur senestre rocher
Haultes murailles lõgues et ordonnees
Qui de trois fortz furent enuironnees
Autour desquelles son circuit faisoit
Le grant fleuue flegeton quon disoit
Tout plein de flammes rapides & legeres
Et par ses vndes en diuerses manieres
Exagitoit roches et pierres dures
Grans bruitz faisãs et pleines de laidures
La grant porte de cest hebergement
Fut de columpnes solides dayment
Si feirent porte que tout pouoir humain
De la briser auoit foible la main
Les celicoles mesmes rien ny feroient
Par fer ou glaiue rompre ne lascauroient
Apres cela pour seurte ne faict faulte
Vne tour grosse de fer iusquau ciel haulte
Iouxte laquelle se siet tesiphone
Paincte paree comme il est ordonne
Dun grant mãteau tout sanglant & cruelle
Celle la garde par curieuse entente
Le vestibulle sans dormir nuit ne iours
Ja ne repose ains et veille tousiours
De tout le lieu peust on par recomberes
Ouyr grãdz pleurs soubz de cruelz vberes
Strideur de dens chaines de fer tirees
Entre personnes durement martirees
Lors eneas se tint et sarresta
Et tout trouble ce tumulte escouta
Si dist o vierge ma guide et mon adresse
Dy sil te plaist de ce pechez lespece
Et de quel peine sont pugnis et contrainctz
Ceulx qui furent en telz vices attaintz
Et dou langueur si piteuse procede
Qui tout mon sens et mon ouye excede

Cum vates sic orsa loq̃ dux inclite teucrum Nulli fas casto scelera tũ insistere limen

La prophete soubz parolle petite
Luy feist responce disant o dieu inclite
Nul homme chaste de vie moderee
Ne peult passer la porte sceleree
Mais hecate me monstra aultreffois
En me menant par les auernes boys
toutes les peines q̃ les haultz dieux ordõnẽt
Contre ceulx la qui aux vices sadonnent
Tout menseigna et par tout me conduit
Si te feray du tout saige et instruit

En se royaulme tient son siege et regente
Cil apre iuge quon nomme rhadamante
Fraudes et doles oyt chastie et estraint
De confesser verite ceulx contraint
Qui quant viuoient la sus p̃my le monde
Menoient vie dissolue et immunde
Et maulx faisoient couuers et simulez
Lesquelz cachez ilz ont et recellez
Perseuerant en celle vie actiue
Furtiuemẽt iusques a la mort tardiue
Thesiphone vltrice et vengeresse
De leurs delitz les tourmente et ne cesse
Frapper sur eulx dun flagel dõt est seincte
Sa main senestre est garnie et empreincte
De serpens tortus et grauez a labeurs
Celle conuye ses tant cruelles seurs
Disans telz motz les execrables portes
De ce manoir pondereuses et fortes
Auec strideur horrifere et terrible
Furent ouuertes par le diuin possible
Lors dist sibille voy tu quelle custode
Au vestibule se siet en fiere mode
Et quelle face le fort limide garde
Or y aduise et a leul y regarde
Car au dedens a son siege et se tient
Hideur cruele qui trop mal se maintient
Cinquante gueulles elle a toutes ouuertes
Dapre ruine et de peril couuertes
Lors le tartare en vision subite
Tost apparoist lequel se precipite
Enuers les vmbres si profondes et si bas
Et plaintz et pleurs en noises et debas
Et est plus creuse celle mortelle abisme
Quil na de terre iusques au ciel a la cisme
La dedens est la premiere mesgnye
Cree en terre et la gent titanye
Ceulx par orgueil qui furent fulminez
Et au profond du gouffre exterminez
Lors veid aussi les deux grandz aloides
De corps immense esleues et tumides
Qui bien oserẽt les malheureux humains
Pretendre au ciel et le rompre o leurs mais
Et essaier de faire et de demettre
Le dieu puissant iupiter de son ceptre
Je veiz aussi le cruel salmonee
Au quel fut la peine mainte donnee
Cil aultreffoys quant son regne auoit lieu
Vouloit vser de puissance de dieu

Et cuidoit faire par engins sur la terre
Fouldres et flammes cõe en lair tonnoirre
Il en son curre sur quattre grãs chevaulx
Par toute grece alloit par plains et vaulx
Avecques torches et honnoreux subtide
Et mesmement par la cite delide
Honneurs semblables desiroit et vouloit
Tout ainsi certes cõe aux dieux on souloit
At pater oĩ potẽs dẽsa inter nubila telum Contorsit
Pluyes faignoit a fouldres nõ traictables
Mais dieu puissãt nõ souffrãt tel reproche
Entre les nues ung dart legier descoche
Non mye flammes ne torches allumez
Qui sont terrestres et acoup consumez
Et par turbine et fouldre quil iecta
Lequel de cil sabbas precipita
Bien veu aussi regarder la personne
De ticion qui fut filz et alunne
De la terre cil fut certainement
Si grand et hault que son corps seullemẽt
Pouoit assez empescher et comprendre
Neuf grãdz iournaulx tãt ql peuẽt estẽdre
Sur la poictrine ung fier voultour avoit
Qui a son bec adoncque bien scavoit
Tondre et menger le sien immortel foye
Et des entrailles fecondes fait sa proye
Jamais tel peine ne failloit ne cessoit
Et a lung finy lautre faye naissoiẽt
Que iray ie faire ores la mention
Des laphites et de cil ixion
Et pirotthee qui ont double trop grief
Car une pierre tresgrande sur leur chief
Preste a tumber et tousiours il leur semble
Que celle pierre les doit tuer ensemble
Aultres la sont parees et decorez
Des failetes riches et de careaux dorez
Et sur grandz litz et aornees tables
Ont appareil et viandes notables
En habon dance realle et magnifique
Mais des furies la plus grande et lubrique
La gist aupres gardant que nul tant cher
Soit si hardy a ses tables toucher
Droicte se lieue tenant flambeau ardant
Hic quibus inuisi fratres dũ vita manebat Pulsatus ve parens
Et va telz motz mainteffois recordant
Ceulx cy dist elle sõt en peines austeres
Ceulx q̃ vivãt ont heu haine a leurs freres
Qui repelle ont a leurs propres parens
Et defraude serviteurs esperans
Qui leurs pensees ont du tout agravees

Sur les tresors a richesses trouvees
Sans faire part alleurs proches affins
Mais seullement ont tache a leurs fins
Certes la turbe de ceulx est lõgue et grãde
Et moult ya de suppotz a la bande
Ceulx aussi sõt lesquelz pas ne veu lx taire
Qui ont este occis par aucun adultaire
Et mais ceulx la qui ont armes suyuy
Par trayson et aucun mal servy
Et ceulx sãs doubte q̃ ont decen les dextres
Faulce la foy a leur seigneurs et maistres
Tous ceulx enclos en prison separees
Attendent peines quilz leur sont preparees
Ja ne ten quiers quelles peines se sont
Ou quel fortune les noye au plus pfond
Autres retournent et sans cesse remeuent
Une grand pierre et des embas la ruent
Puis la remontent cest la peine quilz ont
Aussi tousiours viẽnẽt et puis revont
Aultres pendus et ataches demourẽt
A grandes roes qui tournent et labourent
A terre siet et eternellement
Sera assis trop malheureusement
Cil theseus meschant et miserable
Et pres de luy a voix trop detestable
Pellagyas crie et les umbres instruit
Disant o le malheureux et destruict
Aprenez or si temps avez propice
Non mespriser les haultz dieux et iustice
Cestuy dit il a vendu son pays
Et pour argent a ses consors trahis
Son puissãt prince pour mauldicte pecune
A exposes aux dangiers de fortune
Et cestuy cy pour pris et pour argent
A donne loix et iuges a la gent
Cestuy aussi a oze entreprendre
Et corrompre les liens deffendus
Qui plus ne peuent estre a leurs pris rẽdus
Non michi si lingue centũ sint ora q̃ centum Ferrea vox oẽs scelerũ cõprehẽdere formas Oĩa penarum pcurrere noĩa possem
Tout en effect ou entre la hardiesse
De conspirer crimes de grande opresse
Non seullement penser persecuter
Iceulx maulx faire mais les executer
Mais q̃ profitent si treslongues harengues
Certes enee si iavoys or cent langues
Autant de bouches et que la mienne voix
Toute de fer fut faicte a ceste fois
Pas ne seroit dinumeres les formes
De to⁹ les maulx quãt cõmis iceulx hõmes

Hec vbi dicta dedit phebi lõgeua sacerdos Sz iã age carpe viam

Quant la prestresse songumen lemonstre
Luy eut ces choses et tout a leul moustre
Apres luy dist il fault que tu parfaces
Le tien chemin et temps est que tu faces
Present et offre du don par toy receu
La ou il est predestine et deu
Auancons nous car ie voys les murailles
Les haultes tours & fortz dãtiques tailles
Des grandz ciclopes lemynant edifice
Es portes sont dessoubz ce hault fornice
La deuons nous le rameau dor poser
Or est il temps toy doncques disposer

Dixerat et pariter gressi per opaca viaꝝ Corripiũt spaciũ medium

Apres telz motz ensemble cheminerent
Par voye obscure et leur labeur mynerent
Les pas auancẽt comme songneux et prestz
Si que des portes furent tous au plus pres
Et quant la furent et trauail subite
Les eut tenduz au premier adite
Eneas lors ains que faire aultre chose
deau toute fresche sõ corps mouille & arrouse
Puis a lentree planta ce rameau dor
Et la laissa ce vertueux tresor
Les choses faictes et baillee loffrande
A proserpine la deesse si grande
Ilz entrerent aux lieux beaulx & iucundes
Champs verdoyans amenes et fecundes
Boys fortunes et sieges bien eureux
La pour certain lait doulx et planctureux
Pare et reuest de clarte purpuree
Les champs ioyeux et la terre honnoree
La les estoilles congnoissent leur soleil
Qui fait son cours en moult grãt appareil
Aucuns de ceulx qui en ce lieu habitent
En gramines palestres se excercitent
A ieux conuient et soubz souef halaine
Luctent ensemble sãs labeur ne sans peine
Aucuns font danses et ioyeuses chorees
Les autres disent chansons moult decorees
La pas ne fault le prestre threicie
Au longue robe de grant honneur fulcye
Dit orpheus qui en sattrappe et lire
Differamment scait mainte chose dire
Il par nombres par rimes et par vers
Chante ses verbes et carmenes diuers
Souuent des doys meine ce saige maistre
Ses cordes cleres en sonnant de sõ plectre
La fut certes lancienne nature
Du roy theucer et belle geniture
Gens heroiques qui iadiz furent nez
Es ans meilleurs et es iours fortunez
Cest assauoir yulus assaracus
Le conducteur de troye dardanus
Ceulx delectoient a regarder et voir
Leurs armes nobles & cures pour tout voir
Leurs lances furent toutes droictes plãtez
Sur la terre et souuent frequentez
Et leurs cheuaulx desliez et espars
Parmy les chãps paissans en maĩtes pars
Brief telle grace et desir quilz auoient
Au faict des armes quãt sur terre viuoiẽt
Fust de porter et labeur et trauaulx
Et de traicter leurs curres et cheuaulx
Auoient ilz labas en lautre monde
Vertu pareille qui en leur cueur habonde
Dautre coste veid a destre et senestre
Plusieurs notables discumber et repaistre
Surrpant herbe entre odorans lauriers
Qui leur rẽdoiẽt doulx vmbre en to9 quartiers
Et la aupres faisoit sõ cours ydoyne leręs
Mais gracieux le beau fleuue eridaine
La certe fut la turbe de tous ceulx
Qui ont en playes souffert maulx angoisseux
Et endure mainte mortelle offence
Pour instaurer a leurs pays deffence
Et qui aussi pour la chose publique
Ont expose corps cheuance et praticque
Auecques ceulx furent semblablement
Les chastes prestres lesquelz prodiguement
Ont excerce en viuant leurs offices
Moult commettans illecebres et vices
Aussi y furent les bons & sainctz pphetes
Qui dignes choses ont parle & parfaictes
Et ceulx qui ont leurs vies opprimees
Par grand science et par art ordonnees
Si comme feirent philosophes docteurs
Par leurs doctrines louables inuenteurs
Aussi ceulx la qui par leurs euures dignes
Sont demourez apres leur mort insignes
Et de leurs hoirs ont merite la gloire
Perpetuelle souuenance et memoire
Tous ceulx auoient vne blanche courõne
Dessus leur teste qui leur chef enuironne
Et quant sybille ainsi les apperceut
En ce beau lieu moult grant ioye receut
Et a tous ceulx par merite et deuise
Voyant le lieu de si grande franchise
Au meillieu deulx qui miscenus eut nom
Saige scauant tout plain de bon regnom

Hic genus antiquum teucri pulcherrima ꝓles Magnanimi heroes nati

Du tour de luy tous les autres estoient
Et de le suyure assez se contentoient
Grand estoit il et esleue de corps
A luy doncques sibille adressa lors
Dicite feli-ces aie tu qꝫ optie va tes Ames heureuses et toy diuin poete
Las dictes nous sy le dire compete
Quel lieu ores quelle region tient
Que regio anchisem Le duc anchise et ou il se maintient
Car par luy seul bas nous venuz sõmes
Portans labeurs et peines a grandz sõmes
Les grandz fleuues de erebes moult lassez
Lors le digne homme a parolle assez brefue
Luy feist responce sans prẽdre lõgue tresue
Certes dames ceans nya mais hom
Qui sceut dire quil ait seure maison
Nous habitõs p̄ bois to9 pleins dõbrages
Par lieux prochaĩs de verdoians riuaiges
Mais si auez le desir et vouloir
Cil est si grand que faictes apparoir
Mõter pouez to9 deux ceste mõtaigne
Lors danchises vo9 donrray vray enseigne
Cela leur dit puis deuant chemina
Juqua la poincte du hault mont les meina
Et quant la furent leur monstra la plaine
Du bas pais de grant verdure pleine
Et les beaux champs delicieux et verdz
Non retardez par froidures ou yuers
Puis le mõt lessent et droit au val descẽdẽt
Pour paruenir au lieu ou il pretendent
Et ꝗt aĩsi faisoiẽt leur allee
En cheminant du long de la valee
Le duc anchise auec les ames belles
Qui tost deuoient es ioyes supernelles
Estre esleuees ainsi sentretenoyt
Et doulcement si les enuironnoyt
En recollant le nombre splendifere
Qui moult aux aultres dess9 trouuees dif
Et lors cõtoit d ces hoir et nepueux ‹fere
Le cas fatal la fortune et le veux
Leurs grãdz vert9 leurs puissãces futures
Les nobles meurs et belles aduantures
Et quant il veist par tendre herbe marcher
Son filz enee et de luy saprocher
Lors tout ioieux et plain d nouuel aise
Moult fort lembrasse et doulcement le baise
Larmes de ioye ses ioues arouserent
Qui de son cueur assouuy sespuiserent
Amours certes filiale le touche
Si cheut a donc tel propos de sa bouche
Le myen filz que iame cherement
Uenisti tan dem tu s qꝫ expectata parenti Uicit iter durum pie- tas Tu es venu au moyns finablement
Ta grand pitie attendue a ton pere
A surmonte chemin dur et aspre
Ores te puis baiser et acoller
Ouyr ta voix et moy a toy parler
Tousiours ainsi a mon cueur ie pensoye
Et mon attente despoir recompensoye
Comptant les iours les saisons et le temps
Combien ya quen ce lieu ie latens
Et la deceu nay este par ma cure
Car mõ doulz filz tout mõ vouloir p̄cure
Las par quelz terres p̄ quantes mers aptes
Je considere les peines quas souffertes
En quelz perilz et en quelz grãdz dangiers
As este mis par pais estrangiers
Las que ie crains que le seiour libique
Te fust nuysant dommageux et inique
Lors dist enee a moult piteux langaige
Ille autem tua me ge- nitor tua tri- stis imago Sepius oc currens O le myen pere ta merueilleuse ymage
Qui a mes yeulx sest souuent apparue
A ceste cause icy de ma venue
Tous mes nauires et mes gentz ores sõt
En mer tirrene a port large et profond
Faiz moy la grace sil te plaist q̃ ta proche
Et aue ma main dedens la tienne touche
Laisse ioindre ie te prie humblement
Mon corps au tien par doulx embrassement
En ce disant il arrousoit sa face
Et large pleur que ioye luy pourchasse
Et par trois fois sen voulut efforcer
Jecter ses bras et son corps embrasser
Mais par trois foys lymaige ainsi cõprise
Fuyt et seslongue sans pouer estre prinse
Ainsi que vent qui legierement vente
Ou que fantasme qui maint sompne p̃ste
En telz diuises eneas incertain
Voit et regarde en vng val moult loingtain
Interea vi- det eneas i vale reducta seclusũ ne- mus Vng boys tout clos et iardins delectables
Pres des fontaines et riues conuenables
Et la aupres veit le fleuue lethee
Dont est exparse nourrie et alectee
La doulce terre pleine doiseaux et champs
Que lon appelle les eclisees champs
Ou les demeures et mantions sont telles
Que toutes ioyes il semblent immortelles
Au tour du fleuue gẽs sans nõbre volloiẽt
Et diuers peuples a troupeaulx il alloient

Tout ainsi certes comme vont au serain
Lors que le temps est doulx et primerain
On voit voller au long dune prarie
Mouches a miel en grande compaignie
Qui sur herbetes et sur diuerses fleurs
Suyuent la cause et fin de leurs labeurs
Sur lis tresblancz et sur roses vermeilles
Font leur seiour ses subtilles abeilles
Tant q̃ le lieu ꝑ leur bruyant murmure
Fremist et sonne dedens celle verdure
Doubte eut enee de celle vision
Car pas ne sceut de fait loccasion
Si sen quiert et du fleuue demande
Voire et des gens en turbe si tresgrande
Qui la conuiennent aux riues et au port
Lors anchises en feist certain rapport
Et si luy dist les vmbres et les ames
Qui pas ne sont de leur secõd corps dames
Et qui actendent autre corps a auoir
Icy viennent estancher pour tout veoir
Leur soif loingtaine au fleuue doubliance
Dedens lethes et eaues dasseurance
Si te vueil dõcques ses choses apposer
Les noms des myens nommer et disposer
Affin aumoins que des nouuelles ioyes
Italie trouuee tu pouruoyes
O dist enee mon pere est il creable
Quaucunes ames de ce val delectable
Haysent lassus et tournent de rechef
En nouueau corps pour porter tel meschef
Dou leur procede tel desir ou ennuys
De retourner a souffreteuse vie
Tout te diray sans guere te tenir
Suspens et doubte or vueilles retenir
Premierement il fault penser et croyre
Que lesperit diuin tout plein de gloire
Nourrist soustient vegete meine et guide
Soubz son pouoir ciel terre et mer liquide
Et mais le globe de la lune luysant
Et les astres qui sont au ciel duysant
Et que pour vray tout esperit celeste
Qui est infus aux membres et arreste
Les elemens agite et fait mouuoir
Selle grãd meulle cõe vng chacũ peult ves-
Et senueloppe ꝑ cõuenãt mesure (oir
En ce grand corps sans diuerse nature
Et pource est il que toute espece et sorte
Dhommes ou bestes q̃ terre tirent ou porte
Tous les oyseaux et de lair volatilles
Tous les poyssons et belues subtilles
Monstres viuans en marine liqueur
Ont vne ignite chaleureuse vigueur
Mais les ames plaines de congnoissance
Raisonable du ciel ont leur naissance
Et les corps fresles ou elles sont en gardẽt
Celle notice et leurs vertus retardent
Et mais leurs membres mortelz et terriẽs
Empeschent certes quelle ne voyent riens
Pour ceste cause tousiours ont peur ⁊ craite
A leur couraige enserree et empraincte
Ores desirent or ont deul or ont ioye
Comme fortune du monde leur enuoye
Dedens tenebres sont fermees ⁊ closes
En prison noire et trop obscure enclöses
Si que pour vray vertu ne pouoir nont
De veoir le lieu dont venues sont
Et quant la vie mortelle leur corps laisse
Tout mal pourtant aux chetiues ne cesse
Et les pestes et vices ne demeurent
Auec le corps pourtant quilz meurent
Ains est besoing que les faultes passees
Ioinctes aux ames soient o elle agencees
Et pource dõcq̃s par peines merueilleuses
Sont tormentez ses ames malheureuses
Et la portẽt les surplus et le faiz
Des maulx et crimes q̃ par auant ont faiz
Les vnes sont de repos suspendues
Et a la veue au vent pendues
Les aucunes aux fleuues et riuieres
Lauẽt leurs vices ⁊ leurs faultes ꝓmieres
Et les aultres selon cas meritoire
Par feu tresaspre si font leur pourgatoire
Bref nous souffrõs chacun en son endroit
Selon noz faultes cest la raison et droit
Et par apres quant lheure est disposee
Enuoyez sommes en beau champ elisee
Et la les lieux des ioyez possedons
En petit nombre ou tousiours attendons
Iusques a tant que la longue iournee
Soit escheue permise et ordonnee
Apres le ciecle du long temps reuolu
Que tout peche est purge et tollu
Et quant lame est close dementee
Fors toute pure et de sens etheree
Vng feu diuin daure simple en effect
Que rend louenge a son ouurier parfaict

O pater an ne aliquas ad celum hinc ire pu tandum est Sublimes aĩas iterũ q3 ad tarda reuerti Corpora Principio celũ ac terras cãpos q3 liquẽtes Lucentem q3 globum lune titania q3 astra Spiritus intus alit

Quis q3 suos patimur manes Exinde ꝑ amplum Mittimur elysium

Toutes ses ames par clemence soudaine
Dieu les euoque et au fleuue les meine
Nomme lethee apres que par mille ans
Ont circuy et reuolu le temps
Pour que du faict preterit oublieuses
Voyent la sus au ciel ioyes plantureuses
Et de rechef aprennent a vouloir
Prendre leurs corps sãs iamais plꝰ doulloir
¶ Quant anchises eut acheue son dire
Incontinent sybille et son filz tire
Plus en auant et les meine au meillieu
De la turbe qui estoit en ce lieu
Sur vng tumule en place montaigneuse
Alors monta qui fut auantageuse
Affin que mieulx par long orde sceust voir
Les cleres forces et mais les nõs scauoir
De ceulx qui la ensemble conuenoyent
Et qui les champs elisees tenoyent
Puis print a dire or entens et escoute
Conter veulx o filz la gloire toute
Qui la lignee dardanye doit suyure
Dont par louenge pourra durer et viure
Et quelz nepueulx par voulẽte fatalle
Auroit issue de celle gent italle
Ames illustres qui sont en nostre nom
Acoup futures par durable nom
Tout ce diray et les tiennes fortunes
Particulieres priuees et communes
Voy tu dist il premier ce ieune filz
Qui dune lance sans fer se tient prefix
Cil pour certain tient la place premiere
Pour paruenir selon sa lumniere
Celluy premier comme tost pare stra
Conioinct au sang dytalie naistra
Dit silenus ta postere lignee
Duquel ta fame lauine embesongnee
A toy longeue roy serf te nourrira
Et aux forestz craintifue sen ira
De celuy certes istra la geniture
De nostre nom et de nostre nature
Qui par longs iours aura auctorite
Et seigneurie en albe la cyte
Prouchain de luy et digne de memoire
Est cil procas ta louenge et ta gloire
Du nom troyen et puis apres capis
Puis munitor de grant honneur lapis
Et puis aussi eneas silenius
Qui portera les noms que tu as eus

Dixerat anchises natũ qz vnacqz sybilla Cõuẽtus trahit i medios

Qui comme toy sera noble et insigne
De grant pitie et de prouesse digne
Si dieu permet que dedens albe regne
Et que le peuple et le pays gouuerne
Voy et regarde quelle force ceulx mõstrẽt
Qui leurs testes de ciuil chesne acoustrent
Et ont courõnes de fueille pacifique
Signifians leur prouesse bellique
Par ceulx sera mainte cite construicte
Pour les tiẽs hoirs qui de toy auront suyte
Cest assauoir gabie et meis nomente
Fidesne aussi ville forte et puissante
Ceulx sur les montz quon appelle latines
Feront les tours arces et collatines
Et pomecie et le chasteau inux
Bol et coram et tout par eulx planx
Telz nõs auront soit en paix ou en guerre
Jacoit ores que sans nom soient ces terres
Et par apres romulus belliqueux
Sassociera et ioindra auecques eulx
Sans que son oncle munitor contrarie
Ains le fera commun en seigneurie
Et il du sang dassaracus venu
Sera nourry et cher entretenu
Par ylia sa mere doulce et belle
Contre fortune malueillante et rebelle
Ne voys tu pas que cil a double creste
Dessus son heaulme et glorieuse teste
Et que son pere le dieu mars luy prepare
Honneur diuin dont le fulcist et pare
¶ Certes mon filz le grant heur d̃ cest hõe
Multiplira en celle inclite romme
Tant et si fort que lempire dicelle
Ressortira sans que iamais chancelle
Par toute terre et aux extremitez
Et tant seront les grans cueurs incitez
A dignes faiz de ceulx de sa pourprise
Que iusquau ciel on en fera deuise
A celle romme et ses murs comprendra
Tetraches fors et les montz enfraindra
Tãt sera elle moult eureuse nourrice
Dhommes louables vertueux et sãs vice
Comme la mere de dieux berecynthie
Qui de couronne thirite est assortye
Et en son curre doulcement exhortee
Par les citez phrigies et portee
Aise et fecunde de sa fecunde part
Et le doulx laict quau petitz dieux depart

En huiꝰ nate auspicijs illa incluta roma Imperium terris aios equabit olimpo

Ses siens nepueux et les baise et embrasse
Tous celicoles tenans celestes places
Or iecte apres ton regard et ta veue
Sur ceste gent de ton honneur pourueue
Voy ces rommains car icy certes est
Cestuy cesar ton glorieux acquest
Et la lignee de ton beau filz yule
Toute diuine et que sans faulte nulle
Viendra apres dessoubz laxe celeste
Cest celluy hōme laissant daultres la reste
Que si souuent lon dit et promis
Cesar auguste de qui dieu soit amis
Cil bastira siecles dor en son aage
Comme saturne quant il tint lheritage
Dessoubz sa main et le siege iadis
Dedens lacye semblant vng paradis
Il estendra son empire et son septre
Jusques aux indes et si sera le maistre
des garamāthes en doulce paix sās guerre
Si que pour vray il nya nulle terre
Oultre les astres et oultre les limites
Ou le soleil tourne ses circuites
La pour certain ou le puissant athlas
Sur ses espaulles sans estre grief ne las
Soustient le ciel et laxe conuenable
Destoilles clerres ardentes admirable
Jusques a la fin sera cil obey
Et son hault nom exaulce et ouy
A la venue dicelles sesbahissent
Regnes caspies et de grāt peur fremissent
Pour les respons et augures des dieux
Qui sont de luy ouys en plusieurs lieux
Si faict certes la terre meothide
Et les sept huys du nil cler et limpide
En sont troublez tous conflictz et esmeux
Des alcides oncques ne furent deux
Honneurs si grans ne mais de tares oncq̄s
Tant ne passa en parties quelconques
Jacoit ce ores que la cerue legere
y transporta par puissance ma mere
Et les bois du hault mont erimanthe
Il appaisa par force vehemente
Tost sesbahist en son mal vigoureux
Lidre bernee doubtable et rigoureux
Et mais liber qui tigres vaint et dompte
Quant sur nise haulte montaigne monte
Flectant les resnes des fueilles panpinez
Sur celles bestes rudes et effrenez

Nec vero alcides tm̄ telluris obiuit Fixerit et ie pedē ceruaz licet

Doubtōs nous doncq̄s estendre noz vertus
Par faitz louables de peur non abatus
Ou si craincte nous refuse et nous nye
Prendre seiour en la terre ausonye
Mais qui est cil que ie vois la loingtain
Noble et insigne de hault pouoir certain
Tenant en main vne branche doliue
A poingz sacres et pour vertuz estriue
Je congnois certes si scauoir tu le veulx
Voyant sa face et ses chaunes cheueulx
Qui est vng roy romain doulx et propice
Lequel premier fera loix et iustice
En la cite belliqueuse iacoit
Que de terre trespoure enuoye soit
Pour estre faict seigneur de hault empire
Qui aura sort qui doulcement respire
Apres celluy sera faict roy tullus
Par qui seront descueillis et tollus
Les longs repos du pays et de romme
Cil donra cueur et couraige a maint homme
Suyure les armes et induyra la gent
Qui ia auoit lesperit negligent
y pourchasser triumphes et conquestes
Puis sera roy par instantes requestes
Apres plusieurs eslongnez et vaincus
Dont le nom est se me sembla ancus
Plein de iactāce q̄ p ses faitz vausaires
Moult auera les faueurs populaires
Veulx tu ainsi voir les tarquiens roys
Par qui seront faiz oultrageux desroys
Et de brutus vengeur la superbe ame
Les faces noble recevoit a grant fame
Celluy premier prendra en choses telles
Nom de conseil et louenges cruelles
Et il pere pour garder liberte
Fera occire ses filz en puberte
Pource quauront en bataille inciuille
Par eulx esmeue rompre la loy ciuille
Telle fortune quoy quen doyue aduenir
Ses enfans mendres conuiēdra soubstenir
Lamour patrue et desir de louenge
Fera au pere faire euure moult estrange
Voy les decies et druses dautre part
Et torquatus felonneux en regard
Qui tient en main sa cruelle congnee
Contre son filz a tort embesongnee
Ainsi caincte le trespreux combatant
Nobles enseignes de guerre rapoitant

Uis et tarq̄nas reges animaqꝫ superbā Ultoris bruti fasces qꝫ videre receptos

Et ses deux ames que tu voys or resuyre
Darmes pareilles et entre elle deduyre
En paix concordes qui or sont comprimez
Par nuyt obscure non encores faulcees
Las quãtes noyses quãtes diuisiõs
Quantes batailles et grandz occisions
Feront entre elles par clandestine enuye
Se attaindre peuent la lumiere de vie
Le pere et sire au pouoir descendant
Des haultes alpes victoire pretendant
Et le sien gendre instruit a loppposite
Et pouoir de force non petite
De plusieurs grecz et gentz orientaux
Feront entre eulx maintz troubles ꝛ maĩtz
O chiers enfãs doulce posterite (maulx
Qui deuez naistre en si noble cite
Nacoustumez voz cueurs ꝛ voz courages
A telz exces et belliqueux oultrages
Et napliquez voz forces par tel guerre
Aux entrailles de vostre propre terre
¶ Et tu cesar qui prendras ta naissance
De cler olympe vse de ta clemence
Iecte telz dars o le mien sang humain
De ta sacree et reuerente main
Puis menius corithee subiuguee
Et sa prouesse par les grecz diuulguee
Et eux vaincus ses curres tournera
En grandz triumphes et les exaulsera
Sur les treshaultz capitolles insignes
En desployant ses banieres et signes
Cil destruyra argos et sa mesgnie
Et mais micenne dicte agamenonye
Sans espargnier celluy fort eacyde
Issu iadis du sang achileide
Ainsi certes par vertueux moyens
Il vengera les vieulx peres troyens
Et mais le temple violle de minerue
Qui fut honny par gregoyse caterue
O grant caton est il ores licite
Que ie te laisse en cest nombre tacite
Et mes cossus et des grachez le nom
Et les deux freres plaĩs de si grãd regnõ
Ditz piades deux fouldres en bataille
Qui en libie firent maint rude taille
Et fabricie tant plain dhonnestete
Fuyant pecune et aymant pourete
Et toy aussi o vertueux vtile
Souuent tes grains en la terre fertille

Tuq3 prior tu pce g'n' qui ducis olimpo Proiice tela manu sanguis meus

Et vous fabie ou me tirez vous las
Ne vous monstres pour vostre vie las
Certes de vous vng tresgrant naquira
Qui a la fin nous restituera
Apres demeure longuement attendue
La chose monstre quon cuidera perdue
Apres les autres methaulx martelleront
Et maintz ymages de beau cuiure feront
Si bien scauront de marbre et de porphire
Diuers visaiges insculper et construyre
Quen les voyant vng chacun iugeroit
Que pleine vie ce corps precieux auroit
Aultres scauront les mẽtes et causes
Des leurs corps celestes seiours et leurs
Et descriront par rigle et compas (pauses
Astres naissans leurs courses et leurs pas
Mais toy seigneur q̃ fortune hault meine
Pour estre chief en la cite romaine
Souuienne toy regir et gouuerner
Ton peuple en paix et celluy refrener
Se debuent estre tes ars et tes sciences
Imposer meurs de doulce sapience
Et tes subiectz aymer et appeller
Et les superbes dompter et debeller
Ainsi parloit a eulx le pere anchise
Et adiouxta encores telle deuise
Vois tu dist il comment le preux marcelle
O ses despoulles tous les aultres precelle
Celluy certes tresnoble cheualier
Par sa puissance bien scaura ralier
Et mettre paix en la chose publique
Que par tumulte sera long temps oblicque
Sil destruira par force digne et belle
Tous les penoys et la gaulle rebelle
Entrẽs pour vray q̃ troys despoulles prises
Et gaigne seront lors par luy mises
Et pendues pour grans loz obtenus
Dessoubz lymaige du pere quirinus
Lors veult eneas son pere examiner
Car a telle heure veult apres cheminer
Vne ieune filz elegant et notable
Plein de beaulte et de forme admirable
Armes auoit de pompeuse maniere
Mais sa face ioyeuse nestoit guere
Et si auoit la veue foible et basse
Tousiours posee et mise en vne place
Si prist a dire o pere las dy moy
Qui est celluy ieune homme plein desmoy
Que ie voys la qua les autres connoys

Excludent alii spirãtia molli9 era Credo eq3 dem

Sic pater anchises atq3 hec mirantibz addit Aspice vt isignis spoliis marcellus opimis Ingreditur

Et qui si triste se maintient en la voye
Mais nest il mye de la lignee nostre
De noz nepueux comment sa geste mõstre
Et qui sont ceulx qui ainsi lacompaignent
Qui tel bruit font et q̃ tant fort se plaignẽt
Moult ya certes de semblance et de forme
Voire pareille a celle gent de romme
Mais la nuict noire qui son visaige obũbre
Men tout la veue par son tenebreux vmbre

Tũ pf anchises lacrimis ingressus obortis O nate ingentẽ luctũ ne quere tuorum Ostẽdent terris hunc tantũ fata

Lors anchise voyant ces piteux termes
Feist d ses yeulx vng grãt russeau d lermes
Disant o filz mon dire or retiens
Ne tenquiers du grant regret des tiens
Certes celluy de qui tu fais enqueste
Sera sur terre veu en grande requeste
Mais peu de iours car pas ne le vouldront
Les sortz fataulx q̃ bien tout luy fauldrõt
Jacoit pourtant que deuant quil defaille
Moult grant espoir laista de luy sans faille
Mais oultre non qui grant perte sera
Quant tel effect si acoup cessera
O dieux celestes la romaine origine
Vous eust sẽble trop puissante ⁊ trop digne
Si cest beau don leur eust certes este
Perpetuel sans nulle aduersite
Las quelz grandz pleurs en ce chãp marcial
Feront romains et quel dueil patrial
Quant a la terre ses iours prendront seiour
Et que sa gloire finera a ce iour
Quelz funerailles o thybe tu verras
Quãt du tũbeau tout frais pres tu courras
Certes iamais nul filz de gens troyenne
Tant ne sera par le prouesse sienne
Que de luy naisse aux grans peres latins
Espoir semblable par ses faiz repentins
Ne iamais romme tant sache executer
Ne se pourra tant louer ne vanter
Pour nul espoir de quelquonque personne
Comme sera de ce parfaict alumne
O pitye grande o ancience foy
Main inuaincue par bataille ou desroy
Sil eust vescu iamais homme en bataille
Tant fust il fort et de robuste taille
Ne se fust certes au pres de luy monstre
Sans estre occis ou fierement oultre
Fust or a pied ou acheual en somme
Tant eust este celluy vertueux homme
O ienne enfant quon doit bien regreter
Sil plaist aux dieux long aage te prester
Et que tu puisses aspre fortune rompre
Ainsi te tiltre seras sans riens corrompre
Dit et nomme en tous troyens lieux
Celluy marcel le plus victorieux
baillez moy doncq̃s fleurs de lis a mais plei-
Et ie prẽdray viollettes certaines (nes
Roses vermeilles en larges habandons
De telles choses aumoins et de telz dons
Feray monceaux et vains presens a lame
De ce nepueu quant sera soubz la lame
En telz diuises la region passant
Et les beaulx champs aerez compassant
Et quant anchise les eut par tout menez
Et des choses futures certenez
Voire et espris le couraige deuant
De passer oultre et tirer plus auant
Pour le desir de gloire designee
Qui leur sera au temps futur donnee
Tantost apres luy voult ramentevoir
Les batailles quil deuoit receuoir
Et luy enseigne par raisons eminentes
Les meurs des gẽs quon appelle laurẽtes
Du roy latin la ville e t le pays
Comment aussi pourroit estre enuahis
Et tollerez ses labeurs et sa peine
Tout luy recite et tout ce luy demaine
Deux portes sont en sompnes et en songe
En celluy lieu qui ames mord et ronge
Lune est de corne p laq̃lle a grans nombres
Ont leur yssue fatille vrayes vmbres
Lautre pour vray est faicte et composee
Dos delephant et diuoire apposee
Et par icelle aumoins se ie ne faulx
Ames enuoyent maitz sõges fins et faulx
Quant anchises doncques a voix fatille
Eust informe eneas et sybille
Si les conduit par voye taciturne
Puis les meist hors p la grant porte eburne
Lors il acoup son chemin cherche et quiert
Ses nefz desire et ses consors requiert
Dont tout droit vint au beau port de caiete
Dedens la mer lancre consigne et iecte
Ainsi se tiennent les nefz dessoubz ce port
Qui lors des ventz ont gracieux support

Sunt gemine sõni porte quarum altera fert Cornua

¶ Cy finist le sixiesme liure des eneides et commmence le septiesme

Tu quoqȝ li
toribus no
stris aeneia
nutrix Eter
nã moriens
famã caieta
dedisti.

O Capette qui iadis fut nourrice
Du doulx enee sãs reproche et sans
Tu lors mourãt ãtiq̃ & vielle fẽme (vice
Donnas memoire et eternelle fame
A noz riuaiges et ores ton regnon
Garde le siege et les os ont le nom
Et la grant terre quon appelle hesperie
Pour toy ne doit tel gloire estre perie
Quant eneas et ses consors auecques
Eurẽt doncques parfaict iceulx obseques
Et esleue son sepulchre et tumbeau
Qui iusques a luy paroist tres grãd & beau
Et quant aussi des haultes merés ꝓfõdes
Furent trãqlles et paisibles leurs vndes
Leur chemin prennẽt a voilles desployees
Et furent lors les forces employees
Laissent ces portz ia la nuyt aprochoit
Doulx vẽt se lieue qui leur naue touchoit
Et mais la lune tresclere pas nennuye
Lors ioyeulx iours en leaue doulce & vnye
Si que la mer gracieuse et legiere
Resplendissoit soubz tremule lumiere
Et fut certes leur nauire auancee
Que prochains furent de la terre circee
La ou la fille du soleil opulante
Fait sa demeure q̃ si doulcement chante
Que par la sienne tant amoureuse voix
Fait resoner linaccessible bois
Et en ses chambres et en ses liz superbes
Brusle senteurs de cedre et daultres herbes
Tant nuyct que iour dentente curieuse
Pour luy bailler splendeur radieuse
A tistre toilles a son pigne subtil
Bien scait conioindre lung auec lautre fil
De la certes les troyens escoutoient
Lyons blans q̃ grandz clameurs iectoiẽt
Car detenus estoient tous leans
Et reffusoient estres mis aux lyans
Ainsi par nuyt crioient a merueilles
Le bruyt en vint aux troyennes oreilles
Aussi ouyrent crier a grandz monceaulx
Hourcen leurs roches & en serres porceaulx
Et mais les formes des grãdz loups q̃ v
q̃ trop certes pour leur sort se doloiẽt (loiẽt
Ceulx iadis furẽt muez de forme humaine
Pour la cruelle deesse et inhumaine
En espece de bestes mõstrueuses
Par fortes herbes aspres et venimeuses

Affin doncques q̃ les piteux troyens
Passent ces portz ou tel dangier habonde
Le dieu neptune donne aure seconde
dedẽs leurs voilles & tost les mist en fuyte
Sans que circe en sceut faire poursuite
Tantost apres le iour qui sappareille
Rendre la mer clere et vermeille
Ja commencoit aurore a haulte ethere
Continuer son iournalier mistere
Et en son curre quelle ou ciel conduysoit
A esclarsir le ciel se deduysoit
A lors les vents paisibles
Tout faire cesse aussi se reposerent
Les autrons en vain lors agitez
Contre les riues dont furent reiectez
Pour celle fois et mis en la nauire
Certes plꝰ nont vent qui en la mer les tire
La veit enee vne grande forest
Pres de la mer qui certes moult belle est
Et par icelle faisoit son cours amene
Le beau fleuue tibre qui droit mene
Par eaulx legieres et grauiers sablonneux
Dedens la mer sans estre felonneux
Plusieurs oyseaux et de diuers plumaiges
Autour ce bois et long des riuaiges
Au pres du fleuue doulcement voletoient
Qui a maite heure sõgneusemẽt chantoiẽt
Si que pour vray leurs melodieux sons
Doulcissoient lair en diuerses facons
Lors eneas commanda quon print terre
En ce droit lieu sans autre pais querre
Tost leurs nef tournẽt tout droit en elle part
La ou nature mais beaulx plaisirs depart
Ainsi entra enee au long du fleuue
Dedens ce bois tout plain de ioye neufue
O Eratho treseloquente muse
De qui le sens tous poetes amuse
Declaire moy quelz roys a lors regnoient
Dedens la cite qui le ceptre tenoient
Quel temps couroient en quel estat menez
Furent les choses et par qui gouuernez
Lors quant premier celluy prince estrãgier
Dit eneas vint ses nef herberger
Es regions quon appelle ausonnyes
De los de biens de grand auoir garnies
Ce tout diray et si bien me recorde
De point en point reiteray lordre
Et le motif de la guerre premiere

Nũc age q̃
reges erato
que tẽpora
rerũ Quis
latio ãtiquo
fuerit statꝰ

Donne doncques doulce muse lumiere
A ton prophete par tes puissances grandes
Car dire veult les batailles horrendes
Les compaignies rencontres et desrois
Les entreprises et oultrance des rois
Et la main forte tirrhene habādonnee
Toute esperie aux armes adonnee
Dont plꝰ grand ordre des choses neritoires
Et plus grand euure que ie ne dis encores
En ce temps dōcq̄s regnoit en iceulx lieux
Ung roy nomme latin qui ia fut vieux
Celluy tenoit villes chasteaulx et terres
En longue paix ioyeusemēt sans guerres
Cestuy certes comme a pris nous auons
Et par fame publique nous scauons
Fut engendre de femme moult antique
Et dune nymphe quon appelloit marique
De cil faunus fut pere diuturne
Ung dit picus et de picus saturne
Qui fut aucteur et primogeniteur
De la lignee dont te suis reciteur
Se dieu latin comme dieu le vouloit
Nul enfant masle de luy issu nauoit
Car mors luy furent en p̄miere iouuente
Ses deux beaulx filz par rigueur violēte
Si que pour vray nauoit en sa maison
Fors vne fille durant ceste saison
Qui debuoit estre princesse et heritiere
De si haultz sieges et auoit par entiere
Ja estoit meure pour mary espouser
Les ans auoit plaints pour y disposer
Maints nobles hommes certes la requeroiēt
Pour femme auoir et delle senqueroient
Et par sur tous la vouloit et aymoit
Ung ieune prince qui turnus se nommoit
Bel amerueilles qui de nobles parens
Fut moult puissant et de biens apparens
Si desiroit la royne sans attendre
Pa grande amour q̄ turnus fut son gēdre
Et que sa fille il peult pour femme auoir
Car daultre espoux ne la vouloit pouruoir
Mais les grādes signes q̄ des dieux pois
De peur ꝛ craite la royne esbahissoiēt (Cest
Droit au milleu du palais fut plantee
Ung viel laurier de long temps frequētee
Qui par longs ans du peuple sans offence
Estoit tenu en grande reuerence
Cil roy latin quant premier assortitz

Laurꝰ erat
tecti medio
in penetrali
bus altis
Sacra co-
mā multos
q̄ metu ser
uata per an

Tours murailles et la cite bastit
Es fondemens du real edifice
Trouua ce laure conuenable et propice
Quil consacra a phebus pour certain
Dont demeura cest verd arbre loingtain
Et de cest laure imposa sans doubtance
Non a la ville qui sappella laurence
Dessus cest arbre p mōt grādes merueilles
Se posa lors vne turbe dapeilles
Faisant strideur par my lair et grāt bruyt
Si assiegirent par vng commun deduyt
Le hault du laure ou toutes commencoient
Et lun a lautre par les piedz se tenoient
En tant pour vray q̄ toutes furent pleines
Brāches ꝛ fueilles de ces mouches soudai-
Lors le diuin q̄ scauoit les augures (nes
Leur exposa le sort de telz figures
Et se leur dist a ce que iapercoy
Certes ie sens et icy venir voy
Prince estrangier q̄ en toutes noz terres
Dominera par batailles et guerres
Et entrera iusques au plus parfont
Ainsi pour vray que ses abeilles font
Ung iour aussi q̄ la vierge lauine
Faisoit aux dieux sacrifice tresdigne
Et pres son pere encensoit voulentiers
Dondeurs piteuses et chastes les aultiers
On veist vng feu qui tout sō chief cōprēd
Et qui par flamme crepitante se prend
Aux ornemens royaux et enuironne
Ses beaux cheueulx et sa riche couronne
Si fut lors veue en ce point alumee
Toute couuerte dune iaune fumee
Et cest grand feu qui ainsi delle issoit
Tous les endrois du palais remplissoit
Cest prodige sembloit moult admirable
Et fut le cueur des voiās moult doubtable
Car le diuin qui consideroit
Quen disoit delle que heureuse moult seroit
Par renommee et prospere fortune
Mais q̄ par elle viendroit grand desfortune
Maintes batailles au peuple et au pays
¶ Si que plusieurs en furēt esbahys
Et le roy mesme trouble de telles choses
Bien tenoit a sa pensee encloses
Secretement sen alla aux oracles
Et droit au temple et diuins habitacles
Du dieu faunus son pere fatidique

Continuo
vates exter
nū cernimꝰ
inquit Ad-
uetare virū

At rex solli
citus mon-
stris oracula
fauni
Fatidici ge
nitoris adi
tit

Fut honnore de la gent hesperique
Si print chemin en la forest haultaine
La ou distile la sacree fontaine
Dicte albumee et pour sen querir entre
La gent itale et terre oenoirte
Et mephitis la cruelle partie
Est la dedens par repos aduertie
Et en le ure doubtes les gēs sont iformez
Apres quil eust les haulx dieux reclamez
La feist le roy premier son offrande
Par le preste qui les choses demande
Qui tost apres que la nuyt fut prochaine
Sur peaulx douailles occises ꝛ sur laine
Se coucha lors et la print son repos
Pour veoir en songe tout le fatal dispos
Lors en dormant veit il choses diuerses
Maintz simulacres et grādes cōtrouerses
Voix merueilleuses et si eust en ces lieux
Ung plement moult familier aux dieux
Il coniura en ses grandes cauernes
Tout acheron des puissances auernes
Et lors le roy latin querant responces
De la besongne incongneue et absconse
Sacrifioit et si faisoit occire
Cent ouailles quil auoit fait eslire
Et puis se siet sur les peaulx et toisons
Faisāt prieres et grādes oraisons
Lors du hault bois fut vne voix ouye
Dont sa pensee fut acoup resiouye
¶ O le myen filz ma tendre geniture
Ne te trauaille par quelcōque aduenture
Joindre ta fille que seule tu retins
Par mariage a aucuns des latins
Et ne te arreste au lit et au thalame
De celluy la qui tant la veult et ame
Gendres te viennēt estrangiers et forains
Qui p leurs gestes et haulx faiz souuerains
Et par leur sang porteront nostre nom
Jusques aux astres p immortel regnom
Et les nepueurs ꝛ qui deux prendront vie
Verront la terre soubz leurs piedz asseruie
Et les deux mers regir et dominer
Ou le soleil scait naistre et terminer
Telz furent certes les respons de faunus
Qui pas ne furent pourtant contez a nulz
Mais bien les tint couuers en close bouche
Le roy latin car assez pres luy touche
Ja toutesfois auoit seme nouuelle
Renommee o ses legieres elles

Ne pete cō nubiis natā sociare latinis O mea progenies thalamis neu crede paratis Externi venient generi

Hec respōsa patris Fauni monitusq3 silēti Nocte datos

Par les villes et cites ausonyes
Que les troyens en grandes compaignies
Auoient desia en ces portz et riuages
Pose leurs nefz et tous leurs nauigages
Et que desia leure terre tenoient
Ou doulx repos ioyeusement prenoient
Le bruit cōmun p le pais couroit
Dont par merueille chacun sen enqueroit
Eneas doncques et les principaulx ducz
Auec iulus quant la furent rendus
Se retraitēt dessoubz les rameaulx vers
Dung hault arbre ō grās fueilles couuers
Et eulx assiz sur herbe belle et tendre
Feirent illec tables dresser et tendre
Mais pains et viures certes plus nauoiēt
Dōc de quoy paistre pour lheure ne scauoiēt
Si furēt to⁹ cōtrains de mengier les restes
De leurs trāchouers auec pōmes agrestes
Toutes viandes leur estoient faillies
Donc les croustes furent ores recueillez
Et contrains furent mengier p grāt fain
Les reliques et mietz de leur pain
Ce leur aduint par volente fatalle
Lors dist iule dune douleur fort malle
Las quelle cy bien sommes miserables
Menge auons et tranchouers et tables
Et sans plus mot dire les reconfortent
Icelle voix car elle moult apporte
Fin a leurs peines si la teint moult ꝓspere
Et bien furieuse enee le sien pere
Et ia ne veult qui parlast plus auant
Aine clost sa bouche et mest sa main deuāt
Moult sesbahyt et bien fort se soucye
De cest augure et telle prophecye
¶ Lors dist o terre latine de salue
A moy promise par sort ie te salue
Et penates troyens doulx et feables
Je vous salue soyez moy secourables
Cy est certes mon pais ma maison
Bien me souuient que par longue saison
Le myen pere me dist par son organe
Le sort fatal et celle chose archane
O filz dist il quant tu seras venu
En terre estrange et a port incongneu
Et que fain lors si fort te pressera
Que sur tables viures ne laissera
Si que pour vray contraint seras a lheure
Mēger tes croustes sās q̄ riē y demeure

Heus etiā mēsas cōsumim⁹ īquit Iulus. Nec plura alludēs ea vox audita laborum

Cōtinuo salue fatis michi debita tellus Uosq3 ait o fidi troie salue te penates

Lors tu lasse la pourras esperer
Maison certaine pour iamais demeurer
Et te souuiengne en celle terre utille
Bastir tes meurs ⁊ la premiere ville
Cestoit la fin certes dont il parloit
Cest cela que declarer vouloit
Qui metra fin a noz labeurs ⁊ peines
Et qui no⁹ rende dux desirez demaines

Quare agite et primo leti cũ lumine solis.

Pource doncq̃s demain au p̃mier iour
Joyeulx ⁊ aises enquerons sãs seiour
Quelz lieux ce sont q̃lles gens y habitent
Quelle est la ville q̃l louẽge meritent

Que loca q̃ve habeant homĩes vbi menia gẽtis vestigemus

Du tout nous fault enquerir et scauoir
En diuers lieux pour congnoissance auoir
Mais tout p̃mier no⁹ fault edifier
Les dieux pour no⁹ ⁊ leur sacrifier
Emplissez doncq̃s voz tasses ⁊ patheres
A iupiter faisons diuins misteres
Et par prieres clames mõ geniteur
Qui a este de noz fais conducteur
Et metez vous ses meilleurs ⁊ notables
Pour grande ioye sur noz faillies tables

Sic deinde effatus frõdẽti tẽpa ramo implicat

Quãt eut ce dist lors son chief enuirõne
De vert rameaulx en forme de courõne
Puis inuoca par priere le dieu
La habitant ⁊ genye du lieu
Et mais la terre des haulx dieux genitrice
Pour quelle fust a son fait adiutrice
Aussi les nimphes doulcemẽt requeroit
Et les fleuues qu'ãcor ignoroit
Sans oublier la nuyt ⁊ mais les signes
Qui de nuyt sont par aparẽces dignes
Et si inuoque le iupiter idee
Aussy la mer phrigee desiree
Et anchises ⁊ venus ses parens
Qui sont au ciel et cerebe garans
Lors iupiter le trespuissant des dieux
En son hault ciel tout cler ⁊ radieux
Fist vng tõnoirre soudai p̃ trois fois bruyre
Puis feist au ciel apparoistre et reluire
Une nue toute pleine en effait
De resplendeur grãde cõme or parfait
Donc tout acoup telz augures voyans
Bruyt ⁊ murmure fut entre iceulx troyẽs

Postea qui prima lustrabat lãpade terras Orta dies

Que lors estoit venu le iour a lheure
De bastir murs ⁊ choisir leur demeure
Si se disposent ⁊ de ioye quilz ont
Grand feste meneut ⁊ grans lyesse font
Vaisseaulx emplissẽt de vins et de pocules
⁊ entre eux boyuẽt nõ craignãt peines nulles
Le lendemain apres q̃ iour fut ne
Et que ia fut le monde enuironne
De la clarte radieuse et solaire
Tous de bon gre pensoient a leur affaire
Les vngs senquerent que cest de la cite
Des fins et lieux et de leur qualite
De portz et mers et de la condicion
Des habitans en celle nacion
Tant se informent quil ont de tout notice
De la fontaine quon appelle numice
Et mais le tibre le fleuue gracieux
Pareillement bien scauent quen ces lieux
Les fortz latins et belliqueux en guerre
Sont pocesseurs de celle belle terre
Et quant ilz eurent entiere congnoissance
Des gens et murs et de leur residence
Le duc enee esleut cent orateurs
Entre les siens saiges exploratenrs
Et leur cõmãde q̃ vers le roy sen allent
Et de par luy presentent et luy baillent
Joyaulx et dons doulce paix requerãs
Se furent tous a son veul adherans
Iceulx commis et aornoiẽt leurs testes
De beaux rameaux ⁊ de fueilles hõnestes
Denotans paix puis sen vont sãs demeure
Droit au palais la ou le roy demeure
¶ Et ce pendant furent les lieux trasses

Haud mora festinant iussi rapidis q̃ feruntur Passibus ipse humili designat menia fossa

Pour bastir murs et pour faire fossez
Par eneas qui confronte et desine
Place et pais ⁊ le tout marche et signe
Ville et chasteaulx propose edifier
Et par tranchees les veult fortifier
Que reste plus si auant cheminerent
Les cent messaigez q̃ bien tout arriuerent
Pres de la ville ou le roy presidoit
Lors chacun deulx veul sõgneux regardoit
Les haultes tours et maisons exellentes
Diceulx latins moult belles et plaisantes
Hors de la ville a tropes et monceaux
Estoient lors enfans et iuuenceaulx
En large place les vngs sus grãs destriers
Se excercitoient ⁊ couroient voulentiers
Et les autres en cures delectables
Si aprenoient faire chauaulx doubtables
Aultres aussi mettoient peine daprendre
Leurs ars robustes bien encocher ⁊ tendre

Et droit tiret la fleche et la saiecte
Vng chacun deulx souuent tasie et iecte
Ainsi doncques a courses et a saultz
Sabillerent iceulx ieunes vassaux
Lors vng dentre eulx voyāt fort aprocher
Telle ambassade ne tint son cheual cher
Ains picq et fiert et au vieulx roy raporte
Que gens notables et destrange sorte
Bien tost arriuent en vesture incongneue
Si luy en fait assauoir leur venue
Et lors le roy commanda sans delaiz
Quon les amayne en son royal palais
Puis hault se siet en chaire triumphāte
En maieste pompeuse et excellente
Dedens la ville vng palais y auoit
La ou le roy conuersoit et viuoit
Moult grād et beau et de grant aparence
Feult esleue sans nulle difference
Sus cēt coulūpnes et de toute saison
Fut en ce lieu la royalle maison
Bien decoree et moult delicieuse
Fut en plaisir ou vie religieuse
En ce lieu propre estoient couronnez
Les roys premiers et de ceptre aornez
La receuoient leurs honneurs premerains
Iceulx prīces et magnatz souuerains
En celle court y eut sūptueux temple
Ou se faisoit sacrifice moult emple
En iceulx sieges et solempnitez grandes
Si mengerent les sacrees viandes
Et la mettoient les grans peres notables
Le blanc mouton sur perpetuez tablez
Leans estoient les imaiges pourtraictez
Des roys antiques toutez p ordrez faictez
De bois de cedre pour que plus longuemēt
Sceussent durer sans pourrir nullement
La italus fut en premiere ligne
Puis sabinus qui cultiuer la vigne
Premier aprint aux agrestes ruaulx
Celluy gardoit a ses piedz si grandz faulx
La fut aussi de saturne lymaige
Portant la forme dhomme dacienne aage
Aussi celle de ianus le bifronte
Aupres des autres se presēte et cōfronte
Telles images ou vestibule estoient
Qui les ancestres a veoir representoient
Et bien y furent en triumphans arroys
De pere en filz toutes celles des roys

Qui pour garder leurs pais & leurs terres
Ont soustenu grandz batailles et guerres
Et maintez plaiez ont porte et souffert
Et leurs corps ,ppres en to⁹ dāgiers offert
Maintez despouilles armes rudes & fortes
Ainsi pendoient supples sacres portes
Maintz congnies et glaiues esmolues
Maintz riches curres captifz priis & tollus
Aussi il y eust salades et grās heaulmes
Cōquis iadis sur gēs de diuers royaulmes
claustres d̄ portes grās chaines d̄ barrieres
Prinses aux villes en assaulx et frōtieres
Dardz et bouclieres rostres d̄ grādes naues
Rauis en mer sur gens serfz et esclaues
Quant picus certe puissant roy dominoit
En celle terre et le pais tenoit
Soubz hault pouoir et q̄ damour lealle
Vouloit moustrer sa maieste realle
Il hault assis en chaires redoubtee
Estoit vestu dung moult riche trabee
Baston auoit quirinal a sa destre
En lautre main escu bel et a destre
Mais trop mal las affin luy aduint
Car sa femme circe tantost deuint
Esprise certes dune amour estrangere
Donc la faulce desloialle emperiere
Celluy mua par venin et poison
En vng oyseau qui en toute saison
Garde le nom et qui picus sapelle
Mainte couleur iecta dessoubz son esle
En tel estat estoit alors assis
Le roy latin de maintien bien rassis
Et presidoit en sa chaire excellente
Dedens le temple de beaulte preferente
Si commanda quon fist a luy venir
Iceulx troyens pour les entretenir
Et quant leans p conduicte et par guide
Furent venus le roy a voix placide
Premierement sa parolle adressa
Et par tel mot son dire commenca
Dardanides sans peur crainte et esmoy
Je vous prie hardiment dictez moy
Tous vostre affaire vostre desconuenue
Et mais la cause de si prompte venue
Pas ny ignorons vostre natiuite
Et la ruine de vostre grād cite
Bien auons sceu et a plain ouy dire
Le cours qua fait en mer vostre nauire

Tectum augustinum in gens/centū sublime cōlūnis. Vrbe fuit sūma laurētis regia vi ci

Dicite dardanide neq; enī nescim⁹ et vrbem. Et gen⁹ audito q; aduer tis equore cursum. Quid petis tis.

Que demandez quelle cause vous a meus
Par tant de mers et de dangiers esmeuz
Porter voz nefz dintencion unye
En nostre part et pays ausonye
Vous a erreur en voye evagitez
Ou la tempeste de mer icy iectez
Tous telz perilz souvent souffrent et porter
Les nautonniers qui en mer se transporter
Or vous estes au fleuve et au rivaige
Et sur le port ou gist nostre heritaige
Ne deffuyez pas crainte nostre hostel
Car bien vostre est la ville et le chastel
Neptunus paist en gloire taciturne
Peuple latin et la gent de saturne
Qui pas nest serve et subiecte ny egalle
A nulz lyens de sanction legalle
Ains se regist a son gre en ce lieu
Et tient les meurs de son antique dieu
Et pour certain iay bonne souvenance
Par renommee dencienne naissance
Selon le dire aussi des vieulx aronques
Qui en recit ne diffaillirent oncques
Que dardanus le vostre antecesseur
Dont ie me tiens a certaine et seur
Print en ces terres naissance et nourriture
Puis penetra par louable adventure
Droit aux citez ideez et phrigye
Ou par luy fut grand province regie
Puis ethycie et samos habita
Qui samothrace de puis nom raporta
Et par apres domina en chorythe
De thir venu en gloire non petite
Or le possede lassus maison doree
Qui est destoilles au hault ciel decoree
Le noble augmete des dieux en mais quat
Et a lhonneur en teples et aultiere (tiers
Quant eust finy son dire a ceste fois
Ilyones le suyvit par sa voix
O noble roy yssu du sang faunus
Pas ne sommes en ces terres venus
Persecutez par fluctueuses undes
Pas ne nous ont de mer les eaux pfudes
Si fort contrains ne les rudes hyvers
Tant pourmenez par turbillons divers
Ne mais lestoille qui nautonnier connoye
Ne nous a tant deceuz en quelque voye
Que par contrainte ou par adversite
Ayons point port pres de vostre cite
Mais dung coseil et de commus couraiges
Sommes venus iusques a voz rivaiges
Seus expilles deboutes et bannis
De noz royaulmes les pl^9 grādz et fornys
De tout honneur et de toute maniere
Que nulz a qui soleil donnast lumiere
De iupiter print nostre geniture
Nostre principe et nostre dictature
La gent dardane certes mont sesiouyt
Tout de tel pere paisiblement ioyt
Et nostre roy le troyen eneas
De qui peult estre ouyt parler tu as
Prochain parent en la plus haulte ligne
De iupiter et pas ne luy forligne
Nous envers toy envoyez et transmis
Pour demourer tes conioinctz et amys
Quante et combien fut grande la tepeste
Es champs idee et fiere la conqueste
Par les myen es assez scait et lentend
Toute la terre qui au monde se estend
La renommee en est certes saisie
Par toute europe et mais p toute asye
Ceulx qui habitet aux terres pl^9 extrames
Aux longues isles lont peu scavoir d mesmes
Et les manās es noytes regions
Les antipodes dobscures legions
De tel deluge saulvez et eschappez
Et ses grans umbres souvent envelopez
Et p mers logues trāspoztez a ceste heure
Jusques a huy sans paisible demeure
Ne requerons nous tous fors seullement
Siege equitae et simple herbergement
Aux dieux patries et seiour sans nuysāce
Dedens voz portz avec la iouyssance
Deau et mais dair dōt chacū par droit use
Communement sans que nul la reffuse
Vostre royaulme naura moindre louēge
De no^9 retraite quoy q soyons estranges
Pas ne sera maindre vostre regnom
Recueillir ceulx q de droit ont le nom
Et iamais certe ne sera oubliee
Si grande grace envers nous desployee
Ja nauront veul peuple ausoniens
En leur giron davoir myes les troyens
Et ie te iure par le sabbat devee
Par sa main destre puissante et aornee
De digne foy comme on a peu scavoir
Fut en armes ou batailles pour veoir
Maintz peuples riches et d vert^9 nopoit mos

Nec genus egregiū fau ni nec flucti bus actos. Atra sub egit hyems.

Nous ont requis et a eulx voulu ioindre
Pource doncques ne nous mesprises pas
Si devers toy sommes venu le pas
Paix requerans mains ioinctes et lyez
Qui bien quierent de toy estre alyez
Les sortz des dieux par leur cōmādemēt
Nous ont enioinct apres long traictement
Voz seulez terres enquerir et poursuiure
Et choisir lieu pour demouer et viure
Icy fut certe engendre dardanus
Et nous les siens y sommes reuenus
Apollo veult et place nous ordonne
La ou son cours fait le tybre thyronne
La pour certain ou les sacrees eaux
De la fōtaine numice ont leurs ruysseaux
En oultre plus si loffre test plaisante
Ioyaulx et dons de par nous te presente
Nostre eneas q̄ pourtāt peu ou guere
Ne priseras la fortune premiere
Les nous laisse en nostre aduersite
Ce sont reliques prises en la cite
Arse et bruslee par la gent ennemye
Mais sil te plaist ne les refuses mye
En ceste couppe dor anchise beuuoit
Apres que aux dieux sacrifie auoit
Cest dyademe precieux et honneste
Portoit priam maintes fois sur la teste
Quant en son trosne iustice administroit
Et a ses gens droit et raison monstroit
Et en sa main souloit tenir et mettre
Aucune fois ce moult insigne ceptre
Et la tiaire et ses robes dorees
Par grand labeur faictez a decorees
Par telz parolles que dist ylionee
Et pour les dons enuoyez par enee
Le roy latin pensif et soucieux
Baissa la face et lors fixe les yeulx
Encontre terre et remaint immobile
Pensant en luy maint propos volubile
Tāt nest esmeu po^r les choses pourprines
Ne pour ceptres priames tant insignes
En iceulx dons tant ne met son couraige
Quil nait pensee trop plus au mariage
Et au thalame de sa fille heritiere
Moult pres luy touche si sōgneuse matiere
Et moult reuolue en son entendement
Ce que faunus luy dit premierement
Cest en effect et pour chose certaine
Que apres que enee de region loingtaine

*Dat tibi preterea fortune parua prioris Munera reliquias troia exarte receptas*

*Talib^9 illi nei dictis defixa latinus Obtutu tenet ora*

Seroit venu en ces lieux estrangiers
Hors du peril des maritins dangiers
En fin seroit de cil roy latin gendre
Et sās querelle iamais entre eulx cōtendre
En puissance pareille requeroient
Et ces pais tous deux conquesteroient
Voire et de luy ysseroit geniture
Moult a nobli de grant vertu future
Qui par proesse et par doulce faconde
Occuperent a la fin tout le monde
Toutes ces choses le roy latin pensa
Puis telz parolles ioyeuses pronunca
Je pri aux dieux que diceulx exaulcez
Soient les euures que auons or cōmencez
Et que laugure qui nous a fait scauoir
Soit fait prospere par le diuin pouoir
O vous troyens plus ne vous enquerez
De nous aurez tous ce que requerez
Pas ne de daigne voz dons ne voz presēs
Bien les ay chiers gracieux et plaisans
Tant que iauray vie seigneurieuse
Si vostre enee a doncques le desir
A mon hostel se conioindre et saisir
Mon aliance et que ores on appelle
Mon compaignon par amitie nouuelle
Vienne hardiment ia nait orreur ou craite
De la face de son amy sens faincte
Lune des choses donc plus suis desirant
Cest de toucher la destre du tyrant
Vous direz doncques a celluy vostre roy
Et luy ferez assauoir de par moy
Que dune fille toute seulle suis pere
Donc iay soucy que mon cueur expaspe
Car les oracles et mais les diuins sortz
Et signes moult grans p celestes effors
Ne voulent certes conceder ne promettre
Que ie la puisse associer ne mettre
A nul des nostres tant soit il bel et gēt
Ne prendre espoux qui soit de nostre gent
Ains ont predit par voulente
Qua ce royaulme dōt huy auons la reste
Auoir vng gendre de extreme region
Acompaigne de noble legion
Qui p son sang conionnct auec le nostre
Exaulcera p la terre voyre oultre
Iusques aux astres nostre nom florissant
Tant sera certes de luy grand fort issant
Et pour certain ie croys que soit celluy

*Tandem letus ait dii nostra incepta secondent Augurium q3 suum*

*Nos cētra regi mea nunc mandata referte Est michi nata*

Que nous auons espere iusques a huy
Et que les sors fataulx veullent ⁊ mãdẽt
Et que ia daultre pour gendre ne demãdẽt
Si ma pensee ay doncques proiecte
En vray augure digne de verite
Quant est de moy ie le vueil et desire
Pour estre fait apres moy roy et sire
¶ Quant il eut dit il feist en ses estables
Prẽdre ⁊ choisir chenaulx beaulx ⁊ sortables
Trois cẽs ẽtre autres beaulx coursiers y a (uoit
Ou differẽce trouuer on ne scauoit
Si les faict tous aux troyens amener
Et bien les veult par ordre guerdonner
Couuers estoient de diuerses armeures
Painctes au vif de diuerses figures
Bardes et housses faictes moult richemẽt
En leurs poictrines pendoient largement
Moniles dor et campanes dorees
Dont furent lors les rues bien reparees
Beau les fait voir et fierement marchoiẽt
Entre leurs dens le frain dore machoient
A eneas leur prince et duc absent
Il enuoioit vng curre moult puissant
Ou cõiõctz furẽt deux chenaulx dexcellẽce
Engendrees certes de etheree semence
Qui vomissoient le feu par les naseaux
Circe les feist par ouuraiges nouueaulx
La cauteleuse circe trop aduisee
Par vne mere iument lors supposee
Les destroba par ses subtilz moyens
En don les eut le prince des troyens
Les eneaides sont aises et ioyeux
De tel recueil voire des dons precieux
Sur leurs chenaulx sen võt et sẽ retournẽt
Puis vers leur prince eneas si sen tournẽt
Rapportant paix et part a lheritaige
Et asseurance de prochain mariage
¶ A celle fois iuno femme cruelle
De iuppiter auec legere elle
Des inachies terres sen retournoit
La region de lair haulte tenoit
Si aduisa de loing le roy enee
Et sa naue dardanie ordonnee
Aise et ioyeuse sur le sicule port
Le veid aussi par faueur et support
Qui batissoit en paix sans nulle guerre
Tours et maisons en assuree terre
Et que ia hors de leurs nauires sont

Hec effatus equos numero pr elegit omni Stabant tricentum nitidi in presepibus altis

Ecce autem inachiis sese referebat ab argis Seua iouis coniunx

Murailles dressent et edifficr sont
Si sarresta en ce goust atachee
Daspre douleur fut attaincte et touchee
Dont par grant ire sa teste lors mouuant
De sa poictrine iecta telz motz au vent
¶ O lignee de moy si fort haye
Qui tant me rend et triste et esbahye
Et les fortunes de phrigie deboutez
Par trop contraires aux nostres voulentez
Ne peuent ceulx par iniure vengees
Demourer mortz dedens les chãps sigees
Pourquoy eulx pris ne demourerent pris
Et succumbez sans louẽge ⁊ sãs pris
Parquoy troye bruslee et allumee
Ne les brusla sans longue renommee
Par le meillieu des glaiues et des dardz
A quoy tient ilz que tous ne furent ardz
Et entre flãmes et feux cõsumans troye
Ilz trouuerent chemin issue et voye
Certes ie croye que ma puissance est lasse
Ores se taist rien plus ne leur pourchasse
Et ie pourtant de haine non saoulee
Or ne repose consentant leur allee
Et qui plus est par grandz eaux ⁊ p vndes
Leur sens infeste et par les mers ꝓfondes
Par moy certes fuytifz de leurs pays
Somme par moy ont este enuahis
En toute mer bien me suis opposee
Contre profugues et leur porte imposee
Et ay prins sortz au ciel et en la mer
Pour contre ceulx me fulcir et armer
Mais le tout veu que me vault ou proffite
Scylla caribde et la doubteuse syrte
Quant ores sont venus et retirez
Sur les riuaiges du tybre desirez
Voire asseurez de la mer et de moy
Dont a present trop deceue me voy
Le dieu mars feit par ruynes subites
Perdre la gent tres grande des lapithes
Si feist dyane par iniure oultragee
Dont calidonne en fut fort dommagee
Et ie qui suis du grant iuppiter femme
Qui bien ay peu comme nuysante dame
Tout entreprendre et rien ne delaisser
En quelque chose quay voulu pourchasser
Et qui me suis moymesmes employee
Mal sest pourtant ma force desployee
Car vaincue par cil enee suis
Au fort pourtant si de moy ie ne puis

Heu stirpem inuisam et fatis contraria nostris Fata phrigum / num sigeis occumbere campis.

Venir achef et que ma deite
Joupt ne puisse de telle auctorite
Ja ne craindray dappeller en ayde
Toutes puissances pour y trouuer remide
Si ie ne puis les celestes auoir
Ceulx dacheron ie feray esmouuoir
Et iacoit or que prohiber ne puisse
Les gens latins de grace ou benefice
Ennuers iceulx troyens mes ennemis
Et que les sors fataulx ayent promis
A cil enee amener pour lespouse
Si ie ne puis du tout rompre la chose
Aumoins pourray ie tarder et differer
Et par demeure le faict exasperer
Ores conuient par noises et destroys
Faire esmouuoir le peuple des deux roys
De tel loyer ainsi que ie desire
Seront pourueux et le gendre et le sire
Et tu vierge auras douaire utille
Du sang troyen et mais du sang rutille
Je leur feray ceste perte et dommaige
Pas nay promis pronube au mariage
Hecuba certe seule pas nenfanta
Le feu qui troye si fort persecuta
Ains pareille est et telle la portee
Qui par venus fut iadis enfantee
Lautre paris est issu de son ventre
Qui feux alume iusques au parfait cetre
Et mais les flammes funestes cortosiues
Sont aux pergames encores recidiues

Hec vbi dicta dedit terras horrenda petiuit Luctificam alecto dira rum a sede sororum

Quant elle ainsi eut acheue son dire
Toute pleine de courroux et grant ire
Et que si fort oultragee se sent
Aux terres basses et profondes descend
Aletho quiert linfernalle furie
Pleine peult tenant sa confrarye
Auec ces seurs tant dires et cruelles
Enuironnee des passions mortelles
Et des tenebres quel a dedens son cueur
Triste bataille de piteuse liqueur
Dires denuyes de haines et de crimes
Griefz et nuysãs en ses parfons abysmes
Son pere mesme pluton et mes ses seurs
Par trop la hayent et ne se tiennent seurs
Pres de ce monstre et es tartarees places
Qui si souuent se change en tant de faces
Tãt sõt ses formes doubteuses et ses leuures
Et tant pullule et habonde en couleuures

Par ses parolles iuno lesguillonna
Et en telz motz a elle sermona
Donne moy vierge q̃ p nuict fuz cõceue
Cest labeur propre et par toy soit receue
La peine telle pour qui le nostre honneur
Est subuerty et mys a deshonneur
Cest que tu faces par tes subtilz moyens
Que mes contraires et ennemys troyens
Jamais ne puissent le roy latin comprẽdre
Par mariage ne lalience prendre
Et ia ne soient des rutulles affins
Pour obsider les italiques fins
Tu as pouoir de faire armer sans faille
Freres vnys et faire entre eulx bataille
Et renuerser par tes fortes poisons
En grande haine maintes bonnes maisõs
Tu peulx aussi feux et flammes mobiles
De voix et noyses semer en maites villes
Tu as certes mille noms et mille ars
Faire nuysance et perte en toutes pars
Incite doncques ton cueur et ta poictrine
Qui de malice et de efficace est pleine
Romps et debrise celle paix composee
Seme discorde et guerre peu prisee
Si que soit tost la ieune gent incline
Prendre les armes et pourchasser ruyne

Hunc michi da proprium virgo sata nocte laborem Hanc operam

Incontinent la parolle parfaicte
Celle aletho monstrueuse et infecte
De gorgonnee venin tost part de la
Et en lacye tout premier sen alla
Assez chemine et tost son pas auance
Droit au palais du vieux roy de laurence
Et quant la fut doulcement se transporte
Pres de la chambre et bien saisist la porte
Amata royne qui de lauine est mere
Et que pour vray auoit douleur amere
Tant que sa cure sa fureur et son ire
La desechoit plus que ne scauroit dire
Car trop pensoit en la prompte venue
Diceulx troyẽs puis estre combatue
De diuers songes par traictez conuenus
De sa fille lauine auec turnus
Lors aletho de ses crins prent et tire
Vng long serpent plein de poignãt martire
Et le iecta promptement sans actente
Dedens le sain de la royne dolente
Si quẽ peu dheure aupres du cueur la taint
Qui du venin fut arrouse et taint

Exin gorgoneis alecto infecta venenis Principio latium

Ainsi doncques soubz la molle Vesture
Parmy le corps de celle creature
Se retournoit ce serpent furieux
Sans la blesser pourtant en aucuns lieux
Ainsi certes la royne decevoit
Qui sa cautelle ne pensoit ne scavoit
Et inspiroit en la dame esgaree
Ame troublee iree et Viperee
Cest grāt couleuure en lieu dun beau collier
Dedens son col se Veint ioindre et lier
Puis en son chef sennelope et satourne
En ses cheveulx se remue et se tourne
Brief en ses membres tant se ioint ⁊ sapliq̄
Que par tout est connoiteux et lubrique
Quant la rigueur des Venins si puissans
Eut transperce de la royne le sens
Et quen ses os eut aplique la flamme
Dire et de noise qui son desir inflamme
Jacoit pourtant que encor ne fust lancee
Toute fureur au fons de la pensee
Si commenca parler premierement
Ainsi que font femmes communement
Et comme mere maintes lermes espandre
Pour sa fille lauine doulce et tendre
Pensant aussi au contraire hymenee
Faict et promis au duc troyen enee
Si dist o roy a qui ie fuz Unye
Est il conclud et dit que lauinie
Ta seulle fille en propos si legiers
Sera baillee aux troyens estrangiers
Nas tu pitie de ta fille et de toy
Pense tu point au regret quest en moy
Qui tost certes seray habandonnee
Par cest pirate et grant latron enee
Qui nostre fille lauine emportera
Au premier Vent que beau partir fera
Ne feist paris Une telle finesse
Quant il ravist la belle helene en grece
Et la mena aux troyennes citez
Tant furent lors ses desirs incitez
Ou est ta foy tressaincte et cenonique
Ou la cure des tiens longue et antique
Et la promesse faicte par tant de fois
A ton parent turnus par royaulx droitz
Si tu quiers gendre destrange nacion
Et quau latins telle condicion
Soit necessaire et que faune ton pere
Par ton enhort ton couraige exaspere
Tu scais assez pour Vuyder cest obiect

Exulib⁹ ne datur ducē da lauinia teucris O genitor nec te miseret nateq̄ tuiq̄

Que turnus nest en riens nostre subiect
Latin nest mye ne mais soubz nostre empire
Ne naisquit oncq̄s pour que tiēs no⁹ ēpire
Si tu tenquiers selon deue raison
Dont est issu et de quelle maison
Jnachus certes acrysius avecques
Furent ses peres Ven⁹ des terres grecques
Dont a bon droit forain se doit nommer
Plus que celluy que tant Veulx renommer
Et mieulx merite nostre fille estre sienne
Qua cest enee de nacion troyenne
¶ Quant par telz motz elle eut ainsi tēpte
Le roy latin et experimente
Voyant ainsi sa peine estre perdue
Ou par longs iours sestoit tant attendue
Et que desia le Venin du serpent
En ses entrailles par tout court et sespend
Lors malheureuse par monstres incitee
Sans contenance lymphee et despitee
Par la cite sen fuyt mal sagement
Et par tout erre tant furieusement
Tout ainsi certes quun sabot Volubile
Qui est soudain tresleger et mobile
Et souvent tourne par Verbere frequent
En large place et bien Unie quant
Jeunes enfans a iouer ententifz
Sont du frapper souvēt promptz ⁊ hastifz
Celluy sabot moult Varie et tournoye
Exagite de legere corroye
Si sesbahit celle turbe ignorante
De tel tournoy et course Violente
Maint ieune enfāt moult regarde ⁊ admire
Cest bois petit qui ainsi tourne et Vire
Qui tant plus est frappe et combatu
Plus a certes de tourner grant Vertu
Par cours non moindre fut incitee lors
La royne aymee et dedens et dehors
Et entre peuple cheminoit et alloit
Ainsi q̄ue celle a qui peu en challoit
Mais qui plus est la malheureuse et folle
Droit au forestz ⁊ aux grās boys sen Volle
Au dieu bachus cuydant sacrifier
Tant sceust fureur le sien cueur deffier
Si amena sa fille avantageuse
Avec elle en forest Umbrageuse
Pour quelle priue cōment elle a en courage
Iceulx troyens du promis mariage
Et quelle puisse empescher et tarder

His vbi ne q̄q dictis expta latiū Contra sta re videt

Torches iugales ou du tout engarder
Elle frenant heu hoe vocifere
Bacchus appelle sās q̄ riens plus differe
Disent quil est digne de telle vierge
Voire et il seul en doit estre consierge
Elle prenoit thirse e moult et notables
Elle lustroit bons et traictables
Renommee volla par la cite
Du nouueau fait par elle suscite
Lors les meres et dames anciennes
Toutes esmeues laissēt les maisōs siēnes
Ardeur pareille les fait courir apres
Et suyuir veult la royne de plus pres
Ainsi sē vont et nouueaulx seiours q̄rent
Bois et forestz pourchassent et enquerēt
Cheueulx et crines desploient tout au vent
Et les aulcuns cheminent plus auant
Par leurs clameurs et cry lartis empsissēt
Et ō peaulx scictes se meublēt & fournissēt
De longs bastons de bois de pins couuers
Ainsi cheminent par lustres moult diuers
Au millieu delles fust la royne enflammee
Qui en sa main tenoit torche allumee
De bois de pin et tant oultree estoit
Quelle en ce point celebroit et chantoit
Le mariage de sa fille lauine
Auec turnus quelle songe ou deuine
Tournant ses yeulx et face singuliere
Ainsi que femme de fureur mal menee
Lors tout soudain cruellement sescrie
Meres latines escoutes ie vous prie
Si quelque grace remait en voz couraiges
De moy amer malheureuse en ouuraiges
Si soing et cure de vray maternel droit
Vo⁹ remort ores ou touche en quelq̄ ēdroit
Desires tous voz cheueulx & voz vittes
Prenez orgyes o moy pour voz merites
Ainsi traictoit alethe celle fois
La premiere royne par desers et par bois
Leguillonnāt de festinaulx bachiques
Acompagnee de dames oratiques
Quant elle veist quassez par ces labeurs
Auoit esmeu les premieres fureurs
Et peruerty pa son sort repentin
Conseil maison et veul du roy latin
Lors la deesse triste par noires esles
De la se part laissant les choses telles
Et sen alla droit aux mons et haulx lieux

Talem iter siluas iter deserta ferarum Reginam a secro stimulis agit vndique bacchi Post q̄ visa satis primos acuisse furores Consilium q3 oēz q3 domū vertisse latini

Du sont rutulles les gens audacieux
La fut certes aris bien assortie
Qui ia long temps auoit este bastie
Par la belle daphne fille iadis
Dacrisius selon communs esditz
Et dung oyseau fut ardee appellee
Ainsi nomme qui la print sa vollee
Et iusques a huy le nom a retenu
Ardee est ditte par le sort aduenu
La vint doncques la furie mortelle
Si fut certes la fortune lors telle
Que la dedens reposoit et dormoit
Le duc turnus qui telle ville aymoit
Ja auoit prins sa dempe reposee
Car a moitie fut la nuyt exposee
La aletho changa sa torue face
Affin que mieulx son emprise parface
Et maintz en quartiers en ses realles chā:
Elle despoulle to⁹ ses furieux mēbres (bres
Et son visaige celle mue et transforme
Prenant danile et vielle vne forme
Le font prepare et de rides cultiue
Par quelle semble vne vielle nayfue
De grans cheueux elle a orne son chief
Le quel tapissa de salle couurechef
Et dessus pose doliuier vne branche
Monstrant quelle est toute paisible & frāche
Brief elle fut de par elle vieillesse
Et toute comme sera la grande prestresse
De la deesse iuno calibee ditte
Si entra lors en maniere subite
Dedens la chambre ou prenoit son repos
Le duc turnus et suyuant son propos
Deuant ses yeulx se produyt e presente
Et commenca la parolle sequente
¶ O ieune duc comme peulx tu souffrir
Que les labeurs ou tes voulu offrir
Soient perdus et en vain exploiez
Et que les ceptres tant crains et redoubtez
Soient baillez a la gent dardanie
Le roy latin or te reffuse et nye
Le mariage le douaire quis
A si grand peine et si est or requis
Hoir estrangier comme le roy ordonne
Pour succeder a si haulte couronne
Or doncques va tu mocque et trahy
Et par toy soit tout ce peuple enuahy
Presente toy a tous ingratz perilz

Turne tot incassū fusos patiere labores Et tua dardanijs transcribi sceptra colonis

Et si applicque les sens & esperitz
Preserue et garde en paix la gent latine
Par la prouesse & forte repentine
Toutes tes choses pour tollir tel malice
Ma cõmãde iuno que ie te disse
Or pense doncqs le fait executer
Fait tes subiectz aux armes aprester
Issir des portes & laisser leurs maisons
Pour tost venger si grandes traysons
Brusle & cõsume iceux phrygiens ducz
Qui sur doulx fleuue sont ores espãdus
Et fait ardre par feux & flãmes maintes
Leurs nauires belles et si biẽ painctes
Toute la force des dieux le veult & mãde
Ainsi lordonne & ainsi le cõmande
Et si le roy latin nye ou refuse
Le mariage & de vray te recuse
Fay q̃ par armes la tienne force sente
Et quen bataille ton nõ experimente
Le ieune duc oyant ainsi le dire
Hic iuuenis vatē irridēs sic ora vicissim/ore refert.
De la prestresse le print mocquer & rire
En luy disant iay messagiers & gens
Assez songneux & assez diligens
Qui ont peu faire rapport a mes oreilles
De telles choses ou pl⁹ grãdes merueilles
Pas ne suis certes maintenant a scauoir
Cõme tu cuides par ton ramentevoir
Comme les nefz troyennes sans fecondes
Sont or posees sur les tybrides vndes
Ne peult pas pour telle craincte et peur
Esbahyr ores ou troubler le myen cueur
Certes iuno cõme ie cuyde croyre
Ne ma du tout mis hors de sa memoire
O bonne mere vieillesse supflue
Par trop long aige assotir et vaincue
Et mays brehaigne de toute verite
Par depourueue pusilanimite
Se cest en toy cures simples et vaines
Dont a bon droit tu y pers temps et peines
Et te descryes p craincte maintesfoys
Entre les armes des princes grãs roys
Ton mestier ẽ garder des dyeux les tẽples
Et leurs ymages & figures moult emples
Talib⁹ alecto dictis exarsit in iras At iuueni oranti subitus tremor occupat artus.
Et aux hõmes seullement apartient
La guerre ou paix cõme fait ce maintient
De telz motz faintz a letho courroussee
Et bruslee dira cõme dame offensee
Lors peur subite les mẽbres occupa
Du ieune duc qui sa voix sincopa
Ses yeulx furent to⁹ effroyes & roydes
Son corps trãsi et ses mais toutes froides
Tant cõmenca celle herynne seufler
Par ces grans ydres et fieremẽt siufler
Si descouurit alors sa triste face
Tournãt ses yeulx flãboyans sãs espace
Et deboutant p reproches et sons
Le ieune prince qui en maintes facons
Vouloit certes excuser sa simplesse
Et apaiser lyre de la deesse
Mais pas ne seuffre ais en maniere griefue
Deux grãs serpẽs entre ses crins esleue
Et par verbere bruyant cõme oultragee
Gecte tieulx motz de sa bouche enraigee
De ea suis icelle q̃ vieillese faillie
Par trop long aige a ores assalye
En ego victa situ quã veri effeta senectus.
Vuide et cassee de toute verite
Qui suis decente par imbecillite
Entre les armes des grãs roys & des prĩces
Qui ont pouoir en mais lieux & prouinces
Or me regarde ycy venue suis
Du parfond siege & du tenebreux puis
Dobscurs cruelles qui a toy me transporte
Sic effata facẽ iuueni cõiecit et atro.
Mort et batailles en ma main tiens & porte
Quãt elle eust dit getta vng grãt flameau
Tout plain de feu cõtre ce iuuenceau
Celle torcha de si noyre lumiere
Lumie fumantes fixit sub pectore tedas
Sceut biẽ ficher en sa poictrine entiere
Lors peur soudain acoup le reueilla
Qui tout son sens assez fort trauailla
Et tous ses membres & os baignez furent
De grãt furẽt pour craincte quilz receurent
Tout espdu armes desire et quiert
Armes prochasse et les cherse et enquiert
Autour du lict et en sa chambre enclose
Amour de glayue luy plaist pl⁹ q̃ aultre
Et insanye de cruelle bataille (chose
Qui le contraint & veult que tost sen aille
Tout aĩsi certes cõe en vng grãt vaisseau
De fer ou cuyure tout garny et plain deau
Sur feu assis en grand flãme ẽposee
Lors boult et meult leaue dedens exposee
Et par chaleur fort se exalte & sur vnde
Hors du vaisseau souuent sault & redonde
Et moult escume si que celle liqueur
Vient en fumee et se retourne en vapeur
Tout tel estoit de turn⁹ le courage
Boullãt et chault de belliqueur en courage
Si proposa sen aller tout esmeu

Au roy latin pour scauoir qui la meu
Auoir si tost foy faulsee et tollue
Et doulce paix tost enfrainte et pollue
Il fist armes forger et preparer
Et la querelle donc se voust coulourer
Cest pour garder ꝑseruer et defendre
Toute ytalie dopprobrieux esclandre
Et expeller ennemys de leurs fins
Qui pas nestoiẽt leurs cõsors ⁊ affins
Bien sceust dõner grand cueur ⁊ hardiesse
A ses cõioinctz disant que leur prouesse
Assez estoit cheualereuse et forte
Pour combatre gens de si foible sorte
Et fussent ores vnys et aliez
Troyens latins et en vng saliez
Quãt il eut fait telle exhortacion
Et imploriqit a son intention
Les puissans dyeulx lors les rutilliãs
Ieunes et fors ⁊ tous ceulx de lians
Furent esmeux et incites aux armes
Et cõuoquent en tout lieu les gẽs darmes
Beaulte et forme estuente ieunesse
Force ⁊ vertꝰ pentelle et noblesse
Et autres termes q̃ cil turnus auoit
Tout cela certes a guerre le mouuoit
Et quãt il eut ꝑ atrapans langaiges
Emoly dauldace les cueurs les ⁊ couraiges
Diceulx rutulles pres a ioindre et fouir
Lors aleto cõmenca a courir
Delles legeres ou les troyens estoient
Qui pres du fleuue doulcemẽt se esbatoiẽt
Si auisa par assez nouuel art
Le lieu expres et la prochaine part
Ou iulus sur les ioyeulx riuaiges
Faisoit le guet a maites bestes sauluaiges
Et par ces dars et cource pourchassoit
En faire prinse et de pres les chassoit
Lors la furie et verge cocythie
De fraude et dol sogneuse ⁊ aduertye
Iecta aux chiens vne fureur souldaine
Et leur donna vne odeur et alaine
De fresche beste et de trasse certaine
Si fust esmeue la nature canine
Tant que ses chiens furẽt prõps ⁊ ardans
Apres vng cerf ⁊ tousiours ꝑtendans
Cela certes fut la cause et matiere
De sy grans maulx et de guerre ꝓmiere
Cela esmeut les rutulles agrestes
Les laboureurs ⁊ mais toutes leurs testes
¶ Ce cerf estoit moult bel et grãd de corps
Haud en son chef ⁊ biẽ forme de corps
Que les enfans de turnꝰ nourissoient

Ceruꝰ erat forma prestanti et cornibus īgēs

Songneusemẽt et moult le cherissoient
Car prins lauoiẽt ieune faon en friche
Soulz la mamelle et aupres de la biche
Tyrrhus aussi pere diceulx enfans
Maistre pasteur et qui en ces defans
Tout le bestial du roy auoit en garde

Thyrride pueri quem matris ad vbere raptis

Aymoit ce cerf et moult le cõtregarde
Et vne fille que cil pasteur auoit
Siluya dicte et seurement scauoit
Rendre ce cerf obeyssant a elle
Et mainteffois la songneuse pucelle
De violettes et de fleurs armoit
Le corps du cerf et boucques ordonnoit
Souuent aussy le peignoit par grand cure
Et le lauoit en fontaine trespure
Il domestiq̃ souffroit delle la main
Et tant fust il priue lors ⁊ humain
Qui sa prochoit souuẽt pres de la table
Pour auoir pain ou crouste delectable
Puis aux forests tout courãt retournoit
Iusques a tant q̃ nuyt noyre venoit
Lors il leger diligent et agile
Sen retousnoit a son cõgneu cubile
A celle foys doncq̃s ce cerf plaisant
Au pres du fleuue ce venoit deduysãt
Et sur la riue empree verdoyante
Venoit estaindre sa soif trop vehemante
Et lors les chiens qui le venoient la pres
Tous poursuyuãt et toꝰ courans apꝭ
Ascaniꝰ actif fort conuoiteux
De grand louẽge courut tost aueccq̃s eulx
Et en courant descochit vng sagete
Cõtre le serf q̃ seurement luy gette
A ce grant coup certes pas ne faillit
Et aletho au fait ne deffaillit
Si que pour vray celle harunde sen entre
Par bruyant son au plꝰ parfond du ventre
Et aux entrailles du ieune cerf surprins
Lors il artant tout blesse et desprins
Tout sen refouit et a coup sen retourne
Au tect cogneu ou souuẽt il seiourne
Et sen entra hulant et gemissant
Aux estables donc biẽ fut cõgnoyssant
Et tout senglant faisoit souppirs ⁊ plaintes

Querant secours cõme personne atainte
Tant lamentoit et a si grand foyson
Quil remplissoit de son cry la maison
Lors silina doulce fille et humaine
Moult fort lamente et moult grãt deul de
les dieux agrestes appelle en sõ aide (maine
Les mains sen firent et cerche leur remide

Illi pestis enim tacitis latet aspera siluis Improuisi adsunt

C Peste infernale au bois mussee estoit
Qui les ruraux conduysoit et hastoit
Lors impourueux courent et surniennent
Et tous ensemble au roy delle conuiẽnent
Lung fist arme en suyuant la meslee
Dune gaule qui fut au bout bruslee
Lautre a son col vne perche tenoit
Toute noeuse dont bien se maintenoit
Chacun faisoit apres pour soy deffendre
de quelq̃ chose q̃ on peult trouuer ou prẽdre
Car voulentiers ire presente assez
Glaiues et dardz a hommes courroussez
Tyrrhus alors durant ceste aduenture
Fẽdoit vng chesne de moult grãde elature
Et en copoit et branches et tisons
Pour le chauffaige de toutes ces maisons
Oyant ce bruyt appella sa mesgnie
Et droit y court auecques sa congnee
Lors aletho ayant choisi le temps
Pour emouuoir les noyses et contens
Ce siet et pose sur les haultes estables
Et cõgnoissant les couraiges muables
Chanta a coup le hault pastoral signe
Auec sa curue en toullee buccine
Et entonna sa tartare voix
Par la quelle fut esmeu tout le bois
Et les fores profundes resonnerent
De si grand bruyt et tout au tour sonnerẽt
Si tres loing fut icelle voix plenie
Que ouye fut du profond la trinie
Et mais le fleuue du nar sans demouree
Ouyt ce son en son eaue sulphuree
Et qui plus est es velines fontaines
Peurent ouyr icelles voix haultaines
Tant que les meres q̃ se hault son ouyrent
De grãde peur alors se euanoirent
Et leurs enfans tenans entre leurs bras
Moult fort serroient par curieux embras
Si commandirent ensemble les consors
Au son du cor ou il fut ouy lors
Rudes ruraux et laboureux champestres

Cũ vero ad vocem celeres qua buccina signũ dira dedit

Auec leurs dars il vindrẽt moult adextres
Et mais aussi la troienne mesgnie
Il vint acoup secourir ascanye
Et de leurs tentes pauillons & chasteaulx
Saillent en armes a turbes et monceaux
Puis se diuisent et en ordre se mettent
Cõme gens preux qui victoire couuoitẽt
Que dire plus cil agreste debat
Tourna acoup en merueilleux combat
Plus nauoit lieu verge baston ne fust
Gaule ne perche tant grande quelle fust
Ains darmes dures de batailles deseruent
De trãchans glaiues et en ce lieu se seruẽt
La terre fut toute couuerte et pleine
Despees cleres de resistance humaine
Les blancz harnois au soleil reluysoient
Et de lumiere lumiere produisoient
Tout en ce point seullemẽt pour tout veoir
Cõe vng grãd fleuue q̃ prẽt a se esmouoir
Du premier vent et par sucession
Plus hault se lieue par inundaciõ
Et boute loing ses vagues de ses vndes
Jusques au ciel des abismes profondes
La fut occis a ce premier effort
Le filz esne de thirrus ieune et fort
Nomme almon par vng coup de saiecte
qui soubz sa gorge tost eut grãt playe faicte
Et o le sang causant humide voye
Lame legiere du corps chasse et enuoye
Si furent certes deffaictz et tues lors
Auecques luy de mains hõmes les corps
Et entre autres galesus moult antique
Qui paurchassoit de faire paix vnique
Et la estoit offert et presente
Pour composer amyable traicte
En son viuant fut iuste et debonnaire
Riche de biens et de plaisant affaire
Autant au plus sans en excepter riens
Que nul qui fut aux champs ausonyens
Cinq grans cabanes auoit il de brebis
Autant doumaille paissans par ses herbis
La terre aroit auecques cent charrues
Qui luy rendoient ble et moissons cõgrues
Quant ainsi dõcq̃s ꝑ iceulx chãps & plains
Conuenus furent et de grand furẽt pleins
Si q̃ moult aspre desia fut la bataille
Tant que chacun fiert frappe et de taille
Lors la furie du faict quelle eut ꝑmis

Heure et puissance que ia auoit el mis
Feu en tel noise et par commocion
Auoit dresse premiere occision
De esperie se part et se eslongne
Et pour instruyre iuno de sa besongne
Sen volla en lair et en superbe voix

Enperfecta tibi bello discordis tristi
Dic in amiciciã coeant

¶ Victorieuse luy dist a celle fois
Iay sceu ranger corps humains a ma corde
Tant que ay par faict a ton gre la discorde
Pour triste guerre or leurs dis hardiment
Que entre eulx facent ores apoinctement
Et quilz conuiennent en nouuelle aliance
Quant iay espars en si grande habondance
Tous les troyens du sang ausonien
Bien doit estre du tout le pouoit mien
Et plus feray si la vouluute tienne
Veult et permet que ce fait ie entretienne
Ie par rumeurs et par subtilitez
Esmoueray les voisines citez
Et si feray ardoir cueurs et couraiges
Par grand desir et belliqueux oultraiges
Ie feray gens clamer et assembler

Cum cõtra iuno terrorum et fraudis abũde est
Stant belli cause

Armes espandres terres et chãs trembler
Lors dict iuno de fraude et differance
Tu en as faict assez en habondance
Assez ya cause pour esmouuoir
Guerre et bataille pour faire debuoir
Or sentrefierent ores le sang nouueau
Mouille les armes d'mait preux iuuẽceau
Or face doncques tel mariage ensemble
Le roy latin meschante creature
Et de venus la noble geniture
Quant est de toy pas nest diuin loysible
En si hault ciel tout transquille et paisible
De plus errer ny estre en cest endroit
Car iupiter iamais ne le vouldroit
Quicte le leu et te retire doncques
Car si fortune ny reqert labeurs q̃lcõques
Ie regiray a mon gre le surplus
Dont nest besoing que ten soucies plus
Telle responce luy fist lors saturnie
Et alecto daspre fureur garnie
Ces esles dresse stridentes de serpens
Et sans guere estre en ce doubte ou suspẽs
Le siege quiert et lassoy de cochite
Ou de tout temps la malheureuse habitte
Laissant le ciel et lair clair de lassus
Tartare cerche ou plusieurs sont deceus

En italie par communes enseignes
La vng lieu dessus haultes montaignes

Est loc⁹ italie in medio sub montibus altis Nobilis

Asses congneu de maintes legions
Dont est memoire par maintes regions
Aucuns lappellent les valees ensainctes
Car ce mont est rempli de choses maintes
Et au milleu ya fosse proffonde
Du grãd fleuue et de grãd vapeur habũde
Enuironnee est il en toutes pars
De grandz forestz et de boys tous espars
Et la dedens vng torrent se demeine
Et eaue bruyãte q̃ merueilleux son meine
En ce lieu la mostree est la cauerne
Du grand tartare et du profond auerne
Et les spiracles du cruel dieu ditis
Du grand voraicge dedens ces apatis
Faict icelluy fleuue quõ appelle acherõte
Qui par ces eaues destruiez surmonte
Ce lieu ouuroit ses gueulles pestiferes
Dedens le quel apres tous telz affaires
Hermnys certes infernal deesse
Se mussa lors ou point ne point de cesse
¶ Durant ce temps iuno pas ne chosma

Nec minus interea extremam saturnia bello Imponit regina manũ

Ains mist la main extreme et aluma
Feu de bataille par merueilleuse sorte
Troyens pourtãt eurẽt lors la main forte
Et que pasteurs et seruans si transportent
En la cite et les corps y emportent
Et admenent almon le ieune filz
Et galesus nauurez et desconfilz
Les dieux implorent le roy latin appellent
Brisent et rompẽt par grande cruaulte
La paix requise le veu de loyaulte
¶ A ce conseil turnus vient et arriue

Turnus adest medioqȝ in crimine cedis et ignis Terrorem ingeminat

Portant parolle de voix p̃suasiue
Et au milleu du tumulte chemine
Crainte de clameur se doubte et ingemine
Disant troyans estrangiers et forains
Sont appellez a regardz souuerains
Leur geniture loingtaine et aduolee
Est en la nostre trop conioincte ⁊ meslee
Et moy dist il par grand mesprison
Suis deiecte de royalle maison
Lors les enfans des meres qui estoient
Par boys errans q̃ par ire sautoient
De fureur pleines sans craindre le dãgier
Car pas nauoiẽt le nom maindre ou leger
De leur prĩcesse aymer ains la suyuoiẽt

Comme maistresse et faire le debuoient
Iceulx enfans et ieunes iouuenceaulx
Se assembloiẽt tous a turbes et mõceaulx
De toutes pars conuiennent et sacordent
Du duc turnus les parolles recordent
Brief ilz desirent par courroux et clameur
Guerre et bataille auec grande tumeur
Combat et noises en toutes choses quierẽt
Et ne leur chault sur q̃ frappent ou fierẽt
Oultre le gre et le fatal des dieux
Armes conuoitent et ne desirent mieulx
Puis tost sen vont de voulunte egalle
Droit au palays a la maison royalle
Du roy latin ainsi que tout ordonnent
Et le lieu tiennent et au tour lenuironnẽt
Mais le roy certes les voyant aprouch
Constant et ferme ainsi que dur rocher
Qui sur mer siet et par eaues cotinuees
Ou par grãdes vagues esleuez aux nues
Est combatu et souuent essailly
Mais garde na pourtãt destre failly
Quelques pierres que mer rue et iecte
Sa dure force les enuoye et reiecte
Tel se maintient lantique roy pour lors
Voyant des ieunes la faulte et le renfors
Il toutesfois congnoissant sa puissance
Nulle pour lors et q̃ de remonstrance
Besoing estoit pour laueugle conseil
Faire cesser dont fut grand lapareil
Voyant aussi que tout laffaire alloit
Comme iuno pour lheure le vouloit
Il lors a teste mais dieux & autres maites
puis dist tout hault en faisãt telles plaites
Las le fatal des dieux nous rompt et brise
Nostre tressaincte et louee entreprinse
Et par procelle de furieuse mer
Hommes feruz de desplaisir amer
O miserables vous porteres les peines
De voz emprises inutiles et vaines
Par vostre sang sacrilege et mauldict
Et toy turnus de pitie interdict
Peche enorme et trop triste supplice
Te attend certes ains que le ieu finisse
Et moult a tard viendras au repentir,
Du mal si grand q̃ tu veulx assentir
Quant est de moy iay repos & paix quise
Par mort prochaine desiree et requise
Pres suis de port qui tost me delira

Verum vbi
nulla datur
cecum exu-
perare pote
stas
Consilium
et seue nu-
tu iunonis
eunt res

Quant mon ame de ce corps partira
Je seullement de sepulture heureuse
Suis despoulle par fortune enuieuse
Nãs pl⁹ dire mais tousiours en euent fer
Dedẽs sa chãbre se retire & sen ferme me
Laissant les choses cõe aduenir pourroint
Au gre des dieux quilz remede ilz donnoit
Une coustume fut lors en hesperie
Moult obserue reueree et cherie
Que les cites albines en ce temps
Entretenoiẽt sans mespris ou contens
Selon lobseque par ordonnances closes
Royne maistresse de toutes autres choses
Sest en effect tant en albanie terre
Et moult veoir veulẽt ouyr denõcer guer
Soit cõtre getes ou cõtre les hircains re
Sur les arabes de grandes forces plains
Contre les indes ou qui veulent auant
Cheminent oultre deuers soleil leuant
Ou desployer enseignes et banieres
Contre les pthes par puissantes manieres
Ung temple ya et ung diuin sacraire
Fait en lhonneur de mars le dieu austere
On sont deux pierres q̃ par la legion
Sacrees sont et sans contagion
Cent sereures ya sont de pur arain
Et cent verroux douurage souuerain
Pas ne deffault en la garde des portes
Le dieu ianus o ces puissances fortes
Quant la sentence certaine des grãs peres
Est prouulguee aux batailles aspetes
Et au conseil est apoincte et dict
tendre les armes par ung commun edict
Lors le consule president et insigne
En sa trabee quiriciale moult digne
Et de vesture gabine descoree
Apres le tout entre eulx deliberee
Euure les portes et les strides lumines
Denotant guerres et prochaines ruynes
Licence donne a tous de compeller
Ceulx qui vouldront en la bataille aller
Lors les soudars & les ieunes gensdarmes
Prenãt acoup leurs glaiues & leurs armes
Et les trompetes par son melodieux
Font assembler les consors en tous lieux
Bien cuidoit on q̃ ainsi le deust lors faire
Le roy latin par belliqueux affaire
Et que les portes du grãt temple de mars

Nec plura
loquutus
Sepsit se
tectis reru
qs reliquit
habenas

Sunt gemi
ne belli por
te sic nomi
ne dicunt
Religione
sacre

Il feiſt ouurir patentes toutes pars
Pour denoncer guerre aux eneades
et otre eulx prēdre harnoys clers ⁊ ſallades
Mais le bon pere aux portes ne toucha
Et ia dicelles plus pres lors ne approcha
Ains lors fuit ce trop cruel miſtere
Querant lieu clos ſecret et ſolitaire
¶ Lors ſaturnye des grās dieux la pricesse
Du ciel deſcend ſans ſeiour et ſans ceſſe
Et en ſes armes robuſtes et haſtiues
Ouure les portes trop cloſes et tardiues
Les barres briſe et les fers et lyans
Pour donner voye aux armes de leans
Lors auſonye non encores excitee
Fut a bataille trop acoup incitee
Les aucuns veullent apres les chāps tenir
Tant ſont ardens de guerre ſoubſtenir
et les aultres ſur cheuaulx moult adeſtres
Sōt ſaulx ⁊ mōſtres aiſi q̄ puiſſās maiſtres
Aucuns auſſi eſcurent leurs boucliers
Et fōt leurs dardz moult luyſās ⁊ biē clers
Auec lard gras et leurs glaiues aguyſent
En pierre fine pour q̄ mieulx ilz reluyſent
Aucuns deſirent porter les eſtendars
Pour quon les clame cheualereux ſouldars
Et moult leur plaiſt ouyr les ſons ⁊ ſignes
Des haultz clerons et des fieres buccines
¶ Brief cinq citez de la non eſlongnez
Furent pour eulx toutes embeſongnez
A forger armes nouuelles ſur lenclume
Pour le grant feu de guerre qui ſe alume
Ceſt aſſauoir la treſpuiſſante atine
Et la cite ſuperbe tyburtine
Cruſtumiere/ardee auec antonne
Qui p murailles eſt moult forte ⁊ idōyne
Sallades font et ſaligues tortuees
Pour leurs teſtes et ſes crates poinctuees
Les aucuns forgent eſcuz et grādes targes
Et font pauoys de cuyr grādes ⁊ larges
Aucuns martellent grās pieces ⁊ cuyraſſes
Les garde bras et bien petitz thoraces
Et les aultres quant ilz ont tēps ⁊ treues
Forgēt cuyſſotz pour leurs iābes ⁊ greues
Plus ne ſe veullent les laboureurs eſbatre
Cultiuer terre et manier larate
Lamour deffault ne des champs labourer
Pl⁹ ne peult certes en leurs cueurs demou
En lieu de ce font forger et recuire     rer

Leurs eſpees roullees pour mieulx reluyre
Que reſte plus a dire toſt apres
Tous furent ilz en armes promps ⁊ pres
Ia commencerent trompetes et coblez
Par leurs hault cry faire leurs aſſemblez
Ia fut baille entre eulx le mot du guet
Pour cry quon fiſt p my loſt en aguet
Lun prend ſalade au crochet atachee
Si que pareſſe ne luy fut reprochee
Laultre monte ſur cheuaulx et deſtriers
Viſtes coureurs et ſaillans voulentiers
Lun prend ſa targe et ſa cotte de maille
Riche et doree pour ſuyure la bataille
Et lautre prend ſon eſpee au coſte
Affin quil ſoit plus craint et redoubte
¶ O doulces muſes delicon le hault mōt
Que tout poete et orateur ſemond
En dignes euures pour auoir cōgnoiſſāce
De voſtre grace et celeſte influence
Mōſtrez moy toutes voſtre ſens et ſcauoir
Si que gy puiſſe aucune choſe veoir
Declairez moy et me dictes ſans faille
Quelz roys lors furent excitez en bataille
Quelles caterues et quelles compaignies
De gens en armes auec eulx leurs meſgnies
Tindrēt les chāps p celle guerre ouuerte
Dont fut la terre toute pleine et couuerte
Et par quelz hōmes la terre dytalie
Fut floriſſant et pour lors embelye
Par quelles armes eſmeue et ardante
Faire bataille ſi cruel et poingnante
Bien le ſcauez et or ramantenoir
Ia me promettz ſans grant labeur auoir
Car par moy certes a peine eſt aſōmee
La ſi loingtaine et longue renommee
Premier de tous la bataille cōmence
Hōme aſpre et rude quon appelle mezence
Venant tout droit des regions thirrhenes
Moult impiteux treſchault le frai ⁊ reſnes
A cruaulte et des dieux complainteur
Celluy fut lors capitaine et ducteur
De maintes gens et auoit en ſa bande
Longue caterue et legion moult grande
Au pres de luy fut lauſus le ſien filz
De telle forme ⁊ de beaulte prefix
Que nul de luy fut plus bel ou adeſtre
Apres turnus leur cher ſeigneur ⁊ maiſtre
Celluy lauſus ſcauoit dompter cheuaulx

Marginal notes:

Tu regina deū celo de lassa mozā tes Impu lit ipa ma nu portas

Quinq3 ad eo magne positis i cu dit urbibes Tela nouāt

Pandite nunc helico na dee cans tusq3 moue te
Qui bello exiti9 reges

Prim9 init bellū tirrhe nis asper ab oris Contēptor diuum me zentius

Et debeller et par montz et par vaulx
Monstre et bestes tant fut fort et insigne
Cil amena de la ville agilline
Mille hommes rudes pour aide et secours
si furēt certes poutāt leurs plaisirs courtz
Bien digne estoit ce iouuenceau notable
Et eut en ioye asses plus delectable
Cil eut en pere paisible possesseur
De ceptres regne pour estre successeur
Mais exille estoit lors de sa terre
Entrepreneur de trop frequente guerre
Apres ceulx la en curre triumphant
Auentinus le bel et ieune enfant
Par my la pree faisoit sa claire monstre
et cōduisoit ces grādz cheuaulx tout oultre
Cil fut certes filz de preux hercules
Pour tant enseignes et armes a relays
Pare estoit du boucler de son pere
Au quel fut painct la grant hidre ꝛ vipere
Acompaigne de cent aultres serpens
Toutes pourtraictes a sōptueux despens
Quil fut conceu par thea la prestresse
En forest tenebreuse et expresse
Qui pres du mont auentin fut pour lors
Ou celle femme habondonna son corps
Lors quelle estoit encor tendre pucelle
Apres quil eut dompte ceulx de laurence
Et obtenu victoire de pellence
Et de ce dieu eut copule charnelle
Gerion mort et par prouesse estainct
Cil hercules eut passe et actaint
Les chāps laurētes ꝛ q̄ au fleuue thyraine
Eust abreue ces vaches a grant peine
Ainsi doncq̄s rhea songneusement
Eut cest enfant conceu furtiuement
Toꝰ ses cōsors suportoiēt grādes hastilles
Glaiues tranchans et dolones subtilles
Cil duertin certes a pie alloit
Et des cheuaulx a lors ne luy chaloit
Aorne estoit de la peau lectine
Que le sien pere cheualereux et digne
Conquis auoit la quelle estoit tissue
De poil moult rude et de soye monsue
Encore auoit gueulle ouuerte et dedens
Fut toute pleine de crochetz et dedens
Si sen entra auec grande meslee
Ainsi pare de manteau herculee
Mort non doubtable en royale cite
Grand bruit fut lors a le veoir suscite

Puis les deux freres laisserēt les murailles
Thyburtines pour suyure ses batailles
Si fut dicte la tiburtine gent
De leur frere thiburtnus bel et gent
Les deux freres qui la vindrent ensemble
Ce fut catille et coras ce me semble
Acompaignes de largiue noblesse
Qui a lexploit firent moult grant opresse
Iceulx deux freres a qui guerre trop tarde
Iecter se vindrēt et mettre a lauant garde
Sans auoir crainte de glaiues et de dars
Tāt furent aspres ꝛ et belliqueux soudars
Ainsi que deux nubigenes centaures
Qui du hault mont p̄ grāt vent et p̄ aures
Acoup descendent laissans p̄ cours rapide
Le mont homole et mais puy octride
Darbres et boys leur font chemin et place
Il nest destroit que leur fureur ne euase
Pas ny failloit le fondateur insigne
De la cite quon nomme peruestine
Laage des hōmes sās en excepter nulz
Lextreme filz du hault dieu vulcanus
Et si dict on pour plus grādes merueilles
Que trouue fut ẽs de flāmes vermeilles
Et sappelloit par droit nom seculus
Si le suiuoit en glaiues esmoulens
Legion grande de compaignie agreste
Et mains fors hommes ō la haulte pueste
Et mais ceulx la en armes nō meschans
Qui habitoient de cabine les champs
Pareillement de ceulx il eut en aide
Manans au pres daniene gelide
Et ceulx aussi qui leurs manoirs ātiques
Ont pres des roches ꝛ de sables herniques
Pas ny failloient en sorte bien garnye
Ceulx que nourrist la tresriche anaginenye
Et les incoles du grant fleuue amezene
Tous y conindrent car desir les ameine
Et iacoit or que tous armes nauoient
Si firent ilz pour tant ce qui scauoient
Les aucuns deulx grās plumbees iectoiēt
Et par coups rudes ennemis combatoient
Aucuns auoient en mains darez asserez
Dont plusieurs furent occis et lacerez
Aucuns portoiēt sur leurs testes chapeaux
De peau de lou et de diuerses peaulx
Autres marchoient auec pied senestre
Tout decouuert et nu mais de pied destre
Estoit arme de fort acoustrement

Ainsi furent pourueux diuersement
At mesapꝰ equum domitor neptunia ples Quem neqꝫ fas igni cuiꝙ nec sternere ferro
La aussi vint en compaignie belle
Mesapus homme trespuissant et rebelle
Qui grans cheuaulx subiugoit ⁊ dembroit
De neptunus icelluy lors filz estoit
Et si auoit grace moult singuliere
Car nul neust sceu en aucune maniere
Par feu ou glaiue loccire et le tuer
Tant le veult dieu au naistre vertuer
Cil apelloit pour aux armes le suyure
Peuple temps q̃ souloit en paix viure
En paix sans guerre et de se acoustumez
De toute noise et de feuz allumez
Cil les conuie en bataille mortelle
Et leur sceut faire ꝑsuasion telle
que les falangesse cheminẽt moult frisches
Tous les suiuirent ⁊ les egaulx fralisches
Et mais ceulx la qui les arces habitent
De soracte o luy se precipitent
Et les manans ꝑ les champs flauinies
O luy marcherent ꝑ voluntes vnies
Et ceulx du lac cyminique et du mont
Tous les en maine et o luy les semond
Sãs oublier ceulx des forestz campaines
Assez robustes poᷣ grãs trauaulx ⁊ peines
Tous dung egal alloient et en fort nõbre
Apres messappe deuenoiẽt soubz sõ vmbre
A la riue tous par merueilleux sons
Leur roy louoient en diuerses chansons
Tout aĩsi certes cõe font les blancz signes
Par lair vollans apres que de racines
Dherbes et fleurs ont prins leurs aliment
Sur fleuue ou port lors sen vont liement
Et en volant par plerios long col ꝑferent
Chans si plaisant qua tous autres differẽt
Et tant pour vray q̃ toutes eaues resõnẽt
Es enuirons du bruyt ensemble dõnent
Telle clameur et telle voix faisoient
Ceulx qui le prince aux armes conduisoiẽt
Ecce sabinorũ prisco de sãguine magnum Agmen agens clausꝰ
¶ Apres eulx vint clausus le duc puissant
Qui de grant force bien apuye sestent
Cil auecque luy menoit ca terne grande
Et des sabins vne moult belle bande
De cil clausus or est dicte et nommee
La gent claudie pompee et renommee
De puis le temps que romme fut partee
A ceulx cabins en moyenne partie
La vint aussi la miterne cohorte

Et les quirites anciens en main forte
Aussi fist certes de crete la puissance
Ceulx de mutisce ou sont en habundance
Les oliuiers qui les oliues portent
Dont grant prouffit ceulx du pais raportent
Si bien y vindrent en maniere excellente
Les habitans de la ville nomente
Et ceulx aussi dont le lac velinus
Les champs arouse tous y furent venus
Si feirẽt certes ceulx du hault mont tetriq̃
Du mont seuere et du lieu casperique
Ceulx de forule et du grãt fleuue hymelle
Pas ne faillirent a lentreprinse belle
Ne mais ceulx la q̃ leaue du tybre boyuent
Et que les vndes de fabires recoyuent
Mursie ville froide la les transmist
Armes assez entre les mains leur mist
Autant en feirent les cheuailliers orchins
Nõmes classiques et les peuples latins
Et mais tous ceulx q̃ fleuue alye arrouse
Bien se trouuent au fait de celle chose
Brief le bruit fut si grãd ⁊ hault ẽtre eulx
Comme est le cours de mer impetueux
Ou orion des astres infecundes
Se cache et musce es hibernes vndes
Ou tout ainsi comme en nouueau soleil
De batte bledz on fait grand appareil
Par my les champs ou herenis se compasse
Ou par la terre de licie moult grasse
En telle sorte les armes et escuz
Des conquerans et celles des vaincus
grãt bruyt faisoiẽt la terre en telz trauaulx
Marchee estoit de gens et de cheuaulx
Ainsi apres lagamenomyen
Dict halesus le quel du nom troyen
Fust ennemy fist asteller et tendre
Que sõ curre ses cheuaulx pour attendre
Et si mena a turnus milles gens
Cruelz et fortz aux armes diligens
Habitateurs du vinoble massique
Ou les vins sont de sauoureuse pique
Aussi mena auecque luy adoncques
Les enuoyez par les peres erunques
Et les manans pres de mers sydicines
I desploirent leurs banieres et signes
Si furent ceulx de cale et que le fleuue
De vulturnꝰ en larges eaues abreuue
Et mais le peuple quon nomme saticule

Aspre et rebelle au fait pas ne recule
Ne furent certes oncqs mains capuences
Qui pour leurs dars ꝛ pour seures deffẽces
En main portent bastons nõmez aclydes
Qui bien leur firent grãs secours ꝛ aydes
Et maius espees courtes ainsi q̃ faulx
Auec leurs bouclieres pour couurir leurs
Ja ne seras de noz vers eslongne (deffaulx
Oebale au fait embesongne
Qui de thelon et nymphe sebetride
Fuz engendre quãt en teleboyde
Regne tenoit par les capres terres
Bien y trouuas assez piteuses guerres
Peuples sarrastes p ou passe sarnus
Le fleuue grant la furent contenus
Et ceulx q̃ tienẽt les chasteaulx en chãpai
Ruse ꝛ batule la portẽt leur enseigne (gne
Ceulx de cellenne vindrent a cest afaire
Si firent ceulx de bella malifere
Qui dars portoient et cateres galiques
En la facon des peuples teutoniques
qui pour salades portoiẽt pour grãs forces
Dessus leurs testes couuertures descorses
Leurs mains furẽt de pelles occupees
De luysans glayues et de trenchãs espees
Dessꝰ estoit la cite montaigneuse
De marse forte et moult auantageuse
La tenuoya auecq̃s les gendarmes
Par nom insigne et p heureuses armes
De cil pais la gent toute saison
Est rude et aspre subiecte a venaison
Les agricolles qui au pais demeurent
Tousiours armes leur terre si labeurent
Et moult apetẽt q̃ leur main les pouruoye
De nouueau sang et de nouuelle proye
Viure desirent p cõmune assemblee
De rap de fur voyre de chose emblee
Aussi y vint de marubie gent
Ung prestre cault expt et diligent
Sur sa salade moult clere et biẽ nayue
Auoit pose ung beau rainceau dolyue
Nommez umbres qui par le roy archippe
Fut enuoye au belliqueux principe
Cil aux serpẽs repos donner souloit
Par charme ou chãt tout ainsi q̃ vouloit
Et apaisoit leurs fureurs et leurs ires
Et les morsures si quilz ne fussent pires
Mais iamais neut il pourtant si hault scauoir
Quil peust iamais obuier et pouruoir

Nec tu carminibus nostris indictꝰ abibis Oebale/ quẽ generasse telon sebetride nimpha fertur.

Au coup mortel de lame dardanye
Par qui sa vie fut ostee et finye
Ne de sa playe le rendre mais deliure
Parquoy il peult oultre ce coup plꝰ viure
Ne mais les herbes q̃ aportez auoit
De son pais dont les vertus scauoit
Ploure fut il du hault boys angicie
Et fulciuus en son eaue enscie
La regreta si firent si en tous lieux
Fleuues riuieres tant fust il gracieux
La vint aussi le beau filz dypolite
Dit virbius en sorte non petite
De la cite arycie thoemis
Qui en ieune aige a fortune soubz mis
Eut alyment et vies agerics
Au pres des portz quõ appelle hymeties
La diane la par longue saison
Qui aux agrestes enuoye des biẽs a foisõ
Est honnoree en placables autiers
Par les manẽs et ceulx de ses quartiers
¶ Cil ypolite selon commune fame
Apres quil fut occis de mort infame
Par la cautelle de sa faulce marrastre
Et q̃ ses mẽbres furent p cheuaulx quatre
Delacerez sil quil porta le fais
De si grant peine et sãs aulcũ meffais
Et que son ame fut aux cieulx enoles
Par glorieuse et louable voles
Celle dyana en son cueur prouoca
Le crime tel dont elle reuocqua
Et de rechief fist reuiure ꝛ renaistre
Le corps failly par art de subtil maistre
Et pour les herbes et fortes medecines
Dun dit peon vint a vie pristine
Lors iupiter quãt il vit le cas tel
Trop despiteux de quoy hõe mortel
Quãt une fois p mort est mis aux nõbres
De ceulx q̃ vont labas aux tristes umbres
Nyt le pouoir venir encore au monde
Ne receupuoir une vie seconde
Comme celluy qui est dominateur
Fouldroya lors le maistre et inuenteur
De tel science qui est deue et vrysible
Aux dieux sans plus p leur diui possible
Et fut iecte p fouldre auecq̃s son art
De febigene ou fleuue qui tout ard
Et lors dyane qui tout ce fait pense
Son hypolite et lieux secres musse
Elle enuoya la deesse a celle heure

Nã qꝫ ferunt fama hypolitum postq̃ arte nouerce Occiderit

Es grans forestz la ou regne et demeure
La belle nymphe et egerie amee
Et la vesquit sans grande renommee
Passant ses iours et fut appellee lors
Cil virbius car deux fois reprint corps
Dont depuis certes au temple de tryuie
Aux boys sacres ou la dame est pleuye
Iceulx cheuaulx furẽt contrainctz si rẽdre
Pource qlz voulderẽt corps in ocẽt suspẽdre
De doulce vie et le precipiter (dre
Et aux grans monstres marins le reiecter
Le filz doncques dicelluy que le nomme
Bien se monstroit a ce faict hardy homme
Et par la plaine ses cheuaulx exersoit
Dedens son curre fierement trauersoit
¶ Et lors turnus le chef et capitaine
De cest emprise a puissance haultaine
Premier de tous cheminoit et marchoit
En cleres armes et a ses fins tachoit
Tant estoit bel et de si haulte taille
Quil decoroit en vertu la bataille
Dessus son chef eut sallade posee
Moult belle et fine richement composee
Et sur laquelle auoit pris et deuise
Une chimere quen crainte lon aduise
Car bien sembloit vomir et respirer
flãmes horribles pour grãs maulx respirer
Et de tant plus que guerre estoit cruelle
Plus sembloit flamme et feu yssir par elle
Sa targe estoit moult belle et bien doree
Laquelle fut pourtraicte et decoree
Dantique hystoire et en celle fut paincte
La belle yo muee en vache faincte
Cornes auoit en ouuraige moult beau
Et fut vestue dune bouine peau
Bien fut argus sõ custode et sa garde
Au plus pres delle ⁊ o cent yeulx la garde
Et mais son pere inachus respendant
Eaue de son fleuue par vne pretendant
Brief turnus marche cil qui a cure ⁊ soing
Monstrer sa force et son corps au besoing
Et suyte auoit de gens a sa venue
Aussi esprise comme pluye menue
Les gens de pied le suyuent tout de pres
Et les enseignes des gens darmes apres
Si que pour vray la face de la terre
Fut lors couuerte de bataille et de guerre
La gent argiue et les puissans arunques
Et les rutulles bien y feurent adonc

Ipse inter primos praestanti corpore turnus Vertitur arma tenens

Et mais certes les vieulx sicaniens
Les fors sacranes et labyciniens
Qui leurs escuz selon leur geniture
Eurent couuers de tresriche paincture
Ceulx sont manãs et les terres cultiuent
La ou tybere et numice deriuent
Et leurs chairus pour labourer exercent
Sur montz rutulles labourẽt ⁊ cõuersent
Au pres du puys cyrcee moult humide
Ou iupiter dit auxuris preside
Et ou aussi sesbat ⁊ sesiouyst
Feronya quãt du vert boys iouyst
La gist le lac quon appelle saturne
Qui meine bruyt serain ⁊ taciturne
Ufens le fleuue assez gelide et froit
Lequel sen va en mer par ce destroit
¶ Apres la suyte de gens de tant de mille
Suruint au fait vne vierge camille
De la gent volsque qui o elle amenoit
Dames en armes et grãt bruyt demenoit
Celle caterue fut belle et triumphante
De cler harnoys et armes florissante
Jacoit pourtant que la noble princesse
Nauoit oncqs acoustume molesse
Oncques ne fist par feminines mains
Euures si haulx cela luy fust du moins
Oncqs ne fut celle vierge amusee
A manier quenoille ne fusee
Ne amasser violetes et fleurs
En ces penniers par femins labeurs
Ains fut tousiours acoustumee et duite
A dur trauail a guerre et a poursuite
Tant fut legere et si tresbiẽ couroit
Que tout autre destriere demouroit
Tous ceulx de lors fut en chãps ou en ville
Moult sesmerueillẽt voir fẽme tãt agille.
Et mais les turbes des meurs anciẽnes
Fort sesbahyssẽt de voir les facons siẽnes
Manteau de pourpre sur elle lors auoit
Qui ses espaules honnestemẽt couuroit
Et cercle dor qui en plaisant maniere
Teint ses cheueulx liez par le derriere
Pharetre auoit de sagettes farcye
Faicte et tyssue a la mode licye
En maĩ portoit moult a dextre ⁊ biẽ cointe
Une lance de myrte en fiere pointe

Hos super aduenit volsca de gēte camilla Agmen agēs equitū

¶ Cy finist le septiesme liure des Eneydes et cõmence le huitiesme

At belli si-
gnu laurēti
turn⁹ ab ar
ce Extulit ꝛ
rauco cre-
puerūt cor-
nua cantu

Alors turnus garny tout a lentour
De ses cōsors desploya sur la tour
De la cite sans y seiourner gueres
Ses estendars et luysantes banieres
En monstrant signe de bataille ꝛ destrif
Car son vouloir fut prompt et hastif
Et lors clerons et trompettes sonnerent
Tout a vng coup qui grāt bruyt si dōnerēt
Et quant aussi eut hommes et cheuaulx.
Espagitez a prendre telz trauaulx
Si furent incitez les couraiges
Et tous ensemble sans cōtraires langaiges
Furent actifz et grant aspresse font
Dauoir la fin iusques au plus parfont
Lors la gēt ieune fremist ꝛ moult leur tarde
Que ia ne sont venus alauangarde
Premiers chefz ducteurs et capitaines
Qui dedēs furēt par puissāces haultaines
Cest mesapus et le legier vfens
Qui lors soustindrēt de merueilleux deffās
Aussi fut certes a cest exploict mezence
Le contempteur de diuine puissance
Ces trois ensemble leurs aides cōtraignēt
Affin que loue meilleur couraige prengnēt
Terres degastēt iceulx premiers coureurs
Et les beaulx chāps semez de laboureurs
En cest affaire po^r quē tout mieulx pourroit
Le duc turnus delibere et enuoye
Gens et legatz en diligent arroy
Vers dyomedes le fort et puissant roy
Querant secours de luy et aliance
Et bien linforme par legat de creance
Comment troyens ia en latie sont
Et du pays seigneurs et roys se font
Comment enee auec sa nauire
Est la venu pour y choisir empire
Et a celluy emporte en ses lieux
Les penates vaincus et tous ses dieux
Et par fatal dit quil veult estre prince
Et gouuerneur de toute la prouince
Ce que desia par leur subtil moyen
Plusieurs se ioingnent au nom dardanien
Et croist leur fiance et par tout multiplie
Qui par rapport ca et la se desplie
Puis quilz a donc eureux commencement
Et si fortune luy tient bien longuement
Bien pourra il faire force et dommaige
Non a turnus sans plus pour mariage

Mais courir sus et demollir la terre
A dyomede pour lancienne guerre
Et destruira le roy latin sans doubte
Affin dauoir sa seigneurie toute
De tout cela fut instruit tout aplain
Dyomedes car messaige certain
Lors le seigneur enee congnoissant

Talia p la-
tiū q̄ ideme
donius he
ros
Cūcta videt

Toutes ces choses moult trauaille se sent
Soing et mesaise dedens son corps se ifiue
Dont sa pensee souuent fut gbatue
Ores propose et vng faict entreprend
Puis le delaisse et vng aultre le prend
Le sien couraige puis ca puis la varie
Lune raison a laultre contrarie
Et par tout verse le sien entendement
Pour y trouuer yssue aucunement
Tout ainsi certes comme tremble lumiere
Cree en leau volubile et legiere
Dedēs vng cuyure ou bien aultre vaisseau
Quant par le ray dun cler soleil nouueau
Et repercusse et a lueur aucune
Par le tiraige de radieuse lune
Lors la splendeur qui de celle eau sourt
Par tout volete souuent se mue et court
Et sans arrest reuerbere et se excite
Contre le tect ou maison opposite
¶ Apres ces choses ou bien pourueye cduit
La nuyt obscure et pacifique vint
Alors dormoient en leurs seiours et plaçes
Tous animaulx et toutes bestes lasses
Et tous oyseaulx et diuerses pecudes
Estoient francz de leurs sollicitudes
Profond repos a lheure les tenoit
Dōt daultre affaire pas ne leur souuenoit
Lors eneas pres du fleuue tybride
Et dessoubz peuple de lait froit et gelide
Las et trouble par soucieuse estrine
Dont fut alors remplye sa poictrine
De pensemens de bataille future
La seiournoit contemplant ladueture
Et quant le tout eut a plein proiecte
Et du sommeil fut plein et agite
Repos donna voyes tard a ses membres
En ses petites non bien seures chambres
Lors en dormant luy sembla bien aduis
Quentre branches de peuple vis a vis
Se sourt et lieue de se doulx fleuue amene
Vng dieu du lieu qui confort luy amene

Nox erat ꝛ
terras a[illegible]
lia fessa per
omnes
Alituum pe
cudūq̄ ge-
n⁹ sopor al
t⁹ habebat

Tyberinus cil appelle estoit
Vieux et chanu comme il representoit
Carbase tendre luy faisoit couuerture
Auec manteau de iaune pourtraicture
Les cheueulx furent selon leur sort e blõde
Parez pour lors dune umbrageuse arunde
Si demeura par la parolle sienne
Oster la cure et douleur ancienne
Qui eneas le cueur tient et poursuit
En luy disant le propos qui sensuit
¶ Lhomme yssu de la diuine gent

O sate gente deũ troianã ex hostibus vrbem Qui reuehis nobis e ternaq pgama seruas

Qui par prouesse et par faict diligent
Jusques a nostre voyre dedens noz portes
La grant cite de troye nous apportes
Qui as garde perpetuellement
Les murs pgames pour nostre hebergemẽt
O attendu en la laurente terre
Aux champs latins apres trauail & guerre
Icy certes auras seure maison
Pour resider diuturne saison
Pour colloquer les tiens troyens penates
Du desloger doncques point ne te hastes
Trouble serac par menaces diuerses
Par forte guerre et par grans controuerses
Mais ne te chaille toute rigueur et ire
Qui le vouloir des dieux meut et atire
Sapaisera et neptune en mensonge
Ce que te dis ou que ce soit vain songe
Tu trouueras demain pour vray rapport
Entre saulcilles et arbres pres du port
Une grand truye assez paisible et franche
Gesant a terre de couleur toute blanche
Laquelle aura trente cochons petitz
Tous delle nez entre ces appatitz
Si seront tous les blãcs cochons pres delle
Qui succeront le laict de sa mamelle
La sera certes le lieu de ta cite

Hic loc⁹ vrbis erit requies ea certa laborũ Ex quo ter denis vrbẽ redeuntibus annis

Bastie apres de grant felicite
Et la sera la paix seure et certaine
De ton labeur et de ta voye loingtaine
Dont par apres et tous dangiers tollus
Trente ans escheus passes et reuollus
Ascanius le tien filz honnorable
Bastira ville et cite moult notable
Qui sera dicte en tous lieux et nommee
La nouuelle albe par telle renommee
Je te recite chose certaine et seure
Pour que tõ cueur en doulce paix demeure

Et affin doncques que la raison tu saches
Pour paruenir a victoire ou tu taches
En peu de motz ie ten informeray
Et le moyen comme ie te diray
Icy aupres demeurent et habitent
Les archades a moult grãt loz meritent
Jadis yssus pour que verite dye
Dun dict pallas qui fut roy darchadie
Ceulx suyuirent euandre et ses enseignes
Quãt p̃mier vint mourir en ces mõtaignes
Le lieu esleurent et y feirent cite
Assez puissante pour leur posterite
Quilz appellerent par renommee pallantes
Du roy pallas et de sa souuenance
Iceulx archades dont tant soir q̃ mains
Et ont encore forte guerre aux latins
Fay les consors et o toy les conduye
Et que aliance soit entre vous pleuuie
Je te feray chemin et voye neufue
Pour y aller et droit cours en mon fleuue
Affin que tu par forces dauirons
Passe mon eau aduerse es enuirons
Lieue toy donc acoup filz de deesse
Et quant la nuict aura prins fin & cesse
Fay a iuno priere conuenable
Pour quelle soit enuers toy plus traictable
Et surmonte par voix et car offrandes
Les siennes ires et ses menaces grandes
Et par apres quant vaincueur tu seras
Lhonneur a moy qui se[...]en feras
Je suis le tybre quen plein fleuue regardes
Qui par mes [...]s fluctueuses & tardes
Detranche et passe terres pingues & graces
Et qui abreuue maintes villes et places
Icy est certes ma maison ample et large
de citez haultes le mien grãt chef se charge
¶ Cela luy dist puis se mussa le fleuue

Dixit deinde lacu fluuius se cõdidit alto Ima petẽs

En lac profondt et que nature treuue
Et lors someil et la nuict terminee
Laisserent tost pour celle foys curee
Acoup se lieue et puis il regardant
Lethere soleil ia ascendant
Qui lors monstroit son orient lumiere
Ainsi quel est de faire coustumiere
Cil print apres en sa paulme concaue
Eaue de ce fleuue de laquelle se laue
En proferant et fondant celle foys
Motz implorans et supliante voix

Nymphes laurentes nymphes qui habitez
Dedens les eaux et la vous delectez
Et toy o tybre vray geniteur pere
De ce sainct fleuue conuenable et prospere
Prenez enee et si le preseruez
De tous perilz par luy en fin trouuez
Et pour certain quelque part q̃ le maine
Ton lac plaisant en sa clere fontaine
Toy qui as eu par ma doulce amitie
De mes labeurs desplaisance et pitie
En quelque terre que fourdes ou que ysses
En tes ruisseaulx si tresbeaulx et ppices
Tousiours seras par motz doulx honnore
Moult celebre chery et venere
Et pource doncques es roy des eaux liqdes
Dominateur des vndes hesperides
Ayde moy et par amour diuine
Conferme acoup ton dire et ton numine
¶ Quant eut finy et acheue son dire
Deux nefz legeres entre autres fait eslire
Et les acoustre de ce quil leur failloit
Car embesongne exploicter les vouloit
De ses consors eleut ceulx qui luy semble
Armer les feist et par et tous ensemble
En tel affaire subit augure monstre
Deuant leurs yeulx se presente et se mõstre
La blanche truye par la forest venue
Couchee a terre a sortie pour veue
De couchons trante de semblable couleur
Qui appaisa des troyens la douleur
Si fut occye celle truye et mactee
Pour sacrifice a iuno apprestee
Pour eneas qui la mere et les filz
Immola lors dessus aultier prefix
A lors tybris qui la nuict precedente
Auoit son eau mobile et turbulente
Ladoulcist toute et la feist si transquille
Si trespaisible et a nager vtile
Que tout le fleuue vng doulx estãg sembloit
Car sans resmente toute leau sassembloit
Si quon pouoit sans nulle resistence
Faire ou nager bien seure diligence
Doncques sauancent en la rumeur seconde
Iceulx troyens prendre chemin sur lunde
Voilles si dressent et par le tybre vont
Les nefz cursoyres qui a gre le vent ont
Brief les vndes et les boys quilz passoiẽt
De voir les armes diceulx sesbahissoient
Et les escus au fleuue refulgens
Les armes painctes pleines de nobles gẽs
Que reste plus certes tous sans seiour
Nagent et vont et par nuict et par iour
Si surmonstant les voyes trauersaines
Par leurs labeurs et non faillies peines
Soubz diuers vmbres et soubz vers arbres
Maistes forestz en tournyãt opassãt ⟨passãt⟩
Brief tant allerent que desia le soleil
Par leger cours selon son appareil
Auoit monte en son curre solaire
Iusquau meillieu du ciel orbiculaire
Lors de loing veirent les murs et la cite
Maison basties en poure quantite
Que maintenant la puissance rommaine
Iusques aux cieulx par renommee meine
Lors possedoit euander celles choses
De peu de biens pourueus et encloses
Incontinẽt les troyens leurs nefz touchẽt
Et de la ville a diligence approuchent
¶ Ace iour propre comme fort le vouloit
Le roy euandre qui certes moult valoit
Faisoit honneur solemnel en ses lieux
A hercules et a ses aultres dieux
Et en place lors commune et propice
Hors la cite faisoit son sacrifice
O luy auoit son filz nomme pallas
Et ieunes nobles prenãs la leurs soullas
Pour le senat qui tous enfans donnoient
Pour le mistere que leurs dieux ordonoiẽt
Le sang tout chault et tepide fumoit
Sur les aultiers que chacun allumoit
Et quãt de loing les haultes naues veirẽt
Qui a leur port tout droit nagent et tirent
Soubz doulx vmbre du boys oppaq̃ et noir
Et que tous font daprocher leur deuoir
Lors sesbahyrent de venue si soudaine
Et qui conduit telz gens en leur demaine
Dont tous se lieuẽt de sieges et de bancs
Et des tables ou furent discumbans
Mais pallas certes laudacieux enfant
Bien les instruit et a tous leur deffend
Que pour tel gẽt ne mais pour leur venue
Le sacrifice ne se discontinue
Et cil tout seul agile comme vent
Sa lance au poing sen ala audeuant
Et de hault terre leur commenca a dire
O ieunes hommes moult appete et desire

Sic memorat gemlas ꝙ legit de classe bireŝ nes Remigiosq aptat

Forte die solemnez rex illo arcas honorẽ Amphitrionis de magno

Scauoir la cause qui vous a ores meuz
Essayez veoir et chemins incongneuz
Ou alles vous quelle est vostre naissance
De quelle maison ienqers la congnoissãce
Et dictez moy si paix vous aportez
En ce pais ou si guerre transportez
Lors eneas se presente et ingere
Tenant rameau doliue pacifere
Dedens sa main et de sa nef patente
Luy fist responce par la voix subsequente

Cum pater eneas puppi sic fatur ab alta Paciferae que manu ramum pretendit oliue

Tu voys dist il gens troyens tes amys
Qui des latins sont glaiues en nemys
Car nous fuitifz profugues de noz terres
Ont assailly par orgueilleuses guerres
nous demandons et voulons veoir sãs plꝰ
Le roy euandre qui tant tout le surplus
Si luy dires q̃ nous tous troyens hõmes
Pris et esleuz deuers luy venus sommes
Requerant paix consideracion
Armes aide associacion

Obstupuit tanto percussus nomine pallas

Moult fut trouble pallas en son couraige
Douyr le nom de gent de tel paraige
Si luy respond issir peulx hardiment
Quelque tu soys sans nul encombrement
Viens veoir mon pere et a luy te presente
Bien luy sera ta venue plaisante
Entre en noz terres et dedens noz maisõs
Hoste et amy seras longues saisons
Lors par la main le print puis le salue
Comme prince tout plein de grand value
Puis vont ensẽble laissãt le fleuue et port
Querans le roy pour auoir son suport
Et quant enee eut veu celluy euandre
Son faict donna par telz motz a entendre
O le milleur des grecz a qui fortune
Ma compelle querir voye importune

Optime graiugenum cui me fortuna precari Et vitta comptos voluit pretendere ramos

Et a voulu que mes voilles tournasse
Icy vers toy pour implorer ta grace
Ia nay eu crainte de quoy tu es ducteur
De gent gregoise et de leur nom facteur
De quoy iespere de toy aides
Comme parent des deux freres atrides
Ains ma vertu mais les famez oracles
Quay eu des dieux dedẽs leurs habitacles
Les myens parẽs tes cousins et affins
Ta renommee congneue en toutes fins
Tout certes ma donne la fiance
Me ioindre a toy querant ton aliance
Et le fatal des dieux y a tempte
Le myen desir et mais ma volunte
Dardanus pere et premier fondateur
De la cite troyenne augmentateur
Comme assez scet la mesgnie ancienne
Diceulx gregois print la naissance siẽne
De dame electre fille du grand athlas
Qui le ciel porte sans estre grief ne las
Et si ay mis au scauoir vraye cure
Ton pere fut certes celluy mercure
Qui iadis maige de grant beaulte garnye
Conceut et eut au froit mont cillenye
Et si foy doit en riens estre adioustee
En chose dicte recitee et contee
Celluy athlas qui soustient et qui porte
Ciel et estoilles sur son espaule forte
Dicelle mare fut pere et geniteur
Le commun dire est du fait relateur
Ainsi doncques de vous deux la lignie
Est assez proche non mye forlignie
Et dun seul sang se diuise et separt
Vostre lignie en lune et lautre part
Pour celle cause nay deuers toy tresmis
Ambassadeurs ou autres mes amys
Et nay de toy en aucune maniere
Fait essay nul par poursuyte premiere
Ains moy mesmes sans craĩdre le meschef
Ay expose ma personne et mon chef
Et humblement suis venu a tes portes
Querãs secours pour que tu me supportes
Celle gent mesmes que daunye on appelle
Qui te poursuyt par bataille cruelle
Trop nos veult nuyre et leur sẽble en effect
Que si par eulx nostre nom est deffaict
Riens plꝰ ne reste sur quoy ne soiẽt maistres
Sans redoubter le pouoir daulcũs ceptres
Ains hesperie toute subiugeront
Et de ca et de la regneront
Prens nostre foy et la tienne nous baille
Sans q̃ iamais au besoing nous deffaille
Corps durs auons et robustes poictrines
Pour soustenir belliqueuses estrines
Cueurs magnanimes a ieunesse esprouuee
Qui a haultz faitz maĩtesfois est trouuee

Dixerat eneas ille os occulosque loquẽtis Iamdudũ et totum lustrabat lumine corpus

Ce dist enee et ainsi qui parloit
Loeil deuander tousiours sur luy alloit
Moult regardoit sa maniere et sa face
Sa contenance pleine de toute grace

Incontinent toute rigueur absconse
Luy fist a lors amyable responce
Certainement ie te repute et tiens
Vertueux hōme plus quautre nul des tiens
Et voulentiers la parolle ie escoute
Semblable a celle de ton pere sans doubte
Au grāt anchise de maniere et de corps
Tout droit retires car ies suis bien recors
Et me souvient comment en ce temps la
Le roy priam salamine alla
Pour veoir sa seur hesionne lors dame
De ce pais et de thlamon femme
Et en allant passa les regions
Darcadie avecques ses legions
Du lors iestoye ieune seigneur et prince
Seul heritier de toute la province
En ce temps certes quilz feirēt ce voyage
Iestois encore en la fleur de mon aage
Adolescent imberbe et sans advis
Mais moult fuz apres q̄ les troiēs ie veis
Et moult prise selon la forte myenne
Les nobles ducz et celle gent troyenne
Bien extimee le filz de laomedon
Qui me sembloit digne de grant guerdon
Mais p sus tous sa donnoit ma pensee
Anchises et a luy fut lancee
Entre les autres que croye le choisie
Si que pour vray sauourray le desir
Ardant et chault damoureuse ieunesse
Hanter cest homme et de le veoir sās cesse
Et moult auroye grant talent soir et main
Ioindre ma destre dedens la sienne main
Brief ie le feiz et a luy me presente
Car couuoyteuse en estoit ma iouuante
Si vous prometz qua luy tenu me sens
Moult y preu veoir de vertus et sens
Sil me donna quant il fut departie
Une pharetre richement assortie
De saiectes lyctes toute pleine
Bien extimay le donant et lestraine
Aussi feist il vng sumptueux manteau
Tout dor tissu en ouuraige moult beau
Deux frains dorez pour chevaulx d' paige
Quores possede mon filz pour son usaige
Doncques pouez vous tous estre asseurez
Que laliance par vous requise aurez
Et desdemain que soleil fera naistre
Lumiere en terre ⁊ son tours apparoistre
Par seur secours ioyeulx vous envoyray
Et de mes biens assez vous pourvoyray
Ce pēdant doncques puis q̄ cy venus estez
Amys beaulx a noz annuelles festes
Lesquelles nest ia besoing demourer
Ains grant peche les vouloit differer
Nous tous prions par amiable office
Que celebrez o nous ce sacrifice
Et a noz tables tous vous associez
Du demourant ia ne vous souciez
Quant il eust dist feist appointer viandes
Verser pocules en potz et tassez grandes
Puis feist assoir en sieges graminez
Les nobles hommes aux tables ordonnez
Et mesmement eneas le seigneur
Fist il assoir en ce dit le greigneur
Dessus vng thore assez pare et digne
Et tout couuert dune peau leonine
Lors certain nombre de ieunes gens esleuz
Que pour ce faict furent nommes et leuz
Et mais le prestre exercant les misteres
Eulx tous ensēble prenoient les visceres
et les entrailles des grās roustez thoreaulx
Et en canistres paniers a leurs vaisseaulx
Honnestement dont le pain presentoient
Et de bachus la liqueur apportoient
Ainsi mengea enee et sa mesgnye
Ioyeusement en celle compaignie
Apres doncques que la fin fut ostee
Et de mengier lenuye est deboutee
Si dist euandre superticion vaine
Des dieux ignare de leur force haultaine
Ne nous a pas et a nostre sequelle
Impose cestes feste si solempnelle
Ne mais apres de menger voulentiers
Viandes telles aupres de ses autiers
Ains nous saulvez et gardez de ruyne
Par chacun an celebrons feste digne
Renouuellant lhonneur quont merite
Les puissans dieux dedens nostre cite
Si te diray le tout sans nulle faulte
Voy tu dist il celle roche si haulte
Par grant vieillesse suspendu deserte
Sur ce hault mont dont la veue est aperte
Si que desia pour le temps si loin grain
Ruyneux et le lieu est inter rain
La fut pour vray la spelonque grande
Loing separee moult ombreuse et horrende

Hec ubi dicta dapes iubet et sublata reponi Pocula gramineo \[q\] viros locat ipse sedili

Postq \[uam\] exempta fames et amor cō pressus edēdi Rex euādrus ait

Hic spelũca fuit vasto submota recessu Semi hois caci

Que lors tenoit la face si cruelle
Du faulx cacus homme dur rebelle
Et en icelle tant creuse et noyre estoit
Jamais soleil son cler ray ne iectoit
Tousiours y fut la terre honnye et moite
De nouueau sang qui ce monstre conuoite
Et si pendoient a ses superbes portes
Plusieurs bestes et de diuerses sortes
Dhommes meurtris que sil auoit occis
Piteusement sans en auoir mercys
A mal iour furent en sa contree venus
De cestuy certes fut pere vulcanus
Et vomissoit par sa bouche affamee
Feux et flammes auec noire fumee
Ainsi cacus fierement se tenoit
Dedens sa roche ou grant bruyt demenoit
Mais a la fin par succession dans
Nous donna ioye et nous rendit contemps
Et nous trop las querant quelque ayde
Fusmes apres bien pourueux de remyde
Et vint ung dieu qui certes no⁹ mist hors
De cest affaire par ses puissans effors
Le grant vaincueur preux supbe ꝛ insigne
Qui eut occis geryon tergemine
Dit hercules comme victorieux
Suruint alors et menoit en ses lieux
ses grãs tropeaux pour deduyre ꝛ repaistre
En ce beau val verdoyant et champestre

At furiis caci mẽs effera ne qd inausũ aut intractatũ sceleris ve doli ve fuisset

¶ Mais tant fut certes sa pensee effrenee
De ce larron cacus et destinee
A fol exploit que de dol et de crime
Tant fust il grant oncqs nen tint estime
Et ny eut fraude tant quon peult relater
Que bien nosast cil experimenter
Dont quãt il veid iceulx thoreaux esbatre
Dedens le parc bien en scent rauir quatre
Des plus parfaitz et des vaches autant
Car de mal faire tousiours fut appetant
Et pour que mieulx la chose fust celee
En sa spelunque les tiroit a lamblee
Parmy la queue affin que les piedz droitz
Ne monstrassent vestige ny endroitz
Et que leurs pas aussi contraires fussent
Affin que mieulx les pourchassãs deceussẽt
Par ce moyen les chassoit et celoit
Dedens sa roche ainsi comme il vouloit
Sans q̃ iamais nul hõe eust peu cognoistre
Que la dedens retirez deussent estre

Interea quũ iã stabulis saturata moueret Amphitrioniades armenta

¶ Durant ce temps aprochant la vespree
Quant assez furent repus dedens la pree
Thoreaux ꝛ vaches par heures cõuenables
Et que voulut retraire a ses estables
Cil hercules si conuocque et assemble
Tout le bestial et le rameine ensemble
Lors au partir sescrient et mugissent
Et grãs querelles de leurs poictrines yssẽt
Si que pour vray tous les boys furẽt pleĩs
et mais les mõtz de leurs clameurs ꝛ plaintz
Au roy des beufz feist soudaine responce
Une des vaches dedens la roche absconce
Mugir se print dont deceut lesperance
Du faulx cacus par notoire apparence
Lors commenca hercules la douleur
Auertir et croistre et muer sa couleur
Ses armes prent et sa fiere massue
De rudes neufz composee et tissue
A cours legier monte sans faire faulte
Sur la montaigne cacumineuse et haulte
Cela fut certes la primeraine peine
Que receupt oncques cacus dedẽs sõ caverne
Si que les nostres q̃ pour ce tẽps lors furẽt
To⁹ pleins de craincte ꝛ troubles lapceurẽt
Et quant il veid hercules poursuyuant
Fuyr se print plus vite que le vent
Sa roche quiert et du chemin si se oste
Crainte a ses piedz elles plãtes adiouste
Et quant dedens fut cloz et enferme
De la poursuyte certain et informe
Dune pierre pondereuse et entiere
Ferma la gueulle de lentree premiere
Auecques chaines de fer rudes espoys
Que le sien pere eut forgez aultreffois
Et grosse barre a ceste entree obice
Affin que nul dedens venir ne puisse
Alors arme hercules furieux
Qui enuironne et circuyt ces lieux
Par tout enquiert louuerture et lentree
Selon que voye luy en faisoit monstree
Et par tout cherche le moyen et lexces
Sy quil puisse lauteur de telz exces
En fremissant des dens par trop mal ire
Voire si grant q̃ lon ne pourroit dire
Brief par trois fois et par cours repentin
Enuironna le hault mont auentin
Trois fois aussi par peine non petite
Il essaya la sente et introyte

Souuentesfois au val se reposoit
Quant son labeur en vain il exposoit
Ung rochier hault agu et entaille
En tous endrois par nature taille
Se esleue si que nul ny approche
Estoit conioinct au dos de ceste roche
Ou maintz oyseaux estranges et diuers
Leurs nidz faisoiẽt dedẽs pertuis couuers
Quant hercules vit a la part senestre
Celle grand pierre ou le moien peult estre
Pour paruenir au faitz ou il pretend
Sa force employe et son pouoir estend
Grans coups y dõne et tant fort y assigne
Quil desmolist la pierre et sa racine
Toute la roche et au demoliment
Lair tout au tour resonna haultement
Et mais le fleuue y cheute si souldaine
Fut tout esmeu dedens son eaue seraine
Lors descouuerte fut par telle achoison
Du fait cacus la fosse et la maison
Et paroissoient les caues vmbrageuses
Qui a maint hõme tant furẽt dõmageuses
Dont en ce point comme par mouement
Fait a la terre ou soubdain tremblement
Icelle terre sassorbe et se descueuure
et en maintz lieux grãs fentes sẽtre euure
Lors la dedens en ses profondes vaulx
Peult on bien veoir les sieges infernaulx
Et les royaulmes paludes q̃ aux dieux
Sont desplaisans tristes et odieux
Et si voit lon le tenebreux baratre
Si que les ames voit on leans debatre
Qui sesbahissent de nouuelle lumiere
Car de la veoir nest chose coustumiere
Quant cacus dõcq̃s fut en ce point surpris
En roche creuse ou il estoit compris
Par vne voye de luy non esperee
Crier se prit a voix desesperee
Lors hercules en celle haulte cime
Par dars agus le cõculque et comprime
De toutes armes dont assorty estoit
Luy faisoit presse et moult le combatoit
Et quant ses armes luy furent deffaillis
Grosses branches darbres tost eut cueillis
Sur luy les iectee et souuent le lapide
De rudes pierres pour son final subcide
Et lors cacus qui bien appercevoit
Que par fuicte saluer ne se scauoit

At specus
& caci detec
ta apparuit
ingens
Regia

Volmist et iecte de sa gueule afamee
Grant quantite dune obscure fumee
En tant pour vray que la maison indigne
Fut inuolue de noire caligine
Et ne pouoit estre veu qua grant peine
Pour celle espece et tenebreuse alaine
Ainsi assemble la dedens et glomere
En celle roche vne nuyt fumifere
Auec tenebres de feu obscur meslez
Qui vomissoit a moult grandes goullees
Pas ne porta alcides le vainqueur
Icelle iniure longuement en son cueur
Ains par ce feu a sault legier traverse
Ou la fumee fut plus forte et diuerse
Et ou la roche par obscure nuee
Estoit le plus froiessee et desmuree
En ses tenebres cheminant et passant
Print il cacus vain feu lors vomissant
Soubz luy le iecte en vne estroit tryangle
Et de sa main fiere et fort lestrangle
Si quaux tenailles le sceut assaillir
Luy fist les yeulx de la teste saillir
Et fut sa gorge toute seche et aride
Vuide de sang et luy mort sans remide
Et tost apres fut ouuerte et patente
Celle maison obscure et violente
Les portes dures fierrement atachees
Furent rompues et du tout arrachees
Et lors les beufz ranis et recellez
Furent a veue commune reuellez
Et la rencontre de droit vice aornee
Fut a lumiere certaine amenee
Et la charongne du miserable corps
Fut lors tiree et iectee de hors
Si furent certes tous ceulx de ce pays
Voyant tel monstre assez fort esbahys
Et ia ne pouoit leur cueur rassaisier
Car trop souloit a ceulx contrarier
Moult sesmerueillẽt de voir les yeulx terri
face doubteuse ꝫ telz mẽbres horribles (bles
Rude poictrine de poil pleine et velue
Feu semifere flamme estainte et tollue
Pour celle cause au grant entrepreneur
Est celebre ce triumphant honneur
Lors successeurs ioyeulx a ceste affaire
Gardant le iour et voullant satisfaire
Si certes fut poticius aucteur
De telle feste et premier inuenteur

Panditur
ex templo
foribus do
mus atra re
uulsis
Abstracte
q; boues

Quare agite o iuuenes tãtarum in munere laudũ Cingite frõde com[as]

En la maison premiere et eslectee
Custode et garde de ce sacre hercules
Qui ordonna et fist a celle fois
Ce sumptueux aultier dedens ce bois
Qui sera dit entre nous grant et digne
Et si sera par tout iamais insigne
Et pource doncqs doulx amys nõ estrãges
En recompences de si grandes louenges
Ceignez voz testes de brãches verdoyãtes
Et voz mains soient ioyeuses & contentes
De porriger luy a laultre pocules
Sãs riens craĩdre sans doubter peines nul
Et inuocquez ores le dieu comun (les
Dispersant vins voulentiers a chascun

Dixerat et herculea bicolor quũ popul⁹ vmbra Velauitq comas

¶ Quant euander la chose eut desmellee
Incontinent de branche populee
Faict et compose vne verde couronne
De laquelle le sien chef enuironne
Et puis reprint le grant sacre vaisseau
De pocule singulier et nouueau
Lors tous ensẽble si conuyennent et boiuẽt
En celle table et grant ioye recoiuent
Les dieux requirent pour q̃ leurs accidens
Tousiours leurs soient au besoing aydãs
Durant la feste la ou chascun senclime
Ja le soleil au vespre se decline
Et ia les prestres comme faire souloient
De peaulx diuers to⁹ leurs corps atournoiẽt
Potitius entre aultres le premier
Qui de se faire fut duit et coustumier
Flammes et feu portoient to⁹ ensemble
Maintes viandes vng chascũ deux assẽble
Et administrent pour les secondes tables
Plusieurs presens et maintz dõs agreables
Et pleins vaisseaux de viures to⁹ entiers
Ilz accumulent sur leurs diuins aultiers

Tũ salii ad cantus icẽsa altaria circum Populeis adsunt euincti tẽpora ramis

Et ce pendant plusieurs chantẽt et balent
Autour des ares et saulx menus esgallent
Dess⁹ leurs testes ont bouqtz & chapeaulx
Fueilles d' peuples brãches & vers rameaux
Jeunes et vieux par chores et cantiques
Faisoiẽt ioye & louenges publicques
En exaulsant les gestes et les faictz
De cil hercule si dignes et parfaictz
Premierent comment au bers gesant
Lauoit deceu la nouuerque nuysant
Qui deux serpens auoit mis en ses chãbres
Pour deuorer tout son corps et ses mẽbres
Mais lenfant auec ses ieunes mains
Estrangla lors ses monstres inhumains
Aussi chantoient par hymnes & par vers
Comment il mist deux citez a lenuers
Cest assauoir troye et othalie
Chascune delles fut par luy desmollye
Comment aussi grans labeurs auoit eux
Dessoubz le roy nomme euristeus
Par le vouloir de iuno la deesse
Qui pourchassoit enuers luy telle opresse
Comment disoient a voix doulce & ductible
O puissant chef et seigneur inuisible
Qui as macte priue de vie et dautres
Les ambigures et bimembres centaures
Et mais hilee et pholus desconfiz
O les prodigues cresses si mal confitz
Et quant ainsi doncques as renommee
Tu mis a mort le grant lyon nemee
Les eaues stiges te ont craint & doubte
Quant au premier en enfer eus este
Et cerberus le portier de baratre
Moult eut grant peur que le voulisse batre
Il qui sus os demis mengez gesoit
Dedens son antre sanglant ou reposoit
Bref mille faces oncques peur ne te feirẽt
Ne apres corps armet onc ne meffirent
Ne celluy mesmes tipheus grant et fort
Oncques par armes ne te sceut faire effort
Ne lerneus en tous lieux que conquestes
Auec la turbe quil eut de maintes testes
Ne te sceut oncques vaincre toute saison
Car pas ne fut souffreteux de raison
Nous doncques tous a voix enbesongnes
Te saluons et diuine lignee
De iuppiter le vray filz precieux
Honeur moderne adiouste aux grãs dieux
Visite nous doncques d' sort propice
Et prens en gre ton diuin sacrifice
¶ Telles louenges a hercules faisoient
Et par beaulx vers toutes les exposoient
Mais par sus tous monstres mors & vaĩc
Administroient le grant larron cacus
Et sa spelunque de populee et prise
Ilz iectent feu dedens celle pourprise
De leurs esbatz et festes quilz menoient
Bois & montaignes tout autour resõnoiẽt
Et quant les prestres diuins eurẽt ce faict
Execute et amplement parfaict

Tollit exe minib⁹ celebrabãt sup oĩa caci Speluncã adiiciunt

Tous sen retournent en grant felicite
Dedens les murs et clos de la cite
Lancien roy euander cheminoit
Qui contre luy pres enee menoit
Auecques son filz et en passant la voye
De maintz propos et beaulx ditz le quoye
En cheminant eneas sesmerueille
De diuers comptes quil oyt en son oreille
Ses yeulx par tout il enuoye et defiecte
Les lieux luy plaisent et assez les proiecte
De tout senquert et moult grant plaisir prēt
Quant les gestes des anciens aprent
Lors euander plein de doulceur humaine
Et conducteur de la cite rommaine
Luy exposa par vng compte plaisant
Toutes les choses passees en luy disant
¶ Premierement dist il ces boys tenoyent — Nec mora i digene fāni nymphe q3 tenebant
Femmes et nymphes et icy conuenoient
Puis y naisquirent gēs en roches absco͞ses
De dure estoffe et de robustes tronses
Lesquelz nauoient encores meurs ne loys
Art ne doctrine de valeur celle fois
Les beufz lier ou ioindre ne scauoient
Pour grains semer ains sās soucy viuoiēt
Pas ne queroient a richesse amasser
Car leur simplesse bien se scauoit passer
De lendemain bien peu se soucioient
Mais au porchas seulement se fioient
Fruictz et rainceaulx ou prise venaison
Les nourrissoit par chacune saison
Si vint alors dedens ceste contree
Premier saturne de lolimpe etheree
Fuyant les armes de iuppiter son filz
Et exile de ceptre desconfis
Cil composa et assembla en vng
Peuple indocile toute pars et commun
Loix leur donna selon sa prophetie
Et voult nommer celle terre latye
Pour quen icelle asseur cil habita
Et seurement en ce pays hanta
Soubz ce roy furent selon leur loy publiez
Les siecles dor sans discord et sās picque — Aurea q̄ vt phibent illo sub rege fuere Secula
Bien scauoit il le peuple en paix regir
Quen seur repos chacun pouoit gesir
Jusques atant que deteriore aage
Daultre couleur et cause de dommaige
Suruint apres qui amena sur terre
Discencion bataille et forte guerre
Lors creut aux cueurs des hōes pour tout

Amour de biens et vng desir dauoir
Lors vint acoup la grant main ausonye
Darmes experte et de glaiues garnye
Apres suruindrent les siccanies gens
Et a bataille trop prompts et diligens
Si fut depuis par longue renommee
Celle terre saturnye nommee
Puis vindrēt roys q̄ entrēt prins leurs tiltres
En diuins lieux entre autres lybres
Hommes robustes et assez grans de corps
Dont nous depuis si bien en suis recors
Du nom de luy appellons cestuy fleuue
Tybre sans doubte par mutacion neufue
Et lors perdist le sien nom primerain
Car albula sappelloit pour certain
Quant est de moy ie fuz persecute
Et de ma terre et pays deboute
De mer suiuy toutes extremitez
Et maintz lieux certes en quis inhabitez
En fin fortune en faict ineluctable
Me colloqua en ce pays estable
Les monitoires doubtables et craintifz
De ma mere la nymphe carmentis
Me compillerent sans que point me oppose
Et apollo aucteur de telle chose
A peine eut dit et fine ce propos — Vix ea dicta dehinc pgress⁹ mō strat et arā
Si chemine sans prendre aultre repos
Et monstra lors la grant arc a enee
Qui pour carmente fut faicte & ordonnee
Et la porte que du peuple rommain
Carmentalle fut dicte soir et main
La ou les nymphes q̄ en ce lieu frequentēt
Souuentesfois recordent & ramentent
De carmentis poete fatidique
Le los la gloire et mais lhonneur antique
Qui la premiere par liures et decades
Prenostiqua les futures eneades
Et mais parla du noble bastiment
Dit palentee et du commencement
Puis luy monstra vng boys grāt et facile
Ou romulus depuis feist son asille
Et mais la roche ou fut le lupcal
Et du dieu pan le siege triumphal
Selon les meurs du pays darcadie
Ou euander sapplique et se dedye
Aussi luy monstre le pourpris et le boys
Argiate nomme a celle foys
Du lieu linstruit et suspecon luy oste
De la mort griefue dargus desleal hoste

Puis le mena au siege tarpeye
Qui le nom print de vierge trop haye
Au capitole tant riche et tant dore
Qui de puis fut si craint et honnore
Jacoit pour tant que de buyssõs sauluaiges
De grans espines et de rudes bocaiges
Ses lieux pour lors furẽt couuers & plais
Et de puis fureut dor et dazur tous pains
Ja fut du lieu la reuerance telle
Que pour doubteuse crainte fiere mortelle
Rendoit les cueurs troubles et esbahis
Des gens agrestes et ruraulx du pais
Ja la forest et le sape doubtoient
Et sans peur grãde au pres ne se mettoiẽt
Si dit euandre encore est incertain
Quel dieu habite dedẽs ce mont haultain
Et toutesfois vng dieu y fait demeure
Car les arcades y cuidoiẽt a mainte heure
Auoir veu certes iupiter deduisant
Qui va sa chieure egyde conduysant
Et fait aussi fouldres et pluyes naistre
Souuentesfois par sa puissãce dextre
Et oultre plus ses deux opides vieulx
Et enciens que tu vois en ses lieux
Dont les murailles sõt frailles & rompues
Et par long aage la formẽt corumpues
Se sont certes monumens & reliques
Des anciens hommes vieulx et antiques
Janus le pere bastit lune cite
Et saturnus lautre pour verite

Talibus in|ter se dictis|ad tecta sub|ibant|Pauperis|euandri

Lune auoit nom en ce temps ianicule
Et saturne lautre sans faulte nulle
En telz deuises entrent pour repos prendre
En la maison du poure roy euandre
Et en allant les armentes veoyent
Vaches et beufz qui bien se pourueoyent
Et seurement a lune et lautre main
Alloient lors par le marche rommain
Et mugissoient sans cramer les rapines
Dedens leurs loges et bien nectes carines
Quant doncques tous apres iceulx trauaulx
Furent entres pres des sieges reaulx
Si dit euandre alcides homme digne
Bien deigna certes visiter se liminre
Et ma maison realle iacoit ores
Que poure soyes souffreteux encores
Le receut lors et fut ceans traicte
En sorte telle quil sen est contente

Pour ce cher oste plein de grãdes largesses
Aprens ores a mespriser richesses
Et te fais digne en vertus et en pris
A hercules qui pacience a pris
Viens sil te plait et point ne te asperes
Si la maison nest bien riche ou prospere
¶ Quant il eut dit il mena promptement
Le duc enee en son herbergement
Poure et estroit ou chambres preparez
Furent certes de petis draps parees
Le lict estoit pour triumphe en effect

Dixit et au|gusti subter|fastigia tec|ti|Ingentem|eneã dux

De fueilles darbres esleue et refaict
Couuert dessus et pare pour succide
De la grant peau dune ourse lybistide
Durant cela la nuyt vint q̃ embrasse
O elles noires de la terre la face
Alors venus du doulx enee mere
Toute troublee et qui douleur amere
Dedens son cueur soustenoit et portoit
Pource que bien a certaine estoit
Des grãs menasses diceulx peuples laurẽs
Et des tumultes et guerres violẽtes (tes
A son mary vulcan sans demouree
Son dire a dresse en sa chambre doree
Et par doulx motz quelle conte et assigne

Dũ bello ar|golici vasta|bant perga|ma reges|Debita

Aspire en luy amoureuse racine
Quãt les roys grecz les pgames gastoiẽt
Et en bataille pardeuant troye estoient
Que par fatal quãd ne peult empescher
Deuoit a lors perir et tresbucher
Et mais les tours & haultes forteresses
Ardoir par feux et souffrir grãs opresses
Je pour ce temps o mõ leal espoux
Ne te requis daide a nul propos
Je ne voulu de cours conuenables
Te requerir pour iceulx miserables
Ne quen ployasses ta puissance & ton art
Ne mais tes armes pour eulx en nulle part
Pas ne voulu y employer tes peines
En telles choses inutilles et vaines
Jacoit pourtant qua ce feusse tenue
De secourir a la disconuenue
Des filz priã & queusse fait maintz pleurs
Pour eneas et pour ses grans labeurs
Or est ainsi que par comandement
De iupiter et par exortement
Cil maintenant sans pourueances nulles
Est arriue es regions rutulles

Et pour ce doncques humblement ie supplie
Ta deite quau besoing se desploie
Je requers armes bien sceut tõ cueur gaigner
Et au trauail par pleurs tembesongner
Dame tetis fille de nereus
Qui pour son filz riches armes a eus
Et mais aurore la tithonie espouse
Sceut bien de toy auoit aucune chose
Voy regarde quel peuple et quel gent
Pour guerroyer font apprest diligent
Et quelles armes fourbissent et preparent
En portes closes et contre moy se parent
Contemple aussi et prens au souuenir
Le grant peril qui peult au miens venir
Quant elle eut dit a fine sa parolle
Lors la deesse qui fut souefue et molle
Entre ses bras blancz et delicieux
En doulx baisers ryans et gracieux
Elle nourrist enueloppe et amuse
Du dieu Vulcan les membres par sa ruse
Et tant fut lors sa poitrine allumee
Que pleine fut de flamme acoustumee
Et par ses nouuelles celle chaleur cõgnue
Tost fut entree et promptement venue
Et par ses os vaincus et fleschissant
Assez courut et esmeut le sien sens
Tout ainsi certes cõme quant la nue
Pleine de feu par fouldre deuenue
En fin se rompt par tonnoyre agitant
Dont la splendeur et clarte va iectant
Par my tout lair et par lespesse pluye
Qui corps terrestres moult perturbe et ennuye
Alors congneut Venus ioyeuse et aise
Quen luy bruloit lamoureuse fournaise
Et que sa forme et beaulte luy feroit
Auoir bien tost ce quelle requeroit
Vulcain doncques vaincu de lamour delle
Luy fist alors vne responce telle
O doulce amye pour quoy vas tu q̃rant
Raisons si longues mon secours requerãt
As tu perdu lespoir et la fiance
Quauoir souloys a moy sans deffiance
Certeinement se tu eusses eu soing
Que ieusse arme les troyens au besoing
Lors que les grecz leur firent tel dõmaige
Je leusse fait de desireux couraige
Car iupiter ne le dispos fatal
Pas nempeschoyent que son honneur total
Troye ne print encore residance

Dixerat et niueis hinc atq3 hinc diua lacertis Cunctantē amplexu molli fouet

Cum pater eterno fat deuict9 amore quid causas petis exalto

Et que priam sans nulle decadence
Ne peult regner encor pas dix ans
Contre le gre de tous ses medisans
Sil est ainsi doncques quores tu vueilles
Faire bataille ce que ie tappareilles
Tout ce que puis de otroyer par ma cure
Et que mon art ou science procure
Ce que pourray par fer ou par electre
Forges ou faire ie le te veulx promectre
Si feu ou vens pour souuent atizer
Peuent quelque euure en fin auctoriser
Je te feray a tant dont ores cesse
Du requerir et fine ta tristesse
Apres ces motz o elle se soulace
Et doulcement la cherist et embrasse
Au lict se couche et si noublia mye
Le doulx embras de Venus son amye
Au giron delle se met et enueloppe
Et de dormir en telz plaisirs sincoppe
Et quant assez y eut prins de soulas
Repos le presse car peu estre estoit las
Apres doncques que eut fait sõ premier sõpne
A la mynuyt nouueau soucy le sonne
Tout en ce point que femme curieuse
Qui pour sa vie prent peine industrieuse
Bien scait vser de quenoille et fuzeau
Estre a filler se ieu luy semble beau
Deuant le iour se lieue et tost est preste
Son feu couuert elle allume et appreste
Et les cendres qui dessus sont descueuure
Mettant partie de la nuyt a son euure
A la chandelle pour le temps recouurer
Affin que plus largement puisse ouurer
Et quelle garde comme prompte et agille
De son mary chastement le cubile
Affin aussi que par moyen subtilz
Puisse nourrir tous ses enfans petis
En telle sorte Vulcain impotent
Non paresseux mais q̃ son plaisir entend
A son espouse q̃ pres du cueur le touche
Alors se lieue de sa souefue couche
A son euure fabrille se dispose
Laissant le lict et sans que pl9 repose
Vne isle y a antique et renommee
Qui lyparen des manans est nommee
Assez aupres du coste sicanye
Et des lyes haulte ardant et munye
Dedens la quelle le feu on y allume

Inde vbi prima quies medio iam noctis abacte Curriculo expulerat somnum

Insula sicanium iuxta latus eoliamq3 Erigitur liparen fumātib9 ardua saxis Quem subter specus

Sur la pointe des grandes roches fume
Et soubz icelles pa eaues mynees
Larges fournaises et haultes cheminees
Ou les ciclopes martellent sans seiour
Frappent et fierent enclumes nuyt et iour
Et q̃ les coupz donnez par grãt merueille
Raporte son et bruit a mainte oreille
Et les masses du feu ardant et chault
Rendent strideur et murmure treshault
Le feu tresapre y anhelle et respire
Pour bouffement qui y souffle et aspire
La fut certes de Vulcain la maison
Vulcanye dicte toute saison
La doncques lors Vulcanus se rendit
Et du hault ciel promptement descendit
Iceulx ciclopes si des noms suis recors
Et pyramon lequel fut nud de corps
entre leurs mais vng fouldre lors tenoyẽt
Non du tout faict et moult le demenoient
Encore estoit sans forme conuenable
Lune partye fut polye et traictable
Diceulx certes le hault prince des dieux
Terre fouldroye et les rue des cieulx
A celluy fouldre pour la droicte meslee
Trois raix mettoiẽt dumbre torte et gelee
Et trois aussi de pluuyeuse nue
Pour q̃ mieulx fust penetrante la veue
Puis y adioustent trois raix de feu rutille
Qui moult y sert et bien y est vtille
Aussi y mettent et opposent trois aultres
Des ventalitez et legers nommez austres
En euure mettent esclaires terrifiques
Son & grand crainte par parties obliques
Auesques yres desquelz flammes yssoient
Ainsi la fouldre ensemble batissoient
Et dautre part en diuerses manieres
Ilz abilloient les roues tresllegieres
Moult iustement du grant curre de mars
Par lesquelles excite ses soudars
Villes esmeut et bataille imprime
Aux cueurs humais cause denorme crime
Aussi ensẽble fourbissoient la targe
De la deesse pallas moult ample et large
Dor et descailles ressemblans serpentines
I adioustoient pointures bien insignes
Et au meillieu gorgona fut pourtraicte
Bien esmaille et bien richement faicte
Qui ses yeulx torues et mortelz conduisoit
Du appetit furieux la duysoit
Lors dist Vulcain ciclopes etnees
Qui trauaillez toutes iournees
Lessez voz euures et labeurs commencez
Et a mon dire escoutez et pensez
Il est besoing armes forger et faire
Pour homme preux et de puissant affaire
Ores est temps voz forces desployer
Et voz vertus a ce faire employer
Pource doncques auancez la demeure
O mains legeres et que chacun labeure
Monstrez vostre art magistral et experte
Pour faire chose qui soit forte et apperte
Plus ne leur dist lors diligens et prestz
Au faict entendent et y font leurs aprestz
Entre eulx departent leur labeur & aduisẽt
Affin que mieulx la besongne conduisent
Arain metal y destille et diffue
Et lor aussi par flamme qui afflue
Fer vulnifique se tendrist et mollist
En la fournaise dont grande chaleur yst
Premierement ilz batissent et forment
Vng grãt bouclier & moult biẽ sen ẽforment
Pour resister aux dars et aux saiettes
De gens latins et a leurs eschauguettes
De septais cercles & espoix le fortifient
Si que ennemys a peine le deffient
Les aucuns deulx vens recoiuẽt & rendent
Par grans souffletz ou sagement entẽdẽt
Et les aultres plongent pierres ardentes
Qui fõt strideur dedẽs les eaues boullãtes
Souuent aussi la roche bruyt et sonne
Pour les grans coups q̃ sur lenclume õdne
Et eulx part ordre de plus fort en pl⁹ fort
Frappent et fierent par merueilleux effort
O leurs tenailles la grant ferree masse
Tournent & virent quant chacun si amasse
Brief tant labeurent sans interruption
Que tout fut faict a leur intencion
Durant le temps que Vulcain trauailloit
A telle chose et que moult y veilloit
Lors le iour vint qui reueille et excite
Le roy euandre en sa chambre petite
Et mais le chant de matutins oyseaux
Qui hault chãtoiẽt p maisõs & chasteaulx
Si se leua le vieux roy promptement
Sa robe prent et son acoustrement
Ses piedz acoustre de thyrrenes souliers

Tollite cũ
cta ĩquit ce
ptos ꝯaufer
te labores
Aetnei cy
clopes

Hec pr̃ aeo
liis ꝓperat
dũ lemnius
oris Euan
drũ ex hũili
tecto lux su
scitat alma

Donc tous vsoiẽt les manalz voulentiers
A son coste fut posee et logee
Sa clere espee du pais de teger
Et par dessus ce que pas ne veul taire
Pendoit au bas vne peau de panthere
Auec luy deux petis chiens auoit
Qui le suyuoiẽt p̃ tout ou il alloit
Bien luy souuient et assez se remembre
Du iour passe si vint droit a la chambre
Ou eneas son bon oste gisoit
Qui du leuer matin se disposoit
Auec le roy pallas marche et chemine
Et auec luy achates saige et digne
Pour lors estoit quant dont ilz se trouuerẽt
Lun a lautre le bon iour se donnerent
Et puis entreulx de maintz propos diuisoiẽt
A leurs affaires pourpensent et aduisent
Le roy luy dist premier par doulx moyens
O chef et maistre le pl⁹ grãt des troyens
Je ptise tant ta vertu et prouesse
Que iamais certes nauiendra que confesse
Ne que ie cuide le royaulme de troye
Estre vaincu mais que fortune octroye
A la personne sante et longue vie
Troye sera par ton honneur pleuye
Noz forces sont trop febles et petites
Pour secourir gens de si grans merites
Pas nest en nous a present le pouoir
Suffisãment de secours vous pourueoir
Ne nauons pas les gens de forte taille
Pour vous seruir en si grande bataille
Car nostre empire et terre pretendue
Nest pas certes de si grande estendue
Puis dautre part les tutulles nous pressẽt
De faire guerre contre noz murs ne cessẽt
Dõc ne pourroiẽt noz chasteaux et maisõs
Desamparer toutes leurs garnisons
Mais ie suis seur te faire pourueance
De peuples fors et de grande cheuance
Qui a ce fait te pourront secourir
Sans grant dommaige ou pte y encourir
Et croy pour vray que fortune amyable
Te amene a lheure conuenable,
Et demonstre ce sort tel aduenu
Quau gre des dieux tu es icy venu
Non loing dicy est fonde et assise
Sur hault rochier dancienne maistrise
Vne cite que lon nomme agilline

*Maxie teucrorum ductor quo sospite num̃q Res eq̃dẽ troie victes aut regna fatebor*

*Haud procul hinc saxo incolitur fundata vetusto Urbis agilline sedes*

Ou iadis fut la gent forte et insigne
Et belliqueuse quon appelle lidie
Qui ne fut onc̃s en hault faiz refrodie
Sur montaignes hestruques habitoit
Et au fait darmes tousiours sabilitoit
Sur celle gent renõmee et flourie
Tint longuement empire et seigneurie
Le roy mezance qui puis fut tant acerbe
Qui tint couronne orgueilleuse et superbe
Et les traicta soubz telles cruaultes
Que nul ne scait ses grans desleaultes
A quoy iray ie ores rememorant
Les homicides et meurtres de tirant
Ses faiz iniques son despiteux meschief
Je prie aux dieux que sur luy et son chief
Soit la vengeance du fait recompensee
Car trop fut malle et faulce sa pensee
Tant fut cruel sãs crainte et sãs remors
Quil assẽbloit les corps des hõmes mors
Contre les hõmes viuans et sans reproches
Fasioit cõioidre leurs faces et leur bouches
Bras cõtre bras et les mains contre mais
Si leur faisoit telz tormens inhumains
Par puanteur si fort abhominable
Par touchement et embras miserable
Aussi faisoit ses poures gens mourir
Et longue peine et trauail encourir
Finablement les nobles du pais
Troubles ces laz voire et moult esbahis
De la fureur du prince si terrible
Bien tost se meuuent et leur fust ipossible
De plus porter ne souffrir tel rigueur
Armes aprestent encontre leur seigneur
Et tous lasiegent p̃ communes reqstes
A ses consors feirẽt coupper les testes
Par feu et flammes le palais demollissẽt
Tant sont esmeuz et si tresfort fremissent
En cest tumulte est grant occision
Le roy euandre et sans dilacion
Tout a lemblee sen fuye sãs poses nulles
Dedẽs les terres et chãps des grãs rutuls
Et eschappa les dangiers suruenuz Cles
Par les armes et secours de turnus
Si font ses peuples pourchas et diligence
Affin dauoir du cruel roy vengeance
Grant aprest font et grãde aide quierent
Sa mort desirent et sa perte requierent
Laissez doncques o enee ton grief

Je te feray leur capitaine et chef
Ja sont les nefz sur le port qui attendent
Du desloger et guerroyer pretendent
Et ia disposent leurs signes et banieres
Hault esleuer en piteuses manieres
Mais la longeue auspice les garde
Si tost partir et leur voye retarde
Car le fatal leur declare et expose
Et quaultrement conuient dresser la chose
Disant o peuples party en grandes sõmes
La fleur des vieux et mais des ieunes hões
Quel douleur iuste habõde a certe maine
Contre ennemy de chose si villaine
Lesquelz mezence par euure merite
A irrites et guerre suscite
Sachez que nul de nous ytaliens
Ne pourront vaincre ne mettre en leurs liēs
Gent si puissante contre q faisons guerre
Ne subiuguer ne pays ne leur terre
Requerez doncques capitaine estranger
Si vous voulez de telz maulx vo⁹ venger
¶ Lors sarresta lestrusque compaignie
Dedens leur champ et toute la mesgnye
Assez troublee de tel exhortement
Du sort diuin et du commandement
En ce cõflict tarcon qui lors estoit
Leur conducteur et qui bien se doubtoit
Que sans auoir chef de plus haulte prise
A peine yroit a bon pris leur emprise
Embassadeurs ains voulut transmettre
Et enuoya la couronne et le ceptre
Les paremens et vestemens royaulx
Comme subiectz et serfz bons et loyaulx
Et que voulisse lors possession prendre
De leurs chasteaulx et leur regne pretēdre
Mais pour certain viellesse tarde et lente
Par long aage et par froidure urgente
Mon desir oste et mon vouloir retire
De pourchasser aultre terre et empire
Mes forces sont oyseuses deshormais
A desirer grandes choses iamais
Jeusse enhorte mon filz en tel besongne
Mais le dispos des haulx dieux len eslõgne
Car du coste de sa mere sabelle
Il est yssu de celle terre belle
Or est ainsi que par estrange prince
Doit estre certes regie la prouince
Mais toy a qui par lignage et par ans
Le faict accorde en signes apparens
Tel seigneurie et que les dieux requierent
Au loz de qui tous les humains enquierēt
O chief robuste qui soubz tes tiltres tiens
Troyens possedes et les ytales tiens
Prens et accepte celle charge onereuse
Dont tu auras louenge glorieuse
En oultre plus le mien enfant pallas
Qui est de moy lespoir et le soulas
Te bailleray pour que ta seigneurie
Layde a aprendre lart de cheualerie
Et que soubz toy son maistre et son seigñr
Les armes haultes pour y auoir honneur
Affin aussi quaux premiers il aprengne
Tes nobles faictz et bon exēple y prēgne
O luy iront arcadiens deux cens
Fors cheualiers vertueux et puissans
Par moy liurez et de sa part autant
En menera soit doncques content
¶ Quant il eut dit et finé ses motz tieulx
Pensifz et tristes baisserent lors les yeulx
Le duc eneas et achates feable
Mainte pensee trop dure et mal traictable
Lors reuoluoyent en leur entendement
Cuidans estre secourus pourement
Se cytharee sa mere tant insigne
En ciel ouuert ne leur eust monstre signe
Car tout soudain et destrange facon
Vint vng esclair auecques bruyant son
Voire et si grant qua louir et entendre
On eust iuge que tout le ciel deust fendre
Et parmy lair fut ouye la voix
Dune trompette troyenne a celle fois
Tous lieuent loeil et tous dressēt loreille
Pour escouter la si grande merueille
Celle fragueur moult souuēt bruyt et tonne
Qui les troyans esbahit et estonne
Par clere nue en region seraine
Les armes voyent et luent soubueraine
Quauoit forgez le sire vulcanus
A lappetit de ma dame venus
Qui a son filz par le ciel les apporte
Dont tout le sens des presens se transporte
Tous sont troublees en leurs doubteux courages
Dapercenoir telz incongneuz ouurages
Mais le seigneur troyen bien appercent
Le son des armes dont grant ioye recepit
Et moult fut aise de voir lors la promesse

Ha hetru sca resedit hoc acies cāpo mōtis exterri ta diuum

Air ea fat⁹ erat defixiq ora tenebāt Eneas an chisiades et fid⁹ achates

Espectier de sa mere deesse
Si print a dire o euandre cher hoste
Ores te prie que ton cueur laisse et oste
Toute sa crainte et plus ne te garmentes
Celle fortune monstrant peulx portentes
Pour moy tout seul estre cas tant requis
Au cler au luyre ie suis certes requis
Ma saincte mere par veritable edit
Par cy deuant mauoit chante et dit
Que se bataille deuoit contre moy naistre
En ce climat ou conuient ores estre
Parmy les vures legeres et vnyes
Maporteroit les armes vulcanyes
Las quantes pertes quantes occisions
Quelles ruynes quelles destructions
Sont aduenir par trauaulx importables
Sur les laurentes meschans et miserables
Et quantes prines toy turnus me dontas
Dont de mellee en fin ne ten pourras
O tybre fleuue que descuz et de targes
Seront iectez dedens tes vndes larges
Et quans fors hommes perduz et deuorez
Seront en toy piteusement noyez
Puis quainsi est que la guerre desirent
A leurs enseignes saprochent et retirent
Et la foy rompent que promise nous ont
En fin verront ce que faire pourront
¶ Quant il eut dit en froit sang ⁊ rassis
De la chaire se lieue ou fut assis
Et aux aultiers herculees sadresse
Le feu estainct y alume et redresse
Et moult ioyeux fit lors deuot seruice
Au lieu premier ou fut le sacrifice

*Hec vbi dicta dedit solio se tollit ab alto Et p̃imũ herculeis sopitas ignib⁹ aras Excitat*

La offrist il en forme acoustumee
Brebis esleues en la flamme alumee
Ainsi le feist le roy antique euandre
Et les troyens de mesmes sans attendre
Puis tout ce faict desir certes sincire
Au nefz sen va et ses consors visite
Du nombre deux choisist les pl⁹ puissans
Les plus adextres en armes congnoissans
Ceulx quil congnoist q̃ mieulx sōt po^r le suiure
En faict d guerre ⁊ leur hōneur poursuiure
Les aultres to⁹ en leurs nefz ⁊ vaisseaulx
Renuoye il par les tranquilles eaux
Pour demourer o son filz ascanie
Tout ce quon faict et leur euure fornye
Incontinent a cheual tous monterent
Aux champs thirenes daller diligenterent
Au duc enee ameinent vng destrier
Fort et adestre assez bien et legier
Couuert dessus dune peau leonine
A ongle dor prefulgente et insigne
Lors tout acoup et a heure subite
Fut diuulguee par la cite petite
La renommee comme les cheualiers
Et nobles hommes a turbes et milliers
Marchent et tirent par esmeute soudaine
Droit au cartier et royaulme tyrrhene
Alors les meres et dames du pays
Eurēt les cueurs par grant crainte esbahis
Leurs veulx redoublēt ⁊ leur grāt peur sa
Pres du peril aīsi cōe il leur sēble (sēble
Et ia estiment que lymaige de guerre
Soit trop prochaine et voisine a leur terre
Lors euandre qui assez se douloit
Voyant son filz qui ainsi sen alloit
moult fort lēbrasse ⁊ iectāt maintes lermes
Luy dist a dieu en doulx et piteux termes
¶ Las sil estoit le bon plaisir des dieux
Que ie qui suis ores retrainct ⁊ vieux

*O mihi p̃teritos referat si Iuppiter annos Qualis eram*

Reuenir puisse en ma saison premiere
Aux ans passez de ma ieunesse entiere
Tel que iestoie eu deuant prenestine
La grant bataille cruelle et tempestine
Ja confitz et quant les eutz vaincuz
A grans monceaulx ie bruslay leurs escuz
Et par ma dextre occis le roy herille
Qui moult fut preux belliqueux et virille
Car sa mere feronie a son naistre
Dedes son corps trois ames volut mestre
Si conuenoit trois fois le debeller
Car par trois fois se pouoit rebeller
Trois fois certes le conuenoit occire
Ains que on le peult tuer en desconfire
Et toutesfois ma forte et fiere main
Chassa les ames de son dur corps humain
O le mien filz si tel ores estoie
Dauecques toy ie ne departiroye
Ne iamais autre par son cruel meschef
Neust faict insulte si tresapre mon chef
Ja par son glaiue neust occis tāt de corps
Et ia ne fussent par luy tant dhōmes mors
Ja neust perdu par si cruelz moyens
La ville nostre de ses citoyens
¶ O puissans dieux et toy recteur maxis

At nosо su
peri et, olim
tu maxime
rector
Juppiter!

Du hault empire qui possedes la cime
Je te supplie ayez mercy dung roy
Viel et antique de si piteux arroy
Oyes les pleurs et les preces dung pere
Que fortune durement exaspere
Si sort fatal est vostre deite
Me rend mon filz en sa prosperite
Et que revoir sain et sauf ie le puisse
Je requers vivre et quencore vielisse
Car voulentiers tout labeur porteray
Pour nulle peine ne me contristeray
Et si fortune aucun cas me pourchasse
Et de la mort de mon filz me menasse
Las sans attendre maintenant la coupe
Rompre et tollir ma trop a nullee vie
Quant encor sont ambigues mes cures
Et incertaines telles choses futures
Et quant encores o le myen cher enfant
Ma seule ioye que mon cueur lieve fend
Entre mes bras te cheris et te tiens
Et quant encores seurement te retiens
Myeulx me seroit de mourir sans demeure
Que plus attendre celle malheureuse heure
Ou le rapport de quelque messaigier
Qui me dira ta mort et ton dangier
Donc lors sera du glaive de tristesse
transpersee oultre ma douloureuse vieillesse
Telles parolles au departir supreme
Disoit le pere qui devint palle et blesme
Qui cheut pasme lors ses servās lēportēt
En son palais et tous le reconfortent
Ja fust issu de hors de la cite
Portes ouvertes en sumptuosite
Le duc enee a cheval et en armes
Et accates et les troyens gendarmes
Apres marchoit au milleu de sa gent
Le ieune duc palas moult bel et gent
Armes avoit bien riches et dorees
Manteau duysant enseignes decorees
Si que pour vray tout aux aultres differe
Cōme lestoille quon appelle lucifere
Que est perfuse des undes de la mer
Ou que venus qui est chere a amer
Oultre le feu des autres astres toutes
Au ciel eslieve ses radieuses goutes
Et se fait clere donc deschasse et envoye
Toutes tenebres obscures de sa voye
Les vielles meres et dames a tropeaulx
Sur les mōs et mōtēs a vit droit au cremaulx
Et de leur ieulx en douleur forcenee
Suivent tousiours la pondreuse nuee
Et les caterues dont le harnoix luisoit
Leur oeul par tout certes les advisoit
Ainsi doncques par la voye prochaine
En armes tous marchent de grant halaine
Et le droit tyrent p buissons et plandes
Pour tost venir au lieu des aultres bādes
Grādes clameurs fōt gēdarmes et chevaulx
En tournoyant par montaignes et vaulx
Une forest y eust grande et secrete
Jouxte le fleuve qui passe pres cerette
Les peres dieux q̄ autour demouroiēt
Ce bois sacre par lors moult hōnoroient
Qui fut enseinct et couvert tout au tour
Des montaignes concaves sans destour
Le commun bruyt certes est en ces lieux
Et renommee que les pelagues vieulx
Dedierent ce bois en grandes festes
A silvanus dieu des champs et des bestes
Et la forest et les festivaulx iours
Or donnerent pour y durer tousiours
Ceulx qui ce bois pour ce tēps habiterent
Les fins latins dōt grant los meriterēt
Non loing de la tarcon le capitaine
Et conduiteur de larmee tyrrheine
Sur ces montaignes fortes et en lieu haulx
Avoit ses tentes pavillons et chasteaulx
Et du dict lieu assez bien povoit veoir
La legion qui marchoit pour tout veoir
En ce droit lieu sen vint le duc enee
Et mais sa gent bataille ordonnee
Et ceulx lassez la tous se reposerent
Corps et chevaulx et leur tente poserent
¶ Alors venus la deesse candide
Par le doulx air radieux et limpide
Survint a coup et au lieu se transporte
Les dons promis a eneas apporte
Et quant de loing en secrette valee
Vit le sien filz apart en la meslee
Au pres du fleuve tout seul soit deduisant
A luy se monstre en visaige plaisant
Et si luy dit or sont les armes faictes
Par mon mary et par son art parfaictes
Que ie tavoye promises de long temps
O mon cher filz prent les et plus nentens
De quereller et desormais ne doubtes
De desployer les forces tiennes toutes

Est igitur ge-
lidum lucus
prope ceretis
amnem
Religione
patrum

At venus
ethereos
inter dea
candida ni-
bos
Dona fe-
rens aderat

Sur les laurentes orgueilleux et supbes
Et plus ne crain en batailles acerbes
De requerir turnus le duc si fort
Va seurement et faiz y ton effort
¶ Quant elle eut dit damour deliberee
Baisa son filz la dame cytharee
Et mist les armes luysantes tout expres
Dessoubz vng chesne q̃ fut la au plus pres
Lors fut si plain de ioye et de liesse
Pour les beaux dons receupz de la deesse
Et pour lhonneur que fait lors luy auoit
Que souler le sien cueur ne scauoit
En tous endrois ses yeulx tourne ⁊ aplicq̃
Et sesbahit deuure si autentique
Entre ses mains la grand salade prent
Vomissant flammes ⁊ louuraige comprent
Ainsi fit il lespee fatiffere
Qui au surplus en beaulte ne differee
Et la lorique qui moult fut rude et forte
Pour le metal pose en mainte sorte
Grande fut elle de couleur sanguinee
Dont en ce point que seroit la nuee
Qui tost senflamme par les rais du soleil
Et resplendit par luisant appareil
Puis print aussi les ocrees legieres
Harnois des iambes de diuerses manieres
Car du fin or bien purge et recuyt
Et mons delectre fut forge et construyt
Pas noublia la lance moult traictable
Et mais la targe qui est inerrable
Car aussi elle auoit painct et pourtraict
Dart curieuse et par magistrale traict
Toutes les choses italles si loingtaines
Les grans gestes et triumphes romaines
Le dieu vulcan qui par diuin presaige
Assez scauoit le fait du futuraige
La dedens mist en riche pourtraicture
Lorigine totalle et geniture
Qui pour le temps futur et aduenir
Dascanius deut yssir et venir
Aussi il mist les batailles oultrees
Toutes par ordres en diuerses contrees
Mais quant il fut couche dedens le ventre
La grande louue dedens la fosse et antre
Le dieu mauors qui deux filz alectoit
Et ses mamelles doulcement luy prestoit
En tout delles se ioyent et pendoient
Sans nulle crainte a elle se rendoient

Dixit ⁊ am
plexus nati
cytherea pe
tiuit
Arma sub
aduersa po
suit radien
tis quercu

Et le reflexe les flatoit et lechoit
Et de complaire a chacun deux taschoit
Nous loing de la auoit pourtraict la forme
De la cite sumptueuse de romme
Ainsi cõme au pays large et ample
Monstre auoit iadis par vraye exemple
Dames sabines durant les ieux circenses
Dont pr̃opte guerre suruint ⁊ grãs offẽces
Deux romulides et tacient fort vieulx
Et aux curies seueres en maintz lieux
Mais neantmoins apres si grant destroy
Guerre faillit icelluy prince et roy
To⁹ se conuindrent celebrãt leur misteres
Tenant aux mains offrandes et pateres
Deuant lautier de iupiter insigne
Et la mactee certaine troye en signe
De perdurable confederacion
La fut pourtraict celle conuencion
Et au plus pres en durable memoire
Fut paincte au vif la facon et lystoire
De metius donc le corps en quartiers
Fut lassere per curbres treslegiers
Les entrailles de ce mensongier homme
Par la terre trainent en grant somme
Boys et buyssons furent en toutes pars
Du sang de luy arrouse et espars
Aussi fut painct le recueul merueilleux
Que fit porsenne a tarquin lorgueilleux
Et comme il tint la cite assiegee
Que par luy fut moult fort endommagee
Et les romains pour liberte garder
Conuint mourir a coup sans retarder
Bref enuoyant la paincture et louuraige
On eust iuge arcles tout plain de couraige
Bien sembloit hõme trespreux ⁊ menassãt
Quant il rompit le hault pont en passant
Cõment aussi la verge chloelie
Passa le fleuue ague et se deslie
En la partie de lescu la plus haulte
Fut painte au vif et mis sans nulle faulte
Le custode de larce trappeye
Dit manlius de bremius tant haye
Pour sa deffẽce du temple se tenoit
Le capitolle aussi entretenoit
La fut couuert de chaulme romulee
La regie recente acumulee
Et paincte y fuy lancere voletant
Sur les parties en elle recitant

Illum indi-
gnanti simi
lem similem
q; minanti
Aspiceres
pontem au
deret q; vel
lere cocles

Et denoncant la proche clandestine
Des segrectz gaules ia tenant le limine
Iceulx gaules p les buissons venoient
Et ia forment la haulte tour tenoit
Car garantis furent en leur latebres
A celle foys par obscures tenebres
Et par le don de tresopaq nuyt
Si qua lemprise leur dhomme ne leur nuyt
La barbe avoient et cheveleure blonde
Moult belle et doulce fent certes leur facode
Luysans harnois et soyons par dessus
Beaux et bien faiz et richement tissus
Leur col si blanc fut couvert et pare
De maintes chanes esmolye et dore
Dedés leurs mains ont lâces et guisarmes
Leur corps couvers d grâs escuz et darmes
En aultre droit et non gueres distant
Avoit il mis salties epultans
Et nudz lupgues lanigeres flamines
Et ancylies toutes du ciel moult dignes
Les meres chastes par les rues patentes
Sacre menoient dedens fosses pilentes
Bien loing de la en places egarees
Adiouxta il les sieges tartarees
Les haultes portes de linfernal ditis
Ou les tormens ne sont certes petis
Bien y sceut pendre et au dixue aprocher
Catilina fort menassant rocher
Craigñant les buches des furies terribles
Pour les faulx faix et traisons horribles
Que les pies secretz et mais caton
Donnant a ceulx lapt droit se dit on
Entre ces choses il fut painte lymage
De la grant mer avecque son voiaige
Qui par ses undes blâches et fluctueuses
Rendoit escumes grosses et merueilleuses
Et la dedens daulphins et grandz poyssons
La mer mouvoient en diverses facons
La au milleu en parties obliques
On eust peu veoir les batailles actiques
Les nefz armes et le leucates mont
Tout plain de guerre q aux armes semôt
Et mais les eaues marines reluisantes
Par les armes et targes apparentes
¶ La fut august cesar et sa navire
Qui en bataille menoit tout dungne tyre
Ithalicus avecques les peres vieulx
Et tout le peuple et les penates dieux

Hinc augustus agens italos i prelia cesar Cû patrib' populos q penatibus et magnis diis. Stans celsa in puppi

Des yeulx notes si radieux estoient
Que lon eut dict q flâmes ilz iectoient
Et sur son chief estoit a lors posee
La paternelle estoille disposee
Par lautre part fut agripe en avant
Avant eut les dieux propices et le vent
Et qui menoit avec luy pour sa bande
Belle caterue et compaignye grande
Celluy avoit en signe de conqueste
Joyaulx superbes sur sa robuste teste
Et fait pare de navalle couronne
Qui ses cheveulx decorre et environne
En part contraire fut anthoine rubrique
Qui eut en luy le secours barbarique
Et quant il eut les parthes convaincus
De la gent daurore et quil eust leurs escus
O luy mena la puissance degipte
Et de orient la force non petite
Sâs oublier les bactres moult loingtains
En faict de guerre merveilleux et haultains
Cleopatra sa femme egiptienne
Suyuit son vice et mais la honte sienne
Brief tous accourent en la maniere telle
A celle guerre oultrageuse et mortelle
La mer fut plaine spumeuse et escumâte
Par tant force de nefz et force violente
En hault mer se mettent et semployent
Voilles au vent espartent et desployent
Tel fut le nombre de navires subtilles
Que lon eust dist que les ciclades isles
De terre ferme desprises lors nageassent
En cel mer et dedens fluctueussent
ou biê pour vray q grâs môtaignes fussêt
Aultres môtaignes qui côbatre voulussêt
Tant sont enclins avec leurs exercites
Deulx deffaire dedens leurs nefz turrites
Flambes et feux avec estouppes iectent
Glaives et dars volatilles agettent
Mer neptunie a celle fois regist
Pour labondâce du sang q des corps ist
Au milleu deux la royne gens convoque
Et o le son du sistre les provoque
Pas ne veoit a son dos par deriere
Les deux serpens de diverse maniere
Brief plusieurs môstres de grâs dieux et
Egiptiens et alienigenes genes
Et mais aussi celluy latrant mercure
Tous eulx mettêt leur entête et leur cure

Regina in mediis patrio vocat agmina sistro

A tirer dars par les nubes menus
Contre neptune minerue et Venus
En ce conflict et cruelle bataille
Premist mauors en sa coste de maille
Et les deesses Vltrices lors menoient
Grant bruyt en lair et noise demenoient
Discorde aussi o son rompu manteau
Par tout courroit menāt deduict nouueau
Pres la suiuoit bellona furieuse
Tenant sa Verge sanglante et dōmageuse
Lors appollo antique ce Voyant
Du hault du ciel fut au fait pourueant
Tost fust son arc enchoche et tendu
Tous ceulx degipte ne lont mys attendu
Ains en grant crainte eulx et les indiens
Ceulx darabie et les sabeyans
Comment fuitifz tātost le doz tournerent
Et en ce lieu peu dheure seiournerent
Bien sēbloit certes a Veoir la pourtraiture
Que lors la royne creignoit disconfiture
Voulsist donner et mettre Voille au Vent
Ses gens exorte du parfaire souuent
Bien la sceu prendre Vulcan cōme esbahye
Par mort future tremblant et enuahye
Qui sen alloit par Vndes en exil
Craignant assez de mort le grant peril
Aussi sceut il bien trasser et pourtraire
Le grant fleuue du nil tout au contraire
Qui receuoit icelle gent honteuses
Dedens ses eaues grandes et latebreuses
Mais cesar certes dedens les murs romais
A la louenge de trestous les humains
Recueilli lors en triumphe triplice
Aux dieux rendit immortel sacrifice
Sių pour Vray troys cēsūptueuses tēples
Pour cella furent grādes faictes & amples
Et que les riches de toute la cite
Feist faire ioye esbas felicite
Meres matrones en danses et chorees
Temples queroient richement decorees
Et maintz thoreaux moult pigues & ētiers
Immoles furent p dessus les aultiers
Et il seant aupres du blanc limine
Du dieu phebus radieux et insigne
Biē recōgnoissēt des peuples les grās dōs
Lesquelz applicquent larges en habādons
A riches oeuures puis apres Vint la suyte
Par Vng long ordre de la gent desconfite

At cesar triplici inuect⁹ romana triumpho Menia

Assez diuerse dabitz et de langaige
Dabilemens darmes et de paraige
La furent certes par le dieu Vulcan prins
Les gens numades et les affres distinctz
Et les lelegues et le car es pourtraictes
Et les gelonnes auec leurs saiettes
Desia courroit eufrates mollement
Dedens les Vndes pour esbahissement
Et les morines extraictes de tous hōmes
Et mais le reine desleuāt a grās sommes
Si furent certes les daces indomites
Et arraxes aux marges non petites
Moult indigne du pont q̄ sus feist faire
Le roy perces pour mener son affaire
Toutes telz choses et autres maintes
En celle targe figurees et painctes
Moult fort lademire & moult le prise enee
Et bien tint cher celle chose donnee
Et iacoit or que du tout ignorant
Fut de hystoires et mais du demourant
Moult ioyeux fut toutes fois de tel mōstre
Et sans tarder se prepare et acoustre
Mectant sus luy la fame et le fatal
De ses nepueux en ce riche metal

Talia per clypeū Vulcani dona parentis Miratur

Cy finie le huitiesme liure de la trās lacion des eneides Et commence le neufuiesme

Atq3 ea di uerſa dnz p te geruntur Irim de celo mittit ſa turnia iuno Audacem ad turnum

QVant telles choſes aiſi ſe demenoiēt
En partz diuerſes q̃ to⁹ conuenoiēt
La deeſſe iuno ſaturnienne
Du ciel enuoye la meſſagere ſienne
Nommee iris deuers le duc turnus
Qui lors au boys du pere neptunus
Tout ſeul ſeoit en ſacree valee
Loing de ſa gent et de ſon aſſemblee
Pres luy iris thaumancie ſaproche
Et dit telz motz de ſa roſide bouche
¶ Certes turnus or eſt venu le iour
Tel que tu veulx de bon gre ſans ſeiour
Voire ſi bien a ton ſeul auantaige
Que ayſement parferas ton ouurage
Et ny a dieu tant ſoit il puiſſant maiſtre
Qui ſi grant heur oſaſt a nul permettre
Le duc enee pour ſa neceſſite
Laiſſant ſa gent ſa nef et ſa cite
Ceſt tranſporte comme tu peulx entendre
Droit au royaulme du palatin euandre
Et non pas la ſeulement ains luy meſmes
Quiert de corithe les regions extreſmes
La puiſſance de lydes il pourchaſſe
Et les ruſtiques de ce pays amaſſe
Que doubtes tu or eſt ſaiſon et temps
De faict de guerre ou bataille pretens
Cheuaulx armer tes curres aſſortir
Et que bien toſt tu penſes de partir
Ne tarde plus et par aſſaulx nouueaulx
Prens et deſpoulles les pturbez chaſteaulx

Dixit et ſe in parib⁹ ſe ſubſtulit alis

¶ Quant elle eut dit parolles toutes telles
Au ciel ſen monte auec pareilles aelles
Et par ſa fuyte le grant arc amena
Deſſoubz les nues ou depuis ſeiourna
Alors turnus ieune duc la congnent
Les mains eſlieue de la ioye quil eut
Et en parolle ſoudaine et vehemente
Suyt la deeſſe de luy lors deffuyante
¶ O belle iris lhonneur de lair celeſte

Iri dec⁹ celi q̃s te michi nubib⁹ actã detulit in terras

Qui ta tranſmiſe cy bas en terre agreſte
Des haultes nues et dou vient ſi acoup
Ceſte tempeſte claire ſans rude coup
Mais que peuſt ce eſtre car ie voy et aduiſe
Comme le ciel ou meilleu ſe deuiſe
Et les eſtoilles palles dedens leur polle
Moult ſuis trouble q̃t tout ce faict recolle
Au fort pourtant ie ſuyuray mes querelles
Quel que tu ſoys qui aux armes mappelles

Apres telz motz ſaprocha dun ruſſeau
Et eſpuyſa de ſa ma main de celle eau
Qui moult fut clere argentee et lympide
En appellant les dieux a ſon ayde
Et feiſt maītz veux leſquelz pmiſt pfaire
Mais qua chef peuſt venir de ſon affaire
Que vault ores le taire ou ſimuler
La euſt on veu toſt marcher et aller
A champs ouuers lexercite et larmee
Toute de guerre et de ſang affamee
Meſapus duc de cheuaulx aſſorty
Dabillementz et de harnoys party
Eſtoit le chef de la bande premiere
Et les thyrrennes marchoient au derriere
qui maītz gēs darmes pour leurs ptie auoi
Et q̃ treſbiē cōtenir ſe ſcauoient Cent
Au meillieu deux et dedens la bataille
Eſtoit turnus de ſi treſbelle taille
Qui par ſus tous aux armes paroiſſoit
De donner cueur a ſes gens ne ceſſoit
Brief tous ſe rengēt eulx au premier eſpo
Comme le fleuue de ganges en en ſept parſ
Court et reflue et ſouuent ſe deſriue
Dont terres gaſte et apres en ſa riue
Tout doulcement ſe retire et rameine
Et faict ſon cours en ſon propre demeine
Ou tout ainſi comme le nil ſouuent
Qui ſes eaues larges eſpart bien et auant
Si que les champs et ſemences arrache
Et puis apres en ſa riue ſe cache
Ainſi le feirent les ſoudardz de turnus
Qui tous enſemble la furent conuenus
Lors les troyens qui a leur fait pouruoiēt
Vne nue de pouldre noire voyent
Leuee en lair et les champs entour eulx
Pleins de tenebres et deſia tous pouldreux
Dont tout acoup auoient haulte et diuerſe
Caicus lors eſtant en tour aduerſe
¶ Diſt/O conſors quelle choſe eſſe cy
dōt viēt tel pouldre dōt tout lair eſt noircy
Toſt armez vo⁹ mettōs no⁹ en deffence
Montons acoup ſur les murs ſās diſtance
Car pour certain noſtre ennemy eſt pres
Qui contre nous faict diligentz appreſtz
Incontinent grande clameur ſe dreſſe
Entre troyens car caicus les preſſe
Dedens les portes et es ſors boulleuuers
Et ſur les murs ſe mettent tous expertz

Quis glob⁹ o ciues caligine voluitur atra ferte citi ferrũ date tela ꝛ ſcādite muros hoſtis adeſt

Car eneas a son departement
Luy auoit fait expres commandement
En cest estat se cōtenir et faire
Se ce pendant leur venoit quelque affaire
Et si hardis ne fussent dassaillir
Pour nulz qui lors les peussent assaillir
Et quilz ne meissent leur faict a laducture
En cuidant vaincre seuffrant desconfiture
Mais que sans plus et ce seroit assez
Leurs chasteaulx gardēt en bois & leurs fossez
Dōt iacoit or que despict ire & hōte
Touteffois au pz des cueurs leur mōte
Et les incite tous issir et auoir
Mieulx desirans a leur honneur mouuoir
Ce neantmoins portes cloent et ferment
Et au vouloir de leur seigneur senferment
Et tous en armes attendēt en leurs tours
Leurs ennemis et leurs bruyans destours
Et lors turnus deuant tous volle & passe
Plus ne luy donne son hault desir despace
Ains to⁹ precede a grandz courses et saultz
Toute larmee et tous les siens vassaulx
Si picque et fiert et aux nuysās pl⁹ meine
Vingt hōmes darmes de force souueraine
Ainsi sen vint a grant celerite
Deuant les murs de la neufue cite
Monte estoit sur vng coursier adextre
Tout pomelle qui daller fut bien maistre
Et en son chief eust salade doree
Dune creste vermeille et doree

Ecquis erit mecum iuuenes q̄ primus in hostem En ait

Si dist tout hault aux consors et amys
Le quel de vous contre noz ennemys
Auecq̄s moy fera premire espreuue
Pourqua iamais glorieux on le treuue
Apres telz motz incontinent il iecte
De pleine force en lair vne saiecte
Cella certes estoit signifiance
De guerre ouuerte et mais de deffiance
Quant eut ce faict en plein champs se p̄sēte
Et lors larmee sappreste et diligente
Gensdarmes courent auec bruit fremissāt
Voyant leur duc conuoiteux et pressant
Moult sesbahissēt et tiēnēt maitz langaiges
diceulx troyēs & leurs mauluais couraiges
q̄ trop fort craignēt eulx p̄senter aux chāps
Et armes prēdre donc les iugent meschās
Et donc ainsi cachez ainsi se tiennent
A leurs chasteaulx ou paoureux sentretiēnēt

Turnus esmeu monte sur fier cheual
Les murs tournoie et a mont et a val
Entree y quiert a destre et a senestre
Par voye oblīq pour en demourer maistre
Tout en ce point cōme loup qui espie
Au tour du parc ou grande est la copie
Dedens encloses douailles et brebis
Leans retraictes venues des herbis
Des dēs fremist tournoyant la logecte
Son oeul par tout cautelleusement iecte
Endurant pluye forte gresle et grāt vent
En nuyt obscur lors les aigneaulx souuēt
Beslent et crient asseurez se leur sēble
Dessoubz leurs meres ou gisent to⁹ ensēble
Ce loup tresaspre plein dire insaciable
Querant rapine & proye dommageable
Sur ceulx absconsde fatiguez & las
Par longue fain qui se tient en ses las
Et a la gorge toute seche et retraicte
Pour lindigence du sang que trop aperte
En telle sorte multiplie et et croist lyre
Du duc turnus q̄ la place remire
Et en ses os nouuelle douleur art
Imaginant comme et de quelle part
Aura entree leans et p quelle voye
Pourra tant faire que les troyens forvoye
En quelz enclos et fermes en ce fort
Il puisse vaincre p son puissant effort
Ou que du tout par assault les incite
Et puis en fin en met les precipite
Apres plusieurs propos determina
En vng fait soubdain & tout droit chemina
Au lieu pour vray ou lors furent cachees
Les nefz troyennes et au port atachees
De leur chastel garantires assez
De grans trenchees et de profons fossez
Toutes conioinctes vnyes et esgalles
Bien seurement es vndes fluuiales
Les nefz enuadent ses gens admōneste
Par feux et flammes y faire vne tempeste
Et les ardoir si trouua ses moyens
Affin que tous iceulx enclos troyens
Hors de leurs murs a leurs nauires courēt
Et de deffence et pouoir les secourent
Lors prit en main vng flamboyant brādō
Et se remplist de feu en habandon
Ainsi le firent tous ceulx sans differences
A ce les meust de turnus la presence

Tous prēnēt torches ardātes & flābeaulx
Pour embraser les naues et vaisseaulx
Grās feux allument dont ist fumee noire
Et si esprise que a peine on le peult croire
Entremeslee de vermeille fauille
Procedante de la flamme ciuille

Quis deus o muse tam seua incendia teucris Auertit

O doulces muses ie vo[us] prie or me dictes
Lequel des dieux par puissances subites
Garantist si tost des flammes si cruelles
Iceulx troyens et de feux si rebelles
Et que leurs nefz preserua celle fois
Vous le scauez trop mieulx q̄ ie ne fais
La foy du fait est ia vielle et loingtaine
La renommee en est seure et certaine
Ou temps que enee en yda la forest
Dressoit ses nefz et faisoit son apprest
Pour transfreter la mer haulte et profond
Querant terre promise et nouueau monde
On dit que lors dame berecinthie
Mere des dieux bien saige et aduertie
A iupiter feist regrestee priere
Et si luy dist en telle forme et maniere

Da nate petenti Quod tua chara parens domito te poscit olimpo Pinea silua michi

O le mien filz donne moy et concede
Vng seul bien fait qui de raison procede
Iay en montaigne haulte et cacumineuse
Vne forest moult belle et plantureuse
De moy aymee et p̄ longs ans cherie
Qui ta grace de la gent fut merie
Qui moult souuent sacrifice appoinctoiēt
Hommes plusieurs et la se desportoient
Le boys estoit obscur tout a trauers
De maires trousses darbres gros & diuers
Donc ie fis part et donc sans contredie
Du duc troyen pour faire sa nauire
Or ay ie certes vne peur non petite
Qui le mien cueur trauaille et solicite
Ostez le moy et me donne pouoir
Que ie puisse preseruer et preuoir
Icelles nefz et que iamais cassees
Ne puissent estre par nul cours ne lassees

O genitrix quo fata vocas aut qd petis istis

Que vent de mer oraige ne tempeste
Ne les sabiuge et nen face cōqueste
Ains leur proffite dauoir este basties
A noz montaignes et dedens assorties
Alors son filz tant que lestoille iorne
Luy fist responce sans que gueres seiourne
O doulce mere ou cuides tu distraire
Le sort des dieux et le fatal attraire
Que penses tu pourchasser et querir
Pour les troyens et pour eulx requerir
Ce peult il faire donner puissance telle
Queure bastie par main dhōme & mortelle
Soit perdurable et que eneas soit seur
De tournoyer comme franc possesseur
Les grans perilz de la mer si loingtains
Qui tousiours sont doubteux et incertais
Auquel des dieux tant ait preeminence
Fut oncques mais donnee telle puissance
Au fort pourtant pour ton gre satisfaire
Je suis content vne chose parfaire
Cest en effect quapres leurs lōgs voyages
Paracheuez et que au portz et riuaiges
Ausoniens ses nefz seront venues
Et en ses terres sans peril aduenues
Et que les ducz troyens par mers patentes
Auront porte iusques aux chāps laurētes
Forme mortelle certes leur osteray
Et de la mer deesses les feray
Comme clothe et comme nereye
Ou galthee par qui est enuahye
Et transfrete souuent en grande peine
La mer profonde auecques leur poitrine
¶ Ce luy promist iuppiter a voix ferme
Et son octroy et sa promesse afferme
Par les vndes stigies plutoniques
Par le torrent de fleuues cerberiques
Si que pour vray la vertu du serment
Causa au ciel vng nouueau tremblement
Or estoit lors escheut le iour promis
Par telles parties en aduantures mys
Quant liniure de turnus mal partye
Admonnesta alors berecinthie
De deschasser les flammes allumees
Des nefz sacrees sans estre consumees
¶ Premierement apparut en ces lieux
Grande lumiere au deuant de leurs yeulx
Et veirent lors de lorient courir
Pluye legere par le ciel transcourir
Auecques champs et maintz chores idees
Puis fut ouye par les aures vndees
Voix moult horrende en lost des pretēdās
Et des troyens leurs secours attendans
Disant ainsi O troyens flagitez
Ne craignez plus et ia ne vous hastez
Luy dans mes nefz garentir et deffendre
Et ia narmez voz mains pour y pretendre

Hic primum noua lux oculis effulsit et ingens Uisus ab aurora celum transcurrere nimbis Ydeiqz chori

Plustost pourrois ardoir et allumer
Le duc turnus toute la grande mer
Quen dommagent icelles mers sacrees
Qui sont vouez aux dieux et consacrees
Et vous nauires allez franches et quictes
Deesses estes de mer par voz merite
Ainsi le veult ordonne et le commande
Berecinthie des dieux la mere grande
Incontinent les nefz aux port liees
De leur cordage tost furent desliees
En mer se plongẽt ainsi que grans daulphis
Querant de mer les lieux bas et confins
Puis tout acoup q̃ fut monstre admirable
On les veid toutes en la mer nauigable
Ayant faces et formes virginees
Par sus les vndes conduites et menees
Autant de nefz quil y auoit au port
Autant y eut de vierges par rapport
Lors les rutulles assez fort sesbahirent
En leurs couraiges q̃t telle chose veirent
Et mesapus qui troyens deffyoit
Assez pensa que ce signifioit
Car le fleuue du tybre feist lors bruyt
Impetueux quant du faict fut instruit
Et reuoqua son cours en marge close
Pour lefficace de si nouuelle chose
Mais ia pourtant son espoir ne laissa
¶ Le duc turnus et pour lors ne cessa
Les cueurs des siens esliеue par son dire
Et les increpe par courroux et grant ire
En leur disant par cauteleux moyens
Que ces monstres demandent les troyens
Et que pour vray iuppiter sans remide
Leur tost et oste leur secours et aide
Et dit en oultre que nulz feux de nulz dars
Osent attendre les rutulles soudars
Donc aux troyens sera la mer sans voye
Plus nont despoir que fuite les pouruoye
Et pour eulx soit car il leur a oste
La part des choses que tant ont appete
Mais nous certes auons en main la terre
Lieu opportun conuenable pour guerre
Tant de milliers de nobles dytalie
Si que chascun auec nous se ralie
Dont pour certain en rien ne mesbahissent
Les responces des dieux dont se tapissent
Iceulx troyens et se iectent souuent
Ne mais le sort qui mettent en auant
Et la promesse selon leur gre total

Troianos hec mõstra petunt his iuppiter ipse Auxiliũ eri puit solitum

Quilz dient auoir des dieux par sort fatal
Assez aussi a obtenu venus
Dond les troyens sont a ce port venus
Et ont touche les terres ausonyes
O leurs nauires qui sont esuanouyes
Quant est de moy ma fortune et mon sort
Veult que ie face encontre eulx dur effort
Si que par glaiue et force accelere
Je destruise celle gent scelere
Qui de rechef la femme a moy pleuye
Ont subourne occupee et rauye
Certainement iay matiere et couleur
Et pas ne touche sans plus ceste douleur
Les feux attrides ne mais aux feux gregois
Nest il loysible prendre armes a ceste foys
Et si leur semble quassez ilz sont pugnis
Pour vne fois dauoir este bannis
De leur pays apres desconfiture
Si dommageuse et si grande rupture
Penser doncques semblablement deuoyent
Quant par auant assez peche auoient
Le feminin sexe de ce pays
Ne les cuide pas du tout ennahis
Leurs esperance cest tousiours occupee
En ceste place quil ont fort discipee
Et les demeures de leurs foibles fossez
Croissent leurs cueurs dont to⁹ serõt lassez
Car peu sera leur vie prolongee
Pour forteresse quaient faicte ou songee
Nont il pas veu les puissans murs troyens
Faictz et bastiz iadis par les moyens
De neptune sans le scauoir deffendre
Ardre et brusler et conuertir en cendre
Et pource doncques o vous consors esleuz
Lequel de vous aux glaiues esmoluz
Premier sera ia prest trencher et rompre
Se fort basty et leur pouoir corrompre
Lequel premier o moy assaillira
Ses chasteaulx foibles et dedens entrera
Je nay besoing des armes vulcanus
Pour que troyens soient circunuenus
Ja ne me fault auoir grant nauigaige
Ne nulles nefz pour les mettre en seruaige
Asient soy des tusques pour amys
Ausquelz ilz ont leur conuenance mie
Et ia ne craignent les obscures tenebres
Les larrecins le furt et les latebres
Du palladie apres quen haulte tour
Custodes furent occis tout alentour

Sed vos o lecti ferro qs scindere vallum apparet

Ja ne nous fault cacher dedens le ventre
Du grant cheual pour que leans on entre
Aine soient seurs que tost et de plein iour
Par nous seront assaillis sans seiour
Flammes et feux auec forte bataille
Feront assaulx a leur forte muraille
Ne cuydent pas aux grecz auoir affaire
Qui longnement furent a les deffaire
Mort est hector qui la guerre soustint
Par deux annees et tresbien se maintint
Or est saison de forces desployer
Et le surplus de ce iour employer
En faictz honnestes et louable conqueste
Lheure est ia tarde qui vous y admonneste
Et pource amys soyez tous pretendens
Charger sur eulx et a donner dedens

Interea vigilli excubiis obsidere portas Cura datur mesapo

¶ Apres telz motz et telle remonstrance
Fut lors baille la cure et la licence
A mesapus faire les eschaugettes
Autour des murs en manieres secretes
Et mais densaindre les murs en toutes ps
Des grandes flãmes et des feux to⁹ esps
Puis esleuz furent entre tant de milliers
Des rutulles quatorze cheualiers
Pour faire garde et pour tenir en crainte
Les murs troyens par coustume ensaincte
De chacun deux auoit dessoubz sa bande
Cent ieunes hões de prouesse moult gande
Qui fieremẽt ⁊ en facons haultaines
De pres suyuoient leurs chefz ⁊ capitaines
Moult bien armez corusques et luysans
En leurs harnoix riches et bien duysans
En tel estat le long des murs couroient
Et lun a lautre a la foys secouroient
Puis sur leur tentes a la fresche herbe assis
Entre eulx beuoient reposez et rassis
Potz et cratheres souuentesfois versoient
Ainsi ensemble en ioye conuersoient
Ja comment les grans feux allumez
Par tout reluyre et ia estre enflammez
La compaignie et ceulx qui charge auoient
De faire escoute assez certes scauoient
Passer la nuyt sans iamais someiller
a diuers ieux pour mieulx tousiours veiller
Sexercitoient par frequentes demeures
Ainsi gaignoient les ennuyeuses heures
Si veirent lors les troyens les aprestz
Dressez contre eulx et leurs ennemys pres
Des boleuertz et de leur place toute
Peuent bien voir ennemys a lescoute
Dont au trauail songneux et curieux
tiẽnẽt et gardent en armes les haulx lieux
Peur ⁊ grãt craĩte les faict tirer aux portes
Lesquelles fermẽt par barrieres biẽ fortes
Propugnacules et pontz ensemble lient
Dars dessus portes et bastons se ralient
Car menestre auec le fort cerestre
Contraint a ce le surplus et la reste
Le duc enee quant partist dauec eulx
Ordonna certes et voult que ces deux
Fussent recteurs capitaines et maistres
De tous ces gẽs car moult furẽt a dextres
Et les feist chefz de toute la cite
Sil suruenoit aucune aduersite
Ainsi doncques tous ensemble assortez
Pour faire guet escoute et seure garde
Ou le peril plus eminent regarde

Dis p muros legio sortita periclũ Excubat

¶ Chacun exerce la charge ou est cõmis
Pour resister contre leurs ennemys
Entre les aultres nisus pere tacide
Fut delegue pour custode et pour guyde
Et au secours pour les portes garder
Car preux estoit pour les entregarder
Celuy fut filz de ida la venatice
Qui a enee iadis pour lexercice
Et faict des armes apprendre lordonna
Fortes saiectes ou ꝑte luy donna
Celluy nisus les portes gouuernoit
Et auec luy alheure se tenoit
Son compaignon appelle euryalle
Car lamour fut entre eulx grande ⁊ loyalle
Si beau feust il et de tel appareil
Quentre toyens ny eut pas son pareil
Oncques homme ne print armes troyẽnes
Qui eust facons si belles q̃ les siennes
Jeune estoit il car encore nauoit
Faicte barbe comme chacun scauoit
Moult sentreaimoiẽt ⁊ loyaulmẽt sãs faille
Tousiours ẽsẽble marchoiẽt en la bataille
Alors doncques pour stacion commune
Portes gardoient trestous contre fortune
Si dist nisus daffectueux couraige
Ne scay si dieu meult le sens et couraige
Des corps humains et les faict desirer
Diuerses choses et leurs cueurs attirer
Mais pour certain ie congnois ma pensee
A grãde chose ia incline et lancee

Et suis contrainct reuoluer apar moy
Maintz cas diuers dont suis en grāt esmoy
Si que pour vray desir si fort me sonne
Que nay talent de repos ne de sompne
Ne vois tu pas lespoir et la fiance
Quont les rutulles en nostre deffiance
Tāt sōt leurs choses ꝓsperes se leur sēble
Que grant labeur ne prennent or ensēble
Repos sespend parmy les chāps a plains
En eulx de vin et de sommeil toꝰ pleins
Endormis gisent et sont quoyes a se taisēt
Les enuirons et tous les lieux sappaisent

*Percipe porro Quid dubitē z q̄ nunc mēs sententia surgat Aeneam acciri omnes p*

Or escoute ce que soubdainement
Jay adiouste en mon entendement
Les nostres tours et toute nostre gent
Veult et desire par moyen diligen
Que vers enee nostre seigñr et maistre
Quelquun tost aille pour scauoir de sō estre
Et pour en faire sur et loyal rapport
A nous qui sommes sans ayde et support
Si noz gens doncq̄s la charge te promettēt
Jayme trop mieulx q̄ sur moy ilz la mettēt
Car de ma part me tiendray satiffaict
De la louenge seulement de ce faict
Il mest aduis mais que dieu me pouruoye
Que aisement ie trouueray la voye
Pour droit aller par soubz ceste poterne
Aux murs pallances et en cite besterne
La ou ie cuide queneas nostre chef
Est a present en grant soing et meschef

*Obstupuit magno laudū percussus amore Euryalus*

¶ Moult sesbahit le beau filz euryalle
Plein de desir espris damour esgalle
Et conuoiteux de soustenir le faitz
Pour paruenir a louenge et grant faitz
Si ne fut plus lors sa pensee absconse
A son amy ains feist telle responce
¶ O cher nisus veulx tu or eslongner

*Me ne igitur sociū sūmis adiungere rebꝰ Nise fugis*

Ton compaignon sans plus lembesōgner
A haultes choses comme faire souloys
Qui ta suiuy par tout ou tu alloys
Mais cuides tu que iamais ie consente
Que seul tu ailles en si doubteuse tente
Et que ton corps sans le mien soit trāsmis
En tel peril entre noz ennemys
Certes mon pere opheltes oncques mais
Ne menseigna faire telz tours iamais
Il qui de guerre bien scauoit la praticque
Pour resister a la gent argolicque
Durant laffaire et les troyens labeurs
Ou occis furent gens de grandes valleurs
Oncques ie neuz voulente ne couraige
De faire a toy si dangereux oultraige
Depuis le temps que cause fortunee
Ma faict consuyure le magnanime enee
Ja iay le cueur et la pensee telle
Que ie desprise toute vie mortelle
Pour loz auoir et sur eulx achapter
Par pris de vie et pour corps exploicter
Celluy honneur q̄ tu quiers et pourchasses
Doncq̄s te prie que plus loīg ne me chasse
¶ Lors dit nisus o de moy tant ame

*Nilꝰ ad hec equidē de te nil tale verebar Nec fas*

Pas nay iamais en ton cueur estime
Faict deshonneste ne plaise pas a dieu
Que tu ne cuides estre tel en ce lieu
Cil qui tout voyt et riens ne se cache
Scait et entend la fin seule ou tache
Car il aduient amy qua ceste foys
Cuydant parfaire le chemin ou ie voys
Cas ou fortune me court sus a telle heure
Que sans ressource il faille que ie meure
Aumains ie veulx et rien plus ne desire
Fors que tu viues auec mon grāt martire
Car ta ieunesse et ton plaisant visaige
Est pour certain digne de plus long aage
Par ce moyen sy ie suis desconfit
Occis ou mort aumoins il me suffit
Car iay de toy si loyalle asseurance
Que pour nul pris ne feray demourance
Mon poure corps en bataille ou destour
Ains le feras querir tout alentour
Pour le loger en terre acoustumee
Quant ma vie sera lors presumee
Ou si fortune empesche ce bien faict
Et que ie soye si loing par mort deffaict
Que nul de moy nouuelle ne raporte
En ta bonte ie me fie et conforte
Bien espreant qua moy absent feras
Les funerailles et regretz en auras
Dōcq̄s mieulx vault q̄ seuremēt demeures
Affin aumoins que auec moy ne meures
Affin aussi que ta piteuse mere
Cause ne soye de douleur tresamere
Laquelle seule ta voulu tant aymer
Quelle a souffert les trauaulx de la mer
Entre aultres meres pour te voir ꝯsuiure
Et rien ne veult sinon pres de toy viure
Elle a laisse dacestes le seiour
Pour prendre o toy le sien vltime iour

Ille altcau fas nečq̄ neotis inanes Nec mea mutata loco sētētia cedit

Dist eurialle pourneant le demaines.
Et sans propos allegues causes Vaines
Ne pense pas que mon couraige change
Par nul affaire tant soit dur et estrange
Auancons nous lors appelle et incite
Ceulx qui du guet ont la charge subdicte
Et en leur place les posent et les mettent
Durant le temps que leur emprise traictēt
Ainsi sen Vont tous deux a Voix Vnye
La ou estoit le beau ieune ascanye
Tous aultres corps terrestes repousoient
Et en dormir a lheure disposoient
Car nuict estoit quant toutes creatures
appart mettoiēt leurs labeurs & leurs cures
Pas ne dormoyent les troyens toutesfoys
Ains furent sur leurs garde a celle fois
Les capitaines et principaulx ducteurs
Qui de leur faict estoient conducteurs
Conseil tenoient pour dresser leur affaire
Pour conclurre quil conuenoit a faire
Et pour aussi aduiser qui iroit
Deuers enee et qui laduertiroit
Toꝰ lors estoient appuyes sur leurs lãces
Tenans leurs targes et fieres contenãces
En place large et en la grande court
De leurs chasteaulx la ou chacun acourt
Lors eurialle et nisus la se tirent
Moult les requierent moult prie & desirent
Que celle charge si soit a eulx donnee
Daller bien tost deuers le duc enee
Leur remonstrant que la longue demeure
Pourroit estre cher Vendue a quelq̄ heure
Lors yulus Voyant leur hault desir
Bien Voulut prendre par auant le loysir
Douyr leur dire et leur raison entendre
Qui tãt les meult si grãt faict entreprēdre
Si commanda a nisus quil parlast
Et le moyen du faire reuelast
¶ Si dist doncques o eneades dignes
Oyez mon dire en pensees benignes
Ne pregnez garde a la nostre ieunesse
Si faulte ya excusez la simplesse
Les rutulles sont ores enseuelyes
En somme et Vin foibles et amollyes
Ores reposent ores aggrauez gisent
En nostre emprinse ne pensent ne aduisent
Bien auons Veu par espye secrette
Le lieu ou sont et par seure eschauguette

Tunc sic hyrtacides ait dite o mētibus equis eneade

Nostre oeil ya par tout eu le regard
Par le chemin qui en deux se depart
Pres de la porte qui de mer est prochaine
Du tout auons congnoissance certaine
leurs feux sõt mors & leurs flãmes estaīctes
De grans fumees sont les astres attainctes
Si Vous souffrez par conduite oportune
Que nous Vsons du Vouloir de fortune
Et que noz armes soient ores auancees
Querir enee aux murs des pallancees
Vous nous Voirrez retourner promptemēt
Auec despouilles et ioyaulx largement
Apres aucune grande occision faicte
De noz contraires par cruenee deffaicte
Pas ne nous peult la Voye decevoir
Chacun de nous la cuide bien scauoir
Par cy deuant soubz obscures Vallees
Maintes Venues auons faict et allees
Chasse aux bestes par forestz et par boys
Dont auons Veu leur assez maintesfoys
Celle cite quon appelle pallance
Ou nostre duc est or comme ie pense
Bien cõgnoissõs tout le fleuue & son cours
Et q̄lz chemins sont plus lõgs ou plꝰ cours
Lors alethes homme dancien aage
De sens rassis et bien meur couraige
Voyant le cueur et la grant hardiesse
De ces deux hõmes en la fleur de ieunesse
¶ Va dire ainsi O Vous patrices dieux
Soubz qui gist troye preserue en toꝰ lieux
Je congnois or que ne Voulez laisser
Troyens du tout ne leur nom effacer
Puis que donnez Vertu telle et audace
Ont ces deux ieunes yssu de nostre rasse
Ainsi parlant tous deux les ambrassoit
De les baiser doulcement ne cessoit
Jectant des yeulx grãde foyson de lermes
Et reprint lors son dire par telz termes
¶ O ieunes hommes mais q̄ puis ie pēser
Chose assez digne pour Vous recompenser
Dieu et Voz meurs Voꝰ pourront satisfaire
De beaulx guerdons en ce premier affaire
Puis eneas le surplus Vous rendra
Car ie suis seur quil luy en souiendra
Si fera il au beau filz ascanie
Quant sa ieunesse sera creue et fournie
Jamais du faict ne sera oublieux
Ains p tout tẽps il Vous en prendra mieulx

Dii patrii quorũ semp sub numine troia est Nõ tñ omno teucros delere paratis.

Quae vobis q̄ digna viri pro talibus ausis Premia posse rear solui

Lors ascanie print les motz et sauance
O chiers amys ou ma seulle esperance
Gist et repose ou mon salut seiourne
Mais que mon pere sain et saulue retourne
Je vous prometz p noz penates dieux
Et par le lare dassaracus le vieulx
Par penetrales de la chacune veste
Je metz ma foy ma fortune et ma teste
De mon affaire du tout entre voz mains
Mais quil plaise tant exploicter ou moins
Quen brief reuoye mon seigneur & mõ pere
De toꝰ maulx francz ioyeulx et bien psp̃e
Car luy venu mais que le puisson veoir
Jamais tristesse ie ne pourray auoir
De moy aurez deux grãs vaisseaulx dargẽt
Bien esmailles donc le mire est bel & gent
Que le mien pere eut iadis a la prise
De la cite darisbe lors conquise
Et deux tripodes et deux grãs talens dor
Ce nest pour tant quãt a voꝰ grãt tresor
Aussi aurez couppe dor bien garnie
Que ieu nagueres de dido sidonie
Et sil aduient que puissions estre maistres
De ytalie et posseder les ceptres
Et que lors iaye le pouoir et le temps
Recompenser les myens comme ientens
Vous auez veu sur quel destrier se mõstre
Le duc turnus et cõment il sacoustre
En quelles armes riches & sumptueuses
Ilz se demaine par facons glorieuses
Mais si dieu veult quachief puissõs venir
De cest affaire et sur eulx obtenir
Certes nisus par salaire ample et large
De luy auras cheual salade et targe
Et le vaillant de douze prisonniers
Des principaulx tu auras voulentiers
Voire le chãp qui tient pour titre & gloire
Le roy latin pour oeuure meritoire
Et toy enfant honneste et sans reproche
De qui mon aage par pareilz ans aproche
De tout mon cueur ie te prens et accepte
Pour cõpaignon et tous autres ie excepte
En tous les cas que ie suyuray iamais
Compaignon darmes te feray desormais
Et nulle gloire tant soit grande et exquise
Ja ne sera par moy sans toy requise
Soit temps de paix ou temps de deffiance
Tousiours sera en toy seul ma fiance

Ja mes secretz ne te seront cellez
Ne mes affaires en rien dissimulez — *Euryalus me nulla d[ies] tã fortibꝰ ausis dissimilem arguerit*
Lors eurialle luy dit prince notable
Jamais nul iour tant soit il variable
Ne me pourra reprendre ou arguer
Que ie ne vueille tousiours mesuertuer
A faictz louables tant que seray au monde
Soit or fortune trop aduerse ou seconde
Mais sur toꝰ dõs et sur toꝰ les biens faictz
Une requeste seullement ie te faictz
Jay vne mere qui est proche parente
Du feu priam q̃ moult sera dolente
De delaisser et du tout eslongner
Nostre pais pour moy acompaigner
En la cite aceste ne sceut oncques
La retenir pour peine ou maulx quelcõques
Ores la laisse et pas nest aduertie
De nostre telle et promopte departie
Delle men vois sans salut ou adieu
En quel peril ne scais ou en quel lieu
Certes la nuyt et mais la tienne destre
Peult tesmoingner & peult ores cõgnoistre
Que neptunus sans desplaisance amere
Porter les pleurs de ma doulente mere
Or ie te prie a voix doulce et piteuse
Conforte au moins la poure malheureuse
Et quil te plaise pouruoir et secourir
La delaissee que bien pourra mourir
Donnes moy doncques octroy et asseurãce
A ma requeste et sans nulle doubtance
Plus voulentiers et plus audacieux
Je essairay tous dangiers en tous lieux
Quant il eut dict et fine ses parolles
Les poictrines des troyens furent molles
Et a doulcez de larmes et de plaintz
Et de regres donc leurs cueurs furẽt plains
Entre tous autres le bel yulus pleure
Car remors eut et ymage a celle heure — *Spõdeo digna tuis ingentibus omnia ceptis Namq; erit ista michi genitrix*
Deuant ses yeulx a pitie paternelle
Qui sa douleur acroist et renouuelle
Puis luy va dire ta requeste est petite
Quant au parfaict de si digne merite
Si te prometz ce que tu me requiers
Sera du tout acompli voulentiers
Et au regart de celle mere tienne
Je la repute des oresmes pour la myenne
Riens ny fauldra fors le nom seullement
Quauoir souloit creusa premierement

Petite grace ne sera transportee
A celle la qui fit telle portee
Dont ie iure par le mien chief prospere
Ce seul serment souloit faire mon pere
Soit le cas tel comme il pourra venir
Se que prometz a toy faire et tenir
Apres le exploict de ta louee emprise
Que chacun tient estime ⁊ moult fort prise
Tel auantaige a la foy que ie tiens
Sera rendue a ta mere et aux tiens
Ainsi luy dict faisant regretz et deul
Donc promptement il eust lerme a leul
Puis print lespee quil auoit au coste saicte
Riche et doree moult clere et bien empraite
Que lychaon parfait maistre en cest art
Auoit forgee de seure et bonne part
Et faict couuerte p dess⁹ pour mieux duyre
Dun beau fourreau et de manche diuyre
Si la donna au beau eurialus
Qui moult aymoit glaiues bien esmolus
Et a nisus pour present fort et beau
Menesteus donna lors vne peau
Et les despoulles dūg grāt lyon sauuaige
Cela a creust le sien cueur et couraige
Et sa salade aleschés luy changea
Dune autre certes a lors son chef charga
Ainsi sen vont ses deux consors notables
Garnis darmes et harnois conuenables

Protinus armati incedunt quos oēs euntes Primorum manus ad portas

Tous les troiens et gens de toutes sortes
Les a cōpaignēt iusques de hors les portes
Faisans prieres et oraisons par eulx
A tous les dieux grans pmesses et veulx
Le bel iule plein de vertu et saige
Jacoit quencor de prudence neust laage
Loing les conuoye et si se recommande
A son doulx pere et maintz propos luy māde
Et quant loing furent encor les exorte
Mais le fort vent ses parolles emporte
Quant hors la ville furent et loing assez
Et que ia eurent surmonte les fosses
En celle nuict obscure et vmbrageuse
Tout droit sen vont p voye auantageuse
Au lieu ou furent lors scitues et mys
Chasteaulx et tētes de leurs grās ennemis
Deliberez quoy qua venir leur puisse
Dentuer maintz car ilz ont temps ppice
Ainsi cheminent par lost tout a trauers
Les corps treuuent tous gisans allenuers
Et endormis sur herbe verte et tendre
Vin et sōmeil faisoit leurs peaulx estēdre
Cheuaulx es curres estoient ataichez
Et plusieurs hommes reuersez et touchez
Entre les resnes entre selles et brides
Quon pouoit bien tuer sās grās aides
Puis aussi veoiēt les harnois ⁊ boutailles
Entremesles comme choses pareilles
Lors dict nisus sans attendre a demain
Or est saison nous aider de main
Lheure et le temps nous conuye et appelle
Chemin auons par la maniere telle
Toy de ta part par songneuse maniere
Voy et prens garde q̄ ne soing par derriere
Ne nous surpreigne et preuoye de loing
Pour q̄ nul homme ne no⁹ saiche au besoig
Si te donrray voye assez ample et large
Pour seurement pfaire nostre charge

Euryale audendum dextra nūc ipsa vocat res Hac iter est

A tant fut certes sa parolle couppee
Puis acoup tire sa bonne et seure espee
Et o icelle bien osa assaillir
Vng dict rhainette q̄ pas ne voust faillir
Celluy gisoit pour lors en riche tente
Sus grans tapis et eut teste pesante
Voire si pleine de vin et de repos
Que moult dormoit et ronfloit sās propos

Sic memorat vocē qꝫ pmit simul ense supbū Rhamnetē aggreditur

Roy estoit il et bien fort agreable
Au roy turnus car mainteffois sans fable
Choses futures p sort luy reueloit
Et p augure scauoit ce que auenoit
Mais ia ne peult alors par deuinaille
Fouir la peste que mourir ne luy faille
Trois seruiteurs entre ses dars gisans
Occist aupres ou faict mal aduisans
Si fist il certes cil qui portoit ses armes
Jacoit quil fut des plus louez gensdarmes
Et pas ne laisse exercant ses trauaulx
Le sien chartier couche pres des cheuaulx
A to⁹ leur couppe les grās colz qui pēdoiēt
Ja ne se haste car assez attendoient
Quant il eust fait sa premiere conqueste
Ains que premier ou retourner se apreste
Le tronc laisse qui a sanglotz gectoit
Sang gros et noir qui au dedēs estoit
Si que la terre fut pleine ⁊ mais la couche
Du sang qui yst du corps ⁊ de sa bouche
Puis occit thamyrus et lanius
Et mais aussi le ieune serranus

Bel et honneste que pour prendre deduict
Auoit ioue forment toute la nuyt
Las longuement eut peu durer et viure
Mais trop beut lors dōc il demoura yure
Et fut contrainct dormir et reposer
Et a bachus ses membres exposer
Moult fut eureux et beaucoup plus loue
Sil eut certes toute la nuyt ioue
Eschiue eut telle desconuenue
Si du cl et iour eut souffert la venue
Et tout ainsi que lyon rauissant
Tant affame et que fain va pressant
Trouble et assault les loges et les parcz
Pleins de brebis et que en toutes pars
Le bestail prent et de son col attache
Si le deuoure et fierement le masche
En gueule pleine de sang et de fureur
Moindre nestoit lexploict ꝛ la rigueur
Deurialus qui de sa part ne chaulme
Ains art et brusle sans espargner nul hōme
Brief il occist au milleur de ses champs
Plusieurs sās nom malheureux ꝛ meschās
Puis chemine oultre eade abese tu
Et abaris contre ceulx sesuertue
Qui ignoroient et ne scauoient pas
Que si tost deust aduenir leur trespas
Aussi tua rethus qui veilloit lors
Et qui bien veist faire tous ses effors
Mais tant fut il couhart et plein de craille
Que pas nosa crier ne faire plainte
Ains se cacha derriere vng grand crathere
Cuidant trouuer lieu seur et solitaire
Mais bien fut veu si vint au laudeuant
Nysus a lors qui luy mist si auant
La sienne espee au fons de sa poictrine
Que moult receut celluy piteuse estraine
Lame vomist senglante et purpuree
Et en mourant sans longue demouree
Rendist le vin de sang entremesle
Qui nagueres il auoit aualle
Eurialus a telle euure semploye
Ardant et chault conuoite mainte proye
Et la tendre par desir diligent
Ou fut certes de mesappus la gent
La ou il veist q̄ le feu et lumiere
Perdoit desia sa clarte la premiere
La ou aussi les grans cheuaulx estoient
Tous attachez qui de herbe repaisoient

Nec minor euryali cedes incens⁹ et ipse Perfurit

Et lors nisus congnoissant et voyant
Que euriallus trop salloit fouruoyant
Pour conuoitise de sang et de deffaicte
Et pour desir au glaiue faire amplete
¶ Dict en brief motz cessons or il est tēps
Car ia aproche le iour cōme ientens
Assez auons a lexploict de la main
Epuise peines et eu du sang humain
Chemin auons trouue et seure voye
Entre ennemys mais q̄ dieu nous enuoye
Ainsi tous deux leurs pas lors auancerent
Entre les mors moult beaulx ioyaux lais=
Dor et dargent grās targes et escus [lessērēt]
Armes moult riches de gens p eulx vainc⁹
Luysans crathères belles tapiceries
Toutes ces choses sōt p eulx trop cheries
Euriallus ne print fors seullement
Au roy rhainette le bel acoustrement
Les grandz phaleres et les sangles dorees
De boutons dor richement decorees
Vng quon disoit cedicus autrefois
Auoit transmis ce sumptueux harnois
A rhainethus de cite tiburtine
Pour alliance faicte entre eulx et en signe
Damour future et quant le iour aduint
que cil rhinethe deust mourir luy souuit
Dung sien nepueu que moult auoit ayme
Si voult certes quapres luy fut arme
De son harnois fist lors son ordonnance
Quon luy en feist entiere deliurance
Celluy nepueu longs iours apres sās faille
Fust desconfit et tue en bataille
Par les rutulles ou ramante cōquist
Icelles armes et pour luy les requist
Si les gaigna celle fois eurialle
Et fust aussi de despoulle realle
Aussi prist il lors la sallade faicte
De mesappus qui pour luy fut bien faicte
Dessus son chief le meist puis sās attente
Hors des chasteaulx sen vint et de la tente
Ainsi portent ioyeulx tous deux ensemble
Prenant chemin le plus seur se leur semble
Ce temps pendant en celle nuict pristine
Issirent hors de la cite latine
Gens a cheual lesquelz se transportoient
Deuers turnus et nouuelles portoient
Troys cens estoient bien armez ꝛ montez
Et grandz targes eurent sur leurs costez

Absistam⁹ ait nam lux inimica ppi quat Penarum exhaustum satis est

Diceulx estoit Volcent le capitaine
Qui droit a lost le roy turnus les meine
Jadis chaste aulx et tentes aprocher
Et aux faubourgs troiēs de pres toucher
Quant de loing veirēt ses deux cōsors apt
Qui chemin prenent sur la senestre part
La salade que eurialtus eust mise
Dessus son chief ou premierement aduise
Moult le deceut et luy fist grant encombre
Car soubz le lustre d̄ la nuict et soubz lōbre
Trop reluysoit dont bien cōgneut Volscēs
Qui assez eut experience et sens
Que telle chose nest pas faicte sans cause
Si feist a lors vng peu seiour et pause
¶ Et hault sescrie compaignons attendez
Dictes nous or ou allez et tendez
Ne qui vous estes qui portez armes telles
Scauoir voulōs voz fraudes et cautelles
Riens ne respondent a la voix interdicte
Ains par les bois anancer leur fuycte
Et en la nuict obscure se confient
Ainsi certes leurs ennemis deffient
Lors les soudars se dapartent et diuisent
En diuers lieux cōme mieulx ilz adiuisēt
Chemins cōgnus et voyes seures quierent
Les deux consors pourchassēt & requierent
Et gardes mettēt aux destrois et aux pas
Pour que par fuyte ne leur eschappent pas
La y auoit au pres de celle pleine
Vne forest moult grande et toute pleine
De fors buissons darbres feiullus et vers
Si quon pouoit passer tout a trauers
Par voye estroicte et par occulte sente
Sans que nesvng lappersoient ou le sēte
Las que diray la voye tenebreuse
Des fors rameaulx et la proye onereuse
Quant eurialle lempesche et le destorbe
Que seurement parle ne se destrobe
La crainte aussi quil eut lors et doubtance
Luy fist perdre du chemin congnoissance
Nisus plus cault tost eschappe et senfuyt
Il imprudent pour lors et mal instruict
Auoit desia eschiue par cautelle
Les ennemis et leur suyte mortelle
Et mais les lieux par longue antiquite
Nommez albans de lalbe la cite
pour ce tēps certes q̄ soubz ceptres notables
Le roy latin tenoit la ses estables

State viri que causa vie? qui ve estis in armis Quo ve te netis iter

Quant nisus dōcques ce fut vng peu pose
En lieu bien seur et quil eut aduise
Que son amy estoit de luy absent
Moult courroucee et esbahy se sent
¶ Si dist a lors le triste & langoureux
O eurialle trop simple et malheureux
En quelle part ou en quelle demeure
Te puis auoir laisse en si peu deure
ou te pourray ie pourchasser ne poursuiure
Pour que de mal et dangier te deliure
Apres ces motz de grant regret satourne
Et sur ses pas incontinent retourne
En reuoluant par diligent aprest
Tous les chemins secretez de la forest
Et bien ensuyt les erres & vestiges
Quil auoit faiz par buissons et partiges
Et par bocaiges et silentes brisees
Erre et chemine aux peines peu prisees
En tournoyant et souffrant telz trauaulx
Il oyt le bruit des gens et des cheuaulx
Et mais le signe diceulx q̄ poursuyuoient
Qui de les prendre moult grāt desir auoiēt
Gueres de temps ne fut en ce labeur
Quant tout acoup il ouyt la clameur
Et veist leul a son amy eurialle
Que la main forte cōtraincte et desloialle
Ja detenoit et par eulx estoit pris
Cil qui la fuyte nauoit pas bien apris
Dont p la fraude du lieu et de la nuit
Par le tumulte soudain qui trop luy nuit
Fut opprime ce ieune enfant muable
Et detenu soubz pouoir mal traictable
Jacoit pourtant que moult sesuertuast
Et voulentiers ses ennemys tuast
Si lfut possible mais pourneant sefforce
Car trop foible est contre telz gens sa force
Et lors nisus voyant ce triste affaire
Moult pense et songe a ce qui doibue faire
Comme pourra ne par quelle puissance
Mettre eurialle en pleine deliurance
Et sil yra soudainement courir
Sur ennemys et promptement mourir
Et que par plaies et poignante blessure
Mort luy propere aggreable et bien seure
En telz pensees et sans autre regart
Print en sa main vng fier et agu dart
Et ses yeulx lieue au ciel a voix piteuse
En regardant la lune radieuse

Eurials infelix qua te regione reli qui Qua ve se quar

Si fist a lors son veu et sa priere
Ains que tirer dit en telle maniere

Tu dea tu presens nostro succurre labori Astrorũ decus

¶ O la deesse a cest exploict presente
Donne secours aure prine vigente
Toy que des astres et des estoilles es
Lonneur parfaict la garde des forestz
Je te supplie que mon pere hyrtacus
A tes aultiers et louables escus
Porta iamais pour moy doulces offrandes
Oblacions et mais richesses grandes
Et si iay mesmes ton los augmente
En faict de chasse ou iay tousiours hante
Et qua ton temple et es haultz lieux tend⁹
Jay naintz beaulx veneltz atache a pendus
Seuffre et permectz q̃ ie trouble alemblee
Ceste caterue de gens la assemblee
Conduys et guide p my lair les myes dars
Pour que ie puisse tuer di ceulx soudars
¶ Quant il eut dict tout de son pouer iecte

Dixerat et toto conix⁹ corpore ferrum Conijcit

Sa trasague et poingnante saiecte
Qui hault volant diuerty a les umbres
De nuyct obscure et si feist grifz encõbres
Et vint ferir par puissance subite
Au dos de lung diceulx a lopposite
Nomme salmon et si bien la posa
Que son escu et sa targe brisa
Si que pour vray la poincte dicelle entre
Jusques au fons de sõ merueilleux ventre
Lors il actaint chel a terre et vomist
Le sang espars qui de sa poictrine ist
Et il ia froyd auec sangloctz diuers
Pousse et mert hors la sienne ame alẽuers
Donc plusieurs deulx esbahys et troublez
De tel exploict la furent assemblez
Et lors fait nisus segrette aprouche
Autre saiecte virilement descoche
Qui trempeca les temples et le chief
Dun dict tagus p rigoureux meschef
Et demoura celle saiecte emprinte
Droit au cerueau tant eut ague poĩte
Moult fut volscens despiteux et plain dire

Seuit at rex vols cẽs nec tibi conspicit vsq̃ auctorem

Pour telle chose plus quon ne scait dire
Par tant regart de pour scauoir en effect
Qui est lauteur de si enorme faict
Et que telz dars contre ses gens deserre
Qui trop les tient en grãde crainte et serre
Mais ia ne vrist au tour de luy personne
Qui de ce cas ou crime souspeconne
Ne mais a qui il doibue sus courir
Jacoit quassez bien sen scait enquerir
Si dict alors quiconques soit celluy
Qui nous ait faict tel dommaige et ennuy
Tu ce pendent parras sans mercys
La peine et mort de ses deux corps occis
Disant ces motz son espee a coup tire
Et fierement marchoient tout dune tire
Contre eurialle transpercer la vouloit
Et lors nysus qui trop fort se douloit
Tout esbahy et forment hors du sens
Voyans iceulx ennemis si pressans
A haulte voix commenca a parler
Plus ne se peult aux tenebres celler
Ne mais porter la douleur si extreme
Qui a ce faict o rutulles voyez
Et vostre glaive en moy seul ennoyez
Toute la faulte vient de moy et procede
Je seul lay fait et si le vous concede
Cestuy certes de ce faict ne peult mez
Fait en eust sceu ne ny pensa iamais
Ciel et estoilles ien atteste et adiure
Oncques iamais ne vo⁹ fist telle iniure
¶ Ce dict nisus le pouure langoureux
Qui trop ayma son amy malheureux
Mais ia certes estoit le coup donne

Talia dicta dabat sed viribus ensis adactus Transadigit costas

Dont fut lenfant a mort habandonne
Et fut lespee rudement exposee
Dedens ses costez sans nulle reposee
Et brisa lors en doulloureuse estraine
Sa blanche chair et sa tendre poictrine
Si cheut a terre de mort enueloppe
Cil eurialle detranche et couppe
p ses beaux mẽbres le sãg court a degoutte
Car en son corps ia nen demoura goutte
Et lors son chef qui plus nest supporte
Par vie aucune ca et la transporte
Finablement tost chiet et se recline
Sur les espaulles et ainsi se termine
Tout ainsi comme fleur purpuree
Soudainement de tranchee et ares
Qui a perdu force vegetatiue
Languist et meurt en sa beaulte nayfue
Et tout ainsi comme papauer
Charge de fueilles en la saison de ver
Et aggrauee par playe qui le presse
Dõc il conuiẽt que le coul et chief baisse

At nisus ruit in medios solumq̄ p omnes Volcentem petit

Alors nisus au millieu deulx se boute
Et ia la mort plus ne craint ne ne doubte
Entre to⁹ autres Volcēs qert et pourchasse
Contre luy seul faict conuoiteuse chasse
Mais les rutulles autour nisus espars
Naurent et blessēt son corps en maintes pars
Ja toutesfois pour quelque grande playe
Ne veult cesser ains son espee employe
Et tant la tourne quentierement la loge
Et la meist toute fierement en la gorge
Du capitaine Volcens donc desconfit
Son ennemy mais ce fut sans proffict
Car il naure de playes trop mortelles
Apres quil eut parfaict les choses telles
Et desconfit son mortel ennemy
Dessus le corps de son loyal amy
Sen vint iecter et la finablement
En mort plaisante reposa doulcement

Fortunati ambo si qd mea carmia possunt Nulla dies vnq̄ memori vos eximet euo

O vous tous deux ieunes gens fortunez
Assez piteux enclins et destinez
Si mes vers peuent ou valent q̄lq̄ chose
En eulx sera vostre louange enclose
Jamais nul iour ne pourrōt voz grandes
Desamperer du souuenir des hōes (fames
Tant que dence la maison tres vtile
Habitera celluy saxe immobille
Du capitolle et que pere rōmain
Tiendra lempire et le ceptre en sa main

Victores ⁊ ba rutuli spoliis q̄ potiti Volcentem exanimum flentes i castra ferebāt

Lors les rutulles vaiqueurs et possesseurs
De ses despoulles et de leurs proye seurs
Grand deul faisant aux tentes emporterēt
Volcens occis et la le transporterent
Pas ne fut meindre le deul et la tristesse
Que demenoient les rutulles sans cesse
Dedēs leurs tētes pauillōs et chasteaulx
Quāt ilz trouuerēt entre diuers mōceaulx
Rhamnette occis et autres en grād nōbre
Tuez et mors p merueilleux encombre
Aussi sertane ⁊ numa que iadis
En fait de guerre furent preux et hardis
Bref tous acourent pour veoir et visiter
Les corps meurtris et pour les regretter
Si en y eut non encor de tous mors
Rendans les ames p souspirs et effors
Encor estoient fraix et humides
Par mort pchaine ⁊ nouueaulx homicides
En tāt pour vray q̄ ruysseaulx sespēdoiēt
Du sang espars q̄ tous ses corps rēdoient
Si congneurent les despoulles insignes
Des gens occis a leurs marques et signe
Et entre autres la salade eminente
De mesapus qui fut clere et luysante
Les grādz phaleres et harnois de cheuaulx
De sueur pleines par penible trauaulx
Une reste plus encore coustumiere
Ja commencoit de nouuelle lumiere
Pourvoir la terre comme ducte et abille
En delaissant le crocee cubile
De son mary tithon cler et vermeil
Si que dela le radieux soleil
Mōstroit par tout ses puissāces ouuertes
Et toutes choses par clerte desconuertes
Et lors turnus tous ses consors incite
Aux armes prendre et tout son exercite
Et il mesmes se prepare et ordonne
Et darmes seures le sien corps enuironne
Tous capitaines compellent et cōmandēt
A leurs soudars quau faict de guerre entēt
Et p polles ⁊ rumeurs moult diuerses (dēt
Allument yres et grandes controuerses
Tant que bien tost toutes les cōpaignies
Furent la prestes et darmes bien garnies
Et qui plus est piteuse chose a veoir
Sur deux lances ilz mirēt pour tout veoir
Deurialus et de nisus les testes
Et vont apres faisant clameurs ⁊ festes
Les eneades pourtant tresfors et rudes
Mettent leurs sens et leurs solicitudes
A eulx deffendre vers la partie senestre
Car garantis sont par le coste destre
Deaue et fleuue qui est creux et parfond
Donc en ce lieu en riens doubte ne sont
Leurs grādes fosses bien deffēdēt ⁊ tiēnent
Mains dures assaulx endurēt ⁊ soustiennēt
Les aucuns deulx estans en haultes tours
Mestes et tristes veirent en ses destours
Les deux faces de leurs corps attachees
Sur la pointe de lances atachees
La trop congnues a iceulx miserables
Deffluant gouttes de sang bien piteables
¶ Mais que diray tost apres fut sommee

Interea pauidam volitans pennata p vrbem Nuncia fama ruit

A voix legiere commune renommee
Par la crie troublee et doulourense
De tel exploict et chose si piteuse
Et vidrēt certes ses doulētes merueilles
Jusques au sceu et aux tristes oreilles
De la mere du beau filz eurialle

Qui lors perdit force et couleur totalle
Et de ses mains cheut quenoille et fusee
Que lors tenoit la chetifue abusee
Et tost se lieue tost sen court et sen fuit
Comme fureur en tristesse linstruyt
Ullant pleurant et femenin langaige
Tirant cheueulx et blessant son visaige
En cest estat comme folle esgaree
Sur les murs monte sans nulle demouree
Et par son cours legier pourchasse ⁊ quiert
Voir son cher filz que tant elle requiert
Non ayant peur des hommes et souldars
Daucun peril ne du danger des arcz
Et quant la fut par ses querimonyes
Le ciel emplist de lermes bien fornyes

Hac ego te
eurialle aspi
cio tu ne il-
la senecte
Sera mee
requies po-
tuisti linque-
re solam
Crudelis

¶ O euryalle las te voys ie ores tel
Plus miserable que nul aultre mortel
Toy que cuydoe en plaisir et lyesse
Estre repos de ma longue vieillesse
O filz cruel pour qui fault que me deulle
Comment as tu ose me laisser seulle
Comment fus tu tant simple et desuoye
A telz perilz transmis et enuoye
Sans que ie peusse au partir de ce lieu
Te dire aumoins le dernier adieu
Las or es tu dedens terre incongneue
Proye piteuse et triste deuenue
Aux chiens latins et a diuers oyseaulx
Qui de ton corps menguent les morceaulx
Et ie ta mere qui fus en mes entrailles
Premier nourry nay faict tes funerailles
Tes yeulx nay cloz ne tes playes lauez
Dont trop sōt certes mes douleurs aggrauez
Plus nay ton corps couurir de la vesture
Que ie faisoie pour toy par grande cure
Ou iemployе certes sans nul seiour
Pour la parfaire mainte nuict et maīt iour
Et en tissant louurage que faisoye
Les douleurs miennes anilles ie pesoye
En quelle part ores te pourray querre
Ou est ores le quartier et la terre
Qui tient ton corps et membres lacerez
En diuers lieux et partyes esgarez
O le mien filz comme me reconfortes
Esse cela que de toy me rapportes
A moy qui ay si voulentiers suiuye
Par terre et mer et expose ma vie
O vous rutulles transpsez moy tout oultre
Si pitie vraye dedēs voz cueurs se monstr

Jectez en moy voz flesches et voz lances
Et moy premiere prenez par voz vaillances
O tu grant pere des hault et puissās dieux
Fouldroye et chasse par ton dart furieux
Soubz les tartares ce chef myen piteable
Qui trop hait viure au monde miserable
Quant autrement ne puis rompre et briser
Voye cruelle ne mes iours espuyser
Pour si grāt pleur ⁊ pour si grās lāgaiges
Furent esmeuz de pitie les couraiges
Et par tous eulx fut le gemissement
Piteux et triste et dura longuement
Si que pour vray les forces et vertus
Dieeulx troyens par regretz combatus
Furent alors par ascenses attentes
Au faict de guerre et aux choses vrgentes
Quāt on la veid plaine ⁊ pleurs esmouuoir
En telle sorte bien y vouldrent pourvoir
Si commanda le duc ylionee
Et yulus qui grant plainte eut menee
Que de ce lieu transportee elle fust:
Affin que plus de doulleur ne receust
Lors ydeus et actor entreprennent
Icelle charge et en leurs mains la prennēt
En chambre close et seure la transporten
Et doulcement tous deux la reconfortent

Hoc fletu
concussi ani
mi mestusq;
per omnes
It gemitus

¶ Tantost apres en estrange facon.
La trompette feist le terrible son
Et par hault cry feist clameur ⁊ tāt sonne
Que tout le ciel retentist et resonne
et lors les volsqs soubz grās taudis mussez
Font leurs approches ⁊ viennēt aux fossez
Lesquelz ilz tachent esgaller et combler
Par boys et branches quilz peuent assēbler
Rompre et briser en diuerses manieres
Enuiron eulx en prochaines frontieres
Les aucuns deulx querent breche ou entree
Par ou leur soit seure voye monstree
Et bien trauaillent aux eschelles monter
Sur les murailles et les lieux surmonter
La ou ilz voyent que la puissance est mēdre
La ou il ya maintz de gens pour attendre
Mais au contraire de leur intencion
Les troyens font grande destruction
De toute espee de dars lors les combatent
Et a la pointe des lances les abatent
Bien sont apris de garder leur muraille
Par grant prouesse et par longue bataille
Aussi iectoient sur eulx par maīteffois

At tuba
terribilē so
nitū ꝑcul e
re canore
Increpuit
sequitur cla
mor celūq;
remugit

Chaillous et pierres de grant et rude poix
Pour succumber par aucune partye
La grande turbe soubz taudis assortye
Et les rutulles la dessoubz assemblez
Assez estoient esbahis et troublez
Si conuenoit que soubz tel counerture
Ilz attendissent le cas et ladnanture
Mais a la longue ne peurent soustenir
Ce pesant fais ne la plus se tenir
Car la ou est le monceau grant et large
Les troyens font impetueuse charge
Et dessus iectent pierres a grant foyson
Sans seiourner en aucune saison
En tant pour v..y quilz prosternẽt ꝛ tuent
Plusieurs rutu..es et cõtre eulx sesuertuẽt
Et mais descouurent et rõpent en tandis
Leurs grãs machines ꝛ leurs couuers taudis
Dont les rutulles qui de ce coup se deullẽt
Soubz guerre close plus cõbatre ne veullẽt
Mais deliberent par souuent dars iecter
Leurs ennemis hors du fort reiecter
Pour lautre part leur mezence attache
Arbres et branches ꝛ p ꝭrans flãmes tache
Mettre le feu dedens celle cite
Moult fust diuerse telle infelicite
Et mesapus monte sur grans cheuaulx
Filz de neptune par peines et trauaulx
Tant excute que le palil debrise
Eschelles quert pour gaigner leur pourprise
¶ Calliope ie vous prie et supplye

Uos o calli ope hcor as pirate canẽ ti Quas ibi tũ ferro stra ges que fu- nera turnus

Que vostre sens enuers moy se desplye
Et me narrez quantes strages alors
Combien de gens furent tuez et mors
Au fer et glaine de turnus et les siens
Car de moy seul ie ny puys dire riens
Declairez moy les causes promouentes
De celle guerre par raisons eminentes
Par voz muses en ayant souuenance
Et du narrer en vous gist la puissance
¶ En vng endroit vne tour y auoit

Turris erat vasto suspe ctu in mon tibus altis

Haulte en regard comme chacun scauoit
Bien conuedable et au lieu oportune
Pour resister a guerroyant fortune
Tous les italles dicelle saprouchoient
De la briser et desmollir taschoient
Moult y ẽployẽt leur puissãce et leur force
Chacun trauaille et chacun si efforce
Mais au contraire les troyens deffendent
Chaillous ꝛ pierres moult iectent ꝛ espẽdẽt
Et par arcles et concaues fenestres
Lancent maintz dars robustes et adestres
Et lors le prince turnus par subtil art
Iecta vng feu subtil en celle part
Qui tost se print par force de grant vent
Contre la tour au coste de deuant
Si quen peu dheure aux tables ꝛ posteaulx
Fust allume et dedens les esteaulx
Moult sont troublez ceulx q̃ audedẽs furẽt
Et quant du feu telle peste apercеurent
Considerans que frustratiuement
Fouyr vouldroient a tel encombrement
Tous sans seiour se mettent et retirent
A la partye ou flamme point ne tirent
Et droit au lieu qui le plus seur leur sẽble
La tous se iectent et conuiennent ensemble
Et lors la tour qui de boys faicte estoit
Pour le feu certes trop grant q̃lle portoit
Soudainement a terre precipite
Et fut brisee par ruyne subite
Si que le ciel en estrange facon
A celle heure feist vng merueilleux son
Poures troyens auec puissance telle
Tumbent en bas en peine trop mortelle
Ia demis mors percez en maintes pars
De la poictrine de leurs glaiues et dars
Et leurs poictrines froissees et oultrees
Les grandes perches par malheur rẽcõtrees
Brief tel fut deulx le dõmaige ꝛ encombre
Qua peine vng seul eschappa de ce nombre
Fors lyens et helenor antique
Iadis nourry selon fame publicque
Par vne serue nommee lycinye
Et filz bastard du roy dit meonye
Cil fut transmis en sa ieunesse tendre
En la cite de troye pour aprendre
Le faict des armes iacoit que deffendues
Luy deussent estre et par droit suspendues
Legier se monstre au glaiue qui biẽ trenche
A main tenoit palme candide et blanche
Et iacoit or quencores fust sans gloire
Non ayant faict chose de grant memoire
¶ Quant il se veid entre tant de milliers

Jsq3 vbi se turni millia ter media vidit Vinc ... 

Enuironne de gens et cheualiers
Du duc turnus et quil vit les mais fortes
A ses contraires et latines consortes
Tout en ce point comme beste chassee
De maintz veneurs suyuie et pourchassee

Qui de grandz retz et haies bien se Voit
Preoccupee si acoup ny pouruoit
Lors contre dars promptement se presente
De son danger prouchain non ignorante
Ainsi le feist le ieune troyen lors
Contre ennemis les plus rudes et fors
Se fiert et boute et la ou fut la bande
La plus espoisse la plus diuerse et grande
La tout droit court et charche le danger
Mais lycus certes plus abille et legier
Par ennemys et par glaiue trauerse
Et deulx eschappe sans que nul le rāuerse
Si que par fuyte prouchaine fut ia pres
De la muraille et tost essaye apres
Grauer dessus et a la cisme ioindre
Et des troyens cōsors les mains attaīdre
Et lors turnus en course tresleggere
Du dard agu le chasse par derriere
Disant O simple miserable et chetif
Cuides tu estre si legier et hatif
Que de noz mains eschapper or tu puisses
Trop sont froydes tes frandes et malices
Disant telz motz de loccire entreprent
Et per Vn pied pend au mur le prenant
Et larresta auec grande partye
De la muraille au tirer dementye
¶ Tout aisi certes cōe laigle hault Volāt
Qui quiert sa proye en allant ou Venant
Et a ses ongles concaues et adoncques
Le lieure emporte ou le bean signe adoncques
Ou tout ainsi comme loup rauissant
Dedens le parc prent laigneau gemissant
Que moult souuēt la poure ouaille appelle
A Voix piteuse car plus nest aupres delle
lors clameur grāde ētre eulx se liene ⁊ sault
Et tous ensemble tendent donner assault
Les creux fossez lors comblent et emplissēt
Autres plusieurs flāmes ⁊ feux fournissēt
Et grans fusees et torches a foyson
Iectent a ceulx de mainte haulte maison
En ce conflict ou chacun se soussie
Ilionee Voyant que lucessie
Lun des rutulles de la porte aprouchoit
Et au dedens desia entrer taschoit
Aportant feux ⁊ flāmes a grās sōme
Dun gros leuier le meurtrist et lassomme
Legier aussi tua emathione
Et asylas a chormes a donne

Qualis vbi lepore; aut candēti corpore cignuz Sustulit alta petens

Tel coup de dard que tost mort la rendu
Car bien estoit du tirer entendu
Puis ceneus qui bon archier estoit
O sa saiecte que fierement portoit
Tue orthigie mais sans nulle mercys
Cil ceneus fut par turnus occis
Aussi fut certes ithis et mais clonye
Dyoxipe promulle et sagarie
Et mais idas qui les tours deffendoit
Qui de mourir si tost ne satendoit
Capes occist prynerue mal habille
La lance foible dun appelle themille
Lauoit Vng peu au parauant blesse
Dont il moult simple lauoit trop tost laisse
La sienne targe affin que mieulx employe
Toute sa main au profond de sa playe
Alors ainsi descouuert et tout nud
Fut dune flesche legere preuenu
Qui coup mortel luy donna a celle heure
Dont en souspir piteulx fault q̄ tost meure
En celle turbe lun des preux et puissans
Insigne en armes estoit le filz dorcens
Painct et pare dun manteau et clamide
Faict alesguille pour triumphant subside
Cler et luysant dibere ferrugine
Belle a meru rille et de face moult digne
Son pere arcens lauoit a ceste fois
La enuoye iadis nourry au bois
Du hault dieu mars p̄s du fleuue ⁊ des Vn
De symethye souefues ⁊ fecūdes (des
Ou est laultier et lare pingue et grace
Des dieux palisques ou ya mainte grace
Et lors mezence print en main Vne fonde
Rude et rebelle et bien souuent la sonde
Ses armes laisse affin que mieulx en tire
Si la tournoit et fierement la Vire
Puis la descoche lors la rude plombee
Fut par malheur transportee et tombee
Contre le chef de ce beau ieune enfant
Qui son cerueau tout oultre perce et fent
Si cheut acoup en sa fleur primeraine
Tout roide ⁊ mort dessus la blanche areine
Lors escanye droictement fiert et iecte
Et descoche sa premiere saiecte
De laquelle persecuter souloit
Bestes saulnaiges quant a la chasse aloit
Et aussi lors par sa prouesse humaine
Lun des rutulles quon appelloit numaine

Stabat in egregiis arcentis filius armis Pict⁹ acu clamidē et ferrugīe clarus ibere

Qui remulus estoit dit par surnom
Homme bien noble et de fameux regnom
Celluy nagueres auoit en son demaine
Prinse a espouse la mendre seur germaine
Au duc turnus et celluy sans doubtance
Estoit tout plein de gloire et de iactance
Celluy marchoit en la premiere pointe
De la bataille disant parolle mainte
Vituperable non digne destre oye
Contre troyens & contre leur mesgnye
Moult estoit fier orgueilleux et rebelle
De nouueau regne et de femme si belle
Dont fierement par tout se transportoit
Faisant clameur telle quelle recitoit
Vous troyens gēs sās couraige & sās pris
Deux fois vaincus deux fois gaignez & pris
Nauez vous honte destre ores assieges
Voyant voz murs par guerre endommagez
Que ceulx cōbatēt qui par leur vaisselage
Icy cuidoient auoir leur mariage
Quel est le deu mais quelle est la folie
Qui vous ameine au pays ditalie
Icy certes ne trouuerez vous pas
Les deux attrides qui briserent voz pas
Ne mais vlixe qui bien scauoit attaindre
A son emprinse pour bien parler et faindre
Nostre nature est de lignee trop dure
Qui voulentiers trauaulx & peine endure
Incontinent que noz enfans sont nez
Pres des riuieres sont nourriz et menez
Et par gelees et eaues froidureuses
Endurcyes sont leurs forces vigoureuses
Les enfans ieunes en venerie entendent
Toilles et retz dedens les forestz tendent
Leur exercice est de scauoir dompter
Les grans cheuaulx & puis dessus monter
Leur mestier est aussi souuent aprendre
Arcz encocher de les dresser et tendre
Aucuns aussi paciens et contens
De leurs labeurs sans noyses et comptens
Terres dominent aultres par leur prouesse
Et subiectissent a fleur de leur ieunesse
Chasteaulx villaiges a nostre duction
Telle est leur sorte et leur condicion
Tout le nostre aage est certes exploicte
Par fer et glaiue sans contrariete
Aucuneffois nous mesmes trauaillons
Poindre et toucher auec noz esguillons

Non pudet obsidione iterū vallo qs teneri Bis capti phriges

Beufz et thoreaux pour cultiuer la terre
Lors que voyons quil ya paix sans guerre
Jamais vieillesse tant soit tardiue ou lente
Ne debilite nostre force excellente
Et point ne mue noz vertus ou vigueurs
Ne la prouesse qui est dedens noz cueurs
Nous comprimōs tous nostre chaulue face
Par pesanteur de sallade et audace
Et moult auons de plaisir et de ioye
De pourchasser tousiours nouuelle proye
Et viure aussi de louable conqueste
De chose prinse et de rapine honneste
¶ Mais vous troyans a auoit robes paintes
De riches soyes et de couleurs empraintes
Et la mollesse qui en voz cueurs habite
A ieux et dances voz couraiges incite
Voz robes ont manches longes et larges
Et voz chapeaulx grādes sōmes & charges
De pierrerie et de redymycules
Qui sont choses vaines et ridicules
O vous qui estes par operacions
En meurs semblables et en mutacions
A toutes femmes non mye dignes destre
Hommes nōmez qui biē vo⁹ scait congnoistre
Allez acoup par les haultes didimes
Par les mōtagnes iusq̄s aux grādes cismes
La ou lon oit la musique et les chantz
Des buccines tresclertes par les champs
Fleucte et tympāt vous appelle & conuye
Dedens ida cest toute vostre vie
Laissez doncques voz armes aux gēs fors
Quictez le lieu et laissez voz effors
¶ Pas neut a gre larrogance infinie
De tel venteur le beau filz ascanie
Son arc encoche et ses deux bras estand
Le dard y pose lors il tout mal content
Si se prosterne et les deux genoux plye
A iuppiter telle oraison desplye
O tout puissant conforte promptement
Et fortifie nostre commencement
Et pour certain ie feray a ton temple
Oblacion et offrande moult grande
Sacrifier feray a tes aultiers
Vng grant thoreau et ses membres entiers
Lequel aura la teste bien doree
Et de ioyaulx richement decoree
Le front tout blanc aussi grant en effect
Comme la mere qui la porte et faict

Vobis picta croco & fulgente muri ce vestis De sidie cordi

Talia iactā tē dictis ac dira canen tem nō tu lit ascanius

Qui la commence de ses cornes esbatre
Et o ses piedz terre mouuoir et batre

Audiit ⁊ ce
li genitor de
pte serena
Intonnuit
leuum

¶ Du geniteur du ciel fut exaulcee
Celle oraison et iusques a luy pensee
Puis vng tonnoirre se lieue en part seraine
Signifiant puissance souueraine
A cest instant ascanius deserre
Arc et saiecte qui tost reuerse a terre
Cil remulus car par trop grant meschef
Luy transperca tout le cueur et le chef
Disant o homme deffaict et abatu
Aprens ores a mespriser vertu
Par les parolles orgueilleuses et vaines
Dont porteras les trauaulx et les peines
Les troyens pris deux foys q̃ tu recites
A vous rutulles font responces subites
¶ Cela sans plus tenir mande ascanie

Hec tantuz
ascani⁹ teu
cri clamore
sequuntur
Leticiaq
fremunt

Lors les troyens a grande compaignie
Faisant clameur de ioye fremissant
Leurs cueurs eslieuent cõe preux ⁊ puissãs
Durant ce faict et noyse inueteree
Fut apollo en son siege etheree
Qui regardoit lausonye assemblee
De la cite esbahie et troublee
Les crins auoit luysans et radieux
Seant en nue es splendiferes lieux
Si donna ioye et nouuelle lyesse
Et a yule vainqueur telz motz adresse

Macte no
ua virtute
puer sic itur
ad astra
Dis genite
⁊ geniture
deos

¶ O ieune filz qui par glorieux faictz
Croys ⁊ augmẽtes les tiens ans iparfaictz
Par telz exploictz dont tu feras les restes
Viens or ca sus es mansions celestes
O filz yssu des dieux de qui istront
Les dieux futurs q̃ plusieurs cõgnoistront
Toutes batailles guerres et differences
De loing futures et par longues distances
Selon le sort fatal sont destinez
Estre en fin nulz et o troye terminez
Par la gent seulle yssant dassaracus
De qui seront tous rebelles vaincus
Troye seule ne te pourra comprendre
Bien se scaura ton loz plus loing estẽdre
Quãt il eut dict promptement a celle heure
Descend a terre de sa haulte demeure
Ores sesmeut et ascanie quiert
A luy sen vint comme faict le requiert
Si mua lors sa semblance et sa face
Et print la face de buten viel et lasse
Celluy buten iadis certes estoit
Cil qui danchise les armures portoit
Et de sa chambre estoit custode et garde
Sur et feal car bien la contregarde
Puis eneas conducteur le feist estre
Dascanius sondit recteur et maistre
Ainsi doncques se prepare et sassorte
Le dieu phebus selon humaine sorte
En toutes choses et parolle et regard
Et contenance sembloit a ce viellart
Cheueulx auoit tout en telle facon
Armes pareilles de hault et bruyant son
Si saprocha dascanie et commence
A petis motz dire telle substance
¶ Filz deneas te suffise et contente

Sic satis
aeneade te
lis numanũ
oppetiisse
tuis

Dauoir occis par ta darde poingnante
Le preux numaine que tu voys la mourir
Sans nul meschef de ta part encourir
Apollo certes qui en lumiere excede
Celle louenge premiere te concede
Pas na enuye de tes armes louables
Qui sont aux siennes pareilles et sẽblabls
Or cesse atant et ores te repose
Si ne luy dist appollo aultre chose
Ains au meillieu de ces parolles telles
Laissa alors ses especes mortelles
Et deuant eulx en aure treslegere
Sesuanouyt sans y demourer guere
Lors les barons et les troyens souldars
Les dieux cõgneurẽt ⁊ mais les diuis dars
Et bien sentirent la pharetre esmouuoir
Et resonner au partir pour tout voir
Dont pour laugure et celeste presaige
Feirent retraire lenfant plein de couraige
Ascanius qui fut moult conuoiteux
De faire guerre et combatre auec eulx
Lors les troyens debatailler proposent
Mieulx q̃ deuant et leurs cueurs y opposẽt
Sans espargner leur vie nullement
De tout peril perte ou encombrement
Clameur se lieue par les propugnacules
Dessus les murs pour chasser les rutulles
Leurs arcz robustes tendẽt et apoit mettẽt
Flesches agues auec grant force iectent
Si que la terre tant fust large et ouuerte
Fut lors des dars et des lances couuerte
Lors les escuz et les sallades creuses
Font bruyt ⁊ son par heurtes merueilleuses

Dāt sonitū ictu galee pugna aspera surgit Quant' ab occasu veniens pluuialibus hedis Verberat ymber humum

Aspre bataille lors se lieue et sadresse
Aussi menue aussi grande et espoysse
Comme la pluye qui se procree et vient
Des pluuialles astres quant il aduient
Qui bat la terre si que gresle et tempeste
Les eaues accroist par inundant conqueste
Quāt lair tresapre p le vēt daustre ameine
Le fort yuer et grant pluyes demeine
Et rompt au ciel les concaues nuees
Qui pour ce temp ne sont diminuees
Lors pendarus et bitias tous deux
Freres germains fors et auantageux
Jadis nourry par la siluestre ibere
Au boys et puis en songneuse maniere
Et que si grandz estoient a les voir
que arbres sēbloiēt ou haultz mōs pour tout
Ceulx coustumiers de porter armes fortes
Ouurent lors le guichet et les portes
Dont le seigneur enee apertement
Baille auoit tout le gouuernement
Trop de leur force presument et confient
Leurs ennemis en les ouurant deffient
Et les incitent des portes aprocher
Qui trop apres leur fut las vendu cher
Eulx au dedens arrestez et rassis
Sencloient tous ou bolleuuars massis
Armez de fer ayans leurs haultes testes
Toutes coruusques de radieuses crestes
Brief a les voir on eust dit q̄ cestoient
Chesnes armez qui hault se presentoient
Quant les rutulles veirēt portes patentes
La droit acourent par forces violentes
Et lors querceus et le bel equiquolle
Et tinarus legier en chaulde colle
Aussi hermon prompt et cheualereux
Ceulx pour certain et aultres malheureux
Apres lestrif furent tous en fuyte
Et les plusieurs occis a la poursuyte
Maintz furent mors et la vie exposerent
Quant aprocher des portes tant oserent

Tū magnis crescit animis discordibus ire Et iā collecti troes

Lors de pl' fort commēcerent a croistre
Ires hostilles a dextre a senestre
Et tout apres se ioingnent et ralient
Troyens espars et leurs forces deslient
Biē scauēt certes leurs deux mais exploiter
Plus loing courir et plus auant aller
En ce tumulte se combatoit turnus
En pars diuerses et nen espargnoit nulz
Si vint vers luy vng acourant messaige
Qui luy denonce lemprise et le couraige
Diceulx troyens et que leurs ennemys
Plusieurs des leurs auoient a mort mis
Et combatoient voire portes ouuertes
si quaux rutulles feirēt moult grādes ptes
Et lors turnus la nouuelle annoncee
Laissa la chose quil auoit commencee
Et tout plein dire si court et se transporte
La ou estoit la dardanide porte
Et la rencontre quant vint a courir sus
Les deux freres que iay nommez dessus
Aussi fit il vng nomme antipate
Premier venu et qui trop tost se haste
Sans espargnier ains mist alabandon
Vng dit nothus filz du grant sarpedon
Sa mere estoit de thebes la cite
Selon commune et seure verite
Brief la saiecte itale hault volant
Par lair subtil tournyant et aliant
Fut lors fichee par merueilleux estreine
Au plus profons de sa rude poictrine
Si que la fosse de sa ploye pronfonde
Rendit alors de sang vne grant vnde
Et fut le fer de la flesche posee
Droit au meillieu du corps mal disposee

Tū meropē atq erimanta manu sternit aphidnem Tū bitiā ardētē oculis

Apres occist o la main et alespee
Vng des troyens appelle meropee
Aussi feist il erimanthe et aphidine
Et bitias vertueux et insigne
Qui yeulx ardans et grant courage auoit
Et batailler virilement scauoit
Pas ne loccist pourtant de legier dart
Car trop estoit cheualereux souldart
Mais dune lance contorte et phalerique
Jectee en sorte de fouldre terrifique
Fut il tue et fut ce coup mortel
Si merueilleux voire si rude et tel
que le fort cuyr de deux grās doz thaurines
Ne la cuyrasse faicte deschailles fines
A double ranc et dor fortiffie
Ne peult sauluer sa vie deffie
Si cheurent lors les grās mēbres deffaictz
et feist la terre vng grāt bruyt soubz le fais
Le grant bouclier cheant sur sa personne
Moult rudement et fierement resonne
Tout en ce point comme au port euboique
Quant vne pile pierreuse ou antique

Tumbe et deschet alors pourrie incline
A tire a elle vne grande ruyne
Et sans estre brisee ou desmolye
Tout le riuaige remplist et multiplie
Si que la mer trouble et toute escume
Fait grans vagues et toute se remue
Noires araines se lieuent et se dressent
Et fortes vndes en maitz ēdroitz paroissēt
Lisle prochite a lors fremist et tremble
Et le hault mont inarime sasemble
Qui iadis fut ordōne dure cubile
Par iupiter et thiphee inabile
Se grād coup fut entre autres repētins
Creut le couraige et le cueur aux latins
Et esbahit et donna au contraire
Peur aux troyens et tost les feist retraire
Iceulx latins ensemble lors cōuiennent
Affin que mieulx a leur entente viennent
Car ilz auront copie et faculte
De batailler en seure auctorite
Dedens leurs cueurs se fulcit ꝛ presente
Force mortelle et guerre violente

Pādarus vt fuso germanū corpore cernit Et quo sit fortunaloco

Quant pandarus vit son frere germain
Ainsi occis par ennemye main
Non saichant lors que dire ne que faire
Fort agite en ce doubte et affaire
La grande porte concaue rude et ferme
Soudainement a lheure clost et ferme
O ses espaulles moult larges ꝑ derriere
Bien fort lappuye de puissante maniere
Iacoit pourtant et pas ne le scauoit
Plusieurs troyens de hors laisse auoit
Qui au conflict aux champs sortis estoiēt
Et rudement en armes combatoient
Et qui pis est laissa entrer dedens
Sans prendre aduis maintz latins ꝑtēdās
Pas naduisa le poure malheureux
Le roy rutulle turnus cheualereux
En celle turbe ains de bon gre le laisse
Entrer leans en celle grande presse
Tout en ce poīt cōme entre simples bestes
Tigre affame faict aisees conquestes

Continuo noua lux oculis effulsit et arma horrendū sonuere

Soudainement vne tuerie nouuelle
Deuant leurs yeulx a croist et renouuelle
Armes grandes resonnent de rechief
Orestes sanglantes poissant sur son chief
Sa grande targe tresclere ꝛ fulminee
Fut fierement a lheure demenee

Lors tout a coup les troubles eneades
Entre bouclliers entre armes et salades
Appercevoient leur ennemy en face
Le duc turnus en celle grande place
Dont pimptement pandarus hault et fort
A coup sauance et vint a ce renfort
Il tout despit plein de douleur amere
Moult courrouce pour la mort de sō frere
Si dist alors certes icy nest pas
Le tien demaine pour y prendre repas
Dedens arde nest or ton heritaige
Mal es venu pour y prendre auantaige
Ores vois tu les chasteaulx ennemys
Dont faulcement tu es au dedens mis
Et den issir ne gist en ta puissance
Car trop foible est or es en la resistence
Rire se print turnus a voye aisee
Et fist reprise a poitrine aportee

Incipe si qua aīo virtus ꝛ cōsere dextram Hic etiam inuētū priamo narrabis achillem

Et sans fraieur luy dist cōmence doncques
Si en ton corps ya vertus quelconques
Et desploye la destre hardiment
Car du respond ny fauldray nullement
Si vaincu es et q̄ par moy tu meures
Conter pourras es profondes demeurees
Du noir barratre a priam sans delaiz
Qui cy tu as trouue lautre achilles
Quāt il eut dit lors pandarus se tourne
De rude lance que souuent vire et tourne
Et tant quil peust ꝑ compasse voye
Contre turnus la conduict et enuoye
Par my les aures fut la lance iectee
Mais par iuno fut la playe arrestee
Que cil turnus eust peu lors receuoir
Car la deesse le vouloit bien pourueoir
Et fut la lance partye de main forte

Sic ait et sublatū alte cōsurgit in ensem Et mediam ferro gemina inter tpa frōtem Diuidit

Fichee a lors au bois de la grand porte
Si dict turnus tu as mal tire droict
Pour demeurer vainqueur en mon endroit
Mais bien suis seur q̄ escheuer ne pourras
Cestuy myen glaiue ꝑ lequel tu mourras
Apres tel dire lespee lieue et haulse
Par telle force que la salade faulce
Et si lors bien a son coup aduisa
Quen deux parties la teste diuisa
Iusques aux dens fut celle profendue
Donc tost fut lame separee et rendue
Et receut lors la terre moult grand fais
A la cheuste des mēbres imparfaictz

Principio phalerim et succiso poplite cygen Exapis

Ses armures furent pleines et taincles
De sang meurtry et de macules maintes
Sa teste ainsi fendue et departie
Pendoit alors en diuerse partie
Donc tout a coup le dos tournent et virẽt
Iceulx troyens et moult fort sesbahirent
En tant pour vray q̃ turnus le vainqueur
Eust aduise et pense en son cueur
Ouurir les portes et ses gẽs dedẽs mettre
Licitement sil eust este le maistre
Et eut este le iour a lors sans faille
Et le dernier de toute la bataille
Et les troyens desconfis et tuez
Puis quau deffendre feussent euertuez
Mais la fureur et grande conuoitise
Doccire gens si fort le cueur atti e
De cil turnus contre ses aduersaires
Que sãs aduis trop sõt ses faictz austerez
En ce conflict et tumulte bruyant
Phalarin tue et gigen deffuyant
En la fuyte au taillant de lespee
Fust son genoil et sa iambe couppee
Et aux autres qui de luy se longnoient
Qui par fuicte voye et chemin gaignoient
Iectoit il dars et lances par derriere
Et les nauroit en diuerse maniere
Force et couraige iuno luy monstroit
Et du combatre lenseignoit et monstroit
Auec eulx halin et mais la phegee
Perse tout oultre par arme bien rengee
Apres occist pres des murs sur les rencz
Alcandre hale du dommaige ignorans
De leur consors et auec eulx ensemble
Vng dict nemoie et prit auis ensemble
Puis meist a mort lyce contendant
Qui ses consors trop alloit attendant
Dun coup despee bien luy sceut aualler
Teste et salade q̃ moult loing feist voler
Aussi fist il amy cheual ereux
Bon archefut viure le plus eureux
Quon eust sceu veoir pour bestes descõfire
Moult biien scauoit composer et confire
Ligueur ꝛ drogues pour couurir ꝛ enoindre
Le fer des flesches mortelles et attaindre
Aussi tua colidy et clytie
Et cretheus tout plain de facecie
Cil cretheus fut parfaict orateur
Poete insigne des muses amateur
Tousiours auoit en cueur et en couraige
Vers et cantiques sa harpe et son cordaige
Tousiours chantoit au beau son de sa lyre
Les dignes faictz comme il scauoit eslire
Pas ne laissa bataille et cheuaulx
Armes et gestes sãs craindre nulz trauaulx
Finablement menestee et sereste

Tandẽ ductores audita cede suorum Conueniunt teucri

Les capitaines et ducteurs de la reste
Des to9 troyẽs quãt sceurent les douleurs
La grand deffaicte et ruyne des leurs
Acoup sassemblent si veirent enuahis
Leurs compaignons ꝛ moult fort esbahis
Aussi veirent au dedens de leur porte
Leurs ennemys en prouesse moult forte
Lors menestee leur dict gens affollez
Ou fuyez vous ne mais or ou allez
Quelle retrecte ou quell autre deffence
Pouez auoir peuple sans congnoissance
Auez vous place autres murs ou citez
Pour eschiuer telles aduersitez
Est il dõc dict q̃ vng seul homme sans pl9
Occie et tue des troyens le surplus
Et il ensainct au clos de noz murailles
Ait sans reuerance fait telles funerailles
Nestez vous or recors o appatessen x
De nostre terre et pais angoisseux
Donc partis sõmes a telz regretz et peines
Pour paruenir a ces terres loingtaines
Nauez vous or memoire et souuenance
Des dieux antiq̃s ne mais de leur puissãce

Talibus accensi firmantur ꝛ ac mine denso Constituit

Est en voz cueurs si tost habandonnee
Lonnour parfaicte de nostre roy enee
¶ Pour telz parolles furent tous asseurez
Et au combatre plus fort deliberez
Tous se commencent et en espesse ligue
Si preparent pour faire forte brigue
Et lors turnus se desmelle et depart
De la bataille et se retire a part
Deuers le fleuue ou leaue fait enseincte
Incontinent troyens font clameur mainte
Pour le consuiure ꝛ pour le lacerer
Moult fort commencent sur luy exasperer
Tout en ce point cõme turbe assemblee
Contre vng lyon qui sen va a lemblee
Auecques dars ꝛ glaiues le pourchassent
Ceulx q̃ de pres le suyuent et le chassent
Lors le lyon esmeu pour telle queste
Tenant sa face en arriere et sa teste
Moult fierement ceulx regarde et aduise

Qui contre luy dressent telle entreprinse
Et pas ne souffre sa vertu et grand ire
Que le dos tourne ou le derriere vire
Et iacoit or que moult ait le desir
De resister pas nen a le loysir
Ains fuyt et passe expert et diligent
Par tout la presse pour peur de telle gent
En telle maniere turnus voyant se doubte
Fouyt et eschappe par asseuree route
Son cueur ardoit de courroux et tristesse
Donc il failloit que son emprise cesse
Iacoit pourtant que deux fois rechasse
Des ennemis et point ne sen auanca
Deux fois les meist en desroy et fuyte
Cobien quilz feissent sur luy dure poursuyte
Mais tost issirent des chambres et chasteaulx
Hommes tous frais et gendarmes nouueaulx
Courent ensemble lors iuno saturnye
Contre telle fort prepare et ne nuyt mye
Incontinent elle euoque et appelle
Irion message auecque legiere elle
Pour denoncer expres commandement
Du desloger a turnus promptement
Auquel bien tost pourroit celluy congnoistre
Que si long temps ne deuoit la seul estre
Ergo nec clipeo iuuenis subsistere tantum Nec dextra valet — Doncques ne peult si grand faictz supporter
Le ieune prince ne telz assaulx porter
Trop foible fut son escu et sa targe
Et mais sa main pour souffrir telle charge
Finablement par coups reciterez
Par dars et glaiues sur luy exaspetez
Fust il lasse sa salade resonne
Des heurtemens que souuent on luy donne
Le dur harnois dont arme il estoit
Mains coups de pierre receuoit et sentoit
Ses claires entees et ses crestes dorees
Furent rompues et tantost lacerees
Brief son escu souffire ne pouoit
Aux heurts si grans que souuent receuoit
A lors troyens redoublent par leurs lances
Menestre bien monstre ses vaillances
Si que pour vray sueur distille et fond
Tum demum praeceps saltu se se omnibus armis — Par tout son corps de trauaulx qui luy font
Et pas na loy de prendre son alaine
Tant luy donnent de labeur et de peine
Donc furent lors pour telle affaire assis
Des poures membres fatiques et lassez
Pour abreger voyant quil na ressource
A celle fois tant de legiere course
Et tout arme se iecte et precipite
Dedens le fleuue par volunte subite
Et lors le tibre en son gracieux cours
Le recueillit la fut son seul recours
Et la saulua receus ses doulces vndes
Iacoit que fussent bien creuses et profundes
Et pour apres quant il fut agense
De toutes playes et bien recompense
De ses labeures par deux vins et lauaige
Du fleuue fort et se tire ou riuaige
A ses consors se retire et transporte
Donc grant plaisir et ioye leur apporte

Cy finist le neufiesme liure de la translacion des eneydes Et commence le dixiesme

ild [...]pe [...]rustas [...]ino in lic [...] classes [...]uid tepe [...]tu rege

Ses armures furent pleines et tainctes
De ſang meurtry et de macules maintes
Sa teſte ainſi fendue et departie
Pendoit alors en diuerſe partie
Donc tout a coup le dos tournent et virēt
Iceulx troyens et moult fort ſesbahirent
En tant pour vray q̄ turnus le vainqueur
Euſt aduiſe et penſe en ſon cueur
Ouurir les portes et ſes gēs dedēs mettre
Licitement ſil euſt eſte le maiſtre
Et eut eſte ſe iour a lors ſans faille
Et le dernier de toute la bataille
Et les troyens deſconfis et tuez
Puis quau deffendre feuſſent euertuez
Mais la fureur et grande conuoitiſe
Doccire gens ſi fort le cueur atti e
De cil turnus contre ſes aduerſaires
Que ſās aduis trop ſōt ſes faictz auſterez

Principio phalerim et succiso poplite cygen Excipit

En ce conflict et tumulte bruyant
Phalaris tue et gigen deffuyant
En la fuyte au taillant de leſpee
Fuſt ſon genoil et ſa iambe couppee
Et aux autres qui de luy ſe longnoient
Qui par fuicte voye et chemin gaignoient
Iectoit il dars et lances par derriere
Et les nauroit en diuerſe maniere
Force et couraige iuno luy monſtroit
Et du combatre lenſeignoit et monſtroit
Auec eulx ſalin et mais la phegee
Perſe tout oultre par arme bien rengee
Apres occiſt pres des murs ſur les rencz
Alcandre hale du dommaige ignorans
De leur conſors et auec eulx enſemble
Vng dict nemoie et prit auis enſemble
Puis meiſt a mort lyee contendant
Qui ſes conſors trop alloit attendant
Dun coup deſpee bien luy ſceut aualler
Teſte et ſalade q̄ moult loing feiſt voler
Auſſi fiſt il amy cheual creux
Bon arche fut viure le plus eureux
Quon euſt ſceu veoir pour beſtes deſcōfire
Moult bien ſcauoit compoſer et confire
Ligueur et drogues pour courir et enoindre
Le fer des fleſches mortelles et attaindre
Auſſi tua colidy et clytie
Et cretheus tout plain de facecie
Cil cretheus fut parfaict orateur
Poete inſigne des muſes amateur
Touſiours auoit en cueur et en couraige
Vers et cantiques ſa harpe et ſon cordaige
Touſiours chantoit au beau ſon de ſa lyre
Les dignes faictz comme il ſcauoit eſlire
Pas ne laiſſa bataille et cheuaulx
Armes et geſtes ſās craindre nulz trauaulx
Finablement meneſtee et sereſte
Les capitaines et ducteurs de la reſte

Tandē ductores audita cede suorum Conueniunt teucri

Des lo^s troyēs quāt ſceurent les douleurs
La grand deffaicte et ruyne des leurs
Acoup ſaſſemblent ſi veirent enuahis
Leurs compaignons et moult fort eſbahis
Auſſi veirent au dedens de leur porte
Leurs ennemys en prouesse moult forte
Lors meneſtes leur dict gens affollez
Ou fuyez vous ne mais or ou allez
Quelle retrecte ou quell autre deffence
Pouez auoir peuple ſans congnoiſſance
Auez vous place autres murs ou citez
Pour eſchiuer tellez aduerſitez
Eſt il dōc dict q̄ vng ſeul homme ſans pl^s
Occie et tue des troyens le ſurplus
Et il enſainct au clos de noz murailles
Ait ſans reuerance fait telles funerailles
Neſtez vous or recors o apparessen x
De noſtre terre et pais angoiſſeux
Donc partis ſōmes a telz regretz et peines
Pour paruenir a ces terres loingtaines
Nauez vous or memoire et ſouuenance
Des dieux antiq̄s ne mais de leur puiſſāce
Eſt en voz cueurs ſi toſt hanbadonnee
Lomour parfaicte de noſtre roy enee

Talibus accensi firmantur et se mine denso Constituit

Pour telz parolles furent tous aſſeurez
Et au combatre plus fort deliberez
Tous ſe commencent et en eſpeſſe ligue
Si preparent pour faire forte brigue
Et lors turnus ſe deſmelle et depart
De la bataille et ſe retire a part
Deuers le fleuue ou leaue fait enſeincte
Incontinent troyens font clameur mainte
Pour le conſuiure et pour le lacerer
Moult fort commencent ſur luy exaſperer
Tout en ce point cōme turbe aſſemblee
Contre vng lyon qui ſen va a lemblee
Auecques dars et glaiues le pourchaſſent
Ceulx q̄ de pres le ſuyuent et le chaſſent
Lors le lyon eſmeu pour telle queſte
Tenant ſa face en arriere et ſa teſte
Moult fierement ceulx regarde et aduiſe

Qui contre luy dressent telle entreprinse
Et pas ne souffre sa vertu et grand ire
Que le dos tourne ou le deriere vire
Et iacoit or que moult ait le desir
De resister pas nen a le loysir
Ains fuyt et passe expert et diligent
Par tout la presse pour peur de telle gent
En telle maniere turnus voyant se double
Fouyt et eschappe par asseuree rouste
Son cueur ardoit de courroux et tristesse
Donc il failloit que son emprise cesse
Jacoit pourtant que deux fois rechasse
Des ennemis et point ne sen auanca
Deux fois les meist en desroy et fuyte
Cõbien quilz feissẽt sur luy dure poursuyte
Mais tost issirẽt des chãbres et chasteaulx
Hõmes tous frais & gẽsdarmes nouueaulx
Courent ensemble lors iuno saturnye
Contre telle sort prepare et ne nuyt mye
Incontinent elle euoque et appelle
Irion message auecque legiere elle
Pour denoncer expres commandement
Du desloger a turnus promptement
Auquel bien tost pourroit celluy cõgnoistre
Que si long temps ne deuoit la seul estre

Ergo nec clipeo iuue nis subsiste re tantum Nec dextra valet

Donc ques ne peult si grãd faictz supporter
Le ieune prince ne telz assaulx porter
Trop foible fut son escu et sa targe
Et mais sa main pour souffrir telle charge
Finablement par coups reciterez
Par dars et glaiues sur luy exasperez
Fust il lasse sa salade resonne
Des heurtemens que souuent on luy dõne
Le dur harnois dont arme il estoit
Mains coups de pierre receuoit et sentoit
Se claires eurees & ses crestes dorees
Furent rompues et tantost lacerees
Brief son escu souffire ne pouoit
Aux heurs si grans que souuent receuoit
Alors troyens redoublent p leurs lances

Tum demũ preceps sal tu se se oĩbz armis

Menestre bien monstre ses vaillances
Si que pour vray sueur distille et fond
Par tout sõ corps de trauaulx qui luy font
Et pas na loy de prendre son allaine
Tant luy donnent de labeur et de peine
Donc furent lors pour telle affaire assis
Des poures membres fatiques et lassez
Pour abreger voyant quil na rosource

A celle fois tant de legiere course
Et tout arme se iecte et precipite
Dedens le fleuue p volunte subite
Et lors le tibre en son gracieux cours
Le recueillir la fut son seul recours
Et la saulua lecus ses doulces vndes
Jacoit que fussent bien creuses & profũdes
Et pour apres quant il fut agense
De toutes playes et bien recompense
De ses labeures par deux binz et lauaige
Du fleuue fort et se tire ou riuaige
A ses consors se retire et transporte
Donc grãt plaisir et ioye leur apporte

Cy finist le neufiesme liure de la translacion des eneydes Et commence le dixiesme

Pādit(ur) i
terea dom⁹
oīpotentis
olympi
Cōciliumq̃
vocat diuū
pater atq̃
hoim rex.

PEndāt ce tēps fut ouuerte ⁊ patēte
la grāt maisō du hault ciel triūphā
Iupiter pere des dieux roy des humais (te
Apres propos diuers et exploitz maintz
Son grant concile lors conuoque et assēble
Et tous les dieux la feist venir ensemble
Seant en trosne et siege syderee
Donc ie regarde par veue moderee
Toutes les terres mesmement se pourpris
Des dardanides et des latins compris
Si feurent lors tous les dieux conuoquez
Es bipatentes mansions colloquez
Puis cōmenca sans faire longue pause
Cil iupiter a reciter sa cause
Grans celicoles pour quoy est or changee
Vostre sentence et si tost estrangee
Pour quoy tant fort en voz cueurs debatez
Choses iniques et telz nouuelletes
Par cy deuant ie deffendu auoie
Et prohibe ⁊ que par aucune voye
Italiens aux troiens ne meffeissent
Et que iamais contre eux armes ne prisēt
Quelle discorde les a persuadez
Pour que par eulx ilz fussent inuadez
Quel peur et crainte contre nostre deffence
Les a esmeuz dresser telle puissance
Et vngs et autres cōpellez et induitz
Estre par armes soudainement seduys
Apres ce tēps vendrāt les iours sās faille
Esgaulx et iustes de guerre et de bataille
Que la cite de cartaige tresfiere
Fera exces et repugnance entiere
Contre la force des grands romaies tours
Et ilz viendrōt par voyez oudestours
Si que les alpes patentes et ouuertes
Alors seront aux batailles apertes
A celle fais aurez loy et lespace
Dexploicter certes vostre haine et audace
Ores cessez tout tel enhortement
Et souffrez faire paisible appoinctement

Iuppiter
hec paucis
at nō ven⁹
aurea con-
tra Pauca
refert
O pater/o
hoīz diuūq̃
eterna pote
stas Nāq̃
aliud qd sit

QUant iupiter en ce point celicolle
Eust prononce celle belle parolle
Incontinent venus tost sauanca
Qui en longs termes tel ꝓpos cōmenca
Pere et roy la puissance est cruelle
Des dieux et hommes par oeuure supnelle
Ores ay causes de bien plaindre et pleurer
Plus ne me vault ta haultesse implorer
Tu voys assez cōme les tiens rutulles
Les myēs insultēt sās craīdre peines nulles
Et comme aussi turnus va et chemine
Fier en bataille et sur chacun domine
Plus ne sont clos les murs de la cite
Et plus ne sont troyens en seurette
Ains en leurs portes ⁊ en leurs ꝓpres fors
Meslent batailles ⁊ y font durs effors
Et les fossez sont tous comblez et plains
Du sang piteux des poures mors humains
Et qui pis est donc mon cueur mal se sent
Eneas est a ce besoing absent
Permectras tu iamais q̃lz soiēt quictes
De telz assaulx et mortelles poursuites
Las de rechef accroist et renouuelle
Rude aduersaire dedens troye nouuelle
Autre exercite et nouueaulx ennemys
Se sont sās cause cōtre eulx dressez ⁊ mys
Et autre fois es guerres ytalies
Vient thydides des arpes ethollies
Certes ie croy que sans iamais cesser
On veult moy mesmes oultraiger ⁊ blesser
Et ie qui suis ta fille supposee
Aux coupz mortelz suis ie ores exposee
Si sans ta paix et contre ton vouloir
Les myēs troyēs se sōt mys en deuoir
De paruenir au pais italique
Pleurent leur peine et leur peche inique
Et ne leur donne aide ne secours
Et quāt roy nayent attente ne recours
Sil ont aussi les responces suyuies
Des dieux superes et exposes leurs vies
Pour quoy dōcques par diuers traictemēs
Peult on changer les tiens commandemēs
Et compenser ꝑ telz peines mentales
Aux myens amys nouuelle loys fatalles
A quoy iray ie redupte et reciter
Leurs nefz bruslees quon feist precipiter
Par mal veillance dou venoit la racine
Au port de mer quon appelle ericine
Ne quel besoing estoit il or faire enquestes
Du mal quont eu par le roy des tēpestes
Et par les vens furieux et diuers
En eolye durant les grans yuers
Me mais comment iris fut agitee
Pour grief leur faire ⁊ par nue iectee
On na pas cesse po⁹ forger pl⁹ grās maulx
Laisse apart tous les dieux infernaulx

Quid repe
tā exustas
erīcino in lit
tore classes
Quid tēpe
statū regē

Toute autre chose avoit este requise
Fors celle qui puis fut avant mise
et des grās cieulx pour la guerre esmouuoir
Fut aletho transmise pour tout veoir
Qui acourut o fureur desmolye
Par les cites de toute ytalie
Plus nay dattente et plus ne suis esmeue
A qui lempire ou la terre soit deue
Las autre fois lay ie bien espere
Lors que fortune lavoit delibere
Mais maintenant ie consens de bon cueur
Que celluy la que tu veulx soit vainqueur
Si ton espouse ne veult aucune terre
Soit aux troiens impartie sans guerre
Je te supplie au maine et le moitoye
Par la ruyne et par les feux de troye
Que de telz armes sain et saufz yssir puisse
Ascanius et que point ne perisse
Permectz et souffre encor ton nepueu viure
Et des perilz si grans tost le deliure
Quant est enee soit hardiement iectz
Par incongnues vndes et deboute
La voye suyue mauluaise ou opportune
Que luy sera liuree par fortune
Mais que ie puisse le couurir seullement
Et le retraire de tel encombrement

Est amatus est cella mi paphans at qz erythera Jdalie qz o donus

Jay lisle amathe paphos cytharee
La seigneurie delle mest demouree
Aussi est certes soubz mon auctorite
La puissance ditalie la cyte
Permetz au maine quil acheue sō aage
En iceulx lieux sans gloire ou avantaige
Et que la pose ses armes pour tout mez
Sans en vser ne les porter iamais
Soit hardiement la puissance ausonye
Par cartaige debellee et punye
Lors ne pourront en dommaiger en riens
Les myens suppotz les pais thiryens
Que leur a cy voulu estre eschappez
De si grant guerre ou furent occupez
Dauoir aussi par voyez tant obliquez
Peu eschiuer les flammes argolicques
Et de passer et par terre et par mer
Tant de perilz iusques au consumer
Quant les teucres par peines corrosiues
Quierent encores pgames recidiues
Vaulsist pas mieulx quilz fussent enuahis
Dedens les cendres de leur propre pais
Et en la terre ou troye souloit estre
Ou iadis fut priam seigneur et maistre
Rend ie te prie doncqs aceulx meschans
Et restitue leurs terres et leurs champs
Faictz de rechief quilz soient resiouys
Par la veue du fleuue symoys
Et de panthus et seuffre q̄ leurs barques
Encor reuoluent les dangiers yliaques
Alors iuno la royne curieuse
Exagitee denuye furieuse

Tū regina Iuno Acta furore graui quid me alta silencia cogis Rūpere

Luy fist respōce pour quoy me cōtrainctz tu
Rompre et briser par ton faict debatu
Les grans silences que iay clos et sellees
Et si long temps en cueur dissimulez
Pour quoy aussi veulx tu que manifeste
Par motz ouuers le surplus et la reste
De ma douleur iusques a cy brisee
Dont toutesfois ie me suis appaisee
Qui en celluy soit des dieux ou des hōmes
Qui est contrainct porter si grandes sōmes
Aeneas par belliqueux arroy
Et ennemy se faire au latin roy
Or ainsi soit que par cause fatalle
Il ait mis peine venir en terre itale
Admonneste des furies cassendre
A qui peult estre trop a voulu entendre
Esse pourtant par mon enortement
Quil a laisse ses chasteaulx promptement
Et que si tost a expose sa vie
A vent et mer ou tant de fois deuye
A il par nous ou par nostre conseil
Donne la charge la garde et lapareil
De sa bataille et du clos de sa ville
A vng enfant trop ieune et puerille
Brisee la foy thirrenie en fais iniques
Et courir sus aux hommes pacifiques
Qui est le dieu qui ainsi la deceu
Par fraude et deul et qui tant a conceu
Nostre puissance q̄ tu reclames pure
At elle faict aux troyens celle iniure
Ne suis ie point a tel exploict rendue
Ne mes yres des nues descendues
Cest chose indigne que les ytaliens
Or enuironnet p belliqueux lyans

Indignum est ital.os troiā circon dere flāmis Nascentem

Par feux et flammes a destre et a senestre
Troye nouuelle qui pas ne fait q̄ naistre
Et grief leur semble destre circonuenus
Dedens la terre partie par turnus

Et qui pourtant pylunnus fut grant pere
Et venilye la decsse sa mere
Pourquoy aussi par ex ces repentins
Iceulx troyens ont faict guerre aux latins
Faste leurs chãps maintes proyes ravyes
Maintes personnes contre droit asservyes
Pille les gendres peu prisés et chetis
Et pris les fẽmes aux bras de leurs maris
A ioinctes mais au premier paix requerent
Et tost ap̃s armes en leurs nefz querẽt
Par cy devant et par moyens secretz
Tu peulx oster hors du danger des grecz
Le tien enee et dune espesse nue
Envelopee soubz empraincte incongneue
Et a ton vueil estendre et dilater
Les vens legiers pour mieulx le habiliter
Aussi tu peulx convertir sans doubte
Les grans vaisseaulx et la nature toute
De cibenee en nymphes de la mer
Nul toutesfois ne la voulu blasmer
Et si nous dõcques avons faict au cõtraire
A ceulx rutulles ayde sans retraire
Et qua ce faire ayons vng peu taiche
Esse pourtant a nous crisme ou peche
Tu dictz quenee est loingtain et absens
Et que du faict rien ne scait ne ne sens
Sil est absent et que le faict ignore
Ignorant soit et y demeure encore
Tu te ditz dame du paphos dytalie
Et de cyt[illegible] lisle moult embellie
¶ Pourquoy doncq̃s p̃ns tu si grãde peine
Vaincre la terre de force et darmes pleine
A ton advis essaymes nous oncques
De faire a troye ruyne ou mal quelcõques
Feust ce par nous ou par autres moyens
q̃ les grecz feirẽt guerre aux chetifz troyẽs
Qui fut la cause dont europe et asie
Fut par batailles et par armes saisie
Et dont par furt et stupre fut rompue
La foy iuree et la paix corrompuee
Fust ce par moy q̃ le faulx adultaire
Dardanyen dont or ne me veulx taire
Debella lors la spartene cite
Commencement de leur adversite
Baillay ie dars ou glaives pour ce faire
Feis ie bataille desirer et parfaire
Alors devoient les tiẽs craindre et doubter
Ains que si fort leur folie exploicter

quid grauidã bellis vrbẽ et corda asperatẽtas
Nos ne tibi fluxas phrygie

Car certes [illegible] en moult iustes querelles
Trop tard te lieues pour mettre fin a elles
Et pour neant vaines noises ventilles
Qui desormais te prouves inutilles
¶ En telz termes son dire remonstroit
Dame iuno dont maintz cui urs penetroit
Si que les dieux pour telle controverse
Aux parties eurent partie diverse
Et murmuroient entre eulx taciemment
Si comme font les vens premierement
Par les forestz par buissons et bocaiges
Qui ains que faire tempestueux oraiges
Font vng murmure et silence bruyant
Qui est apres moyen signifiant
Aux nautonniers de tempeste future
De grant ruyne et de grifue estature
Et lors le pere puissant et souverain
Qui toutes choses tiens closes du sa main
Voult ceste foys terminer sa sentence
Si feist acoup tout le palaix silence
Les elemens alors tous ce taiserent
Toutes les terres quoyemẽt sapaiserent
Et le hault arc demoura a repos
Tous les zephyres bien unyes et compos
La grande mer dedens les cloz et marges
Transquiliza alors ses undes larges
Si dist alors iuppiter le grant sire
Or retenez ce quen present vueil dire
¶ Puis quainsi est que possible nest pas
Ioindre et lyer par paisible compas
Les gens troyens avec ceulx dausonye
Et quencor nest terminee ou finie
Vostre discorde qui trop est importune
Suyve chacun sa voix et sa fortune
Je ne mettray destourbier ou deviz
Face chacun selon le sien adviz
Soit pour troyens ou soit pour les rutulles
Les differences quant a moy seront nulles
Ou soit ainsi que les chasteaulx troyens
En trop malheure et par mauvais moyẽs
Au detriment de toutes les ytales
Assiegez soient par voulentez fatalles
Ou bien aussi que par inique erreur
Par fors senestres et par perdu labeur
Iceulx troyens par simplesse ou folie
Or venuz soient au pays dytalie
Le tout mest vng ia assouldre ne veulx
Nulz des rutules ou troyens de leurs veulx

Talib[9] ora dabat iuno cũctiq3 fremebãt Celico le assensu vario

Accipite ergo animis atq3 hec mea figite dicta Qñ q̃dẽ ausonios cõiungi federe teucris

Si la chose est iustement commencee
La fin sera au droit poix balancee
A tous seray egal et droicturier
Sans pour les vngs ou aultres varier
Le sort fatal expediant et voye
Il trouuera sans que riens le desuoye
Cela vous iure par les stigies vndes
Du mien frere doubteuses et profondes
A celle voix tout le ciel obeist
Et si trembla quant tel serment ouist
¶ Atant meist fin sans longue demouree
Et se leua de sa chaire doree
Ou iuppiter la ensemble les dieux
Lacompagnerent en ses celestes lieux
Et le conduyrent en chambre radieuse
Qui moult fut claire plaisāt ⁊ lumineuse
¶ Durant ce temps les rutulles sefforcent
Occire gens et leur pouoir renforcent
Autour des portes ensemble vont ⁊ vienēt
Et par caterues aux coups ferir conuienēt
De feux et flāmes toꝰ les murs enuirōnēt
Diuers assaulx a leurs ennemys donnent
Pour lautre part estoit la legion
Des eneades et grant contagion
Tous assiegez aux cloz de leurs murailles
Et circuis de diuerses batailles
Fuyr na lieu plus nen ont lesperance
Les miserables par toute resistence
Es haultes tours se tiennent et retrayent
Et du deffendre a leur possible essayent
De petit nombre et de poure couronne
Les murailles chacun deulx enuironne
Lors iasyus quondisoit imbraside
Et thymetes leurs vindrēt en aide
Et aussi feist dassaracus le filz
Et o castor lantique et vieux tybris
Tous ceulx se mettent en la porte p̄miere
Et tost apres ne demourerent guere
De les consuyure les deux filz sarpedon
Et de la gent lycie vng dit ethmon
En ce tumulte vng agmon lyrnesie
Eut vne pierre moult grande tost saisie
Et hault la porte du deffendre recordz
Si nestoit certes celuy maindre de corps
Que fut iadis clythius le sien pere
Ne amais que fut menestee son frere
Lors commenca lassault en toutes pars
Les rutulles iectent flesches et dars

Hic finis fā
di solio tum
Iuppiter au
reo surgit

Interea ru
tuli portis
circū oībus
istāt Stern
ere cede vi
ros

Et les troyens aux pierres se deffendent
Feux et saiectes a leur iecter entendent
¶ Au meilleu deux fut le filz dardanye
La vraye cure de venus ascanie
Celluy auoit decouuerte la face
Tant belle et clere que tous aultres efface
Tout en ce point que gemme precieuse
Posee en or luysante et radieuse
Le chef decore ou le col embellist
Quant on la porte ou lustre qui en ist
Et tout ainsi comme le blanc yuire
Qui beau se monstre ⁊ tresbië faict reluyre
Quant par art est colloque et ente
Dedens le boys selon la voulente
Le col auoit lacte en toute pars
Et par dessus les beaulx cheueulx espars
Enuironnez dun sercle dor bien digne
Qui decoroit la face tant insigne
La bien te veirent ysmare preux et fort
Diuerses gens a ce mortel renfort
Et moult doubtoiēt les flesches empēnees
Daspre venin a mort predestinees
Bien noble fuz yssy de la maison
De meonie ou par mainte saison
La terre est certes plantureuse et fertille
A diuers biens conuenable et vtille
Et plusieurs hommes en icelle conuersēt
Ou maintes choses necessaires exercent
Par celle terre pactolus fleuue passe
Qua force areine et laminee dor amasse
Aussi la fut le fort menesteus
Qui grandes gloires et honeurs auoit euz
Pour auoir mis dehors turnus naguere
Dont par ce faict monstroit fiere maniere
Capis aussi y fut plein de renom
Qui puis bailla a capue le nom
Tous les subdictz durant ceste iournee
Moult trauaillerent et bien fut demenee
Par eulx la guerre iusques au iour faillāt
Car chacun fut conuoiteux batailant
Pendant ce temps enuiron la minuit
Le duc aenee par leal saulconduit
Passoit les mers et en triste couraige
Conduisoit lors tout le sien nauigaige
Car il party dauec le roy euandre
Bien auoit sceu au roy de celle terre
Secours prochain et ayde requerre
Sans luy celler son nom et geniture
Son grant affaire et son triste aduanture

Ipse iterea
medios ve
neris iustis
sima cura.
Dardanius
caput esse
puer

Aussi linforme des armes de mezance
Sur luy esmeulzet son intelligence
Et de turnus lorgueil et le desir
De tout luy fait narratiue a loysir
Entre autres choses biē luy dist ⁊ ramaine
q̄ nest pas seure tousiours la foy humaine
Brief tant bien sceut ce roy persuader
Par ses prieres q̄ tantost sans tarder
Le roy tharcon luy bailla grant puissance
Et luy promist ꝑ durable aleance
A lors la gent lydie bien contente

Tarchon Iūgit opes fed⁹ ꝙ ferit tū libera fa tis Classem cōscēdit nis sus gens li dia diuum

De tel secours de tout fatal exemple
Admonestee ꝑ le diuin conseil
En nefz ce mettent et font leur appareil
Soubz a eneas duc forain ⁊ estrange
Et soubz sa charge chacun se mect en rāge
Premiere estoit la nefz de silenes
Bien equippee richement ordonnee
Ou furent paintz en pauoys et en targes
Lyons rāpās plantureux ⁊ bien larges
Et a la cyme de la hune pendoit
Vng estandart que chacun regardoit
Duquel fut paincte par oeuure delectable
La forest ide aux troyens aggreable
En celle nefz aeneas se seoyt
Et a par luy souuent consideroit
Le fait futur et le danger sans faille
Qui luy pourroit aduenir par bataille
Et iouxte luy droit au coste senestre
Estoit a[illegible] pallas bel et a destre
Voyant les astres et les cours singeroit
Si tost la nuyt obscure passeroit
Et en ce point ramenteuoit sans double
Les grans labeurs et mais la peine toute
Que si long temps il auoit soustenu
Par terre et mer ou il estoit venu

Pandite nūc helicona dee cāt⁹ ꝙ mouete Que man⁹ interea tuscis comite tur ab oris Massicus erata princeps secat equora tigri Sub quo mille man⁹

¶ O vous deesses dhelycon le hault mont
Declairez moy car mon cueur vous semōt
Et me narrez par voz chans armoniques
Quelle main forte et quelz gens belliques
A compaignerent les tusques regions
Le duc enee et quelles legions
Armerēt lors leurs nefz pour passer oultre
A mer parfonde ou fort chemin leur mōstre
Le duc massique estoit en nef doree
Qui au bec fut pourtraicte et decoree
Dun riche tigre et soubz sa main auoit
Mille hōmes darmes q̄ bien mener scauoit
Tous ceulx estoient de clusie la cite
Et de cossas ville dantiquite
Flesches et dars maintz trousses legeres
Et arcz porterent de diuerses manieres
Apres naguieres abas forme et puissant
Lequel alloit les vndes trauersant
O luy auoit force gens preux et dignes
Tous acoustrez darmes claires et fines
Sa nef auoit sa voille riche et paincte
Du soleil dor dont yssoit splendeur mainte
Donneez luy furēt par main forte garnye
De la cite que on dit populonye
Six cens hommes au faict darmes expers
Jeunes et fors et de puissans aprestz
Trois cens aussi dilue la tresriche isle
Qui de metaulx moult et pleine et fertille
Le tiers apres fut asylle interprette
Des dieux et hommes qui science parfaicte
Et congnoissance eut de fibres de bestes
Et mais des astres des fouldres ⁊ tēpestes
Scauoit celluy viser de faictz nouueaulx
Qui tint subiectz les langues des oyseaux
O luy menoit mille hōmes moult robustes
Garniz de lances et dangereuses fustes
Baillez luy furent par la cite de pise
Qui pres du fleuue alphee fut assise
Au bon pays et terre dhestrusie
Apres suyuoit o belle confrairie
Le bel astur qui a mont et aual
A destre estoit et feable a cheual
Armes auoit de couleur mysparties
Belles et painctes richement assortyes
trois cens hōmes le suyuoiēt pour tout voir
Tous dun propos et dun mesmes vouloir
Qui de cerete furent ville bien close
Et du pays qui myuion arrouse
Aussi eut gens de pyrge veteree
Et de granisque ville mal aeree
Ja ne te veulx de ce nombre oublier
O fort cignus qui bien sceut ralier
La gent lygure tu euz la conduicte
Et toy cuppane auecques la tienne suyte
Dess⁹ ton heaulme euz lors plumal isigne
tout fait d̄ plumes doysean quō nōme signe
Amour fut cause de vostre crime tel
Et de presser le signe paternel
Celluy cignus pour le pleur se dit on
Que fit iadis de son amy phelon

Entre les boys et branches populees
Et dessoubz lombre de ses seurs adolees
Lors qui chantoit ses piteuses chansons
Pleines damours en diuerses facons
Tost fut son corps et chanue viellesse
De plumes blanches couuert a largesse
Laissant les terres et fuyant o sa voix
Les estoilles a son chant maintesfois
¶ Alors doncques fut en ceste mesgnie
Son filz cupane menant grant cōpaignie
Mer trauersoit auec vent et grant aure
En vne nef pourtraicte dun centhaure
Aussi y vint auec ses legions
Ocnus laissans patries regions
Celluy fut filz de manthus fatidique
Et du fleuue de tybris dit tuscique
Il feist mantue et les murs ordonna
Et de sa mere le vray nom luy donna
Et fut mantue ville noble et puissante
Et de preux hōmes moult digne dexcellēce
Mais la pourtant ne fut leur nourriture
Issue et nee de mesme geniture
Car triple gent et triple nacion
La possedet par nominacion
Et iceulx peuples de nacions extremes
Diuisez furent et mis en pars quaternes
Si feust pourtant manthue la cite
De sang tuscain le chef en verite
Aussi y vint hommes preux et puissans
Jusques au nombre de cinq ou de six cens
Qui armes prindrēt p haine et maluueillāce
Qu'eurent conceue contre le roy mezence
Lesquelz ensemble vne grant nef portoit
Dedens laquelle pourtraict et painct estoit
Le lac benague plein dherbes et darundes
Dou part le fleuue myncius et ses vndes
Aussi le fort aulestes tost y nage
Nefz auoit il legere alauantaige
Equippee de cent gros auirons
Dont diuisoit les eaues des enuirons
Et esmouuoit les vndes reuersees
Qui moult acoup estoient trauersees
Sa nef estoit dun grant tryton fournye
Auec sa conque destranchant leaue vnye
A lendeuant auoit la face humaine
Jusques au lieu ou le ventre se maine
Et les costez furent de telle maniere
Paracheuez comme pistre legere

Brief soubz la nef en ce point monstrueuse
Murmuroit lunde de la mer fluctueuse
Tous ceulx nōmez belliqueux cheualiers
Alors aloient a nombre et milliers
Entretenus au secours et subside
Des troyens princes requerans tel aide
Les chāps de mer aux auyrons trenchoient
Et de venir aux lieux requis tachoient
Que reste plus tant nagent sans seiour
Que tost du ciel sen fut alle le iour
La belle lune en curre noctiuage
Ja au meillieu fut du ciel cler et vague
Eneas certes qui pas ne reposoit
Car soing et cure au dormir supposoit
Gouuernoit lors le clou de sa nauire
Et mait les voilles affin q ailleurs ne vire
Incontinent a luy se presenterent
Toutes les nymphes et la plus narresterēt
Que cybelles conuertyes auoit
En deesses de mer comme on scauoit
Et naguerres par elle furent faictes
Les grās nauires belles nymphes pfaictes
Alors doncques ensemble nauigeoient
Deuers enee et par la mer vagoient
Autant de nefz cōe souloient estre
Autāt de nīphes peult lon voir et cōgnoistre
De loig congneurent leur seignr et leur roy
Joyeusement et en plaisant arroy
En grant plaisirs tout en tour lenuironnērēt
Et maītz saluz et maintz honneur luy dōnērēt
Lors lune delles cymadocee dicte
Qui en parler estoit plus erudite
Se mist adestre de sa nef au plus pres
Et hault se lieue amoytye tout expres
De luy saproche et tout doulcement naige
Puis print a dire en tel souef langaige
¶ O eneas expert et diligent
Qui es yssu de la diuine gent
Veilles tu pas besoing est que tu veilles
Et que bien tost et acoup tapareilles
Garnir les voilles de bons et fors rudētes
Car trop sont pres les partyes euidentes
Nous sommes certes les nefz iadis bastiez
Dedens ida en nymphes conuertyez
Qui autreffois par mer porte tauons
Et maintenant comme nymphes viuons
Quant le rutelle desleal et perfide
Par feu et flāme nous voulut sās remide

Filiꝰ equa
les comites
classe carer
nas Ingen
te remis cē
taurum pro
mouet

Tot lecti pro
ceres terde
nis nauibus
ibant Sub
sidio troie

Tu sic igna
rū alloqtur
vigila ne de
am genus
Aenea, vigi
la

Desmolit toutes lors fusmes nous cõtraictes
Rompre les cordes ou nous estiõs abstraictes
Voire et briser les liens et cordages
Ou atachez fusmes lors aux riuaiges
Or te querons/si nous a de sa grace
Nostre grant mere donnee telle face
Et a voulu que deesses fussions
Pour viure en mer en diuerses facons
Quant est certes de ton filz ascanie
Assiege est en cite mal fournye
Entre armes rudes entre dars repentins
Enuironne de rebelles latins
Ja sont venus les archadres consors
Entremeslez de trusques bons et fors.
Au lieu par toy ordonne et commis
Mais cil turnus a laudeuant a mis
Turbes et gens pour les garder de ioindre
A tes chasteaulx et pour luy faire estaindre
Combat et garde a mis a laudeuant
Pour q̃ leans naprochẽt plus auant
Lieues toy doncques et des lors q̃ voirras
Laube du iour a ton faict pouruoiras
Fais et cõmande q̃ tous les tiens gẽsdarmes
Incontinent soient prestz et en armes
Pren la grant targe qui seiourne et talent
Que vulcanus le dieu ignipotent
Pour toy forgea et riche la sceut faire
Dor et desmail subtille a ton affaire
Je te prometz et me croy hardiment
Que la iournee de deuant seurement
Te sera monstre et plantureux acerues
De gens rutulles occis a grant caterues
¶ Quant elle eut dit lors voulant departir

Dixerat et dextra descẽdẽs impulit altam haud ignara modi

La haulte nef puissant tost sans mentir
Car bien scauoit la forme et la maniere
De la faire plus prompte et plus legiere
Si que pour vray plustost fut auancee
Que vne saiecte darc robuste lancee
Les aultres nefz ensemble la poursuyuent
En tant certes q̃ tost au port arriuent
Si sesbahit eneas en effect
Car ignorant estoit il de ce faict
Son cueur pourtant et son couraige dresse

Alma pares idea deum cui dindima cordi Turrigere vrbes

Par tel augure et par si bonne adresse
Lors il leuant la franche face aux cieulx
Feist la priere de la mere des dieux
¶ O saincte mere des celestes superes
Qui as a cueur les cites turrigeres
Et mais ida et le hault mont dydime
Dont fructueuse et plaisante est la cime
Qui tiens le frain et les brides rengez
Les fors lyens par ton faict oultragez
Tu es ores la princesse et la guide
De ma bataille en quoy gist mon aide
Faictz sil te plaist que ce present augure
Soit expose dagreable figure
Et de bon pie conduis la gent troyenne
Et la dirige car certes elle est tienne
¶ Cela sans plus disant lors fut ouuert

Cum effatur et iterea reuoluta ruebat Matura iam luce dies

Le beau iour cler et le ciel descouuert
Incontinent feist denoncer et dire
Qua son enseigne vng chacun se retire
Et que tous soient armez et preparez
Et du combatre aux coups deliberez
Que diray plus de terre si pres furent
Que les troyens et leur ville apperceurent
Ja veid enee du hault de ses vaisseaux
Sa cite poure et ses tristes chasteaux
Si se eslieue et feist lors clere monstre
De son bouclier ardant dont bien sacoustre
Incontinent les troyens qui estoient
Dessus les murs et qui leurs yeulx iectoiẽt
En celle part quant veirent leur seigneur
Qui amenoit nombre de gens grigneur
Grant feste fõt et lors grãt clameur dressẽt
De faire bruyt et menasses ne cessent
Lesperance nouuelle les incite
Et en leurs cueurs grandes ires suscite
De leurs mais iectẽt maitz dars et fors brãs
Et fõt ẽtreulx moult grãs et bruyãs sõs
Ainsi que seulent les strymonies grues
Quãt lair trauersẽt soubz les obscures nues
Qui par clameur et par bruit planturreux
Fuyent le vent diuers et froidureux
¶ Moult sesbahit turnus et son armee

At rutulo regi ducibusque ea mira videri Ausoniis

De voir la ioye si acoup allumee
Dedens les cueurs diceulx captifz troyẽs
Car pas ne scauent les causes et moyens
Jusques atant quilz veirent au derriere
Nefz qui affluent en diuerse maniere
Est ia la mer toute couuerte et pleine
De grans nauires que le doulx vẽt ameine
A laprocher bien congneurent enee
Car sa sallade fut souuent demenee
Dont il sembloit que flamme et feu saillist
Pour la splendeur qui redonde et en ist

Semblablement sa targe riche et belle
Vomissoit feu menassant et rebelle
Tout en ce point comme en liquide nuict
Souuent aduient par naturel conduict
On voit au ciel en partye secrete
Une sanglante et lugubre comette
Qui iecte raiz diuers et flamboians
Tous sesbahissent plusieurs cela voians
Ou tout ainsi que lestoille syrie
Pleine dardeur de peu de gens cherie
Car a son naistre engendre soif et soing
Aux corps morbides plus quil nen est besoing
Et si contriste par lumiere nuysant
Le ciel qui est splendifere et luysant
Tout ce renfort ne mais telle puissance
Nosta pourtant lespoir et la fiance
Au duc turnus ains acroist son couraige
Pour empescher daprocher du riuaige
Et faire tant par oppugnante guerre
Que ia ne puissent mettre le pied a terre
Si commenca a hault louer les cueurs
De ses consors iusques icy vainqueurs
Puis les reprent moult les blasme et reproche
Si pour leur faulte ilz font du port aproche
¶ Disant hommes expers et aggrauez

Quod vo tis optastis adest ꝑfrīge re dextra. In manib⁹ mars ipse vi ris nūc con iugis esto Quisq; sue

Soiez ioyeux quelz hostes vous auez
La seulle chose par vous tant esperee
Ores auez la guerre preparee
Or possedez a vostre beau plaisir
Ce tant de fois dont auez eu desir
Ores auez en main gens et bataille
Pour y ruer et destoc et de taille
Chacun duncques a son affaire pense
Et que chacun est ores souuenance
De son espouse de ses enfans petis
Et de ses biens sans demourer chetifz
Or vo⁹ souuiēne des faictz grās et ꝓsperes
Executez iadis par voz grans peres
Et des louenges quilz en ont apportez
Pour leur trauaulx et peines supportez
Tous dun bon gre allons a laudeuant
Ains que permettre quilz entrent plus auant
Tandis aussi quencores sont en crainte
Et que leur force nest en leurs cueurs empraincte
Et dautre part la terre est moyte et grasse
Dont a lissue maintz tumberont par place

Audaces fortuna iuuat

Auancons nous souuent fortune est bonne
A gens audaces et aide leur donne

Cela leur dit puis pense et ymagine
Tout apart luy quelle gent la plus digne
Il menera o luy pour courir sus
A ceulx troyens ains quilz soient yssus
Aussi il pense dautre part quelles gens
Pourra laisser expers et diligens
Deuant le mur et la ville assiegee
Pour que plustost elle soit dommagee
¶ Mais ce pendant eneas feist dresser

Interea aeneas socios de pupibus altis ꝑontib⁹ exponit

Pons et eschelles et tost feist auancer
Les siens consors qui tous de longue tire
Issoient hors chacun de sa nauire
Aucuns yssoient a pied pour le recours
De mer transquille sans nul autre secours
Et les aucuns ague la mer saultoient
Par auirons les aultres descendoient
Alors trachon regardant les riuages
Ou pas nespere quilz ayēt francz passaiges
Non querant lieu auquel lors soit rompus
Leaue de la mer par les nefz corrompue
Ains tournoyant la ou fut labondance
De mer pl⁹ grande par voulente croissāte
Soudainement sans illec seiourner
Feist les proues de sa barque tourner
Priant les siens qui conducteurs estoient
De sa nauire et qui trop se hastoient
¶ En leur disant o gens esleus et fors

Nūc o lecta manus validis incūbite remis Tollite ferte rates

Monstrez ores voz vertueux efforts
Et attendez aux auirons vous ioindre
Affin que mieulx sachōs la terre attaindre
Auancez vous mettez voilles au vent
Poussez acoup nauires en auant
Fendez aux rostres et ne lespargnez mye
Ceste terre qui est nostre ennemye
Faisons trenchez a pointe de nauire
En ceste terre car point nen est de pire
Quant est de moy ne men chault se ie brise
Toute ma nef au chef de ceste emprise
Mais que une fois no⁹ soyons pocesseurs
De ceste terre dont sommes aggresseurs
¶ Quant cil tarchon eut acheue son dire

Effat⁹ tarchon socii cōsurgere tonsis Spumātesq; rates aruis inferre latinis

Nul de ses hommes ne losa contredire
Ains to⁹ rōpuēt les grās mers escumeuses
Poussent auant es terres dommageuses
Jusques a tant que le bec et la pointe
De leurs nefz fussent a terra seiche iointe
Et toutes furēt sans perte et sans dōmage
Colloquez sur ce nouueau riuaige

Fois que la lienne o tarchon seulement
Qui lors receut piteux encombrement
Car elle aussi par vndes agitee
Sur vne coste inique fut iectee
La demoura long temps perdoue toute
Preste de cheoir en suspens et en doubte
Et tout fut elle par fleuue defachee
Que tant a coup elle fut destachee
Et exposa tous ceulx qui dedens furent
En mer profonde ou grant perte receurent
Car les perchez des auirons robustes
et mais les trãstres fluctuãs et grãs fustes
Les empeschoient et la fuyante vnde
Le attira en eaue plus parfonde
¶ Pas ne retint paresseuse demeure
Le duc turnus ains sauance a celle heure
Et lors mena toute larmee sienne
Soudainemẽt contre la gent troyenne
Et viz a viz droit au port se posa
Et de combatre assez tost disposa
Incontinent sonnerent les buccines
Et de batailles dõnerent les vrays signes
Premierement sur les turmes agrestes
Fiert a eneas sãs espargner les restes
Lors fut certes la parence et laugure
De la ruyne et la desconfiture
La occist il en ce premier tumulte
Plusieurs latins par belliqueulx insulte
Entre les autres mist il theronne a mort
Celuy estoit par sus tous grant et fort
Et de son gre cestoit prins a enee
Dont malle fin luy fut tantost donnee
Car a eneas lors son espee haussa
Escu et targe et lorique faulsa
Iacoit pourtant que pesãt fort et rude
Et composee par curieux estude
Si mist la pointe q̃ sans resister entre
Iusques au fons de son corpuleux ventre
Puis fiert a enee vng appelle lycas
Cil fut tire p vng merueilleux cas
A sa naissance du ventre de sa mere
Qui fut incise dont souffrict mort amere
Las bien sceut il fer et et glaine eschiner
Petit enfant voire et vie trouuer
Par ferrement q̃ lors luy fist mort prẽdre
Dont tu phebus si le debuois deffendre
Non loing de la fut la mort auancee
A homme dur quon appelloit cissee

Nec turnū segnis reti-
net mora sed rapit a
cer Totam
aciem in teu
cros

Et a gyain moult fort et grand de corps
Les deux ensẽble par merueilleux acords
O grant massue quẽtre leurs mais tenoiẽt
Plusieurs troyens a triste mort menoient
Mais ia ne sceurent les armes dhercules
A celle fois le sauluer de tous laiz
Leurs mains valides leur feirẽt peu daide
Si feist melampe leur pere qui dalcyde
Fut cõpaignon lors que par mons et vaulx
En son viuant excercoit ses trauaulx
Et tost apres iecta vng legier dart
Contre pharon le maleureux soudart
Celluy a lors disoit vaines parolles
Contre troyens qui trop furent friuolles
Car en parlant la flesche luy entra
dedens la gorge qui trop le penetra
Et tu cydon a lors que tu scauoyes
Le train clissie par amoureuses voyez
Qui tant fut belle amoureuse et benigne
Qui neust encores q̃ tendre lorigine
Certainement la dardanie main
Teust lors occis sans actendre a demain
Si les sept freres et enfants de phorc⁹
Saufue nette teussent auecque leurs escus
Ceulx tous ensemble dunanime cohorte
Te secoururent a lheure par main forte
Et tous ensẽble lors sept dars descocherent
Contre aeneas dont les aucuns toucherent
A sa salade les autres a sa targe
Fierẽt et frappẽt sans y faire grant charge
Aucuns aussi iectans plus roidement
Eussent naure son corps bien rudement
Mais pour certain dame venus prochaine
Brisa leurs forces et les garda de peine
Lors dist aenee athaches feable
Bien seruiteur qui luy fut aidable
Manstre moy dist il fleches et dars
Pour obuier aux ennemys soudars
Gregois iadis occiz de mortz estoient
Aux chãps troyens pour lors qlz cõbatoiẽt
Car ma main na iecte saiectes nulles
Frustratoires contre les gens rutulles
Lors print a coup vne legiere lance
Et la contourne puis la iecte et la lance
Et la volant transpersa le bouclier
De meonye qui estoit bel et cler
Et si faulsa la curasse et poictrine
Du miserable par doulourense estrine
Lors a lchanor frere du dessusdict

Surgere te
la michi nõ
ullũ dexte-
ra frustra
Torserit in
rutulos

A coup sauance et a luy se ren dist
Auec sa main le sien frere supporte
Qui ia tumboit comme personne morte
Et lors enee lautre lance defferre
Qui dalchanor la main perse et enferre
Si que pour vray comme morte pendoit
Et mainte goutte de noir sang respendoit
Lors munitor lautre frere dieculx
Le dart arrache mortel et angoisseux
Qui fut au corps du ia mort meonye
Et le descoche p puissance fournye
Contre eneas le cuydant lors saisir
Mais il ne sceut si droictement choisir
Ains fiert et entre bien auant en la cuisse
Du saige achate que mal luy fut propice
Puis vint lausus bien noble et cōfiant
En ieune force les autres deffiant
Cil o sa lance moult roide fiert dyope
Et de ce coup sa gorge trenche et couppe
Si que pour vray il rauist celle fois
De cil parlant la poure ame et la voix
Et cheut a terre le sang gras vomissāt
Faisant souppirs mortelz et gemissant
Aussi tua a lors par diuers cas
Troys threycyes de la gent de forcas
Et trois autres ennoyez en la guerre
Du pere ydas et dysmare leur terre
Alesus vint auec ses mains aurunques
A cil court sus et les poursuyt adoncques
Puis vint aussi le neptunye enfant
Dict mesapus q̄ hōmes fiert et fend
Noble et insigne sur dextrier de pellence
Bien veult mōstrer sa force et sa vaillāce
Brief dune part et dautre toꝰ contendent
A qui mieulx mieulx et a la chasse entēdent
Dure bataille a ce port et entree
Fut des deux pars a celle fois monstree
Tout en ce point q̄ font en lair du tēps
Les vens esmeuz discordes et contemps
Et bouffemēs et forces ont pareilles
Dont sōt entreulx les guerres non peilles
Si que le lieu vngs et autres ne quictent
Nues commennent et la se precipitent
La mer aussi turbulente et esmeue
Faict vagues lors et souuent se remue
Si est certes la bataille doubteuse
Pour lung ne lautre encore auantageuse
Car nues font contre nues combat
Vens contre vens mer contre mer debat

Ainsi certes les legions troyennes
Et les latines par deffences moiennes
Couroiēt sus lung a lautre en effect
Pie contre pie hōme autre homme deffaict
¶ Dautre coste la ou le fier torrent
Auoit iecte par grandes eaues errant
Chailloux et pierres et buissōs et bocaiges
Tous arrachez du port et des riuaiges
En cest endroit veit pallas filz deuandre
Les siens archades aux armes mal entēdre
Car de combatre a pie pas ne scauoient
Dont mainteffois et plus q̄ ne debuoient
Les dotz tournoiēt aux poursuiuans latīs
Abandonans cheuance et butins
Si rude estoit le lieu et si penible
Que pas nestoit par nul moyens possible
De si scauoir a cheual contourner
Dont contrainct furent de les abandonner
Qui est pourtant le recours et refuge
Le plus certain en belliqueux deluge
Et lors pallas regardant leur maniere
A lune fois les induict par prieres
Souuēt par dure et par moult ameres dictz
Les faict plus aspres et les rend plus hardis
¶ Ou fuyez vous dict il o compaignons
Est il or temps que dicy esloingnons
Je vous exorte p vous et p voz faitz
Si treshorribles si dignes et parfaictz
Que vostre duc euandre mais sans faille
Par la victoire de mainte grant bataille
Par lesperāce myenne qui point ne change
Ains est emule de patrie louenge
Ne vous fiez a voz piedz ne a fuyte
Car trop mieulx vault et est chose plꝰ duyte
Rompre la voye entre voz ennemys
Par fer et glaiue puis quil nous est permis
Et tirer oultre par force et par proesse
La ou de gens est la plus grande presse
Par telle voye mais q̄ bien la tenons
Veult nostre terre que nous en retournōs
Nous nauōs point aucun dieu aduersaire
Aussi contre eulx ne dressons nostre affaire
Nous seullemēt de pres assailliz sommes
Par gens sans plus qui sont cōe noꝰ hōmes
Nous auons forces vertus armes et mains
Autant quilz ont ce croy ie non pas moyns
Aussi voyez que mer par grant obisse
Nous clost et tient que nul fuyr ne puisse

At parte ex alia qua sexa ro tantia late Intulerat torrēs

Quo fugitis socii par nos et fortia facta Per ducis euandri nomen euictaqz bella Spem qz meam

Et deschaper par terre nauez garde
Assez ya q̃ de ce vous en garde
Pensez vous doncques par mer troye querir
Comme voulez voz amys secourir
¶ Quant il eut dict lors au millieu se boute
Des aduersaires et de larmee toute

Hec alterne dius desos prūple ī ho stes Obui⁹ huc primū fatis adduc tus ilquis sit lagus

Premier luy vint lagus a laudeuant
Que faict inique amena trop auant
Car en ce point que ses pas aduancoit
Et que vne pierre de grant poix amassoit
Celluy pallas loccist et le transperce
Par dart agu et du coup le renuerse
Ja ne peust lors hisbon se garantir
Dont trop tart vint certes au repentir
Bien esperoit pourtant sauluer sa vie
A cil lagus car amour luy conuye
Et en ce point que par fureur couroit
Voyant le sien compaignon qui mouroit
Pallas le treuue et son espee guyde
Entierement a son poulmon humide:
Puis quert et tue sthelene et anchemole
Filz de rethus qui pensee eust si molle
Par cy deuant quil osa faire inceste
En sa nouercque car verite la teste
Et vous larydе et tymber grans & beaulx
Freres germains vterins et iumeaulx
Si tressemblās en visaige et en forme
Quen vous estoit tout pareil et conforme
Dont celle erreur qui tant fut deceuable
A voz parens estoit moult aggreable
A celle fois cheustes mors et transiz
Aux champs rutulles sās quelcōqs mercis
Si vo⁹ dōna lors pallas sās doubtance
Marque congnue et dure difference
A toy timber fut la teste couppee
En ce conflict de par enandre espee
Et toy larыde poure frere germain
Perdis a heure la tiēne dextre main
Si que les doitz demys mortz palpitoient
Desans a terre et leur fer retraictoient
Lors les arcades esmeuz et enflammez
Pour les beaulx faitz de pallas resmuez
Voyans aussi les faictz recommandables
De leur seigneur & ses gestes doubtables
Eurent a coup douleur et honte ensemble
Qui tost les arme si que chacun sassemble
Contre ennemys lors pallas sesuertue

Et rethee en curre fuyant tue
Si neut pl⁹ lors pour certain autre espace
De lōgue vie quil ne cheust mort en place
Car il auoit cil pallas assailly
Qui de sa lance ne leust certes failly
Mais rethеus a lors le coupt receut
Fuyant teucres dont trop mal se deceut
Si fut a lors precipite a terre
Hors de son curre et son corps mis en serre
Voyre et soulle en boue et ordure
Foulle des piedz dont ce fut grant laidure
¶ Et tout ainsi quant la saison deste
Les grans vens sont et leur austerite

Ac velut optata vētis estate coortis dispersa immitit siluis incendia pastor

Que le pasteur allume a celle fois
Flammes et feux diuers par my les bois
Dont les aucuns des feullettes cōsument
Autres aussi si croissent et sallument
Qui tout dung train et ꝑ grande poursuite
Font par les champs vne cōmune suyte
Lors le pasteur de loing voit et contemple
Les flammes telles et le feu si tresample
Tout en ce point la force et bruyt cōmun
Des bataillans se iectent tous a vng
Et a pallas ayde secours donne
Qui le sien corps lexploict a habandonne
Mais halesus belliqueux & puissant
Sen vit entre eulx et moult les va pressāt
En ses armes bien se renge et amasse
Et biē sēble hōme q̄ grāt oeuure po⁹ chasse
A la rencontre il tua ladona
Et mais pherette au quel grant coup dōna
Aussi fist il demodocque a lespee
Deslyomonyes dextre main fut couppee
Car il cuydant sauluer par grāt meschef
Vng coup mortel qui tumboit sus sō chief
Perdit la main quil eut audeuant mise
Et fut occiz non pourtant en tel guise
Puis dune pierre frappe et fiert rudement
Par my la teste thoas qui promptement
Chet et trebuche car toute sa ceruelle
Fut espandue ꝑ playe trop cruelle
Cil halesus qui eust fort si prospere
Auoit este autreffois par son pere
Voue aux dieux et asseure de charmes
Affin que mieulx peult resister aux armes
Affin aussi que sans encombrement
Il peult durer et viure longuement

Mais les parces et deesses mortelles
Lors na prouuerent les conuenances telles
Ains par main mise a lheure le restirerent
Et o grief dars deuander le sacrerent
Car lors pallaz le pourchasse et le quiert
Mais tout premier ainsi les dieux requiert
¶ Pere thybris donne moy la fortune
Et mais la voye propice et oportune
Par la quelle le fer de ma sirete
Que maintenant de grant force la iecte
Penetrer puisse la poictrine et le cueur
Dalesus ores de tāt de gēs vaincueur
Et pour certain a toy seront tendues
Et a ce chesne pres du fleuue pendues
Les siennes armes en signe de victoire
Donc les futurs auront longue memoire
Celle priere fut du dieu exaulcee
Et dalesus fut la mort auancee
Car en ce point q̃ de sa force estoit
Et quaulx despoulles ymaone aduisoit
Il malheureux monstra lors sa poictrine
Trop descouuerte en douloureuse estrine
Sans regarder a larchadien dart
Qui lors occist et fort et preux saudart
Pour tel exploict plusieurs furent en sōme
Moult esbahys pour la mort de cest hōme
Si que partie des bataillans se meist
En desharroy et aux coups se soubzmist
Mais lanzus lors se renforce et ralie
Contre troyens son bras rue et deslie
Premier occist et le iecta en bas
Vng contre luy venant nomme abas
Si desmella le neu et force espoisse
Des militans et mais la grande presse
Lors occiz furent plusieurs en telle estarde
Des hetrusques et de la gent archade
Et vous troyēs que iadis grecz ne sceurēt
Perdre ⁊ destruire lors que troye descheurent
Si que voz corps furent deux eschappez
A ceste fois fustes vous attrappez
Et des vostres plusieurs y demourerent
Qui leurs iours tristes ⁊ derniers pleurerēt
Les agmines auant coururent et saillent
Et lune lautre moult fierement assaillēt
Ceulx des costez et des elles saprochent
Et sētreioignēt ⁊ o grās coups se touchēt
Les capitaines dune et dautre partie
Furent egaulx et leur force partie
Bref point ne cesse turbes de se mouuoir
Et mait hostille de grās dars se pourueoir
Moult fut pallas dassaillir et deffendre
Lors curieux et ennemys surprendre
Pas maintz certes dautre part ne faisoit
Le fort lanzus et ia ne sauancoit
Pas ny auoit entre eulx grant difference
Daage de force de prouesse et vaillance
Tous deulx estoient en beaulte precellēs
Mais toutesfois aux malheureux doulens
Fut par fortune de vie le retour
En leur pais car tous deux au retour
Furent occiz mais non pas a celle heure
Autre ennemy les attainct ⁊ demeure
Ce temps pendant iuno lors admonneste
Au duc turnus quil la vienne et sappreste
Pour secourir lanzus et mais sa gent
Si fut turnus au faire diligent
Et par my lost en son curre chemine
Lors quant il veist que a batailler ne fine
Et que les siens ia semblent estre las
Cest moy dist il qui tout seul quiert pallas
Et moy seul est sa perte ores deue
Qui luy sera sans doubte cher vendue
Que pleust a dieu que cy son pere fust
Qui sa ruyne et deffaict apperceust
¶ Quant il eust dist son curre la conuoye
Et ses consors feirent chemin et voye
A lors pallas le iuuencel illustre
Moult sesmerueille veoir turn⁹ en sō lustre
Et son grant corps considere et remyre
Ses faictz proiecte et ses facons admire
Incontinent par desir attirant
Feist tel responce au dire du tyrant
Certes ennuyt auray louenge et pris
Ou bien mourray de mort heureuse ⁊ belle
En bataillant contre homme si rebelle
Lun de ces poingz ne me peult or failly
Soit esgal du vaincre ou dassaillir
Cesses doncques tes tensons et menasses
Assez sont grandes contre toy noz audaces
Incontinent que son dire eust finy
Il qui estoit de grant vertu garny
Sen court et va au millieu de larmee
Querant sa proye comme chose affamee
Lors les archades eurēt tous le sang froict

Da nūc tibri
pater ferro
quod missile
libro Fortu
nā atq3 viā
duri p pect⁹
halesi Hec
arma
Audiit illa
de⁹ dū texit
ymaona ha
lesus Arca
dioi telis...

Hec ait et so
cii cesserunt
equore iusso
At rutulum
abcessu iuue
nis
Aut spoliis
ego iam rap
tis laudat
bor opimis
Aut letho
insigni

Voyant leur prince pallas en ce destroict
Et tout acoup turnus son curre laisse
A pied se mect car son cas fort le presse
Tout en ce point comme de haulte roche
Lyon stridant voit thoreau qui saproche
En champ ouuert pour luy donner bataille
A luy a court ce fier lyon sans faille
De turnus fut telle la contenance
Quant le sien pas accelere et auance
Lors quant pallas le veist si pres courir
Que de sa lance le peult ioindre et ferir
Il delibere premier a luy contendre
Et lassaillir ains que lassault attendre
Mais q̃ fortune quelque peu sappareille
Saulucr sa force qui nest mye pareille
Lors cõmẽca ains q̃ mettre en sa queste
A faire aux dieux sa priere et requeste
Calcides en qui seul plus iespere
Par le logis que tu faictz chez mon pere
Et par lestable et autres que adioustas
Quant au premier noz terres frequentas
Je te requiers par toy soit auancee
Ceste oeuure grande q̃ ay ores cõmencee
Et que celluy turnus demy mort voye
Que de ses armes sanglantes face proye
Voire ses yeulx mouuans et sans vigueur
La peine inflicte seuffrent pour moy vainc-
Bien actendist alcides la parolle (queur
Du iuuencel que pourtant fut friuolle
Et moult feist deul a lors ⁊ larmes vaines
Bien congnoissant a ce perdre ses peines
Car le fatal empeschoit le pouoir
De bon remide ou secours le pourueoir
Lors iupiter par motz beaulx ⁊ prefixtz
Recita cy a alcides le sien filz

Stet sua cuiq; dictũ breue et irreparabile tẽpus omnibus est vite sed famã extendere factis hoc virtutis opus

¶ La bas nya creature viuante
Pourueue dame et de force auenante
Qui naict son iour son point et son limite
Dans et de vie qui point ne precipite
Le temps est brief ⁊ mais irreparable
A tous humains non seur et mal estable
Mais loffice de vertu extimee
Par faictz dignes croistre sa renommee
Dessoubz les murs de troye et en ses lieux
Fut ent occiz plusieurs enfans des dieux
Et sarpedon qui fut ma geniture
La receut mort et mais desconfiture
Celluy turnus mesmes fier et rebelle
Le sien fatal le conuye et lappelle
Ja est venu aux mettes et au point
De son brief aage qui naugmentera point
¶ Ainsi luy dist ⁊ lors ses yeulx cõtourne
Aux chãps rutulles ou la guerre satourne
Et lors pallas par grandes forces iecte
Contre turnus vne lance parfaicte
Et puis a coup sans faire longue attente
Du fourreau tire espee flamboyãte
Celle lance iectee ainsi volla
Jusques a turnus et droictement alla
En la partie du bouclier sans apresse
La fut plantee saus faire longue oppresse
En fin pourtant la pointe penetra
Et quelque peu dedens la chair entra
A lors turnus print sa darde legiere
Et moult biẽ viste ⁊ la tournoye en arriere
Contre pallas la iecte disant lors
Voy et aduise si pas ne sont plus fors
Et plꝰ robustes les miẽs dars q̃ les tiens
Prens or ce coup et pour toy le retiens
A peine eut dist quant le fer de sa lance
Qui de sa main si roide part et lance
Faulca a lors la largeur et le poix
De son escu tant fut fort ou espois
Fer et airain et mais les peaulx thaurines
Percez furent iusques aux intestines
Et la lorique qui par dessoubz estoit
Oultree fut de ce coup a lestroit
Si que pour vray fut percee tout oultre
Sa poictrine comme la playe monstre
Et lors pallas hors de son corps arrache
Le dart tout chault q̃ sa grant playe cache
Mais pourneant car tost fut lame yssue
Et mais le sang p̃ vne mesme yssue
Lors sur sa playe cheut il piteusement
Et grant son feirent au son peillement
Les siennes armes et il mourant demande
La terre hostille dont il paya lamende
Et lors turnus sur le corps mort se pose
Puis a ses gens telz parolles expose
O voꝰ archades vueillez mes motz enten-
Et rapportez le mien dire a euãdre (dre
Cest en effect que son filz luy renuoye
Tel quil auoit deserui quon le voye
Mais pour lamour de sa progeniture
Je veulx quil ait honneur de sepulture

Sic ait atq; oculos rutulis reiicit arvis At pallas magnis

Archades hec inquit memores mea dicta referte Euandro

Et si consens et veulx que cil pallas
Ait de sepulcre cy le dernier soullas
Moult cher luy couste deneas la cointance
Par qui il meurt en dure repentance
Disant telz motz ilz conculcque et cõprime
De son pied gauche ce corps las exanime
Et lors luy oste le bauldrier quil portoit
Qui riche et bean et moult pesant estoit
Car en celluy fut pourtraicte sans doubte
La trayson et ruyne toute
Des ieunes hões mis a mort trop sauuai-
ꝑ ꝓpres fẽes soubz faictifz mariages (ges
Euricyon louurier saige et parfaict
Auoit certes ce bel ouuraige faict
De tel despoulle turnus sesiouyssoit
Et moult fut aise dont il en ioissoit
O la pense des hommes ignorante
Du sort futur et de mort violente
Qui trop repose a lombre de son vice
Et trop silente par fortune propice
Certes le temps a peu de iours viendra
Que de ce fait a turnus souuiendra
Et bien voulsist a hault pris achater
Pallas occiz et sa mort rachater
Moult luy sera la prise et la iournee
Vendue cher et a triste tournee
Mais que diray les compaignons a lors
En pleurs et pleurs chargẽt ce poure corps
Sur son escu et aux armes lemportent
Dedens sa tente et moult se desconfortent

O dolor at
qз dec⁹ ma
gnũ reditu
re parenti
Hec te pri-
ma dies bel
lo dedit hec
eadem au-
fert

¶ O noble filz las et que tu rendras
Le tien viel pere quant a luy peruiendras
Doulãt extreme ⁊ grant douleur ensemble
Digne vertus ou les grans faitz sassemble
Car ce seul iour te fist mettre en bataille
En ce iour mesmes tu fuz occis sans faille
Mais non si tost que deuant ta deffaicte
Sentir ne feisses ta puissance parfaicte
Et demourerent par ton fort glaiue occiz
Plusieurs rutulles affollez et transsiz
Si que les champs et terres cultiuees
diceulx corps mortz furẽt pleines trouuees
Que reste plus ta seulle renommee
De telle perte que iay icy nommee
Naduertist pas eneas seullement
De la ruyne mais tout expressement
Vers luy a court la porte de messaige
Qui luy conta laffaire et le dommaige
Et que desia les siens estoient prestz
Destre vaincus et tuez tous apres
Dont brief secours leur estoit necessaire
Ou a leur honte les conuiendroict retraire
Lors droit y tire et au glaiue mestyue
Tout ce que trouue et que pres luy arriue
Par la bataille faict voye et ouuerture
O son espee de mortelle poincture
Quant seul turn⁹ te veist tant orgueilleux
Comme de mort nouuelle fameilleux
Deuant ses yeulx et a sa souuenance
Luy vint a lors lamour et la clemence
Dun roy euandre et du sien filz pallas
Leur traictement et leur priue soullas
Et le recueil quil eust en leur prouince
Lors despiteux prist et occist alheure
quatre hões ieunes sãs faire grãt demeure
Qui de salmon furent lors quatre enfans
Et autres quatre filz dung nõme vffeus
Diceulx feist il obseque et sacrifice
Et les immole par feruent exercisse
Pour que leur sang il moille et arrouse
Dun tel seigneur le corps qui la repose
Puis tout a coup contre magus il lance
Vne poignante et tresaigue lance
Mais quant il veist la darde descocher
Le chief tost besse et se prent a coucher
Si que la lance par sus luy passe et volle
Sans grief luy faire ⁊ sãs q̃ grief laffolle
Incontinent il voyant son dommaige
A eneas feist requeste et hommaige
Ses piedz ẽbrasse ⁊ ses deux genoulx baise
Cuidant par ce que sa grant priere appaise
Finablement son dire desplaiant
Luy dist a lors ce poure suppliant
¶ Je te requier prince victorieux
Par la fiance de tes patries dieux
Et par lespoir que tu as et attente
Au bel yulle et mais en sa iuuente
Saulue ceste ame car donc ne te meffiz
Reserue la et au pere et au filz
Jay maisõs haultes ⁊ plusieurs talẽs dor
Abscons soubz terre et maint riche tresor
Argent en masse et autre mis en oeuure

Per patri
os manes ⁊
spes sur-
gentis iuli
Te precor

Que maintenant la veue ne descouure
Le tout est tien ce peux tu certes croyre
Helas en moy ne gist pas la victoire
Une seulle ame nest pas pour terminer
Tel differant ne pour lexterminer

Dixerat / ae neas cõtra cui talia red dit Argẽti atq3 auri memoras q̃ multa talen ta gnatis p ce tuis

Quant il eust dit eneas feist responce
Celle richesse dor ⁊ dargent abscõce
Et ses talens que tu vas recitant
Dont tu te iactes auoir en nombre tant
Espargne les et hardimẽt les garde
Pour les enfans que pourete regarde
Mais que ie sceusse de toy pitie auoir
Turnus certes men oste le vouloir
Cellui premier a brisee et rompue
Doulce mercy et vertu corrumpue
Puis que sans grace il a palas tue
Et si acoup de iours destitue
Certes lame danchises le mien pere
Scait ceste iniure et moult sen exaspere
Si fait mon filz yulus qui trop plaint
Lhonneur de lhomme en ieunes ans estaict
Ainsi parlant en main senestre empongne
Chef et salade en tristesse besongne
Du requerant et mist a celle foys
La sienne espee toute iusque ala croix
Dedans le corps du chetif miserable
Sans que priere luy fut lors aydable
Non loing dela donc tost perdist la vie
Fust le prestre de phebus et triuie
Hemonide celluy eust sur la teste
Insule riche precieuse et honneste
Qui le sien chef de deux pars decoroit
Par doubles vittes donc chũ lhonnoroit
Tant reluisant en sacree vesture
Armes insignes auoit pour cõiuncture
Los eneas qui en champ le rencontre
Tost lui court sus et luy va alencõtre
Et tant le presse en celle terre molle
Le desconfit si le tue et immolle
Et par grãd vmbre ses armes curues cache
Lors serestus de son corps les arrache
Sur ses espaulles en feist charge nayfue
Jadis trophee au puissant roy gradiue
Lors renforcerent la bataille et larmee
Par leur venue cõme gent affamee
Le filz vulcain qui cẽtulus eust nom
Et vmbro q̃ fut homme de grãt renon
Issu et ne des montaignes marsiques
A lariner firent fais autentiques
Contre eulx se exerse cõe homme furieux
Le preux enee doccire curieux
O son espee treslegere et a destre
Auoit desia coupe la main senestre
Dauxurius et mais de son bouclier
Le sercle ront qui fut luysant et cler
Celuy auoit par folle oultrecuidance
Dict des parolles trop plaines darrogãce
Et bien cuidoit il que se loue et prise
Que force fut en parole comprise
Tãt eut de gloire qui haulsoit sõ couraige
Jusq̃s aux cieulx par son poignãt langaige
Bien estimoit venir vieulx ⁊ chanu
Et que par mort ne seroit preuenu
Mais non pourtant ãticipa son heure
Et fut occis rudement sans demeure
Apres celui tarquitus exultant
En armes cleres beliqueux cõbatant
Que driope nymphe ne ore recolle
Auoit nourry a fanius silnicolle
Vint ⁊ acourt et o poincte de lance
Saulua le coup deneas et loffence
Et empescha la lorigue et lacharge
De son escu moult pondereux et large
Quant eneas vit quil se tapissoit
Son glaiue tire qui bien resplendissoit
Et si tresbien lemploya a celle heure
Que le chef trenche de cil q̃ moult labeure
Par remonstrance et par doulce priere
Saulaer sa vie mais ne proufita guere

Istine nunc metuẽde iaz ce nõ te op tiã mater Condet hu mi patrio ve onerabit mẽ bra sepulcro

Si cheust le trõc de ce corps moyte ⁊ chault
Soulle en terre ⁊ a nes vng nen chault
Du recueullir nul ne sauance mye
Lors dit enee en parolle ennemye
Icy gist ores hõme quon doit fort craindre
Ta doulce mere ne te viendra ia plaindre
Ne mais ton corps ia nen sepuellira
Ne les tiens mẽbres point ne recueillira
Au grant sepulchre ou ton pere repose
Et ou sa chair exanime et repose
Tu demourras viande et nourriture
A tous oyseaulx volans a la vanture
Et mais aux bestes sauluaiges tu seras
Proye et pasture et si les saulueras
Du bien tõ corps iecte aux caues ꝓfundes
Seras porte parmi vaguer ⁊ vndes

Lors les poissons qui affamez seront
Tes grandes playes nouuelles lecheront
Tantost apres lycas fuit et pourchasse
Et mais anthee lequel il mist en chasse
Ceulx premiers furent lors arriuez ⁊ venꝰ
En lauangarde de leur prince turnus
Aussi feist il numine et le roux camerte
Lequel nauoit la cōtenance inerte
Car filz fut il du courageux volscens
Qui fust tresriche et lun des plus puissās
Des ausonides et par les siens merites
Jadis regna es amycles tacites
¶ Et tout ainsy que le grand ogeon
Qui eut cent bras et cēt mains ce dict on
Qui par cinquante bouches flāmes rēdoit
Et par autant de poictrines ardoit
Lors q̄ vouloit aux fouldres et fulmines
De iuppiter par puissances indignes
Trop resister et par autant despees
Et de bouchiers eut forces occupees
Tout tel estoit eneas sans doubtance
En la bataille ou fierement sauance
Et quāt sō glaiue fust tout sēglāt ⁊ moyte
Du sang des hommes quil destrez cōuoyte
Soubdainemēt sen va et se transporte
De vers nyphee qun riche curre porte
Bien equippe de harnois et cheuaulx
Pour tost courir par montaignes ⁊ vaulx
Mais quāt iceulx cheuaulx venir le virēt
Si fort cōtre eulx de peur lors sen fouyrēt
Sa ⁊ la courent sans mesure et sans frain
Et plus ne tiennent leur acoustume train
Ains vont et ruent et tāt leur force incitēt
Que leur seigneur a terre precipitent
Et droyt au port leur curre ilz en mainent
Sans directeur et ainsi se desmainnent
Pendant ce tēps lucagus qui subiugue
Des blans cheuaulx en son curre biiugue
Vint et sa proche et auec luy estoit
Liger son frere qui ses cheuaulx domptoit
Cil licagus quāt il fut pres venee
Lespee tire qui bien fust demeuree
Bien sen aide et la tourne souuent
Cōment sil fust du mestier bien scauēt
Pas ne souffrist eneas tel reproche
Ains leur court sus ⁊ diceulx tost saproche
Monstrant alors q̄ baston il auoit
Du quel comme eulx aider se scauoit

Egeon qualis centū cui brachia dicunt Centenasq3 manus quinquagīta oribus ignem Pectoribꝰ arsisse

¶ Si dit liger ne si tu cuides ores
Icy trouuer les cheuaulx et les lores
De dyomede et du preux achiles
Ne de phrigie les grans champs a relaiz
Bien es deceu si ainsi tu le penses
Cuidant sur nous faire grandes vaillāces
Car en ces terres ou maintenant te tiēs
Sera la fin ou de toy ou des tiens
Telles parolles inutilles et vaines
Lui dit ligier tout noyant ses hallainnes
Mais le bon roy sur ce ne feist responce
Au fol propos que cil ligier prononce]
Ains le sien dart fort iusques la demy
Retorgue et iecte contre son ennemy
Lors licagus desireux de combatre
Ses cheuaulx touche et les haste par batre
Et en point que son pied estendoit
Pour batailler et ou fait entendoit
Lors la saiette par eneas transmise
Fust en sa targe si fort et auant mise
Quelle faulsa la clere et forte enseigne
Et transpersa lors sa cuisse et mais laigne
Dont cil attaint par vng si mortel coup
Cheut ne son curre a terre tout acoup
Souille de pouldre et de villaine ordure
Ainsi moureust en piteuse laidure
Lors cōmenca le resprēdre et blasmer
Le duc enee par dire bien amer
¶ Certe lucaige ace que ay apercheu
Le tien curre na pas este deceu
Par les cheuaulx en voye belliqueuse
Pas na este leur fuite paresseuse
Ne vaines vndes ne les ont diuertiz
De la bataille ne mais desauertiz
Car comme preux tu es sailly a terre
Laissāt tō curre pour myeux demener guerre
Apres ql eust telles parolles dictes
Le chariot saisist sans contredictes
Et lors ligier voyant son frere occis
Se precipite querant doulce mercys
Ses armes iecte et ses deux mains desplie
Deuers enee et ainsy le supplye
¶ O troyen homme a toy seul ie me rens
Par ta vertu et par les tiens parens
Qui tel tout faict laisse ceste ame viure
Et moy chetif et requerant deliure
Mainte priere aultre lors vouloit faire
Pour myeulx cuider pouruoir son affaire

Non diomedis equos nec currus cernis achillis Aut phrigie campos

Lucage nulla tuos currus fuga segnis equorum Prodidit aut vane vertere ex hostibus vmbre

Per te per qui te tales genuē parētes Vir troiane sinē hāc animā et miserere pcātis

Mais eneas luy sincope la voix
Et sans attente replique a celle fois
Telles paroles tantost tu ne disois
Et a ton aise de moy tu devisois
Ores mourras et bien fault q̄ tu frere
Ton frere suyves par mort triste et amere
Disant telz motz la sienne espee toute
En la poictrine de ce chetif corps boute
Et entre ouurit de poicte moult doubtable
Les latebres de lame miserable

Talia p cās pos, edebat funeravi- ctor Dardanius

¶ Telles de faultes telles occisions
Faisoit enee entre les legions
En fremissant comme torrent ou fleuve
Qui grans destrois par ou il passe treuve
Quant ascanye et troyens moult leaulx
Voiēt et sentēt du hault de leurs chasteaulx
Que leur seigneur si rudement se porte
Contre ennemys et que le loz emporte
Eulx assiegez par violant effort
Issirent hors du dol et de leur fort
Pour secourir leur prince en la bataille
Tous ont ce vueil sans que nes ung faille
Ce temps pendant iuppiter lors aduise
Juno sa femme et o elle devise

O germana michi atqz eadē gratissima cōiunx At rebare

¶ O seur dit il et mienne espouse ensemble
De cest affaire maintenāt que tē semble
Pas ne sont certes troyens favorisez
Ne par venus en rien auctorisez
Ja ne soubtient leurs forces et leurs loix
Leur richesse ou envie ceste foys
Ains seulement leur promesse et leur destre
Qui en bataille est expert et adestre
Et leur couraige de vertueuse force
Bien pacient de tout peril atroce
Et lors iuno toute humble et gracieuse
Luy fait respons cōme trop soucieuse
Pourquoy dit elle o bel et cher espoux
Contriste tu sans cesse et sans repoux
La tienne femme dolente et plaine dyre
Pour luy vouloir en ce point contredire
Si celle amour fust liee et cōioincte
Dont au premier o moy te feis acointe
Et que ainsy fust de toy chere extimee
Cōme a celle heure quāt de toy fus aymee
Si telle estoye comme lors ie te fus
De tout cecy ne me ferois refus
Et bien pourroye par doulx sort et prospere
Rendre turnus sain et sauf a son pere
Ores pense et par son sang piteux
Souffre les peines des troyens despiteux
Mais se toutesfois sil est de la mort digne
Si a il prins nom de nostre origine
Son ayeul fut iadis dict pilūnus
Et le quart pere a icelluy turnus
Qui par main larges a de no⁹ grās et āples
Fait mainte offrāde a tes sumptueux tēples
Briefue responce et non reiteree
Luy fait le roy de lolympe etheree

Cui rex ethe ri breviter sic fatus olī pi Si mora pre sentis lethi tps at … co Oratur iuveni

Si la demeure ou le retardement
De mort presente et requise humblement
A sa faveur du caduque ieune hōme
Et que ie pense que ie calculle et somme
Le soubdain cas et que en face poursuyte
Oste doncques le tien turnus par fuyte
Et le delivre des grandes destinees
Qui iustement luy sont predestinees
Car ores vacque la grace et le surplus
De son pardon sans quil en use plus
Si indulgence plus extreme et plus close
Soubz ses prieres gist ores et repose
Et si tu cuides eschanger ou mouvoir
Celle bataille ou autrement pourvoir
Tu te nourris en desperance vaine
Et pour neant y employe ta peine
Juno pleurant et faisant maintes larmes
Luy feist repliq̄ en celle heure en telz termes
Si la voix tienne q̄ aggrave et descrye

Cui lacrimans q̄ sic q̄ voce gravaris Mente dares

Que ta pensee soit conforme et unye
Au mien vouloir tāt voulsist pour naysāce
Que ie sceusse pourveoir a ceste offence
Voye certaine a turnus demourroit
Et si acoup ia si tost ne mourroit
Ores a tant grief fut yssue son ame
Il qui pourtāt est sans coulpe et sās blasme
Ou bien ie suis par passibilite
Ignorante de toute verite
Mais puis que voye ne puist estre trouvee
De faulce crainte seray en fin douee
Si tu reflectes propos si furieux
Que muer puissent et se chāger en mieulx

Hec ubi dicta dedit celo se protin⁹ alto Misit

Quant eust ce dist du hault ciel feist yssue
Et lors de nues fust en saincte yssue
Brassant hyver et par autres legieres
Descend en bas et sans seiourner gueres
Tout droit sen va ou sont troyēnes tētes
Ou est larmee pres des chasteaulx laurētes

Lors la deesse de cõcaue nuee
Fist & forgea le visage denee
Et de teore vmbre sans vertus & sãs force
Le corps troyen edifier sefforce
Moult fust e monstre estrãge & admirable
De milles mains estoit il maniable
Le corps adorne sans y espargner riens
De toutes armes et dars dardanyens
Bouclier et iubes au chief mect & adiouste
Dune matiere qui lors biẽ peu luy couste
Voix et parolle au surplus y applicque
Et son sens ame par pouer deifique
Et en se fait cõme bien le scauoit
La propre sorte quau marcher il auoit
Brief tel estoit comme sont ses figures
Ou esperis que lon voye par augures
Apres la mort ou deces des humains
Ou cõme songes dont il en aduient maintz
Qui moult souuent amusent & decoeuent
Sens endormis quãt doulx repos receuẽt
Lors celle ymage en ce point composee
Joyeusement acoup cest exposee
Voire et sestieue en premiere bataille
Et quiert turnus et destor et de taille
Moult limpropere le fatigue & lassault
Par folz langaiges ou la voix ne default
Et lors turnus le poursuit & lincite
Par grand defence y obuye et resiste
Finablement contre luy fiert rue et iecte
Vne stridante & ague saiette
Lors il fuytif le dos tourne et sesloingne
Car acautelle si fist telle besongne
Et quant turnus ainsi fuyant le vit
Cuidant quil fust eneas le suyuit
Et il turbide esleue en couraige
En espance vaine sans auantaige
Si dit alors ou fuys tu eneas
Ores ne laisse la foy qui iure as
Et la promesse du mariage close
Que tu as fait a ta future espouse
Par ceste dextre te sera tost rendue
La doulce chose que tant as attendue
Disant telz motz & il vociferant
Le chasse et fuyt & apres va courant
Lespee auoit corrusque et toute nue
Cuidant sur luy faire mainte venue
Et pas nauise cõme le vent emporte
Sa ioye vaine ou trop se recõforte

Quo fugis eneas thalamos ne desere pactos

Hac dabit dextra tell⁹ q̃sita p vndas

Dauãture droit au port ou il tire
Estoit lyee vne grande nauire
Soubz vng rochier qui sur la mer respond
Encor estoient eschelles et le pont
Prest & dresse car nagueres en icelle
Le roy ozine auec mainte caruelle
Estoit venu des regions clusines
Donner secours & desployer ses signes
En celle nef limage trepidante
Dudit enee desfuit lors et se absente
Et aux latebres cõme personne lasche
Par faint semblãt tost se musse et se cache
Turnus pourtãt ne fut pas paresseux
Auec lyre aspre cõme trop angoisseux
Par tost courir les demeures surmonte
Et le haud pont acoup trespasse et monte
Apeine auoit turnus la proye actaincte
Quãt saturnie qui deul formãt estraincte
La corde rompt et tost leust arrachee
Qui lors tenoit celle nef atachee
Et promptement la nef pousse et enuoye
En plaine mer sans mesure & sans voye
Durant cela eneas le cherchoit
Par la batille & aux seul tachoit
En le querant maintz corps occist & tue
A ceulx qui treuue o sa main se suertue
Que reste plus que lymage legiere
Plus ne seiourne et ne demeure guere
En ses latebres ains tost en lair plus hault
Comme fumee se transcende & sen sault
Et sentremesle en obscure nuee
Dont peu apeu fut lors dyminuee
Et tout soubdain vng grãd trouble de vẽt
Mena turnus en sa nef bien auant
Par tout regarde et plus neut le corps tel
Ains myeulx ayma estre ou cõbat mortel
Lors les deux mains au ciel esliene & dresse
Et sa parolle a iupiter adresse
O genitor tout puissant et benigne
Comme peult estre q̃ ie soye ores digne
De si grant crime ne cõment as p̃mis
Quã telles peines ie soye ores submis
Helas ou suige maintenant trãsporte
Dont suis party ne qui ma aporte
Quelle est la fuite q̃ ma mise en destour
Comme feray amon pais retour
Voiraige plus les laurẽtes murailles
Les grãs chasteaulx & les fortes batailles

O ipotens genitor tãtũ me crimine dignum duxisti

Que fera ores la legion des hommes
Dont directeur et capitaines sommes
Ne que feront yceulx poures gendarmes
Qui ont seruy ma baniere & mes armes
Que iay laissez en necessite grande
Enuelopez en mort triste & nephande
Lesquelz ie voy palles deffigurez
Et a ruyne trop tost auanturez
Las que feray sur ceste piteuse Vnde
Ne quelle terre basse creuse ou parfonde
Sans plus attendre & long iours demourer
Pourra mon corps ou entre demourer
O voꝰ plustost vẽs fors & mal traictables
Soyez vers moy enclins & miserables
Je vous supplie que ceste nef gectez
Contre roches et sapes agetez
Ou si tresloing en conduisez la voille
Que iamais plus on nen sache nouuelle
Si que rutulles ne fame par querir
Ne sache plus iusques a moy courir
¶ Il memorãt toutes les choses telles
Pensoit sans cesse diuerses fins mortelles
En son couraige puis ca puis la fluctue
Fantasiant que luy mesmes se tue
Faulte de sens pour si grand deshonneur
Veult que luy mesmes il ne soit pardõneur
Souuent il pense a voix anticipee
Si logera en son corps son espee
Ou si en fleuue ou au meilleu des vndes
Se iectera tant soient or profundes
En essayãt acoup venir au port
Pour tost nager par fluctuant support
Dont de rechief se puisse aux armes rendre
Contre troyẽs et ses consors deffendre
Tant fut pensif et prompt a cest affaire
Et par trois fois il se voulut deffaire
Et par trois fois saturnie len garde
Qui la pitie de son cueur lors regarde
En ses demeures par vẽt et mer possee
La haulte nef fust acoup auancee
Et tant alla sans tenir voye oblique
Que brief paruint en la cite antique
Et en se iour ou se tenoit damnus
Lancien roy pere de cil turnus
Pendant ce temps le faulx tirant mezance
Par ce conseil enhort et ordonnance
De iuppiter a la bataille vint
Car en absence de turnus le conuint

Hec memo
rãs alo nũc
huc nunc flu
ctuat illuc
Vult sese mu
crone obtrun
cũ dedecus
amens
Induat

At Iouis in
teres moni
tis mezẽtius
ardẽs
Succedit pu
gne

Contre troyens apres & plains de iope
La force sienne execute et desploye
Et lors les turbes thierrẽnes sauancerent
Et de deffaire ce prince bien penserent
Car tout dun vueil et dun consẽtement
Arriuerent sur luy trop malement
Dont sans mesure dars et fleches iectoient
Encontre luy et le persecutoient
Il toutesfoys ainsy que roche dure
Sur mer assise qui tollere ou endure
Sans varier les vagues et tempestes
Et les fureurs des vẽs & leurs conq̃stes
Ains remaint ferme cõstaute et immobille
Contre menasses de lamer volubille
Tel fut mezãce en si diuers cõbat
Qui pour premier lors prosterne et abat
Vng dit hebrus de dolicaon filz
Auecques luy furent la desconfilz
Letagus certes et palmus tres legier
Qui pas ne sceust eschener le dangier
Eletagus fendist il chief & face
Par vne pierre de ponderense masse
Et a palames vng des genoulx couppa
Dont sa legiere course lors occupa
Et puis donna ses armes de grãd monstre
Au bel lauzus qui tresbien sen acoustre
Puis occist il vng troyen euanthe
Et tost apres vng quon nõmoit mynante
Qui iadis fust de tous consors cheris
Le plus ynel et ayme de paris
Son pere fut theamis appelle
Et par sa mere fust a iour reuelle
Dont de paris ecuba fut la mere
Qui feist porter trop piteuse et amere
Sil fust occis deuant sa propre ville
Ou il receut mort honteuse & trop ville
Et laurente loingtaine region
Que lors minate par grande contagion
Brief tout ainsi que sanglier fremissant
Qui des montaignes haultes fuit & descẽd
Tout eschauffe pour trop griefue morsure
Des chiens courãs dont la voye nest seure
Qui par long temps a este garãty
En iceulx montz sans auoir mal senty
Et par forest et palus sans iacteure
Souuẽteffois a prins sa nourriture
Quant a celle heure ainsy se voit touche
Et iusques aux retz et desia aproche

Ac velut ille
canũ morsu
de mõtibus
actis
Vetus aper

Alors sareste puis fremist et escume
Furieux feu dedens ses yeulx alume
Son poil herisse et sa hure atourne.
Si quil nest nul qui tost ne se destourne
Nul na vertu si grande ne si fiere
Qui ce voyant ne retourne en arriere
Et daprocher nest vng qui si employe
Ains chacun dars et espieux desploie
Pour lenferrer et en faire menasse
Luy donnant lors la deffaicte et la chasse
Tout ainsi certes ensemble se portoient
Ceulx qui mezence par ire combatoient
Nul ny eut deulx qui losast assaillir
Par fer ou glaive doubtant de trop faillir
Contre luy sont tous ensemble agitez
Dardz et saiectes ont dessus luy iectez
Et par clameur reproche et vitupere
Chacun le chasse et chacun le aspere
Il touteffois sans peur non esbahy
Iacoit quil soit de tous lieux enuahy
Par tout regarde contre ses contendens
En fremissant par grant fureur de dens
Ausa sa targe tost rechasse et renuoye
Les rudes lances que sur luy on enuoye
Venu estoit des regions antiques
De corites et voyes et bien obliques
Vng dit acron qui grec pourtant estoit
Celluy auoit comment on recitoit
Laisse sa femme nagueres fiancee
Pour plus tost estre a guerre commandee
Quant lors mezence le veid en la bataille
Entresmelle o gens de fiere taille
Laissant en armes o sallade doree
Plumart bien riche de couleur purpuree
Tout pare dor et dun acoustrement
Que sa future femme nouuellement
Auoit tissu peur qua mort primeraine
Continuast en partie loingtaine
¶ Alors mezence quant il eust aperceu
Comme lion o ventre ia repu
Qui ca et la par bocaiges chemine
Car fain rabide le presse et lextermine
Par tout regarde en forest ou en friche
Si pourra voir quelque legiere biche
Ou si bien tost sera par luy trouue
Quelque grant cerf sur son corps esleue
Lors se ioinst et son fier regard dresse
Sa proye prent par merueilleuse adresse

Impast⁹ sta
bula alta
leo ceu sepe
pera grans
Suadet et
vesana fa
mes

Et lors se escrie se prosterne et se couche
Sur les entrailles et si laue sa bouche
Du sang meurtry dont il boit a foyson
Tel fut mezence en sa comparaison
Et tout ainsi alegre court et rue
Contre ennemis ou est la gent plus drue
Lors fut occis acron le malheureux
Qui trop fust certes du faict auantureux
Et il mourant la terre fiert et frappe
De ses talons par mort qui tost latrappe
Toute sa lance non rompue il honnist
Du sang piteux qui de sa poictrine yst
Pas ne daigna mezence lors occire
En ce conflict na par coups desconfire
Vng orodes qui a fuyr semploye
Pas ne voulut luy faire obscure playe
En deffuyant au pointe de sa lance
Imaginant que ne seroit vaillance
Ains ayma mieulx ailleurs le renconter
Et face a face ses forces luy monstrer
Ainsi aduint car tost apres en somme
Se recontrerent tous deux hōme pour hōe
Riens neust valu lattendre ou refusee
La combatirent tous deux sans reposee
Brief tant cōbatēt quenfin fut mis ꝑ terre
Cil orodes par bonne et forte guerre
Et lors mezence quant il fut rue ius
Des piedz le foulle et si monte dessus
Incontinent les consors qui suyuoient
Le grant conflict quant abatre le voyent
Tout hault sescrient mespriser ne deuons
Nostre bataille quores nous auons
Orodes mort si grant et si robuste
Plus ne vauldra fors destre mis en buste
Cil orodes mourant dit a mezence
Quelque tu sois qui mas mis a oultrance
Je ne mourray en ce point oultrage
Que le ne soye en fin de toy venge
Et tu vainqueur ne tesiouyras gueres
Apres ma mort en tes haultes manieres
Car pareil cas et semblable ruyne
Ainsi tatendent comme tu en es digne
Et assez tost posséderas les champs
Par mort honteuse ainsi que nous meschās
Alors mezence soubzriant auec ire
Entremeslee feist response a son dire
Ores mourras pourtant quoy quil en soit
Quant est de moy celluy dieu qui tout voit

At quē sub
ridēs mixta
mezantius
ire Nunc
morere ē de
me diuū pr
atqz hoim
rex viderit

Il pourmoira sil en a bonne enuye
Et ia pour toy nabregera ma vie
Disant telz motz son dart arrache et tire
Hors de son corps pour que plustost expire
Lors dur repos ses poures yeulx contrainct
Sompne froit tant lagraue et lestraint
Que sa lumiere se decline et prosterne
Et fut fermee en vne nuit eterne
Que reste plus lautre flote fut grande
Et dangereuse a lune et lautre bande
Cedicus tue achataum moult fort
Et sacrator hydaspe en ce renfort
Aussi rapon meist a mort parthenye
Et mais arsen de force bien garnye
Puis mesapus occist lors clonius
Et eurycate dit lycaonius
Cil fut porte a terre sans ayde
Pource quil et cheual trop fort en bride
Dont il a pied mourut en telz trauaulx
Pour le marcher des gens et des cheuaulx
Si tire auant lycins et fauance
Cuydant lors faire a mesapus nuysance
Mais par vallere fut il lors preuenu
Qui bien auoit apris et retenu
Les faictz darmes de ces nobles parens
Dont fut vainqueur de celluy sus les rencz
Puis salius occist lors atronye
Et nealces occist apres salie
Bon archier fut et au tirer expert
Comme a ce coup a la playe apert
¶ Brief la grant pleur la ruyne falalle
Faisoit la mort et la bataille egalle
Les vaiqueurs hõmes et aussi les vaiqus
Tumboient mors sur targes et escus
Aucunesfois les plus fors fleschissoient
Et les plus flebes ensemble perissoient
Brief on neust sceu iuger alors ne dire
Qui eust du mieulx ne mais q̃ eut du pire
par quoy de vray les haultz & puissãs dieux
En la maison de iuppiter aux cieulx
Ont pitie grande et miseracion
De telle perte et desolacion
Et des labeurs entre les deux parties
Voire et des peines sans cause departyes
Pour lune part venus voit des humains
Les cris piteux iuno nen fait pas mains
Et ce pendant linfernalle furie
Thesiphone se parmeine et charie

Iã grauis
equabat lu
ctus & mu
tua mauors
Funera ce
debãt pari
ter/pariterq;
ruebant
Victores
victiq;

Par les milliers des hommes combatans
Et les rent tous ioyeux et mal contens
Sans long espoir mezence arriere tourne
En champ ouuert et de lance satourne
Semblant tout tel comme orion peult estre
Qui tant fut grant qua destre et a senestre
O ses longs piedz toute mer trelu ysoit
Et des espaulles sur les raues paroissoit
Qui bien souuent descendãt des mõtaignes
Portoit en main variables enseignes
Et sapuyoit pour mieulx estre aproche
Dun grant arbre quil auoit arrache
Si hault estat et de telle stature
Que droit aux nues attainoit sa figure
Tel sembloit estre en ses armes mezence
Et aussi fiere estoit sa contenance
Quant eneas laduisa si auant
Lors proposa luy aller au deuant
Mais ia pourtant esbahy ne se monstre
Celluy mezence ains se tient et sacoustre
En attendant lennemy magnanime
Duquel faisoit quant a luy peu destime
Et quant il veid la aupres de son eul
La droit espace suffisant a son veul
Et de sa lance la mesure et portee
Et iusqua luy peult estre transportee
Si dit alors a cest exploit louable
Me soit ma destre a mon dart aydable
Et ie fais veu que se puis conquerre
Les despolles que tant ie veulx acquerre
Or cil enee le faulx depredateur
Tu en seras o lausus protecteur
Et en auras le trophee en la gloire
Dont a iamais il en sera memoire
Quant il eut dit sa stridente saiette
Contre eneas furiesement iecte
Mais son escu la renuoye et deboutte
En loing de la aux entrailles se boute
Dun beau ieune homme appelle anchores
Cil fut iadis compaignon dhercules
Et enuoye dargens au roy euandre
A luy cestoit de son gre voulu rendre
Si fut occis et pas ne sen doubtoit
Dun coup tout oultre pourtant feru estoit
Si regarda le ciel et il mourant
Sa doulce terre alloit rememorant
¶ Lors eneas par puissante maniere
Iecte et enuoye vne lance legere

Dextra mi
hi deus et
& telũ quod
missile li/
bro Nunc
adsint

Tũ pius
neas hastã
iecit/illa p
orbẽ Aere
causũ tripl
ci

Qui tant alla quelle persa sans doubte
De cil mezence la grande targe toute
Jacoit pourtant que dacier et de peaulx
Garnye fut de tresfondes thoreaux
Et si mist lors son espee acerre
Dedens son aigne grandement ulceree
Et quant cil veid le sang fort distiller
Du corps thyrrene sans plus dissimuler
Joyeusement sa clere espee tire
Contre le sien ennemy se retire
Lors quant lausus veid le sien pere actaint
Amour parfaicte a gemir le contraint
Lermes piteuses tumberent sur sa face
Et de pleurer tendrement ne se lasse
O ieune filz si longue antiquite
Peust porter foy certaine verite
A si grant euure pas ne feray silence
En cest endroit mais digne remembrance
De la mort dure et tes nobles faictz
Et de toy mesmes qui en portas le faictz
Celluy mezence ia commencoit retraire
Son pied arriere voyant le fort contraire
Et il naure et forment inutile
Voult arracher le dommageux hastille
Qui en sa targe cruellement pendoit
Lors le beau filz lausus qui regardoit
Le mal futur et danger de son pere
Hardie aux armes & aux coups se exaspere
Et il voyant le glaive hault leue
De cil enee tout prest et aprouue
De faire playe au pere dommageuse
Dessoubz se meist en sorte courageuse
Et doulcement sceut le coup recueillir
Dont eneas voult son pere acueillir
Lors ses consors auecques grosse bande
Depres le suyuet en faisant clameur grāde
Jusques a tant que mezence garny
De la targe de son filz et muny
Et peult saulver et eschever la presse
Et estancher son sang et sa foiblesse
Dars et missilles contre eneas envoyent
Moult le perturbent et de coups le fourvoiēt
Et tant pour vray que fremist et tressault
Mais bien couuert se leue a cest assault
Tout en ce point comme souuent advient
Quapres grant gresle la forte pluye vient
Dont tout acoup torrēs & russeaux croissēt
Lors laboureurs champs & cultures laissēt

Hic mortis dure casus tuaqz optima facta Si qua fidē tāto operi latura vetustas

Les viateurs et pelerins passans
La pluye telle voyans et congnoissans
Si se retirent et se cachent ensemble
En lieu couuert et seur comme il leur sēble
Et soubz rochiers concaues et patens
En attendant le beau et le cler temps
Affin quilz puissent leur couraige deduyre
Quant le soleil commencera a luyre
Eneas certes de glaiues et de dars
Tant combatu aīsi en toutes pars
Et soustenant la presse et la nuee
De la bataille si fort continuee
Ainsi alors sa facon maintenoit
Et tous telz coups et travaulx soustenoit
Blasment lausus et sa malle fortune
En luy disant par menasse importune
O filz mal sain et ia prest a mourir
Ou cuydes tu si promptement courir
Pourquoy prens tu hardiesse et audace
Voire si grande que ta force elle passe
Ta pitie certes comment or quil en soit
Mal conseille et peu cault te decoit
Pour telz parolles lauzus simple et legier
Ne voult pourtant se oster hors de danger
Ains sesiouist et fierement seslieue
en tresmal heure car sa fin est moult briefue
Las que diray ie acoup lors pour tout voir;
Ire et courroux se prist a esmouuoir
Du cueur denee et les parces mortelles
Rompent et brisent plusieurs manieres telles
Le dernier fil de duree et de vie
De cil lauzus dont il fault que desuye
Car a celle heure eneas le persa
De forte espee et son corps trauersa
Riens ny valut et ne luy seruist gueres
Le sien escu ne ses armes legeres
Ne la tunicque que dor pourtraicte auoit
Jadis sa mere qui ouurer bien scauoit
Alors le sang remplist par sa taincture
De ce beau filz le sain et la vesture
Et lame triste aux aures sen vola
Qui aux manoirs infernaulx puis alla
Laissant le corps exangue froit et palle
Par mort prochaine et ruyne fatalle
Et quant enee la vng peu demourant
Voyt et regarde la face du mourant
Et mais sa bouche difformee et piteuse
Tendant a mort en force merueille use

Quo moriture ruis maioraqz viribus audes Fallit te incautum pietas tua

Gemir se prist ayant compassion
Moult griefuement de telle passion
Et voulentiers luy eust baille sa destre
Pour le refondre et le reduyre en estre
Lymage cette de pa trie pitie
En sa pensee entra painctie
Disant a lors o enfant miserable
Que te pourra telz loz admirable
Pour telle indolle et future vertu
Donner enee qui tu or abatu
Je te delaissez et veulx que tu iouissez
Des armes tiennes dont bellique ix offices
Par cy deuant as faict et exploicte
Et en icelles tu tes moult delecte
Et au surplus ie consens et ordonne
Que sepulture honnorable on te donne
Au cercueil propre ou repose la cendre
De tes parens silz y daignent entendre
Dung point pouras au moins recoforter
De mort piteuse et doulcement porter
Cest en effect que ta vie est finee
Et que gist mort par la destre denee
Apres telz poinctz il increpe et incite
Des seruiteurs pour que chacun sacquicte
Loster de la luy mesmes sarrestoit
Le soubz leuer de terre ou il estoit
Car labondant du sang qui issoit lors
De son chief mort et abandonne corps
Auoit honny en facon piteable
Les beaulx cheueulx du iouuenceau notable
Pendant ce temps le sien pere mezance
Estoit retrai et par loingtaine distance
Aupres du fleuue du tibre sur le port
Et la tachoit faire aide ou support
Aux siennes playes et par eau gracieuse
Les agensoit en facon curieuse
Son corps lauoit et se rafreschissoit
De leaue clere qui du beau fleuue yssoit
Sa grand salade bien affinee et blanche
Estoit a lors pendue en vng branche
Dung arbre hault non de luy guere s loing
Et ses armures tant quil en eust besoing
En vng beau pre pour lheure reposoient
Des seruiteurs liez au pres pousoient
Il tout malade, et souuent anheloit
Se soustenir contre vng boys le faloit
Hurtant par fois o ses mains sa poictrine
Toute de poil et o grant barbe pleine

Quid tibi nunc miserande puer pro laudibus istis Quid plus eneas tanta dabit Idole dignum

Souuentesfois lauzus se requeroit
Et si encor sa bataille duroit
Souuent aussi ses gens vers luy ennoye
Pour tesmoignoir et laisser telle voye
Et maintesfois pour messaige luy mande
Quil se desiste empirse si tresgrande
Que reste plus ainsi que ceulx messaiges
Pour et viennent reportans telz langaiges
Sceut les consors que moult fort lamentoient
Lauzus tout mort sur ses armes portoient
Lors la pensee du desloyal mezance
Qui deuina ce mal et celle offence
Congneut acoup le pleur grant et pfont
Si commenca a desformer son front
Et ces deux mains au ciel esleue et dresse
Non pas pourtant p foy mais p destresse
Puis se prosterne sur le corps mort gisant
Faisant mains pleurs et ainsi deuisant
O le mien filz ay ie eu si grant enuie
De prolonger le terme de ma vie
Qui souffert aye ta force tant vtille
Estre exposee pour moy a main hostille
Toy las que ie engendre et nourry
Tay ie si peu extime et nourry
Et ie ton pere seray ie reserue
Pour les playes que tu as reprouue
Est il raison que maintenant ie viue
Par la mort tiene tant soudaine et hastiue
Las ores voy que mon dolant exil
Me tourne et vient a dommageux peril
Or percoy ie la douloureuse playe
Qui contre aspresse te suruient et desploye
Je par mon crime ay ton nom macule
O le mien filz et ton loz adnulle
Jay deboutte par enuye du septre
Et de la chaire du lors me veult mettre
Riant fortune qui pour lors a trahis
Ou porter deusse les peines du pays
Et mais les haines de ceulx de ma prince
Come chetif et trop malheureux prince
Car par ce point la mienne ame coupable
Eust endure lors toute mort sortable
Et toutesfois encore vif remains
Encore ne laisse le iour ne les humains
Mais a briefue heure en feray departie
Pour en venger lune et lautre partie
En ce disant iacoit qua peine puisse
Il se relieue sur sa nauree cuisse

At lausum socii exanimem super arma ferebant Flentes ingentem atque ingenti vulnere victum

Tanta ne me tenuit vivendi nate voluptas Ut pro me hostili paterer succedere dextre Quem genui

Et combien ores que sa playe retarde
Sa grande force ia pourtant ne sen garde
Si commanda que son puissant destrier
On luy ameine pour bellique mestier
Le cheual certes estoit toute sa gloire
Sur luy alloit quant il queroit victoire
Et quant on leust droit a luy amene
Son maintien voit et tout son demeine
Si aduisa sa morte et mate chere
Alors parla et dist en telle maniere
O franc cheual nous auons longuemēt
Vaincu tous deux cheualereusement
Et au destrois maīte peine enduree
Jentens au moins si loingtaine duree
Au fait des hommes peult auoir part ꝛ lieu
Car cella vient du seul vouloir de dieu
Je te prometz que de deux choses lune
Huy se fera voire sans faulte aucune
Cest qua ce iour tel chief deuure feras
Que tu vainqueur ennuie emporteras
Les despoulles cruentes et anglantes
Du faulx enee par forces vehementes
Et mais sa teste que tost sera couppee
Au fier taillant de ma poignante espee
Et auec moy vengeras les douleurs
Quay de lausus et des siennes valeurs
Ou autrement se par malle adventure
Force ny peult trouuer quelque ouuerture
Auecques moy vouldras en chāp mourir
Sans autre lieu pourchasser ne querir
Car ie suis seur que iamais ne vouldrois
Quaultre te menast aux tournoys
Ne que nul autre tant cher or le gardast
Te peult dompter ou riens te commādast
Et qua peine daigneroys tu permettre
Que aucun troyen soit tō seignr̄ ꝛ maistre
Quant il eust dist sus son destrier se pose
Qui voulentiers obeist a la chose
Bien voulst garnir se mains de dars poinct⁹
Pour exercer ses forces ꝛ vertus
Salade mist flamboyant sus sa teste
Et sur icelle auoit equine creste
Lors en tel point et p mont ꝛ p val
Donna la course a son vite cheual
Honte et regret que en son cueur estime
A ce le meult ꝛ a ce le esuertue
Et lamour grande q̄ a son filz il portoit
Vertus aussi aux faict le exagitoit

Rhebe diu res si qua diu mortalibus vlla est Viximus

Dixit et sese cept⁹ tergo consueta, locauit membra

Quant venu fut au millieu de larmee
Par maintes fois a voix toute affamee
Son ennemy eneas appella
Car il ne veult ne ne quiert que cella
Bien le congneust enee ꝛ bien laduise
Et parla lors ioyeux en tel deuise
Le veulle a dieu que pmier tu commēces
Jecter a moy tes glaiues ou tes lances
Cella sans plus dist il si picque auant
Puis a mezance vint droit a laudeuant
O lame ague infeste et violente
Que fierement il manye et presente
Lors dist mezance o plus cruel des hōmes
Ne cuides tu au combat ou no⁹ sōmes
Or esbahir apres auoir occis
Le mien lauzus sans quelconq̄s mercis
Certainement par ceste voye seulle
Ores conuient que ie my plaigne et deulle
Par tel exploict et par ce seul moyen
Peulx tu destruire et moy et le filz myen
Plus ne craignons sa mort ne sa greuance
A nul des dieux ne pardonnons loffence
Et pour ce doncques cesses du menasser
Car a la mort ie me viens auancer
Mais ains que mecte mon corps a labandō
Premierement ie tenuoye ce don
Cella luy dist puis gueres ne seiourne
Ains son grief dart sur lennemy contourne
Et puis vng dart et puis vng autre apꝛs
Qui sentresuyuent et vont de si tres pres
Que coup sus coup il les plante et assigne
Dedens sa targe qui fut luysante et fine
Mais lespoisseur et la force dicelle
Soustint les coups et la playe mortelle
Brief cil mezance souuent le cheualoit
Par cours obliques et contre luy alloit
Jectant sans cesse en main forte et legiers
Dars acerez de diuerse maniere
Mais le seigneur troyen y resistoit
Et sagement o sa targe insistoit
A labondance et grande multitude
De dardz iectez pour sa solicitude
Finablement quant il se vit cōtrainct
Par telle demeure q̄ tout son cueur estraint
Trop luy ennuye de tousiours arracher
Les dardz quil voiet contre luy descocher
Et il presse par tel combat inique
Lors conuint par telle voye oblique

Sic pater ille deum faciat sic altus appollo Incipias cō ferre manū

Pensa Vng peu a son entendement
La fin de leuure et le commancement
Et quant assez eut le tout proiecte
Tantost apres eut rue et iecte
Vng dart legier par si grande rudesse
Qui transperca le temple et la haultesse
Du belliqueux cheual de part en part
Tant fust le coup rude quil luy apert
Quant le destrier sentit sa playe griefue
Incontinent tout droit se dresse et lieue
Et les deux piedz deuant en lair demaine
Si cheut alors a terre en blanche areine
Le cheualier qui dessus fut monte
Et le cheual desia debilite
Tãtost apres tumba dessoubz son maistre
Dont poure faictz se trouua tout a destre
Lors les troyens par commune rumeur
Et les latins font si grande clameur
Que tout le ciel retentist et resonne
Du bruit extresme que feist toute personne
¶ Incontinent enee a luy court
Et pour faire le sien exploict plus court
De son fourreau lespee clere tire
Et sur cela se print apres a dire
Ou est ores le tant cruel mezence
Qui se disoit plein de telle Vaillance
Esse la force du courage et du cueur
Si merueilleuse dont tu te dis Vainqueur
Lors quant mezence eut quelque peu repris
Air et halaine et les siens esperitz
Responce feist o ennemy amer
Qui te meult ores me respondre ou blasmer
Ne pourquoy tant de la mort me menasses
Certes ie suis content que tu le faces
Homme Virille Vertueux et bien fort
Ne doit doubter la rigueur de la mort
Et pas ne suis icy tourne sans faille
Pour yssir ores Vainqueur de la bataille
Le mien lauzus que tu as a mort mys
Na pas a toy traicte ne compromis
Dune chose sans plus ie te supplye
Jentens au mains si grace se desplye
Aux ennemys Vainqus cest quil te plaise
Que le mien corps pour tout pdurable aise
Soit mys en terre quant tu mauras occis
Car ie scay bien que ia nauroient mercys
Les miens subiectz de mon corps miserable
Quant mort seray pour la mort execrable

Aduolat
aeneas va
ginaq; eri
pit ensem
Et super
hec vbi nũc
mezentius
acer

Quilz ont en moy et pour grande rigueur
Je te supplye deffens telle fureur
Et si moctroye quauec mon filz repose
En sepulture ie ne quiers aultre chose
Les motz luy dit et le glaiue receut
Dedens sa gorge puys mort a terre cheut
Et rendist lame auecques habondance
Du sang espois qui aux harnois sauance

¶ Cy finist le dixiesme liure des eneydes &
commence le Vnziesme .

Occcanũ i terea sur-gēs aurora reliquit Aeneas ꝑ ꝗ r̄ sociis dare tempꝰ humandi Precipi-tant cure

PEndāt ce tēpz apres la nuyt passee
Et q̄ laurore ia fut fort auancee
Si que desia locean delaissoit
Eneas lors trauailloit et et pensoit
Faire inhumer et mettre en sepulture
Les corps occis comme affiert p droicture
Soing et soucy a cella lincitoit
En sa pensee moult fort trouble estoit
Pour la mort dure des siēs dont trop fut las
Et mesmement du noble duc pallas
Ainsi doncques laube du iour venue
Pour la victoire quil auoit obtenue
Il proposa rendre louenge aux dieux
Et satisffaire tous ses veulx pour le mieulx
Premierement il de vertus emule
Feist colloquer sur le hault du tumule
Ung grant chesne dequoy il feist oster
Rameaux et branches et dedēs feist plāter
Et apposer les armes flamboyantes
Du duc mezence et despoulles patentes
Desquelles fist a toy o mars offrandre
Voire et tout ce comme de chose grande
Puis y pendit les crestes carrousees
Du sang vermeil qui la furent posees
Et mais les dardz transformes aguisez
Qui a combatre furent moult cher prisez
Aussi y fut la cuyrasse dressee
Laquelle estoit en douze lieux persee
Puis print la targe de ce corps inhumain
Et lapplicqua soubz sa senestre main
La clere espee qui eust manche eburnee
Fut a son col pendue et ordonnee
Lors se print il ses consors exhorter
Joyeusement et iceulx conforter
Car a grans turbes tous ensemble estoient
Autour de luy et aussi lescoutoient
¶ Robustes hommes dit il tresgrande chose
A cestuy iour auons parfaicte et close
Arriere doncques soit mise toute peur
Car le surplus nesbahist nostre cueur
Icy voyez les despoulles insignes
Du roy superbe et ses enseignes dignes
Et par mes mains pouez voir desconfit
Celluy mezence qui tāt de maulx noꝰ feist
Ores il est temps conduire noz batailles
Au roy latin et prendre ses murailles
Et pource dōcq̄s en voz cueurs et courages
Aprestez armes et nobles vasselages

Maxima res effecta viri timor omnis abesto Q̄d super est

Et presumez par lealle esperance
Dauoir victoire et briefue iouissance
Affin aumoins que trop brief fait demeure
Nempesche aucuns ignorans a celle heure
Lors qui plaira aux dieux que noꝰ marchōs
Et quil fauldra que de terre arrachons
Noz estendars et que larmee toute
Des tentes ysse pour suyuir droicte route
Affin aussi que propos angoisseux
Ne nous arreste comme gens paresseux
Et ce pendant mettons les corps en terre
Des preux et bons occis en ceste guerre
Soubz lacheron profond repose et gist
Leur honneur deu qui a iamais fleurist
Allez doncques dit il troyens vous mesmes
Et decorez par dons grans et supremes
Ses nobles ames qui par leur sang exquis
Nous ont la terre ou nous sommes acquis
Et tout premier soit porte sans attendre
A la cite triste du roy euandre
Le duc pallas qui iour obscur a pris
Il qui pourtant fut sage et bien apris
Et a haultz faictz enclin et conuoiteux
Oncques ne fut de vertus souffreteux
¶ Ainsi pleurant et larmoyant parla
Puis tout acoup dedens sa ville alla
Et droit au lieu la ou estoit le corps
Du mort pallas par larmoyans accords
La le gardoit ung cheualier antique
Dit acetes moult preux et magnifique
Qui deuander iadis portoit les armes
Quāt en bataille cōduysoit ses gēs darmes
Et euander le bailla par apres
Au sien pallas pour estre de luy pres
Car sage estoit en son conseil notable
Mais la fortune luy fut lors mal traictable
Autour du corps feirent ses seruiteurs
De grādes larmes de pleurs executeurs
Et la turbe troyenne et maintes femmes
Escheuelez et anciennes dames
Lors quant enee fut entre audedens
Ceulx qui la furēt au cerqueil attendans
Plaindre et gemir a lheure commencerent
Et leurs poictrines de frapper ne cesserent
Si que pour vray la royalle maison
Fut lors remplye de larmes a foyson
Et quant Enee vint en icelle salle
Voit et aduise le chef transsi et palle

Sic ait illa crimās recipitq̄z ad limia gressū Corpꝰ vbi exanimi positū pallantis acetes Seruabat senior

Oudit pallas et la playe piteuse
En sa poictrine tendre et delicieuse
Pleurer se print et gemir chaudement
Et puis parla en tel gemissement

Te ne squit miserande puer quum leta veniret Inuidit fortūa michi ne regna videres

¶ O filz failly qui tant vaulx regreter
Ma fortune voulu persecuter
Jusques a tant elle qui commencoit
Mon loz acroistre et qui moult mauancoit
Quelle ait este enuyeuse et honnie
Dont il ta pleu me faire compaignye
Et na voulu que tant las tu vequisses
Quen mon royaulme paisible tu me veisses
Ne que tu peusses tourner victorieux
Dedens ces sieges et en paternelz lieux
Pas ne promis telle chose a ton pere
Quant ieus de luy ayde moult prospere
Et au partieme voulut ambresser
Los que ie feis voilles et gens dresser
Pour conquerir seigneurie si haulte
Il tout craintif que ie ny feisse faulte
Maduertissoit qua gens de fiere taille
Durs et rebelles iauroye la bataille
Et il peult estre pris desperance veine
Dres trauaille et prens labeur et peine
Donner offrandes et faire veulx entiers
Et de grans dons remplir tous les aultiers
Las nous to⁹ tristes en hõneur peu valable
Acompaignons ce poure corps notable
Qui riens ne doit a humaine facture
Ains a paye le tribut de nature
Malheureux pere mais q̃ pourras tu dire
Quant tu voirras de ton filz le martire
Piteux sera a toy nostre retour
Et le triumphe attendu du retour
Ma foy sera de toy peu estimee
Ains a bon doit deura estre blasmee
Mais toutesfois au regarder et voir
Tu pourras lors a cler apercevoir
Que pas ne sont villaines ny honteuses
Les siennes playes mais assez vertueuses
Et quant fuyr celluy ne les recent
Mais en preux hõe qui bien cõbatre sceut
Dõt mieulx te vault quẽ hõneur ⁊ en gloire
Cil gise mort en durable memoire
Qui si naure par derriere ou attaint
Tu sohetasses quil fust mort et estaint
Las ausonye belliqueuse et aperte
O que tu as par luy faict grande perte
Et tu mon filz yule y as perdu
Secours moult digne pour toy tãt attendu

Hec vbi defleuit tolli miserabile corpus Imperat

¶ Quãt il eut faict regret de telles plaintes
Souspirs extresmes lamentacions maintes
Il commanda que le corps miserable
Fust emporte en facon honorable
Et a ce faire voulut embesongner
Mille hões slẽs pour mieulx laccõpaigner
Affin aussi que par gracieux termes
Puissẽt destaindre du pere les grãs larmes
Et quil luy donne quelque petit soulas
Pour amender ses plainctes et helas
Incontinent embesongne se meirent
Non paresseux et les choses perfeirent
Necessaires a tel acoustrement
Les aucuns deulx bastirent promptement
Le mol pheretre et piteuse litiere
De verges tendre en diuerse maniere
Et mais de vime dont bien sceurent lyer
Tables et boys et les faire ployer
Lict esliuant et y feirent vne vmbre
De maintes brãches couchees en grãt nõbre
Brief la dedens sur paille agreste posent
Le ieune corps que de mener disposent
Et tel sembloit en forme et en couleur
Comment est certes vne souefue fleur
Qui est cueillye par main de vierge hõneste
Ou tout ainsi que tendre violette
Ou bien iacinte faillant et languissant
Qui na perdu sa splendeur fleurissant
Et qui encores na sa beaulte laissee
Et dont la forme ternye et efface
Commance a estre car plus ne la nourrist
Terre sa mere qui de sa vertu ist
¶ Lors print enee deux tables precieuses
De pourpre et dor richement plantureuses

Tũ geminas vestes auroq3/ ostroq3 rigẽtes Extulit aeneas/

Desquelles certes la royne de carthage
Dido auoit de ses mains faict louurage
Et les auoit de fil dor et de soye
Entremeslees iadis par grande ioye
Et les donna a eneas a lheure
Quauecques elle il faisoit sa demeure
Eneas doncques eust et vestit alors
Dune dicelles le miserable corps
Et de lautre faicte en sorte et en euure
Dun grãt mãteau le chef atourne ⁊ cueuure
Du poure mort et posa par dessus
Maintes despoulles et maintz p̃sẽs receuz

Chevaulx aioustes et les dars fait porter
Donc avoit sceu son ennemy dompter
Puis mist apres ayans les mains lyees
Les prisonniers et bandes raliees
Que il avoit gaignes en la bataille
Affin quil feissent obseque et funeraille
Et que la flamme ace fait disposee
Fut par leur sang espse et arrousee
Puis cõmanda que les principaulx ducz
Armes hostilles et les escuz pendus
Des ennemys sur grãs perches couvertes
Et les despoulles en guerre recouvertes
Ilz emportassent et que gravez et mys
Fussent dedens les noms des ennemys
Au departir pour la grande tristesse
Quant acetes ia tout plain de vieillesse
Il convient lors lemporter & mener
Car sans aide neust il sceu cheminer
Le malheureulx se tourmẽte & demaine
A lune foys il frappe sa poictrine
Puys o ses ongles la face se dessire
Brief tant ya en luy courroux et ire
Quil se ꝓsterne et a terre se pasme
Vertu luy fault & si ne congnoist ame
Apres marchoient cuttes tretous espres
Du sang rutule seme en maintes pars
Puis menoit on par ordre convenable
Le sien cheval belliqueux & doubtable
Qui lors navoit brides ne parement
Mais le frain seul et pleuroit chaudemẽt
Et par grãd gouttes q̃ de ses yeulx yssoiẽt
Moulloiẽt la terre dont mais sesbayssoiẽt
Les ungs portoient sa salade & baniere
Et les autres sa grand lance tressfiere
De son harnoys hõme nẽ portoit plus
Car turnus lors luy osta le sourplus
Ainsi marchoit la triste cõpaignye
De tout plaisir et de ioye bannye
Apres suyvoit non sans deul & sans peine
Plusieurs troyẽs & mais les ducz tyrreines

Post hec ois
loge comitũ
pcesserit or
do. Subsisti
tit eneas

Et les archades de noz habitz couvers
Qui tournoient leurs armes a lenvers
Quant tous ꝑ ordre a marcher cõmencerẽt
Et les ꝑmiers a cheminer penserent
Lors eneas saproche et sarresta
Au pres du corps puis grant soupir iecta
Disant telz motz or fault q̃ tu ten ailles
Certes le sort des cruelles batailles
A autres termes nous appelle et cõvye
Las fauldra il exposer nostre vie
Adieu donchs mon chier amy pallas
Adieu celuy de qui ieu maint soulas
Adieu te ditz cest le dernier adieu
Que tu auras de moy or en ce lieu
Rien plus ne dict et la plus ne seiourne
Ains en plourant au chasteau sen retourne
Que reste plus certes tantost apres
Veners luy vindrent orateurs to⁹ expres
Embassadeurs de la cite latine
Aians maniere gracieuse et benigne
Portant chacun en leur maĩ une branche
De lolivier signifiant paix franche
Leur charge estoit et leur cõmission
De requerir sans plus permission
Voire et licence de recueullir les corps
De leurs amys illec occys et mors
Et quil pleust lors au noble roy enee
Que sepulture par eulx leur fust donnee
Bien remonstrerent que gẽs mors & tuez
Dair et de vie ainsi destituez
Nont plus besoing de bataille et de guerre
Mais seullement du repos de la terre
Si luy prierent quil eust grace & pardon
Des malheureux gysans ala bandon
Qui nõ pour eulx mais pour autruy q̃relle
Receu avoient piteuse fin mortelle
Le bon enee pas ne les refusa
De leurs requestes mais de pitie usa
Considerãt que chose iuste et bonne
Leur cõcedoit donc voulũtiers leur donne
Et par parolles honnestes & sãs pique
Leurs fist apres une telle replicque
Vous latins quelle indigne fortune
Vous a esmeuz a bataille importune
Tant et si fort et si loing vos amys
Que desdaignez que soyons voz amys
Querez vo⁹ paix pour ceulx ores qui gisent
Mors en bataille et qui rien pl⁹ ne nuysent
Plus voulentiers octroyer la vouldroye
A ceulx qui vivent et ioyeux en seroye
En ce pays ne fusse ia venu
Si par les dieux neusse este cõvenu
Et par loctroy de la divine grace
Ne meust este donne lieu siege et place
Pas neusse fait la guerre a vostre gent
Si la faire neust este bien urgent

Quos bon⁹
eneas haud
aspnãds pcãtes
Prosequi-
tur venia

Mais vostre roy tout plain de deffiance
A mesprise no⁹ et nostre aliance
Et cest coniont a turnus et aux siens
Suyuãt ses armes et estringnãt les myes
Certainemẽt si turnus eust mieux fait
Dautant que monstret luy touche ce fait
Dauoir garde par force et par prouesse
Que tant de gens occys par dure angoisse
Ne fussent mors et ainsi desconfitz
Donc il eust eu les honneurs et profitz
Jentens au moins sil veult et determine
Que la bataille par coups donnet ce fine
Et sil sapreste par cauteleux moyens
Persecuter et chasser les troyens
Si son entente estoit ainsi de faire
Pas ne deuoit si acoup se retraire
Ains contre moy se deuoit preparer
De dars de glaiues fieremẽt se parer
Celuy eust certes este vaincueur ⁊ maistre
Qui eust en dieu pour luy et forte dextre
Or retournez ⁊ prenez hardiment
Les corps des vostres qui plãcturēusemẽt
Sa et la gyssent sans honneur p les chãps
Mectez en terre yceulx poures meschans
Moult furent tous perplex et esbahys
Iceulx legatz dauoir telz motz ouys
¶ To⁹ se taisẽt lors ⁊ lũg lautre regardẽt
Baissant les yeulx ⁊ leur langue retardent
Finablement lung deulx nomme drauces
Qui par sur tous auoit lotz et acces
Porter parolle pour le sens et viel aage
Quen luy estoit lequel en son courage
Trop hayssoit les facons et les meurs
Du ieune duc turnus plain de rumeurs
Cõmenca lors la parolle reprendre
Du duc enee et bien se fist entendre
Comme plain de grande renõmee
Plus grãt en armes ayãt vertu sõmee
Per quelz louenges te peulz tu esleuer
Jusques aux cieulx ⁊ ton loz exprimer
De quoy fault il que pmier mesbaisse
Du grant iule que tu as et iustice
De ta prouesse et cheualereux faictz
Ou des labeurs dont tu portes le faiz
Certainnemẽt nous tous reporterons
A nostre ville et bien informerons
De tes valleurs et de ta maintenue
Dont a ton pere elle aura la venue.

Dixerat ene-
as olli obstu
puere silen-
tes Cõuersi
q; oculos in
ter se atq; ora
tenebant

De sa fortune nous veulle tant aider
Que nostre emprinse puissons afin vuider
Nous esperans tant rallier et ioindre
A nostre roy et toute guerre estaindre
Quere alliance auec le duc turnus
Car trois longs iours nous a cire tenus
Ains qui plus est aucons plaisir et ioye
De voir bastir vostre nouuelle troye
Et nous mesmes nō iamais plus recordz
Du different exposerons noz corps
A esleuer voz murs et tours fatalles
Se y metrons noz puissances totalles
Bien nous plaira pierre et taille porter
Sur noz espaules pour louurage augmẽter
¶ Quant il eut dit les autres accorderent
Le contenu et plus ne procederent
Si prindrẽt treues pour douze iours entiers
Le roy enee loctroya voulentiers
Et fut la paix sequestree ⁊ moyenne
Entre latins et mais la gent troyenne
Durant ce tẽps sans dangier ⁊ sans doubtes
Ensemble alloient par forestz ⁊ par toutes
Troyens latins lung a lautre meslez
Tous faitz de guerre sont lors dissimulez
De grãs congnees fendẽt ⁊ coupẽt fresnes
Puis esleuent cedres ⁊ rudes chesnes
Et ia ne cessent cherrotz en remplir
Pour funerailles pfaire et acomplir
Las que diray plus ne demourra guere
Que renõmee dolente messagiere
De si grans pleurs q̃ chacun peult entendre
Remplist acoup tout le palais deuandre
Et le roy mesme ⁊ voire en peu de temps
Toute la ville et tous les habitans
De peu deuant on auoit rapporte
Que cil pallas cestoit si bien porte
En la bataille quil obtenoit victoire
Dont il acqst par vng grant lotz meritoire
Quant les archades et ceulx de la cite
Sceurent le bruyt selon la verite
Tous se preparent et vont alandeuant
En pleurs ⁊ plainctz reiterez souuent
Grans torches prennent a la mode anciẽne
Et ny eust nul qui ne portast la siene
Si que la voye de loing par tout luysoit
Pour la flame qui de torches yssoit
Ainsi allerent par ordre et par mesure
Lung auec lautre tant q̃ la voye dure

Dixerat hec
vno q; omẽs
eadẽ ore fre
mebant.
Bis senos
pepigere di
es.

Daultre coste les troyens aprocherent
Avec le corps que tost apres toucherent
Et laultre turbe pleurant et lamentant
Si vont ensemble au lieu la ou on lattend
Et quant les dames et anciennes meres
Veirent entrer en plainctes si ameres
En la cite le corps et la mesgnye
Et si piteuse estoit la compaignye
De pleurs et cris chacune se moleste
Tant aprement que lors la ville meste
Fust remplye des clameurs qlles font
Et ny a cueur qui en larmes ne font

At nō euā drū potis ē vis vlla tenere Sed venit i medios

¶ Quant euander eut sceu ce malefice
Il ny eut homme qui arrester le puisse
Ains erramment au meillieu de tous vint
Sans tenir forme et plus ne luy souvint
De gravite royalle ains tout se expose
Sur le pheretre ou le corps mort repose
Et puis se ioinct larmoyant et pleurant
Mais proferer ne peult le demourant
Car sa douleur tant le serre et affolle
Quissir ne peuent mie propos ne parolle
Finablement apres sanglotz divers
De sa voix furent les meates ouvers
Et il tout plein dangoisseux dueil et ire
Commenca lors combien qua peine dire

Non hec o palla dederas pmissa parenti Cautius vt sevo velles te credere marti

¶ O doulx pallas et qui ta icy mys
Ce navois tu a ton pere promis
Plus cautement tu te devois conduyre
Devant q aux armes le tien couraige iduyre
Pas ne ignoroye que la nouvelle gloire
Et convoitise davoir loz et victoire
Souvent abuse et moult decoit en armes
Nouveaux soudars et les iunes gēdarmes
O ieune filz ta prouesse premiere
Ta este certes bien acoup vendu chere
Le premier art de ta chevalerie
A este dur en ieunesse fleurie
Se a nul des dieux ont este exaulcees
Veulx et prieres que iay tant prononcees
O myenne espouse tressaincte et gracieuse
Et que tu es maintenant bien eureuse
Par ta mort tienne qui ne test huy gardee
A dolent telle par moy seul regardee
Las bien deusse estre long tēps ya vaincu
Par doulce mort car iay trop plus vescu
Que ne devoye puis que ie remains pere
Apres mon filz sur qui la mort propere
Mais pourquoy las les armes ne suyuy
Diceulx troyens quant leur affaire vey
Et non pallas aumains les dars rutulles
Neussent occis sans craindre pertes nullez
Et la myenne ame en eust porte le fais
Non pas mon filz qui de ce ne peult mais
Et ceste pompe le mien corps raportast
Non pas pallas qui mieulx le dueil portast

Nec vos arguerim teucri, nec federa nec quas Junximus hospitio dextras

¶ Ia toutesfois ne vous blasme ou argue
O vous troyens de la chose advenue
Ne mais la foy ne les conventions
Entre nous faictes par voz adiunctions
Et que fortune et ceste grant tristesse
Devoit eschoir a ma povre vieillesse
Et puis que mort si tost acceleree
Avoit mon filz contre luy preparee
Encore suy aise dont avant que mourir
Par sa prouesse il a sceu secourir
Les siens amys et apres mains milliers
Mors et tuez des volsques chevaliers
Il a donne aux troyens lavantage
De conquester leur futur heritage
O myen pallas ie ne pourroye faire
Plus grant honneur a toy pour satisfaire
A ton sepulchre ne plus dignes obseques
Qua faict enee et les troyens avecqs
Et mais les ducz thyrrenes tous ensemble
Et lexercite qui en ce lieu sassemble
Moult grās trophees et ioyaulx sūptueux
Ont aporte des nobles et de ceulx
Que ta main dextre a mis a mort hōteuse
Par ta prouesse qui fut chevalereuse
O duc turnus ie suis seur et le croy
Que si pallas eust este comme toy
Pareil en aage et quautant eust eu dans
Comme de force entre telz accidens
De sa mort certes ores vante ne te fusses
Ains o les aultres par luy aussi tu fusses
Mais ou me amuse ne ou ores regardes
Ne pourquoy ores par mon dire retarde
Vous troyēs nobles aux armes tost courir
Et voz consors en guerre secourir
Allez vous en et soyez bien recordz
Dire a enee puis que ie voy le corps
De mon filz mort que trop ie hais le vivre
Et riens ne quiers fors quen estre delivre
Et que sil veult la mort du filz venger
Et les douleurs de moy pere abreger.

Cest quil defface et tue par sa destre
Celluy turnus et quil demeure maistre
Avecque luy ne luy peust conceder
Juste fortune pour a droit proceder
Ja plus ne veulx de ce monde la ioye
Ne longue vie mais que sans plus ie voye
Turnus occis affin quapres ma mort
Je puisse faire seur et certain rapport
Au mien pallas es terres tenebreuses
Ou sont ames vagues et souffretteuses
Aurora interea miseris mortalibus almam extulerat lucem
En ces demeures lobscure nuict passa
Et puis laurore tost vint et savanca
Et amena aux humains miserables
Radieux iours et a eulx convenables
Ja commencoit eneas pres du port
Faire construyre par ung commun accord
Les grandes pyres et les aultres structures
De bois et branches pour obseques futures
Semblablement et tarchon le faisoit
Pour les siens mors car tresbien luy plaisoit
Brief nul ny eut qui au faict ne sapplicque
Chacun aporte le corps et la relique
De ses amys et leur font les honneurs
Selon les meurs de leurs predecesseurs
Leurs feux allumet planturoux et funebres
Dont les fumees fot lair plein de tenebres
Et quant les corps furent mis et posez
En celles flammes et aux feux exposez
Lors les troiens et ceulx qui assistoient
En armes cleres tous preparez estoient
Et par troys fois en tel estat armez
Tournent autour diceulx feux allumez
Sur leurs chevaulx lors motez vironnerēt
Ce mesle feu et grans clameurs donnerent
La terre fut de leurs larmes remplye
Chacun ses armes dessus iecte et desplye
It celo clamorq; virum clangorq; tubarum Hinc alii spolia occisis direpta latinis Coniiciunt igni
Jusques au ciel alloit la voix humaine
Et des trompettes la resonance haultaine
Anchins iectoit despoulles et butins
Pris et conquis sur les occis latins
Dedens ce feu comme espees et targes
Sallades cleres a moceaux et grās charges
Brides et resnes et mais roes ferventes
Le tout mettoient en flammes violentes
Et les aucuns dons congneux voulētiers
Dedens exposent a leurs propres bouclïers
Et mais les dars et les lances sans faille
Qui malheureux leurs furent en bataille

Es envyrons feirent sacrifier
Plusieurs thoreaux et par mort deffier
Et maitz pourceaux maites bestes prinses
Parmy les champs en diverses pourprinses
Qui lors occises furent et iugulees
Desur ces flammes tristes et adolees
Ainsi doncques autour du port regardent
Leurs consors mors qui tous bruslent et ardēt
Et la sarrestēt pres des grās feux adustes
Gardāt tousiours les tūbeaux et les bustes
Et ia ne veulent de ce lieu departir
Tant que la nuit commenca a sortir
Par ses tenebres humides et muables
Le ciel destoilles et dastres convenables
Pas moins nen firēt les latins malheureux
En divers lieux dresserent lors entre eulx
Infinite de monceaux et de pyres
Pour demonstrer que vertuz ne sont pyres
Mais corps des leurs sās ailleurs les fouyr
Firent alors en la terre enfouyr
Aultres aussi estrangiers et forains
Inhumer font es champs les plus prochains
Et les aultres qui de la ville estoient
Dedēs la ville leur corps mort emportoiēt
Et du surplus de toute la caterue
Des gens occis dont grant fut le acertue
Ceulx sās honneur furent lors et sās nōbre
Ars et bruslez en ce piteux encombre
Lors cōmencerent les chāps plaines et boys
Par tout reluyre des grans feux celle fois
Troys iours entiers furēt certes passez
Tertia lux gelidā celo dimoverat umbram Merentes altū cinerē et confusa ruebant Ossa focis
Que ia ne furent de tel exploit lassez
Eulx larmoyens amasserent les cendres
Et mais les os demy bruslez et tendres
Puis les mettoient en terre bien tissus
Et grandes pierres ou signes par dessus
Que reste plus la grant maison royalle
Du roy latin et la ville totalle
Fut alors pleine de lamentacions
De plaintz et pleurs depalacions
Les tristes meres et nures malheureuses
Et mais les seurs larmoyans et piteuses
Poures enfans gemissans et pleurans
Destituez de leur propres parens
Tous ceulx ensēble mauldisēt cest affaire
Et mais la guerre et ceux qui la fōt faire
Moult blasment certes de turnus lacointāce
Son mariage et mais son aliance

Tout dung vouloir desirent quil parface
Seul la bataille et quil se tient en place
Et qui tout seul en boyve la folye
Puis quil couuoyte le regne dytalie
Et quil pourchasse les hõneurs primerais
Et paruenir aux cetpres souuerains
Assez aide drances a la besongne
Leur dire approuue et iuste le tesmoigne
Bien faict rapport queneas ne pretent
En la bataille fors turnus et lactent
Plusieurs aussi au contraire disposent
Turnus soutiennent et ces vertus eposẽt
Moult luy faict vmbre de la ruyne le nom
Donc peu de gens ont sceu dire le nom
Sa renommee ces faictz et sa valeur
Et ses trophees accroissent sa faueur
Brief les aucuns dung dautre diuisoient
Ainsi entre eulx grant discords attissoient

Hos iter motus medio ĩ flagrante tumultu Ecce sup mesti magna dyomedis ab vrbe Legati respõsa ferũt

¶ Entre ces bruictz tumultes et querelles
Tantost apres eurent autres nouuelles
Car les legatz embassadeurs commis
Que lon auoit enuoye et transmis
Deuers le roy dyomedes naguetes
Affin dauoir aides singulieres
Secours de gens pour la necessite
De retour furent tantost en la cite
Et font rapport en bien triste langaige
Quilz nõt tiẽ faict au poĩt de cest ouuraige
Et quen effect ilz ont perdu leurs peines
Leurs esperances et leurs actentes vaines
Et ia ne fault secours ne gens actendre
De dyomede car point ny veult entendre
Rien nyont faict dons offres ne presens
Doulces prieres motz exquis et plaisans
Bien charger le peurẽt latins aileurs aide
Armes et gens pour leur faire subside
Ou querir paix auec le roy troyen
Car pas ne voyent autre issue ou moyen

Olli couenere fluunt q3 ad regia plenis Tecta viis

¶ Quant le viel roy latin eut entendu
Leur embassade et leur labeur perdu
Lors par grant deul commenca tressaillir
Et bien sembloit que deust acoup faillir
Lyre des dieux les fresches sepultures
Des siens occis par cruelles iactures
Bien le font seurs que par diuin vouloir
Enee estoit venu en ce manoir
Et que les choses ainsi ne se traictoient
Si les haulx dieux le tout ne permettoient

Si fist a lors en songneux appareil
Faire assembler ceulx de son grant conseil
Et appeller les principaulx seigneurs
De sõ royaulme & les maistres greigneurs
To⁹ mãdes furent et tous entrẽt & viẽnẽt
Au grand pallais et ensemble conuiennent
Si quen peu dheure la royalle maison
Fut toute pleine de nobles a foison
Et quant tous furent assembles et venus
Les vngs et autres asses entretenus
A lors le roy ce commenca a mettre
Dedens son trosne tenant en main le sceptre
Au milleu deux et sembloit a le veoir
Que lors de ioye ne deust guerre auoir
Si commanda quon fist entrer leans
Les messagiers legatz et supplians
Qui de thole lors retournez estoient
Pour mieulx scauoir quel respõce aportoiẽt
Et quel despeche dyomedes leur fist
Pour auiser au publicque profict
Si furent tous paix et silence
Lors venulus sa harangue commence

Vidimus o ciues diomede argiuaq3 castra Atq3 iter emensi casus super omnes

¶ O nobles hõmes dõt nostre apuy p̃cede
Nous auons veu le roy grec dyomede
Et mais ses villes et angiues chasteaulx
Tant auõs faict p̃ peines et trauaulx
Que surmonte auons les voyes toutes
Sans nulz dangiers & sãs aucunes doubtes
Et si auons la main du roy touchee
Par qui fut troye deffaicte & tresbuchee
A lheure certes que fusmes deuers luy
Il batissoit sur fort et dur apuy
Vne cite argiripe nommee
De belle monstre et de grãt renommee
Es champs ou est gargane le hault mont
Laueu quil a au pais le semont
Quant venus famez et entrez en sa place
Et que nous eusmes concession et grace
De reueller ce quil nous amenoit
Lors feismes offre ainsi quil conuenoit
De noz presens et bien luy sceusmes dire
La vraye cause qui deuers luy nous tire
Pas ne laissasmes ne nous ne noz pais
Ne par quelz gẽs nous sommes p̃ transmis
A ceste cause le venons la requerre
Qui nous aide a garder nostre terre
Quant ouy eust nostre legacion
De doulce face nous fist ostencion

De nous Vouloir fut sa pensee absconse
Si nous fist lors gracieuse responce
C O doulx amys et fortunees gens
Qui possedes royaulmes beaulx et gentz
De saturnus ausonyēs antiques
Vous qui auez tant este pacifiques
Et tant Vescu en paisible repos
Quel fortune ores ou quel propos
Vous solicite pour telles aduenues
Faire et dresser batailles incongnues
Nous tous gregois qui auons Violez
Par feux et glaiues gastez et affollez
Les chāps troyēs po[r] les si grādes deffaut
auōs souffert peres griefues ꝛ haultes ꝯtes
Et nya nul de to[us] tant que nous sommes
Qui nait porte intollerablez sommes
Sans y cōprendre ne mettre en nōbre ceulx
Qui tuez furent par trauaulx angoisseux
Deuant les murs troyēs ꝛ ceulx ensemble
Que symois en ses Undes assemble
Souuent de puis eusmes compassion
De piramus et de sa passion
Assez le scait lestoille de minerue
Triste ꝛ mattye q̄ trop nous fut proterue
Si font aussi les roches euboicques
Et capharee en sceut des faitz iniques
Auptement de celle triste guerre
trāsportes fumes en mainte estrāge terre
Agamenon et mais menelaus
Jusques aux collonnes du grāt roy ꝓteus
Exiles furent et le prince Ulixes
Droit aux ciclopes eut dāgereux accez
Neptolomus en eut mauuais party
Car son royaulme fut acoup subuerty
Et mais la terre du roy ydomenee
Tost fut p̄ luy de crainte habandonnee
Les locrez certes et dautres leurs consors
Furent iectez sur les libicques ortz
Celluy mesmes ducteur et capitaine
De tous les grecz et leur force haultaine
Agamenon apres le sien retour
De la bataille et de si grand destour
A peine eut faict en son royaulme entree
Quant tout acoup sa Vie fut oultree
Et fut occis que cest piteuse chose
Par clytemnestre sa propre fēme espouse
Apres asie Vaincue que ne Vueil tayre
La succeda Ung nouuel adultere

En mon endroit si mal mest aduenu
Que quant ie fuz en mon pais Venu
Cuidant illec paracheuer ma Vie
Les beaulx dieux ont cōceu haine ꝛ enuye
Si ont garde que ie ne puisse Veoir
La mienne fēme pour soullas receuoir
Ne mais la Ville calidone appellee
Qui par auant fut par moy debellee
Et maintenant mes consors miserables
Qui se perdoient par les mers Variables
Sont conuertiz et muez en oyseaux
Vagāt es fleuues et pres des grādes eaux
Las les tormens et les peines diuerses
Quil ont souffert en faisant telles trauerses
Et prochiers concaues quanteffois
Il font regrectz et lamentables Voix
Pour celle cause aige Vescu en crainte
De puis le temps en pensant p̄ fois mainte
Comme ie simple ay eu desir si haulx
Vouloir combatre les corps celestiaux
Et par playe iay Viole la destre
De la deesse Venus sans y congnoistre
Et pource donc ne my enuoyez plus
A telz batailles ie quicte le surplus
Contre troyens plus ne feray poursuyte
Trop en ay fait puis q̄ troye est destruicte
Des maulx passez ores ne me souuient
Jen auray ioye si perte leur en aduient
Touchāt ces dōs de quoy me faictes offre
Point ne les Veulx car raison ne le seuffre
Reportez les si croyre me Voullez
Aeneas de qui tant Vous dollez
Bien le cōgnois et ailleurs Veu no[us] sōmes
Ou y auoit maintz cheualereux hommes
Lun contre lautre auons mais coupz dōnez
Et au bast noz corps habandonnes
Croyre pouez a mon dict sans doubtance
Car ien ay Veu la Vraye experiance
Que il se monstre en armes et comment
Il meult sa lance ꝛ cōduict roidement
Certes ie cray que si les troiens portz
Eussent eu lors deux hōmes aussi fors
Aisement fussent Venus or a conquerre
Iceulx troyens toute la grecque terre
Et or pleurast cōme mal fortunee
Toute la grece sa dure destinee
Toute deffence et tout retardement
De conqueste ce fist lors seullement

O fortunate gentes saturnia regna Antiq ausonii

Me vero ne me ad tales impellite pugnas Nec michi cū teucris vllum post eruta bellum est Pergama

Par cil enee et par hector ensemble
Car deuant eulx ny eut nul qui ne tremble
Nostre victoire fut souuent chalangee
Par leur pouoir et si fort prorogee
Quelle dura iusques au dixiesme an
Et pas ne fut sans grande perte te dan
Tous deux estoiët insignes en couraiges
Hardiz en armes et promps en vacelaiges
Mais en pitie eneas le passoit
Donc sa louange tous autres effassoit
Et pource donc tanddis quauez le temps
Traictes y paix et en soyes contens
Et gardez bien sur tout tant q̃ craignez
Que plus a guerre ne vous embesongnez
Ne que par armes ia ne leur courrez sus
Car trop en fin vous y seriez deceuz
O roy latin de tous roys le meilleur
Dict venulu et souuerain seigneur
Ouy auez sans quelle soit absconse
Entierement le dire et la responce
De dyomede et quel est son aduis
De la bataille dont sommes en deuys
A peine eut dict sa charge et sa creance
Cil venulus et autres sans doubtance
Incontinent diuers propos issirent
Soubz bas murmure d to⁹ ceulx q̃ louyrẽt
Lors firent bruyt les turbes ausonides
Tout en ce point q̃ fõt les eaues rapides
Quant par rochiers au contraire alachees
Leurs cours sõt certes tardes ꝛ empeschees
Si que lissue en est close ꝛ encondupt
Alors ce lieue vng grãt murmure ꝛ bruit
tãt q̃ les riues des vndes crepitãtes
Fremissent lors p̃ riues violentes
Et quant apres tous furent appaisez
Et leurs couraiges quelque peu reposez
Le roy latin a grant dueil prouoque
Apres quil eut les haulx dieux inuocque
Print lors a dire certes seigneurs latins
Trop ont este noz desirs repentins
Car ains quen prendre vne chose si haute
Pour la parfaire honnestement sãs faulte
Premier deussons tel conseil congnoissans
Auoir vse de conseil et de sens
Non en ce tẽps quant noz ennemis tiẽnent
Forment noz terres et icy nous detiennent
Certes amie contre soit et fortune
Nous faisons guerre et bataille importune
Et desployons noz targes et escuz
Contre les gens diuines et non vaincuz
Qui fatiguez iamais ne peuent estre
Par nulle guerre tãt est leur corps a destre
Et ceulx encore que lon cuide tenir
De fer et glaiue ne veulent abstenir
Si nous auons eu or quelque esperance
Dauoir secours ꝛ hõmes de deffence
De dyomede plus ny en fault auoir
Cõme pouez par noz legatz scauoir
Chacun en soy seullement se confie
Car autre espoir ny voy ie vous affie
Mais vous voyez cõme les choses sont
En quel dangier et ruynes el vont
Deuant voz yeulx en est la congnoissance
Entre voz mains elles sont residence
Ce que ie dis nest pas pour accuser
Homme des nostres ne pour droict refuser
Mais la vertu de nous trop presumee
Est maintenant faillie et consumee
Toute la force et puissance flouris
De nostre empire est or deperie
Or vous diray la chose balancee
Que iay cõpilee en doubteuse pensee
Et en brief motz ie vous informeray
Ou quel me semble que doy faire feray
Jay vne terre icy pres ancienne
Qui de tout temps est repute e mienne
Prochaine au fleuue du tibre elle sestend
En sa longueur sur le port doccident
Jusques aux fins sicanes moult adoncques
Les vieulx rutulles et anciens auroncques
Sement leurs bledz et charues y percent
Par les montaignes dures ou il cõuersẽt
Il me semble pour paix aduantaigeuse
Que celle terre qui tant est montaigneuse
Donner pourrions et celle region
A ceste forte troyenne legion
Pour contracter amitie pardurable
Auecques eulx q̃ tousiours soit durable
Si que viuons ensemble en loys egalles
Comme voisins en puissances regalles
Et sil leur plaist la dedens demourer
Et celle terre p̃ demeure honnorer
Jedifflent hardiment et parfacent
Chasteaulx et villes seiour y facent
Ou aultrement silz ont intencion
De tirer oultre en autre nacion

Ale ea lega ti varius q3 pora cucurrit Ausonidũ turbata fremor

Ante equidem sũma ð re statuisse latini Et ve lem

Est antiqu⁹ ager tusco michi prox mus anni Longus in occasũ fines

Et quilz pretendent apres cy forte guerre
De despartir et lesser nostre terre
Nous leurs ferons parfaire voulentiers
Vingt gros nauires equippez et entiers
Ou plus silz veulent car toute la matiere
Est sur le port qui ne constera guere
Dire pourront le nombre et la deuise
Quelque quil a veulet affin quon y aduise
De nostre part nous leur deliurons
Boys et cordaige et faire les ferons
Oultre il me seble pour la meilleure voye
Quil sera bon que vers eulx on enuoye
Cent orateurs des plus nobles et saiges
De nostre gent qui par prudens langaiges
Feront rapport de nostre intencion
Et de lentiere consideracion
Dedans leurs mais auront rameaux de paix
Sans linterrompre ou la briser iamais
Presens et dons dor dargens et dyuire
Ilz porterot pour mieulx leurs cueurs iduyre
Et mais la chaire et la traber insigne
De nostre regne mostrant damour le signe
Pourtant seigneurs conseillez a ce faict
Et dictes moy quil vous semble estre faict
Secourez tost par soing de voz pensees
Aux choses tristes piteuses et lassees

Tu Drances idem infensus quem gloria Turnus Obliqua inuidia stimulis qz agitabat amaris

Alors drances qui en son cueur estoit
Bien offence et ne ce contenoit
Espagitte par vne enuye oblicque
Contre la gloire de turnus qui le picque
Et la guillonne par stimules diuers
Il tient pourtant clos et couuers
Celuy estoit tresriche et opulant
Tout plain des biES encore mieulx plant
Mais de batailles ne darmes nauoit cure
Froit en estoit autre chose procure
De grandes euures estoit cault inuenteur
Et en conseil non pas petit aucteur
Puissant pour faire sedicions celles
Entretenuz de diuerses meslez
Bien noble estoit de la part de sa mere
Mais incongneu touteffois quant au pere
Ceelluy se lieue et par son subtil dire
Accumula entre eulx fureur et ire
¶ Certes bon roy dist il toutes les choses
Que tu conseilles lesqlles tu propo ses
Ne sont obscures a nul a ceste fois
Et nont besoing de plus expresse voys

Rem nulli obscuram nostre nec vocis egentem Consulis o bone rex

Tout le peuple bien congnoit et confesse
Comment fortune tous les iours no⁹ oppsse
Et p qui cest mais du dire se taisent
Car trop ont peur que parolles desplaisent
Nous donne cil liberte de parler
Et son orgueil vueille ores raualler
Je le diray iacoit quil te menasse
De grief oultrage et q ma mort pourchasse
Celluy pour vray q pour ses malles meurs
Par son malleur et desirez honeurs
Est cause seul de la mort et deffaicte
De tant de nobles et de gent si parfaicte
Et si voyons toute nostre cite
Logee en dueil et en aduersite
Par cil turnus qui cuide desconfire
Troiens chasteaulx mais il ne peult suffire
Se confiant en fuyte tres instante
Et p ses armes tout le monde espouete
O roy notable il semble a mon aduis
Que bon sera selon les tiens deuys
Quauec ces dons presens et choses grandes
Qua ceulx troiens enuoyer tu commandes
Quoultre tout ce p toy leur soit permis
Vng apart pour les auoir amys
Et ia ne laisse pour autruy violence
Querir repos et viure en pacience
Cest quil vault mieux que ta fille baille
En mariage a home qui le vaille
Et que tu prennes vng gendre suffisant
Honneste digne et pour toy bien duisant
Pour ce moyen et pour le traicte delle
Tu pourras faire vne paix eternelle
Si peur ou crainte denn uy ou doffencer
Celluy turnus nous garde dauancer
Ceste besogne il vault mieulx ce me seble
Luy requerir pardon et grace ensemble
Et qui luy plaise tolleret or endroit
Que le roy puisse saider de son droit
Et le pais a qui clost la chose touche
Verite certes iamais ne la bouche
¶ O chief et cause de telz et si grãs maulx
Pour quoy metz tu a perilz et trauaulx
Par tant de fois les nobles de la cyte
Or y aduise et vng peu ten soucye
Certainement homme ne peult acquerre
Salut qui vaille en mal causer guerre
Et pource donc nous tous te requerons

Quid miseros totiens in aperta pericula ciues Proiicis o latro caput hor᷑ et causa malor᷑ Nulla salus bello

Paix et concorde et riens plus ne querons
O duc turnus pour escheuer dommaige
Faictz quil te plaise nous deliurer le gaige
Le seul ioyau dinuiolable paix
Pour lobseruer et garder a iamais
Et que premier que tu dois hair tant
Donc ne me chault et en suis bien contant
Treshumblement ne au moins te suplie
Quan piteux faict ta grace se desplye
Ayez pitie et de toy et des tiens
Refrains ton cueur dont en perte noꝰ tiens
Et ten retourne a la terre acoustree
Sās q̄ la nostre soit plus pour toy oultree
Assez auons veu gens occis et mors
Donc espars gisent les miserables corps
Or sont les champs gastez et desolez
Pour les gensdarmes qui dedens sōt allez
Ou autrement se grande renommee
Force et vertu dedens ton cueur sommee
Tant tesguillonne de que tō cueur desire
Apres latin du royaulme destre sire
Et pourchasse que ton espouse soit
La sienne fille q̄ si grās biens recoit
Prēs doncq̄ audace managnime et haultaire
Pour corps a corps vaincre ton aduersaire
Affin quapres ꝑ la louenge et fame
Auoir tu puisses lauinie pour femme
Fais ce chief deuure et nō pas noꝰ meschans
Vielles ꝑsonnes q̄ ꝑ plains et ꝑ champs
Pourroient estre occiz sans demeuree
Ainsi q̄ turbe peu plainte et non pleuree
Mais si tu as la force qui precelle
Et q̄ tu vueillez mettre ton corps pour elle
Regarde cil qui tappelle et conuie

Talibus exarsit dictis violētia turni dat gemitum

Et ny crains plus de y exploicter la vie
Pour tel parolle sesmeut la violence
Du duc turnus de la peur pour offrance
Vng grant souspir iecta a haulte voix
Cy fist apres responce a celle fois
Certes drances ta sorte et ton visaige
Scait tousiours estre copieux en langaige
Qui te vouldroit longuement escouter
Lors quil fault leuure o main executer
Tu te presentes et ꝑmier te proferes
Deuant les prīces et les cōuocques freres
La court ne doit selon cōmuns prouerbes
Estre remplie de parolles ou verbes
Desquelz habūdēt et viollent en ta bouche
Quant es asseur et que nul ne te touche
Lors que tu vois ennemys assaillir
Dedens leur terre dont ne peuent saisir
Et quil nya encores sang ne playe
Alors ta langue fierement se desploye
Je te requers argues moy de crainte
Toy qui as fait et eu victoire mainte
Qui par ta destre as mis maintes caternes
De mort troyens a merueilleux et a centes
Donc par trophees les faitz victorieux
Tu anoblis les champs en diuers lieux
¶ Or conuient faire essay et espreuue
De la vertu qui en ton cueur se treuue

Experiare licet nec lōge scilicet hostes Querendi nobis

Ja nautons peine daller au loing querir
Noz ennemis pour tost les conquerir
Pres sont des murs et bataille requerent
Nyrons noꝰ pas contre eulx q̄t ilz noꝰ q̄rēt
Que respons tu ne pour quoy ores cesses
Sont seullement tes forces et promesses
Dedens ta langue toute pleine de vent
Et en tes piedz pour fouyr bien auant
Fuz ie chasse ne iamais mis en fuycte
Comme tu dis par troienne poursuycte
O meschant homme mal gardant verite
Qui pourra dire que ie fuz deiecte
Honteusement de champ et de bataille
Quant on la veu de corps et funeraille
Les champs ouuers et ꝑ mon seul moyen
Le tibre accroistre et plein de sang troyen
Et la maison deuandre et sa lignee
Morte et deffaicte et toute en sang baignee
Et les archades darmes destituez
Ou la plus part diceulx mortz et tuez
Tout autrement certes que ne recites
Dont esprouue mes forces et merites
Le grant pandare et bitias aussi
Et autres mille q̄ sans grace ou mercy
Tous en vng iour ie deffaictz ꝑ ma destre
Et demourray cōtre eulx seigneur maistre
Jacoit pourtant quen ferme et enclos
Fusse en leurs murs et en leur propre clos
Tu dis que en guerre na salut ne lyesse
O simple et fol parle assez et ne cesse
A ceulx troyens de dire et reciter
Tout telz propos pour plꝰ hault les mōter
Fais esbahir ꝑ tes parolles telles
Cueurs belliqueux cōe pleins de cautelle
Extolle et loue les forces et vertus

De ceulx qui furent par deux fois abatus
Et au contraire de prime la louenge
Du roy latin pour celle gent estrange
Selon ton dict il semble que les grecz
Eussent iadis p grant crainte et regretz
Fuy les armes des troyens et quen peur
Eust affoibli le couraige et le cueur
De tytides et dachilles ensemble
Et que le fleuue ou aufide se assemble
Tout effroye par armes si oblicque
Se fust retraict es mers adriatiques
Bien est musse ta fraude et ta malice
Et le peche de ton faulx artifice
Qui fais et mostres p vng couuert seblāt
Que mort presente te rende tout tremblant
Et que pour moy proferer or tu noses
Saige conseil et profitables choses
Et fais le blasme et la coulpe si grande
Quil sembleroit que ien deusse lamande
Dis hardiment sans si fort tesmouoir
Car ie te iure et te fais assauoir
Que ia ton ame si ville et si meschante
Tu ne perdras par ma main violente
Garde la bien et ton si chetif corps
Car ia pour moy nen sera mise hors

Nunc ad te et tua magne cōsulta reuertor Si nullam nostris vltra spem ponis in armis Si tam deserti sumus

Or cest asses et peu vault ta parolle
Contre chose si tressimple et friuole
A toy retourne roy notable et puissant
Or au conseil qui bien est congnoissant
Si tu nas plus despoir ne confiance
Aux armes mostrees a par longue esperance
Et si nous sommes desertz de tous pouoir
Quant secours nous ne puissons auoir
Et que du tout nostre bande et armee
Soit subiuguee et par fuycte blasmee
Ce que iamais pour saigement ouurer
Bonne fortune ne puissons recouurer
En ce cas la suyl daups et conseille
Que acquerir paix vng chacū sapareille
Et supplions p desarmees mains
Noz aduersaires no9 ne pouōs a moins
Jacoit pourtant si encore auyons
De la vertu donc vser nous soulions
Las hōme preux de haults faictz guerdōne
Noble en couraige de labeurs fortune
Qui tout passoit p prouesse et facunde
Est expire et party de ce monde
En fier destour et belliqueuse guerre
Fust il occis et la mordit la terre
En rendant lame eureux fut son trespas
Car nostre honte aumains ne verra pas
Aussi seigneurs si nous auons richesse
A sa fiance et gens pleine de ieunesse
Cheualereuse que encore nauons mys
Corps a lexploit contre noz ennemys
Quencores auons peuples citez et villes
Et gens ytales a telles choses vtiles
Sil est ainsi aussi que la victoire
Jusques a ores et la plus grande gloire
Soit demeure au troyens non sans perte
Mais auec sang espars et mort aperte
En leur endroit a autant que du nostre
Dōt le dōmaige pareil au deux se mōstre
Pour quoy doncques ainsi deshonnorez
Nous deffaillons et sommes demourez
A lintroicte de nostre aduersite
Mais dou prenoit tel le infelicite
Et pour quoy esse que deuant la buccine
Pour nous occupe et le cueur nous decline
¶ Souuent aduient que labeur variable

Multa dei varius qz labor mutabilis eui Retulit i meli9

Et mais le temps et la saison muable
Conduict les choses et apres les raporte
De pis en mieulx et doulx repors aporte
Et mainteffois fortune aussi se mocque
De telz et telz quapres elle colloque
En liberte et les met au dessus
Du grant affaire qui trop les a deceus
Si dyomede et sa gent de etholie
Auecques nous ne se ioinct et ralie
En lieu de luy nous auons mesapus
Et en bataille leureux tollunnius
Auec la gent quil nous a voyee
De tant de ducz au combat enuoyee
Et puis apres en gloire non petite
Les secourent les nobles et leslite
De ceste terre et du laurent pais
Que au besoing ne seront esbahis
Aussi auons la grande royne camille
Noble et insigne que plus de quatre mille
Bons cheuailliers et hardis combatans
Pour nous maine et lauront en brief tēps
Mais sans cella si les troyens desirent
Que nulz de nostres a ce combat ne tirent
Ains que ie seul pour tous maulx abreger
Mettre ma vie et mon corps en dangier
Et sil vous plaist quacella ie maplicque

Comme tout seul de la p̃le publique
Certainemẽt la victoyre quay eue
Par en deuant ny flechist ne ny mue
Et ia si fort ne me suys esloingne
De lheur passe ne tant embesongne
Que riens refuse par faulte ou negligẽce
Pour essaier vne telle esperance
Tout de franc cueur encontre luy iray
Ja du propos ne me diuertiray
Et fust il plus puissant que ne fut oncq̃s
Cil achiles ne quautre grec quelconq̃s
Jacoit aussi quil ait armes parfaictes
Par vulcanus assorties et faictes
Donc ie turnus nom second en vertu
A nul de vous ne de peur abbatu
Voue et dedye et expose mon ame
Pour escheuer de tous le commun blasme
Si en cas seul me cherce et sy me quier
Vienne hardiemẽt car mõ cueur le requiert
Et sil aduient que voulente diuine
Veul que ie meure et que tũbe en ruine
Ou rue vertu et gloire si bien euure
Que prys dhonneur et victoire recueure
Pourtant ne veul que drãces trop parlant
Pour telle dance par haine ou mal talent
Que contre moy eut dicte ou proferee
Que sa personne en soit exasperee

Illi hec īter se dubiis de rebus agebãt. Certantes

Ainsi entre eulx ensemble diuisoient
Du fait doubteux et au tout aduisoient
En ce pendant eneas aprestoit
Son exercite et son armee hastoit
Pour tost aller assieger les murailles
Du roy latin si dresse ses batailles
Lors le messaige tout acoup se trãsporte
Deuers le roy latin et luy rapporte
Que les troyens pres du tybre posez
Font grant apprest et la sont disposez,
Venez contre eulx faire bataille et guerre
Ja sont les champs couuers et mais la terre
Diceulx troyens et de thirennye main
Qui a marcher commencent tout aplain
Pour tel nouuelle furent fromẽt terribles
Seigneurs et princes qui la sont assẽblez
Ceulx de la ville et tout le populaire
Fut lors esmeu pour ce soubdain affaire
Incontinent ardeur courroulx et ire
Salume en eulx plus quon ne scauroit dire
Et tous trepides armes quierent et prennẽt
A larmee viennent et lung lautre reprennẽt
Les tristes peres et les anciens hommes
Fõt plaictz et pleurs et regrectz a grãs sõmes
Celle clameur si haulte et si profonde
En tous endroictz de la ville redonde
Entre eulx y eut diuers assentement
Les vngs dient vng les autres autrement
Non autrement cõme font les oyseaulx
A grandes turbes et plantureux mõceaulx
Quãt sur hault boys et grãs forestz mectẽt
Alors entre eulx par diuers chãps caquetẽt
Ou tout ainsi quen lac ou estanc large
Plusieurs signes couiennent a la marge
Qui la ensemble auec leur sourde voix
Font bruyans crys et chants a celle foys

Immo ait ciues arrepto the turnus. Cogite consilium

Lors dist turnus ie entens et voy assez
Que de vertu a briefs motz vous passez
Pourtant seigneurs tenez vostre concille
Jacoit que lheure ny est pas bien vtile
En voz sieges bien posez et assis
Louez la paix et requerez mercys
Pas ne voyez les nostres aduersaires
En armes prestz et qui p̃faictz haulsaires
Oultrement penetrent et assaillent
Vostre royaulme et voz courages faillent
Rien plus ne dit ains sen va et sen part
Hastiuement laissent leur faictz a part;
Tost fut yssu sy dit lors a voluze
Pas ne requiert le tẽps que plus on muse
Dy et denonce aux manipres souldars
Que tost desployent guydons et estandars
Pour ralyer les volsques et leur bende
Et toy mesappe qui as cõduicte grande
Seras ducteur des cheualiers rutulles
Acours aussi sans craindre peines nulles
Aueche son frere les champs occupera
Et son armee au long espandera
Aucuns aussi auec deffences fortes
Tiendront fermez et bien closes les portes
Et les aucuns aussi des autres tours
Pourront deffendre et rompre les destours
Tout le surplus et reste de gendarmes
Viendrõt o moy pour exploicter leur armes
Selon la faire et ou sera besoing
Et dauec eulx ne feray ia mys loing
Incontinent ceste entreprise faicte
Chascun les armes et la bataille appete:
De tous costez par grant celerite.

Chascun monte es murs de la cite
Alors le roy latin plain de tristesse
Tout son conseil et lassemblee laisse
Il moult trouble differe ce propos
Car pas navoit son cueur lors a repos
Moult se repent dont il navoit donnee
Sa fealle fille au dardanie enee
Et donc premier pour viure plus asseur
Ne lauoit fait son hoir et successeur
¶ Aucuns faisoient grãs fossez ⁊ tranchez
Deuant les portes fierement attachez
Et les aucuns des pierres et taudys
Font leur bastille pour estre plus hardis
Tantost apres la cruente buccine
Donna de guerre lespouentable signe
Lors les matrones et les enfans petis
Exagitez de diuers appetis
Sur les murs montẽt cõme force leur dõne
Et font ensaincte de diuerse couronne
Labeur final necessite extreme
Les y cõduyt o cueur transy et blesme
Et lors la royne en turbe langue et ample
De maĩte dame sen va tout droit au tẽple
Et aux maisons sacrees de pallas
Car bien besoing eust elle de soulas
De grands offrandes bien fut elle garnie
Pres delle estoit la vierge lauinie
Cause du mal et des dõmaigez tieux
Donc elle hõteuse abaissoit ses beaux yeulx
Apres suyuoient les dames anciennes
Selon leurs meurs ⁊ les noblesses siennes
Dencens souef tout le temple ensẽserent
Puys de gemir et cryer ne cesserent
A haulte voix de piteux motz precone
Disant alors vierge vierge tritone
Qui des batailles es presidente ⁊ guyde
Besoing auons ores de ton ayde
Rompe de ta main sans espgner en rien
Le dart agu du larron phrygien
Mort et vaincu a terre le prosterne
Comme prefuge du pais trop lesterne
Et le confons deuant les parties haultes
De nostre ville pour amender ses faultes
¶ Que reste plus chũ guerre entreprent
Turnus ardant ⁊ chault ses armes prẽt
Ja fust vestu de cuyrasse dorre
Descailles dor richement decoree
Jambes et bras furent egallement
Couuers darnoys fais sumpteusement
La sienne espee bien sceust au coste mettre
Assez scauoit dicelle sentremettre
De toutes pieces fut arme pour la queste
Fors de sallade quencor ne mist sur teste
Ainsi tout cler bien dore et luysant
En la haulte arce lors alloit desduysant
La ou la royne et lauinie estoient
Qui leul sur luy pyteusement gettoient
Il prompt et fier seslieue en son couraige
Et quant de loing appceut son bernage
Et lost troyen tost sen sort de leans
Comme cheual qui brisa ses lyans
Et habandonne son clos et son estable
Car trop luy sẽbleẽt rudes ⁊ mal traictables
Et quant il a liberte recouuerte
Et que la clef des champs luy est ouuerte
Il non repeu a la fuyte et emblee
Quiert des jumens larmente et assemblee
Et entre icelles sil treuue eaue ou riuiere
Bien oultrepasse sans poureuse maniere
Et au nager lieue la teste hault
Pour demonstrer que force ne luy fault
Si que les crins sur son col raportez
Jouent et vollent et dessus les costez
Quant il turnus fut yssu hors la ville
A laudeuant vint la royne camille
Acompaignee en arroy diligent
De plusieurs nobles et de la volsque gent
A peine estoit turnus yssu des portes
Bien assorty et par darmes fortes
Quant la royne lapceust et le sent
Incontinent du cheual se descend
Pour luy faire lhonneur et reuerence
Qui deue estoit a sa magnificence
Autant en feirent bien humblemẽt a ceulx
De son armee sans estre paresseux
Apres doncques la bien venue faicte
Ainsi parle celle royne discrete
¶ Certes turnus si esperance habite
En cueur robuste par sens ou par merite
Jay bien laudace de seule conquerir
Lost des troyens sans secours requerir
Et ie prometz daller tost alencontre
Des ducz thyrrenes pour leur faire rẽcõtre
Et pource dõcq̃s seuffre que o ma gẽt aille
Faire lessay de premiere bataille
Arreste toy en piedz et te retarde

Prefodiũt alii portas aut saxa sudesq;

Cingit ipse furẽs certatim i p̃lia turnus. Jãq; adeo rutulũ thoraca indutus

Turne sui erito si qua est fiducia forti Audeo

Et la cite et les murailles garde
Alors turnus iectant tousiours sa veue
Contre la vierge de si grāt cueur pourueue
¶ Luy print a dire par doulcemt amollye
O noble vierge et honneur dithalye

Od ec⁹ itale virgo quas dicere grates Quas vere ferre parez

Quelles louenges ⁊ quelles graces faire
Or te pourray pour assez satisfaire
Ores nest pas du dire ou du penser
Le temps ne lheure ne du recōmancer
Mais puis que tant enuers moy te ꝓsentes
Dy exposer tes forces si puissantes
Si grant labeur sil te plaist partyrons
Et toy et moy a la batille irons
Le duc enee qui dicy est ia pres
Comme iay sceu par messagiers expres
Et par raport de seure renōmee
A enuoye certaine gent nōmee
Aux champs courir en leur armes legieres
Pour esbahir les legions premieres
Et il party au desploy et enseigne
Auec sa gent sen vient par la montaigne
Cuydant tost prēdre a lemblee ⁊ sursault
O son armee ville et cite dassault
Mais pour briser et rompre son emprise
Jay sa cautelle en vng aultre sens prise
Par eschauguettes iray a laudeuant
Pour mieulx lenclorre sans tyrer plus auant
Car les deux voyes q̄ luy ⁊ ses gens font
Toutes se rendent a vng chemin profond
Et leur feray apprest de main armee
Si que leur bande tost sera assommee
Et pource royne au lieu tu te rendras
Et auec toy ces tyrennes prendras
Le fort mesappe te fera cōpaignie
Et mais les les ducz latins ⁊ leur mesgnie
Si feront certes catillus et coras
Ducz tiburtins desquelz la charge auras
Ainsi luy dit ⁊ en pareille sorte
Le duc mesappe a la bataille exhorte
Aussi fait il ses consors et amys
Puis droit sen tire contre ses ennemys
¶ La assez pres y eut vne vallee

Est curuo anfractu vallis acommoda fraudi. Armorumq; dolis

De guerre accez et de doubteuse allee
Bien cōuenable a fraude des gēdarmes
Et pour musser la cautelle des armes
Des deux costez fut ensainte et garnie
Darbres et boys et de buyssons munye
Si que par tout obscure et noire estoit
Dont de passer nul se consentoit
La y auoit chemin et sente estroicte
Pour conduyre les gens par voye droicte
Moult fut lentree maligne toutesfois
Et dangereuse a cil qui autresfois
Ny eut passe et qui ne sceut lyssue
Car trop est certes despes arbres tissue
Dessus ce val et en la haulte cime
De ce profond et dangereulx abisme
y eut beaulx plains ⁊ bien seurs receptables
Et pour gendarmes assez ductz habitables
Car a main droicte ou a gauche sans faille
Sus pouoit lon auoir la/la bataille
Ou du hault mont ruer et insister
Aux ennemys ⁊ aussy resister
Par grans rochiers et pierres loing iectez
Dont les ꝑilz seroient moult reiectez
Le ieune duc auec sa legion
La vint tout droit par celle region
Assez estoit par luy aplain congneue
Et bien scauoit la dresser sa venue
La se posa et soubz verdoyant vmbre

Velocē interea superis in sedib⁹ opuz Unā ex virginib⁹ sociis sacraq; caterua Cōpellabat

Il colloqua de sa gent tout le nombre
¶ Durant ces choses dyane latonye
En ses haulx sieges celestes bien vnye
Appelle lors lune de ses cōpaignes
Bien viste de hāter les enseignes
Par boys et plains souuentesfoys alloit
Quant la deesse lordonnoit ⁊ vouloit
Si luy dit lors a voix triste et piteuse
O chere amye et vierge gracieuse
Je taduertis quores va et chemine
A dur combat femme doulce et benigne
Dicte camille et en vain or saccoustre
Des armes miennes et du parement nostre
Plus la tiens chere que nulle autre pucelle
Et nest pas certes lamour fresche ou nous
Ne pas na meu p soubdaine doulceur Cuelle
Le myen courage de lamour pocesseur
Vray est dit elle que metabus son pere
Hors deboute de son regne prospere
Par dure enuye et suspecte puissance
Il fugitif de son propre naissance
Et du pouoir de sa ville et cite
Auecques luy pour sa felicite
Lors emporta entre ses armes et soudars
Par le peril de glaiues et de dars
Sa seulle fille ainsi habandonnee
Qui a peine nestoit encor que nee

De sa mere luy voult bailler le nom
Casmille dicte par vertueux renom
Si nen osta seulement quune lettre
Et fut camille comme lon peut cognoistre
Il en son saing deuant luy la portoit
Boys et buyssons seulemet apportoit
Pour soy retraire et escheuer la presse
De dars et glaiues qui lui font grat oppsse
Lors cheualiers volsques lenuyronnerent
Et a grand course ia fourment le tuerent
Las que diray le poure dechasse
Tant fut par eulx suyuy et pourchasse
Quauppres du fleuue amasene il arriue
Lequel estoit tant creu et hors de riue
Pour les pluyes si grandes en effect
Quen ce pays naguieres auoit fait
Que du passer ne gist en son possible
Tant est le cours et mais leaue penible
Il ia tout prest dessayer a nager
Craignant la fille perdue ou domager
Son pas retarde au pres du fleuue large
Moult crait offedre sa doulce & chere charge
Finablement quat tant presser se voit
Et quil est prins si acoup nye pourvoyt
Entre les autres en delibera vne
Qui bien luy fut sortable et opportune
Vng dart pour lors dedens sa main tenoit
Dur et robuste du quel se demenoyt
Quant en bataille alloit ou autre affaire
Ou le deffendre luy estoit necessaire
A celluy dart sa fille attache et lye
Et en escorche lenuelope et le lye
Affin que leaue ne la sorbe ou perisse
Et le tout ioinct p maniere propice
Au sa main forte au fleuue iecte et lance
Sa doulce fille posee en celle lance
Disant tieulx motz o vierge latonye
Des boys cultrice de hault pouoir guernye
Je voue au pere et dedie et presente
Et si te voue ma fille pour seruante
Qui humble et triste fuyant ladversite
Des ennemys et leur hostilite
Par vens & autres tes premiers vis eporte
Donc ho deesse et la prens et conforte
Et la deliure par puissance imposee
Des eaux doubteuses ou elle est exposee
¶ Quant il eut dit son dart iecte et enuoye
Tant fort qui peult en perilleuse voye

Telũ imma ne manu va lidũ qd forte gerebat bellator

Dixit & ad ductorto tortũ hastille lacer to immictit

Les vndes firent au choir grat bruyt & son
Ainsi sen fuyt en estrange facon
Dessus le fleuue infelice camille
Enuelopee au boys du fort hastille
Lors metabus la poursuyuit de pres
Car sans contraires se iecta tost apres
Dedans le fleuue et tant tire & tant nage
Quil entrepasse et vint en leur riuage
Son dart ameyne & sa fille attachee
Qui pas nestoit par nulle eaue touchee
Le tout sceut il sans rien perdre ou faillir
Sur la doulce herbe attraire et recueillir
Ainsi sauua et son dart et la vie
A la fille que fut don de triuie
Plus ne veulent en villes ne cytez
Soy retirer querant felicitez
Et quant il eut eschappe tel dangier
La plus ne veult en maison se loger
Plus ne couerse auec les humains
Ny ne leur touche ne de corps ne de mains
Par les montaignes haultes et par bocage
Voulst acheuer le surplus de son aage
En ces buissons et au secours des bestes
Cherchoit sa vie et ses piteuses questes
La nourrissoit et traictoit pourement
De la mamelle de saulvage iument
Sa doulce fille qui de sa bouche tendre
Assez scauoit le laict traire et espandre
Et au premier quant piedz se peust tenir
La iuuencelle et aller et venir
Cil metabus luy baille et institue
Dedens sa main vne saiette ague
Et au coste de la petite pose
Larc et la trousse pour apprendre la chose
En lieu de gimples & de cercles dorez
Dont deussent estre ces cheueulx decorez
En lieu aussi de robe et de vesture
Qui a son corps deust faire couuerture
Sur elle auoit les despoulles sans plus
Et peau dun tigre qui couuroit le surplus
¶ Ja comencoit a main tendre et agille
Jecter et tendre sa dard de puerille
Et mais la fonde manier et tourner
Contre son chef et grans coups en donner
Sonnet aussi par coups droitz & insignes
Abbatoit grues et tuoit les grans cignes
Brief maintes dames et meres anciennes
Par le pays et par les champs thyrennes

Tela manu iã tũ tenera puerilia torsit. Et fũdã tereti circũ caput ẽgit habens

Moult desiroient que leur mort elle peust
Et voulentiers chacune la receust
Mais ia ny met son cueur ne son entente
Elle sans plus de diane contente
Intemeree cherist honnoure et quiert
Amonco virgine et riẽs plus ne requiert
Fors seulement lusage et exercice
De dars et fleches dont elle ayme loffice
Et bien vouldroie quonq̃s ne fusse entree
En tel bataille pour estre remõtree
Et que ia neusse empris de debeller
Les ductz troyens ne mais ꝯtre ceulx aller
Car or seroie par boys ⁊ par chãpaignes
La plus aymee de toutes mes compaignes
Mais puis quainsi est force et contrainte
Par fait acerbe dendurer telle estraincte
Descens a bas o nymphe sans seiour
Va et visite promptement en ce iour
Les fins latines ou doit estre exercee
Par triste augure la guerre cõmencee
Prens ce harnoys et de ma trousse tire
Une saiette vltrice de martire
Car quicõques le corps violera
De camille ou lendomagera
Par playe dure soit troyẽ ou itale
Cil payera la triste mort fatale
Et par son sang gaignera le meffect
Et le dõmage que sa main aura fait
Et sil auient que la doulante meure
En cest estrif tost apres sãs demeure
Son corps en nue cõcaue emporteray
Auec ses armes et la raporteray
En son pays en digne sepulture
Cõme il affiert a telle creature

Dixit at illa leues celi demissa per auras. Insonuit.

¶ Apres quelle eut parle en telle maniere
Incontinent celle nymphe legiere
Du ciel trãmise par aures ⁊ par vent
Descend en terres ains qualer plꝰ auant
Elle voulut en vielir sa ꝑsonne
De noire nue et dun corps lenuirõne

At manus interea muris Troiana propinquat Hetruscique duces

¶ Ce temps pendant larmee des troyens
Des murs sapproche ꝑ belliqueux moyẽs
Et mais les ducz hetrusques et lexercite
Des cheualiers en sorte non petite
Tous ordõnez en turmes et batailles
Ainsi que gens de trespuissantes tailles
Lors eut lon veu cheuaulx hynir et brayre
Contre tournees et grãs ruades faire
Desquelz furẽt les chãps pleins ⁊ couuers
Et mais de gẽs armees ⁊ moult diuers
Toute la terre fut remplie de bastilles
De dars de glaiues et de bastons hostilles
Si que les champs et les lieux dalẽtour
Darmes reluisent qui sont en cest destour
De lautre part et en fiere rencontre
Viennent latins treslegiers a lẽcontre
Dont mesappus le conducteur estoit
Aussi coray qui bien se ꝑsentoit
Auec son frere et merueilleuse suyte
Apres marchoit en rengee conduite
Lost de camille qui les elles tenoit
Ou en bon ordre tresbien se maintenoit
Tous ceulx ensẽble vienent ⁊ apparoissẽt
En chãp ouuert et la leurs lãces baissent
Leurs iauelotz manyent et acoutournent [illegible]
Et de grãt cueur ⁊ hault vouloir se tournẽt
A laprocher et hommes et cheuaulx
Ardent ⁊ bruslent sãs craindre les trauaulx
Las que diray si pres furent venus
Des deux costez en deux pars cõuenus
Quentre eulx ny eut apeine de distance
Dung seul iect darc selon vraye apparãce
¶ Soubdainemẽt grãt clameurs cõmẽcerẽt
Et leurs cheuaulx furieux auãcerent
De lune part et dautre a celle fois
Saiettes ruent et dars aussi espoix
Cõme la neige donc on ne scait le nõbre
Tant que le ciel en fust tout couuert dũbre

Exhortantes equos fundũt simul vndiq₃ tela. Crebra niuis ritu celũq₃ obtexit vmbra.

Soubdainement et au ꝓmier effort
Ung des tyrrennes ⁊ acoutee fort
Lung contre lautre courent bryde abbatue
O fiere lance donc chũ sesuertue
Les deux ꝓmiers par vng merueilleux son
Sentrefraperent en estrange facon
Et leurs cheuaulx lũ ꝯtre lautre heurterẽt
Si rudement quaterre se iecterent
Lors acoutee iecte hors de ta selle
Dung si grãt coup et renuerse chancelle
A terre cheut impetueusement
Ainsi que fouldre ou pondereux torment
Et la mourut et diffina sa vie
Jacoit pourtant que par luy eut enuye
Lors cõmenca le combat et lestrif
Moult rudement et par exploit hatif
Si que tost furent en discorde troublez
Les gens latins et mais leurs assemblez

Le dos cõmance virer comme vaincus
Querir la fuyte et tourner leurs escuz
Ja pretendant par course tresagille
Gaigner les murs et le fort de la ville
Troyens les suyuent apres courent et vont
Et grant desfaicte de leur armee font
Le prince azille leurs turmes fiert et frappe
En defuyant entreulx est qui eschappe
Que reste plus ia formẽt approchoient
Aupres des portes et ia au murs touchoiẽt
Lors les latins se tournent et rauisent
Grant clameur font et leur courage attisẽt
Aucunefois leurs coups moult il reflectent
Par fuyte gaignẽt et leurs cheuaulx exploi(ctent)
Tuot en ce poĩt cõe la mer esmeue
Par eaux alternes qui souuent se remue
Ores fluctue et court deuers la terre
Ses vndes iecte sur rochiers a grant erre
De son escume elle arrouse et demayne
Ses lieux forains et mais lextreme hareine
Puis tout acoup furieuse et rapide
Loing se retire et en son eaue turbide
Fuyt et delaisse iceulx rochiers posez
Que longuement a cloz et arrousez
Et tout soubdain le riuage habandonne
Ou pauant elle bruyt et resonne
Par deux fois certes les thusqs rebouterẽt
Tous les rutulles au loing les iecterent
Jusques au murs tournãs doz et espines
Et par deux fois les rutulles indignes
Osiennes armes iceulx thusques reuoyẽt
Grans coups de glaiues et de dars leur en(uoiẽt)
Dõc pas ne furẽt au secour attẽdãs
Ains se retirent derriere eulx regardans
¶ Mais puis apres a la tierce venue
Que lune armee est a lautre tenue
Et que la fureur assemblez et meslez
Lung parmy lautre comme gẽs aduolez
Si que desia il ny eut nul en somme
Qui neust choisi a cõbatre son homme
Lors cõmenca le piteux passetemps
La eut on veu maintz nobles cõbatans
La eust on peu ouyr soupirs et plainctes
Gemissemens des personnes estainctes
Au sang espars et trop piteux accordz
Eust lon peu veoir baigner armes et corps
Entre gens mors souuent se reuoluoient
Cheuaulx occis qui a terre tumboient

Tertia sed n postq̃ con-
gressi ĩ p̃lia
totas
Jnplicuere
ĩter se acies
legitq3 virum
vir

Brief la bataille si cõmance et se dresse
Trespre et dure et plaine de rudesse
En ce conflict vng nõme orsilogue
De gent remuse se prepare et prouoque
Mais bien craignoit toutefais lassaillir
Quant pres le vit doubtant trop de faillir
Si enuoya son dard et sa saiette
Droit au cheual catille et la luy iecte
Si que le fer soubz loreille demeure
Lors le cheual hault se lieue a celle heure
Impacient de la playe et du coup
Si cheut a terre et tomba tout acoup
Puis cathillus yole occist et tue
Et tant semploye et si bien sesuertue
Quil mist a mort le puissant hermynie
Moult grant de corps et de prouesse vnye
Vaillant en armes celluy alloit nue teste
En cheuelure qui fait blonde et honneste
Et les espaules toutes nues auoit
Comme celluy qui bien asseur viuoit
Et quil ne craint les coups daulcune playe
Tant paroist grand et si bien si employe
A celle fois par son large coste
Luy fut vng dart oultrement boute
Cil tremble et meult et souuent se duplique
Pour la douleur qui le point et le picque
Donc tost mourut bref le sang fut espes
Noir et espois a lheure en maintes pars
Les bataillans de lune et lautre bende
Font de leurs glayues vne occision grãde
Et belle mort pourchassent et desirent
Par playes dures ou tous voluntiers tirẽt
Droit au milleu des grans occisions
Ou sont les turbes et fieres legions
Estoit camille qui se lieue et exulte
A la bataille par merueilleux insulte
Moult se demaine moult fait bruyt et resõne
Ainsi que fait vng puissant amazone
De lung coste armes point ne portoit
Dõc mieulx allaise aux coups se raportoit
Mais dautre part bien estoit pharetree
Selon sa mode et tresbien acoustree
A lune fois dars et fleches iectoit
Si tresespoix que chũ la doubtoit
Souuent aussi de sa main non lassee
Prent son espee dont fait mainte passee
Son arc dore souuẽt moult cler sonnoyt
Pour la descorche des coups q̃lle donnoit

At medias
intercedes
exultat ama
zon. Unum
extra latus
pugne hare
trata camil
la

Brief celle auoit les armes et lenseigne
De diane qui de tirer lenseigne
Bien scauoit elle soy reculler par faincte
Quãt elle estoit du retraire cõtrainte
Tost sen tournoit faignant au loing fuyr
Puis darc robuste commencoit enuahir
Ses ennemis et souuent les salue
De dars agus et plains de grant value
Au tour dicelle et sans eslongner gueres
Eust ses cõpaignes et ses plus familieres
Entre les autres eut la vierge larine
Et mais tulla gracieuse et benigne
Et trapeye eust moult embesongnee
Qui bien saidoit de sa trenchant congnee
Ses trois furent issues dytalie
Que camille de vertus embellie
Auoit choisies pour leurs grãdes bontez
Pour leurs merites et grãs honnestetez
Et les auoit pour ses compaignes prinses
En tẽps de guerres ou de paix bien aprises
Telles estoiẽt cõme amazones sont
Dedens tracie quant leurs batailles font
Aux armes paictes dõt leur gloire surmõte
Au pres du fleuue quon dict chermo eronte
Ou bien sembloient estre en maniere iclite
En tout la royne quon nommoit hypolite
Ou tout ainsi comme pantasilee
Quant sur son curre en bataille est allee
Lors ẽ tumultes moult grãs ꝑ faictz ĩsignes
Aux armes courẽt les turbes feminines
Portant en mains escuz apparissans
Qui sont sẽblables et faictz cõe croissans
¶ O noble vierge mais q̃ pourroit decrie
Le quel ce fut que tu sceuz desconfire
Premier du nombre ou le dernier de tous
Combien de corps ꝑ ĩfalibles coups
Tu faiz gesir par espee esmolue
Aux quelz par toy fut la vie tollue
Euneus fut tout le premier estaint
Filz de clitis car fut acoup attaint
Dugne fleche qui le corps luy transperse
Vomist son sang et a terre renuerse
Mort et deffait virant et tournoyant
Dessus sa plaie piteuse e a leul voyant
Apres occist lirim et pegasus
Lesquelz furent par saiectes confus
Lung deulx estoit lors detenu en serre
Soubz son cheual q̃ fut rue par terre
Et en ce point que lautre luy cuidoit

Quem telo primum quẽ postremum aspera virgo Deicis

Donner secours et sa main luy tendoit
Tous deux furent occiz en vne ĩstance
Et mis a mort sans nulle resistance
O ceulx adiouste vng appelle amastre
Puis dautre part sceut occir et abatre
Hypotades teree et harpallice
Puis demophon et chromis mal propice
Brief tout autant que celle vierge enuoye
De dardz et fleches et de traictz ꝑ la voye
Autant occist de la troyenne gent
Tant est son arc subtil et diligent
Au loing de la fut vng nomme orphite
En incongneues armes propre et subite
Porte estoit sur vng cheual de poulle
Chasseur fut il et auoit la despoulle
Sur ses espaulles pour toute couuerture
Dung grant torreau q̃ luy feist garniture
Sa main auoit garantie et armee
Dung dart agreste encor plein de ramee
Celluy marchoit par lost et sauencoit
Et tant fut grant que tous autres passoit
Quant camille le veist en clere monstre
Sur luy descoche et le perca tout oultre
De le tuer ne faillit elle mye
Puis dit telz motz en parolle ennemye
¶ Homme tyrrenne ie croys q̃ tu cuidoies
Chasser aux bestes et aux sauuaiges proies
Or est venu le iour qui redargue
Voz entreprises ꝑ la prouesse aigue
De feminines et muliebres armes
Donc or tu vois les assaulx et alarmes
Petit honneur pourtant nemporteras
La bas aux peres quant leur raporteras
Que tu es mort par le dart de camille
Qui auec toy en occist huyt mille
¶ Apres telz motz sa parolle reuoque
Puis rua ius buttes ersiloque
Deux fors troyens car elle point et picque
Soubz la salade et entre la lorique
Celluy buttes et le frappa au droit
Sans faire faulte au lieu propre et endroit
Ou elle treuue le col et la chair nue
De celluy la qui tost se diminue
Apres poursuyt orsiloque et chasse
Et tant tournoye souuent sans estre lasse
Au tour de luy par circuitz diuers
Quelle lataint et le iecte a lenuers
Puis haultse dresse et de loccire tache

Siluis te tyrrhene fe ras agitare putasti Ad uenit qui ve stra dies mulieribus armis Verba re dargueret

Protin⁹ orsilochũ et buten duo ꝛ maxima teu crũ corpora

Si luy donna de si grans coups de hache
Que son harnois ne le sceut garantir
Et luy conuint camille mort sentir
Jacoit pourtant q̃ par doulce priere
Mercy luy crye qui ne luy vallut guere
Car tost fut certes son cerueau espandu
Dessus la terre et le corps estendu

Incipit huic subito q̧ aspectu terri tus hesit A penicole bellatri fili⁹ anni

Apres celluy cheut en lieu et en place
Vng ou y eut grant cautelle et fallace
Moult esbahy pourtant quãt il veist lors
Ces deux troyens si preux occis ⁊ mors
Celluy fut filz danny roy de ligure
Qui la suruint en trop piteux augure
Quant celluy veoit que euader ne pouoyt
La belliqueuse royne qui le suyuoyt
Et que par fuyte luy fut lors impossible
Saulver sa vie craignant la mort terrible
Par dol et fraulde et conseil acoup pris
Saulver sa guide sans y estre surpris
Disant telz motz quelle louenge et fame
Peulx tu auoir oultrecuidee femme
Si si tresfort a ton cheual te fies
Que par celluy toutes gens deffies
Laisse la fuycte si a destre te sens
Et du cheual promptement te descendz
Pour batailler se tu en as enuye
Corps contre corps iusques en fin de vie
Et de pied ferme a terre combastons
Sans espargnier ne glaiues ne bastons
Lors voyrra lon sur qui la vaine gloire
Fera escheoit la perte ou la victoire

Dixit at illa furens acri q̧ incensa dolore Tra dit equum comiti

Quant il eust dist lors elle furieuse
Et de doulent poignante soucieuse
Son cheual baille sans muser ou attendre
A sa compaignie qui tresbien le sceut prẽdre
A pied se mectre toute assortie et preste
Darmes pedestres pour faire sa conqueste
Tenant en main lespee flamboyante
Auec sa parme et targe violete
Lors le ieune hõme cuidant par sa cautelle
Estre eschappe de la ruyne telle
Fuyt et sen va son cheual picque et fiert
Et sans demeure le large pays quiert

Vane ligus frustra q̧ animis elate superbis

O faincit ligure ce dist la vierge acerbe
Hault eslene en couraige superbe
Certes en vain en lubrique et mobille
Te veulx fulcir de fraude trop abille
Car ta malefice ne te conduyra pas
Jusqua ton pere sain et sauf sãs trespas
Ses motz luy dit toute de courroux pleine
Puis tout a coup en course tressoudaine
A pied legier si trestost sauanca
Que le cheual et mais lhomme passa
Incontinent le saisist a la bride
Dautre ne veult se le secours ne laide
Puis le porterent et a sa voulente
Print la vengeance de lennemy dempte
Tout en ce point et aussi a son aise
Comme espreuier q̃ pour fain ne sapaise
Ains vole ⁊ part de hault et grãt rochier
Droit au pigeon que pres sent aprocher
Tant le poursuyt soubz obscure nuee
Que sa force est en fin deminuee
Puis tost le prent et de ses piedz adiunques
Tout le froissa et leuiscere aidoncques
Se que le sang ⁊ plumes arrachees
Volent par lair cõme elle sont lachees

At non hec nullis hoiz sato₂ atq̧ de orum obser uans oculis

Toutes ces choses de ses yeulx regardoit
Du hault olimpe qui la sus residoit
Cil iupiter des dieux et hõmes pere
Qui lors iecta et tresfort exaspere
Le duc tharcon tyrrenne a esmouoir
Nouuelle guerre ⁊ darmes se pourueoir
Doncques fut pres et a coup se transporte
Celluy tharcon en la presse plus forte
Et son cheual tout droit conduyt et meine
Ou la bataille plus aspre se demeine
Et quant il veist les couraiges faillir
De ses consors pour faulte dassaillir
A voix diuerses les instigue et inicite
Les elles renge et tost les precipite
Et pleurs noms to⁹ les nomme ⁊ appelle
Affin que mieulx au cõbat les compelle

Quid met⁹ o nunq̃ doli turi o semp inertes Tyrrenni q̧ tanta. animis igna uia venit

O cõpaignons q̃ sãs peur deburiez estre
Et tous louchars on vous voit aparoistre
Seigneurs troiennes dit il quelle ignauie
Enuelope voz cueurs et vostre vie
Croyez vous point que telle euure execute
Et que vne fẽme fort vous persecute
Ou pensez vous voz glaiuez exploicter
Ne mais voz dars et vainement iecter
Cuidez vous estre maintenant to⁹ venus
La ou se prennent les soulas de venus
La ou se font le batailles nocturnes
En litz et couches par plaisirs taciturnes
Pensez vous estre aux festes ⁊ banquetz

Du dieu bachus pour faire voz caquetz
De la ouyr flustes et psalempyes
Entre les bras de voz mollesampyes
Pleins de pocules et doyseuses viandes
Pour y auoir voz voluptez si grandes
Esse lamour lexercice et lestude
Ou vous mettez vostre sollicitude

Hec effat⁹ equũ ĩ me dios morie turus ꝗ i hẽ Concitat

Apres telz motz son cheual sollicite
Daller courant au plus grant excercite
Prest a mourir et ne luy en challoit
Dont plus asseur a la bataille alloit
Il tout esmeu sans prendre garde nulle
Aduisa lors aupres de luy venule
Vng des oltraires lors tout droit a luy tasche
Au rencontrer de son cheual larrache
Soubz main le tient et deuant luy le pose
Par grant vertu qui aye a la chose
Lors clameur grãde au ciel se lieue et dresse
Par les latins quant eurent telle oppresse
Tous la endroit les yeulx posent et iectẽt
Et tel exploict par merueille proiectent
Or maintenant tarchon prompt et legier
Fuyt et emporte sa proye sans danger
Armes et homme tient en seure saisine
Et tost apres quant eut temps et aisine
A la pointe de sa lance il tournaille
De transpercer le harnois et la maille
En toutes pars il regarde et aduise
Lieu pour loccire sans vser de franchise
Mais laduersaire au contraire resiste
Et tant quil peult aux coups mortelz insiste
Sa gorge cueure la main met audeuant
Pour que le fer ny entre plus auant
Et pour deffence tant cõme il peult ẽpesche
Que cil tarchon acoup ne le despesche

Atq3 volãs alte raptũ cũ fulua draconem Fert aqla

Tout en ce point cõme laigle hault volant
Qui pour saouler son affame talent
Prent et emporte de ses ongles concaues
Serpent couleuure ou dragon en ses caues
Entre ses piedz le serre et lenuelope
Et fierement le meurtrist et decoupe
Mais ce serpent qui tant blesser se voit
Au mieulx quil peult au deffendre pouruoit
En diuers cercles se reuolue et contourne
Des escailles se fulcist et satourne
En hault se lieue sifflant et murmurant
Mais tout cela ne luy est a garant
Car ia pourtant laigle en paix ne le laisse
Ains de son bec le contrainct et le blesse
Et hault lemporte o ses elles legieres
Dedens son hayre sans quelle muse gueres
Ainsi portoit tarchon la sienne proye
Par la bataille en plaisir et en ioye
Et lors les seurs consors et meonides
Quant apperceurent telz renfors & aydes
Tenans lexemple la fortune et bon heur
Suyuent tarchon leur duc et leur seigneur
Et tous coururent dun vueil & viue entẽte
Au dur combat par force vehemente
Et par my eulx alloit et pretendoit
Aruns que sort et fortune attendoit
Cellay tousiours par grant art et cautelle
Enuironnoit camille la pucelle
Et essayoit les moyens plus faciles
Pour la surprendre en ses armes agiles
En tous les lieux ou celle vierge alloit
Celluy armis poursuyure la vouloit
Et de pie quoy pas a pas la pourchasse
Tousiours la suyt par secrete fallace
En quelque part quelle se transportast
Entre ennemys et que loz raportast
Le ieune armis qui a riens plus ne pense
Son cheual picque et la tout droit sauance
Que reste plus alauanture lors
En telz exploictz et belliqueux effors

Forte sacer cybele chore⁹ olim ꝗ sacerdos Insignis lõge phrygiis fulgebat i armis

Choreus certes qui iadis souloit estre
De cybele ministre et sacre prestre
Loing reluysoit par my aultres gẽsdarmes
Insigne et beau en ses troyennes armes
Sur son cheual escumant se iectoit
Qui richement assorty lors estoit
De fortes bardes couuertes et garnyes
De lamines dor touchees et vnyes
Entremeslees lune en lautre sans faille
Ainsi que plumes ou que menue escaille
Il splendifere et harnois barbarique
Dor et de pourpre en sorte magnifique
Iectoit ses dars et saictes cretenses
Contre aduersaires par louables deffences
Son arc dore au coste resonnoit
Duquel souuent grans coups certes dõnoit
Sallade auoit tresclere et bien doree
Dessus son chef de pierres decoree
Manteau auoit de crocee couleur
Qui pas ne fut pourtãt maindre en valeur
Et par dessus vng synople notable

De telle crespe qui le rendt acceptable
Lye et ioinct si que point ne luy nuyse
Dun cercle dor que chacun loue et prise
Tunique avoit de soye et dor pourtraicte
Qui a leguille estoit tyssue et faicte
Et sur ses cuisses meilleur acoustrement
Douvrage antique acoustre richement
Celluy entre aultres par belliqueux office
Veult et pourchasse la Vierge Venatrice
Quant elle veid si sumptueux et beau
Et son harnois tant exquis et nouveau
Moult le convoite faisāt dedens ses tēples
Mettre & poser ses despoulles si amples
Ou elle mesmes sa orner et parer
Dicelles armes quon ne peult comparer
Si possible est den faire la conqueste
Et que iay bien en tel tresor aqueste
Elle doncques aveugle le suyvoit
Mal conseillee ladvenir ne scavoit
Entre aultres hōmes a celluy seul saplique
Faulce avarice lesguillonne et la picque
Et convoitise quē souvent femmes ont
Aux biens terrestres dont leur dōmage fōt
Alors armis quant veid lheure opportune
Et quil eut pris et choisi la fortune
Iecta le dart sans estre retarde
Que longuement avoit en main garde
Et en faisant sa deffere mortelle
Il feist aux dieux troyens oraison telle
O apollo custode du sainct mont
Nomme soracte mon cueur or te semont
Tu es celluy premier sans creature
A qui faisois reverance et culture
Et en honneur de tes divins numynes
Souvent faisois feux et flāmes cōdignes
Par sus faulles en usant de pitie
Nudz piedz passons par lealle amitie
O puissant pere octroye ores remide
Qui cil reproche de noz armes decide
Je poīt ne demāde pas ne vueil ny ne qers
Les despoulles de la vaincue vierge (ie
Par aultres gestes pourray ie recevoir
Louenge aucune si ie la dois avoir
Et content suis de retourner sans gloire
En mon pays sans pris et sans victoire
Mais que tel peste prengne fin par ma maī
Et quelle meure par mon dart inhumain
De phebus fut ouye la priere

Summe deum sancti custos soractis apollo Quem primi colimus
Audiit et voti phebus succedere partem Mente dedit

Et luy octroye partie non entiere
De son vouloir laultre part sen vola
Perdue en lair car autrement alla
Bien luy promet que par prise subite
La ienne vierge de vie desherite
Mais pas ne donne quapres telle deffaicte
En son pays face seure retraicte
Celle requeste ne fut en rien ouye
Ains par les vens tost fut esvanouye
Alors doncques que la flesche assortie
Lair diverbere de bonne main partie
To⁹ les gēsdarmes & pīcipaulx vaiqueurs
Contournent la leur courages et cueurs
& to⁹ les vosqs leurs yeulx iectēt en lheure
Dessus la royne craingnāt qlle ne meure
Pas ny visoit et garde ne prenoit
Au dart agu qui contre elle venoit
Iusques a tant que la lance mortelle
Fut raportee droit dessoubz sa mamelle
Qui nue estoit et darmes descouverte
Selon sa mode pour estre plus aperte
La se posa et print son lieu final
Faisant yssir le doulx sang virginal
Alors acourent ses compaignes trepides
Qui la leur dame voyēt tumbāt sās aydes
Si la relevent et leurs bras y employent
En pleurs & plaīte sōq largemēt desployent
Et lors armis du cas et cruaulte
Fuit devant tous comme homme espoante
Avec peur de ioye entre meslee
Et plus ne quiert ne ne veult la meslee
Pas nose certes de la vierge aprocher
Doubtant ses dars & mais le revancher
Tout en ce point comme loup q̄ faict qste
p bois ou chāps pour trouver proye ou beste
Et or advient que le pasteur y tue
Ou quelque veau seul lequel se svertue
Lors premier quon le chasse et poursuive
De dars et glaives ou qua luy en arrive
Sās tenir voye par les mōtaignes haultes
Fuit & seslōgne car bien cōgnoist ses faultes
Et il coupable de la perte acomplye
Entre ses iambes sa longue queue plye
Et tout tremblant es forestz se retire
Pour eschever ung plus cruel martire
En tel estat armis lors sen alla
Contrainct de fuyte es turbes se mesla
Alors la royne faisant tristes recordz
Tira le dart qui fut dedens son corps

Ergo ut missa manu sonitum dedit hasta p auras Convertere animos acres

Illa manu moriēs telū trahit ossa sed inter Ferre⁹ ad costas alto stat vulnere mucro Labitur exanguis

Mais le fer certes et la pointe affinee
Dedens les os remaint enracynee
Lors gist exanguesãs beaulx et riãs yeulx
Faillent et finent dafoiblemens tieulx
Celle couleur vermeille et purpuree
Fut de sa bouche tantost desamparee
Alors doncques elle voyant mourir
Se commenca a plaindre et conquerir
A vne sienne compagne singuliere
Qui par sus toutes luy fut moult familiere
Et voulentiers ses regretz luy disoit
Plus que a nulle autre car assez luy duysoit
Ceste auoit nom acca et lors commence
Parler a celle en piteuse souffrance
O doulce seur iusques icy pour voir
Ay ie eu louenges force vie ou pouoir

Hactenus acca soror potui nunc vuln⁹ acerbũ cõficit

Playe mortelle ores me rend subiecte
Pour limproueue oultrance de saiecte
Ja de tenebres suis toute enuironnee
Tout mest obscur ia suis de mort menee
Fuy et ten va raporte promptement
Au duc turnus mon final mandement
Cest quil succede et que point il ne faille
En lieu de moy de tenir la bataille
Et quil appelle par sa ferocite
Tous les troyens dehors de la cite
A dieu te dy adieu acca mamye
Pense de moy et ne moblye mye
Disant telz motz elle amoytie et lasche
De son cheual le frain et bride lasche
Tumbant a terre non de bon gre pourtant
Elle ia froide ainsi guerres nattend
Et ia commence son ame deffyee
Habandonner la chair mortifye
Le col abesse et mais son chef recline
Laissant les armes ou elle fut encline
Ainsi doncques auec gemissement
Sen fuit la bas es vmbres promptement
Lame indigne et la piteuse vie
De celle royne en ieunes rauye
Lors clament grãde volla iusqs aux cieulx

Tũ vero immẽsus surgens ferit aurea clamor sydera

Par my tout lost voyãt les exploitz tieulx
Et commenca la bataille plus forte
Et plus cruelle apres camille morte
A grandes turbes et fieres legions
Acourent gens de toutes regions
Pour lune part les troyens se ralyent
Les ducz thyrennes auecques eulx se lyent

Et mais les armes dicelle gent archade
Et deuander y viennent par estrade
Entre telz faictz dame opis la messagge
De la deesse trywye bonne et sage
Ja de long temps le cas regardoit
De la montaigne ou elle residoit

At triuie custos iam dudũ in mõtibus opis alta sedet summis

De la certes sans crainte non troublee
Voit les batailles et toute lassemblee
Et quant loing entre telle clameur
En ce combat et si grande tumeur
Veid et congneut camille desconfite
Morte et faillye par ruyne subite
Gemir se print et moult la regreta
Puis telle voix de triste cueur iecta
O noble vierge sãs fraude et sãs malice

Heu nimiũ virgo nimium crudele luisti supplicium

Tu as souffert vng trop cruel supplice
Cuidant lasser et vaincre par bataille
Troyens robustes et de forte taille
Peu ta valu par forestz et buissons
Auoir hante et suiuy les facons
De diane puis que tu es deserte
Ne mais aussi ainsi que vierge aperte
Dauoir porte noz flesches et noz dars
Sur les espaulles contre diuers soudars
Se neantmoins ta royne et la maistresse
Ne te lairra vaincue en telle oppresse
En mort extreme sãs honneur et sans pris
Et tel cas certes na este entrepris
Que par les hommes nen soit la renommee
Voire longs iours veul illec et nommee
Point nas este a certes oultragee
Que tu nen soyes prochainement vengee
Car cil quiconques qui par dart a vole
A ton corps tendre meurtry et violle
Celluy mesmes en portera la peine
Et tost sera occis par mort soudaine
Soubz vng hault mont ꝗ de la assez pres
Eut vng sepulchre antique tout expres
Hault esleue et faict douurage estrange
Pour que long temps en durast la louenge
Enuironne dercences et de boys
Des ennemys dun des anciens roys
De laurente selon ce quon disoit
En ce sepulchre ensevely estoit
La si posa la vierge doulce et belle
En fier regart et puissance rebelle
Du hault tumulte lors contẽple ⁊ proiecte
Celluy armis qui camille eut deffaicte

At vidit ful gentem ar mis z vana tumentem Cur inqt diuersus a bis huc di rige gressũ Huc peritu re veni

Lors quant le veid en armes relusant
Tant orgueilleux et du faict diuisant
Se print a dire et parler rudement
Ou vas tu ores ainsi diuersement
Tourne droit ca et icy te pourmaine
Homme qui dois perir en dure estraine
Approche toy affin que tu raportes
Louyer condigne par tes puissances fortes
De la mort triste de camille tuee
Qui est de vie par toy destituee
Luy des tu tant eschapper ou courir
Que tu ne puisses presentement mourir
Par les fors dars de diane la deesse
Or voy et sens si sont de rude aspresse
Quant elle eut dit poure parfaire son cas
Elle tira de son dore carcas
Une saiecte tresague et legiere
Et la posa en subtille maniere
Dessus son arc et tant tyra la corde
Si fort et ferme que tout ioinct et sacorde
Puis descocha et lors le dart mortel
Tant penetra et feist son exploict tel
Quau corps darmis se iecte et se desploye
Et en luy feist une oultrageuse playe
Il lors mourant faisant souspir extresme
Ja defailly palle transi et blesme
Fut oublie par ses propres consors
Et demoura le miserable corps
Mort et deffaict sur la pouldre incongneue
Ainsi de luy fut la chose aduenue

Opis ad e thereũ pen nis aufert ollimpum Prĩa fu git

Apres opys en ses legieres elles
Au cler olympe emporta les nouuelles
Et lors la bande et legion premiere
De camille se retira arriere
Et se depart en trop piteuse sorte
Voyant leur dame et leur maistresse morte
Lors les rutulles esbahis et troublez
Tous espars fuyent et sont desassemblez
Le fort alyne sen fuit et mais les ducz
En desarroy ca et la espanduz
Et les maniples qui les enseignes portent
Sont desolez et moult se desconfortent
Lieux seurs demandent et a bride abatue
Gaigner la ville ung chacun sesuertue
La plus ne peuent soubstenir ne durer
Ne les grans coups sur leurs corps endurer
Que les troyens instamment leur enuoient
Tous les dessont ou bien tous les fouruoiẽt
Leurs ars emportent destendus et laschez
Dessus leurs corps languissans attachez
Brief a grãs trompes z courses de cheuaulx
Tous se retirent et par mons et p vaulx

Qui cursu portas pri mi irrũpe re patẽtes Hos inimi ca sup mix to pmit ag mie turba

Si que la pouldre par noire caligine
Obscure et trouble en lair volle et chemine
Toutes les dames latines a tropeaulx
Sur les murailles sur les tours z carneaux
Font pleurs et larmes et feminines plaintes
Grandes clameurs lamentacions maintes
Ceulx qui premiers cuidẽt gaigner p fuite
Eurẽt contre eulx merueilleuse poursuite
Car esperans eulx sauluer et retraire
Dedens les portes moult trouuerẽt a faire
Turbe ennemye les pourchasse si fort
Que la souffrirent ung merueilleux effort
Et pour leur fuyte ne peurent escheuer
Mort miserable ny a leur arriuer
Ains qui pis est dedens leurs propres portes
Dedãs leurs murs z en leurs maisõs fortes
Naurez blessez attains et confondus
Ames rendoient les corps tous estendus
Ceulx qui dedens et en la ville estoient
Tant eurent peur et si tresfort doubtoient
Que pas nosoient a leurs propres consors
Ouurir les portes ains les laissoient dehors
Quelque requeste ou quelque remonstrance
Quilz sceussẽt faire pour fuyr telle oultrãce
Dont sensuiuit cruelle occision
Mort sans mercy et grant diuision
Tant de ceulx la qui les portes deffendent
Comme de ceulx qui dy entrer pretendent
Ceulx qui estoient par dehors enfermez
Et de deffences inutilles armez
Deuant les yeulx et faces de leurs peres
Q̃ moult plouroiẽt pour telz cas iprosperes
Lors se iectoient par urgente ruyne
Es creux fossez ou leur les achemine
Et les aucuns esmeuz et concitez
Trop mal voyans par grans velocitez
Bride abatue contre les portes fierent
Car sans aduis la seule entree quierẽt
Les dures meres esur les murs colloquees
Au resister par fureur prouoquees
Car a ce faire les induit et conuye
Lamour quelle ont a leur pays plenye
Des grãs spectacles enuoiẽt dars robustes
Contre ennemis et grans perches z fustes

Moult ont desir leurs contraires deffaire
Comment elle ont a camille veu faire
Tãt ont grant cueur q̃ bien ẽtreprẽdre osẽt
Issir des murs pourquoy leur vie exposent

*Interea turnũ i silvis seuissimꝰ implet Nuncius*

¶ Ce temps pendant turnus qui lors estoit
Es grans forestz et tout coy sarrestoit
En attendant deneas le passage
Fut aduerty par asseure message
De tout le faict et au loing luy recite
La vierge acca lexploict et le merite
Comment aussi les volsques si parfaictz
A lencontre furent mors et deffaictz
Pas ne luy taist la ruyne et la perte
De camille la royne tant aperte
Comme troyens et autres ennemys
Leurs gens auoient tous en disorde mys
Si que par fuyte cestoient retirez
Jusques aux murs ou furent empirez
Lors il tout plein de fureur et tristesse
Celles montaignes assiegees delaisse
Ainsi certes les haultz dieux le vouloient
Selon le gre desquelz les faictz alloient

*Vix e conspectu exierat cãpũq; tenebat Cũ pr̃ aeneas saltꝰ ingressus apertos Exuperat q; iugum*

A peine fut des forestz et montaignes
Desamparee auecques ses enseignes
Et yssu hors droit aux champs descouuers
Quant eneas par iceulx buissons verds
Tout a seur passez les haultz mõs surmõte
Ainsi tous deux sans faire plus long cõte
Lun apres lautre auec leurs armee
Tout droit sen vont vers la cite nommee
Et des deux ostz certes ny auoit pas
De lun a lautre grant distance ou trepas
Alors enee veid les champs et les plains
De grande pouldre toꝰ couuers ⁊ toꝰ pleins
Et aperceut en sa veue euidente
La legion et larmee laurente
Semblablement fut aussi de turnus
Choisy enee et tous ses gens congneus
A cler ouyt le hault bruyt et le son
De piedz marchans en diuerse facon
Et mais le cry des cheuaulx a merueilles
Tout cela vint iusques a ses oreilles
Certes des lors eussent empris sãs faille
De presenter des deux pars la bataille
Si dieu phebus par diuturnes trauaulx
Neust lors plonge ses fatiguez cheuaulx
Dedens le cours de mer occidentalle
Pour alleger celle peine iournalle
Et si la nuyt ne fust lors aduenue
Faillant le iour qui ainsi diminue
Pour celle cause a lheure se appaiserent
En pauillons et tentes se poserent
Durant la nuict audeuant de la ville
Chacun se tire par entente subtile
A son enseigne et furent au guet mys
Gens et escouttes entre les ennemys

¶ Cy finist le vnziesme liure de la translacion des eneydes et commence le douziesme

Turnus vt infractos aduerso marte lati nos defe cisse videt sua nũc p̃missa repo sci Se si gnari ocu lis vltro i placabilis ardet

Quant turnꝰ veid q̃ les latĩs defaillẽt
Par les troyẽs q̃ si fort les assaillent
Il implacable moult couuoite et desire
Que sa promesse tost a briefue fin tire
Et que chacun des murs ⁊ des haulx lieux
Jecte sur luy le regard de ses yeulx
Son cueur eslieue et bien ose entreprẽdre
Seul contre eux e batailler et contendre
Tout en ce point comme lion courant
Que les chasseurs ont blesse en courant
Quant voit sa playe qui le point ⁊ le picque
Alors seschauffe et ses forces duplicque
Lors sesiouist hault esleuer en teste
Ses cries cõtourne pour mieulx faire sa q̃ste
Et il sãs craincte rõpt la flesche ou le dart
Que luy a mys en son corps le soudart
Yeulx effrayez et mais bouche sanglante
Aux poursuyuans et aux veneurs presente
En tel maniere acroist la violence

Nulla mora i turno nihil ẽ qd di cta retra ctent Ignani e neade

Du duc turnus plein de feu et doffence
Ainsi esmeu par vouloir repentin
Il se tira devers ce roy latin
Alors luy dist ia pour moy ne demeure
Que le combat ne se face a briefue heure
Je nay rien dit ou promis que ne face
Tout seul suis prest de combatre en place
Ne veullent doncques leur dire retraicter
Iceulx troyens si se veulent haster
Je les deffie recoy nous a tel euffre
Prince puissant et que bon veul te seuffre
Car pour certain et par la destre myenne
Je destruyray de celle gent troyenne
Le chetif maistre se meschãt dardanye
Qui est banny de la terre dasie
Or se reposent les latins et retardent
Sans batailler et sans plus ne regardent
Car ie tout seul par mon glaiue propice
Comprimeray acoup ce commun vice
Ou aultrement si nous sommes vaincus
Et quil nous faille leur rendre noz escuz
Force sera car lors ne my oppose
Et quilz obtiennent lauine nostre espouse
Le roy latin en meurs transquille ⁊ froid
Luy feist responce raisonnable horendroit

O prestãs ai iuuenis q̃tũ ipse fe roci virtu te exupãs

O ieune prince precellent en courage
Dautant certes quen noble vasselage
Et en vertu tu passes et excedes
De tant plus doy par conuenans remedes
Te conseiller et du cas aduertir
Qui te pourroit de ton heur diuertir
Je scay assez que royaulmes et terres
De ton pere dãnus par seures erres
Eschoir te doiuent sãs aultres chasteaulx
Et fortes villes cõq̃ses p̃ tes maĩs(mains
Je scay aussi que tu as grans richesses
Et le cueur plein de vertus et prouesses
Riens nen ignore mais tu scais bien aussi
Quassez y a en ce pays icy
Aultres dames nobles non mariees
De grant louenge et beaulte decorees
Laisse moy doncques toute fraude cessant
Dire et conter ce que mon cueur en sent
Et retiens bien au son de la pensee
La parolle qui sera prononcee
Tu scais assez et bien as entendu
Que de long temps il mestoit deffendu
Par le fatal des dieux et par augure
De non iamais par promesse future
Bailler ma fille pour espouse lauine
A nul homme de nacion latine
Tous fatidicques et vaticinateurs
Lont souuent dit et nont este menteurs
Je touteffois vaincu de lamour tienne
Pour laliance enuers nous ancienne
Vaincu aussi des plantes et des larmes
De mon espouse et de ses tristes termes
Brisay alors par vaincue affection
Le neu de paix et de religion
Jay denye et refuse de rendre
La myenne fille promise a celluy gendre
Et cõtre luy ay pris armes cruelles
Dont nous souffrons ores les peines telles
ores vois tu q̃lz maulx pour luy nous viẽnẽt
Quelles batailles tous noz pays soustiẽnẽt
Et tu premier peulx bien apercevoir
Quelz grans labeurs il te fault receuoir

Bis magna victi pugna vix vrbe tue mur Spes Italas

Par deux fois certes en bataille tresgrande
Auons este vaincuz et nostre bande
Et bien a peine pourrons nous sauuer plꝰ
En nostre ville de noz gens le surplus
Le profond tybre en son cours diligent
Est encor chault du saug de nostre gent
et mais les chãps au voir de loig blãchissẽt
Des os des mors q̃ la dedens languissent
Mais pourquoy ia mõ vouloir se trãsporte
Quelle fureur me change en telle sorte

Si en bataille tu es mort ou occis
Et quil me faille apres crier mercys
Et appeller au gre de leur entente
Iceulx troyens pour venir en laurente
Pourquoy doncques en ta prosperite
Quant tu es sain et sans aduersite
Ne scais cesser toutes telles emprinses
Telz differens et batailles comprises
Que pourront dire tulles tes parens
Ceulx ditalie et tous les adherens
Si fortune rebelle te conuye
A mort honteuse et que perdes la vie
Auray le ainsi celle fille deceue
Et toy aussi en cuydant lauoir heue
Pourtãt turnus voys les choses doubteuses
Qui en bataille sont assez dangereuses
Aye de moy ton vieux parent pitie
Et considere la loingtaine amitie
Ja pour telz ditz ne peult estre dompter
La voulente ne rigueur effrontee
Qui en turnus ores print la racine
Plus forte et grande contre la medecine
Long temps se teust pour lennuyeux despit
Qui le tormente et quant il eut respit
De proferer ou dire quelque chose
Tout son talent en peu de motz expose

Quā p me curā geris hāc precor optime pro me Depo= nas lhetu3 q3 sinas p laude paci sci

¶ Moy ie te prie que le soing et la cure
Que pour moy seul ton cueur tient a pcure
Tu la delaisses et pour lamour de moy
Tu ten desistes sans prendre nul esmoy
Souffre et permetz que ie ores eschange
De triste mort en honneste louenge
Mais toutesfois ains que le cas arriue
Nous monstrerons quauons puissãce viue
Dars porteront de si tresforte destre
Qua lesprouuer on le pourra congnoistre
En quelque part que nostre glaiue assigne
On y voirra de sang le rouge signe
Bien fera certes la mere lors besoing
Au duc enee sans aller guere loing
Pour le cacher fuytif en sa nue
Si que sa vie ne se diminue
Et le musser dedens ses vaines vmbres
Pour euiter le perilleux encombre

At regina noua pu= gne conter rita sorte Flebat et ar dētē gene rū moritu= ra tenebat

Alors la royne esbahie et troublee
Pour laduenture de la guerre assemblee
Moult fort pleuroit et son gendre arrestoit
Pour les souspirs et pleurs quelle iectoit

¶ Filz dit elle ie te prie et et supplye
Par les larmes que mon las oeul desplye
Et par lhonneur amour et reuerence
Que tu as eu a moy de ieune enfance
Veu que tu es lespoir de ma vieillesse
Le seul repos de ma longue tristesse
Lhonneur le pris lappuy lauctorite
Du roy latin et mais de sa cite
Et quen toy seul nostre maison recline
Et du complaire a toy est toute encline
Cest quil te plaise desister et demettre
De plus ta main contre iceulx troyẽs mettre
Certes turnus quelque cas ou fortune
Bonne ou mauuaise cõtraire ou opportune
Qui aduenir en ce pays te puisse
Pareille elle est sur moy trop simple et nice
Et si tu meurs ie de grant dueil pourueue
Clorray acoup ma derniere veue
Et ie chetiue ia ceans ne voirray
Eneas gendre car premier ie mourray

Turne per has ego te lacrimas p si qs ama= te Tangit honos aim

Lors lauynie par pleur et plainte amere
Feist arrester la parolle a sa mere
Ses tendres loes sauefues et vermeilles
Arrousa celle de larmes a merueilles
Le feu ardant du cueur et le courroux
Feist lors rougir le sien visaige doulx
Dont la rougeur telle si se remue
Soudainement par my sa face esmue
Tout a ce point cõe pour nouuel euure
Si quelq̃ paincetre la blanche yuire queuure
Dostre vermeil ou de couleur rosee
Qui sur lyuoire soit assise ou posee
Ou tout aĩsi cõe beaulx et blancz liz
Sont maintesfois couuers et embellis
De vermeilles roses dont labondante
Leur donne lustre rosee apparente
Telles couleurs auoit lors en sa face
La belle vierge qui toutes aultres passe
Et amour desordonnee et folle
De plus fort trouble cil turnus et laffolle
Tous ses regards sont posez et fichez
En celle vierge et ses sens atachez
Plus est ardant et quant plus la tempte
De tant plus certes les armes il desire
Finablement en parolle petite
A la royne son entente recite
O noble mere ie te prie et requier
Puis quainsi est que la bataille quier

Te q̄so ne me lacrimis neve omine tanto Vero seq̄re i duri certa mins martis euntem O mater

Et q̄l est force quan chāp ouuert me treuue
Ne me poursuis par inuention neufue
Par pleurs et larmes ne p mauuais p̄saige
De mort future ou de prochain dōmaige
Car ie nay pas franchise adeliure
Ou retarder soit pour mourir ou viure
Jay par message fait dire a assauoir
Au phrigien tyrant le mien vouloir
Qui peust estre naure a son cueur ioye
Mais que bien tost nostre mandemēt oye
Cest en effect que demain au plain iour
Sy bon luy semble sās arreur ou seiour
Sans que troyēs sur rutulles semployent
Ne q̄ leurs armes vng cōtre aultr̄ desployēt
Ains se reposent rutulles et troyens
Sās rēfort prendre aulcun p leurs moyēs
Et par le sang de nous deux soit finee
Toute la guerre et aplain terminee
Lors soit baillee et liuree lauyne
A cil des deux qui en sera plus digne
Quāt il eut dist lors se part de ses lieux
Et es estables entre moult curieux

Hec vbi dicta dedit rapidusq3 in tecta recessit. Poscit equos.

Voir ses destriers et bien fort se contente
Quant il leur veit faire chere plaisante
Orythie la royne athemēse
Les auoit certes trāsmis par excellence
Et pour triūphe au vieulx roy pylunnius
Qui fut grant pere a icelluy turnus
Plus beaulx et blancz q̄ fine neige estoiēt
Et par courir les autres surmontoyent
En tour iceulx furent palfreniers
Qui biē les pensent a traictent voulētiers
De mai les flatēt leurs coulx a queues pei
Affin q̄ plus aduenās ilz les peignēt (gnēt
Il par apres dessus son corps applicque
Sa forte et fiere et tresfreiche lorique
Qui par dessus en ouuraige duysant
Fut dauricalque garnye et dor reluysant
Puis print aussy son espee et sa targe
Espoisse et dure voire sās grāde charge
Et son heaulme quil posa sur sa teste
Fait en maniere dune vermeille creste
La siene espee auoit fait vulcanus
Et la donna a son pere danus
Trempee estoit dedans la stigie vnde
Donc en valleur elle excede a abunde
Puis prinst sa lance longue robuste a bonne
Qui lors estoit encontre vng columpne
En la pregnāt fieremēt la manye
Dont il la trecuble par puissance fournyē
Disant o lance qui iamais nas frustre
Le myen desir cōme tu as monstre
Mais mas est cōuenable et adestre
Le grant actor ores te tient ma destre
Donne moy cueur pour deffaire et abbatre
Le corps troyē et pour tost le combatre
Et que ie puisse briser et lacerer
Au demain valide sans gueres demourer
Sa lorique si que bien tost iasomme
Celluy troyen qui nest que demy hōme
Et ses cheueulx en la boe soullez
Qui sont de myrre et de liqueurs moullez
De tel fureur expaillé estoit
Ardans scintilles de ses deux yeulx iectoit
Tout en ce point comme ieune thoreau
Pres et esmeu en son combat nouueau
Qui lors mugist et fait son terrifiques
Si se courrousse par mouuemēs obliques
Et sa puissance et ses forces espreuue
Auec ses cornes au p̄mier boys qui treuue
Par diuers coups et derriere a deuant
En mainte sorte il fatigue le vent
Et moult essaye son labeur et sa peine
Auec ses piedz desq̄lz il meult larene
Pendant ce tēps aussi se dispensoit
Le dur enee et pas maintz nē faisoit

Nec minus interea maternis seuus in armis. Aeneas acuit martem

Il fier a fort en armes maternelles
Lors se suscite quant il scet les nouuelles
De par turnus est le diffinemēt
Moult ioyeulx est de celluy traictement
Et donc la guerre doit estre executee
Par eulx sans plus sans estre repetee
Lors reconforte ses cōsors et amys
Et mais iule de grant crainte remys
Leur reduysant le fait a le memoire
Par qui leur est promise la victoire
Si proposa enuoyer hōmes sages
Ambassadeurs de speciaulx messages
Deuers le roy latin pour brief luy faire
Ample responce de trestout leur affaire
Et pour aussi tout aplain declarer
Les loix de paix ou veulent demourer
¶ Au landemain laube du iour premiere
A peine auoit espandu la lumiere
Sur les haultz mons et ia leur appareill
Font les cheuaulx au curre du soleil
Incontinēt par grant celerite

Postera vix summos spargebat lumine montes Orta dies.

Deuant les murs de la haulte cite
Les fors rutulles et les troyens ensemble
Font leur aprest et chm deux sa semble
Pour assortir vnir et faire adestre
Le champ ouuert ou le combat doit estre
La ou enee et mais le duc turnus
Sont a oultrance pmis et cōuenus
Le lieu doncqs mesurent et ordonnent
Feux y allument et aultiers enuironnet
Aux dieux cōmuns sacrifices preparent
De linges draps leurs chiefz ⁊ testes paret
Et de ver veine qui est herbe propice
Pour faire aux dieux honneste sacrifice
Lors cōmencerent tantost yssir des portes
Les tres legieres et cōpaignes fortes
Des ausonides et droit au champs se vont
Darmes ⁊ glaiues destituez ne sont
Pour lautre part larmee et le percite
Diceulx troyens en sorte non petite
Et les thyrrēnes assemblez auecqueulx
Darmes diuerses et harnoys sumpteux
Tous assortez la viennent ⁊ se rendent
Et a laffaire de leur seigneur entendent
De dars et glaiues des targes et de lances
Pourueus estoient et de toutes deffences
Tout en ce point cōme si leur conuint
Faire bataille et que le cas aduint
Entre les turbes entre tant de milliers
De nobles hōmes et de preux cheualiers
Les capitaines et ducteurs de larmee
Apparessoient en grande renommee
Tous couuers dor de pourpre de vesture
Sur leurs harnoys de riche pourtraicture
Entre les autres y furent les parens
Dassaracus pompeux et apparens
Cestassauoir asille et menestee
Et autres maintz a la turbe apprestee
Aussi sur le grant filz de neptune
Du mesappus en triūphe cōmune
¶ Lors quant le signe fut baille de cōbat
Pour euiter le discorde et debat *Atq; dato signo spacia*
Tous feirent lors ample chemī et place *in sua quisq;*
Et se retire chm en son espace *recessit*
Toutes leurs lāces en la terre planterent *Defigne tel*
Et leurs escus dessus leurs doz getterent *lure hastas*
Alors les dames par curieuse estude
Le populaire par grant sollicitude
Et les vieux hōes sur les tours ⁊ creneaulx
Sur les maisons et sur les lieux pl⁹ haultz
Ensemble montent ⁊ aucuns sur les portes
Pour voir cōbat les deux chiefz des cohortes
¶ Durant ses choses iuno caulte et cedule
Estoit pour lors sur vng treshault tumule *At iuno ex*
Ou maintenant est albe la cite *summo q̃ nūc*
Car en ce temps estoit pour verite *albanus ha*
Le lieu sās nom sans hōneur ⁊ sās gloire *betur. Cum*
Et de ce mont nestoit encor memoire *neq; nomen*
De la terres iuno lors regardoit *erat.*
Le champ esleu ou chm attendoit
Et contēploit les turbes excellentes
Diceulx troyens et des peuples laurentes
Et mais la ville du poure roy latin
Si sen alla par vng vol repentin
Deuers la seur de turnus nymphe belle
Et cōmenca ainsi parler a elle
O claire ⁊ nymphe qui doulcement psides
Sur toutes eaux et sur fleuues limpides *Nympha de*
A qui le roy iuppiter le seigneur *cus fluuiorū*
Du hault ethere a fait si grant hōneur *aio gratissi*
En recompance de ce quil ta tollue *ma nostro*
Virginite et ta bonte pollue *Scis, vt te*
O nymphe doncqs en lhōneur delectable *cūctis vnaz*
De tous les fleuues a mon cueur agreable
Tu scais assez que toy seulle a souffert
Que le cubile ingrat te fut offert
De iuppiter sans estre prouoquee
A desplaisir et si tay colloquee
Au hault du ciel et la hault imptie
Place diuine ou bien grande partie
Apres ores o doulce seur iuturne
Ton desplaisir ta douleur diuturne
Tant que fortune et les parces fatalles
Ont donne lieu et puissances totalles
Depuis dhonneur et de prosperite
Dedens lacye par grande auctorite
Iay tousiours certes le tien frere turnus
Garde de perte et de maulx aduenus
Las ores voy que celluy sappareille
A fait inique et fortune impareille
Ores sapproche des parces sans seiour
Et dennemye force le triste iour
Ia ne pourroye regarder de mes yeulx
Celle bataille ne cas si furieux
Tu pour ton frere se pour estre psente
Seruir le puis va tost et diligente
A laueuture qua iceulx miserables

Serõt les fortz plꝰ doulx et plꝰ traictables
A peine eut dis ses piteables termes
Lors fut iuturne toute pleine de larmes
Si ne cessa de gemir et pleurer
Et sa poictrine par grans coups lacerer
Lors dit iuno pas nest le temps et lheure
Ne la saison que ton triste cueur pleure
Auance toy et si tu scais comment
Oste ton frere de tel encombrement
Va et visite les batailles substraictes
Romps et debrise les cõuencions faictes
En exortant la seur tant adolee
Tout incertaine elle sen est allee
Ce temps pendant les prĩces ⁊ les roys
Interea reges ingenti mole latini Quadriiugo vehitur curru
Issent des tentes en sumptueux arroys
Le roy latin auecques grande suyte
De gens notables par ordonnance duycte
Estoit porte en curre magnifique
Sur quatre aures dõt leuure fut antique
En tour son chief auoit vng dyadesme
O douze rays tous dor garnis de mesme
Et fait en sorte comme cil du soleil
Son seul ayeul ⁊ en eust deuis pareil
Apres alloit turnꝰ bien prepare
Dedens son curre assorti et pare
De blancz cheuaulx et tenoit en sa main
Deux dars aigus d fer large ⁊ moult plein
Pour lautre part en maniere ordonnee
Venoit aussi le hault seigneur enee
Source origine naissance primeraine
De lexcellence de nacion romaine
Cil reluysoit o targe syderee
Darmes celestes en facon moderee
Et iouxte luy fut ly bel ascanye
Lautre esperance de rome bien vnye
Ainsi doncques procedent et sen vont
Hors de leurs tẽtes ⁊ grãdes clameurs fõt
Et lors le prestre en robe pure et munde
Au lieu aporte dune truye fecunde
Le ieune fruict et mais vne brebis
Nouuellement paissant par les herbis
La les occist et aussi consumees
La tous les iecte et ares allumees
Les assistans tournant les yeulx deuant
Et mais leurs faces deuers soleil leuant
Iectant forment et sang au sacrifice
Et vin respendent cõme affiert a loffice
Alors enee ayant lespee nue
Dedens sa main tel propos continue

Or cher soleil tu peulx or tesmoigner
Et ie priant te veul embesongner
Aussi la terre ou a present nous sommes
Pour qui iay eu intollerables sommes
Tum pius eneas stricto sic ense precatur Esto nunc sol testis et hec michi terra precanti
Pere puissant et iuno qui meilleure
A nostre affaire pourra estre a ceste heure
Et toy mauors qui la bataille tiens
Et toutes armes dessoubz les tiens
Aussi iuno qui fleuues et fontaines
Religion des nacions haultaines
Du cler olimpe et mais toꝰ les numymes
Qui sont es mers et profondes abismes
Tous ie vous iure ⁊ a tous voꝰ pmetz
Sans varier ne sans changer iamais
Se la victoire arriue par fortune
A cil turnus sans resistance aucune
Les myens cõsors vaincꝰ sans plꝰ attẽdre
Droit sen yront en la cite deuandre
Mon filz iule voz champs delaissera
Et dy pretendre iamais ne pensera
Les myens troyens plus ne seront rebelles
Et plꝰ p eulx naurez voz guerres telles
Si dautre part ainsi cõme iespere
Cas ou fortune nous soit lors si prospere
Que nous puissons digne victoire auoir
Ia pour cella ne vouldray receuoir
A seruitude ne a maieurs lyans
Ceulx dasonie ne les ytaliens
Ia ne vouldray quaulx troyens obeissent
Par seigneurie mais quen paix ilz iouissẽt
Point ne demande par vsurpacion
Ne leur royaulme ne leur possession
Ains sentretiennent les deux naciõs fortes
En loix pareilles et en communes sortes
Et pour feable ⁊ plus ferme asseurance
Iurent entre eulx eternelle alyance
Ie bailleray a toy latin roy vieulx
En seure garde mes ares et mes dieux
Et mais mes armes et te lairray lempire
Sans que iamais mon vouloir y aspire
Les myẽs troyẽs haultz murs me bastirõt
Chastel et place riche massor tiront
Et donnera la belle lauynye
Nom a la ville quant lors sera finie
Ainsi parle enee saigement
Sic prior eneas sequitur sic deinde latinus Suspiciens celum
Le roy latin apres semblablement
Leuant les mains et regardant les cieulx
Telles promesses luy feist tirãt ses dieux
Disant o duc eneas ie te iure

Par ciel et terre et par mers sans iniure
Et de la lone par lespere duplice
Par ciel iunus biffronte en excercisse
Par la puissance des infernaulx chetifz
Par les sacraires du tartare ditis
Par iupiter qui de son fouldre afferme
Paix contraictes & si la rend plus ferme
Par ses aultiers et par feuz allumez
Par tous les dieux au besoing reclamez
Jamais nul iour si ne fera rompture
Du compromis et de la paix future
Si la voulons garder et maintenir
Pour quelque chose qui no⁹ puisse aduenir
Jl ny a force qui du propos me change
Et deust la terre par vng deluge estrange
Estre a sorbee ou le ciel trebucher
Du hault en bas et aux enfers toucher
Et tout ainsi comme cestuy myen ceptre
Qui autresfois au roy souloit estre
Et iamais plus il ne reuerdira
Jamais aussi la paix ne partira
¶ En telz parolles a lheure confirmoient — *Talib⁹ inter se firmabāt federa dictis Cōspectu in medio procerum*
La paix entre eulx et leur dire affermoient
Deuant les nobles et princes du pais
Donc les aucuns moult furent esbahis
Et par apres en sorte acoustumee
Jecterent lors en la flamme alumee
Diuerses bestes auec leurs entrailles
Pour approuuer leur iuste conuensailles
¶ Lors bien sēbla a plusieurs des rutulles — *At vero rutulis ipsa pugna videri īpar dudū*
Telles emprises estre simples & nulles
Et que lestrif queneas apetoit
Contre turnus raisonnable nestoit
Dont en leurs cueurs ca et la murmuroiēt
Et de rompture le seul moien queroient
Bien apercevrent que turnus nestoit pas
Pareil en force pour soustenir le pas
Car il le virent marcher et cheminer
Comme si peur le deust ia dominer
Baisser les yeulx en finissant sa priere
Pres des aultiers en paoureuse lumiere
Ses ioyes veirent toutes mortifiees
Comme si crainte les eust ia deffiees
Et mais sa face pallie sans couleur
Signifiant lintrinseque doulceur
Lors quant sa seur la doulante iuturne
Ouyt entre eulx telle voix taciturne
Et tel murmure dresser et pululer
Par my les turbes cōmenca a aller
Prenent la forme simulee et couuerte
Dung ancien cheuallier dit camerte
Noble et insigne de vertus et de nom
Et qui en armes auoit eu grant regnō
Elle en ce point caultement deguisee
De toutes choses instruicte et aduisee
Sema rumeurs diuerses entre gens
Et parla lors par telz motz diligens
¶ O vo⁹ rutulles naues or honte et blasme
Dexposer or vne seule poure ame — *Non pudet o rutuli cūctis p talibus vnā Obiectare aīaz*
A tel peril ne sommes mors en nombre
Et mais en force puissant pour tel encōbre
Sans mettre fin a si tresgrande somme
Du seul hasart et a la mort dung homme
Voyez vous pas cy dessus les rencz
Troyens archades et tous leurs adherās
La main fatalle et toute lhetrurie
Contre turnus et nostre seigneurie
Quāt tous ensēble a lexploict serons mys
A peine encor aurons noz ennemys
Si turnus doncques qui seul veult & desire
Pour tous combatre sen fin y a du pire
Et que sa vie soit morte et assommee
Le sien salaire sera que renommee
Le fera viure es bouches des humains
Et seul biē faict aura il pour le moyens
Nous chetifz lachez et paresseux
Serons contrains par remors angoisseux
Apres auoir nostre terre perdue
Ainsi que gent esclauee tost rendue
Obeyr lors a ses vaingueurs superbes
Las telz forfaictz seront durs et acerbes
¶ Par remōstrāces telles fut lors esmeue — *Talibus incensa est iuuenū sētencia dictis Jam magis atq3 magis serpit q3 per agmina murmur*
Lopoinion des ieunes qui tost mue
Et en peu dheure de plus fort en plus fort
Sesmeut la noyse entre eulx p dur rēfort
Ceulx qui naguerez doulx repos actēdoiēt
Et qui les choses bien paisibles cuidoient
Or artiues veullent et le pact conuenu
Rompre desirent comme non aduenu
Et ont pitie de la fortune inique
Qui a turnus peust estre trop oblique
Oultre cella iuturne les adioste
Signe plus grant qui pmier propos oste
Car au hault ciel leur monstra vng augure
Qui leur donna plus expresse figure
Et lors troubla des voyans les pensees
Et les deceut par euures auancees
Car en celle heure loyseau de iupiter

Quon nõme laigle lors voloit en hault air
Et poursuyuoit en esle tresligier
Une grant turbe doyseaulx pres la riuiere
Et quant assez elle eut vole apres
Ung signe blanc y auoit au plus pres
Qui seul queroit par les eaux son aisine
Mais ce grant aigle en eust tost la saysine
Et de ses ongles bien touchans ⁊ cõclaues
Le voult porter en ses prochaines caues
Tous les ytales lieuent leul et loreille
Pour aduiser ceste grande merueille
Si voyent lors comme tous les oyseaulx
Signes et autres qui sõt au tour des eaux
En lair se dressẽt auecques clameur grãde
Si se ralient et font tous vne bande
Deliberez de faire telle emprise
Que le grant aigle lachera tost la prise
Lors tous sassemblent et font obscure nue
Desles conioinctes pour la chose aduenue
Leur ennemy tant suyuent et combastent
Que pres de terre le ruent et abbatent
Tant quil vaincu du nombre qui sensuyt
Laisse sa proye et parmy lair sen fuyt
¶ Quãt les rutulles cest augure apceurẽt
Ioyeulx et aises a lheure ne se theurent
Ains toꝰ seullemẽt ꝑ bruyt et grãt clameur
Celle fortunne par commun et honneur
Et permectent aprest et ordre mectre
Entre leurs gens et la guerre parmectre
Premier entre autres vng nõme tholũnye
Parfaict augure dist lors a voix fournyee
Certes seigneurs souuent en mon couraige
Ay desire tel augure et presaige
Ores cõgnois et entens que les dieux
Ne noꝰ eslongnent ains noꝰ desirẽt mieulx
Et pour ce doncques si bon vouloir auez
Venes a moy et apres me suyues
Tires voz glaiues sãs craindre le dangier
Voyez vous pas que ce prince estrangier
Troubler voꝰ cuide ꝑ belliqueux subcides
Ainsi quoyseaulx tremblans et inualides
Et par puissance et par forains suppors
Cuide surprendre noz terres et noz portz
Vous le voirrez en fuicte et en eslongne
Si bien scauons suyure nostre besongne
Et fera tendre ses voilles en la mer
Quant nous verra contre luy arriuer
Pourtant seigneurs raliez vous ensemble
Et que chacun au coups ferir sassemble

Tũ vero augurium rutuli clamore salutent. Expediunt q; manus primus q; tholũniꝰ augur

Deliberez par belliqueux arroy
De deffendre vostre seigneur et roy
Disant telz motz vng dart iecte et descoche
Contre ennemys en faisant son aproche
Celle saiecte par lair volle et tournoye
Prenant chemin mortel et seure voye
Dõc tout a coup se dresse vng grãt tumulte
Par les deux ostz et merueilleux insulte
Droit a lencontre et en part opposite
Entre les aultres hõmes de grant merite
La y auoit neuf beaulx freres germains
De pere et mere plaisans a tous humains
Celle saiecte ainsi au loing iectee
Tant exploicte que tout droit sest plantee
Dedẽs la ventre de lung deulx grãt ⁊ beau
Et transpersa le corps du iuuenceau
Au lieu expres ou le baudrier se serre
Dont il cheut mort et transi sur la terre
Et lors ses freres tous esmeuz ⁊ troublez
Furent a coup aux armes assemblez
Les aulcuns tirent leurs espees subtilles
Et les autres saiectes et missibles
Et comme gens aueugles et sans veue
Courent et fierent de main forte pourueue
Contre ceulx la en forces violentes
Viennent les turbes ⁊ legions laurentes
Apres celluy la habondent de rechief
Troyens archades agilins et leur chief
Toꝰ ont vng cueur vng amour volũtaire
De discorder par glaiue cest affaire
Lors cõmencerent rõpre et briser aultiers
A grandes courses des cheuaulx ⁊ destriers
La commenca la tempeste turbide
De dars et lances courir ꝑ lair limpide
Et mais la pluye de fer grande et espoisse
Voloit au ciel ꝑ merueilleuse aspresse
Feux ⁊ crateres ⁊ les vaisseaulx ẽportẽt
Des sacrifices que ca et la transportent
Le roy latin sen fuyt et sen retire
Ayant le cueur tout remply de grant yre
O luy emporte ses penates et dieux
Qui violez furent dedens ses lieux
Les aucuns furẽt enclins ꝑ leurs trauaux
Fare celler et barder leurs cheuaulx
Et les aucuns dessus saultent et montent
Et fierement aux ennemys saffrontent
Lors mesapus qui lieutenant estoit
Du roy pour lors q̃ sur son chief portoit
Le dyadesme et la couronne insigne

Dixit et ad uersos telũ, cõtorsit ĩ hostes. Procurrens

Diripuerẽ arasit tot turbida celo Tempestas telorum ac ferreus ingruit imber

Moult desireux que tel compris se fine
E ce premier cõflict presse et infeste
Vng des troyens quon appelloit auleste
Et tant le suyt qui le fait trebucher
Contre vng autel quant vint a laprocher
Et fut par terre iecte hõme et chaual
Quant mesappus le veist ainsi a val
A luy a court o lance bien aigue
Si le transperce et par telz motz larguē
Le coup auras dist il quoy quil aduienne
Pourquoy de moy a iamais ten souuien ne
meilleur victime ne peut on aux dieux faire
Puis quẽtre autelz on ta bien sceu deffaire

Concurrunt ytali spoliam q̃ calentia membra Obuius ambustum torrem cho. lineua ab ara Corripit

A lors acourent ytaliens par rutte
Le corps nud laissẽt prenãt despoulle toute
O vrinus voyant venir ebuze
Pour le naurer par guerroiable ruse
Print vng tison de feu tout flamboyant
Entre les ares et il iapres voyant
Son aduersaire luy occupa la face
Par feu et flambe que du tisson menasse
Si que sa barbe espoisse fut bruslee
Et destincelles par tout entresmellee
Puis sen vola le feu par les cheueulx
Dont cil ebuze fut trouble et peureux
Lors charmee poursuyuoit sa besongne
Soubz luy le iecte puis de sa claire espee
Luy fut acoup du corps la vie ostee
Hydoire ambuste pour aider le pasteur
Se ioinct et iecte comme debellateur
De son espee le suyt et le pourchasse
Mais lautre fut de deffence et daudace
Asses pourueu si haulsa sa congnee
Qui par luy fut si bien embesongnee
Qui luy fandist iusques aux dens la teste
Et la cheut mort en la premiere queste
Lors dur repos et mais sommeil ferree
Clouent ses yeulx en nuyt longue et serree

At pius eneas dextram tẽdebat inermem Nudato capite Quo ruitis que ve ista repens discordia surgit O cohibete yras

Le duc enee entre tous gendarmes
Mõstroit sa main sãs nul glaiue et sãs ar-
La teste auoit patẽte & toute nue. (mes
Pour q̃ sa face fut de tous bien cõgneue
Et p clameur et menasse appelloit
Son excercite qui au combat alloit
Disant o vous consors bons et feables
Ou allez vous en propos si muables
Cessez voz yres et que chacun sacorde
Dont deust yssir ceste forte dame discorde
Ja aliance et compromis auons
Pour viure en paix ainsi que nous deuõs
J sont les loix ordonnances faictes
Qui ne seront par nous iamais deffaictes
A moy tout seul appartient dassaillir
Mon ennemy et pas ny veul faillir
Laisse moy donc tout seul executer
Et du sur plus ne vueillez rien doubter
Auec ma main confermeray sans faille
La paix entiere et fin en la bataille
A moy est deu par seure asseurance
Le seul turnus sãs quelcõq̃ autre offẽce
Entiere voix telle & p my tel langaige
Vne saiecte par trop soudain dommaige
Lors fut iecte sans scauoir par qui fut
Et tant volla ce penetrable fut
Que moult blessa sans aduis & sãs garde
Le duc enee qui ne sen donnoit garde
Plus ne sceut lon q̃l dieu ou cas estranger
Lors aux rutules apporte tel louenge
Si fut estainte la gloire de ce faict
Car lon ignore par qui le cas fut faict
Et ny eust nul qui lors si iecte au vent
De la playe denee violent

Has inter voces media inter talia verba Ecce viro stridens alis allapse sagitta est

Quant turnus veit queneas sesloignoit
De la bataille et qui sembesongnoit
Curer sa playe et quainsi il aduise
Les ducz troubles de si prompte entreprise
Il lors esmeu la guerre priemeraine
Appeta faire violente et soudaine
Cheuaulx demãde son curre et son harnois
Il orgueilleux monta a celle fois
Dedens son curre & gouuerne les resnes
De ses destriers courageux et affrenes
Il tournoyans sans chemins et sans voye
Plusieurs fors hõmes a triste mort enuoye
Aucuns aussi deulx mors et vaincus
Renuersa il sur leurs propos escuz
Et maintes turbes ferit il et desire
O son grant curre qui en toutes pars tire
Par fleches longues et par legiers dars
Occist et tue plusieurs nobles soudars
Tout tel estoit nomme le dieu mauors
Esmeu a guerre par belliqueux effors
Au tour des eaux dhebrus fleuue et elide
Qui ses ruysse aulx legiers cõduit & guide
Et si tresuite courrent et si auant
Quen legierete oultre passe le vent
Si que pour vray toute trace est esmeue
Quant la fureur de ce dieu se remue
Ires espies discorde et traisons

Turnus vt eneam cedẽtem exagmine vidit Turbatos q̃ duces

Lait empraignirent en diuerses facons
En telle sorte turnus les incitoit
A la bataille et fiermement hastoit
Les siens cheuaulx lesq̃lz certes fumoiẽt
De grant sueur et souuent escumoient
En courant sus par faictz euertuez
Contre les hommes piteusement tuez
Tant q̃ les piedz diceulx cheuaulx diuers
De lhumain sang furent pleins et couuers
Par eulx estoit conculquee lareine
Du sang des mors entremellee et pleine
Que reste plus certes celluy turnus
Tost mist a mort le puissant helenus
Aussi feist il polus et tampris
Lesquelz rendit desolez et marriz
Sans espargner gluacus ne mais y ade
Jadis nourris en tresongneuse garde
Par imbrasus qui leur auoit apris
En ieunes ans de viure sans mespris
Darmes pareilles les auoit acoustrez
De bien combatre enseignes et monstrez
¶ Aupres de la faisoit aspre bataille
Ung dit eumede de forte et fiere taille
Filz tresigne de dolone le vieulx
Qui des cheuaulx dachilles enuyeux
Et de son curre bien print la hardiesse
Aller iadis es pauillons de grace
Lors que iceulx grecz tenoient assieges
Les champs troyens p eulx endommaiges
Mais tydides quant il vit larrogance
De cil qui cuide auoir pour son vsance
Cheuaulx et curre du puissant achilles
Acoup loccist et le mist en relaps
Et ia ne peust par peines et trauaulx
Celluy dolone iouyr de ses cheuaulx
Quãt turn⁹ docq̃s en chãps ouuert aduise
Celluy eumeda luy seul regarde et vise
Et quant asses eust suyuy et chasse
Et que son dart leust en vain pourchasse
Son curre arreste et puis a terre sault
Incontinent tant le suyt sans deffault
Tant court apres quil empoigne et atrape
Soubz luy le iecte garde na quil eschappe
Car sur son ventre le piedz si ferme tint
Qua son plaisir et mercy le retint
Puis luy fourra lespee quil eust seinte
Dedens la gorge qui de son sang fust tainte
En luy disant o troyen mal heureux
Mesurez or les beaulx champs planturéux

Parte alia
media eul=
medes i pre
lia fertur
Antiqui p
les bello pre
clara dolo=
nis. Nomie
auum reffe=
rens

En agros [et]
quam bello
troiane peti
sti hesperia

Et mais aussi nostre terre hesperie
Donc vous troyens quictez la seigneurie
Ceulx ie vaincray et aussi recueillir
Qui par leurs glaiues me cuident assaillir
De tel salaire ie les contente et paye
Ainsi font ilz et batissent leur trope
Auec celluy occist il a mesme heure
De fiere pointe buttes sans quil demeure
Aussi feist il choree et thersiloque
Et mais darette qui a celle prouoque
Et sibaris et mais thimette cheu
De son cheual donc trop luy est mescheu
Brief tout ainsi comme la mer egee
Lesperit froit et le vent de boree
Resonne et fiert si que son flaier volaige
Chasse les vndes et vagues au riuage
Turnus aussi quelque part quil alloit
Abatoit gens ainsi comme il vouloit
Et deuant luy les turbes deffuyoient
Qui ses grans coups endurer ne povoiẽt
Pour lors courroit impetueusement
Sa grande coste et mais lacoustrement
Que sur son chief hault esleue portoit
Par aure es vent eyagette estoit
Lors phegeus plus ne sceut endurer
Tel violence car trop le voit durer
Contre le curre de turnus se presente
A lopposite et tost se diligente
Pres de luy ioinct et de glaiue saturne
De sa main destre les cheuaulx il destourne
Et en ce point qua chariot pendoit
Et qua combatre seullement entendoit
Le duc turnus qui au resister pense
Luy donna lors vng si grant coup de lance
Qui trespersa la cuyrasse rebelle
Et te blesse non de plaie mortelle
Il toutesfois apres ce coup donne
Se dresse et tourne sans point estre estonne
Contre turnus et se renge et cueuure
Soubz son escu pour parfaire son euure
Bien cuidit lors peu super approchant
Tuer et vaincre turnus par le trenchant
De son esper mais la roe legeire
Du curre esmeu en trop triste maniere
Le precipite et a terre le iecte
Alors turnus qui tout ce voit [et] guette
De pres le suyt se veist en descouuert
Soubz la salade le col nud et ouuert

Nō tulit in=
stantem phe
geus animis
qz fremẽtem
Obiecit sese
ad currum

Incontinent de sa tresbonne espee
Luy fut dung coup sa grant teste couppee
Lors laissa fut la souillee areine
Le tronc sanglant de force primieraine

At q3 ea dũ campis vic tor dat fune ra turnus Interea ene ã meneste* et fidus aca tes

Ce temps pendant et par les legions
Turnus faisoit telles occisions
Menesteus et accates feable
Aussi le bel ascanie acceptable
Voient eneas leur prince et leur seigneur
Moult fort naure pour fouyr mal greigneur
Ceulx luy conseillent quen sa tente se tire
Paur soulaiger son grief et son martire
Aussi sen va cheminant pas a pas
Dessus sa lance appuye par compas
Trop auoit deul quelque mal le presse
Laisser les siens par si grande destresse
Et moult essaye tirer et arracher
Le dart aigu q̃ pendoit en sa chair
Ses gens exhorte affin que on semploye
Coupper le fut du dart contre la playe
Pour que bien tost en bataille retourne
Sãs cõme oyseaulx q̃l faille qui seiourne
Pas ne le feirent car mal luy en fust pris
Ains le retirent au manoir entrepris
Ca vint acoup pour luy donner remyde

Iamque ade rat phebo ante alios dilectus ia pyx iasides

Le medecin iapis filz de iaside
Expert en lart pour curer et guerir
Ceulx quil voit droit a luy droit accourir
Car tant lauoit ayme es iours passez
Le dieu phebus quaprins luy eust assez
De sa science et congneut les figures
Dastronomye de signes et daugures
Et luy donna sa harpe et ses sairetes
Pas ne tint cheres ses choses plus secrettes
Brief cil iapis ayma mieulx la science
De medicine et scauoir la puissance
De toutes herbes et operer sans gloire
Lart incongneu p frequente memoire
Pour de son pere la vie proroger
Que maladie souloit endommaiger
Aussi estoit le hault seigneur enee
Dedens sa tente qui playe forcennee
Moult traueilloit ou tour de luy estoient
Nobles troyens qui son mal regretoient
Et mesmement son beau filz ascanie
Iectans souspirs a voix de pleur fournye
Il toutesfois constant et immobile
Lors sapuyoit sus son puissant hastille
Sans amendrir sa vertu ne son ireur
Iacoit qui perde de sang mainte liqueur
Le medecin doncques viel et antique
Entre leans en mode peoni cque
Seinct et counert dung grãt manteaulet
Si mist sõ sẽs et mais to⁹ ses enffors corps
Par main feable et par potentes herbes
Curer sa playe et ses maulx tant acerbes
En vain trauaille en vain arracher pẽse
Le fer aigu qui bien profond sauance
Auecques forces et tenailles aigues
Le cuides auoir par facons ambigues
Mais nullement en peult about venir
Ad ce ne veult fortune suruenir
Le dieu phebus aucteur de medicine
Lors ne luy monstre prouffitable racine
A ce pendant plus croist et augmente
La guerre au champs et vehemente
Ja plus prochein est le mal et lencombre
Pour le deffault des troyens et du nombre
Ja fut le ciel tout plain et tout espois
Dobscure pouldre naissent a celle foys
Et lors des tẽtes et de conuers chasteaulx
Volent par lair dars fleches amonceaulx
Triste clameur iusq̃s au cieulx transcende
Tãt fut entre eulx puerse guerre et grãde

Hic venus indigno na ti concussa dolore Dic tmũ genitrix cretea car pit ab yda

Alors venus deneas doulce mere
Eust en son cueur douleur forte et amere
De celle playe et du mal qui sentoit
Son digne filz donc ne se contentoit
Si print donc en yda celle dame
Une herbe doulce quon appelle dictame
Entre les fueilles caulees et puberes
Dont les fruictz sont gracieux et vberes
Et mais la fleur vermeille et purpuree
De maintes branches et brinceaulx paree
Les cerfz biches et les bestes sauuaiges
Qui ca et la sont errans par bocaiges
Lherbe et la fleur congnoissent ilz assez
Quant p venenus sont actains ou blessez
Et tresbien scauent frotter du iust dicelle
Leur dure playe par cure naturelle
Dame venus occulte et incongneue
Enuelopee dedens obscure nue
Aporta lors en honneste vaisseau
Le doulx vnguẽt et dedens mist de leaue
Auec le iust dambrosie amassee
Aussi il mist de lerbe panacee

Et quant elle au fait pourueu ainsin
Le tout posa dedens vng cler bassin
De celle eaue doulis le medecin antique
Qui ignoroit toutessoys la practique
Arrousa lors la playe et lestancha
Donc tout acoup la doleur luy passa
Plus ne sentist la challeur ne poincture
Et sarresta le sang a la tenture
Le fer agu sans force et sans contraincte
Cheut de la playe qui fut close & estaincte
Si que pour vray les vertus primeraines
Retournerent propteměť en leurs vaines
Alors iapis cil qui pense lauoyet
Donc ne de quoy toutesfois ne scauoyt
Tout hault sescrie o vertueux gendarmes
Aportes tost a nostre roy ses armes
Certes ces choses cõme on voit lapparence
Ne sont faictes par humaine puissance
Ne mais aussi par maistrise ou par art
Car ce procede de plus loingtaine part
O duc enee pas ne suis si bon maistre
Que guery soyes au moyẽt de ma destre
Vng plus grãd en a la peine prise
Qui te conduist a plus haulte entreprise
Lors eneas auide et conuoiteux
De la bataille et daller auec eux
De son harnoys de iambes tost sacoustre
Moult desireux de proceder en oultre
La demeure trop longue luy desplaist
De manier sa lance moult luy plaist
Quant il eut pris sa cuirasse et sa targe
Bonne et aysee pour son corps et bien large
Et le surplus de son acoustrement
Et la sallade ouuree richement
Lors tout arme son filz prent et embrasse
De le baiser maintefoys ne se lasse
Et quant assez leust tenu et baise
A luy parla cõme il est contenu
O le myen filz croystre ta valleur
Aprens de moy vertus et vray labeur
Des autres hõmes par maniere oportune
Pourras apprendre que cest que de fortune
Jusques a huy ma main ta deffendu
Sain en bataille et sain seras rendu
Quant doncqs laage de vraye cõgnoissãce
En toy sera pour vser de prudence
Faiz cõme moy et ores te souuienne
De ma parolle pour que pis ne ten vienne

Arma citi pperare viro quid statis Iaspix Cõclamat.

Disce puer virtutez ex me verũqз laborẽ. Fortunãex aliis

Souuent repette les exemples des tiens
Prens la a cueur et du tout les retiens
Faiz que ton pere te prouoque et incite
Et mais hector ton oncle a grant merite
Quant eneas eut dit il grant et hault
Incontinent hors de ses tentes sault
Tenant en main lance doubtoble et fiere
Laquelle il tourne en diuerse maniere
Apres le suyt anthee et menesthe
Et mais la turbe qui dissit est hastee
Tous aux chãps saillẽt armez & biẽ parez
Et du combatre sont tous deliberez
Lors furent certes les terres pl⁹ pchaines
De pouldre obscure en maintz lieux toutes
Et si trembloyt pour la grant quantite
Des piedz marchans par leur velocite
Bien veit turnus et mais ceulx dausonye
Venir en armes si noble compaignie
Dont froide peur cõmenca a courir
Parmy leurs os et leurs cueurs acquerir
Deuant tous autres latins dame iuturne
Veit et congneut en crainte taciturne
Le bruyt et son dont elle espouentee
De telle venue cest acoup absentee
Celluy enee auec sa sienne gent
En champ ouuert expert et diligent
Court et sen volle et charche lors la presse
Des ennemys la pl⁹ grande et espouesse
Tout en ce point comme il aduient souuẽt
Es iours pl⁹ chaulx q̃ud voit tourner le vẽt
Lors lair deuient obscur & plain de nues
Par bouffemens et autres continues
Tonnoirres font en diuerse facons
Lassus au ciel espouantables sons
Les agricolles et laboureurs champestres
Qui p expreuue sont expers & bõs maistres
Desaduenir et qui de tel dommaige
Craignẽt la perte voyant si grand oraige
Sont tous troublez marris et desolez
Car tost seront gastez et affollez
Arbres semences leurs chãps & leur messine
Dont leur faulldra mener vie chestiue
Du pmier oyent les grans vẽs messagiers
De leurs ruines et de to⁹ leurs dangiers
En telle sorte le troyen capitaine
Menoit sa bande et son armee haultaine
Contre ennemys et tous bien arrengez
Ensemble marchent querans fors abregez

Hec vbi dicta dedit portis sese extulit altis Telũ imane manu quatiens

Talis in aduersos ductor Rhetheius hostes Agmẽ agit

Bien fcent alors en ce conflit occire
Tymbres le graue le fort et grant osire
Menestheus archetie tua
Et accatres si bien se suertua
Quil desconfit le latin epulonne
Hyas aussy mist a mort et estonne
Le fort Vffens si ne demoura pas
Tholunius languire en ce trespas
Ains fut occis cest cellup qui iecta
Son dart premier et qui persecuta
Les fois troyens apres la paix brisee
Trop fut par luy la chose mal visee
Alors clameur aux cieulx se dresse et lieue
Aux latins fut celle venue griefue
Et tous troublez cōme laches meschans
Tournent le doz en fuyte par les champs
Mais eneas pourtant ne daigne mye
Occire nulz de la gent ennemye
Aux deffuyans ne a ceulx qui lattendent
Des dars agus ne fierēt ny ne tendēt
Tout son desir et mais sa seule cure
Cest de trouuer en la meslee obscure
Son ennemy turn⁹ si le cherche et quiert
Par la bataille et seul turnus requiert

Hoc Iuturna metu mētē z Iuturna virago. Aurigā Turni media inter lora Metiscum. [Excutit]

¶ De ce eut pour iuturne la virague
Voyāt son frere qui au despourueu vague
Si monta lors sur le curre legier
Et deiecta metisque le chartier
Entre les roes car trop fut mal abille
Pour le conduyre en la part plus vtile
Au lieu de luy iuturne si prepare
Pour directeur dez cheuaulx et se pare
Entieremēt du corps et de sa forme
De cil metisque ia deffait et difforme
Cela feist elle pour que myeulx a sa guise
Charroyer puisse le curre ou elle aduise
Brief tout ainsi cōme faict lyrondelle
Au beau prin temps et en saison nouuelle
Qui circuyt alentour des maisons
Ca et la volle par demeurez saisons
En amassant petite nourriture
Pour en donner a ses faons pasture
Et en ses nidz garrules et sonans
Apporte mouches et vmbres cōsonans
A lune foys sur hault portaux se pose
Et la degoise et chante mainte chose
Puis tost sen volle et employe son temps
A circuyr riuieres et estangs
En telle sorte iuturne aduisoit
Cheuaulx et curre au myeulx quelle aduisoit
Et trauersoit parmy toute larmee
Puis ca puis la cōme bien informee
Elle menoit son frere en diuers lieux
Qui monstroit face dhōme alegre et ioyeulx
Ia toutesfoys ne parmect ne ne souffre
Que contre enee par combat sa main offre
Ains au plus loing tousiours le trāsportoit
Ou elle scet que enee pas nestoit
Pas ne cessoit cil enee pourtant
Son ennemy pourchasse et bien pretend
Par lieux obliques et voys esgarez
Le rencontrer sans longues demeurez
Tousiours le suyt et par la turbe grande
A haulte voix lappelle et le demande
Toutes les foys q̄ sur luy ses yeulx iecte
Et que la fuyte il espere et proiecte
Les siens cheuaulx attaindre et attrapper
Autant tache iuturne deschapper
Et lors son curre en autre part destourne
Sās arrester et sans quelle se tourne
Moult est trouble enee en cest affaire
Et pas ne scait que penser ne que faire
Diuerses cures lempeschent et molestent
A faictz cōtraires plusieurs ppos lisestēt

Dulc mesa p⁹ vti leua duo forte gerebat Lēta leuis cursu.

¶ Lors mesappus qui en sa main auoit
Deux dars agus desquelz vser scauoit
En iecta lung a force habandonnee
Par grand desserre cōtre le duc enee
Qui se tint ferme et si bien y pensa
Quanques ce dart en riens ne le blessa
Bien penetra son panache et sa creste
Sur la salade sans toucher a la teste
Lors fut esmeu et esguillonne dire
Quant il cōgneut que contre luy on tire
Et proposa a tort et a trauers
Abbatre gens et mais cheuaulx diuers
Iacoit pourtaut que premier y proteste
Que pour sa faulte pas ne demeure en reste
Finablemēt il marche et auant sault
A tous contraires il faict guerre et assault
En tous endroys il monstre sa puissance
Et sur tous hommes sans nulle difference
Brief il lache et le frain et la bride
A sa fureur sans grace et sans remyde

Quis mie chi nūc tot acerba de⁹ quis carmie cedes Diuersas

¶ Qui est le dieu qui reciter me puisse
Faictz tant acerbes et plais de malefice
Tant de ruines et tant de occisions
Tant de grans maulx et de destructions

Et mais la mort de tant de ducz notables
Occis alors pour causes miserables
Tant de la part de turnus grant et fort
Que du troyen seigneur par son effort
O puissant dieu comme ta il peu plaire
Que tant de gens pour vng turbide affaire
Et qui deuoient en eternelle paix
Viure et mourir sãs lenfraindre iamais
Tant esmeuz sont soubz petite querelle
A fait de guerre si nephande et mortelle
Alors eneas voyant les siens de loing
Auoir vng peu de brief secours besoing
Par cil turnus qui pres les suyt et chasse
Se delibere et acoup oultre passe
Au premier contre en chemin rencontre
Vng dit succrone sur le quel il monstre
Force et pouoir car son espee boute
Dedens ses costes et si luy logea toute
De lautre part turnus pecl ole abbat
Hors de cheual par merueilleux combat
Le fort amyque et dyores son frere
Si rudement cõtre ceulx se exaspere
Que lung occist a poincte de sa lance
Lautre deffit par glaiue sans clemence
Et quant des deux eut fait telle conqueste
Cil leur coupa incontinent les testes
Et les pendit en son curre au plus hault
Pour que chũn les veist en cest assault
Puis occist il tout p vne grant remonstre
Troyens nobles hões q̃ vindrẽt alẽcontre
Cest assauoir thalon et thenais
Et mais cetheque ceulx furent enuahys
Si fut ouythe qui eut nom et naiscance
Deschyonye par vraye congnoissance
Sa mere fut illustre et renõmee
Et si estoit eschyone nommee
La desconfist aussi celluy turnus
Trois freres nobles de licye venus
Et le ieune menette qui sans faille
Auoit tousiours hay guerre et bataille
Il qui estoit dassez poure maison
Auoit apris en sa ieune saison
Pescher poissons ses retz ⁊ fillez tendre
Pour les riuieres pour maitz reptilez prẽdre
De luy nestoient alors cõgneuz les dons
Des puissães hõmes ꝑmesses ne guerdõs
Son pere poure pour sa substance acquerre
Soloit arer et cultiuer la terre
Brief tout ainsi cõme en boys et bocaiges
Secz et arides font impourueuz dõmaiges
Feux allumez et dedens exposez
Ou cõe fleuues draue ruides arrousez
qui des mõtaignes haultes p cours rapides
Tendans en bas par p vois ⁊ par guides
Font bruyt et son ⁊ en la mer samassent
Brisans par tous les chemins ou ilz passẽt
En maintz legiers cil turnus et enee
Courent et vont en guerre habandõnes
Or est le temps que chũn sesuertue
Que force et ire dedens les meurs sentue
Et soient rompues les robustes poyctrines
Qui iusques a luy neurent oncqs estraines
Dauersite et qui oncques na prindrent
Estre vaincꝰ pour maulx qui leur aduĩdrẽt
Or va chascun par forces esprouuees
Contre les playes et fortune trouuees
La sus murrant portans le tiltre et nom
Des roys latins troune par grand renom
Cõme il vouloit en la presse marcher
Cil par entre quant vint alaprocher
Et de son curre entre les frains et resnes
De ses cheuaulx tumba sur les arenes
Tant fut foulle et marche tout antour
Quil demoura oublie au destour
Puis oultre tire et vng grãt dart cõtournie
Droit ahibe qui contre luy sastourne
Si bien lataincit que la lance demeure
En son cerueau et cheut mort a celle heure
O crethens de tous grecz le plus fort
Ta main ne peust resister a leffort
De turnus lors aussi ne peust cupente
A eneas quant a luy se presente
Les dieux priez au quelz auoit fiãce
Ne le couurir et soubz telle deffiance
Car il monstrant sa poictrine et sa face
Contre eneas par glaiue qui bien passe
Fut transperce et ne luy prouffita
Sa grande targe quen lencontre iecta
Certes eole les lieux et champs laurentes
Aussi te veirent par forces violentes
Alors mourir et choir piteusement
Et tes grans mẽbres empescha largemẽt
La terre toute lors que dessus icelle
Tu cheuz vaincu par playe tres cruelle
La demouras toy qui grecques phalanges
Tuer ne peurent tit nations estranges
Ne mais celluy achiles qui deffeit
Royaulme ⁊ terre de priam desconfeit
La estoit certes la fin et le limite

Aeneas tu tulli sucronẽ ea prima ruẽtes Pugna loco statuit teucros

Aeneas turnusqꝫ ruũt ꝑ plia nunc nũc Fluctuat ira intus

Te quoqꝫ laurẽtes viderũt eole cãpi. Oppetere

De la mort triste qui fut prompte et subite
Troyen tu fuz et du pais dazie
Ne et nourry en cite lynessie
Si lon veult donc de ton sepulchre enquerre
Trouue sera en la laurente terre
Que reste plus tous sans excepter vng
Aux coup se fierent par vng vouloir cōmū
Tous les latins et tous les dardanides
Grans armes font cōme preux et vaillides
Menesteus aussi le fort sereste
Bien sy employoient auec toute la reste
Sy faisoit certes et pnoit grans trauaulx
Le grant mesappe domiteur de cheuaulx
Et mais le fort azille et la caterue
Des thusques hōmes cōprins en tel acerue
Pas ny failloient cōme lon peut entendre
Les deux esles du roy archade euandre
Tous se suertuent tous par prouesse forte
Monstrent asses que leur vertu nest morte
Car sans demeure sans repos sans seiour
A fort combatre employēt tout le iour

Hic mentez enee genitrix pulcherrima misit Iret vt ad muros.

¶ En tel conflict et guerre tant amere
La mere venus deneas doulce mere
Luy mect en teste et luy conseille lors
Que promptement et durant telz efforts
Tous ses gens meine par voye repentine
Contre les murs de la cite latine
Et que bien tost sās faire nul deffault
Aux habitans ilz facent dur assault
Il doncqs lors ainsi comme il queroit
Le duc turnus et apres luy courroit
Par la bataille diuertissant ses yeulx
Es enuirons et es plus loingtains lieux
Aduisa lors la ville plancturense
Qui ne sentoit la guerre dommageuse
Ains sans labeur en doux repos gisoit
Cause pourtant du mal q̄ ce faisoit
Incontinent le desir et lenuye
De bataille plurs grande le conuye
Si appella menestree et sergeste
Et auec eulx le trespuissant sereste
ceulx tousiours furēt pmiers ētremecteurs
De ces affaires et principaulx ducteurs
Si monta lors dessus vng hault terriere
Pour que len peust ouyr iusquau derriere
La tout acoup son armee se tire
Et soubz lenseigne vng chm̄ se retire
Ja ne despoullent ne nostent toutefoys
Escu ne targes lāces ne leurs harnoys
Et quāt ilz furent tous cōuenus ensemble
Chascun se ioinct et au plus pres sassēble
Pour myeulx entendre et aplain escouter
Ce que eneas leur vouldroit reciter
Il hault pose sur ce tect commance
Leur declarer ce que son cueur en pense

Me qua meis esto dictis mora Iuppiter hac stat Men quis i ceptū subitū michi segnior esto Urbē hodie

¶ Affin seigneurs q̄ par trop lōg lāgage
La demeure ne nous face dommage
A peu de motz et briefue mention
Conter vous veul la myenne intention
Nous auons dieu pour no⁹ et le bon droyt
Affin doncques que par aulcun endroyt
Nul ne nous faille et par longue paresse
Nostre entreprinse au grād besoing ne cesse
Mon entente est et mais ma volunte
De demolyr au iourduy la cite
Du roy latin qui est ainsi motiue
De la bataille tant cruelle et hastiue
Et destruiray le royaulme et les lieux
Silz ne pensent de nous obeyr mieulx
Celles maisons et les realles salles
Feray a terre pareilles et equalles
Est il donc dit ou ordonne quil faille
Que iatendes tousiours en la bataille
Le hault seigneur turnus en son plaisir
Quant il vouldra a son heure choisir
Et il vaincu que de rechief il face
Combat a moy en delaissee place
O chers amys ceste ville mauldicte
Et chief et cause de la bataille induicte
Apportes doncqs feux et flāmes legieres
Et par icelle queres la paix premiere

Dixerat atq3 ais pariter certātibus oēs. Dant cuneum

¶ Quāt il eut dit chm̄ alors renforce
Cueur et courage dune nouuelle force
Et tous acoup veoir prestz a mourir
Vers la cite cōmencent a courir
Tost eurent certes eschelles aprestees
Contre murailles pour estre surmontees
Tost eurent feux et flābeaux alumez
Pour que les fors en fussent cōsummez
Les aulcuns courent et aux portes sē vont
Et ceulx quilz treuuēt p la voye il defont
Les autres tirent fleiches dars et saiettes
Traict infiny par cruelles deffaictes
Et lors enee o ses ducz et seigneurs
Deuant les murs voyāt telles rigueurs
Sa destre lieue a haulte voix accuse
Le roy latin qui ainsi les abuse
Les dieux atteste disent quil est cōtraint

De rechief faire bataille qui labstrainct
Deux roys luy sont ytalles ennemys
Et par deux fois rompēt le pact promis

Exoriț trepidos inter discordia ciues. Urbē alii reserare iubent

¶ Quāt les manās de la ville apceurent
Ce dur assault lors moult grāde peur eurēt
Et cōmença grande discorde entre eulx
Tous troublez furent lapidez & peureux
Les aulcūs veulēt ouurir les portes closes
Pour obuyer aux perilleuses choses
Et dedens quierēt par consultes moyens
Loger et mettre sans arrest les troyens
Et menet tachēt le roy sur les murailles
Pour veoir lexploict des piteuses batailles
Aultres contraires a celle opinion
Armes apprestēt et grande legion
Et diligentent pour garder et deffendre
Leurs meurs garnys sās vouloir de se rēdre
Tout en ce point et en sortes pareilles
Comme lors sont les encloses aueilles
En leurs latebres et en obscur rochier
Quant le pasteur cuide pres approchier
Delles sen quiert et sy emplist adoncqs
Daspre fumee leurs petites speluques
Elles trepides pour ce nouueau martyre
Leans descourēt p leurs chasteaulx de cyre
Et par strideurs stimulles diuers
Aquisent pres en leurs logis couuers
Obscure odeur de pouldre et de fumee
Leans reuolue et y est alumee
Dont elle font vng taisible murmure
Qui sonne et notte vengence de liniure
Finablemēt loudeur qui les affolle
Et la fumee au ciel se mōte et volle
Telle fortune ou bien plus grande assez
Aduint alors a ceulx latins lassez
Qui de tout price mist en pleurs & en larmes
Toute la ville sans auoir ppos fermes
Sur la muraille percent ses ennemys

Regina vt tectis venientem pspicit hostē. Incessi muros

¶ Lors quant la royne q le chief auoit mis
Si pres venir et sa ville assaillie
Qui ia formēt fut vaincue et faillie
Quāt elle veit les grās feux a foysons
Voller par lair enuyron les maisons
Et dautre part quāt elle ne vit nulles
Des legions latines ne rutulles
Ne les gēdarmes du tant chery turnus
Pēsant quil fussent to⁹ mors ou detenus
La malheureuse cuida aussi sans faille
Quil eust este occis en la bataille
Soubdainement luy changa la couleur
Et fut troublee de trop aspre douleur
Lors sescrya sans mesure & sans pause
Disant quelle est le motif de la cause
De si grand maulx a cōmis et quelle seulle
Est chief du mal dont il fault ql se deule
Elle en ce point que fēme furieuse
Hors de bon sens trop fut lors soucieuse
Faire cōplainctes et regretz larmoyās
Donc esbahys furent tous les voyans
Elle qui tost la briefue mort desire
Ses paremens purpures dessire
Puis vng cordeau a haulte trayne attache
Et la chestiue qui a se tuer tache
La se pendist et fust le neu coulis
De mort honteuse par vehemēt cronlis
Quant les latines et fēmes qui la furent
La pestillence si extresme appceurent
Las quelz gemeurs et qlles plainctes font
Quel douleāce et quel regret parfont
Et mesmement la pucelle lauyne
Qui nestoit pas de telle peine digne
Elle atracha des mains ses blōs cheueulx
Monstrant quelle a ennuy angoisseux
Ses belles ioues vermeilles & rosees
De mainte larmes triste sont arrousees
Et tant apres la turbe qui estoit
Alentour delle plouroit et lamentoit
Si q pour vray des haultz crys qlles dōnēt
Le grant palais et les maisons resonnent
Que reste plus tost fut la renōmee
Du nouueau cas par la ville sommuee
Tout la plus part se tiennent esgarez
Et sont ainsi cōme desesperez
Le roy latin trouble de telle chose
Et de la mort de sa defuncte espouse
Doubtāt aussi de la ruyne aperte
De laquelle y voit sa ville en perte
Rompiz ses abitz et sa chanue face
Jecte et prosterne dedens souillee place
Moult se repent donc a pmier ma pris
Et recueilly enee de hault pris
Et qui me la de bon gre faict prendre
Ains que telz maulx & telz labeurs attēdre

Interea extremo bellator in equore turnus Palantes sequit paucos.

Pendant ce tēps turnus et ses sequelles
Suyuoit aucūs sur les derrieres esles
Pour les surprendre et en vain assaillir
Il cōmencoit peu a peu deffaillir
Bien cōgnoissoit que ses cheuaux se lassēt

Car propremẽt ne courẽt ne ne passent
En tel mesaise Vent leger luy apporte
La clameur grãde et la complainte forte
Qui se faisoit alors en la cite
Plaine de larmes et de necessite
Dont tout acoup espouãtable crainte
Sans scauoir cause fait en sõ cueur ẽpraite
Car le grãd cry plain de telles merueilles
Paruiẽt alors iusques a ses oreilles
Et le murmure de la cite confuse
Donc il doubtant des ces motz tristes vse
Helas dit il pourquoy sont tant troublez
Telz qui sont ores en la Ville assemblez
Ne pourquoy est ce que si grãde clameur
Vient de la Ville tant pleine de rumeur
Ainsi parlait et nõ sachent que faire
Vng peu sarreste pour escouter laffaire
Et lors sa seur iuturne qui menoit
Son chariot et cheuaulx gouuernoit
Aians la forme soubz fainte couuerture
De son charretier mutisque et la figure
Luy print adire certes seigneur il fault
Que nous fuyons les troyẽs sãs deffault
Par celle Voye qui no^9 enseigne ⁊ monstre
Briefue Victoire ala louẽge nostre
Aultres ya gensdarmes asoysons
Pour biẽ deffendre la Ville ⁊ les maisons
Si encas enferme en ses lyans
Par bataille les preux ytaliens
Nous daultre part en main forte et cruelle
Mectrons troyens affin triste et mortelle
En ce faisant mendre lotz tu nauras
Et de bataille lhonneur emporteras
¶ Las dict turnus o seur chere tenue
Bien tay ie certes par long tẽps ia cõgnue
Des au premier de par fainctes deffaictes
Tu debrysas les cõuenances faictes
Et tu deesse ne mas en rien deceu
Ton corps couuert ay ie bien apceu
Mais qui ta fait cy bas ores descendre
Du cler olimpe pour Veoir ⁊ pour aprẽdre
Si grans labeurs et pour taduenturer
Et tant de maulx et trauaulx endurer
Est tu Venue pour Veoir la mort austere
De ton chetif et miserable frere
Que puis ie faire ne mais q̃lle fortune
Me peult promectre deliurãce oportune
Jay Veu mourir deuãt mes tristes yeulx
Le preux murrãt grand et audacieux

O soror et dudũ agnoui cũ prima per artem. Federa turbasti.

Il demontrãt par playe aduãtageuse
Me reclame a Voix haulte et piteuse
Il nest Viuãt sans autre reprocher
Que tant iaymasse ne que ieusse si chier
Ufens aussi et doulant miserable
A Voulu prendre la mort tant aggreable
Jacoit quil fust puissant entrepreneur
Pour qui ne Veust le nostre deshonneur
Ores que iceulx troyens gendarmes
Son corps Vaincu et ses sy fainctes armes
Lauray ie doncques par grãde lachete
Mectre en ruynes nostre poure cite
Conuiendra il que le dos tourne en fuyte
Sans faire plus cheualer eust fuyte
Les reproches que drance ma ia faitz
Auront il lieu sans porter plus grant fais
Las me Voyrra ceste terre fouyr
Ou ie souloye tant de cueurs esbahir
Vault il pas myeulx honnestemẽt mourir
Que telle honte porter ny encourir
O infernaulx maintz foyez propices
Bons et piteux ames derniers supplices
Car les superes ont Voulẽte aduerse
Contre mes faictz par dure cõtrouerse
Mon ame iuste est moult Vituperee
Et innocẽte de la foy temeree
Et ores Vostre ie la bas descendray
En doulx espoir et repos attendray
Les grandes ioyes en lieux beatifique
Ou sont posez mes parẽs antiques
¶ A peine eut dict et sans autre demeure
Tost diligente et en celle mesme heure
Court et sen Volle de toute peur remplys
Droit au millieu ou sont ses ennemys
Et en ce point quen ce fait sesuertue
A laudeuant et a bride abbatue
Luy Veint saiges lung des latins cõsors
Qui moult estoit blesse par griefz effors
Et dung grant dart auoit la face oultree
Car bien estoit la playe a ce monstree
Celluy fut certes ia forment hors dalaine
Tant auoit prins de trauaulx ⁊ ee peine
Querir turnus et quãt de luy fut prez
Si luy Va dire son entree puis apres
Treschier seigneur nostre subtil supreme
Gist en toy seul et nostre deul extreme
Apres doncques par telle amytie
De tes fauteurs souuenance et pitie
Le roy enee par armes nous fulmine

Uix ea fa^9 erat medios volat ecce p hostes Uectus equo spumãte sages

Turne ĩ te supma sal^9 miserere tuorũ. Fulminat aeneas armis.

Et si menasse de tost mettre a ruyne
Les haultes arces et manoirs dytalie
Si ta prouesse acoup ne se desplye
Desia font il flãbeaux et feux voller
Contre maisons pour les anichiller
Tous les latins en toy seul se confient
Et de secours et daide te deprient
Le roy latin ia faict doubte de prendre
Lun ou lautre pour successeur ou gendre
Et si ne scait auquel renger se doiue
Ne quel aussi vault il mieulx quil recoyue
Las et bien pis celle que tant aimois
La triste royne celle que reclamoyes
Par propre main sest deffaicte et tuee
Et de sa vie du tout destituee
Et nya nulz pour deffendre les portes
Tant sont pressez par puissantes cohortes
Fors mesapus et atynas sans plus
Ses deux soustiennẽt tout le faiz du surplꝰ
Autour diceulx sont phalanges espoisses
Et les chãps pleins despees moult diuerses
Et tu ores ton cheriot parmaines
Au liea sans pris quittes de telles peines

Obstupuit
varia con-
fusus yma
gine reruz
Turnus

Il confus de telle chose ouyr
Si commenca trembler et esbahir
Et fut long temps sans parler ne mot dire
Tant eut le cueur presse de dueilz dire
Honte vergongne acroist lors et augmẽte
Et mais amour chaleureuse et poignante
Si feist certes sa coupable vertu
De telles choses fut il tost combatu
Et quant apres lumbre de telle cure
Fut separee de sa pensee obscure
Et peu a peu eut reprins la lumiere
Dentendement et de raison premiere
Il tout turbide tourne ses yeulx ardans
Vers la cite et a ceulx de dedens
Et de son curre hault esleue proiecte
La triste ville et son regard y iecte
Si veid de loing que le feu est autour
Enuelope et prins en vne tour
Laquelle auoit este par luy bastye
Par cy deuant et tresbien assortie
Si transpersoiẽt les flammes plãturenses
Tables et bois et traines sumptueuses
Et la fumee tenebreuse volloit
Jusques es cieulx et par my lair alloit
Lors lauoit bien turnus fortifiee

Et quant il veid ce chault embrasement
Dist a sa seur alors piteusement
O doulce seur desia certes commence

Jã iã fata
soror supe
rãt absiste
morari
Quo deꝰ ꝛ
quo dura
vocat for-
tũa seqmꝰ

Fortune vaincre toute nostre esperance
Plus nest il temps songer ne demourer
Ains sans seiour nous fault deliberer
Le chemin prendre et celle voie suyure
Qua dieu plaira soit pour mourir ou viure
Or est besoing sans attendre a demain
Que le troyen combate main a main
Je suis tout prest soit ou pour souffrir mort
Mettre mon corps au plus poignãt effort
Certes ma seur tu ne me verras plus
Deshonnourer ne fuyr le surplus
Dune chose te requier et supplye
Cest que premiee ma fureur ie desplye
Et qua mon aise ie sape le moyen
Pour debeller cest ennieux troyen

Dit et
e curru sal
tũ dedit o
cIꝰ armis
Perqꝫ ho
stes per te
la ruit

Cela luy dist et lors sans faire faulte
Incontinent du curre a terre saulte
Par dars et glaiues entre les ennemis
Sen court et fuit et atrauers sest mis
Laissant sa seur courroucee et dolente
Et lors par course rapide et violente
Rompt et debrise les turbes et les gens
Sans plus doubter nulz dangers emergẽs
Brief tout ainsi quen ruyne subite
Vng grant rocher descent et precipite
Par tempeste de vent de haulte cyme
Dune montaigne descendant en abisme
Qui par grant pluye ou par viellesse dans
Est arrache et soubstraict du dedens
Lors celle roche en ce point departie
En descendant gaste mainte partie
Le quelle treuue en chemin elle assomme
Sans espargner maison beste ny homme
En telle sorte turnus court et trauerse
Par my les turbes et tant faict et exerce
Quil vint errant au deuant la cite
La ou estoit la grande hostilite
La veid il certes la terre trop moillee
Du sang humain et dhonneur despoullee
La veid il dars et saiectes voller
En lair stridant et missilles aller
Incontinent il feist de la main signe
Et lors va dire a voix haulte et insigne
Pardonnez moy o rutulles soudars
Et vous latins mettez apart voz dars

La fortune telle que pourra estre
Et pour moy seul⁊ seul en veulx cõgnoistre
Cest bien raison et si est iuste chose
Que ie tout seul pour voꝰ mõ cueur expose
Et que ie seuffre la peine du meffaict
De la rompture du premier traicte faict
Par sang et glaiue et par ma diligence
En conuiendra faire lexperience
Disãt telz motz tous luy font voye⁊ place
Tant quil paroist tout seul en large place
Et quant enee eut lors le nom ouy
Du duc turnus moult en fut resiouy
Les murs delaisse et la ville assiegee
Et droit sen vint par la voye abregee;
La ou il pense que son ennemy soit
Et en ses armes claires retentissoit
Hault esleue ainsi que la montaigne
Nommee athon loingtaine de champaigne
Ou comme erix le hault mõt de cicylle
Qui dy attaindre est assez difficille
Ou bien ainsi que le mont apennine
Plein de gelee de neige et de bruine
Lors les rutulles et troẽys en ces lieux
Jectent sur eulx le regard de leurs yeulx
Si feirent ceulx qui aux creneaux estoient
Et mais ceulx la qui les murs abatoient
Toꝰ abaisserent leurs escus ⁊ leurs targes
Laissant laffaire du surplus et les charges
Aux deux seigneurs par combat repentin
Moult esbahy fut lors le roy latin
Voir ces deux prĩces dignes de grãs memoi(re
Naitz et yssus destrange territoire
Diuers en meurs et en condicions
Et pour venir a leurs intencions
Par vng dispos de cas et de fortune
Se submettent a telle dissortune
Quant ces deux hommes se furẽt rẽcõtrez
En champ ouuert et en bataille oultrez
Incontinent lun contre lautre enuoyent
Dars acerez et descuz se pouruoyent
Si que la terre soubz leurs faictz gemissoit
Pour le hault son q̃ des grans coups yssoit
De leurs espees fieres heurtãt donnoient
Par fois diuerses⁊ tout sy habandonnoiẽt
Brief dun et dautre y a tant combatu
Quilz entremeslent leur sort ⁊ leur vertu
Tout en ce point comme en force munye
Dedens scilla le mont de lucanye

At pater eneas audito noie turni. Deserit et muros.

Iã vero et rutuli certatim et troes et oẽs. Cõuertere oculos itali.

Atq3 illi vt vacuo patuerit equore campi. Procursu rapido

Ou en taburne la montaigne treshaulte
deux grãs thoreaux sãs faire faite ou faul(te
chef cõtre chef pour dur cõbat se treuuẽt
Alors leurs forces et leurs vertꝰ espreuuẽt
Si q̃ les maistres pasteurs troublez pour(eulx
Le chãp leur laissẽt esbahis⁊ poureux
Tout le surplus du bestial se repose
Sans mot sonner et ia plus mugir nose
Les ieunes vaches voyent que ce sera
Et qui vaincu des deux dominera
Actendans certes acompaigner et suyure
Cil qui sera le plus franc et deliure
Les deux thoreaux grandes playes se font
Et de leurs armes toꝰ leurs corps si deffont
Moult est la terre de leur sang entachee
Et la forestz par leurs cris empeschee
En celle sorte eneas le troyen
Et mais turnus le seigneur dauyen
A leurs escuz lun contre laultre acourent
Force et pouoir seulement les secourent
Le bruyt quil font par armes ⁊ actainctes
Remplist le ciel et les estoilles painctes
Juppiter certes qui tout voit et tout pense
Soubstenoit lors en sa main la balance
A iuste poix et dedens mesuroit
Le cas des deux a qui le sort iroit
A qui labeur seroit tant aydable
Que pour cela auroit tiltre louable
Et qui aussi par cas inopine
Seroit alors de vie extermine
Las que diray turnus cuidant sans peine
Venir a chef de lemprise haultaine
Moult apparoist et lieue tant acoup
Sa clere espee pour en donner grant coup
Contre eneas alors troyens sescrient
Et les latins trepides les dieux prient
Tous les deux ostz sesmeuuent ⁊ sassẽblẽt
Et de grant peur et de grant crainte trẽblẽt
Brief au ferir lespee deslealle
Se brisa lors par fortune trop malle
Et au meillieu du coup et au besoing
Se mist en pieces qui volerẽt moult loing
Dont si la fuyte ne luy fust aydable
Lors eut receu sa perte dommageable
Mais il plus viste⁊ prõpt que vent legier
Defuyt lors ce perilleux dangier
Quant il congneut de lespee peu franche
Dedens sa main quil nya que le manche

Juppiter ipse duas equato examine lãces Sustinet

Les aucuns dient que icelle faulte aduint
Quant cil turnus en la bataille vint
Premierement il en son curre estoit
Et les troyens fuitifz persecutoit
Lors par ardeur et grande conuoytise
Prudentement a son faict pas nauise
En cuidant prendre lespee fulminee
Qui par son pere luy fut premiere donee
Bonne et bien seure en targes et escus
Il print celle du charitier metiseus
De celle la souloit il desconfire
Troyens fuyans car bien luy peut suffire
Mais quant ce glaiue basti de main mortelle
Fut exploicte en la bataille telle
Contre eneas qui darmes vulcanyes
Estoit pare et de forces garnies
Ce meschant glaiue ne sceut a lors durer
Moins que la glace le grant chault endurer
Ains par esclas et en pieces sen volle
Qui demourent dessus laraine molle
¶ Doncqs turn⁹ quant sās glaiue se voyt
Par longue fuyte a sō dangier pourvoyt
Hors de son sens par circuys diuers
Cuyde eschapper et passer au trauers
A lune fois par incertaine voye
Aller par autre selon que leul lenuoye
Mais pourneant a ce faire sefforce
Car larmee des troyens se renforce
Et les passaiges a lors cloent et ferment
Si que turnus en leur couronne enferment
Dautre coste eschapper ne pouoit
Car vng maraiz et palus y auoit
Pour lautre part fut la ville troienne
Qui empeschoit a lors la fuyte sienne
Quant eneas veist quil cuyde eschapper
Tost le poursuyt et tost veult attrapper
Et iacoit or que pour la playe vrgente
Quil auoit eu de la flesche poignāte
Si vistement ne peult lors cheminer
Tant sceut pourtant ses vertus dominer
Qui icontinent son aduersaire chasse
Et de le vaincre et subiuger pourchasse
Tout en ce point comme cherf eslance
Pour longue fuyte ia recreu et lasse
Que les chiens ont suyui en tel maniere
Quil est cōtrainct de se iecter en riuiere
Ou se retraire en buissons et fors boys
Car moult craint il les perilleux aboys
Et tant le pressent que aucuneffois il sēble

*Ergo amens diuersa fugit petit equora Turnus Et nunc deinde huc certos implicat orbes*

Que les chiens certes retiēnēt to⁹ ensēble
Et lors clameur par les pres et riuaiges
Se dresse et lieue en faisant telz ouuraiges
Turnus fuyant les tumultes compelle
Et par leurs noms luy aps lautre appelle
Souuenteffois requiert sa vraye espee
Tout son emprise fut deceue et trompee
Mais eneas qui le suyt dassez pres
Leurs faict deffence et mandement expres
En la plaine destre deffaictz en lheure
Et mis a mort que nul ne le sequeure
Ainsi doncques lun suyuant lautre suyt
Turnus trauerse eneas le poursuyt
Brief par cinq fois lempresse et lenuironne
Et grande peine et sorte luy donne
Pas nest petit le loyer qui pretend
Ne mais la proye que auoir il entend
Car de la mort et de loccision
Du duc turnus est lors la question
¶ Car y auoit au plus pres du riuaige
Vng oliuier antieque et de long aage
Qui maintes branches fueilles lors iectoit
Et dide au dieu phaunus estoit
Les naulouniers a grant honneur auoiēt
Larbre sacre quant au port arriuoient
Ceulx qui des vndes estoient preseruez
Periclitans et sans dangier trouuez
A ce seul arbre posent veulx et dons
Pour satisfaire au dieu dautuns guet dons
Mais les troiens a celle fois sās doubte
Rompu lauoient et sa racine toute
Affin quilz eussēt champ patent et couuert
Pour la bataille iacoit quil fust tout vert
La estoit certes lenseigne et mais la lance
Du duc enee poser par puissāce
En ferme terre aussi bien plantee estoit
Par laquelle turnus qui en pied sarrestoit
Lors eneas voyant quil ne peult prendre
Son ennemy pour auoir et pretendre
Se suet tua saisir et arrester
Sa forte lance pour plustost lapprocher
Et bien pensoit par la poincte dicelle
Luy faire en brief playe extreme et mortelle
Et lors turnus par craincte et grādepeur
Tout esbahy et ia failli du cueur
Va dire ainsi o faunus et toy terre
Doulce et benigne pour q tāt iay faict guerre
Si tousiours iay tes honneurs extimez
Et tes serouys de tes pays aymez

*Forte sacer fauno foliis oleaster amaris Hic steterat*

Que les troyens par force volupkaire
Ont prophanez et Venus au contraire
Tiens et arreste en profunde racine
Se fust mortel quen vers moy ne sa signe
Le duc turnus qui en vain appella
Dieux en ayde pour pourvoir a cela
Car a eneas moult trauaille et labeure
Paur attracher sa lance sans demeure
Fort y esaie et de tout son pouoir
La cuide prendre et de lance auoir
Mais pourneant il employe sa force
Car destonne estoit par dure escorce
Et ce pendant qua ce faict sa musoit
Et que vertus et heurez y vsoit
De cil turnus la seur dicte iuturne
Print derechief la forme taciturne
De metisque et a son frere aporte
Sa vraye espee merueilleuse et bien forte
Et lors venus du duc enee mere
Eust en son cueur vne tristesse amere
Trop luy desplaist de quoy iuturne tache
Telle cautelle si print lors et arrache
La lance aigue qui a lheure tenoit
Qui a son filz enee apportoit
Et aisi dōcq̃s ces deux preux hōes darmes
recouuert eurēt leurs glaiues a leurs armes
Lung a lespee lautre a lance se fie
Ainsi lung lautre promptemen sest deffie
¶ Durant ses choses iupiter le hault sire
Du clair olimpe commence lors a dire
Et remonstrer a iuno son espouse
Qui en nue obscure estoit enclose
Pour cest affaire et regarde seul
De la bataille desperance ou le deul
Doncques leur dist o compaigne treschere
Quelle sera la fin dicelle enchere
Que reste plus tu scais bien et cōfesses
Que limaige aenee par prouesses
Est deu au ciel et doit estre esleue
Aux astres clers et pour apreuue
Que veulx tu dire ne p quelle esperance
En froides mains fais telle demourance
Estre chose conuenable et licite
Dung filz diuin qui tant dhonneur merite
Ait souffert playe tresdure et vng coup tel
Par le pourchas de main dhomme mortel
Ne quel espee vng coup prise et hostee
Soit de rechief requise et repetee
Estre raison que ceulx qui sont vaincus

Dixit opemq3 dei non cassa in vo- ca vocantis Ramosq3 diu luctans

Junonem i- terea rex o- potentis olimpi Alloquitur

p̃mieremēt ēcores nouueaulx dars ou escuz
Cesse et atent et tu comme benigne
A noz prieres vueilles ores estre encline
Et laisse apart celle douleur tacite
Qui te trauaille et qui ton cueur incite
Car la tristesse yssant de doulce bouche
Trop me moleste et griefuemēt me touche
Or est la chose en son extremite
Pour mectre fin a tel necessite
Par cy deuant tu as eu la puissance
Faire aux troyēs ennuy perte ou greuāce
Tant en la terre qua la profonde mer
Tu as sceu guerre et bataille allume
Grande et cruelle et troubler sans raison
Leur mariage et promise maison
Or te descens que plus ne tenbesongnes
A subuertir lempris de leurs besongnes
¶ Quant iupiter olt finy sa parolle
Alors iuno comme fragille et molle
Les yeulx enclins la face moderee
Fut de respondre ainsi deliberee
O iupiter pour ce que ie scay bien
Ta voulente sans lignorer en rien
Je ores laisse iacoit que non contente
Du duc turnus la guerre violente
Car si nestoit la voulente celeste
Pas ne seroit laschee en telle reste
Ja toute seulle absconse ne seroye
En claire nuee et pas ne souffriroye
Choses indignes ains te enuironnee
De feux et flammes ainsi que forcenee
Ores seroye sans cesse et sans faille
Droit au millieu de la forte bataille
Et si tyroye au combat les troyens
Mes ennemys par cauteleux moyens
Je te confesse que p moy fut induycte
Celle iuturne comme songneuse et duytē
A son frere turnus donner secours
Pour proroger de sa vie le cours
Mais ie te iure p la puissance haultaine
De la stigie infernalle fontaine
Que oncq̃s p moy ne fut telle eportee
Descocher fleche la quelle fut iectee
Contre troyens lors que le compromys
Fut corrumpu entre iceulx enemys
Ores ie quicte le lieu et la fortune
Plus ne me chault de la guerre importune
Mais pour bastie vng seul faict te supplie
Qui du fatal la loy point ne desplie

Ista buidē quia nota michi tua celsa volun- tas Jupiter et turnum

Mais seullement ce propos leur soustiens
Pour conseruer la maiste des tiens
Puis quains est par eureulx mariage
Quilz feront paix entre eux p si long aage
Et que leurs loix par tresseure alleance
Seront confermez sans aucune oubliance
Cest quil te plaise que les latins antiques
Naitz et nourritz es terres hespericques
leurs nōs ne meurēt ēs tousiours demeurēt
Nōmez latis sās q̄ poit leurs nōs meurent
Garde et empesche ie ten requier et somme
Que par nul aage troyēs on ne les nomme
Et quil ne changēt pour quelcōq̄ auāture
Leur langage pmier ne leur vesture
Ains soit tousiours latyre en tous endroitz
La terre dicte et les albanes roys
Pour celle loix la rommaine naissance
De lytalie vertu soit en puissance
Troye vne fois est estaincte et perie
Et a perdu la haulte seigneurie

Olli subridens hominum rex q̄z rerum sator Es germana iouis

Seuffre doncq̄s que le tiltre et le nom
Soit efface sans plus auoir renom
¶ Lors iuppiter cōmenca a sourrire
Et doulcement luy print apres a dire
Tu dist il certes requers or et demandes
Choses quilz sont asses fortes et grandes
Mais tant ya que tu es myenne seur
Dont le tout mest aggreable doulceur
Tu as bon droict de saturne est yssue
De luy tu tiens lyre en ton cueur tyssue
Mais ie te prie que maintenant tu cesses
Reiecte apart tes fureurs et tristesses
Car ie te donne tresliberalement
Ce que tu veulx du tout entierement
Et ie vaincu par ta doulce priere
Veulx et accorde la chose en telle maniere
Ceulx dausonye a iamais retiendront
Leurs meurs et langue et ainsy se tiendront
Le propre nom quil ont ne changera
Ains a dure et tousiours durera
I ceulx troyens eulx conuerseront
Egaulx en meurs et en gestes seront
Rien des troyens nauront en fait propice
Si nest la forme de faire sacrifice
Tous les feray nōmer a celle foys
Latins sans plus a la cōmune voix
Et de leur sang seullement hōmes dignes
Ne sortiront mez dieux preux et insignes
Et si pourront celebrer les honneurs

Sās nulle espgne par eulx large dōnees
A celles choses iuno lors sacorda
Et sa tristesse & fureur retarda
Puis se retire par doulce cōuenue
Dedens le ciel laissant obscure nue

Annuit his iuno & mēte letata retorsit. Interea excedit celo

Ses choses faictes iuppiter lors aduise
Euures segrettes pour clorre telle emprise
Et fist iuturne des armes separer
Sans porter nulz en riens plus separer
Selon lescript des fainctes poeticques
Deux pestes sont rudes et terrifiques
Quon nōme dyres par violence amere
Des quelles fust obscure nuyt la mere
Et en megere dung seul part seullement
Les enfanta couuertes plainement
De serpēs griefues poaignātes & mortelles
Et a chun bailla venteuses elles
Icelles pestes desoubz la chaire posent
De iuppiter et soubz ses piedz reposent
Pestes a faire aux mortelz hōmes peur
Selon quil plaist a leur prince et seigneur
Et de causer maladies poaignantes
Ou desbahir les cites plus puissantes
Lors iuppiter lune delles enuoye
Du ciel embas par diligente voye
Et luy cōmande qua iuturne elle mōstre
Par pestifere ceste doubtable monstre
De son frere turnus la mort future
Et sa piteuse et prochaine aduenture

Illa volat celeriq̄z ad terrā turbine fertur. Non secus

¶ Lors elle part et par legiere turbine
La bas en terre descend et se recline
Tout ainsi tost que legiere saiette
Que par main seure larcher enuoye et iecte
Quant celle peste fut descendue embas
Et quelle veit les bruitz et les debas
Les compaignies de turnus et denee
Soubdainement fut sa face tournee
Et print alors la face et la figure
Dune noctue oyseau de triste augure
Oyseau pour vray qui signifie encombres
Et par nuyt chāte dedēs obscures vmbres
Et si conuerse par les tombeaux desers
Sur haultes roches pnāt le flair des ayres
Icelle peste en cest oyseau muee
Tost se depart et tost fut remuee
Deuant la face de turnus court et volle
Et maintz haultz criz & piteux chātz recolle
Et de ses elles sonnāt frappe et combat
La sienne targe par merueilleux debat

Lors peut nouuelle et angoiſſeuſe crainte
Fut par les mẽbres de cil turnus empraincte
Voix luy deffault ſes cheueulx ſe dreſſerẽt
Triſtes penſez a lheure le preſſerent

At peul vt dire ſtridorẽ agnouit et alas. Infe lix

Quant iuturne congneut lors laſtrideur
De celle dyre et la forte roydeur
Des viſtes elles ſes crins rõpt et arrache
Cõme doulente qui a tout regret tache
Sa face honnyt et ſa poictrine bleſſe
Par rudes coupz cauſez grãt triſteſſe
Diſant o frere que fera plus ta ſeur
Pour deſormais te preſeruer aſſeur
Que reſte plus a moy las miſerable
Ne par quelle art te ſerayie aydable
Poſſible neſt que qua tel monſtre reſiſte
Or eſt il tẽps que du fait me deſiſte
O vous oyſeaulx cruelz et peſtiferes
Ne me troublez par voz champs mortiferes
Car ie congnoys de voz elles le ſon
Voſtre hault cry et mortelle facon
De iuppiter les choſes cõmandees
Ne me deceuent bien les ay regardez
Me rend il ores pour ma virginite
Douleur ſi grande et telle aduerſite
Pourquoy maił donne vie eternelle
Ne pourquoy eſt ma condiction telle
Qui de mort ſoye ſeparee et exemptẽ
Par ce moyen ie chetiue doulante
A mes regretz doulce fin donneroye
Et par les vmbres o le myen frere yroye
Car pour certain iamais nauray plaiſir
Quãt mort extreme viẽdra ſon corps ſaiſir
Ou eſt la terre aſſez creuſe ⁊ profunde
que toſt ſentreuue pour me oſter de ce mõde

Tantũ effata caput glauco cõtexit amictu. Multa gemens

❡ Apres telz motz et lamẽtables termes
Celle iectant maintz ſoupirs ⁊ grãs larmes
Saffleuba lors dobſcur ⁊ noir manteau
Et ſe iecta au fleuue dedens leau
Durant ces choſes eneas chaſſe et preſſe
Son aduerſaire ⁊ le quiert en la preſſe
Sa forte lance certes neſpargne mye

Que nũc deinde mora eſt aut qd iam turne retractas Non curſu

Et lors luy dict en parolle ennemye
❡ Que pẽſe tu faire pour tel demeure
Ou cuides tu te retraire a ceſt heure
Certes turnus par armes nõ par fuyte
Et de plus pres cõuient faire pourſuyte
Prens hardimẽt tes vertus et tes forces
Et ton pouoir ſi tu en as renforces
Monſtre ton art et mais le tien couraige
Car beſoing as ores de tel ouurage
Faiz tel exploict q̃ par tes dignes oeuures
Laſſus es aſtres louenge tu recueuures
Et que ton corps ſoit de terre inhume
Soubz ſepulture dhomme preux bien fame
Alors turnus ia preſſe de la queſte
Luy feiſt reſponce en remuãt la teſte
Homme cruel diſt il et deſleal

Ille caput quaſſãs nõ me tua feruida terrent Dicta ferox

Tes parolles ne me font peur ne mal
Les dieux ſans plꝰ le myen cueur eſbahiſſẽt
Car bien congnoys q̃ lempriinſe haiſſent
Et iuppiter mon ennemy ſe tient
Celuy je crains car luy ſeul te ſouſtient
Riens plus ne dict et ia plus ne deuiſe
Mais en diſant telz motz lors il aduiſe
Vne grande pierre qui en ce champ eſtoit
Poſee et miſe et qui repreſentoit
La difference et ſeparation
Des labourages par ſituacion
Les habitans agricoles auoyent
Illec plante car par elle ſcauoient
Le vray limite du clos de leurs demaines
Et en eſtoit laſſeurance certaine
Si grande eſtoit ſi groſſe et ſi peſante
Que douze hommes de la ſaiſon preſente
Si fors et preux q̃ lon ſcauroit trouuer
Ne leuſſẽt ſceu entre leurs mains leuer
Turnus la print ſans auoir autre aide
Et la ſouſtint dedens ſa main trepide
Lors bien cuida la iecter contre enee
Mais au beſoing eut force habandonnee
Car quant il lieue ſon bras pour lenuoyer
Cueur et pouoir cõmenca tournoyer
Et ſoubz le faiz ſon foible genoul ploye
Donc pour neant ce coup perdit imploye
Vers toy ploye en ſigne de victoire
La congnoiſſance en eſt toute notoire
Et pource doncques ne deſploye mais plus
Rigueur en moy et remetz le ſupplice
A ſes parolles eneas lors ſarreſte
Hault et bouillant pour ſi noble cõqueſte
Et retira ſa main car tel langaige

Stetit acer in armis Aeneas voluẽs oculos dextrãq; repreſſit.

Auoit deſia amolli ſon couraige
Ja propoſoit eneas luy donner
La vie quitte et tout luy pardonnoit
Mais en ce point que ſa veue exploictoit
Et ca et la ſur luy ſes yeulx iectoit
Il aduiſa le bauldrier miſerable
Que cil turnus par eurt ⁊ mal ſortable

Auoit este au ieune duc palas
Quant il occist donc au chetif helas
Trop mal en poit et bien fut malheureuse
Lheure quil eust la proye plantureuse
Et iamais sur luy eut il sainctura
Bauldrier si riche car par luy finyra
¶ Quant eneas doncques voyt et cotempla
Le mouuement de sa douleur tresample
Et quil congneut les espuiles telles
Alors a creurēt ses fureurs trop mortelles
Si print a dire impiteux mensongier
Cuides tu or eschapper mon dangier
Quant ie te voy des despoulles aime
De cil que iay tant chery et ayme
Ja plus nauray a toy pensee molle
Celluy pallas or te tue et immolle
Par ceste playe et ores prent vengence
De sa mort triste p ton sang sans clemence
Disant telz motz en douloureuse estrine
Luy mist son glaiue au font de sa poictrine
Si que les membres furent lors assailliz
De froide mort et bien tost deffailliz
Lame piteuse apres tous tel encombres
Moult indigne sen alla soubz les vmbres

Ille oculis postq̄ seui monumēta doloris Exuuiasqȝ hausit.

Hoc dicēs ferrū aduer so sub pectore condit Feruidus. ast illi soluū tur frigore membra: Vitaqȝ cū gemitu fugit; īdigna ta sub vmbras.

Cy finyt le douziesme et dernier des eneydes
Laus deo

¶ Cy finissēt les eneydes de Virgile nouuellemēt imprimez a paris le. vi. iour dauril mille cinq cens et neuf pour Anthoine Verad marchant libraire demourant audit Paris deuant la rue neufue nostre dame a lenseigne sainct Jehan leuangeliste ou au pallais au premier pillier en la grant salle deuāt la chapelle la ou len chante la messe de messeigneurs les presidens Et a donne le Roy nostre sire audict Verard lettres de preuileges et terme de trois ans pour vēdre et distribuer lesdictz liures affin ō soy rē bourcer de ses fraiz et mises et deffēd leō seignr a tous imprimeurs et libraires de ce royaume de non imprimer ledit liure iusqs a trois ans sur peine ō cōfiscacion desdictz liures

www.ingramcontent.com/pod-product-compliance
Lightning Source LLC
Chambersburg PA
CBHW050328170426
43200CB00009BA/1503

* 9 7 8 2 0 1 2 6 9 4 0 7 1 *